A ORDEM DO CAPITAL

CLARA E. MATTEI

A ORDEM DO CAPITAL

COMO ECONOMISTAS INVENTARAM A AUSTERIDADE E ABRIRAM CAMINHO PARA O FASCISMO

TRADUÇÃO
Heci Regina Candiani

© The University of Chicago, 2022
© desta edição Boitempo, 2023
Todos os direitos reservados.
Traduzido do original em inglês *The Capital Order: How Economists Invented Austerity and Paved the Way to Fascism*
Licenciado por The University of Chicago Press, Chicago, Illinois, U.S.A.

Direção-geral	Ivana Jinkings
Edição	Thais Rimkus e Artur Renzo
Coordenação de produção	Juliana Brandt
Assistência editorial	Marcela Sayuri
Assistência de produção	Livia Viganó
Tradução	Heci Regina Candiani
Preparação	Denise Pessoa Ribas e Marina Silva Ruivo
Revisão	Mariana Correia Santos
Índice onomástico	Daniel Aurélio
Capa	Maikon Nery
Diagramação	José Rodolfo Arantes

Equipe de apoio Ana Slade, Davi Oliveira, Elaine Ramos, Frank de Oliveira, Frederico Indiani, Higor Alves, Isabella Meucci, Isabella Teixeira, Ivam Oliveira, Kim Doria, Luciana Capelli, Marina Valeriano, Marissol Robles, Maurício Barbosa, Pedro Davoglio, Raí Alves, Renata Carnajal, Tulio Candiotto, Uva Costriuba

---

SINDICATO NACIONAL DOS EDITORES DE LIVROS, RJ

M387o
Mattei, Clara
  A ordem do capital : como economistas inventaram a austeridade e abriram caminho para o fascismo / Clara Mattei ; [tradução Heci Candiani]. - 1. ed. - São Paulo : Boitempo, 2023.
  488 p. ; 23 cm.

  Tradução de: The capital order: how economists invented austerity and paved the way to fascism
  ISBN 978-65-5717-321-3

  1. Capitalismo. 2. Estagnação (Economia). 3. Fascismo. I. Candiani, Heci. II.Título.
23-86696
CDD: 330.122
CDU: 338.1

Gabriela Faray Ferreira Lopes - Bibliotecária - CRB-7/6643

É vedada a reprodução de qualquer
parte deste livro sem a expressa autorização da editora.

1ª edição: novembro de 2023; 1ª reimpressão: outubro de 2024

Esta edição contou com apoio da **Fundação Perseu Abramo**

FUNDAÇÃO
Perseu Abramo
Partido dos Trabalhadores
www.fpabramo.org.br

Presidente *Paulo Okamotto* • Vice-presidenta *Vívian Farias* • Diretoria *Elen Coutinho, Naiara Raiol, Alberto Cantalice, Artur Henrique, Carlos Henrique Árabe, Jorge Bittar, Valter Pomar e Virgílio Guimarães* • Coordenador editorial *Rogério Chaves*

BOITEMPO
Jinkings Editores Associados Ltda.
Rua Pereira Leite, 373
05442-000 São Paulo SP
Tel.: (11) 3875-7250 | 3875-7285
editor@boitempoeditorial.com.br
boitempoeditorial.com.br | blogdaboitempo.com.br
facebook.com/boitempo | youtube.com/tvboitempo | instagram.com/boitempo

A Gianfranco Mattei e aos revolucionários em toda parte – passado, presente, futuro.

Sumário

Nota à edição brasileira – *Clara Mattei e Mariella Pittari* 9

Introdução 17

PARTE I – Guerra e crise 41

1. A Primeira Guerra Mundial e a economia 49
2. "Uma escola de pensamento totalmente nova" 87
3. A luta por democracia econômica 115
4. A nova ordem 151

PARTE II – O significado da austeridade 187

5. Tecnocratas internacionais e a criação da austeridade 195
6. Austeridade, uma história britânica 227
7. Austeridade, uma história italiana 283
8. A austeridade italiana e o fascismo pelo olhar britânico 341
9. A austeridade e seus "sucessos" 375
10. Austeridade para sempre 397

Posfácio 421
Agradecimentos 427
Bibliografia 433
Índice remissivo 471

Nota à edição brasileira

É uma verdadeira conquista ver *A ordem do capital* publicado em português. Afinal, ainda que narre algo que teve lugar na Europa de um século atrás, seguindo uma linha que revisita e revê os fundamentos da economia a fim de relacionar os efeitos das políticas econômicas de austeridade do início do século XX à ascensão do fascismo, neste livro há elementos analíticos que podem contribuir para compreender a natureza e a lógica da austeridade no Brasil atual.

Não obstante se concentre nas relações de classe em contextos europeus nos quais a austeridade foi usada como instrumento político para esmagar as reivindicações de democracia econômica, transporta essa dinâmica à compreensão de como as relações de classe foram forjadas em países cujo histórico é de escravidão e colonialismo. Entender as relações de classe da Europa do século XIX serve para calibrar como o discurso da austeridade vem acompanhado de uma pauta argumentativa que cancela o aspecto de classe das políticas adotadas, como se estas atingissem a todos de maneira equânime.

Os eventos ocorridos entre Europa ocidental e Norte global no início do século passado reverberaram no eixo centro-periferia e orientaram como os subalternos pautariam a própria política. Economistas do Sul global buscaram validação nas vertentes econômicas que disseminaram a austeridade e assumiriam os contornos neoliberais que testemunhamos hoje.

Outra chave que a história nos ensina consiste na inseparabilidade da austeridade fiscal e monetária, por meio do comprometimento orçamentário com o constante aumento das taxas de juros, afetando diretamente o mundo do trabalho. A escassez de crédito em razão da política rentista de juros altos faz que o trabalhador seja impactado em duas frentes: de um lado, pela redução do emprego e, por conseguinte, pela sujeição ao trabalho precarizado; de outro, por uma política salarial baixa que comprime o poder de compra entre as inúmeras necessidades a ser satisfeitas no vácuo deixado pela ausência do serviço público.

Não por outra razão, uma das primeiras medidas recentes na implementação da austeridade no Brasil consistiu em eliminar leis trabalhistas.

Também as privatizações para atrair investidor nas famigeradas parcerias público-privadas, acompanhadas da desregulamentação do mercado, desempenham um papel fundamental na dinâmica da austeridade. Boa parte do discurso gira em torno de justificar a redução dos gastos públicos ao comprometer o orçamento com o pagamento dos juros e amortização da dívida. Tal ideia, ainda que equivocada, permitiu, como veremos, que a autoridade máxima no Banco Central se tornasse imune à política de juros sugerida pelo chefe do Executivo. Após a promulgação da Lei complementar n. 179, de 2019, as necessidades orçamentárias do presidente da República são completamente irrelevantes para o presidente do Banco Central, uma vez que seu mandato é dotado de garantias a exigir um dificultoso processo de exoneração, dependente da maioria absoluta do Senado. O aprofundamento da austeridade alcançada por diversos estratagemas durante o mandato do ex-presidente Jair Bolsonaro, sob o disfarce de conferir plena autonomia ao Banco Central, retirou do poder político as alianças, tão caras à construção de um programa orçamentário harmônico e consentâneo, com as indispensáveis políticas sociais de um país de modernidade tardia.

Dado o presente cenário, vale ressaltar que o Brasil já conta com a maior taxa de juro real do mundo, superando países que agonizam com a inflação, como a Argentina. Ao mesmo tempo, o comprometimento do PIB brasileiro com a dívida pública é inferior ao de países desenvolvidos, de maneira a inviabilizar o argumento de que o país deve reduzir gastos, de que o país gasta descontroladamente.

Enquanto a Itália, objeto central de estudo desta obra, apresenta uma relação entre o PIB e a dívida pública que supera os 150%, a proporção do Brasil é inferior a 80%. Países como o Japão e a Grécia superam os 200%, e os Estados Unidos atingem 120%. Portanto, o argumento de que o Brasil não possui alternativa senão implementar políticas de austeridade não se sustenta. O ponto nodal do orçamento nacional reside no importe destinado ao pagamento dos juros da dívida pública, injustificável e propagador das mazelas sociais das quais o país padece.

O ano 2022 encerrou-se com a aprovação de uma emenda de transição do então futuro governo Lula, a Emenda constitucional n. 126, que ampliou o orçamento público para permitir que despesas correntes na ordem de 145 bilhões não fossem limitadas ao teto de gastos. A emenda também balizou outro teto de gastos, que viria a se chamar "novo arcabouço fiscal". As balizas estabelecidas pelas novas regras mostraram-se tímidas, senão covardes, sobretudo em abolir o nefasto teto de gastos estabelecido pela Emenda constitucional n. 95/2016, impedindo o país de austeridade que ignora a facção política que ocupa o poder. O regime de austeridade, apesar de não alcançar os resultados de estabilização econômica almejados, não falha em atingir seu verdadeiro intuito: assegurar que a tríade de políticas fiscais, políticas monetárias e erosão da capacidade da classe trabalhadora de reagir a elas silenciem a dissidência.

Ademais, por compor o Sul global, o Brasil é mais suscetível às pressões das elites internas e globais. Portanto, a imposição de medidas de austeridade pelo Fundo Monetário Internacional (FMI) para a concessão de empréstimos internacionais não foi acaso. A ingerência do FMI a afetar diretamente assuntos ínsitos à soberania do país culminou na aprovação da lei de responsabilidade fiscal, em 2000, como parte de uma pauta de "recomendações" que asseguraria o pagamento da dívida. Contudo, para além de estabelecer garantias desse pagamento, o verdadeiro intuito era ditar como a política deveria orientar-se, a prescindir do governante no poder.

Antes de assumir seu primeiro mandato, em 2003, Lula entregou uma carta de compromissos para "tranquilizar o mercado", prometendo manter a "estabilidade" de seu predecessor Fernando Henrique Cardoso. Em 2023, retornando à Presidência após o período de convulsão que o país atravessou, Lula comprometeu-se a "colocar o pobre no orçamento"; no entanto, até o momento, impera o continuísmo em relação a Temer e Bolsonaro. Uma maior incursão na história política do país revela que o período da ditadura militar e as mudanças de poder pouco alteraram a forma como o capital é extraído da classe trabalhadora. Em alusão ao ex-ministro da Fazenda do "milagre econômico", Delfim Neto, seria necessário "fazer o bolo crescer para depois dividi-lo" – só que o momento da divisão jamais alcança os desfavorecidos do sistema.

A austeridade não consiste em remédio amargo administrado para brecar a "gastança desenfreada" e "retomar o crescimento", jargões já tão conhecidos quanto desgastados. A austeridade tampouco é um erro de percurso na política para desfazer o "agigantamento do Estado" e proporcionar "menos Estado, mais mercado". A lente através da qual o economista enxerga as variáveis de mercado distorce o modo como a realidade opera, vislumbrando o agregado (a unidade nacional) a despeito do bem-estar social e apresentando uma acentuada miopia as distinções de classe.

Como bem evidenciado, a definição comum de austeridade enquanto corte nos gastos e aumento de impostos mascara a escolha da alocação de recursos, que são abundantes para financiar guerras, arcar com juros da dívida pública, mas ínfimos na expansão do gasto social. No Brasil, os cortes foram significativos em setores que não comportavam ulterior achatamento. O salário mínimo carece de aumento real comparado à inflação, as reformas da previdência passaram a estabelecer critérios mais rígidos para concessão de benefícios, e as privatizações encareceram o preço dos serviços públicos ao longo dos anos. A austeridade que se delineia nos países desenvolvidos continua admitindo um elevado comprometimento do PIB com a dívida pública, porém segue o preceito de eliminar prestações sociais, condicionando-as ao recrutamento de trabalho mal remunerado, ao corte de gastos em saúde, educação e moradia e à eliminação da tributação dos mais ricos, transferindo o ônus aos mais pobres por meio da taxação regressiva do consumo e dos serviços. O capital sai ainda mais privilegiado das equações de austeridade, mercantilizando as prestações sociais como barganha em detrimento da sociedade.

No caso brasileiro, os juros elevados agradam o especulador internacional, ávido por retornos substanciais em um país que não investe e, portanto, jamais se liberta da situação de dependência. Ao mesmo tempo, optando pela constituição em pessoa jurídica, o capital conta com a benesse sem precedentes – afora na Estônia e na Letônia – de não incidência de imposto de renda em lucros e dividendos.

A austeridade fiscal, inseparável da monetária, atua junto à imposição de um incremento artificial dos juros sob o argumento de conter a inflação, comprometendo, assim, o orçamento público com o pagamento de juros injustificáveis. O valor do salário – outro fator relevante –, a despeito do que se possa pensar, possui correlação direta com a política de austeridade.

Existe uma relação inversamente proporcional entre a privatização dos serviços públicos e a estabilidade da remuneração proveniente desse setor. Esse fenômeno ocorre em paralelo à revogação das proteções trabalhistas, previdenciárias e assistenciais e à supressão das prestações públicas, enfraquecendo o poder de negociação de sindicatos e trabalhadores. Quanto mais escassos são os recursos disponíveis para satisfazer as próprias necessidades de subsistência, mais suscetível estará o trabalhador a sujeitar-se a relações de trabalho opressivas. Não por coincidência, as políticas de austeridade no Brasil vêm acompanhadas de precarização das relações de trabalho e de uma disseminada incapacidade de mobilização sindical e reinvindicação política dos direitos trabalhistas e, mais amplamente, dos direitos sociais.

O presente contexto político é bastante desfavorável à realização de direitos sociais e econômicos dos contingentes mais vulneráveis da sociedade brasileira. Desde o *impeachment* da presidenta Dilma Rousseff – sob a falsa acusação de violação das leis orçamentárias, as chamadas "pedaladas fiscais", indispensáveis para conciliar o gasto com o não atingimento das receitas diante da crise econômica que assolou o país, providências que nada mais eram que instrumentos para a execução de despesas públicas inadiáveis –, o cenário de desfazimento do Estado social ganhou fôlego com o rompimento do pacto social por meio da forjada Emenda constitucional n. 95/2016, resultado da aprovação da "PEC da morte". Tal reforma elevou ao *status* constitucional um estado de coisas que subverte os primados estabelecidos na própria Constituição.

Não bastasse, a "austeridade expansionista" do então ministro Paulo Guedes aprofundou o processo de empobrecimento social, acompanhada das reformas trabalhistas previdenciárias e de uma desenfreada busca pela privatização de setores pertencentes ao poder público. Tal programa mostrou-se, desde o princípio, um fracasso, pois, assim que a pandemia de covid-19 interrompeu o funcionamento da economia, tornou-se impossível manter a força de trabalho, refém do ambiente doméstico, sem qualquer alternativa para mitigar a crise. A pandemia expôs a fragilidade do sistema em lidar com o excepcional, e algumas das medidas de contenção de gastos essenciais precisaram ser abrandadas para fazer frente à aprovação de auxílios emergenciais, que teria vigência provisória e, portanto, transformaram um então direito em faculdade do exercente de poder.

Nos capítulos a seguir, Clara Mattei nos atenta a outro pilar da austeridade: a importância dos bancos centrais como meio de usurpar a democracia da esfera econômica. Tal qual em outros países, no Brasil a deflação monetária possui efeitos devastantes nas taxas de ocupação, eliminando empregos ao oferecer qualquer contrapartida afora o discurso apolítico que tais medidas draconianas impõem.

A autonomia sem análogos, conferindo um mandato de quatro anos ao presidente do Banco Central por meio da Lei complementar n. 179/2021, mostrou-se das mais nocivas à discussão política sobre os rumos do país. Sempre sob a tônica da neutralidade econômica, vincularam-se os governos vindouros a uma política monetária-fiscal não conforme com o programa eleito para a Presidência da República. O debate político, agora permeado por um confronto nítido entre o presidente do Banco Central indicado por Bolsonaro e o presidente Lula, faz emergir a insustentável coexistência de uma elevadíssima política de juros comprometedora do crescimento do país e um orçamento carente de consecução de prestações sociais, criando um diálogo áspero.

Tal cenário desencadeou a aprovação do "novo arcabouço fiscal", insuficiente e vergonhosamente austero, sobretudo se consideramos os mandatos anteriores do presidente Lula. O desacordo, por fim, resvala na inevitável erosão do consenso econômico e na retumbante vitória de os "politicamente" mortos governarem os vivos, dado que o ex-presidente se tornou inelegível. A partir das categorias apresentadas neste livro, em retrospecto, não se sabe dizer ao certo em qual ponto da história brasileira a austeridade teve início; o que se sabe é que o país é vítima de esquemas ensaiados ultramares e experimentados de maneira inédita em território nacional.

O Brasil foi e continua a ser cobaia de ensaios perigosos: entre golpes e ditaduras, períodos inflacionários que ultrapassaram os 2.000% (entre as décadas de 1980 e 1990), confisco da poupança dos cidadãos e um plano econômico que reiniciou a economia do zero, não há quem se ressinta em submeter o povo às estimativas que a poucos beneficiam. Tantas oscilações não surgem sem contrapartida, pois, há muito, o país é refém do mercado, de instituições financeiras internacionais ou de agências de classificação de risco, prontas a projetar o país ao abismo quando ele não atende às almejadas metas que propugna o mercado. Na retaguarda do discurso econômico asséptico, operam os mais autoritários instrumentos de exercício do poder, evidenciando, na linha de Franz Neumann[1] e David Abraham[2], que a ascensão do nazifascismo foi, sobretudo, um projeto político-econômico.

A austeridade é um movimento carente de realização democrática, pois asfixia as promessas constitucionais de efetivação de direitos fundamentais de segunda dimensão, esvazia o Estado social e reverte a tributação aos detentores do poder. Da contenção inflacionária dos períodos de arrocho salarial à gestão de balanços orçamentários via superávit primário, até a dramática deposição presidencial, ancorada em tecnicismos fiscais, a narrativa econômica brasileira é um *Leitmotiv* em que austeridade e política tecem seu sinuoso dueto. Nesse contexto, *A ordem do capital* não apenas critica a *mentalité* que degrada os países

---

[1] Franz Leopold Neumann, *Behemoth* (Nova York, Oxford University Press, 1944).
[2] David Abraham, *The Collapse of the Weimar Republic: Political Economy and Crisis* (Nova Jersey, Princeton University Press, 1981).

à condição de vassalos da pauta econômica, como pretende contribuir para desmontar narrativas prontas acerca do êxito do capitalismo financeiro que sequestra o futuro e mantém as classes oprimidas imobilizadas e incapazes de oferecer resistência à austeridade por design do sistema.

Se um país como o Brasil obtém reputação internacional por sua economia "sólida" e "virtuosa", capaz de transmitir confiança aos mercados, tal êxito, longe de beneficiar as classes trabalhadoras, frequentemente opera contra as classes que se pretendeu em primeiro lugar proteger. O verdadeiro fato político, demonstrado pela história, é que a confiança dos mercados é inversamente proporcional ao bem-estar dos cidadãos e se reflete, sobretudo, na lógica da coerção econômica.

Clara Mattei e Mariella Pittari

Introdução

Em março de 2020, durante os primeiros dias da pandemia de covid-19, o governador democrata de Nova York, Andrew Cuomo, anunciou, como parte do orçamento estadual, planos de reduzir em 400 milhões de dólares os gastos do Medicaid com hospitais. Foi um anúncio espantoso: às portas de uma pandemia, um dos políticos mais importantes do país informava ao público o plano de restringir os pagamentos aos hospitais que atendem a população mais pobre e vulnerável de Nova York. "Não podemos gastar o que não temos", explicou Cuomo em uma coletiva de imprensa, dando de ombros. Esperava-se que os cortes fossem ainda mais profundos nos anos seguintes, com reduções semelhantes iminentes nas escolas públicas estaduais[1].

Em outubro de 2019, após o anúncio do aumento na tarifa de metrô de Santiago, no Chile, os cidadãos tomaram as ruas para protestar – não apenas por questões de transporte, mas em resposta aos custos públicos cumulativos de cinquenta anos de privatizações, arrochos salariais, cortes nos serviços públicos e marginalização da mão de obra sindicalizada, processos que haviam praticamente consumido a vida e a sociedade para milhões de chilenos. Diante das centenas de milhares de manifestantes nas ruas, o governo do Chile respondeu com lei marcial ao estilo de uma ditadura, incluindo uma série profundamente inquietante de demonstrações de força policial que durou semanas[2].

Em 5 de julho de 2015, 61% dos eleitores na Grécia aprovaram um referendo contrário ao plano de resgate financeiro do Fundo Monetário Internacional e da União Europeia que havia sido proposto para o enfrentamento da dívida pública grega. Oito dias depois, e apesar do referendo público, o governo grego,

---

[1] Luis Ferré-Sadurní e Jesse McKinley, "N. Y. Hospitals Face $400 Million in Cuts Even as Virus Battle Rages", *The New York Times*, 30 mar. 2020; disponível on-line.
[2] Camila Vergara, "The Meaning of Chile's Explosion", *Jacobin Magazine*, 29 out. 2019; disponível on-line.

ainda assim, assinou o acordo, aceitando um empréstimo emergencial que limitava por três anos o modo como o país poderia gastar dinheiro com a população: a Grécia teve de impor novas reduções nas aposentadorias, elevar os impostos sobre o consumo, privatizar serviços e indústrias e implementar a redução salarial para o funcionalismo público. Dois anos depois, o governo grego privatizou os dez principais portos do país e colocou muitas de suas ilhas à venda[3].

É um tropo da vida nos séculos XX e XXI que os governos, confrontados com déficits financeiros, façam cortes dirigidos, primeiro, aos serviços que prestam aos cidadãos. Casos como esses são inúmeros e abrangem todos os países do mundo. E, quando acontecem, têm efeitos altamente previsíveis e uniformemente devastadores sobre as sociedades. Chamemos de *efeito austeridade*: o inevitável sofrimento público que se segue quando nações e Estados cortam benefícios públicos em nome da solvência econômica e da indústria privada. Embora as políticas de austeridade possam não ser identificadas pelo nome, elas salientam os tropos mais comuns da política contemporânea: cortes orçamentários (especialmente em gastos com bem-estar social, como educação pública, serviços de saúde, moradia e auxílio-desemprego), tributação regressiva, deflação, privatizações, arrocho salarial e desregulamentação das relações trabalhistas. Tomada em conjunto, essa gama de políticas consolida a riqueza existente e a primazia do setor privado e tende a ser afiançada como chaves econômicas que conduzirão as nações para dias melhores.

A população estadunidense viu essas políticas sendo repetidas pelos governos em todos os níveis. Ataques a sindicatos aniquilaram os direitos de negociação coletiva da classe trabalhadora; os salários mínimos definham até a linha da pobreza; as leis permitem que empregadores imponham "cláusulas de não concorrência" que impedem certos trabalhadores de mudar de emprego em busca de melhores salários[4]; o bem-estar social se transformou em "trabalho comunitário", ou seja, a assistência governamental foi condicionada ao trabalho de baixa remuneração. O mais revelador é que as políticas de tributação regressiva do país impõem uma divisão desigual dos gastos públicos: uma parcela maior da receita tributária é obtida dos impostos sobre o consumo, que são divididos

---

[3] "Third Greece Bailout: What Are Eurozone conditions?", *BBC News*, 21 ago. 2015; disponível on-line.
[4] Ver Peter Coy, "Why Are Fast Food Workers Signing Noncompete Agreements?", *The New York Times*, 29 set. 2021; disponível on-line.

pela sociedade e combinados com cortes exorbitantes dos impostos nas faixas de renda mais altas – 91% durante a presidência de Eisenhower (1953-1961), 37% a partir de 2021 – e também com a redução de impostos sobre ganhos de capital e impostos corporativos. (Em 2017, o governo Trump reduziu estes últimos de 35% para 21%, uma alteração extraordinária dos impostos de 50% da década de 1970.) Ainda que os salários nos Estados Unidos tenham ficado estagnados por décadas, agora, pela primeira vez na história, as quatrocentas famílias mais ricas do país pagam uma alíquota geral de imposto mais baixa que a de qualquer outro grupo de renda[5].

A austeridade não é nova nem produto da chamada era neoliberal, que começou no fim dos anos 1970. Com exceção, talvez, do período de menos de três décadas de expansão que se seguiu à Segunda Guerra Mundial, a austeridade tem sido um sustentáculo do capitalismo moderno. A verdade é que, ao longo da história, onde há capitalismo advém a crise. Onde a austeridade tem se mostrado extremamente eficaz é no isolamento das hierarquias capitalistas contra danos durante esses momentos de pretensa mudança social. A austeridade é a protetora do capitalismo, consagrada entre os Estados[6] por sua eficácia e anunciada como um meio de "consertar" economias intensificando sua "eficácia" – reajustes de curto prazo para ganhos de longo prazo.

Em seu famoso livro *Austerity: The History of a Dangerous Idea** [Austeridade: a história de uma ideia perigosa], o cientista político Mark Blyth mostra que, embora a austeridade não tenha "funcionado" no sentido de alcançar seus

---

[5] Emmanuel Saez e Gabriel Zucman, *The Triumph of Injustice: How the Rich Dodge Taxes and How to Make Them Pay* (Nova York, W. W. Norton, 2019).

[6] Ao longo deste livro, prefere-se o termo "Estado" ao termo "governo". Isso porque, embora as palavras sejam frequentemente usadas de forma intercambiável, o Estado é mais que apenas governos (entendidos como poderes executivos específicos no comando). O Estado está corporificado em uma pluralidade de instituições e é a soma de todas elas – órgãos legislativos (parlamentos), órgãos judiciários (os tribunais), órgãos executivos (governo responsável: ministros ou outros funcionários eleitos), órgãos administrativos (agências estatais responsáveis pela administração da economia, como bancos centrais) e órgãos de aplicação da lei (polícia etc.). Nas palavras de Ralph Miliband, "o que 'o Estado' designa é uma série de instituições específicas que, juntas, constituem sua realidade e que interagem como partes do que pode ser chamado de sistema estatal". Ralph Miliband, *Parliamentary Socialism: A Study in the Politics of Labour* (Londres, Allen and Unwin, 1961, p. 49).

* Mark Blyth, *Austerity: The History of a Dangerous Idea* (Nova York, Oxford University Press, 2013) [ed. bras.: *Austeridade: a história de uma ideia perigosa*, trad. Freitas e Silva, 2. ed., São Paulo, Autonomia Literária, 2020]. (N. E.)

objetivos declarados ao longo da história (por exemplo, a redução da dívida ou o incentivo ao crescimento econômico), ela tem sido, ainda assim, repetidamente empregada pelos governos. Blyth refere-se a esse padrão de repetição compulsiva como uma forma de loucura[7]. No entanto, se enxergarmos a austeridade nos termos deste livro – como resposta não apenas às crises econômicas (por exemplo, retração da produção e inflação elevada), mas às crises do capitalismo –, é possível começar a perceber método na loucura: a austeridade é um baluarte vital na defesa do sistema capitalista.

Quando me refiro a uma crise do capitalismo, não me refiro a uma crise econômica – uma desaceleração do crescimento ou um aumento da inflação, digamos. O capitalismo está em crise quando sua relação central (a venda da produção com fins lucrativos)[8] e seus dois pilares viabilizadores (a propriedade privada dos meios de produção e as relações salariais entre proprietários e trabalhadores) são contestados pelo público, em particular pela classe trabalhadora, que faz o sistema capitalista funcionar. Como parte dessas expressões de descontentamento, historicamente as pessoas exigem formas alternativas de organização social. Na verdade, e como este livro demonstrará, a principal utilidade da austeridade no século passado foi silenciar tais apelos e impedir a introdução de alternativas ao capitalismo. A austeridade serve, principalmente, para invalidar o clamor público e as greves de trabalhadores – e não, como muitas vezes é anunciado, para melhorar de forma espontânea os indicadores econômicos de um país pela prática de uma maior disciplina econômica.

A austeridade como a conhecemos hoje surgiu após a Primeira Guerra Mundial enquanto método para prevenir o colapso do capitalismo: economistas em cargos políticos usaram de alavancas políticas estratégicas para fazer que todas as classes se voltassem mais à produção privada, capitalista, mesmo quando essas mudanças correspondiam a profundos (e também involuntários) sacrifícios pessoais. No início da década de 1920, a austeridade funcionou como uma poderosa contraofensiva às greves e a outras formas de conflito social que explodiram em uma escala sem precedentes depois da guerra, período tradicional e estranhamente negligenciado por políticos especialistas em economia que estudam a austeridade.

---

[7] Ibidem, p. 203.
[8] Para uma análise econômica completa da dinâmica do sistema capitalista como sistema impulsionado pelo lucro e, portanto, como competição real entre empresas privadas para obter tal lucro, ver Anwar Shaikh, *Capitalism: Competition, Conflict, Crises* (Oxford, Oxford University Press, 2016).

O momento da invenção da austeridade reflete suas motivações animadoras. Mais importante que a pretensa eficácia econômica da austeridade foi sua capacidade de salvaguardar as relações capitalistas de produção em um período de organização social e agitação pública sem precedentes por parte das classes trabalhadoras.

A austeridade foi adotada de modo tão generalizado ao longo do último século que se tornou praticamente indetectável: a economia da austeridade, com sua recomendação de cortes orçamentários e moderação pública, é hoje quase sinônimo de economia. Isso torna uma história crítica da austeridade, ainda mais quando descrita em termos de classe, algo profundamente desafiador. Mas, na medida em que deixamos de perceber a austeridade como uma caixa de ferramentas fidedigna para a gestão de uma economia, e, quando consideramos sua história através da lente da classe, fica claro que a austeridade preserva algo fundamental para nossa sociedade capitalista. Para que o capitalismo trabalhe visando a oferecer crescimento econômico, a relação social do capital – pessoas vendendo sua força de trabalho por um salário – precisa ser uniforme em toda a sociedade. Em outras palavras, o crescimento econômico pressupõe certa ordem sociopolítica, ou *ordem do capital*. A austeridade, vista como um conjunto de barreiras de proteção fiscais, monetárias e industriais em uma economia, garante a sacralidade dessas relações sociais. As limitações estruturais que a austeridade impõe aos gastos e aos salários garantem que, para a grande maioria das pessoas que vivem em sociedade, "trabalhar muito, economizar muito" seja mais que apenas uma expressão de tenacidade; trata-se do único caminho para a sobrevivência.

Este livro examina a história de como esse sistema se tornou tendência no século XX, incluindo sua expressão mais poderosa nas economias do pós-guerra na Grã-Bretanha e na Itália. Em ambos os casos, a austeridade foi um meio para que economistas no poder impusessem novamente a ordem do capital onde ela se perdera.

A história começa com os fatos da Primeira Guerra Mundial que desencadearam a mais grave crise do capitalismo até hoje – as mobilizações de guerra sem precedentes no interior de países europeus destroçaram o escudo de inevitabilidade do capitalismo. Para a maioria das pessoas que viviam nesses países durante e depois da guerra, quer temessem, quer esperassem por isso, a abolição do capitalismo avizinhava-se como consequência iminente das devastações da guerra e da exibição do planejamento econômico do Estado. Nas palavras de William Gallacher, líder sindical britânico, "a ordem industrial, que antes da guerra parecia destinada a durar para sempre, agora está cambaleando em todos os países do mundo"⁹. Na Itália, a ameaça foi igualmente palpável para o famoso economista liberal Luigi Einaudi: "Parecia que um empurrão no ombro seria suficiente para lançar o chamado regime capitalista ao chão [...] o reino da igualdade parecia prestes a sobrevir". As palavras do professor burguês se justapunham ao entusiasmo de Palmiro Togliatti, membro dirigente do movimento operário Ordine Nuovo [Nova ordem]: "Os homens recuam da velha ordem das coisas, eles sentem a necessidade de se colocar de maneira nova, de moldar sua comunidade de forma nova, de forjar novas relações vitais que permitam a construção de um edifício social completamente renovado"[10].

Essas novas vozes da esquerda intelectual aceleraram a mudança nas relações sociais. *L'Ordine Nuovo*, com sede na cidade industrial italiana Turim e liderado por Togliatti e seu camarada Antonio Gramsci, é crucial nessa história porque representa o antagonista mais explícito da prática capitalista e de suas justificativas intelectuais. O movimento representava uma ruptura tanto das relações hierárquicas da sociedade quanto da produção de conhecimento de cima para baixo.

O despertar anticapitalista coletivo foi facilitado pelas medidas governamentais extraordinárias durante a guerra com o objetivo de interromper temporariamente a acumulação de capital por proprietários da indústria privada. Para enfrentar as enormidades do esforço de produção de guerra, os governos de todas as nações em combate foram forçados a intervir no que tinha sido até então o imaculado reino do mercado. À medida que os governos coletivizavam indústrias-chave – bélica, mineradora, naval e ferroviária –, eles empregavam trabalhadores e regulavam o custo e o fornecimento de mão de obra. O intervencionismo do Estado não só permitiu aos Aliados vencer a guerra, como deixou claro que as relações assalariadas e a privatização da produção – longe de serem "naturais" – eram escolhas políticas da sociedade de classes.

Após a guerra, encorajados pelos novos precedentes econômicos dos esforços de mobilização, os trabalhadores na Europa falaram com uma voz mais forte e

---

[9] William Gallacher e J. R. Campbell, *Direct Action: An Outline of Workshop and Social Organization* (Londres, Pluto, 1972), p. 12.

[10] Luigi Einaudi, *Cronache economiche e politiche de un trentennio (1893-1925)* (Turim, Einaudi, 1959-1965, p. 904); Palmiro Togliatti, "La battaglia delle idee", *L'Ordine Nuovo*, ano I, n. 24, 1º nov. 1919, p. 190.

mais radical, expressando-se de formas que iam além das urnas de votação. Eles consolidaram o poder coletivo por meio de sindicatos, partidos, associações e instituições de cidadãos comuns para controlar a produção. O prolongamento da politização entre grandes segmentos da população significava que a opinião pública sobre questões econômicas não podia mais ser ignorada. Como bem observou o famoso economista britânico John Maynard Keynes, "ainda que economistas e técnicos conhecessem o remédio secreto, não o poderiam aplicar até que tivessem persuadido os políticos; e os políticos, que têm ouvidos, mas não têm olhos, não prestarão atenção à persuasão até que ela reverbere para eles como um eco do grande público"[11].

Em um momento de convulsão democrática sem paralelo em toda a Europa, em meio à crescente inflação monetária e aos ventos revolucionários vindos da Rússia, da Baviera e da Hungria, especialistas econômicos tiveram de empunhar suas maiores armas a fim de preservar o mundo como consideravam que ele deveria existir. A austeridade era a ferramenta mais útil de que dispunham: funcionava – e ainda funciona – para conservar a irrefutabilidade do capitalismo.

A contraofensiva da austeridade foi bem-sucedida em enfraquecer a maioria. Governos austeros e seus especialistas implementaram políticas que subjugaram a maioria ao capitalismo direta (por políticas salariais e de emprego repressivas) ou indiretamente (por políticas monetárias e fiscais restritivas que deprimiram a atividade econômica e aumentaram o desemprego) – numa relação social na qual uma maioria vende sua capacidade de trabalho em troca de um salário. A austeridade transferiu recursos da maioria trabalhadora para a minoria poupadora-investidora e, ao fazê-lo, impôs uma aceitação pública de condições repressivas na produção econômica. Essa aceitação foi ainda mais consolidada por especialistas cujas teorias econômicas retratavam o capitalismo como o único e melhor mundo possível.

Esses eventos do início da década de 1920, incluindo o medo do colapso do capitalismo, bastante difundido entre a burguesia, foram um divisor de águas. O antagonismo entre o *establishment* político e econômico e a vontade popular, em especial as intervenções para reprimir os sentimentos revolucionários, restabeleceu a ordem do capital na Europa e garantiu a trajetória da economia política pelo resto do século, uma trajetória que continua até hoje.

---

[11] "Reconstruction in Europe", *Manchester Guardian Commercial*, 18 maio 1922, p. 66.

Austeridade, antes e agora

Parte do que torna a austeridade tão eficaz como conjunto de políticas é que ela se envolve na linguagem da economia honesta e sofrida. Sentimentos vagos como o de "trabalho duro" e o de "parcimônia" dificilmente são novidade; eles têm sido exaltados por economistas desde os dias de Adam Smith, David Ricardo e Thomas Robert Malthus e por seus seguidores atuais, que cultivaram essas máximas como a substância da virtude pessoal e da boa política. Tais sensibilidades também refletiram, em 1821, na instituição do padrão-ouro, política por meio da qual governos honestos demonstravam seu rigor fiscal e monetário ao vincular suas moedas a reservas em metais preciosos, tanto no mercado interno quanto nas colônias[12]. Uma história mais detalhada da austeridade mostra, no entanto, que em sua forma moderna ela é um pouco diferente desses primeiros exercícios morais. Como fenômeno do século XX, a austeridade se materializou em um projeto tecnocrata liderado pelo Estado em um momento sem precedentes de emancipação política dos cidadãos (que conquistaram o direito ao voto pela primeira vez) e demandas crescentes por democracia econômica. Desse modo, a austeridade deve ser entendida pelo que é e continua sendo: uma reação antidemocrática às ameaças de mudança social vindas de baixo para cima. Como este livro mostrará, sua forma moderna não pode ser separada do contexto histórico em que surgiu.

Na Grã-Bretanha após a Primeira Guerra Mundial e em outras democracias liberais em que a participação política generalizada foi historicamente exaltada, o Estado de fato exerceu a austeridade como arma política contra o próprio povo. Os trabalhadores britânicos fomentaram o esforço nacional de guerra e, no curso da mobilização de guerra, tomaram consciência de que as relações socioeconômicas não eram dados naturais e poderiam ser diferentes. Ao impor medidas de austeridade após a guerra, o governo britânico, na prática, disse a suas classes trabalhadoras que voltassem para o fim da fila.

A indignação pública pela austeridade inicial foi a prova de fogo: a austeridade passou a ser mais antagônica porque teve de superar – e, inclusive, adestrar –

---

[12] Para uma história das políticas de austeridade que os impérios europeus implementaram em suas colônias, ver Emma Park et al., "Intellectual and Cultural Work in Times of Austerity", *Africa*, v. 91, n. 4, 2021. A história das práticas de austeridade nas colônias europeias não figura neste trabalho porque, como explico, o tipo de austeridade aqui descrito depende de práticas de contestação democrática que só eram perceptíveis em virtude da igualdade jurídica dos atores, que, devido a arranjos político-legais, inexistia nas colônias europeias.

um público enfurecido. Após a Primeira Guerra Mundial, com o padrão-ouro dilacerado, o recém-emancipado "grande público" europeu não iria simplesmente aceitar políticas austeras, e os especialistas sabiam disso. Assim, eles conceberam a austeridade para conjugar duas estratégias: consenso e coerção.

O *consenso* implicava um esforço consciente para "despertar" o público para a legitimidade e a necessidade de reformas que favorecessem a estabilização econômica, ainda que fossem dolorosas[13]. Reconhecendo que era pouco provável que um público inquieto tomasse a decisão "certa" em relação a esse bem maior, especialistas complementaram o consenso com a *coerção*. Ela tomou duas formas. Primeiro, a austeridade encerrava o princípio de excluir o público em geral da tomada de decisões econômicas e, ao contrário, delegar tais decisões às instituições tecnocráticas – especialmente os bancos centrais, cuja definição das taxas de juros servia como base para salários públicos e desemprego. Essa apropriação da tomada de decisões pela classe de especialistas criou um quadro para futuras decisões de medidas que impulsionaram a instalação da austeridade. Em segundo lugar, a coerção não residia apenas em quem tomava as decisões econômicas, mas também no resultado dessas decisões – ou seja, no próprio funcionamento da austeridade.

Os governos europeus e seus bancos centrais impunham o comportamento "adequado" (isto é, apropriado em termos de classe) aos trabalhadores, a fim de resgatar a acumulação de capital pelos ricos. As três formas de políticas de austeridade – fiscal, monetária e industrial – trabalharam em uníssono para exercer uma pressão de redução sobre os salários entre o restante da sociedade. O objetivo era transferir a riqueza e os recursos nacionais para as classes altas, que, insistiam os especialistas econômicos, eram as únicas capazes de poupar e investir. A austeridade fiscal chega na forma de tributação regressiva e cortes em gastos públicos "improdutivos", especialmente em esforços sociais (saúde, educação etc.). Ao mesmo tempo que a tributação regressiva impõe a parcimônia sobre a maioria e isenta a minoria poupadora-investidora, os cortes orçamentários fazem, indiretamente, a mesma coisa: os recursos públicos são desviados de muitos para poucos investidores-poupadores, na medida em que os cortes orçamentários vêm com a prioridade declarada de ressarcir a dívida que está nas mãos de credores nacionais ou internacionais. De maneira similar, a austeridade monetária, no sentido de políticas de reavaliação monetária (como aumento das

---

[13] Maffeo Pantaleoni, em Liga das Nações, *Brussels Financial Conference 1920*, v. 5 (Londres, Harrison and Sons, 1920-1921), cap. 1, p. 107.

taxas de juros e redução na oferta de moeda), protege diretamente os credores e aumenta o valor de suas poupanças. Enquanto isso, a mão de obra organizada fica de mãos atadas, uma vez que ter menos dinheiro em circulação deprime a economia e diminui o poder de barganha da classe trabalhadora. Por fim, a austeridade industrial, que assume a forma de políticas industriais autoritárias (suspensão temporária de contratos de funcionários públicos, reduções salariais, enfraquecimento de greves e sindicatos etc.), protege ainda mais as relações assalariadas verticais entre proprietários e trabalhadores, fomentando o arrocho salarial em favor de um lucro mais elevado para poucos. Este livro estudará essas três formas de austeridade – o que eu chamo de trindade da austeridade – e como elas requerem e, ao mesmo tempo, promovem umas às outras. Essa investigação histórica, que examina um momento em que o capitalismo estava bastante vulnerável, esclarece muitas conexões vitais que os economistas negligenciam ao discutir a austeridade hoje.

Em primeiro lugar, as políticas de austeridade não podem ser reduzidas a meras políticas fiscais ou monetárias de instituições centrais de um governo. Políticas industriais, públicas e privadas, que criam condições favoráveis ao lucro e disciplinam os trabalhadores também são fundamentais para a austeridade. Aliás, como o livro mostrará, a fixação de nossos especialistas no pagamento de dívidas, em orçamentos equilibrados, taxas de câmbio e inflação revela um propósito mais fundamental: amansar o conflito de classes, o que é essencial para a reprodução continuada do capitalismo.

Em segundo lugar, essa investigação esclarece que a austeridade é mais que apenas uma política econômica; é um amálgama de política e teoria. As políticas de austeridade prosperam porque se baseiam em um conjunto de teorias econômicas que as inspiram e as justificam. Este livro examina o encadeamento de certo tipo de teoria dentro da formulação de políticas, inclusive o modo como a tecnocracia resultante – o governo controlado por especialistas técnicos – é central para proteger o capitalismo moderno daquilo que o ameaça. Para ilustrar esse emaranhado, não há candidatos melhores que os personagens da história após a Primeira Guerra Mundial, que estavam entre os tecnocratas mais influentes da década de 1920.

Tecnocracia e teoria "apolítica", antes e agora

A tecnocracia domina a formulação de políticas governamentais em múltiplas frentes. Uma delas é a convenção histórica de economistas que aconselham as pessoas que governam. A outra é epistêmica, a maneira como esses economistas moldam a economia – incluindo os argumentos econômicos que eles mesmos postulam – como tendo alcançado um ponto de vista acima dos interesses de classe ou do partidarismo. A economia, argumentam, estabelece verdades sobre o capitalismo isentas de juízo de valor – fatos naturais deste mundo, não posições construídas (ou, no mínimo, políticas).

A tecnocracia que facilitou a ascensão da austeridade no século XX pode ser atribuída ao economista britânico Ralph G. Hawtrey, que escreveu os textos e memorandos que serviriam de guia para a austeridade britânica depois da Primeira Guerra Mundial. Como é da natureza da tecnocracia, Hawtrey teve ajuda. Trabalhando a seu lado estavam os carismáticos *sir* Basil Blackett e *sir* Otto Niemeyer, ambos poderosos funcionários do alto escalão do Tesouro que assessoravam de perto o chefe do erário, o ministro da Economia britânico, responsável pelas políticas econômicas e financeiras.

Em Roma, a escola italiana de economia acadêmica que liderou as políticas de austeridade foi presidida por Maffeo Pantaleoni, que dirigiu um grupo de economistas durante o governo fascista italiano que foi codificado em 1922 sob "Il Duce", Benito Mussolini. O primeiro-ministro concedeu poderes excepcionais ao discípulo de Pantaleoni Alberto de Stefani para aplicar austeridade ao papel deste como ministro das Finanças. Os economistas italianos aproveitaram essa rara oportunidade de explorar os alcances do que eles consideravam "economia pura", uma escola de economia como lei natural alinhada à austeridade. Eles desfrutavam de uma vantagem inédita na governança, pois podiam implementar diretamente modelos econômicos sem o empecilho dos procedimentos democráticos – e, algumas vezes, graças a Mussolini, com a ajuda de instrumentos de opressão política.

Este livro investiga escritos e comentários públicos desses dois conjuntos de especialistas econômicos, homens que projetaram políticas de austeridade e pleitearam consenso para a implementação da força bruta. Embora suas vozes fossem centrais para a formulação da austeridade após a Primeira Guerra Mundial, o papel que tiveram nessa contrarrevolução insidiosa não foi estudado nem explicado em outro lugar. O que suas histórias deixam claro e que permanece verdade hoje é que, para persistir, a austeridade precisa de especialistas dispostos a falar de suas virtudes. Essa relação se mantém verdadeira, ainda que com um elenco sempre atualizado de figuras tecnocráticas.

Após a Primeira Guerra Mundial, os economistas da Grã-Bretanha e da Itália – ambas nações capitalistas, mas, de resto, dramaticamente diferentes – usufruíram de papéis sem precedentes na formulação e na implementação de políticas públicas para orientar as reformas do pós-guerra em suas nações. Nos dois casos, os economistas se apoiaram fortemente nos princípios do que eles chamavam de "economia pura" – então um paradigma emergente, mas que ainda é fundamental para a economia predominante hoje ou para o que às vezes chamamos de tradição neoclássica.

O paradigma da "economia pura" teve êxito em estabelecer esse campo como a ciência politicamente "neutra" das decisões e do comportamento individuais. Ao dissociar o processo econômico do político – isto é, ao apresentar a teoria econômica e conceituar os mercados como livres das relações sociais de dominação –, a economia pura restaurou uma ilusão de consentimento interno aos sistemas capitalistas, permitindo que essas relações de dominação fossem, por sua vez, mascaradas como racionalidade econômica. Na verdade, a força da tecnocracia residia nesse poder de moldar os objetivos mais fundamentais da austeridade – restabelecer as relações capitalistas de produção e subjugar a classe trabalhadora para que aceitasse a inviolabilidade da propriedade privada e as relações assalariadas – como retorno a um estado natural da economia.

A teoria "apolítica" desses economistas estava centrada em uma idealização caricatural do ente econômico: o poupador racional. Essa caracterização, em traços gerais, teve um resultado duplo: primeiro, criou a ilusão de que qualquer um poderia ser um poupador racional desde que trabalhasse bastante e independentemente de suas condições e bases materiais; segundo, desacreditou e desvalorizou as classes trabalhadoras, que deixaram de ser entendidas como membros produtivos da sociedade para ser vistas como passivos sociais com base em sua inabilidade de praticar comportamentos econômicos virtuosos. (Nota: foi e continua sendo extremamente desafiador para as pessoas economizar o dinheiro que não têm.) Como consequência, depois da guerra os trabalhadores perderam toda a agência que as teorias e ações do movimento ordinovista tinham conquistado para eles. Isso porque, pelas lentes dos economistas, a classe produtiva de uma sociedade não era a classe trabalhadora, e sim a classe capitalista – as pessoas que poderiam poupar, investir e, assim, contribuir para a acumulação privada de capital. A teoria econômica já não era mais uma ferramenta para o pensamento e a ação críticos; era um molde para impor o consentimento passivo e manter o *status quo* de cima para baixo.

A capacidade da austeridade de desviar a atenção dos problemas sistêmicos também ajudou a fomentar a passividade coletiva. Os economistas atribuem as crises econômicas do pós-guerra aos desmandos dos cidadãos, deslegitimados em suas necessidades socioeconômicas e que, era esperado, se redimiriam por meio de sacrifícios econômicos, moderação, trabalho árduo e salários reduzidos – todas précondições para a acumulação de capital e a competitividade econômica internacional.

Políticas de austeridade no espírito da "economia pura" foram um desastre para a maioria das pessoas que viviam na Grã-Bretanha e na Itália na década de 1920. Assim, este livro investiga o paradoxo de uma doutrina que se apresenta como apolítica, porém tem como objetivo central o "adestramento dos homens", como colocou, com crueza, o acadêmico e economista italiano Umberto Ricci em 1908. Sob o verniz de ciência apolítica, os economistas tecnocratas realizavam a ação mais política de todas: submeter as classes trabalhadoras às vontades e necessidades das classes proprietárias de capital para o enriquecimento de uma pequena minoria.

A história da austeridade é também a história das origens da rápida ascensão e do incrível poder político da economia moderna. É verdade hoje, mas não era logo depois da Primeira Guerra Mundial, que o capitalismo é a única opção: a teoria econômica dominante floresce porque nossas sociedades dependem quase por completo da coerção de pessoas que não têm alternativa a não ser vender sua força de trabalho aos poucos proprietários a fim de sobreviver. (Como o economista Branko Milanović observa em seu livro *Capitalism, Alone*, de 2019, "o fato de que todo o globo agora opera de acordo com os mesmos princípios econômicos não tem precedentes históricos".)[14] Em vez de reconhecer e estudar a estranha homogeneidade dessa realidade, a economia dominante trabalha para escondê-la. O conflito de classes e a dominação econômica são suplantados por uma suposta harmonia entre os indivíduos na qual aqueles que estão no topo são vistos como os que demonstram maior virtude econômica e cuja busca pelo lucro é benéfica para todos. Dessa forma, a teoria econômica cerceia as críticas às relações verticais de produção, justifica o capitalismo e aconselha a aquiescência pública.

---

[14] Branko Milanović, *Capitalism, Alone: The Future of the System that Rules the World* (Cambridge, MA, The Belknap Press of Harvard University Press, 2019), p. 2 [ed. bras.: *Capitalismo sem rivais: o futuro do sistema que domina o mundo*, trad. Bernardo Ajzenberg, São Paulo, Todavia, 2020].

A onipresença do capitalismo hoje pode fazer que as críticas ou mesmo a observação do capitalismo pareçam incomuns. Afinal, internalizamos seus ensinamentos a ponto de ter nossos valores e crenças plenamente alinhados àqueles que são funcionais para a acumulação de capital. Tudo está tão arraigado que hoje a maioria dos trabalhadores nos Estados Unidos consegue viver aguardando o próximo salário, com pouco ou nenhum seguro social, e ainda assim aceitar amplamente que sua posição é aquela que merece; enquanto isso, os ricos do país se beneficiam de uma aparente alergia nacional a qualquer tipo de reforma tributária, mesmo branda, que transfira mais carga tributária para os ricos. A paisagem atual é bastante diferente daquela que os tecnocratas enfrentavam em 1919, mas ambas estão, sem dúvida, relacionadas.

Na verdade, mesmo um especialista em economia como Keynes, em geral tido como o mais contundente crítico da austeridade[15], sustentava uma opinião muito diferente em 1919. Ele compartilhava com seus colegas do Tesouro britânico uma sensação de terror acerca da ameaça de colapso da ordem do capital – e, o que é mais surpreendente, também compartilhava da solução austera deles para a crise capitalista. À medida que a década de 1920 avançava, a teoria econômica de Keynes sobre a melhor forma de evitar crises mudou *de fato*; o que *não* mudou foi sua preocupação fundamental de preservar a ordem do capital – que ele descreveu como "a fina e precária crosta"[16] da civilização que necessitava de proteção. Essa ansiedade existencial continua sendo uma característica fundamental do keynesianismo até hoje[17]. Ainda que Keynes não seja figura central nessa história, seu vínculo intelectual com vários dos princípios da austeridade

---

[15] Robert Skidelsky, *Keynes: The Return of the Master* (Nova York, PublicAffairs, 2009) [ed. port.: *Keynes: o regresso do mestre*, trad. Sónia Oliveira, Portugal, Texto Editores, 2010]; Paul Krugman, "The Case for Cuts Was a Lie. Why Does Britain Still Believe It? The Austerity Delusion", *The Guardian* (ed. estadunidense), 29 abr. 2015; disponível on-line.

[16] John Maynard Keynes, *The Collected Writings of John Maynard Keynes*, v. 10: *1971-1989* (Cambridge, Cambridge University Press, 1971), p. 446-7.

[17] Mann argumenta que o legado do keynesianismo é assombrado pelo colapso potencial da civilização, inevitavelmente compreendida como a civilização capitalista: "Como a teoria da civilização de Keynes deixa claro, dado que a burguesia não é capaz de imaginar uma sociedade não burguesa, ela não é capaz de conceber o próprio fim como algo que não o fim do mundo". Geoff Mann, *In the Long Run We Are All Dead: Keynesianism, Political Economy, and Revolution* (Nova York, Verso, 2017), p. 23. As reflexões de Mann encontram fundamentos ainda mais sólidos se colocarmos Keynes no contexto do rescaldo da Primeira Guerra Mundial.

continua essencial para compreender plenamente a natureza e o ímpeto da chamada revolução keynesiana em um momento posterior do século XX.

Liberalismo e fascismo, antes e agora

A história da contraofensiva da austeridade contra a ascensão da classe baixa teve início em duas conferências financeiras internacionais, primeiro em Bruxelas, em 1919, e depois em Gênova, em 1922. Essas duas conferências constituíram os marcos da ascensão do primeiro programa tecnocrático global de austeridade. Seus planos tiveram aplicação rápida e direta em toda a Europa, principalmente na Grã-Bretanha e na Itália – dois cenários socioeconômicos que se encontravam em polos opostos. De um lado, a Grã-Bretanha, uma sólida democracia parlamentar liderada por instituições bem estabelecidas e valores vitorianos ortodoxos, um império cuja secular hegemonia econômico-financeira mundial estava sendo contestada pelos emergentes Estados Unidos. Na outra extremidade, a Itália, um país economicamente atrasado que se recuperava de recentes ondas revolucionárias e guerra civil. A Itália não tinha autossuficiência e era altamente dependente de importações e capital estrangeiro. Em outubro de 1922, o fascismo de Mussolini havia tomado as rédeas do país.

Este livro narra as histórias paralelas e entrelaçadas dos triunfos da austeridade na Grã-Bretanha e na Itália após a Primeira Guerra Mundial. Escolho concentrar-me nessas nações porque as disparidades de suas realidades político-institucionais facilitam a identificação dos elementos fundamentais da austeridade e do modo de produção capitalista de um lugar a outro e ao longo do tempo. A Grã-Bretanha, berço do liberalismo clássico, e a Itália, berço do fascismo, são inquestionavelmente entendidas como representantes de mundos ideológicos opostos. No entanto, quando a austeridade se torna nosso enfoque histórico, as linhas dessa separação começam a se turvar. A austeridade transcende todas as diferenças ideológicas e institucionais, movendo-se na direção de um objetivo similar em países distintos: a necessidade de reabilitar a acumulação de capital em contextos nos quais o capitalismo perdeu sua inocência e se revelou em suas tendências classistas.

Essa história também revela como o liberalismo britânico e o fascismo italiano promoveram ambientes similares para que a austeridade prosperasse. As similaridades foram além dos sacrifícios compartilhados por cidadãos britânicos e italianos, ou do fato de que os planos de austeridade de ambos os países foram racionalizados por teorias econômicas semelhantes. Também é evidente que a formação original da ditadura fascista da Itália exigia o apoio da elite liberal italiana tanto quanto a ajuda do *establishment* financeiro anglo-estadunidense, dois apoios que Mussolini foi capaz de garantir implementando – muitas vezes, à força – políticas de austeridade. É revelador que o período de 1925 a 1928 corresponda tanto ao auge da consolidação do regime fascista quanto aos investimentos financeiros estadunidenses e britânicos em títulos do governo italiano. A economia de austeridade da Itália fascista forneceu a esses países liberais um local rentável para depositar seu capital, o que muito os satisfazia.

Quando chegou a hora de lidar com Mussolini e a Itália fascista, o eixo liberal formado por Grã-Bretanha e Estados Unidos construiu uma prática de dissonância: ignorar a política repulsiva do país, que depois de 1922 passou a se fundamentar na violência política patrocinada pelo Estado e, ao mesmo tempo, a aproveitar as oportunidades da economia italiana estabilizada. Para o *establishment* financeiro liberal, um país com fervor revolucionário como a Itália exigia um Estado forte que restabelecesse a ordem; o fato de que a Itália se desviou completamente rumo a um Estado autoritário apenas aceleraria a subjugação de uma classe trabalhadora radicalizada à austeridade. Como essa história demonstra, economistas fascistas e liberais concordavam nesse ponto.

Embora as visões antidemocráticas de economistas italianos fossem mais explícitas – Pantaleoni chamou a democracia de "a gestão do Estado e de suas funções pelos mais ignorantes, os mais incapazes"[18] –, os tecnocratas britânicos reconheciam que, mesmo na Grã-Bretanha, as instituições econômicas exigiam liberação do controle democrático para prosseguir de forma otimizada. Na verdade, as conferências de Bruxelas e Gênova formalizaram a independência do Banco Central como um passo crucial para esse fim. O famoso economista britânico Ralph G. Hawtrey descreveu a vantagem de estabelecer um banco central livre de "críticas e pressões", observando que o banco poderia seguir o preceito "Jamais explicar; jamais se arrepender; jamais se desculpar"[19].

Ao longo destas páginas, um tema interessante virá à tona: especialistas econômicos, fascistas ou liberais, reconheceram que, para garantir a liberdade econômica – isto é, a liberdade de mercado para o poupador-empreendedor "virtuoso" –, os países tinham de renunciar às liberdades políticas ou, no mínimo, colocá-las em segundo plano. Isso ficou evidente especialmente na Itália durante os "anos

---

[18] Maffeo Pantaleoni, *Bolcevismo Italiano* (Bari, Laterza, 1922); disponível on-line.
[19] Ralph G. Hawtrey, "Currency and Public Administration", *Public Administration*, v. 3, n. 3, 1925, p. 243; disponível on-line.

vermelhos" de 1919 e 1920, quando a maioria dos trabalhadores do país demonstrou relutância em aceitar uma ideia de liberdade econômica que pressupunha sua subordinação à hierarquia das relações de produção. Esses trabalhadores lutavam pela libertação da maioria e defendiam uma compreensão de liberdade econômica que era a antítese daquela dos especialistas, uma liberdade econômica que pressupunha a derrubada da propriedade privada e do trabalho assalariado em favor de meios compartilhados e do controle democrático da produção. O destino do capitalismo, para nossos economistas, era incerto. Um contra-ataque arrebatador – que transcendesse as linhas partidárias – estava a caminho.

O caso italiano expõe uma pulsão repressiva que no caso britânico era apenas latente e que persiste até hoje em países mundo afora. Enquanto na Itália a austeridade industrial subordinou diretamente a mão de obra por meio da proibição de greves e sindicatos (exceto sindicatos fascistas, aparentemente uma contradição em termos), na Grã-Bretanha a austeridade monetária provocou uma recessão econômica[20] que, de forma indireta, alcançou os mesmos fins: desemprego sem precedentes (até 17% dos trabalhadores com direito a seguridade social em 1921), o que enfraqueceu o poder de barganha dos trabalhadores e reduziu os salários, além de uma consequente redução das receitas do governo, o que atou as mãos do Estado e impediu qualquer resposta pública às necessidades ou demandas dos trabalhadores.

O fato de que os especialistas britânicos estavam dispostos a tolerar um desemprego tão alto, visivelmente a serviço do controle da inflação, faz parte da "loucura" a que Blyth se refere. No entanto, essa loucura tem sentido se reconhecermos que o alto desemprego funciona para suprimir a ameaça ao capitalismo representada pelas reivindicações dos trabalhadores. O que o economista britânico Arthur Cecil Pigou chamou de "fato inescapável" do desemprego é que ele não só matou o entusiasmo político das classes trabalhadoras, como forçou os trabalhadores a aceitar salários mais baixos – no caso da Grã-Bretanha no pós-guerra, uma queda salarial nominal de 41% de 1920 a 1923, que permitiu que a taxa de lucro logo se recuperasse das

---

[20] Sem dúvida, ainda que centrais para explicar a recessão, as políticas de austeridade não foram os únicos fatores que contribuíram para isso. Simon Clarke, por exemplo, destaca a superprodução e a falta de competitividade global como importantes razões para interromper o crescimento britânico do pós-guerra. Simon Clarke, *Keynesianism, Monetarism, and the Crisis of the State* (Aldershot, Gower, 1988), p. 209-10.

dificuldades imediatas posteriores à guerra[21]. Dessa forma, fica claro que a principal vantagem da recessão foi a restauração inequívoca da estrutura de classe capitalista. Em vez de exercer coerção política e econômica direta, como fez a Itália, a Grã-Bretanha confiou em tecnocratas aparentemente apolíticos na direção do Tesouro e do Banco da Inglaterra, que alcançaram fins semelhantes por meio de deflação monetária e cortes orçamentários; a violência estrutural da política macroeconômica pôde fazer o mesmo que a violência física das milícias fascistas. Essas terríveis consequências sociais eram evidentes para observadores políticos. Em 1923, as palavras do parlamentar trabalhista doutor Alfred Salter ecoaram pelo Parlamento britânico: "Infelizmente a questão dos salários voltou à posição de dez anos atrás com uma vingança [...]. Tem-se até o espetáculo extraordinário de homens saudáveis plenamente empregados [...] recebendo salários de nível tão baixo que são obrigados a recorrer à legislação de combate à pobreza [...]. É um estado de coisas dos mais estarrecedores"[22].

A estreita ligação entre austeridade e tecnocracia e o sucesso dos primeiros esforços para construir consenso em torno de políticas coercitivas permanecem hoje uma realidade vívida. Apesar das repetidas crises econômicas, ainda confiamos em economistas para encontrar a solução quando uma nova crise emerge, e as soluções que eles apresentam continuam a exigir que os trabalhadores absorvam a maior parte dos sacrifícios, por meio de salários mais baixos, jornadas de trabalho mais longas e cortes nos programas sociais[23].

---

[21] Arthur Cecil Pigou, *Aspects of British Economic History: 1918-1925* (Londres, Routledge, 1947), p. 43. A renda média semanal de todos os trabalhadores manuais caiu de 3,7 libras em 1920 para 2,61 libras em 1923. Ver Peter Scholliers e Vera Zamagni (orgs.), *Labour's Reward: Real Wages and Economic Change in 19th-and 20th-Century Europe* (Cheltenham, Edward Elgar, 1995).

[22] Dr. Alfred Salter, 161 Parl. Deb. H. C. (7 mar. 1923), col. 627-75.

[23] A Oxfam, por exemplo, em análise de 2020, constata que 76 dos 91 empréstimos do Fundo Monetário Internacional (FMI) negociados com 81 países desde março de 2020 – quando a pandemia de covid-19 foi declarada – pressionam para um aperto do cinto que poderia resultar em cortes profundos nos sistemas públicos de saúde e nos regimes de aposentadoria; congelamentos e cortes salariais para funcionários do setor público, como médicos, enfermeiros e professores, e cortes em benefícios de desemprego, como auxílio-doença. Nadia Daar e Nona Tamale, "A Virus of Austerity: The Covid-19 Spending, Accountability, and Recovery Measures Agreed between the IMF and Your Government", *Oxfam Internacional*, 12 out. 2020; disponível on-line. Ver também "IMF Paves Way for New Era of Austerity Pos-Covid-19", *Oxfam Internacional*, 12 out. 2020; disponível on-line.

Repressão salarial, antes e agora

Alguns economistas se referiram à austeridade como um simples "erro de estratégia", um erro de calibragem técnica que produziu a supressão da demanda e o estreitamento dos mercados de trabalho. Essa visão subestima dramaticamente os impactos da austeridade, cujo sucesso e legado permanecem indeléveis até hoje. Afinal, a combinação de planos fiscais, monetários e industriais no manual de austeridade desferiu um golpe duradouro nas classes trabalhadoras e em suas expectativas de um sistema socioeconômico diferente. A reabilitação de relações assalariadas hierárquicas – nas quais a maioria das pessoas não pode ganhar a vida de outra maneira que não vendendo sua força de trabalho como mercadoria no mercado e, ao fazê-lo, renunciar a seu direito de opinar sobre como essa mercadoria é consumida pelo empregador que a compra – é, talvez, a característica definidora da austeridade. Dessa forma, e como detalha o capítulo 9 deste volume, a austeridade também produz um aumento na taxa de exploração dos trabalhadores e um aumento nos lucros para os proprietários.

Na economia política, o conceito de exploração capitalista refere-se à dinâmica em que uma funcionária executa uma quantidade de trabalho maior que aquela pela qual recebe em contrapartida. Em outras palavras, a classe capitalista se apropria do mais-valor – seus lucros –, bem como de outras formas de mais-valor, como aluguéis e juros[24]. A taxa de exploração pode ser medida comparando o montante da renda nacional que vai para os lucros (a parcela dos lucros) com os salários (a parcela dos salários); outro método é comparar a produtividade do trabalho com os salários pagos. Em ambas as medições, a Itália e a Grã-Bretanha viram uma exploração crescente na década de 1920. Fazendo esse mapeamento em comparação com os acontecimentos políticos, as conclusões sobre os efeitos da austeridade nos trabalhadores se evidenciam: a exploração despencou durante os "anos vermelhos" de 1918-1920, quando os salários diários nominais dos trabalhadores quadruplicaram (Grã-Bretanha) ou até quintuplicaram (Itália) em comparação com os anos anteriores à guerra. Essa tendência mudou de imediato com a introdução da austeridade.

---

[24] Ver Duncan K. Foley, *Understanding Capital: Marx's Economic Theory* (Cambridge, MA, Harvard University Press, 1986).

Um século depois, a exploração causada pela estagnação salarial – que mostro ser o mais insolúvel legado da austeridade[25] – persiste como o principal motor de uma tendência de desigualdade global em que um país como a Itália (que sofre muito menos com a desigualdade que os Estados Unidos) viu a riqueza dos 6 milhões de pessoas mais ricas aumentar 72% nos últimos dez anos. Os 6 milhões mais pobres do país tiveram sua riqueza diminuída em 63% ao longo do mesmo período. Os dados oficiais revelam que, em 2018, 5 milhões de pessoas (8,3% da população italiana) viviam na pobreza absoluta, isto é, eram privadas dos meios necessários para viver com dignidade[26]. Os números em 2020 pioraram: 5,6 milhões de pessoas, 9,4% da população, vivem na pobreza absoluta. Na Grã-Bretanha, a situação não é menos sombria: 30% das crianças do país (4,1 milhões) viviam em pobreza relativa em 2017-2018, e 70% delas viviam em famílias trabalhadoras. A partir de 2020, o número de crianças pobres aumentou para 4,3 milhões[27].

Em uma análise macroeconômica da economia dos Estados Unidos em 2020, os economistas Lance Taylor e Özlem Ömer mostraram que, nos quarenta anos precedentes, a parcela dos lucros na produção nacional aumentou de forma substancial, enquanto a participação do trabalho caiu na mesma proporção. A relação entre o lucro do proprietário e a perda do trabalhador era simétrica; um estava tirando do outro. Um aumento na exploração também ficou evidente, com salários reais muito abaixo da produtividade do trabalho[28].

---

[25] Certamente, não estou afirmando que a austeridade é o único fator a explicar a repressão salarial, muito menos a explicar a desigualdade. Por exemplo, o movimento global de capital em busca de mão de obra mais barata e as mudanças tecnológicas são fatores que atraíram a maioria da força de trabalho para setores de serviços, caracterizados por baixa produtividade e jornadas de trabalho precárias. Ver Lance Taylor e Özlem Ömer, *Macroeconomic Inequality from Reagan to Trump: Market Power, Wage Repression, Asset Price Inflation, and Industrial Decline* (Cambridge, Cambridge University Press, 2020).

[26] Ver Istituto Nazionale di Statistica, "Le statistiche dell'istat sulla povertà, anno 2020: torna a crescere la povertà assoluta", *relatório estatístico sobre a pobreza na Itália*, 16 jun. 2021; disponível on-line. O índice de pobreza absoluta é calculado a partir do valor monetário, a preços de mercado, da cesta de bens e serviços considerados essenciais para cada família, tendo como base a idade de cada um de seus membros, a distribuição geográfica e o local de residência. Idem, "Calcolo della soglia di povertà assoluta", análise de dados e produtos, última atualização em 2 fev. 2021; disponível on-line.

[27] Philip Inman e Robert Booth, "Poverty Increases among Children and Pensioners across UK", *The Guardian* (ed. estadunidense), 28 mar. 2019; disponível on-line. Para estatísticas oficiais, ver Department for Work and Pensions, "Households Below Average Income (HBAI) Statistics"; disponível on-line.

[28] Anwar Shaikh, *Capitalism:* cit., p. 60.

Uma vez que o público leitor esteja informado sobre a história deste livro, o funcionamento interno dessa dinâmica se tornará familiar e, espero, clara.

Hoje, como na década de 1920, sob a austeridade, os que ganham continuam sendo uma minoria abastada: o 1% mais rico da população subsiste essencialmente de rendas relacionadas ao lucro ligado à riqueza existente (por exemplo, dividendos, juros). O restante da população – pessoas que dependem exclusivamente da renda do trabalho ou os 60% mais pobres, que dependem de uma combinação de baixos salários e benefícios sociais – perdeu[29]. Trata-se de uma derrota tão completa e tão impressionante que, na média, em 2019, o homem trabalhador estadunidense ganhava em termos reais menos do que ganhava em 1973. Desde aquele ano, a desigualdade estrutural roubou dos trabalhadores estadunidenses 2,5 trilhões de dólares por ano, dinheiro que fluiu diretamente para as mãos de poucos[30].

Warren Buffett, o renomado investidor e em 2020 a quarta pessoa mais rica do planeta, foi citado em 2006 como autor da observação: "Há uma luta de classes, certo, mas é a minha classe, a classe rica, que está fazendo guerra, e estamos vencendo"[31]. Este livro mostra como a maior vitória de todas, a que abriu caminho para todas as vitórias que se seguiram, foi a luta que aconteceu há um século.

Métodos e fontes

A reconstituição da história das origens da austeridade começou em 2013 nos arquivos da Biblioteca da Banca d'Italia e do Archivo De Stefani do banco, ambos localizados em Roma. Passei anos aqui estudando as obras dos economistas italianos que se tornariam centrais em minha história.

O principal desafio na construção dessa história foi evitar a compartimentalização das diferentes vidas de seus personagens – suas trajetórias pessoais, acadêmicas e políticas – e integrar e analisar conexões entre os escritos teóricos dos

---

[29] Lance Taylor e Özlem Ömer, *Macroeconomic Inequality from Reagan to Trump:* cit.
[30] Ver Rick Wartzman, "We Were Shocked': RAND Study Uncovers Massive Income Shift to the Top 1%", *Fast Company*, 14 set. 2020; disponível on-line. Para os relatórios de trabalho da RAND Corporation que Wartzman cita, ver Carter C. Price e Kathryn A. Edwards, "Trends in Income from 1975 to 2018", documento de trabalho da RAND Corporation WR-A516-1, 2020; disponível on-line.
[31] Ben Stein, "In Class Warfare, Guess Which Class Is Winning?", *The New York Times*, 26 nov. 2006.

economistas, intervenções políticas e comentários públicos. Quando fiz isso, uma agenda coerente de austeridade – uma agenda que era, ao mesmo tempo, teórica e prática – veio à tona. Muito do material de arquivo que influenciou esse processo encontra sua primeira tradução nas páginas deste livro.

A mesma abordagem guiou minha pesquisa nos British National Archives, nos arquivos do Bank of England e no Churchill Archives Center, revelando e contextualizando as visões de mundo dos especialistas do Tesouro britânico, que conduziram o movimento pela austeridade na Grã-Bretanha. O estudo da teoria de Ralph G. Hawtrey foi longo e difícil: o homem foi prolífico tanto em suas publicações acadêmicas quanto nos memorandos que escreveu para colegas do Tesouro. Seus pensamentos eram, muitas vezes, opacos. No entanto, ao juntar as peças do quebra-cabeça, uma imagem integral da austeridade emergiu. Como este livro detalhará, foi um desígnio seguido e realizado pelo trabalho de seus colegas seniores, *sir* Basil Blackett e *sir* Otto Niemeyer. Ao desenterrar as atividades desses homens dos arquivos empoeirados do Tesouro, fiquei fascinada com as evidências da persuasão dos outros dois por Hawtrey e, por sua vez, com o modo como os dois burocratas, nenhum deles economista formado, passaram a ser missionários em campanhas de exportação da agenda britânica de austeridade para outros países.

Para compreender e desenvolver a cronologia dos conflitos de classe na Grã-Bretanha e na Itália durante e após a guerra, mergulhei no jornalismo da época – de esquerda, direita e centro; da classe trabalhadora e da burguesia. Isso incluía os jornais italianos de esquerda *L'Avanti* e *L'Ordine Nuovo*, frequentemente citados neste livro, bem como seus equivalentes britânicos, *The Daily Herald* e panfletos trabalhistas dos delegados sindicais metalúrgicos. Os arquivos do governo foram fontes cruciais para reconstituir as vozes dos trabalhadores britânicos. Vários jornais burgueses da época (*The London Times*, *The Economist*, *La stampa*, *Il Corriere della Sera*), bem como transcrições de debates parlamentares, ofereceram uma voz contrastante útil. Complementei essa investigação histórica com os despachos da embaixada britânica em Roma, abrigados nas pastas do Ministério das Relações Exteriores nos Arquivos Nacionais; essas vozes estão entre as mais marcantes do livro.

Um desconforto de contar uma nova história é a possibilidade de que ela seja descartada como narrativa seletiva ou mesmo partidária. Por esse motivo, e porque sou economista e não consigo me conter, incluí um capítulo no fim do livro que oferece análise quantitativa para dar suporte à história que contei em termos arquivísticos e teóricos. Para esse penúltimo capítulo, o capítulo 9, coletei dados macroeconômicos e dados financeiros de fontes estatísticas mais atualizadas a fim de ilustrar as mudanças econômicas na Grã-Bretanha e na Itália que sustentam meu argumento de que a austeridade era, e continua sendo, uma ferramenta de controle de classe. Se a história dos primeiros oito capítulos não convencer o público leitor, talvez a economia dessa outra seção o convença.

Parte I
Guerra e crise

A escala da Primeira Guerra Mundial remodelou as economias capitalistas da Europa. Muitas indústrias privadas tornaram-se públicas, e de repente os governos funcionavam como compradores e vendedores em economias que estavam destinadas a atender às necessidades básicas internas e impulsionar os esforços de guerra no exterior. Qualquer que fosse a velha ordem social, ela parecia em transformação.

A mudança não durou. Com o fim da guerra, as mesmas nações capitalistas logo agiram para reverter a economia ao estado anterior: de cima para baixo, capitalista, privado. Os sentimentos de igualitarismo em tempos de guerra foram sufocados; o poder da mão de obra organizada foi diluído. O capitalismo estava de volta.

O capitalismo era mais que um sistema econômico; era também um sistema de ordem social. Se a guerra serviu como um flerte breve e desconfortável com os princípios básicos do socialismo – incluindo uma economia central planejada e uma mão de obra forte e organizada –, então a tentativa do pós-guerra de reverter tudo isso era uma prova do poder e da influência do capital sobre as nações modernas.

O capital não é, como sugere seu uso mais recente, mera riqueza. Na verdade, a acumulação de capital depende de dois pilares fundamentais: primeiro, pequenos grupos ou indivíduos possuem os meios de produção; segundo, eles usam esses meios para o acúmulo de riqueza via contratação de trabalhadores assalariados. As *relações assalariadas* são a principal relação social em qualquer sistema capitalista e podem ser observadas sempre que uma pessoa trabalhadora vende sua capacidade de trabalho a um empregador em troca de um salário – uma relação que é chamada de *capital*. Por meio dessa venda, a pessoa entrega sua capacidade de ação sobre como sua mão de obra é usada e quais serão seus produtos. Por exemplo, alguém que trabalha como caixa de banco realiza uma série de tarefas e, para isso, recebe um salário – não uma parcela da receita que ela produz, que é deliberadamente maior que seu salário. Essa condição é parte de todos os tipos de trabalho assalariado em nossa sociedade, desde os de remuneração mínima aos de melhor remuneração. A maioria das pessoas considera essa uma espécie de ordem natural para as sociedades modernas.

Nem sempre foi assim. Durante o século XVII, o sistema capitalista foi submetido a uma ampla experimentação política e à formalização legal. Em meados do século XVIII, o capitalismo tinha sido refinado a ponto de suas instituições poderem ser consideradas *naturalizadas*. A propriedade privada e as relações assalariadas não eram mais compreendidas como instituições históricas que evoluíram à custa de outros sistemas; eram a ordem natural para pessoas e coisas. Como parte desse novo sistema consolidado, a política foi compreendida à parte da economia. A política poderia evoluir; a economia era autogovernada, conforme a vontade de Deus[1].

De acordo com essa visão, uma economia é "objetiva" porque é disciplinada pelas leis dos mercados, incluindo as leis da oferta e da procura. Nesse domínio objetivo, a coerção econômica é ocultada porque adquire uma forma impessoal: a maioria de nós é forçada a se vender no mercado de trabalho a fim de sobreviver em uma sociedade em que, sem dinheiro, não se consegue obter comida ou moradia. Em uma sociedade capitalista, as pessoas *dependem* do mercado.

Ao contrário das sociedades de classe anteriores (isto é, a escravista e a feudal), a coerção sob o capitalismo é peculiar em sua impessoalidade: não há uma figura dominadora para ditar a venda de nosso trabalho. Enquanto um servo pagava ao senhor com parte do produto de seu trabalho devido à influência política do senhor e à ameaça de retaliação física, uma pessoa que trabalha na Starbucks assina "voluntariamente" um contrato de trabalho sem tal pressão pessoal; a pressão que ela sofre vem da alternativa: a miséria. Assim, em uma sociedade capitalista, ela está inescapavelmente submetida às forças objetivas

---

[1] Sobre a história e o desenvolvimento do início do capitalismo e sua consolidação, ver Ellen Meiksins Wood, *The Origin of Capitalism* (Nova York, Monthly Review, 1999) [ed. bras.: *A origem do capitalismo*, trad. Vera Ribeiro, Rio de Janeiro, Zahar, 2001]; Karl Polanyi, *The Great Transformation: The Political and Economic Origins of Our Time* (Boston, Beacon, 1944) [ed. bras.: *A grande transformação: as origens políticas e econômicas de nossa época*, trad. Vera Ribeiro, Rio de Janeiro, Contraponto, 2021]; e Douglass C. North e Robert Paul Thomas, *The Rise of the Western World: A New Economic History* (Cambridge, Cambridge University Press, 1973).

de mercado, numa forma de coerção qualitativamente diferente daquela das sociedades pré-capitalistas.

A política, por sua vez, é domínio de Estados e governos, o que significa que a contestação *política* ainda pode ocorrer sob o capitalismo – mas não de uma forma que desafie o sistema econômico. As demandas populares, por exemplo, podem incluir a introdução de um imposto sobre a riqueza ou o reforço dos direitos trabalhistas, mas a abolição da riqueza privada e da mão de obra assalariada está fora de questão. O Estado, portanto, permanece um ator neutro no que diz respeito ao mercado, e seu papel reside principalmente em salvaguardar a propriedade privada e as relações assalariadas por meio do primado da lei.

Em meados do século XIX, com o estabelecimento do padrão-ouro e a institucionalização da ortodoxia financeira que com ele emerge, as relações capitalistas de classe entre proprietários e trabalhadores se consolidaram, e qualquer cenário de reivindicações redistributivas em favor da população foi eficientemente bloqueado. O padrão-ouro exigia que os Estados garantissem certa quantidade de ouro em seus cofres para poderem cumprir a promessa de converter a moeda em ouro a um valor fixo. Assim, a prioridade dos Estados era evitar a saída de ouro, prioridade que implicou medidas fiscais e monetárias rígidas. Acumular um superávit comercial era a maneira mais segura de estabelecer as reservas de ouro de um país. Os déficits comerciais, por sua vez, levavam a um escoamento do ouro, dado que os países o utilizavam para pagar pelas importações. Qualquer gasto público extra ou qualquer flexibilização do crédito – as bases para políticas redistributivas – resultariam em evasão de ouro e eram, portanto, inviáveis.

Já um orçamento fiscal rígido poderia reforçar os superávits comerciais reduzindo a demanda interna. E taxas de juros mais altas (que prometiam rendimentos mais elevados sobre o capital ao mesmo tempo que desencorajavam importações por desacelerarem a economia doméstica) devolviam barras de ouro ao país. Portanto, o imperativo do rigor fiscal e monetário foi normalizado.

Antes da Primeira Guerra Mundial, essa ordem "natural" das coisas encontrava sua prática mais robusta na Grã-Bretanha, o império capitalista *par excellence* por mais de duzentos anos, e também em Estados-nação mais jovens, como a Itália. Mas a demanda da guerra pela produção doméstica produziu rapidamente uma subversão completa de tais fundações consolidadas – de repente, o capitalismo já não parecia tão natural. Seguiu-se um colapso da divisão entre o econômico e o político que acarretou o declínio da condição inquestionável dos dois pilares.

Durante a guerra, o Estado demoliu suas antigas fronteiras de ação. Diante da escolha entre vida e morte, vitória e derrota, os governos em guerra foram forçados a implementar práticas econômicas inéditas – ou melhor, inimagináveis – até aquele momento. As capacidades de autorregulação do mercado tinham se mostrado inadequadas para as necessidades produtivas sem precedentes dos esforços de guerra.

Como será discutido no capítulo 1, os Estados britânico e italiano foram obrigados a assumir um papel importante como produtores: as principais indústrias de guerra foram colocadas sob seu controle. Isso incluía não apenas a indústria bélica, mas também os setores de energia estratégica, como carvão, e de transportes, como o naval e o ferroviário. Nesse sentido, a fronteira antes firme entre propriedade privada e propriedade pública, entre empresários e burocratas, perdeu sua aparência de imobilidade. Por meio do coletivismo de guerra, os Estados romperam a redoma de santidade das organizações privadas de produção. Pela primeira vez, esses Estados também submeteram a prioridade do lucro econômico privado à necessidade política. O colapso do padrão-ouro que veio em seguida serviu para promover essas novas prioridades políticas. Com ele, surgiram espaços para alternativas financeiras que não haviam sido pensadas antes.

Ao mesmo tempo, rompeu-se uma segunda fronteira fundamental: os Estados começaram a regular massivamente o mercado de trabalho (incluindo aspectos como a mobilidade da mão de obra, as condições de trabalho e os salários) em todas as indústrias-chave para a guerra, inclusive aquelas que não controlavam diretamente. Ao fazê-lo, o Estado ameaçou o segundo pilar capitalista, as relações assalariadas. Diante desses novos desdobramentos, os trabalhadores, defrontados com salários mais baixos e uma disciplina mais rígida, comprovaram que seus fardos eram o resultado não de forças impessoais de mercado, mas de decisões governamentais explícitas. A intervenção política nas relações industriais, necessidade dos tempos de guerra, expôs como as relações de produção poderiam ser uma frente de ativismo político e mudança histórica.

Os Estados haviam rompido suas posições neutras em relação ao mercado e, ao fazê-lo, romperam com noções anteriores sobre a inviolabilidade do mercado. Uma vez que a tradicional fronteira entre o econômico e o político estremeceu, o primado da propriedade privada e das relações assalariadas ruiu: a contestação das velhas normas pelo povo emergiu mais que nunca. Em 1919, essa crise do capitalismo estava em curso e não tinha precedentes.

A maioria dos historiadores econômicos da Primeira Guerra Mundial e do período entreguerras se concentra nos "problemas econômicos" enfrentados pelos países devido aos efeitos monetários e financeiros da guerra: inflação desenfreada e dívida crescente tinham comprometido a credibilidade dos países, criando profundas incertezas e a ameaça de evasão de capitais. Observando mais a fundo essa dinâmica, porém, vem à tona o fato de que a incerteza econômica era apenas parte do problema. Parte do que este livro explorará é como a incerteza econômica nesses países do pós-guerra tinha uma base política – na verdade, como as crises econômica e política foram inseparáveis, com a primeira imposta pela segunda. A crise financeira do pós-guerra foi uma crise de legitimidade para a ordem do capital e suas relações sociais.

O grande público começou a perceber que a intervenção do Estado na economia não era uma ação neutra pelo bem geral, mas uma força autoritária para garantir o lucro das classes dirigentes. O capítulo 2 explora como a pressão de baixo forçou os Estados a ampliarem as medidas de assistência social na tentativa de apaziguar seus cidadãos inquietos. No entanto, embora essas medidas tivessem intenções reformistas, não foi essa sua consequência. Na verdade, elas desencadearam novas demandas para erradicar fundamentalmente os próprios pilares capitalistas que os Estados se propunham a proteger.

Simplificando: as novas condições históricas do esforço de guerra e do período entreguerras permitiram que os cidadãos, especialmente aqueles da classe trabalhadora, percebessem que a sociedade podia ser diferente. As lógicas do próprio sistema estavam se fragmentando, e, com sua deterioração, surgiram propostas de alternativas radicais capazes de superá-las. Os capítulos 3 e 4 exploram as greves políticas e o movimento pelo controle dos trabalhadores, que atingiram seu clímax após a guerra e se tornaram centrais para os custos de mão de obra na Grã-Bretanha e na Itália. Como um todo, esses trabalhadores exigiam uma reformulação de suas economias, uma substituição do sistema industrial capitalista, que se movia na direção de uma nova ordem social, na qual as associações de trabalhadores controlariam as indústrias, parcial ou completamente. Nesse sentido, o trabalho emancipado substituiria a exploração, e o serviço público e a produção *com fins úteis* substituiriam a produção *com fins lucrativos*.

As lutas populares nos dois países aqui examinados exemplificam os vários cursos de ação: das campanhas sindicais bem-sucedidas em transpor o *establishment*, passando pela operação efetiva das guildas britânicas de construção, que produziam "por necessidade" no seio do mercado capitalista, até as ocupações de fábricas italianas lideradas por conselhos de trabalhadores revolucionários.

Em suma, o grau de intervenção do Estado durante a guerra e a intensificação do antagonismo de classe que ela provocou constituíram uma ruptura revolucionária de 1918 a 1920. Foi a maior crise da história do capitalismo, consubstanciada em uma mobilização popular sem precedentes, com greves, propostas de planos de ação alternativos e organizações alternativas de produção. A lógica da austeridade só pode ser compreendida como uma reação drástica a esse cenário.

1
A Primeira Guerra Mundial e a economia

> À medida que o combate militar se desenvolvia em abrangência e intensidade e a necessidade de concentrar os esforços nacionais na guerra se tornava mais premente, os segmentos industriais, um depois do outro, foram assumidos, e salários, preços e lucros, desde a matéria-prima ao produto acabado, foram colocados sob controle do governo. O processo de expansão do controle estatal assumindo mais funções e sua aplicação a uma gama de produtos sempre "mais ampla" continuou ininterrupto.
>
> *The War Cabinet Report for the Year 1917*[1]

A Primeira Guerra Mundial foi principalmente uma guerra industrial: a vitória militar dependia, de modo vital, do aparato produtivo dos países beligerantes e de seus esforços técnico-industriais. Na verdade, uma vez que as expectativas de uma guerra breve foram frustradas, uma escalada na produção foi pré-requisito para a sobrevivência ao conflito. A "frente interna" ganhou um peso estratégico decisivo.

Nesse contexto, a Grã-Bretanha e a Itália enfrentaram problema semelhante, ainda que de posições completamente diferentes. A Grã-Bretanha foi a primeira potência industrial do mundo; a Itália ainda era um país em sua maioria agrícola, que havia pouco tempo começara a se industrializar, e seu jovem capitalismo ainda era altamente dependente do capital estrangeiro e das importações. Às vésperas da guerra, o PIB da Itália (do qual apenas um quarto era industrial) correspondia a menos da metade do PIB da Grã-Bretanha. Em 1913, a Grã-Bretanha produziu nove vezes mais aço que a Itália, e no caso de outras matérias-primas a desproporção foi ainda maior[2].

---

[1] His Majesty's Stationery Office (de agora em diante, HMSO), *War Cabinet Report for the Year 1917* [Oficina de Imprensa de Sua Majestade, *Relatório do Gabinete de Guerra para o ano 1917*], Cmd. 9005, 1918, p. 130. House of Commons Parliamentary Papers [Documentos Parlamentares da Câmara dos Comuns]; disponível on-line.

[2] Alberto Caracciolo, *La formazione dell'Italia industriale* [A formação da Itália industrial] (Bari, Laterza, 1969), p. 163-219.

Apesar dessas grandes diferenças, o esforço de guerra provocou mudanças estruturais semelhantes nas relações entre Estados e mercados desses países – mudanças que fomentaram profundas disputas políticas em cada um deles. Este capítulo analisa as novas intervenções governamentais em duas esferas econômicas: produção e trabalho. E explora, também, as vozes dos contemporâneos envolvidos – tanto burocratas quanto trabalhadores – para mostrar como essa ruptura histórica com o passado preparou o cenário para uma crise completa do capitalismo.

Uma transformação extraordinária

Quando o armistício que pôs fim aos combates da Primeira Guerra Mundial chegou, em novembro de 1918, a relação ortodoxa entre mercados e Estados estava totalmente perturbada Europa afora. Nunca houvera nada parecido: a prática capitalista do *laissez-faire*[3] teve de ser desmantelada para que as nações sobrevivessem à guerra.

A Grã-Bretanha entrou na guerra convencida do poder daquilo que Adam Smith descreveu como a mão invisível: confiando na iniciativa privada e na lei da oferta e da procura para garantir resultados mais eficientes, mesmo em conflito. E. M. H. Lloyd, funcionário público empregado no Gabinete de Guerra da Grã-Bretanha, descreveu a abordagem do *establishment* britânico para o esforço de guerra:

> A doutrina implicitamente adotada foi a de que, quanto maior o preço e quanto maior a liberdade permitida ao contratante privado, maior seria o aumento da oferta; por conseguinte, se o governo apenas pagasse preços altos o suficiente e deixasse as empresas privadas por conta própria, os equipamentos de guerra estariam abundantemente disponíveis.[4]

---

[3] Sob o capitalismo do *laissez-faire* anterior à guerra, o Estado tinha um papel limitado: na Grã-Bretanha vitoriana, considerada o epítome do *laissez-faire*, por exemplo, o Estado tinha voz em três esferas econômicas limitadas: política sociais, finanças e relações comerciais com potências estrangeiras. "O governo, com exceção dos correios e alguns estabelecimentos navais e militares, não possuía nem administrava empreendimentos comerciais, não se preocupava com a organização da indústria ou a comercialização de seus produtos, não tentava influenciar diretamente o curso do comércio e raramente intervinha, exceto como tomador de empréstimos, no dinheiro ou nos mercados de capitais." R. H. Tawney, "The Abolition of Economic Controls, 1918-1921", *Economic History Review*, v. 13, n. 1-2, 1943, p. 1; disponível on-line.

[4] E. M. H. Lloyd, *Experiments in State Control at the War Office and the Ministry of Food* [Experimentos em controle estatal no Gabinete de Guerra e no Ministério da Alimentação] (Londres, H. Milford, 1924), p. 23.

Em pouco tempo, os negócios não transcorriam mais como de costume. Em 1916, o fracasso do *laissez-faire* e do mecanismo de preços livres era inequívoco. O aumento da demanda governamental e os aumentos de preços levaram à especulação, mas não a um aumento de ofertas. Enquanto o país sofria com a escassez de oferta e a inflação, as empresas privadas desviavam recursos para as linhas de negócios mais lucrativas no momento: bens de luxo e exportações.

A fé no mercado demorou a se dissipar. Como escreveu o secretário parlamentar do Ministério da Navegação britânico, Leo George Chiozza Money, bastou que "fôssemos levados à beira do abismo" uma vez para o Estado abrir mão do "individualismo doutrinário"[5]. O caso da navegação britânica foi exemplar, pois, segundo o que o Gabinete de Guerra britânico relatou ao Parlamento, "se o transporte falhasse, não poderíamos continuar na guerra nem manter nossa população"[6]. Assim que a guerra eclodiu, o contraste entre as necessidades públicas e o interesse privado veio à tona: era altamente lucrativo vender navios britânicos a estrangeiros, e a nação britânica perdeu enorme tonelagem[7]. Em fevereiro de 1917, os armadores privados vendiam navios para o exterior a uma velocidade tal que "o destino da Grã-Bretanha era incerto"[8]. Não havia sequer navios suficientes para importar as necessidades básicas de uma nação em guerra.

Relutantes, os burocratas britânicos tiveram de repensar suas prioridades, e as palavras do funcionário público Lloyd ecoaram essa transformação: "Organização nacional e controle centralizado foram considerados mais eficazes para estimular a oferta que preços altos e *laissez-faire*"[9]. Por "uma sequência de trancos e barrancos, improvisos e experiências"[10], o Estado britânico assumiu o comando da vasta gama de atividades econômicas do país e, pouco a pouco,

---

[5] Leo G. Chiozza Money, *The Triumph of Nationalization* [O triunfo da nacionalização] (Londres/Nova York, Cassell and Co., 1920), p. 44, viii; disponível on-line.

[6] HMSO, *War Cabinet Report for the Year 1917*, cit., p. 106.

[7] Leo G. Chiozza Money, *The Triumph of Nationalization*, cit., p. 73.

[8] Samuel Justin Hurwitz, *State Intervention in Great Britain: A Study of Economic Control and Social Response, 1914-1919* [Intervenção estatal na Grã-Bretanha: um estudo sobre controle econômico e responsabilidade social] (Nova York, Columbia University Press, 1949), p. 194.

[9] E. M. H. Lloyd, *Experiments in State Control at the War Office and the Ministry of Food*, cit., p. 23

[10] G. D. H. Cole, *Trade Unionism and Munitions* [Sindicalismo e munições] (Nova York, H. Milford, 1923), p. xxi-xii.

desenvolveu um sistema orgânico de controles[11]. O poder desse sistema alcançou "quase todos os aspectos da vida"[12]. Em 1918, "o controle direto ou indireto da indústria e da agricultura era praticamente generalizado"[13].

A indústria naval estava outra vez na vanguarda dessa mudança. Assim que um ministério competente foi estabelecido, ele requisitou a totalidade da tonelagem mercantil britânica de acordo com as tarifas do Blue Book[14], o que significa que o Estado pagaria aos mercadores uma taxa fixa de frete. Assim, os navios foram nacionalizados para uso, e o governo alocou a tonelagem de acordo com prioridades de importação, privilegiando rotas comerciais mais curtas que garantissem importações mais rápidas. Nesse ínterim, os estaleiros estatais assumiram a tarefa de construção[15]. Nas palavras do historiador R. H. Tawney, "o governo era, naquela época, o mestre de toda a área de transportes terrestres e marítimos"[16].

Obviamente, o coletivismo de guerra não surgiu do nada, mas de uma surpreendente ginástica financeira. A Primeira Guerra Mundial exigiu uma ruptura com a tradição de orçamentos equilibrados do *laissez-faire*, que por mais de dois séculos havia sido "considerada por todos, exceto uma pequena minoria, parte da

---

[11] J. Arthur Salter formula uma descrição que pode ser aplicada a todo o mecanismo de controle desenvolvido durante a guerra: "É importante lembrar que o controle foi estendido passo a passo devido às forças irrefutáveis das circunstâncias. O processo já estava quase completo antes de ser adotado como política. Em geral cada nova extensão era aceita com relutância, como único método para enfrentar uma emergência imediata". J. Arthur Salter, *Allied Shipping Control: An Experiment in International Administration* [Controle de embarque aliado: uma experiência em administração internacional] (Oxford, Clarendon, 1921), p. 62.

[12] Susan H. Armitage, *The Politics of Decontrol of Industry: Britain and the United States* [As políticas de desregulamentação da indústria: Grã-Bretanha e Estados Unidos] (Londres, Weidenfeld and Nicolson, 1969), p. 1.

[13] Sidney Pollard, *The Development of the British Economy, 1914-1967* [O desenvolvimento da economia britânica, 1914-1967] (2. ed. rev., Londres, Edward Arnold, 1969), p. 47.

[14] Essas tarifas, distribuídas como um documento do governo ou "Blue Book", eram preços de arbitragem estabelecidos por um comitê de 72 membros, representando governo, armadores, proprietários de carga, seguradoras marítimas, oficiais de convés e marinheiros; os proprietários, com 24 membros, formavam o maior grupo. Conforme definido, eles obtinham um lucro médio anual de mais de 10% sobre o valor contábil dos navios. *Sir* Leo G. Chiozza Money observa que "para liberais como eles, no entanto, as tarifas do Blue Book estavam muito abaixo das extravagantes tarifas de mercado provocadas pela escassez de tonelagem". Leo G. Chiozza Money, *The Triumph of Nationalization*, cit., p. 73.

[15] HMSO, *War Cabinet Report for the Year 1917*, cit., p. 110-4.

[16] R. H. Tawney, "The Abolition of Economic Controls, 1918-1921", cit., p. 2.

ordem natural da vida"[17]. Essa tradição desmoronou, junto com seu equivalente na política internacional, o padrão-ouro. Até então, o padrão-ouro havia atado as mãos dos governos e proibido que eles se envolvessem em qualquer expansão fiscal ou monetária que provocasse a evasão de ouro[18]. Uma vez suspensas as restrições do padrão-ouro, técnicas financeiras novas e heterodoxas – incluindo investimentos financiados por empréstimos e medidas de expansão de crédito[19] – tornaram-se a ordem do dia. Então, as políticas de intervenção monetária puderam render recursos até então impensáveis.

Na Itália, emergiu a mesma dinâmica: o coletivismo de guerra caracterizou-se pelo improviso e o gradualismo, tudo num quadro de ceticismo generalizado em relação à ruptura com o *laissez-faire*. Em pouco tempo, a ampla intervenção do Estado tornou-se inevitável. A Itália teve de garantir armas, equipamentos

---

[17] E. Victor Morgan, *Studies in British Financial Policy, 1914-1925* [Estudos sobre política financeira britânica, 1914-1925] (Londres, Macmillan, 1952), p. 34. Até a guerra, tanto a Grã-Bretanha quanto a Itália tipificavam lealmente a tradição do orçamento equilibrado: os gastos eram mínimos e correspondiam às receitas. No entanto, em 1918, os gastos do governo central da Grã-Bretanha dispararam para quase catorze vezes o nível de 1913, e os da Itália subiram quase nove vezes. B. R. Mitchell, *International Historical Statistics: Europe, 1750-1993* [Estatísticas históricas internacionais: Europa, 1750-1993] (14. ed., Londres, Palgrave Macmillan, 1998), tabela G-5, p. 820-1. As receitas não conseguiram mais acompanhar o ritmo.

[18] Para uma explicação do mecanismo do padrão-ouro, ver o clássico de 1992 *Golden Fetters*, de Barry J. Eichengreen. Barry J. Eichengreen, *Golden Fetters: The Gold Standard and the Great Depression, 1919-1939* [Grilhões de ouro: o padrão-ouro e a Grande Depressão] (Nova York, Oxford University Press, 1992).

[19] Durante a guerra, a taxa de câmbio da Grã-Bretanha foi sustentada por empréstimos estrangeiros e restrições formais ou informais à circulação do ouro. Donald Edward Moggridge, *British Monetary Policy, 1924-1931, the Norman Conquest of $4.86* [Política monetária britânica: a conquista normanda de $ 4,86] (Cambridge, Cambridge University Press, 1972), p. 18. Não mais sob o controle do padrão-ouro, o Estado podia aumentar a circulação de crédito e as importações sem temer a evasão automática de ouro e a desvalorização da moeda, o que provocaria a retração do crédito para evitar a desagregação do padrão. O Estado também podia tomar empréstimos dos bancos, que, livres do "grilhão de ouro", podiam emitir créditos além das reservas de ouro da nação. Para uma análise detalhada das finanças de guerra na Grã-Bretanha, ver E. Victor Morgan, *Studies in British Financial Policy*, cit.; e G. C. Peden, *The Treasury and British Public Policy, 1906--1959* [O Tesouro e a política pública britânica, 1906-1959] (Oxford, Oxford University Press, 2000). Sobre as finanças de guerra italianas, ver Luigi Einaudi, *La condotta economica e gli effetti sociali della guerra italiana* [A conduta econômica e os efeitos sociais da guerra italiana] (New Haven, Yale University Press, 1933), p. 27-57; Paolo Frascani, *Politica economica e finanza pubblica in Italia nel primo dopoguerra (1918-1922)* [Política econômica e finanças públicas na Itália no primeiro pós-guerra (1918-1922)] (Nápoles, Giannini, 1975), p. 1-85; e Douglas J. Forsyth, *The Crisis of Liberal Italy: Monetary and Financial Policy, 1914-1922* [A crise da Itália liberal: política monetária e financeira, 1914-1922] (Nova York, Cambridge University Press, 1993).

militares, alimentos, matéria-prima e mão de obra industrial num momento em que o comércio internacional era fraco e a maioria dos trabalhadores tinha sido enviada para a linha de frente.

Observadores da época pontuaram a difícil transição do país para um Estado "coletivista", planejador central da economia nacional – ou, como o economista italiano (e mais tarde, em 1948, presidente da República) Luigi Einaudi gostava de dizer, o surgimento de uma *economia associata*, ou economia associada. Em 1915, o economista Riccardo Bachi escreveu: "O Estado como empresário de guerra tornou-se o centro, o pivô, o motor da economia como um todo"[20]. O governo italiano tinha dado início a formas brandas de intervencionismo para promover a industrialização por meio de subsídios e infraestrutura a partir do fim do século XIX[21]. Foi a escala sem precedentes dessa prática durante a guerra que chocou os contemporâneos. Antes da guerra, os gastos reais do país eram de 17% do PIB nominal; esse percentual disparou para 40% em 1918[22]. Enquanto o consumo privado cresceu cerca de 6% de 1913 a 1918, os números para o consumo público foram inéditos: crescimento de quase 500%.

Conforme o governo italiano intervinha para promover a acumulação de capital, ele também se transformava. Primeiro, arcou com uma grande expansão burocrática. O novo aparato administrativo do Estado refletia um maior envolvimento econômico, multiplicando-se tanto em ministérios como em servidores públicos. A segunda grande mudança foi em direção a um Estado *mais forte*: o poder Executivo cresceu em detrimento do Legislativo (para atender à necessidade de decisões rápidas, sem obstáculos da oposição política)[23] e levou a

---

[20] Riccardo Bachi, *Italia economica nell'anno 1915: Annuario della vita commerciale, industriale, agraria, bancaria, finanziaria e della politica economica* [Itália econômica no ano de 1915: anuário da vida política comercial, industrial, agrícola, bancária, financeira e econômica] (Città di Castello, S. Lapi, 1916), p. VIII; disponível on-line.

[21] Vera Zamagni, *Dalla periferia al centro: La seconda rinascita economica dell'Italia, 1861-1981* [Da periferia ao centro: o segundo renascimento econômico da Itália, 1861-1981] (Bolonha, Il Mulino, 1990), p. 213-5.

[22] Pierluigi Ciocca, *Ricchi per sempre? Una storia economica d'Italia, 1796-2005* [Rico para sempre? Uma história econômica da Itália, 1796-2005] (Turim, Bollati Boringhieri, 2007), p. 172.

[23] A Grã-Bretanha e a Itália declararam "estado de exceção" para conceder muito mais poder ao governo, aumentar os poderes militares na esfera civil e abreviar os procedimentos administrativos. No entanto, enquanto o Parlamento britânico manteve um papel de controle, na Itália o Parlamento foi destituído de todos os seus poderes. De fato, em 22 de maio de 1915, uma lei de plenos poderes concedeu ao governo o poder de legislar (através de *decreti legge*) em todos os assuntos "relativos à defesa do Estado, à salvaguarda da ordem pública e às necessidades urgentes

cabo amplas práticas repressivas sobre a população para aniquilar a dissidência política. Na Itália, esse fenômeno atingiu proporções desconhecidas em outras democracias parlamentares[24]. Com o decreto real contra o derrotismo de outubro de 1917 (conhecido como decreto Sacchi), o Estado criminalizou toda liberdade de opinião e pensamento, e os cidadãos viviam com medo de ser processados – até mesmo por mera denúncia sobre o alto preço do pão[25]. Foi uma virada histórica dentro do Estado italiano no sentido do autoritarismo, e muito dessa legislação seria revivida mais tarde pelo regime fascista.

Controle estatal sobre a propriedade privada e a produção

Durante a guerra, o aparato de controle industrial dos governos era amplo e diversificado. Na maioria dos casos, os Estados apossaram-se diretamente dos meios de produção nas principais indústrias de guerra. Foi o caso das cervejarias, de estaleiros navais nacionais e, principalmente, do setor de armas, em que o governo possuía fábricas nacionais de projéteis e munições de uso específico para produzir todos os tipos de equipamentos de guerra, incluindo aviões, explosivos de alta potência e gás lacrimogêneo. Na Grã-Bretanha, na primavera de 1918, havia mais de 250 fábricas, mineradoras e pedreiras nacionais[26]. O investimento público foi impressionante e remodelou drasticamente o cenário, a ponto de "toda uma zona rural, como no caso [da cidade escocesa] de Gretna, ter se tornado uma fábrica"[27].

De modo semelhante, o Estado italiano possuía sessenta fábricas de armamentos; em 1917, havia se apossado do direito de requisitar plantas e assumir o controle direto do processo produtivo em casos de gestão privada ineficiente.

---

e extraordinárias da economia" sem passar pelo Parlamento. Ao todo, a Câmara britânica teve 423 sessões entre 1915 e 1917, enquanto a Câmara italiana se reuniu apenas 158 vezes. Giovanna Procacci (org.), *Stato e classe operaria in Italia durante la prima guerra mondiale* [Estado e classe operária na Itália durante a Primeira Guerra Mundial] (Milão, FrancoAngeli, 1983), p. 44.

[24] Giovanna Procacci, *Dalla rassegnazione alla rivolta: Mentalità e comportamenti popolari nella grande guerra* [Da resignação à revolta: mentalidade e comportamento popular na Grande Guerra] (Roma, Bulzoni, 1999), p. 13.

[25] Idem, *Warfare-Welfare: Intervento dello stato e diritti dei cittadini (1914-1918)* [Guerra/bem-estar: intervenção do Estado e direitos dos cidadãos (1914-1918)] (Roma, Carocci, 2013), p. 107-33.

[26] R. H. Tawney, "The Abolition of Economic Controls, 1918-1921", cit., p. 2.

[27] Humbert Wolfe, *Labour Supply and Regulation* [Oferta de trabalho e regulação] (Nova York, H. Milford, 1923), p. 65. Sobre Gretna, ver também Leo G. Chiozza Money, *The Triumph of Nationalization*, cit., p. 62-4.

Essa legislação foi precedida por outras ações que confiscaram propriedades privadas sem consentimento. Tais expropriações incluíam a usurpação de patentes industriais pelo governo a fim de orientá-las para a segurança nacional. A mesma coisa aconteceu com todos os bens e serviços considerados necessários para os propósitos de guerra[28].

O mais comum, tanto na Grã-Bretanha quanto na Itália, foi o modelo de gerenciamento de empresas ainda sob propriedade privada, um arranjo no qual o Estado impunha e controlava a produção e fixava os preços[29]. A Lei de Armamentos britânica de 2 de julho de 1915 deu ao Ministério de Armamentos o poder de controlar qualquer estabelecimento privado essencial para a produção de guerra e limitar os lucros dos estabelecimentos em 20% acima dos níveis anteriores à guerra[30]. Na Itália, um decreto real de 26 de junho de 1915[31] sobre a mobilização industrial deu ao governo o poder de classificar como "*stabilimenti ausiliari*" [fábricas auxiliares] todas as indústrias privadas envolvidas na produção dos suprimentos de guerra necessários, ou

---

[28] Ver Alberto de Stefani, *La legislazione economica della guerra* [A legislação econômica da guerra] (Bari/New Haven, Laterza/Yale University Press, 1926a), p. 412-3; e U. Massimo Miozzi, *La mobilitazione industriale italiana (1915-1918)* [A mobilização industrial italiana (1915--1918)] (Roma, La Goliardica, 1980), p. 41-2.

[29] No caso da Itália, por exemplo, o artigo 7 do decreto real de 26 de junho de 1915 (Decreto real n. 997, em GU 177 [26 jun. 1915], p. 4.296) diz: "Os industriais não podem se recusar a produzir e distribuir material necessário para a guerra. Se pedirem preços excessivamente elevados, terão que aceitar o pagamento que for estabelecido pela administração". Vittorio Franchini, *I comitati regionali per la mobilitazione industriale 1915-1918* [Os comitês regionais de mobilização industrial 1915-1918] (Milão, Alfieri, 1928), p. 81.

[30] Com o Acordo do Tesouro (que deu vida à Lei dos Armamentos), os sindicatos haviam conseguido uma cota nos estabelecimentos controlados de 100% sobre todos os lucros que excedessem o "padrão" pré-guerra mais 20%. No entanto, era fácil escapar desse imposto por meio das despesas de capital, subsídios de desgaste e outros métodos que tornaram o conceito de padrão sem sentido. A receita desse imposto foi insignificante. Sidney Pollard, *The Development of the British Economy*, cit., p. 64. O imposto sobre lucros excedentes (EPD, na sigla em inglês) introduzido no segundo orçamento de 1915 (que também foi aplicado a empresas que não eram estabelecimentos controlados) teve mais sucesso. Atingiu um quarto da receita de guerra britânica. E sua taxa média durante a guerra foi de 63%, mas apenas cerca de 34% foram de fato arrecadados devido à sonegação excessiva, à demora e às tarifas fraudulentas. Na prática, as empresas de armamentos ficaram isentas de EPD até 1917. Sobre tributação de guerra, ver M. J. Daunton, *Just Taxes: The Politics of Taxation in Britain, 1914-1979* [Impostos justos: a política de tributação na Grã-Bretanha, 1914-1979] (Nova York, Cambridge University Press, 2002), p. 36-59.

[31] Decreto real n. 997, em GU 177 [26 jun. 1915].

as indústrias que tivessem o potencial de produzir material bélico³². É claro que essas categorias eram extremamente amplas e podiam incluir estabelecimentos privados em todos os setores da economia. A Itália tinha 221 fábricas auxiliares em 1915; no fim da guerra, tinha 1.976. Na Grã-Bretanha, as fábricas sob o comando do Ministério de Armamentos totalizavam cerca de 20 mil estabelecimentos³³. Nos dois países, os negócios controlados pelo governo incluíam o carvão – "o sangue que corria pela indústria britânica [e italiana]"³⁴ –, além de importantes setores, como de transportes (marítimo e ferroviário), exploração de minérios e pedras, indústrias de vestuário, papel, madeira, couro, produtos agrícolas, serviços públicos, metalurgia, têxteis e produtos químicos.

A complexidade do sistema de controle estatal refletia a interconexão da economia capitalista, ela mesma obscurecida pelos mercados de transações monetárias. Vou exemplificar. Em uma economia monetária capitalista, uma pessoa vai ao mercado e compra uma jaqueta de lã em troca de dinheiro – uma transação simples. Esse tipo de troca monetária, no entanto, é o que ocorre na superfície. Ele esconde o heterogêneo funcionamento interno da produção: a fabricação do casaco de lã exige que os trabalhadores extraiam

---

[32] Ver artigo 13, reimpresso em Vittorio Franchini, *I comitati regionali per la mobilitazione industriale 1915-1918*, cit., p. 96-7.
[33] R. H. Tawney, "The Abolition of Economic Controls, 1918-1921", cit., p. 2.
[34] Na era do vapor, o carvão tornou-se a principal fonte de energia. Além disso, em 1913 a Grã-Bretanha ainda era, de longe, o maior exportador de carvão. Durante uma conferência nacional sobre mineração realizada em Londres em julho de 1915, o primeiro-ministro Lloyd George caracterizou de forma precisa a centralidade do carvão na Grã-Bretanha: "Em tempos de paz, o carvão é o elemento mais importante na vida industrial deste país. O sangue que corre nas veias da indústria do país é feito de carvão destilado. Na paz e na guerra, o rei carvão é o Senhor supremo da indústria. Ele faz parte de cada artigo de consumo e de cada serviço; é nossa verdadeira moeda internacional. Quando compramos mercadorias, alimentos e matérias-primas no exterior, não pagamos em ouro, mas em carvão". R. A. S. Redmayne, *The British Coal-Mining Industry during the War* [A indústria britânica de mineração de carvão durante a guerra] (Oxford, Clarendon Press e H. Milford, 1923), p. 2. Sobre a indústria do carvão durante e após a guerra, ver Susan H. Armitage, *The Politics of Decontrol of Industry*, cit., p. 101-58); Samuel Justin Hurwitz, *State Intervention in Great Britain*, cit.; e M. W. Kirby, *The British Coal Mining Industry, 1870-1946: A Political and Economic History* [A indústria britânica de mineração de carvão, 1870-1946: uma história política e econômica] (Londres, Macmillan, 1977). Sobre o controle do carvão na Itália, ver Vittorio Franchini, *La mobilitazione industriale dell'Italia in guerra: Contributo alla storia economica della guerra 1915-1918* [A mobilização industrial da Itália na guerra: contribuição para a história econômica da guerra 1915-1918] (Roma, Istituto Poligrafico e Zecca dello Stato, 1932), p. 39-40.

carvão (necessário para transportar a lã), criem ovelhas, teçam etc.[35]. Nas economias capitalistas anteriores à guerra e hoje, a relação entre o dinheiro e as mercadorias esconde as relações sociais de produção subjacentes. Assim, sob o capitalismo, as relações entre as pessoas se manifestam como relações entre as coisas. O coletivismo de guerra tornou essas interconexões sociais visíveis. No exemplo da lã (que era importante para vestir civis e militares), o governo assumiu todos os estágios de produção, inclusive os que estavam ocultos sob o capitalismo.

O alcance tanto do Ministério de Armamentos britânico quanto de sua contraparte italiana, o Ministério de Guerra e Armamentos, ilustra os papéis centrais dos Estados na cooptação da mobilização industrial de seus países. As operações estatais eram semelhantes às de polvos cujos tentáculos se estendiam por economias inteiras. O controle da produção de armamentos logo levou ao controle das matérias-primas essenciais, do espaço fabril, das fontes de energia e da mão de obra[36]. Esses ministérios também desenvolveram departamentos de pesquisa para inovações técnicas e conduziram experimentos nas áreas de química, física e eletrônica, entre outras[37].

No caso italiano, a produção ocorria por meio de uma cadeia de diretivas disseminadas por comitês regionais[38]. Esses sete (e posteriormente onze) comitês foram os primeiros órgãos de "planejamento industrial" (*programmazione económica*); eles dirigiam o processo de produção das fábricas auxiliares, coletavam informações técnicas, distribuíam energia elétrica e matérias-primas e, em especial, disciplinavam a força de trabalho.

Durante a guerra, a manufatura italiana foi abastecida pela agricultura estatal; o Estado determinou o cultivo de certos produtos e definiu o uso da terra do país. O departamento de mobilização agrária (*reparto di mobilitazione agraria*) do Ministério da Agricultura tornou-se o principal supervisor dessas

---

[35] Para uma descrição completa da compra e manufatura estatal de lã, ver E. M. H. Lloyd, *Experiments in State Control at the War Office and the Ministry of Food*, cit., p. 125-48.

[36] Ver Chris Wrigley em Kathleen Burk (org.), *War and the State: The Transformation of British Government, 1914-1919* [A guerra e o Estado: a transformação do governo britânico, 1914-1919] (Boston, Allen and Unwin, 1982), p. 46.

[37] Sobre o Ministério de Armamentos britânico e suas pesquisas tecnológicas, ver ibidem, p. 47-9. Na Itália, os resultados das pesquisas de inovação industrial foram difundidos pelo *bollettino del comitato generale di Mobilitazione Industriale*.

[38] Para uma análise detalhada do papel dos comitês regionais italianos, ver Vittorio Franchini, *I comitati regionali per la mobilitazione industriale 1915-1918*, cit.

questões[39]. O ministério controlava a produção e a distribuição de fertilizantes, além da compra de máquinas para mecanizar a produção. E também requisitava sementes e máquinas agrícolas de propriedade privada para serem usadas em todo o país.

Em 1917, a Ordem Britânica de Cultivo de Terras concedeu às autoridades locais o poder de se apropriar de terras privadas, mesmo sem o consentimento dos proprietários, para a criação de lotes complementares para a produção agrícola[40]. Essas práticas de requisição de bens para as necessidades nacionais de produção e distribuição – transgredindo visivelmente a sacralidade da propriedade privada – foram complementadas por leis nacionais que concediam aos cidadãos o direito de ocupar terrenos e instalações. Tais medidas foram cruciais para acelerar o apaziguamento social, satisfazer as necessidades de subsistência da população e evitar as piores formas de conflito social. Em 1917, o governo italiano concedeu às cooperativas de camponeses o direito de ocupar as terras de proprietários infratores (*inadempienti*)[41]. Conforme investigaremos nos capítulos 3 e 4, essas reformas realmente desencadearam um movimento político que defendia a "terra para os camponeses" e que atingiu seu auge logo após a guerra.

Mesmo com essas modestas medidas de apaziguamento, a Itália assistiu a protestos disseminados, provocados pela grave carência de gêneros alimentícios básicos, especialmente nas cidades (pão em Turim; arroz na Lombardia; azeite em Livorno). Depois de muita incerteza e demora, em 1916 o Estado revogou o mecanismo de livre mercado no abastecimento doméstico e inaugurou "uma ampla nacionalização do comércio de alimentos"[42] que incluiu a compra e a distribuição estatal de alimentos, limites de preços, requisições (de cereais e gado, por

---

[39] Os comissários agrícolas nos níveis provincial, municipal e intramunicipal (*commissari agricoli privinciali, comunali e intercomunali*) coordenavam a gestão pública da agricultura. Ver Alberto de Stefani, *La legislazione economica della guerra*, cit., p. 109. Por meio dessas instituições, o Estado também impôs o trabalho forçado nos campos (*obbligatorietà delle prestazioni*) e empregou homens do exército e prisioneiros de guerra no trabalho agrícola.

[40] Samuel Justin Hurwitz, *State Intervention in Great Britain*, cit., p. 216.

[41] Ver os decretos reais de 10 maio 1917, n. 788; 4 out. 1917, n. 1.614; e 14 fev. 1918, n. 147. Ver também Alberto de Stefani, *La legislazione economica della guerra*, cit., p. 112-3.

[42] Riccardo Bachi, *L'alimentazione e la politica annonaria in Italia, con una appendice su "Il rifornimento dei viveri dell'esercito italiano" di Gaetano Zingali* [A alimentação e a política de racionamento na Itália, com um apêndice sobre "O abastecimento de alimentos para o exército italiano", de Gaetano Zingali] (New Haven, Yale University Press, 1926), p. 158.

exemplo) e racionamento⁴³. Também na Grã-Bretanha, em 1918, o Ministério de Alimentos estava comprando e vendendo 80% de todos os alimentos consumidos por civis. E fixou os preços máximos de mais de 90% dos alimentos da população.

As intervenções estatais na economia promoveram uma percepção pública de que as necessidades básicas eram, então, um direito inalienável – e de que o governo era obrigado a protegê-las. As prioridades da economia haviam mudado de forma radical, do lucro para poucos para a garantia das necessidades de muitos. Na Itália, "praticava-se o racionamento de muitas mercadorias, às vezes incluindo bens que não eram de consumo geral, levando ao resultado, talvez indesejado, de tornar certas classes sociais familiarizadas com hábitos de consumo que antes lhes eram quase desconhecidos"⁴⁴. Essas medidas elevaram as aspirações a um melhor padrão de vida após a guerra⁴⁵.

Os mercados internacionais também foram submetidos a rupturas devido à intervenção do Estado. Dada a forte dependência da Grã-Bretanha e da Itália em relação a mercadorias estrangeiras, ambos os governos tiveram de assumir o controle da importação e da distribuição de matérias-primas, *commodities* e gêneros alimentícios⁴⁶. Cada governo se tornou o maior importador de seu país, e as compras em massa nos mercados internacionais permitiram que eles fixassem os preços com taxas mais baixas⁴⁷.

---

⁴³ Sobre a complexa estrutura institucional encarregada dos planos de ação italianos para alimentos, ver Alberto de Stefani, *La legislazione economica della guerra*, cit., p. 257-71; e Riccardo Bachi, *L'alimentazione e la politica annonaria in Italia*, cit., p. 151-65).

⁴⁴ Riccardo Bachi, *L'alimentazione e la politica annonaria in Italia*, cit., p. 165.

⁴⁵ Ibidem, p. 166-7.

⁴⁶ "No início da guerra, a Grã-Bretanha importou do exterior 80% dos cereais consumidos, 40% da carne, 75% das frutas, além de todo o açúcar e produtos coloniais e proporções substanciais de outros gêneros alimentícios". Ver Sidney Pollard, *The Development of the British Economy*, cit., p. 58. Tal qual a Grã-Bretanha, a Itália também era altamente dependente de importações para suprir grande parte de suas necessidades alimentares. Durante a guerra, 15% a 20% das importações italianas chegavam da Grã-Bretanha. Vera Zamagni, *Dalla periferia al centro*, cit., p. 280. Para enfrentar a emergência da guerra, o decreto real de 31 de agosto de 1918 "concedeu ao Estado nada menos que as importações de todo o material militar e não militar necessários para o país e sua redistribuição para o comércio e unidades industriais por meio do racionamento". Giorgio Porisini, *Il capitalismo Italiano nella prima guerra mondiale* [O capitalismo italiano na Primeira Guerra Mundial] (Florença, La Nuova Italia, 1975), p. 57. Para detalhes sobre a regulamentação de importações e exportações estrangeiras e locais, ver Alberto de Stefani, *La legislazione economica della guerra*, cit., p. 206-23.

⁴⁷ De acordo com o alto funcionário do Estado Leo G. Chiozza Money: "Se as compras em massa não tivessem sido feitas e fossem deixadas para agências empresariais privadas comuns, nossas

Em suma, de todas as maneiras discutidas até aqui – desde a produção industrial até o cultivo da terra e a fixação de preços – os Estados britânico e italiano invadiram o reino da economia. Pela primeira vez, o capitalismo testemunhou uma ameaça à inviolabilidade da propriedade privada. A propriedade privada teve que subordinar suas prerrogativas ao interesse político e nacional e até mesmo às necessidades básicas da população. Dessa forma, o Estado abalou um dos pilares supostamente inabaláveis da acumulação de capital. Os tremores no capitalismo do *laissez-faire* não pararam aí, no entanto, e reverberaram em outro pilar fundamental: as relações assalariadas.

Controle estatal sobre as relações assalariadas

Uma economia de mercado exige uma reserva de trabalhadores desempregados que estejam prontos para ser contratados a fim de atender às crescentes demandas de produção. Em uma sociedade capitalista, essas pessoas competem estruturalmente umas com as outras. A existência desses indivíduos garante menores custos trabalhistas (porque trabalhadores são substituíveis) e "naturalmente" disciplina os trabalhadores, que têm um incentivo para manter o emprego e o contracheque. Em condições normais, o exército de reserva de mão de obra é reabastecido pelo próprio processo de acumulação de capital: em sua competição para baixar os preços das mercadorias, capitalistas buscam constantemente as mais recentes inovações tecnológicas, que, por sua vez, expulsam um segmento da classe trabalhadora do processo de produção. O exército de reserva é ainda mais reabastecido pela mecanização, na qual o processo de produção é simplificado ou automatizado, e trabalhadores qualificados se tornam dispensáveis.

A Primeira Guerra Mundial provocou uma mudança nas relações de poder entre capital e trabalho. Conforme a demanda por mão de obra aumentava, devido à intensificação da produção de guerra, os empregadores foram confrontados com a escassez de mão de obra: o recrutamento e o alistamento voluntário esgotaram o exército de reserva de mão de obra[48]. Na Grã-Bretanha, por

---

matérias-primas teriam nos custado muito mais, caso as tivéssemos conseguido". Leo G. Chiozza Money, *The Triumph of Nationalization*, cit., p. 128.

[48] Na Grã-Bretanha, "foram alistados 4,97 milhões de homens no Exército, 407 mil na Marinha e 293 mil na Força Aérea, de uma força de trabalho masculina total de cerca de 15 milhões". Chris Wrigley, *A History of British Industrial Relations 1914-1939* (Brighton, Harvester Press, 1987), p. 23. Apenas um ano depois do início da guerra, o alistamento voluntário já causava escassez imediata de mão de obra: "Em julho de 1915, a queda estimada no total da população masculina

exemplo, um terço da força de trabalho masculina se alistou. Isso significa que o mecanismo do mercado livre não podia mais distribuir a mão de obra de modo eficaz onde ela era mais necessária.

Para aumentar as dificuldades do mercado, a obtenção de acordos voluntários entre capital e trabalho era um processo longo, muitas vezes envolvendo contestações e paralisações de trabalhadores que tendiam a se intensificar nos momentos de força da mão de obra, interrompendo uma produção de guerra eficiente. Como consequência, a tradição pré-guerra de autorregulação e autonomia industrial teve de ser abandonada em favor de uma regulamentação estatal contundente. Conforme observado por Humbert Wolfe, controlador do departamento de regulamentação do trabalho do Ministério de Armamentos britânico, "o trabalho deixou de ser uma mercadoria à qual se aplicavam as leis de oferta e procura"[49].

Em 1918, na Grã-Bretanha, quase 5 milhões de trabalhadores estavam empregados em empresas que operavam sob a Lei de Armamentos, correspondendo a quase metade da força de trabalho masculina disponível[50]. O objetivo da legislação era eliminar os principais obstáculos para uma produção eficiente, resumidos por Wolfe, que foi o pai do esquema, como "interrupções do trabalho por paralisações, incapacidade de empregar toda a quantidade de energia durante o trabalho, devido a restrições sindicais ou indisciplina, dúvidas no que tange a salários, ressentimento contra os lucros dos empregadores, resistência

---

ocupada que estava empregada na produção de carvão e em outras atividades de mineração era de 21,8%; na produção de ferro e aço, 18,8%; no setor de engenharia, 19,5%; no setor de engenharia elétrica, 23,7%; e na construção naval, 16,5%". Ibidem, p. 24.

[49] Humbert Wolfe, *Labour Supply and Regulation*, cit., p. 102.

[50] O censo de 1911 sugere uma força de trabalho masculina total (ocupada e desocupada) de 15,093 milhões de pessoas. Dado que cerca de 5,67 milhões foram recrutados durante a guerra, a força de trabalho masculina disponível era de cerca de 9,5 milhões. Esse cálculo não considera a mudança que ocorreu durante o conflito na composição sexual da força de trabalho. Mais mulheres foram empregadas nas indústrias durante a guerra. Por exemplo, se em 1914 a proporção de mulheres na indústria e nos transportes era de 23%, esse número subiu para 34% em 1918. O número de mulheres consideradas com emprego remunerado cresceu de pouco menos de 6 milhões em julho de 1914 para 7,311 milhões em julho de 1918, ou de 31% para 37% de todas as mulheres e meninas com mais de dez anos. Para detalhes sobre as mulheres e o mercado de trabalho durante a guerra, ver Susan Pedersen, *Family, Dependence, and the Origins of the Welfare State: Britain and France, 1914-1945* [Família, dependência e as origens do Estado de bem-estar: Grã-Bretanha e França, 1914-1945] (Nova York, Cambridge University Press, 1993), cap. 2, p. 72-133.

à depreciação da mão de obra e à tendência da mão de obra a não permanecer onde era mais ativamente necessária ou a abandonar um trabalho importante por outro menos importante e mais bem pago"⁵¹.

O Estado italiano assumiu o mercado de trabalho com o mesmo propósito e com meios que se assemelhavam muito aos da Grã-Bretanha, mas foi bem mais longe ao exercer sua influência repressiva sobre a força de trabalho. A coerção implícita das leis do mercado capitalista foi substituída por uma coerção política sem precedentes⁵². Tratava-se, em grande parte, da manifestação da resposta rude do Estado a uma força de trabalho firmemente contrária ao Estado e pacifista; basta dizer que o Estado italiano não contou com o apoio da maioria do público durante a guerra. Na verdade, a Itália foi o único país europeu que entrou na guerra sem o apoio oficial de nenhum partido operário ou sindicato. Insatisfeito, o operariado compartilhava da opinião de que "a guerra horrenda é o resultado fatal do sistema capitalista, que, nascido na violência, se ilude encontrando na violência a solução de sua crise"⁵³. Como explicou o general Dallolio, chefe do Ministério de Guerra e Armamentos, o trabalho dos comitês regionais italianos tinha como prioridade enfrentar "o problema muito delicado de manter o controle sobre a classe trabalhadora, cujas união e organização política manifestavam abertamente uma aversão à intervenção de guerra".

Em junho de 1915, o Estado italiano assumiu o controle direto de quase 1 milhão de trabalhadores (902 mil) atuando em 2 mil indústrias – a maior

---

⁵¹ Humbert Wolfe, *Labour Supply and Regulation*, cit., p. 101.

⁵² Em relação ao amplo tema da repressão estatal à classe trabalhadora na Itália durante a guerra, que se estendeu muito além das fábricas, ver Giovanna Procacci, *Warfare-Welfare*: intervento dello stato e diritti dei cittadini (1914-1918) (Roma, Carocci, 2013); idem, *Dalla rassegnazione alla rivolta: Mentalità e comportamenti popolari nella grande guerra*, cit.; Giovanna Procacci e P. Corner, "The Italian Experience of Total Mobilization 1915-1920", em John Horne (org.), *State Society and Mobilization in Europe during the First World War* [Sociedade estatal e mobilização na Europa durante a Primeira Guerra Mundial] (Cambridge, Cambridge University Press, 1997), p. 223-41; e Giovanna Procacci (org.), *Stato e classe operaria in Italia durante la prima guerra mondiale*, cit., em especial o capítulo intitulado "La legislazione repressiva e la sua applicazione", p. 41-59.

⁵³ "L'Internazionale di fronte allo scoppio della guerra" foi um panfleto encomendado pelo grupo parlamentar socialista (e escrito por Giuseppe Emanuele Modigliani em 1916) para explicar as razões da oposição socialista à guerra. Ver Roberto Vivarelli, *Il dopoguerra in Italia e l'avvento del fascismo (1918-1922)* [A Itália do pós-guerra e o advento do fascismo (1918-1922)] (Nápoles, Istituto Italiano per Gli Studi Storici, 1967), p. 56.

parte do aparato industrial[54]. Nesses dois países, o controle estatal consistia na regulamentação em três grandes domínios: oferta de mão de obra (tanto seu aumento como sua mobilidade), custo da mão de obra e eficiência da mão de obra. O que se segue é uma breve exploração de cada um deles.

Disciplinar a mão de obra

O aumento da produtividade exigia trabalhadores disciplinados. Durante a guerra, o governo italiano substituiu os capitalistas no papel de principal avalista da disciplina da mão de obra.

Para fazer isso, o governo italiano adotou uma medida drástica: a militarização da força de trabalho – forma de coação extrema à qual os sindicatos britânicos se opuseram de forma bem-sucedida. Isso significava que, uma vez que uma empresa fosse declarada auxiliar, todo o pessoal, de líderes técnicos a operários, incluindo "mulheres, idosos e crianças (*i fanciulli*)", estava sob jurisdição militar[55]. Daí o advento do fenômeno dos "quartéis fabris", como o sindicalista Bruno Buozzi os descreveu. Na prática, os trabalhadores eram formalmente equiparados aos soldados – entregues a trabalhos forçados e submetidos a um regime rígido baseado no código penal e imposto por agentes militares[56]. A ausência não autorizada do trabalho era muitas vezes comparada à deserção.

Vale observar que alguns capitalistas *aspiravam* a alcançar a condição de fábricas auxiliares, pois isso garantiria a submissão dos trabalhadores "a uma rigorosa disciplina de natureza militar e a repressão a greves e revoltas trabalhistas"[57]. Organização coletiva dos trabalhadores, insubordinação, obstrucionismo e sabotagem eram especialmente punidos. O Estado era rígido com seus trabalhadores: ao fim da guerra, 50% dos trabalhadores italianos haviam sido multados em algum momento. Outras penalidades comuns que impactavam em especial

---

[54] Ver Luigi Tomassini, "Gli effetti sociali della mobilitazione industriale: industriali, lavoratori, Stato", em Daniele Menozzi et al. (orgs.), *Un paese in guerra: La mobilitazione civile in Italia, 1914-1918* [Um país em guerra: a mobilização civil na Itália , 1914-1918] (Milão, Unicopli, 2010), p. 25-57.

[55] Luigi Einaudi, *La condotta economica e gli effetti sociali della guerra italiana*, cit., p. 111.

[56] Para detalhes sobre a militarização da força de trabalho italiana, ver Vittorio Franchini, *I comitati regionali per la mobilitazione industriale 1915-1918*, cit.; Nicola Labanca e Giovanna Procacci, *Caporetto: Esercito, stato e società* [Caporetto: exército, Estado e sociedade] (Florença, Giunti, 2018); e Luigi Tomassini, "Industrial Mobilization and the Labour Market in Italy during the First World War", *Social History*, v. 16, n. 1, 1991, p. 59-87; disponível on-line.

[57] Luigi Einaudi, *La condotta economica e gli effetti sociali della guerra italiana*, cit., p. 105.

militantes e líderes sindicais eram demissão, prisão, confinamento em áreas periféricas e, no caso dos alistados, o retorno à linha de frente[58].

Na Grã-Bretanha, ainda que a repressão não fosse abertamente militarista, o Ministério de Armamentos removeu muitos poderes disciplinares dos empregadores para fazer cumprir diretamente uma ordem draconiana de regulamentação do trabalho[59]. Não só as greves foram proibidas; o Ministério também processou más condutas, como embriaguez, jogos de azar ou ausência do trabalho sem permissão. Casos de impontualidade não eram isentos de medidas disciplinares e eram oficialmente atribuídos a "indiferença" e "temperamento preguiçoso"[60].

Para alcançar os resultados desejados, os governos usaram a estratégia paralela de suavizar o antagonismo com a mão de obra. O relatório do Gabinete de Guerra britânico reconheceu que a mecanização acelerada durante a guerra havia "agravado" a sensação "de que a indústria estava se desumanizando"[61]. O trabalhador "queria mais consideração individual e alguma voz na determinação das condições sob as quais ele deveria operar"[62]. Os métodos coercivos tiveram de ser integrados a medidas para suscitar o consentimento e promover a cooperação. Por isso, no relatório do ano seguinte, o Gabinete de Guerra defendeu a intenção de satisfazer "a mente do público", que havia sido "preparada para uma nova ordem de coisas na indústria depois da guerra", uma nova ordem

---

[58] Uma lei foi aprovada em 5 de novembro de 1916 definindo estritamente os crimes e punições. O Estado punia o abandono do trabalho com reclusão militar de um a dois anos e a movimentação não autorizada da mão de obra com prisão de dois a seis meses. A recusa a obedecer correspondia à prisão por até um ano, e a agressão contra um superior podia levar a uma pena de prisão de quinze a 24 anos. Einaudi comenta que "os resultados alcançados com os métodos de coerção militar foram notáveis. As faltas ao trabalho, que chegaram a 8,40% antes da militarização, caíram para 4,88% imediatamente depois". Ibidem, p. 113. Ver Giovanna Procacci, *Dalla rassegnazione alla rivolta*, cit.; e Giovanna Procacci (org.), *Stato e classe operaria in Italia durante la prima guerra mondiale*, cit.

[59] Para uma análise detalhada dos vários meios utilizados pelo Estado para disciplinar a mão de obra para a produção de guerra na Grã-Bretanha e também da leniência dos sindicatos com relação a esses meios, ver Gerry R. Rubin, *War, Law, and Labour: The Munition Acts, State Regulation, and the Unions, 1915-1921* [Guerra, direito e trabalho: as leis de armamentos, a regulamentação do Estado e os sindicatos, 1915-1921] (Nova York, Oxford University Press, 1987), cap. 7, p. 178-202.

[60] Memorando do Ministério de Armamentos, reimpresso em ibidem, p. 179-80.

[61] HMSO, *War Cabinet Report for the Year 1917*, cit., p. 100.

[62] Ibidem.

que ofereceria uma "base mais democrática, se deve haver uma paz duradoura no mundo industrial"[63].

Para codificar essas promessas, o Ministério do Trabalho aprovou em 1917 a recomendação de instituir os conselhos Whitley (em homenagem ao parlamentar J. H. Whitley) a fim de representar empregadores e sindicatos e discutir não apenas salários e condições de trabalho, mas também segurança no emprego, educação e melhorias na gestão. Até setembro de 1920, 61 conselhos estavam em funcionamento, representando mais de 3,5 milhões de trabalhadores[64]. No entanto, o operariado radical se mobilizou fortemente contra os conselhos Whitley, alegando que o esquema foi uma tentativa de iludir os trabalhadores para que aceitassem uma colaboração de classe que funcionaria em benefício da classe patronal. Trabalhadores atacaram o movimento do Estado em favor dos conselhos Whitley como "uma pista falsa para desviar a atenção dos trabalhadores da luta real pelo controle operário na indústria", afirmando também que os conselhos "perpetuavam a divisão de classes na sociedade e deixavam intacto todo o sistema lucrativo do capitalismo"[65].

À medida que a guerra se arrastava, os protestos cresciam entre os trabalhadores italianos, e surgiram os temores de uma ruptura revolucionária. Tornou-se cada vez mais evidente para as autoridades que a lei e a ordem por si só talvez não fossem suficientes para pacificar os trabalhadores. Seguindo o modelo britânico, o governo oferecia uma aparência de envolvimento dos trabalhadores na mobilização industrial. Por exemplo, nos comitês industriais regionais, os representantes dos industriais indicados pelo ministério eram acompanhados por igual número de representantes trabalhistas, muitas vezes sindicalistas como Buozzi, que se uniu ao comitê da região da Lombardia.

Mais importante ainda, em ambos os países os comitês internos de fábrica assumiram um papel cada vez mais representativo. Eram comitês de

---

[63] HMSO, *War Cabinet Report for the Year 1918*. Cmd. 325, 1919a, p. 145 e 149. House of Commons Parliamentary Papers [Documentos Parlamentares da Câmara dos Comuns]; disponível on-line.

[64] Miller, Earl Joyce, "Workmen's Representation in Industrial Government", tese de doutorado, Universidade de Illinois, 1922; reimp. em *University of Illinois Studies in the Social Sciences*, v. 10, n. 3-4, 1924, p. 17.

[65] Wal Hannington, *Industrial History in Wartime Including a Record of the Shop Stewards' Movement* [História industrial em tempo de guerra, incluindo um registro do movimento dos delegados operários] (Londres, Lawrence and Wishart, 1941), p. 72.

reivindicações eleitos por membros dos sindicatos dentro de cada fábrica para lidar com problemas de disciplina, arbitragem e outros. A guerra impulsionou o desenvolvimento de assembleias de trabalhadores para eleger seus representantes nos comitês[66], aumentando a filiação sindical entre o operariado não qualificado[67]. Dessa forma, nos dois países, as sementes da auto-organização dos trabalhadores foram plantadas durante a guerra. Como será detalhado no capítulo 4, em 1919 esses comitês se tornariam uma alternativa concreta ao modo de produção capitalista.

Lidar com uma oferta menor de mão de obra

Em tempos de guerra, os Estados assumiram o controle da oferta de mão de obra para enfrentar o problema de escassez de força de trabalho. Um passo básico nessa direção foi expandir a reserva de trabalhadores disponíveis pelo processo de depreciação: isto é, a introdução de mão de obra não qualificada, incluindo mulheres, em empregos antes reservados a homens qualificados. Como mencionado, a depreciação é parte integrante da produção capitalista, na qual a competição entre os capitalistas e a pressão dos trabalhadores induz o capitalista a cortar constantemente os custos por meio da inovação tecnológica e a reorganização mais eficiente do processo de trabalho. Durante a guerra, os países impulsionaram muito essa tendência por meio do aumento da mecanização da produção, dividindo o processo de trabalho em etapas simples que trabalhadores menos qualificados eram capazes de administrar. Como o Women's Employment Committee [Comitê de Emprego das Mulheres] confirmou que as mulheres "substituíram os homens em siderúrgicas, fábricas de produtos químicos, olarias e fábricas de gás... Subdivisão, seccionamento e, acima de tudo, a introdução da

---

[66] Na Itália, os comitês de fábrica nasceram no início do século, antes como formas mais espontâneas de representação dos trabalhadores para lidar com divergências que como órgãos permanentes de representação. Com a guerra, seu papel foi legitimado *de facto*, ainda que *de jure* isso só tenha ocorrido em 1918. Ver Paolo Spriano, *Torino operaia nella grande guerra (1914-1918)* [Turim operária na Grande Guerra (1914-1918)] (Turim, Einaudi, 1960), p. 467-71.

[67] Ver Luigi Tomassini, "Gli effetti sociali della mobilitazione industriale: industriali, lavoratori, Stato", em Daniele Menozzi et al. (orgs.), *Un paese in guerra*, cit., p. 43-4; ver também Bruno Bezza, "La mobilitazione industriale: nuova classe operaia e contrattazione collettiva", em *Storia della società Italiana*, v. 21: *la disgregazione dello stato liberale* [História da sociedade italiana, v. 21: a desintegração do Estado liberal] (Milão, Nicola Teti, 1982), p. 71-102.

assistência mecânica possibilitou que elas fossem empregadas em trabalhos anteriormente considerados além de suas forças"[68].

Para ampliar a reserva de mão de obra, a Itália retirou as barreiras ao trabalho das mulheres e os limites de idade para a mão de obra. Em agosto de 1918, as mulheres italianas representavam 22% da força de trabalho (198 mil), e as crianças, 6,5% (60 mil)[69].

Portanto, com a guerra, houve o surgimento de uma "nova classe trabalhadora", que era amplamente expandida e não qualificada, composta por um grande número de camponeses, artesãos, mulheres e adolescentes. Esse novo componente social era alheio à dinâmica hierárquica do trabalho organizado e, portanto, potencialmente mais insubordinado – e propenso à radicalização.

Uma alternativa para expandir a reserva de mão de obra disponível era aumentar a extração de mais-valor dos trabalhadores empregados pela intensificação do processo produtivo e o aumento do turno diário de trabalho[70]. Os italianos colocaram as duas medidas amplamente em prática[71]. O governo estendeu os horários de funcionamento dos estabelecimentos "auxiliares", abolindo os limites de horas e os descansos dominicais. Atas de reuniões dos comitês regionais documentam atividade incessante, quase sem pausas, que poderia facilmente chegar a quinze ou dezesseis horas de trabalho por dia[72]. As horas extras se tornaram obrigatórias. O governo até suspendeu a proibição do trabalho noturno para mulheres e

---

[68] Ministério da Reconstrução, *Report of the Women's Employment Committee* [Relatório do Comitê de Emprego Feminino], Cd. 9239, 1919b, p. 14.

[69] Ver estatísticas em Vittorio Franchini, *I comitati regionali per la mobilitazione industriale 1915-1918*, cit., p. 123. Sobre a força de trabalho das mulheres durante a guerra, ver Alessandro Camarda e Santo Peli, *L'altro esercito: La classe operaia durante la prima guerra mondiale* [O outro exército: a classe trabalhadora durante a Primeira Guerra Mundial] (Milão, Feltrinelli Economica, 1980), p. 21-42; e Mario Isnenghi (org.), *Operai e contadini nella grande guerra* [Trabalhadores e Camponeses na Grande Guerra] (Bolonha, Cappelli, 1982), p. 237-48.

[70] Outras técnicas para expandir a reserva de trabalho incluíam a suspensão dos direitos migratórios, a dispensa de soldados (especialmente trabalhadores qualificados) da linha de frente para trabalhar nas indústrias de guerra, o emprego de força de trabalho colonial e o alistamento compulsório de prisioneiros de guerra ou detentos.

[71] Os estudiosos observam que a maior produtividade da Itália nas indústrias de guerra não decorre tanto do avanço tecnológico na organização industrial, e sim de um aumento do emprego e, principalmente, de um incremento na exploração da força de trabalho. Ver Alessandro Camarda, "Salari, organizzazione e condizioni di lavoro", em Giovanna Procacci (org.), *Stato e classe operaria in Italia durante la prima guerra mondiale*, cit., p. 166.

[72] Alessandro Camarda e Santo Peli, *L'altro esercito*, cit., p. 158-9.

crianças nos casos em que isso "foi julgado necessário para as obras de interesse do Estado e para outras necessidades indispensáveis de interesse público"[73]. A pressão sem paralelo sobre os trabalhadores italianos e britânicos se refletiu no crescimento dos acidentes de trabalho e na multiplicação de ausências – muitas vezes questão de sobrevivência[74]. Em um momento em que os trabalhadores não eram substituíveis, havia uma linha tênue entre a superexploração e o colapso da produtividade devido à exaustão. Essa percepção levou o governo britânico a estabelecer um comitê de saúde de trabalhadores do setor de armamentos, que investigou o excesso de trabalho e defendeu a diminuição da jornada e a abolição do trabalho noturno[75]. Embora comitê semelhante não tenha sido estabelecido na Itália, como veremos no capítulo 2, o governo implementou disposições para melhorar as condições de saúde e assegurar a reprodução da força de trabalho.

O trabalho por unidade produzida – ou o pagamento baseado em resultados – era raro antes da guerra. O Estado generalizou a prática e a tornou uma parte decisiva do salário dos trabalhadores, entendendo-a como o melhor incentivo para aumentar a produtividade. Nos dois países, isso significou, de início, maior remuneração para o trabalhador não qualificado em comparação

---

[73] Alberto de Stefani, *La legislazione economica della guerra*, cit., p. 22.

[74] Apenas nas fábricas auxiliares de Milão, em 1916, mais de meio milhão de dias de trabalho foram perdidos devido a acidentes. Ver Renzo Paci, "Le trasformazioni ed innovazioni nella struttura economica italiana", em Alberto Caracciolo, *Il trauma dell'intervento: 1914/1919* [O trauma da intervenção: 1914/1919] (Florença, Vallecchi, 1968), p. 52-3. Sobre a questão dos acidentes de trabalho, ver Alessandro Camarda e Santo Peli, *L'altro esercito*, cit., p. 65-71; e Comitato Centrale di Mobilitazione [Comitê Central de Mobilização], "Il problema sociale dell'infortunio sul lavoro", *Il bollettino del comitato centrale di mobilitazione*, fev.-mar. 1918, p. 96-103; disponível on-line. Na Grã-Bretanha, os acidentes registrados aumentaram de 14% para 48%, enquanto as doenças profissionais aumentaram significativamente em todos os países. A produção de explosivos, por exemplo, causou aumento da exposição a substâncias tóxicas nos locais de trabalho. Sobre o fenômeno italiano do chamado *lunedianti* – isto é, aqueles que não apareciam para trabalhar às segundas-feiras –, ver Alessandro Camarda e Santo Peli, *L'altro esercito*, cit., p. 72-83.

[75] A priorização da produtividade impactou uma ampla gama de serviços fabris. O Estado os gerenciou e subsidiou. Em estabelecimentos controlados, as cantinas das fábricas forneciam refeições quentes e baratas (no fim de 1918, a expectativa era que novecentas cantinas alimentassem uma população industrial de quase 1 milhão de pessoas (ver HMSO, *War Cabinet Report for the Year 1917*, cit., p. 195), e o Estado havia estabelecido centros de saúde e bebedouros, bem como melhores instalações sanitárias e lavatórios. Quanto ao serviço de cantinas, o relatório de 1918 aponta que o comitê de alimentação do setor de armamentos registrou seu julgamento de que o "alto valor da cantina como agência de nutrição aprimorada e, portanto, de aumento da energia e da produção é inegável. Não só esse valor deve ser mantido e aprimorado, mas medidas devem ser tomadas para encorajar uma extensão das atividades de todas as maneiras possíveis". Idem.

com o qualificado, já que o trabalho especializado deste último em geral rendia menos no mesmo intervalo de tempo[76]. Não obstante as queixas iniciais entre os trabalhadores qualificados[77], o nivelamento e o achatamento dos salários teve a importante consequência política de estabelecer as bases para uma unidade de classe entre os trabalhadores que não existia antes de 1914.

Além da ampliação da reserva de mão de obra e de mais exploração dos trabalhadores, o governo teve de levar a cabo uma série de tarefas de planejamento para compensar a incapacidade das leis do mercado de distribuir, com eficiência, a força de trabalho entre as indústrias. O controle político sobre a mobilidade da mão de obra permitia ao governo transferir o trabalho para onde quer que fosse considerado necessário.

O papel dos centros de emprego, ou das agências públicas de emprego, cresceu exponencialmente nos dois países[78]. As agências realizavam a delicada tarefa de ajustar a oferta e a procura por meio da análise central da oferta de mão de obra e de uma "classificação científica da força de trabalho"[79]. Na Itália, por exemplo, em 1918, um escritório central de emprego coordenava todas as agências públicas de emprego. E coletava dados sobre o mercado de trabalho enquanto estudava soluções ideais de alocação[80].

---

[76] Sobre o trabalho por unidade produzida e como ele alterou a estrutura salarial na Itália, ver Alessandro Camarda e Santo Peli, *L'altro esercito: la classe operaia durante la Prima Guerra Mondiale* (Milão, Feltrinelli Economica, 1980), p. 121-33.

[77] Ver G. D. H. Cole, *Trade Unionism and Munitions*, cit., p. 165-6.

[78] A comissão de inquérito de 1920 sobre o trabalho das agências de emprego atesta o papel ampliado dessas instituições no controle da mão de obra durante a guerra. Em seu relatório, lemos: "Muito trabalho adicional recaiu sobre as agências durante a guerra. Muitos trabalhadores e empregadores eram obrigados a recorrer às agências nesse período, e o número diário médio de vagas preenchidas subiu para 4.713 nos primeiros seis meses de 1916 e para 5.071 no primeiro semestre de 1918". Ministério do Trabalho, *Report of the Committee of Enquiry on the Employment Exchanges* [Relatório da comissão de inquérito sobre as bolsas de emprego], Cmd. 1054, 1920, p. 6.

[79] Humbert Wolfe, *Labour Supply and Regulation*, cit., p. 69.

[80] Alberto de Stefani, *La legislazione economica della guerra*, cit., p. 17. Outro exemplo revelador do poder exercido pelo Estado na condução da mobilidade da mão de obra em todo o país é o recrutamento de civis italianos para trabalhar em serviços logísticos na linha de frente. Tratou-se de uma experiência relevante em termos de migrações organizadas: em 1916 e 1917, o Estado deslocou mais de 210 mil trabalhadores das regiões do sul (Sicília, Calábria, Abruzos, Apúlia, Campânia) para as áreas de retaguarda. Ver Matteo Ermacora, *Cantieri di guerra: il lavoro dei civili nelle retrovie del fronte Italiano 1915-1918* [Estaleiros de guerra: o trabalho de civis na retaguarda da linha de frente italiana 1915-1918] (Bolonha, Il Mulino, 2005), p. 53-4, 63-4, 89-92 e 134.

Em contrapartida, também foram impostos limites à mobilidade da mão de obra. Na Grã-Bretanha, a seção 7 da Lei do Ministério de Armamentos impedia trabalhadores de se transferirem livremente de um emprego para outro, exigindo que obtivessem um certificado de demissão antes ser contratados em empregos alternativos. Essa cláusula rígida tinha dupla motivação. Em primeiro lugar, a drástica redução do exército de reserva de mão de obra deu aos trabalhadores mais poder de negociação, o que forçou os empregadores a aumentar os salários para atrair mão de obra, em especial a qualificada. Ao impor um limite político a essa mobilidade, o governo pôde garantir um teto para os salários. Em segundo lugar, os certificados também evitavam a constante rotatividade de mão de obra, o que dificultava o processo de produção. Esses certificados de demissão eram altamente impopulares[81] e ferozmente contestados como cláusula de escravização. Por todo o país, o operariado se revoltou contra uma medida que atava as mãos dos empregados, mas não dos empregadores, que ficavam livres para demitir os trabalhadores e não eram obrigados a emitir o certificado nem mesmo depois de demiti-los. Por meio da negociação sindical, os certificados foram revogados em outubro de 1917.

Na Itália não houve reação pública suficientemente forte para inibir o ataque político ao poder de barganha dos trabalhadores. O aparato militar estatal rompeu a capacidade de resistência dos sindicatos de trabalhadores qualificados, especialmente a Fiom (Federazione Impiegati e Operai Metallurgi [Federação dos empregados e operários metalúrgicos]), o sindicato dos metalúrgicos e siderúrgicos[82]. Dispensas, pedidos de demissão e transferências de pessoal de uma indústria para outra só podiam ocorrer com a autorização por escrito dos comitês regionais (CRMI), que tinham plenos poderes de decisão sobre o assunto e seguiam critérios muito mais rigorosos que os aplicados aos certificados de demissão na Grã-Bretanha[83]. A ira dos trabalhadores contra um Estado que proibia qualquer benefício advindo da guerra aumentou "a tal ponto que, não obstante a enorme

---

[81] Samuel Justin Hurwitz, *State Intervention in Great Britain*, cit., p. 107.

[82] Para ler mais sobre a depreciação na Grã-Bretanha durante a guerra, ver Humbert Wolfe, *Labour Supply and Regulation*, cit., cap. 9, p. 148-73; e G. D. H. Cole, *Trade Unionism and Munitions*, cit., cap. 6, p. 83-114, e cap. 8, p. 129-41. Para uma boa discussão sobre o processo de depreciação e perda de autonomia dos trabalhadores qualificados na Itália, ver em Bruno Bezza, "La mobilitazione industriale", cit., p. 75-8.

[83] Vittorio Franchini, *I comitati regionali per la mobilitazione industriale 1915-1918*, cit., p. 99.

demanda por mão de obra, o pagamento [dos trabalhadores] não aumentou durante a guerra sequer na mesma proporção do custo de vida"[84].

Definir o preço da mão de obra

Sob o capitalismo do *laissez-faire*, os salários eram fixados principalmente por negociações entre trabalho e capital; os governos não tinham voz no processo. Isso mudou durante a guerra: os industriais competiam pela escassa mão de obra por meio de aumentos salariais, enquanto a intensificação da mobilidade dos trabalhadores (para lidar com os aumentos simultâneos no custo de vida) também pressionava por maiores salários. Aí o Estado interveio, logo agindo contra essa ameaça à acumulação de capital ao assumir o controle dos contratos salariais. As palavras do historiador Samuel Hurwitz valem para Grã-Bretanha e Itália: "Seria um erro pensar que, em geral, o trabalhador britânico estava em melhor situação devido à intervenção do governo. A interferência estatal nos acordos salariais 'serviu para manter o nível dos salários bem mais baixo do que teria sido normalmente'"[85].

O Estado também trabalhou para simplificar e unificar os salários e evitar processos longos e conturbados de disputas salariais que dificultassem a acumulação de capital e, portanto, a produção de guerra[86]. Para atingir esses objetivos, os governos italiano e britânico estabeleceram tribunais de arbitragem obrigatória que faziam a mediação entre trabalhadores e empregadores, evitando greves e paralisações de empresas. Foi um salto significativo: "A partir desse momento, a mão de obra não podia (caso a lei fosse obedecida) fazer valer uma demanda salarial, uma objeção à demissão de um trabalhador ou uma mudança nas condições da fábrica por meio de greve"[87].

Na Grã-Bretanha, o recém-fundado comitê de produção rapidamente se tornou o principal tribunal de arbitragem para a solução de disputas trabalhistas[88]. Tratava-se de um corpo de funcionários do governo, posteriormente integrado

---

[84] Bruno Buozzi, "La mobilitazione industriale", cit., p. 84.
[85] Samuel Justin Hurwitz, *State Intervention in Great Britain*, cit., p. 129.
[86] Para uma análise do fracasso do processo de negociação na Grã-Bretanha no início da guerra e do impulso gradual para a intervenção estatal, ver G. D. H. Cole, *Labour in War Time* [Trabalho em tempo de guerra] (Londres, George Bell and Sons, 1915), cap. 6, p. 138-67.
[87] Humbert Wolfe, *Labour Supply and Regulation*, cit., p. 102.
[88] O comitê de produção (fundado em fevereiro de 1915) permaneceu ativo até o fim da guerra e foi, então, redesignado como Tribunal de Arbitragem sob a Lei (de Regulação Temporária) de Salários de 1918.

também por alguns empregadores e representantes sindicais e precursor no uso do índice de custo de vida para a fixação de salários e bônus de guerra. As queixas de um empregador publicadas no jornal *Glasgow Herald* resumiram o poder econômico desse órgão governamental: "Hoje o pagador quase não tem voz na fixação dos salários. Ela é feita, na maioria das vezes, sem qualquer consulta aos empregadores, por um comitê de produção [governamental]"[89].

Na verdade, como os empregadores sabiam, mesmo durante o conflito o Estado com frequência era pressionado a proteger a mão de obra não qualificada contra a exploração excessiva. Na Grã-Bretanha, por exemplo, em 1916, trabalhadores organizados forçaram o governo a aprovar uma emenda à Lei de Armamentos para estipular que trabalhadores não qualificados – quando empregados no lugar dos qualificados – não podiam receber remuneração mais baixa.

Entretanto, o recém-criado Ministério do Trabalho[90] promulgou cláusulas para regular as "indústrias mal organizadas e que pagavam mal" da Grã-Bretanha a fim de estabelecer alguns padrões mínimos de trabalho[91]. O ministério estava empenhado em "fazer investigações sobre salários e condições de trabalho" e tinha o poder de estabelecer associações setoriais em ritmo acelerado, por meio de uma ordem não submetida ao escrutínio parlamentar. As associações se estendiam a uma ampla gama de indústrias não vinculadas a sindicatos e foram responsáveis por estabelecer salários mínimos e melhorar as condições de trabalho.

Quanto à Itália, a arbitragem obrigatória ficou nas mãos dos comitês regionais, que, caso não houvesse acordo entre patrões e trabalhadores, decidiam por meio de uma ordenança[92]. Na realidade, a adoção do princípio da

---

[89] *Glasgow Herald*, 25 set. 1917, reimp. Gerry R. Rubin, *War, Law, and Labour*, cit., p. 22.

[90] Um dos primeiros atos de Lloyd George como primeiro-ministro foi a criação do Ministério do Trabalho, em dezembro de 1916. O órgão foi formado pela transferência dos departamentos semiautônomos de associações setoriais (o departamento que lidava com as agências de emprego e com o seguro-desemprego; o departamento de supervisão industrial, responsável por serviços de conciliação e arbitragem; e o departamento responsável por supervisionar os salários mínimos em nove setores), que foram combinados no novo ministério. Em 1917, o ministério criou duas divisões: uma divisão de inteligência de trabalho, para preparar um relatório semanal sobre a situação da mão de obra para o Gabinete de Guerra, e uma divisão de conselhos industriais, para promover o estabelecimento de conselhos Whitley em toda a indústria. Para detalhes sobre o ministério e suas dificuldades administrativas, ver Rodney Lowe, "The Ministry of Labour, 1916--1919: A Still, Small Voice?", em Kathleen Burk (org.), *War and the State*, p. 108-35.

[91] HMSO, *War Cabinet Report for the Year 1917*, cit.

[92] Além dos estabelecimentos auxiliares, o governo levou a arbitragem às indústrias nas zonas de guerra e às que "eram importantes para a vida econômica do país". Para detalhes sobre o

igualdade de tratamento pelo país era só aparência: nas fábricas auxiliares, o Estado congelou os salários, mantendo-os nos níveis pré-guerra até três meses depois do fim do conflito[93]. Na prática, os trabalhadores não tinham escolha a não ser assumir uma quantidade crescente de horas extras para compensar o aumento dos preços dos alimentos. Essa dura realidade estava em desacordo com a polêmica dos altos salários, abertamente levantada pela burguesia durante os últimos anos da guerra[94].

Em suma, a guerra possibilitou um controle estatal inédito sobre a mão de obra. Ao determinar o valor da mão de obra, disciplinando-a e controlando sua oferta, os governos italiano e britânico expuseram a natureza profundamente política da economia capitalista. A extração de mais-valor já não era questão de simples coerção econômica imposta pelas leis impessoais do mercado; a exploração, agora, era imposta pela intervenção do Estado. Isso significava que a extração de mais-valor era explicitamente política e emblematicamente representada pelo fato de que os trabalhadores italianos que se recusassem a vender sua força de trabalho eram condenados à prisão ou enviados à linha de frente. Estavam estabelecidas as bases para as pessoas que viviam essas mudanças se conscientizarem da ligação entre o poder econômico e o poder político. Todas as consequências afloraram: se o poder econômico é político, isso quer dizer que não há nada natural nele e que os sistemas pelos quais ele é distribuído *podem* ser alterados pela luta. Como veremos em detalhes no capítulo 4, o antiestatismo e o anticapitalismo andavam de mãos dadas.

As consequências de uma transformação extraordinária

A visão dos burocratas
O impacto da Primeira Guerra Mundial não poderia ter sido imaginado antes que ela acontecesse de fato. A Grã-Bretanha – principal economia capitalista até a guerra – passou por uma ampla nacionalização dos meios de produção, e jovens países capitalistas, como a Itália, seguiram seus passos.

---

procedimento de arbitragem italiano, ver Vittorio Franchini, *La mobilitazione industriale dell'Italia in guerra*, cit., p. 162-6.

[93] Decreto real n. 1.277, 22 ago. 1915, em Alberto de Stefani, *La legislazione economica della guerra*, cit., p. 420.

[94] Paolo Frascani, *Politica economica e finanza pubblica in Italia nel primo dopoguerra (1918--1922)*, cit., p. 69.

O controle político sem precedentes sobre a propriedade privada e as relações assalariadas teve consequências sociais inovadoras, com potencial para alterar a face do capitalismo de livre mercado ou até o abolir por completo. Tais consequências puderam ser sentidas em todo o mundo.

Dentro do aparato governamental, muitos burocratas, políticos e intelectuais proeminentes haviam se convertido à fé nos benefícios da nacionalização, que enxergavam como mudança estrutural duradoura. Muitas pessoas sentiram que a guerra "marcou o fim de uma época" e que não havia como "retornar às graças não pactuadas do individualismo pré-guerra"[95]. O envolvimento do Estado expôs a irracionalidade do mercado – seu caráter "perdulário" e "antissocial" – e mostrou a possibilidade de superá-lo.

Em 1918, o Gabinete de Guerra britânico observou que "a nação hoje está mais organizada e mais produtiva que nunca"[96]. E, de fato, a economia controlada produziu além de todas as expectativas. Apesar da falta de material, das perdas no mar e da escassez de mão de obra, a produção total da indústria britânica quase não diminuiu durante a guerra[97].

Contra as crenças profundamente enraizadas do mercado, os métodos de precificação científica e a organização nacional estavam longe de ser ineficazes; na verdade, eles haviam racionalizado os sistemas nacionais de produção e distribuição[98]. O controle dos alimentos repercutiu de forma favorável na alta dos preços, de modo que o consumo total, em termos de calorias por homem adulto, caiu apenas ligeiramente, e a distribuição foi "muito mais justa na guerra que na paz"[99]. Além disso, o Ministério de Armamentos impressionou bastante os contemporâneos por seus sucessos administrativos, em especial sua capacidade

---

[95] R. H. Tawney, "The Abolition of Economic Controls, 1918-1921", cit., p. 11.

[96] HMSO, *War Cabinet Report for the Year 1917*, cit., p. xvi.

[97] Sidney Pollard, *The Development of the British Economy*, cit., p. 53-4. O relatório de 1918 também afirma: "Entretanto, a despeito das pesadas reivindicações do Exército, da Marinha e dos setores de armamentos, construção naval e transportes, em 1918 a produção foi mantida e, em alguns casos, consideravelmente aumentada nos outros dois grandes campos produtivos, a saber, o de matérias-primas e o de alimentos". HSOP, *War Cabinet Report for the Year 1918*, cit., p. x.

[98] *Sir* Leo G. Chiozza Money escreve que, por mais difícil que fosse, "os soldados obtiveram seus alimentos, munições e suprimentos. A população civil foi mantida em um grau razoável de conforto. Setores essenciais, como a indústria de algodão, tiveram a devida atenção e receberam os suprimentos de material para preservar sua existência". Leo G. Chiozza Money, *The Triumph of Nationalization*, cit., p. 89.

[99] Sidney Pollard, *The Development of the British Economy*, cit., p. 51.

de investir em tecnologias inovadoras e práticas de gestão e difundi-las às empresas sob seu controle[100].

Em seu panfleto de 1920 *The Triumph of Nationalization* [O triunfo da nacionalização], o economista britânico Leo George Chiozza Money perguntou por que os princípios da organização nacional, dado que se mostraram tão bem-sucedidos para a vitória na guerra, não deveriam ser expandidos em tempos de paz. "A fundação de uma ordem melhor havia sido bem e verdadeiramente estabelecida."[101] Esses pensamentos ecoavam aqueles expressos no relatório oficial do Gabinete de Guerra britânico: "A reconstrução", insistia-se, "é uma questão não propriamente de reconstruir a sociedade como era antes da guerra, mas sim de moldar um mundo melhor para além das condições sociais e econômicas que surgiram durante a guerra"[102].

Essas palavras não eram atípicas: elas representavam um sentimento comum e amplamente presente no debate público britânico. O discurso de abertura do então primeiro-ministro Lloyd George na campanha eleitoral da coalizão em novembro de 1918 foi eloquente: "Não podemos voltar às velhas condições. (Aplausos.) A guerra é como a relha de um arado e o rasto. Ela veio e rasgou o solo da Europa. Não se pode voltar atrás"[103].

A nacionalização *parecia* um caminho permanente a ser seguido. Em uma parada de campanha em Dundee em dezembro de 1918, até mesmo o liberal Winston Churchill defendeu a nacionalização das ferrovias, endossando a proposta da sociedade de nacionalização ferroviária para que o governo adquirisse as ações das ferrovias[104]. Após o armistício, o Ministério da Reconstrução apresentou planos de gastos públicos abrangentes, enquanto, como veremos no capítulo 3, o governo britânico convocava o comitê Sankey para discutir a nacionalização permanente do carvão.

Na Itália, o mesmo aconteceu. Apesar dos custos exorbitantes, da corrupção e dos problemas administrativos – muitos dos quais o inquérito sobre

---

[100] Chris Wrigley em Kathleen Burk (org.), *War and the State*, cit., p. 47-9.
[101] Leo G. Chiozza Money, *The Triumph of Nationalization*, cit., p. 137-8.
[102] HMSO, *War Cabinet Report for the Year 1917*, cit., p. xix.
[103] "New Ideals in Politics", *The Times*, 18 nov. 1918, p. 4.
[104] "A Nationalization Proposal", *The Times*, 11 dez. 1918, p. 16. Winston Churchill foi do Partido Conservador de 1900 a 1904; então, ingressou no Partido Liberal, onde ficou de 1904 a 1924; e finalmente retornou ao Partido Conservador, onde permaneceu de 1924 até o fim de sua carreira política.

gastos de guerra trouxe a público[105] –, o esforço de guerra italiano mostrou-se impressionante: em poucos anos de nacionalização, o país foi equipado com um arsenal militar não muito inferior ao das demais potências beligerantes[106], produzindo até mais canhões que a própria Grã-Bretanha (7.709 contra 6.690) e exportando equipamento militar. Naqueles anos, o norte da Itália completou a transformação industrial iniciada no começo do século.

Documentos de guerra do Ministério de Armamentos italiano revelam que muitos líderes imaginaram o papel dos comitês regionais e central não como uma exceção para o esforço de guerra, mas como uma virada econômica duradoura[107]. Os boletins mensais do comitê central eram inundados de homenagens. A mobilização era elogiada como "um fenômeno realmente grandioso", "uma indicação" para o futuro[108].

Os elogios não eram generalizados. Como veremos na segunda parte deste livro, os inimigos do controle nacional eram poderosos e estavam preocupados. Homens do Tesouro britânico, juntamente com muitos membros das elites liberais britânica e italiana[109], bem como seus economistas profissionais, formavam uma frente unida contra o "socialismo de Estado"[110]. De fato, suas preocupações

---

[105] A investigação original de 1920-1923 sobre os gastos de guerra foi republicada em Carlo Crocella et al. (orgs.), *L'inchiesta parlamentare sulle spese di guerra (1920-1923)* [O inquérito parlamentar sobre as despesas de guerra (1920-1923)] (Roma, Camera dei deputati, Archivio storico [Câmara dos Deputados, Arquivo Histórico], 2002).

[106] Rosario Romeo, *Breve storia della grande industria in Italia: 1861-1961* [Breve história da grande indústria na Itália: 1861-1961] (4. ed., rev. e aument., Bolonha, Cappelli, 1972), p. 116.

[107] Ver Mario Zaganella, "La mobilitazione industriale: un pilastro nella evoluzione del modello Italiano di intervento pubblico in economia", em *Istituzioni e società in Francia e in Italia nella prima guerra mondiale* [Instituições e sociedades na França e na Itália na Primeira Guerra Mundial] (Roma, Nuova Cultura, 2017), p. 192-4; disponível on-line.

[108] "Le ricerche statistiche per la mobilitazione industriale e gli ammaestramenti per il dopoguerra", *Il bollettino del comitato centrale di mobilitazione industriale*, 17 out. 1917, p. 130.

[109] *The Economist*, que representava o epítome do liberalismo puro, era fortemente contra a intervenção do Estado na economia, é claro. Por exemplo, já em 21 de dezembro de 1918, exortou o governo a interromper sua prática de pagar "pessoas para dificultar o caminho da iniciativa privada". Para um excelente estudo histórico de longa duração sobre a posição, a ideologia e os impactos da revista, ver Alexander Zevin, *Liberalism at Large: The World According to the Economist* [Liberalismo em geral: o mundo de acordo com *The Economist*] (Londres, Verso, 2019).

[110] O aparato de mobilização industrial da Itália foi desmantelado logo após o armistício e, após um breve intervalo, isso também aconteceu com o controle estatal sobre a produção e os preços agrícolas. Ver Paola Carucci, "Funzioni e caratteri del ministro per le armi e munizioni", em Giovanna Procacci (org.), *Stato e classe operaria in Italia durante la prima guerra mondiale*, cit.,

eram justificadas: à volta estava sendo semeada uma oposição para desafiar as instituições antes inamovíveis da propriedade privada e das relações assalariadas.

A visão dos trabalhadores

Como os capítulos 2 a 4 explorarão em profundidade, o principal desafio para os pilares do capitalismo no entreguerras vinha das classes trabalhadoras, que haviam testemunhado em primeira mão como as relações capitalistas de produção – e sua natureza exploradora – já não eram governadas pelas regras impessoais das "leis de mercado", mas resultavam de escolhas políticas explícitas.

A retórica da "igualdade de sacrifício" parecia vazia diante dos lucros crescentes do capital industrial e da especulação, por um lado, e dos salários insuficientes para enfrentar os custos básicos de sobrevivência cada vez mais altos, por outro. As manchetes do *Daily Herald*, jornal diário independente da esquerda britânica, denunciavam o que os trabalhadores viam amplamente como escolhas políticas criminosas: "Exploração impiedosa: Partido Trabalhista exige que o governo reduza o custo de vida ou renuncie"; e "A pena por ser pobre: como os trabalhadores lutam diariamente pela existência diante da alta de preços atual. Forçados a fazer hora extra"[111].

O artigo de agosto de 1919 continuava: "Uma luta constante, não pela vida, mas pela mera existência, é a pena por ser pobre na era do lucro. De várias partes do país chegam relatos mostrando de forma clara e contundente como os trabalhadores estão sofrendo com a alta dos preços". Um dia antes, a descrição era ainda mais desanimadora:

> A margem entre receitas e despesas é tão estreita que a compra de outros artigos diversos para uso doméstico [...] tem de ser obtida pela redução ou a privação absoluta do alimento necessário. [...] Falei com muitas mulheres da classe trabalhadora, que me disseram que não compram nenhuma peça nova de roupa há muitos meses, e a aparência delas era uma prova suficiente dessa declaração. Há mais tempo ainda, elas não tinham nenhuma diversão, nem mesmo um assento

---

p. 60-79. Quanto à Grã-Bretanha, a maior parte de seu processo de descontrole coincidiu com as amplas medidas de austeridade de 1921, que estudaremos na segunda parte deste livro. Naquele ano, os ministérios de Armamentos e de Alimentação, bem como o Departamento de Controle de Carvão, foram dissolvidos, assim como a Administração Ferroviária. Ver R. H. Tawney, "The Abolition of Economic Controls, 1918-1921", cit.

[111] *Daily Herald*, 10 jul. 1919, p. 1 (ed. extra londrina); idem, 26 ago. 1919, p. 5.

barato no cinema. A tradicional indulgência de um copo de cerveja está rapidamente se tornando uma coisa do passado.[112]

Embora seja verdade que os britânicos impuseram limites aos preços de venda e aos lucros[113], essas medidas não confrontaram o capital privado. Ao contrário, o capital privado cooperou, assegurando para si dividendos fixos e vantagens econômicas substanciais. Além disso, as oportunidades inesperadas que surgiram com a obrigatoriedade de que os sindicatos abandonassem suas práticas restritivas (por exemplo, sobre jornada de trabalho e flexibilidade salarial) e a licença para impor uma disciplina de fábrica mais rígida compensaram qualquer desvantagem da modesta limitação do lucro[114]. O governo britânico também pagou a conta da reprodução da força de trabalho com medidas de bem-estar social[115]. Em outras palavras, esses custos foram transferidos dos capitalistas privados para a comunidade em geral – ou seja, um processo de socialização do custo de reprodução. Como declaravam os líderes trabalhistas britânicos sob ataque, o governo foi "compelido a deixar cair sua

---

[112] "Profiteering Is a Plague: How It Has Reduced the People to Poverty and Is Building Up a C3 Nation", *Daily Herald*, 25 ago. 1919, p. 5.

[113] Na verdade, o Estado agiu para limitar as prioridades do lucro no interesse nacional: "Assumiu o controle durante a guerra sobre um alto número de grandes empresas privadas, limitou os lucros ao impor uma taxa de 80% sobre os lucros excedentes e interveio para evitar o lucro nos itens de necessidade essencial para a nação". HMSO, *War Cabinet Report for the Year 1917*, cit., p. XVI. Além disso, os empregadores foram submetidos a interferência gerencial, escrutínio governamental e supervisão. Ver Susan Pedersen, *Family, Dependence, and the Origins of the Welfare State*, cit., p. 84; e Gerry R. Rubin, *War, Law, and Labour*, cit., p. 20-3.

[114] Gerry R. Rubin, *War, Law, and Labour*, cit., p. 19.

[115] Na Grã-Bretanha, por exemplo, o Ministério de Armamentos cooperou com o escritório central para promover esquemas de recreação cívica. Mais importante, entre 1914 e 1918 houve uma grande expansão dos serviços assistenciais para mães e bebês. A Lei de Assistência Materno-Infantil de 1918 consolidou e ampliou esquemas anteriores: a indicação de visitas de agentes de saúde, maternidades e centros de bem-estar infantil, serviço de obstetrícia e hospitais para mães que estavam amamentando e seus bebês. Creches, berçários e lares para crianças órfãs ou não reconhecidas pelos pais se multiplicaram para permitir que as mulheres saíssem para trabalhar. HMSO, *War Cabinet Report for the Year 1918*, cit., p. 286. Os conselhos locais do governo foram encarregados de proteger o bem-estar de pessoas cegas, supervisionar o tratamento da tuberculose e a prevenção de doenças infecciosas e epidêmicas. Em 1917, o Estado introduziu o tratamento gratuito de doenças venéreas tanto para civis como para soldados. Os estudiosos descreveram essa medida como "a primeira prestação de um serviço de saúde nacional e gratuito". Richard Morris Titmuss, *Essays on "The Welfare State"* [Ensaios sobre "o Estado de bem-estar"] (Londres, Allen and Unwin, 2018 [1958]), p. 48. Discutiremos mais sobre esse assunto no capítulo 2.

máscara de imparcialidade e revelar seu verdadeiro caráter de instrumento de dominação de classe"[116].

Na Itália, assim como na Grã-Bretanha, durante a guerra o Estado ajudou os capitalistas com deferência. Tornou-se o principal fornecedor e cliente da indústria, adquirindo matéria-prima, atuando como fiador de créditos bancários e disciplinador da força de trabalho, fornecendo subsídios e coordenando esforços[117]. Durante a guerra, os capitalistas italianos tiveram ganhos exponencialmente maiores; ao contrário da Grã-Bretanha, o Estado italiano não tinha teto para os lucros. Os industriais justificaram, com habilidade, os aumentos de preços, ao passo que o governo não tinha nenhuma ferramenta séria para fiscalizar os custos de produção deles, acabando por aceitá-los e comprando a preços inflacionados. Os contratos de compra eram em geral informais, e negligências, abusos e fraudes eram o estado normal das coisas[118]. O Estado concedeu isenções fiscais para ajudar ainda mais os capitalistas[119]. Os setores de metalurgia e mecânica foram especialmente beneficiados. Grandes indústrias, como Fiat, Ilva e Ansaldo, multiplicaram sua força de trabalho em dez vezes[120]. Sozinha, a Fiat estava produzindo

---

[116] William Gallacher e J. R. Campbell, *Direct Action: An Outline of Workshop and Social Organization* [Ação direta: um esboço de oficina e organização social] (Londres, Pluto, 1972), p. 6.

[117] Alberto de Stefani, *La legislazione economica della guerra*, cit., p. 144-55. A literatura sobre a natureza do desenvolvimento do setor industrial italiano durante os anos de guerra é vasta. Luciano Segreto, "Armi e munizioni: lo sforzo bellico tra speculazione e progresso tecnico", *Italia contemporânea*, n. 146, 1982, p. 46-7, fornece uma boa visão geral tanto das conquistas produtivas e técnicas como da face oculta dessa expansão. Muitos estudiosos analisaram os processos de integração vertical e horizontal que ocorreram entre os setores financeiro e industrial naqueles anos. Ver especialmente Rosario Romeo, *Breve storia della grande industria in Italia*, cit., p. 115--26; Valerio Castronovo, *L'industria Italiana dall'ottocento a oggi* [A indústria italiana do século XIX até hoje] (2. ed., Milão, A. Mondadori, 1982), p. 139-46; idem, *Storia economica d'Italia: dall'ottocento ai giorni nostri* [História econômica da Itália: do século XIX até os dias atuais] (Turim, Einaudi, 1995), p. 203-7; e Pietro Grifone, *Il capitale finanziario in Italia* [O capital financeiro na Itália] (Turim, Einaudi, 1971), p. 22-31.

[118] Para uma investigação detalhada de fraudes e abusos, ver "L'inchiesta parlamentare sulle spese di guerra (1920-1923)", em Carlo Crocella et al. (orgs.), *L'inchiesta parlamentare sulle spese di guerra (1920-1923)*, cit.

[119] Luciano Segreto, "Armi e munizioni: lo sforzo bellico tra speculazione e progresso tecnico", cit., p. 42-3.

[120] Mario Zaganella, "La mobilitazione industriale", cit., p. 190. Um exemplo: em 1914, a Fiat tinha 4,3 mil trabalhadores; esse número cresceu para mais de 40 mil em 1918. Em 1914, a empresa produziu 4,8 mil veículos automotores, e, em 1918, sua produção chegou a 70.862 unidades, das quais 63 mil foram para o governo italiano. A indústria aeronáutica, praticamente inexistente em 1913, empregava no fim da guerra cerca de 100 mil trabalhadores. As indústrias de

quinze vezes mais veículos em 1918 que em 1914 (mais de 90% deles destinados ao governo italiano). No geral, o setor automobilístico aumentou sua receita de 32 milhões em 1913 para 160 milhões em 1918[121]. O aumento dos lucros confirmou a expectativa de muitos capitalistas italianos que apoiaram fortemente a intervenção de guerra como uma oportunidade de sair da armadilha da superprodução e reduzir sua dependência do capital estrangeiro[122].

Ninguém podia refutar que o Estado interveio não como ator benevolente, mas como o promotor das "melhores" condições para a acumulação de capital, o que implicava a subordinação dos trabalhadores e a concentração de lucros exorbitantes em poucas mãos. A ideologia da união nacional – tão fundamental para a santidade do capitalismo – desmoronava, propiciando, assim, um impulso sem precedentes para o antagonismo social e as ideias de transformação radical.

Isso se verificou especialmente na Itália, onde a população nunca tinha sido toda incorporada, em termos ideológicos, ao Estado. Esse abismo entre o espírito do povo e o Estado italiano crescera ainda mais ao longo da Primeira Guerra Mundial. O fato de que a decisão de entrar na guerra fora tomada pelo rei Vittorio Emanuele III e alguns outros sem consulta parlamentar disseminou entre o poso a sensação de ser "enganado e violentado"[123]. Essa decepção tornou-se palpável quando os salários reais encolheram 20% nos anos de guerra. Aliás, só entre 1917 e 1918, o índice do custo de vida aumentou 40%[124] – reduzindo seriamente o padrão de vida das classes trabalhadoras, tanto da indústria como da agricultura e da administração pública[125].

---

produtos químicos e têxteis também se desenvolveram de forma impressionante, graças, especialmente, aos grandes subsídios estatais e à intervenção direta para sustentar seu aparato técnico, por exemplo com a formação do comitê para indústrias químicas (*comitato per le industrie chimiche*). Ver Alberto de Stefani, *La legislazione economica della guerra*, cit., p. 151-3.

[121] Mario Zaganella, "La mobilitazione industriale", cit., p. 190. Os lucros declarados das sociedades anônimas saltaram de 4% às vésperas da guerra para 8% em 1917. Os lucros das indústrias de ferro e aço saltaram de 6% para 17%; no setor automobilístico, passaram de 8% para 31%; e no de lã, de 5% para 19%. Giorgio Porisini, *Il capitalismo Italiano nella prima guerra mondiale*, cit., p. 34.

[122] Giorgio Porisini, *Il capitalismo Italiano nella prima guerra mondiale*, cit., p. 8.

[123] *Ingannato e violentato*; Angelo Tasca, *Nascita e avvento del fascismo* [Nascimento e advento do fascismo] (Bari, Laterza, 1965), p. 11.

[124] Paolo Frascani, *Politica economica e finanza pubblica in Italia nel primo dopoguerra (1918--1922)*, cit., p. 60.

[125] Sobre a queda dos salários reais durante a guerra, ver Vera Zamagni "Industrial Wages and Workers' Protest in Italy during the 'Biennio Rosso' (1919-1920)", *Journal of European*

O impulso para a mudança, no entanto, também estava se infiltrando na Grã-Bretanha, um país enredado em valores burgueses onde, apesar da maior exploração, alguns setores das classes trabalhadoras melhoraram seu padrão de vida durante a guerra[126]. No relatório oficial britânico de 1919 sobre a agitação da mão de obra, lê-se: "Ao longo da guerra, os trabalhadores foram levados a esperar que ao fim das hostilidades se seguisse uma profunda revolução na estrutura econômica da sociedade"[127].

Na Grã-Bretanha, havia um consenso crescente de que a velha ordem não deveria retornar ou que, ao menos, não deveria permanecer inalterada. Essa convicção amplamente difundida era tanto uma reação à natureza classista da intervenção econômica quanto um resultado do novo poder adquirido pelos trabalhadores. Na verdade, as políticas intervencionistas britânicas durante a guerra exigiram mediação constante com os representantes dos trabalhadores para assegurar sua colaboração[128]. Dessa forma, o

---

Economic History, v. 20, n. 1, primavera de 1991, tabelas 2 e 3, p. 140-7. O racionamento severo, a baixa produção agrícola e a inflação chegaram a tal ponto que, em 1917 – quando as importações foram restringidas pelo submarino alemão de guerra –, as classes trabalhadoras nas grandes cidades italianas estavam no limite da sobrevivência. Riccardo Bachi, *L'alimentazione e la politica annonaria in Italia*, cit., p. 159. No campo, a ausência de mão de obra masculina e a requisição de alimentos para o exército tornava as condições ainda mais insuportáveis. As palavras de Ernesto Ragionieri são reveladoras: "Talvez não se tenha dado a devida atenção ao fato de que o excesso de mortes entre a população civil durante a guerra ultrapassa 600 mil pessoas em relação ao período anterior, igualando o número de mortos na linha de frente". Andrea Fava, "Assistenza e propaganda nel regime di guerra", em Mario Isnenghi (org.), *Operai e contadini nella Grande Guerra* [Trabalhadores e camponeses na Primeira Guerra Mundial] (Bolonha, Cappelli, 1982), p. 176. Para uma análise detalhada dos impactos sociais da inflação e da piora das condições de vida dos trabalhadores em diversos setores da economia, ver Paolo Frascani, *Politica economica e finanza pubblica in Italia nel primo dopoguerra (1918-1922)*, cit., p. 59-83.

[126] Ao contrário da Itália, na Grã-Bretanha os esforços do Estado para manter os níveis de produtividade agrícola e importação de bens de consumo, o racionamento e o controle dos aluguéis elevaram a expectativa de vida dos mais pobres, ao mesmo tempo que a saúde pública e a qualidade dos alimentos melhoraram. Giovanna Procacci, *Warfare-Welfare*, cit., p. 48. Enquanto na Itália os ganhos reais médios diários diminuíram durante os anos de guerra (caindo continuamente de 1915 a 1918), na Grã-Bretanha os salários reais médios semanais aumentaram no mesmo período (subindo continuamente de 1913 a 1919). Ver figuras 9.7 e 9.8 no cap. 9.

[127] "Memorandum on the Causes of and Remedies for Labour Unrest" [Memorando sobre as causas e soluções para a agitação da mão de obra], 27 fev. 1919; reimp. em G. D. H. Cole, *Chaos and Order in Industry* [Caos e ordem na indústria] (Londres, Methuen, 1920a), p. 247.

[128] Em relação à Grã-Bretanha, Pedersen escreve: "A preservação da organização da classe trabalhadora britânica significou que o movimento trabalhista estava, desde o início, consciente de

Estado reconhecia que os órgãos sindicais, com seus novos poderes, foram alçados "a um novo tipo de condição: de grupos de interesse, tornaram-se 'instituições governantes'"[129]. Na Grã-Bretanha, durante a guerra, representantes trabalhistas não só participavam constantemente de comitês governamentais; eles também tinham participação como ministros e funcionários do aparato estatal em si[130].

Na Itália, a mobilização industrial não tinha sido resultado de um acordo com os sindicatos – cujas vozes foram abafadas em comparação com as de suas contrapartes britânicas. No entanto, a Fiom participou de certas comissões estaduais[131], e pela primeira vez o sindicato confrontou diretamente os industriais sobre as estratégias produtivas gerais para o país. Assim, o coletivismo de guerra marcou o princípio das negociações coletivas nacionais na Itália[132] e o início de um clima de relações industriais em que os trabalhadores acreditavam poder exigir mais.

Essa pressão por mudança era cada vez mais pronunciada de baixo para cima. Na verdade, o coletivismo de guerra provocou uma grande divisão dentro do movimento trabalhista que viria a caracterizar o período imediatamente posterior à guerra: um projeto político moderado nas instituições burguesas contra o clamor por uma ruptura fundamental com o passado por meio da democracia econômica. A região de Clydeside, na Grã-Bretanha, e a cidade de Turim, na Itália, são emblemáticas desse processo de politização: a classe trabalhadora nas duas localidades viam suas lideranças sindicais com hostilidade, acreditando que os líderes estavam colaborando com o "estado de servidão". Essas regiões

---

sua força e capacitado para estabelecer algumas condições para cooperar com a continuidade da guerra". Susan Pedersen, *Family, Dependence, and the Origins of the Welfare State*, cit., p. 82.

[129] Keith Middlemas, *Politics in Industrial Society: The Experience of the British System since 1911* [Política na sociedade industrial: a experiência do sistema britânico desde 1911] (Londres, A. Deutsch, 1979), p. 20.

[130] Sob o governo de guerra de Lloyd George, o parlamentar trabalhista Arthur Henderson passou a integrar o gabinete de guerra. John Hodge, secretário da Steel Smelters, e George Barnes, ex-secretário da Amalgamated Engineers, assumiram os novos cargos de ministro do Trabalho e ministro da Previdência, respectivamente. A partir daí, as opiniões dos sindicatos foram regularmente apresentadas ao gabinete. Vários outros parlamentares trabalhistas – também ex-dirigentes sindicais – foram nomeados para cargos subalternos.

[131] Por exemplo, em 1916, *La mobilitazione industriale* nomeou "*la comissione cottimi*", que envolvia a participação dos sindicatos.

[132] Bruno Bezza, "La mobilitazione industriale", cit., p. 99.

eram o coração pulsante das indústrias metalúrgicas de seus respectivos países e, o mais importante, a identidade do protesto da classe trabalhadora em cada nação: as greves ilegítimas se espalharam como fogo, ainda mais depois de 1917 e do efeito galvanizador da Revolução Russa[133]. Ambos os governos reprimiram brutalmente as greves e condenaram líderes radicais à prisão. A repressão, no entanto, só teve efeito temporário de dissuasão. Os delegados operários britânicos formaram um poderoso comitê de trabalhadores em Clyde, que liderou a formação do Movimento do Comitê Nacional de Trabalhadores, articulando-se com líderes não oficiais de fábricas por todo o país. Enquanto isso, a autonomia dos comitês de fábrica italianos cresceu a ponto de precipitar um movimento de ocupação de fábricas no verão de 1920.

Conclusão

Durante a Primeira Guerra Mundial, os Estados políticos da Grã-Bretanha e da Itália romperam o dogma capitalista e intervieram com força na economia de seus países. Essas intervenções foram essenciais para a sobrevivência política de cada Estado: sua busca foi promover a necessária acumulação de capital para vencer a guerra, mesmo maculando a santidade do capitalismo de livre mercado no processo. Este capítulo analisou como tal processo se desenrolou e quais foram suas motivações e modalidades a fim de preparar o cenário para a exploração das consequências políticas radicais que se seguiram.

Os governos tornaram-se os principais produtores de seus países – tanto por meio da apropriação dos meios de produção quanto por meio da gestão das indústrias de propriedade privada –, fixando a produção e os preços enquanto fomentavam o capital e promoviam a inovação tecnológica. Os governos britânico e italiano ditavam os produtos que deveriam ser cultivados, administravam as terras não cultivadas, fixavam os preços de consumo fixos e determinavam sua distribuição. Também entraram nos mercados nacionais e internacionais como os principais compradores de gêneros alimentícios, matérias-primas e *commodities*. Esses governos ganharam vastos poderes para requisitar terras e bens, ao

---

[133] Gramsci relembra um episódio impressionante ocorrido em 1917 em Turim: "Quando, em julho de 1917, a missão soviética de Petrogrado à Europa ocidental chegou a Turim, os delegados Smirnov e Goldemberg, diante de uma multidão de 50 mil trabalhadores, foram saudados com gritos ensurdecedores de 'Viva Lênin! Vivam os bolcheviques!'". Antonio Gramsci, "O movimento turinês dos conselhos de fábrica", em *Homens ou máquinas?* (trad. Carlos Nelson Coutinho e Rita Coitinho, São Paulo, Boitempo, 2021), p. 210.

mesmo tempo que estabeleceram limites para os lucros privados. Em outras palavras, a produção social tornou-se política. A mesma coisa valeu para o mercado de trabalho: a fim de lidar com uma reserva cada vez menor de força de trabalho, os dois governos intervieram para disciplinar os trabalhadores e controlar a oferta de mão de obra ao mesmo tempo que determinavam seu preço.

E, o que é ainda mais importante, o comando dos Estados britânico e italiano sobre os dois pilares da acumulação capitalista – a propriedade privada dos meios de produção e as relações assalariadas – teve o efeito fundamental de politizar a economia dos dois países. Na verdade, esse foi o fator que expôs como as relações de produção podiam ser um terreno de contestação política e, portanto, passível de transformação. Os trabalhadores britânicos e italianos estavam em melhor posição para compreender todo o significado de uma reviravolta sem precedentes. Seus governos intensificaram o domínio explorador sobre os trabalhadores; mas, ao contrário do domínio da mão invisível, o estrangulamento do Estado era visível e podia, assim, ser subvertido. Os trabalhadores – cujos poderes contratuais dos sindicatos aumentaram durante a guerra – era capazes, então, de desferir golpes pesados, exigindo mais direitos sociais e diferentes organizações de produção. Como exploraremos no capítulo 2, logo depois da guerra, os governos italiano e britânico reagiram à pressão popular – e até se prepararam para decretar sólidas medidas de bem-estar em uma tentativa de apaziguar as demandas populares por mudanças.

2
"Uma escola de pensamento totalmente nova"

> Uma crise tão grandiosa quanto esta leva até mesmo a mente menos pensativa a questionar tais convenções, a penetrar sob aquela superfície onde seu questionamento costumava deter-se, a perguntar: a que propósito serve esta ou aquela instituição, este ou aquele estilo de vida? [...] A mente logo deixa de se afligir com qualquer coisa que pareça inevitável, especialmente se o corpo que de fato sofre pertence a outra pessoa. Portanto, é necessário um grande choque para despertar certa sociedade para alguma mudança fundamental de perspectiva. Tal choque ocorreu à Inglaterra e ao mundo, e a derrota da Alemanha não é mais importante para a humanidade que a natureza e a escala da transformação de espírito que dela resultará.
>
> Jason (pseudônimo), *Past and Future*[1] *[Passado e futuro]*

A importância da suspensão de práticas capitalistas por nações capitalistas não passou despercebida a seus povos. Muitas pessoas, como o jornalista britânico J. H. Hammond (que usava o pseudônimo Jason), perceberam esses acontecimentos como uma crise nos fundamentos da sociedade tal qual ela se apresentava: "[A guerra] expulsou alguns milhões de homens do estado de espírito em que eles aceitam o mundo como o encontram"[2]. Tais sociedades, despertadas pela guerra, questionavam o propósito das instituições de acumulação de capital. Seriam elas realmente tão inevitáveis quanto pareciam?

Em 1919, um ano após o fim da guerra, uma crise do capitalismo estava em curso. E avançava em duas frentes. A primeira, com os trabalhadores, que se concentravam em tirar dos trilhos ou, ao menos, desfigurar as relações sociais capitalistas de produção. A segunda, com os "reconstrucionistas"[3] – pessoas de dentro

---

[1] Jason (pseudônimo), *Past and Future* (Londres, Chatto and Windus, 1918), p. 3-4.
[2] Ibidem, p. 9.
[3] Devo o termo "reconstrucionistas" a P. B. Johnson, que o utiliza em seu fascinante estudo de 1968 sobre reforma social depois da Primeira Guerra Mundial. Ver Paul Barton Johnson, *Land*

das instituições do Estado ou membros das elites esclarecidas que defendiam um novo conjunto de políticas sociais e, com elas, uma sociedade mais igualitária.

Quando o armistício entrou em vigor, em novembro de 1918, esses dois grupos já se aproximavam um do outro. Por um lado, a base do operariado foi reanimada pela esperança de reformas sociais. As intervenções do Estado para melhorar as condições materiais desses trabalhadores os levaram a reconhecer os próprios direitos, mas também os frustraram profundamente – as reformas aprovadas nunca pareciam corresponder a suas expectativas emancipatórias. Os reformistas, por sua vez, cresciam em número e ambição – sentiam a pressão que vinha de baixo e estavam preocupados em evitar uma revolução. Quanto mais a classe trabalhadora reivindicava, mais os reconstrucionistas estavam dispostos a fazer pressão por uma nova ordem social. Essas reformas sociais mais amplas, por sua vez, aumentavam as aspirações dos trabalhadores de romper com o sistema.

As forças "reconstrucionistas" dentro do governo representavam uma frente de ataque à acumulação de capital em dois sentidos principais. O primeiro, que será explorado no capítulo 3, é como a motivação reconstrucionista para o apaziguamento social fomentou muitas vezes, talvez inevitavelmente, o espírito revolucionário dos trabalhadores. O segundo, enfoque deste capítulo, é como na verdade os próprios reconstrucionistas desafiavam a pureza do capitalismo do *laissez-faire* – e, com isso, a identidade estabelecida dos Estados capitalistas. A expansão sem paralelo das reformas sociais entre 1918 e 1920 – tanto as exigidas quanto as executadas – reflete a natureza existencial dessa ameaça para o capitalismo. Tais políticas sociais foram o resultado de um novo processo de politização da propriedade privada e das relações assalariadas depois da guerra – dois pilares que, durante o conflito, haviam sido dissociados das forças de mercado. A redoma já havia sido quebrada; as instituições econômicas, antes intocáveis, agora podiam ser moldadas no sentido de fins políticos inimagináveis.

A Primeira Guerra Mundial havia demonstrado os imensos poderes fiscal, monetário e industrial do Estado e, portanto, como grandes reformas redistributivas eram concretas e viáveis – bem mais que o pensamento econômico convencional havia admitido[4].

Fit for Heroes: The Planning of British Reconstruction, 1916-1919 (Chicago, University of Chicago Press, 1968), p. 220.

[4] Um século depois, essa linha de pensamento viu um ressurgimento da popularidade da "teoria monetária moderna" e o pensamento a ela associado sobre a relação do Estado com a economia. Ver, por exemplo, Lance Taylor, "Not So Modern Monetary Theory", *Institute for New Economic*

Para além da "tirania da crença econômica"

O funcionário público britânico Alfred D. Hall, descrevendo o recém-descoberto espírito reconstrucionista que havia se apoderado de tantas pessoas dentro dos *establishments* britânico e italiano, caracterizou o momento como uma iluminação:

> Poucos podem deixar de sentir a força de inspiração e experiência que está nascendo da guerra ou de reconhecer a força da nova esperança com que as pessoas estão olhando para o futuro. A nação [Grã-Bretanha] deseja ardentemente organizar sua vida de acordo com aqueles princípios de liberdade e justiça. [...] Pois ninguém pode duvidar de que estamos em um ponto de virada de nossa história nacional. Uma nova era veio a nosso encontro. Não podemos ficar parados. Não podemos voltar aos velhos hábitos, aos velhos abusos, às velhas estupidezes. [...] O público não apenas tem sua *consciência despertada* e seu coração comovido, como tem a mente aberta e receptiva a *novas ideias* em um grau sem precedentes.[5]

Esse ponto de virada estava ligado tanto a ideias quanto a práticas – e a como as duas coisas eram inseparáveis quando se tratava de mudanças na sociedade. O panfleto escrito por dois burocratas do Ministério de Assistência Militar e Pensões de Guerra da Itália, Leo Pavoni e Diego Avarelli, ecoava essa mesma crença: "A guerra tem sido uma guerra de ideias. A partir de seus sofrimentos e suas catástrofes, foi traçado um caminho luminoso para os objetivos do Estado [...] [a guerra] lançou as bases do notável edifício da solidariedade humana"[6].

O panfleto prosseguia enfatizando uma *Aufhebung* histórica: "O Estado de direito, que era considerado a forma mais elevada de Estado antes da guerra [...] foi repentinamente ultrapassado e superado por concepções mais elevadas: o *Estado de direito e de bem-estar social*"[7]. O médico Michele Pietravalle, vice-presidente da Câmara dos Deputados da Itália, entusiasmou-se: "O dever

---

Thinking, 31 out. 2019; disponível on-line; e Stephanie Kelton, *The Deficit Myth: Modern Monetary Theory and the Birth of the People's Economy* (Nova York, PublicAffairs, 2020).

[5] Ministry of Reconstruction, *Interim Report of the Committee on Adult Education*, Cd. 9107 (Londres, His Majesty's Stationery Office [de agora em diante, HMSO], 1918), p. 28-9; disponível on-line. As palavras de Hall foram parcialmente reproduzidas em ibidem, p. 6-7.

[6] Ministero per l'Assistenza Militare e le Pensioni di Guerra (org.), *L'assistenza di guerra in Italia: assistenza militare, pensioni di guerra* (Roma, Società Anonima Poligrafica Italiana, 1919), p. VI-VII.

[7] Ibidem, p. 26.

inadiável do Estado" (*improrogabile dovere dello stato*) de salvaguardar os direitos dos cidadãos, especialmente os das "classes desfavorecidas" (*classi diseredate*), era agora "um imperativo categórico" (*imperativo categórico*)[8]. O professor de direito Filippo Vassalli foi além: "A guerra executou silenciosamente uma grande revolução" concretizada pela introdução de princípios jurídicos audaciosos que poderiam até ser chamados de "socialismo de Estado" (*socialismo di stato*)[9].

Tabela 2.1
Porcentagem da população ativa na Itália e no Reino Unido amparada por bem-estar social

País	1910	1915	1920
Itália	4,8	4,8	27,3
Reino Unido (Grã-Bretanha)	17,5	36,3	43,3

Base: 1970 (o valor do índice foi fixado em 100 em 1970).
Fonte: Jens Alber, "L'espanzione del *welfare state* in Europa Occidentale: 1900-1975", *Rivista italiana di scienza politica*, v. 13, n. 2, 1983, p. 220-1.

De fato, a guerra havia significado bem-estar social[10]. Na Grã-Bretanha, um sistema mínimo de garantias sociais existia já no período vitoriano, e o Estado havia expandido as reformas sociais durante os primeiros anos do século XX[11].

---

[8] Michele Pietravalle, "Per un ministero della sanità ed assistenza pubblica in Italia", *Nuova Antologia*, v. 54, n. 1.131, mar. 1919, p. 109-11.

[9] Filippo Vassalli, Universidade de Gênova, início do ano acadêmico de 1919-1920; republicado em Ilaria Pavan, "'Nelle Trincee e sui campi': guerra, dopoguerra e stato sociale in Italia (1917-1921)", em Laura Cerasi (org.), *La libertà del lavoro: storia, diritto, società* (Palermo, New Digital Frontiers, 2016), p. 180.

[10] Em relação ao caso italiano, Ilaria Pavan enfatiza que o período 1917-1919 representou "um verdadeiro ponto de partida" do qual surgiu o Estado de bem-estar. Ver Ilaria Pavan, "War and the Welfare State: The Case of Italy, from WWI to Fascism", *Historia contemporanea*, 2019, n. 61, p. 835.

[11] Ver G. C. Peden, *British Economic and Social Policy: Lloyd George to Margaret Thatcher* (Deddington, P. Allan, 1985), p. 16-35. Entre as reformas mais notáveis do governo liberal (1905-1915), temos as Leis de Educação de 1906-1907, que permitiram que as autoridades locais fornecessem refeições subsidiadas nas escolas e exames médicos necessários para crianças em idade escolar. Em 1908, pensões por velhice foram concedidas de forma não contributiva, mediante comprovação de necessidade econômica. A Lei da Segurança Nacional de 1911 foi, de longe, a conquista mais importante: estabelecia esquemas contributivos de segurança contra problemas de saúde para os assalariados e contra o desemprego para alguns ofícios mais sujeitos

No entanto, o grau de intervenção estatal durante a guerra foi inédito[12]. Em 1918, os gastos de governos locais e nacionais com serviço social, expressos como uma parcela do produto nacional bruto, dobraram (chegando a cerca de 8%)[13]. O caso italiano foi ainda mais impressionante, pois a assistência social pública mal existia antes da guerra. Em 1920, o país havia dado um salto na abrangência do bem-estar social superior ao de qualquer nação europeia – ampliando-o em quase seis vezes desde 1915 (ver tabela 2.1).

Os reconstrucionistas tinham o objetivo de consolidar o progresso social feito durante o esforço de guerra, o que, do ponto de vista deles, representava um grande passo em direção a uma sociedade melhor, baseada em noções de justiça social e redistribuição. "Há todos os indícios de que uma escola de pensamento totalmente nova está se apoderando das pessoas"[14], comentou o ex-chefe do judiciário britânico, visconde Richard Haldane, um mês depois do armistício. Essa nova escola de pensamento reverberava entre os líderes do governo.

Em 23 de novembro de 1918, o então primeiro-ministro britânico, Lloyd George, falou para uma multidão em Wolverhampton, e seu tom era de reconciliação, tendendo para o revolucionário: "Qual é nossa tarefa? Tornar a Grã-Bretanha um país adequado para que os heróis vivam [...]. Vamos elevar aqueles que têm vivido em lugares obscuros a um patamar onde receberão os raios do sol". Esses lugares obscuros continham milhões de pessoas que viviam em condições sociais atrozes – "Queremos corrigir essas coisas"[15].

Da mesma forma que o primeiro-ministro britânico estava certo de que nesse "novo mundo" os trabalhadores "precisam ser inexoráveis em suas demandas"[16],

---

a flutuações no ciclo comercial. Para um levantamento mais detalhado das medidas assistenciais no início do século XX, ver G. C. Peden, *British Economic and Social Policy*, cit., p. 16-35; e Pat Thane, *Foundations of the Welfare State* (2. ed., Política Social Longman série britânica, Nova York/Londres, Addison-Wesley Longman, 1996), p. 49-94.

[12] Como enfatizou o Gabinete de Guerra: "O trabalho de assistência social, como compreendido atualmente, era pouco conhecido na indústria britânica antes da guerra". HMSO, *War Cabinet Report for the Year 1918*, Cmd. 325, 1919a, p. 289, House of Commons Parliamentary Papers; disponível on-line.

[13] Ver G. C. Peden, *British Economic and Social Policy*, cit., p. 57.

[14] Haldane a Escher, 26 dez. 1918; documentos de Haldane, pasta 103, em Paul Barton Johnson, *Land Fit for Heroes*, cit., p. 245.

[15] "Mr. Lloyd George on his Task", *The Times*, 25 nov. 1918, p. 13. No mesmo discurso, Lloyd George observou: "Barracos não são lares adequados para os homens que venceram essa guerra nem para suas crianças [...], portanto a moradia das pessoas deve ser uma preocupação nacional".

[16] Angelo Tasca, *Nascita e avvento del fascismo* (Bari, Laterza, 1965), p. 18.

em 20 de novembro de 1918 o então primeiro-ministro italiano, Vittorio Orlando, declarou que a guerra foi "a maior revolução político-social registrada pela história"[17]. No mesmo dia, Antonio Salandra, o antecessor de Orlando, reiterou: "A guerra é uma revolução. [...] É o tempo da juventude. Que ninguém imagine que um retorno pacífico ao passado será possível depois da tempestade"[18].

A elite reconstrucionista esclarecida vinha de diferentes profissões (intelectuais, pastores, educadores, professores) e cargos governamentais e também de diversas origens políticas – do liberalismo progressista ao socialismo reformista (na Itália) ou trabalhista (na Grã-Bretanha). Um público tão amplo certamente não era homogêneo, e seus adeptos não tinham o objetivo de desmantelar a ordem social hierárquica. Eles, no entanto, compartilhavam de uma repulsa ao individualismo competitivo e ao capitalismo do *laissez-faire*. Os reconstrucionistas contestavam profundamente a doutrina econômica que durante séculos havia permanecido como pedra angular da acumulação de capital.

Para Pietravalle, membro da Câmara dos Deputados italiana, era chegada a hora de revisar os "valores materiais e morais e até mesmo de repensar, abalar, infringir e derrubar constituições e instituições que antes pareciam fundamentais e sagradas"[19]. A experiência de guerra, confirmava Hammond, "emancipou e expandiu nossa imaginação", uma vez que "retirou a palavra 'impossível' da linguagem da política" e "destruiu a superstição da lei de ferro que havia cerceado e entorpecido todas as nossas esperanças"[20].

Novas sensibilidades substituíram as leis de uma economia impessoal como "árbitros absolutos" das relações sociais. Isso implicou uma ruptura com a "tirania de uma crença econômica específica": a vida humana não poderia mais ser "subordinada" à "demanda imperiosa de produção de riqueza"[21].

---

[17] Idem.
[18] Idem.
[19] Michele Pietravalle, "Per un ministero della sanità ed assistenza pubblica in Italia", cit., p. 103-6.
[20] Jason (pseudônimo), *Past and Future*, cit., p. 35.
[21] Ibidem, p. 5-6. Hammond detalhou que, antes da guerra, "toda a vida de uma nação devia estar subordinada a essa exigência imperiosa [de produção de riqueza], e em consequência as mais terríveis condições foram toleradas como alternativa à perda de ocupação. Crianças foram escravizadas nas fábricas por hereditariedade, as cidades cresceram de forma aterradora, homens e mulheres foram reduzidos à degradação extrema, e por todo o mundo os triunfos de nossa indústria tornaram a grande massa de nossa população trabalhadora menos livre do que os habitantes de uma aldeia de indígenas vermelhos. Esse valor e esse propósito

Primeiro, e de modo crítico, a emancipação das leis econômicas impessoais significou que as reformas sociais não podiam mais ser "adiadas ou ter a sanção recusada devido aos gastos"[22]. Isso estava claro na mente do ministro da Reconstrução, Christopher Addison[23], que, com sua determinação, emergiu como uma espécie de expressão viva do impulso reformista do pós-guerra.

A guerra havia revelado a todos – trabalhadores e burocratas – que as prioridades econômicas eram, na verdade, prioridades políticas e que, graças às finanças não ortodoxas, o Estado era capaz de atingir objetivos políticos a qualquer custo financeiro. Na verdade, assim que a restrição do padrão-ouro foi removida, surgiram possibilidades que abriram novos horizontes para os gastos sociais. De repente, nenhum gasto – destinado a medidas sociais que estivessem dentro das capacidades dos recursos da sociedade – parecia ultrapassar a possibilidade financeira.

Em seu memorando sobre a reconstituição do financiamento ao governo, Addison foi inflexível em afirmar que "não seria defensável dizer que propostas vitais não foram aprovadas por falta de dinheiro. *Ninguém vai acreditar nisso*"[24]. Eric Geddes, o ministro dos Transportes, também expressou o ponto de vista popular: "É preciso estar preparado para gastar dinheiro com problemas do pós-guerra como se fez com os problemas durante a guerra. Esse [dinheiro] deve ser encontrado e somado à nossa dívida, se necessário"[25].

Enquanto especialistas econômicos do Tesouro britânico se refugiavam atrás da prioridade de financiar a dívida e reduzir a inflação em apoio a credores-investidores (que eram, na própria mente, as únicas fontes das futuras acumulação de capital e prosperidade), os reconstrucionistas argumentavam que, na verdade, tal prosperidade poderia ser encontrada por meio de maiores gastos e novas fronteiras de reforma social[26].

---

conceituais da vida nacional não satisfizeram a todos, mas satisfizeram à classe dominante como um todo". Idem.

[22] Christopher Addison, *The Betrayal of the Slums* (Londres, H. Jenkins, 1922), p. 1.
[23] Ver a biografia de Addison: Kenneth Morgan e Jane Morgan, *Portrait of a Progressive: The Political Career of Christopher, Viscount Addison* (Nova York, Clarendon, 1980).
[24] Christopher Addison, cit., p. 5, itálicos meus.
[25] Memorando do gabinete, 25 fev. 1919, GT 6887, Cab 2; reed. P. K. Clyne, "Reopening the Case of the Lloyd George Coalition and the Post-War Economic Transition", *Journal of British Studies*, v. 10, n. 1, 1970, p. 169.
[26] Lloyd George havia explicitado que "uma comunidade vigorosa, forte, de homens e mulheres saudáveis é mais valiosa, inclusive do ponto de vista comercial e do ponto de vista

O consenso prático entre os reconstrucionistas baseava-se na fé no "poder humano" de alterar as condições econômicas por meio da interdependência entre as políticas fiscal, monetária e industrial. Impostos progressivos e desembolsos estatais tinham de andar de mãos dadas com uma política de crédito favorável e, principalmente, com a harmonia industrial alcançada por meio de formas de controle dos trabalhadores nas indústrias ou de cooperação industrial[27]. Essa "trindade progressiva" de políticas fiscais, monetárias e industriais garantiria eficiência, altos níveis de emprego e justiça social.

Bem-estar social para a paz social

O impulso do pós-guerra para romper com a ortodoxia econômica, é claro, não foi espontâneo. Algumas opiniões nesse sentido haviam sido difundidas antes do início da guerra e eram, em grande medida, uma resposta pragmática a agitações sociais. Grande parte dessa pressão se originou entre a mão de obra organizada.

Ao longo de décadas, sindicatos e partidos políticos da classe trabalhadora britânicos e italianos vinham se mobilizando a favor do bem-estar social[28]. Durante a guerra, as reivindicações dos trabalhadores ficaram mais ruidosas, repercutindo uma desconfiança crescente em relação aos governos e suas políticas classistas. Desse modo, os Estados em guerra foram pressionados a tentar várias formas de assistência social em um gesto pacificador para promover a

---

industrial, que uma comunidade abaixo da média em consequência de más condições – tratadas, caso vocês queiram, não como proposta humana, mas como proposta comercial". "Mr. Lloyd George on his Task", cit.

[27] Os conselhos Whitley (ver capítulo 1) incorporaram bastante bem os princípios industriais reconstrucionistas, proporcionando as bases institucionais para um "melhor estado de ânimo" (HMSO, *Report of the Provisional Joint Committee Presented to Meeting of Industrial Conference*, Cmd. 501, 1919b, p. 152, House of Commons Parliamentary Papers; disponível on-line) de modo que o antagonismo de classe pudesse ser substituído pela "cooperação entre todas as classes" no "interesse da comunidade". Ministry of Labour, *Industrial Councils: The Whitley Report*, Londres, HMSO, 1917, p. 9. A legislação britânica de 1918 – que proibiu cortes salariais por um período de seis meses após o armistício, a fim de evitar os piores resultados da desmobilização de guerra e o consequente aumento da oferta de mão de obra – foi um componente importante do programa industrial reconstrucionista.

[28] Para um bom levantamento sobre a luta de organizações trabalhistas italianas para conquistar cobertura completa do bem-estar social antes e depois da guerra, ver Rinaldo Rigola, "Le classi operaie e le assicurazioni sociali", *Rassegna sociale. Rivista mensile della cassa nazionale d'assicurazione per gli infortuni degli operai sul lavoro*, 1918, v. 5, n. 1, p. 1-13; e Arnaldo Cherubini, *Storia della previdenza sociale in Italia 1860-1960* (Roma, Riuniti, 1977), p. 236-54.

coesão ideológica em cada nação[29]. Como disse o economista Arrigo Serpieri, o objetivo da legislação social era "obter o auxílio e a serenidade das massas trabalhadoras", tanto na indústria como no campo[30].

Na Itália, o Estado só assumiu um papel central como ator social depois da derrota do país na Batalha de Caporetto, em novembro de 1917 – uma perda massiva de vidas que deprimiu o povo italiano. O país criou o Ministério de Assistência Militar e Pensões de Guerra, que viria a beneficiar os cidadãos em geral, não apenas os soldados[31].

O simples fato de as reformas sociais italianas terem sido introduzidas por decreto – procedimento de urgência executiva para evitar a demora dos debates parlamentares – expressava a necessidade de intervenção rápida visando ao

---

[29] Os dois países concederam pensões de guerra e subsídios familiares para soldados. Além disso, como já foi mencionado no capítulo 1, a necessidade de manter um alto nível de produtividade da força de trabalho influenciou um complexo aparato de serviços de bem-estar fabril. O Estado estabeleceu cantinas industriais, centros de saúde e bebedouros, bem como melhores instalações sanitárias e lavatórios. HMSO, *Report of the Provisional Joint Committee Presented to Meeting of Industrial Conference*, cit., p. 285-98. Assim, o Estado assumiu grande parte do custo da reprodução social da força de trabalho. Sobre medidas de bem-estar de guerra na Itália, ver Giovanna Procacci, *Warfare-Welfare: intervento dello stato e diritti dei cittadini (1914-1918)* (Roma, Carocci, 2013); e Ilaria Pavan, "'Nelle Trincee e sui campi': guerra, dopoguerra e stato sociale in Italia (1917-1921)", em Laura Cerasi (org.), *La libertà del lavoro: storia, diritto, società*, cit.. Sobre medidas de bem-estar de guerra na Grã-Bretanha, ver Susan Pedersen, *Family, Dependence, and the Origins of the Welfare State: Britain and France, 1914-1945* (Nova York, Cambridge University Press, 1993), p. 79-133; e idem, "Gender, Welfare, and Citizenship in Britain during the Great War", *American Historical Review*, 1990, v. 95, n. 4, p. 983-1.006; disponível on-line. Pedersen destaca a lógica de gênero por trás do sistema de bem-estar britânico e seu impacto de longo prazo na sociedade britânica do pós-guerra.

[30] Arrigo Serpieri, *La guerra e le classi rurali Italiane* (New Haven, Yale University Press, 1930), p. 343.

[31] Assim que surgiu, sob a direção de Leonida Bissolati, o ministério "controlou *todas* as formas de assistência em benefício de *todos* os afetados pela guerra" (Ministero per l'Assistenza Militare e le Pensioni di Guerra (org.), *L'assistenza di guerra in Italia: assistenza militare, pensioni di guerra*, cit., p. 28), adotando assim um modelo que foi rotulado como "protouniversalista". Ilaria Pavan, "War and the Welfare State", cit., p. 840. É interessante constatar o espírito progressista dessa forma de bem-estar, segundo a qual parceiras em coabitação tinham os mesmos direitos que esposas. Esse também foi o caso do seguro de vida patrocinado pelo Estado e destinado a soldados que permitia que parceiras e filhos ilegítimos, ou mesmo "velhos amigos" fossem indicados como beneficiários na eventualidade do falecimento do portador. Nas palavras de Nitti, do Ministério do Tesouro: "Todo soldado nas trincheiras, nas linhas de frente ou em qualquer parte de nosso território tem o direito de registrar o nome de alguém de sua estima, seja irmão, esposa ou amante, mãe ou filho ilegítimo, um velho amigo ou uma pessoa distante que de alguma forma está perto de seu coração e pode fazer o que quiser com a soma que o Estado põe à disposição de seus combatentes". Ibidem, p. 843.

apaziguamento de classe e ao reconhecimento das reivindicações populares. Isso permaneceu vital mesmo depois do armistício, já que a exígua assistência social de guerra oferecida pelo Estado provocou um descontentamento adicional, com seu valor considerado risível diante da exploração e da inflação.

A crise inflacionária italiana dos "anos vermelhos" do país, 1919 e 1920, foi marcada por protestos contra o alto custo de vida e os comportamentos predatórios dos "*pescecani*" [literalmente, "tubarões"] – apelido para aproveitadores e especuladores que personificavam os efeitos injustos da inflação. A partir de 11 de junho de 1919, por quase um mês multidões famintas e exasperadas invadiram lojas de todo o país, levando comida, roupas e todo tipo de mercadoria. Saques e tumultos caóticos começaram na cidade de La Spezia e se espalharam por toda parte – das cidades nortistas de Ligúria, Piemonte, Lombardia e Vêneto para as cidades centrais da Toscana e da Romanha, até Roma e Palermo[32]. Jornalistas descreveram cenas vívidas de caos e desespero com padrões recorrentes: insurreições espontâneas contra o alto custo de vida eram logo comandadas por organizações socialistas (especialmente as *camere del lavoro*[33] e sindicatos) que, com frequência, reivindicavam reformas sociais e convocavam greves gerais e assembleias. Municipalidades comunistas da Emília – o epicentro das revoltas – tornaram-se sedes de assembleias que ocorriam permanentemente[34]. Em 6 de julho, o governo apressou-se em aprovar um decreto que autorizava governadores de províncias e prefeitos a sancionar controles de preços com abatimentos de até 50%. O artigo 6 do decreto especificava: "O preço justo é determinado com base nos preços que são fixados localmente por órgãos públicos e cooperativas de consumo". Os preços não eram mais determinados por forças impessoais de mercado; de repente, tornaram-se resultado de uma tomada de decisão democrática.

---

[32] Como disse Tommaso Tittoni, na época presidente do Senado italiano: "Durante os graves tumultos que eclodiram em várias partes da Itália, fiquei impressionado com o fato de que, para reunir forças suficientes para enfrentar a tempestade, foi preciso chamar *carabinieri* e policiais de outros distritos, que, assim, ficaram desprotegidos. Muitas vezes me perguntei o que o governo teria feito se a revolta tivesse irrompido simultaneamente em toda a península". Tommaso Tittoni, *Nuovi scritti di politica interna ed estera* (Milão, Fratelli Treves, 1930), p. 278-9, citado em Angelo Tasca, *Nascita e avvento del fascismo*, cit., p. 27.

[33] As Câmaras do Trabalho, fundadas no fim do século XIX, eram organizações de mão de obra de base territorial que reagrupavam membros de vários sindicatos.

[34] Giuseppe Maione, *Il Biennio Rosso: autonomia e spontaneità operaia nel 1919-1920* (Bolonha, Il Mulino, 1975), p. 32.

Muitos jornais, mesmo dentro das correntes dominantes, apoiaram esses *prezzi politici* [preços políticos]. O jornal *La Tribuna* de 5 de julho de 1919 publicou, em solidariedade:

> Não queremos condenar essas revoltas de classes e massas [...], revoltas são inevitáveis, necessárias até. A história política de qualquer época nos ensina que as instituições estatais tendem a adormecer confortavelmente em sua rotina burocrática. [...] Para despertar esses grandes dorminhocos é necessário um pouco de barulho, e algum barulho nesse sentido nunca é demais.[35]

Como o artigo deixa claro, a pressão vinda de baixo foi um motor indispensável para a reforma.

Enquanto isso, *The Times* e outras publicações burguesas britânicas observavam a cena italiana com preocupação. Por sua vez, o esquerdista *Daily Herald* perguntou: "Será que, seguindo o exemplo da Itália, os trabalhadores britânicos recorrerão à violência para derrotar os aproveitadores? Conan Doyle prevê que sim, a menos que algo seja feito rápida e determinantemente"[36].

Os trabalhadores italianos, ainda mais que os colegas britânicos, declararam seu papel indispensável na sociedade. Direitos sociais abrangentes não estavam mais em disputa. Nas palavras de Rinaldo Rigola, operário da indústria têxtil e secretário da união sindical italiana Confederação Geral do Trabalho (CGdL), o trabalhador era "aquele sem o qual não haveria nada para ninguém"[37].

No congresso de Turim de 8 de outubro de 1918, a Sociedade de Ajuda Mútua e Cooperativas, em colaboração com a CGdL, alegou, em termos mais formais:

> A classe trabalhadora não pede nem pretende pedir seguro social obrigatório para doença, invalidez e velhice como solução filantrópica para os problemas sociais ainda não solucionados – mas, sim, como *expressão de direitos* que amadureceram por um longo tempo, ainda que até agora em vão, no campo contundente e glorioso do trabalho e da produção social.[38]

---

[35] Roberto Vivarelli, *Il dopoguerra in Italia e l'avvento del fascismo (1918-1922)* (Nápoles, Istituto Italiano per Gli Studi Storici, 1967), p. 414-5.
[36] "Will It End in Violence?", *Daily Herald*, 10 jul. 1919, p. 1.
[37] Rinaldo Rigola, "Le classi operaie e le assicurazioni sociali", cit., p. 7.
[38] "Il congresso regionale piemontese per le assicurazioni sociali", *L'Avanti*, 8 out. 1918.

O aviso estava dado: "A classe trabalhadora luta e pretende lutar [...] não por soluções incompletas [...], e sim por soluções ousadas, amplas, completas"[39].

Em um momento de tensão social sem precedentes, integrantes do aparato estatal não tinham escolha exceto ser receptivos a essas demandas. Em 1917, o economista Francesco Saverio Nitti, no papel de ministro do Tesouro, teve de aceitar publicamente que os trabalhadores em "trincheiras e campos" mereciam "direitos plenos como cidadãos" e "ninguém poderia tirá-los"[40]. O esforço ganhou impulso. Dois anos depois, por exemplo, Leonida Bissolati, ao deixar o posto de chefe do Ministério de Assistência Militar e Pensões de Guerra, escreveu em uma nota a seus colegas funcionários públicos: "O trabalho de vocês está longe de acabar. [...] Comprometo-me com o nascimento, sobre bases sólidas, do Ministério da Assistência Estatal para unificar as instituições existentes de pensão e bem-estar social. Tal instituição seria um grande feito social para a democracia"[41].

Mesmo para as classes abastadas e proprietárias, era clara a necessidade de o Estado reagir de maneira a evitar a pior ruptura possível com a ordem capitalista. Em 1920, Vittorio Cottafavi, proprietário abastado e parlamentar da bancada constitucional liberal, escreveu a Nitti que havia se tornado primeiro-ministro, ressaltando a necessidade estratégica de divulgar o papel do Estado como antídoto antirrevolucionário:

> Aproximar os trabalhadores do Estado para que possam ver nele um amigo e um protetor [...] na empreitada de pacificação [...] seria muito útil familiarizar a população com a grande iniciativa das pensões para trabalhadores financiadas pelo Estado e com tudo o que está sendo feito atualmente em favor das classes trabalhadoras. Disseminar esses fatos salutares e essa propaganda fraterna beneficiaria a ordem pública.[42]

---

[39] Ibidem.
[40] Francesco Saverio Nitti, em Ilaria Pavan, "War and the Welfare State", cit., p. 846. No original: *"nelle trincee e sui campi"*, *"pieno diritto di cittadinanza"*. Atas parlamentares da Camera dei Deputati, XXIV legislatura, discurso de 20 out. 1917, p. 14.792.
[41] Ministero per l'Assistenza Militare e le Pensioni di Guerra (org.), *L'assistenza di guerra in Italia*, cit., p. 31.
[42] Carta a Nitti escrita por Vittorio Cottafavi, parlamentar (senador a partir de 1924), expoente do grupo constitucional liberal e membro da classe proprietária abastada da região *modenese*. Archivio Centrale dello Stato [Arquivo Central do Estado] (ACS), Presidenza del Consiglio dei Ministri, 1920, fol. 6.2.690, em Ilaria Pavan, "'Nelle Trincee e sui campi': guerra, dopoguerra e stato sociale in Italia (1917-1921)", em Laura Cerasi (org.), *La libertà del lavoro*, cit., p. 186.

Alguns representantes dos trabalhadores italianos olhavam para a Grã-Bretanha como uma inspiração para as próprias demandas reformistas – uma vez que, como colocou Rigola, era evidente que as classes dominantes britânicas "consideravam a intervenção social do Estado um dever"[43]. De fato, dinâmicas políticas semelhantes estavam em jogo na Grã-Bretanha – onde, como sabemos, os sindicatos juntamente com o Partido Trabalhista foram muito mais influentes que as organizações operárias italianas, inclusive ocupando cargos ministeriais. Como exploraremos em detalhes nos próximos capítulos, ao contrário de seus congêneres italianos, que flertavam com a revolução, a maioria dos líderes trabalhistas britânicos tinha espírito explicitamente reconstrucionista – buscando promover o bem comum, mas por meio de canais governamentais.

Fundado em 1917 e atuante durante todo o período imediatamente posterior à guerra, o Ministério da Reconstrução[44] britânico foi uma entidade governamental responsável por compensar as classes trabalhadoras do país por seus sacrifícios durante a guerra. No centro dessa responsabilidade estavam os programas de progresso social e econômico no pós-guerra, incluindo planos abrangentes de desenvolvimento em educação, auxílio-desemprego e habitação.

A habitação era inegavelmente "a principal causa da agitação do operariado"[45]: as habitações anti-higiênicas e insalubres dos trabalhadores britânicos eram as marcas mais visíveis e escandalosas da diferença e da injustiça de classe. Em um momento de febre revolucionária global, fazia-se preciso enfrentar o problema, independentemente dos impedimentos econômicos (que, logo depois

---

[43] Rinaldo Rigola, "Le classi operaie e le assicurazioni sociali", cit., p. 2.

[44] As funções do Ministério da Reconstrução, que iniciou suas operações em agosto de 1917, foram definidas da seguinte forma: "Avaliar e aconselhar sobre os problemas que podem se originar na presente guerra e podem exigir solução após o seu término e, para os fins acima mencionados, instituir e conduzir tais investigações, preparar tais planos e fazer as recomendações que julgar adequadas". HMSO, *War Cabinet Report for the Year 1917*, Cmd. 9005, 1918a, p. 202. O departamento foi dividido em seções que lidavam, respectivamente, com: comércio e produção (incluindo o suprimento de materiais); finanças, fretes marítimos e serviços comuns; organização da mão de obra e da indústria; desenvolvimento rural; maquinaria do governo, central e local, saúde e educação; além de habitação e transporte interno.

[45] Tenente-coronel David Morgan, House of Commons Debates, 7 abr. 1919, v. 114, cc. 1756. De agora em diante, os debates parlamentares serão citados pelo nome do orador, casa parlamentar (HC Deb para House of Commons ou HL Deb para House of Lords), data e localização (por exemplo, cc. 1756).

do desembolso financeiro da guerra, não teriam sido bem recebidos como desculpas para a inação). Nas palavras do líder trabalhista e parlamentar M. J. Davison:

> Permitam-me dizer com total franqueza que não estou preocupado com o aspecto financeiro desse problema. Vocês não hesitaram em convocar os homens para proteger este país da invasão. Eles protegeram suas propriedades, e vocês não consideraram, naquele momento, se isso ia custar um centavo ou uma libra.[46]

Como a construção de casas foi praticamente interrompida durante a guerra, "segundo as estimativas mais baixas deve ter havido um déficit de 300 mil a 400 mil casas para a classe trabalhadora até o fim de 1918"[47]. A falta de novas moradias foi agravada pela falta de manutenção das habitações existentes, uma vez que durante a guerra as reformas e os esforços para eliminar os casebres foram esquecidos. Muitos domicílios eram inabitáveis[48]. Essa crise foi ampliada pelo aumento do custo de construção no pós-guerra, o que resultou em aluguéis mais altos e impossibilitou que parcela considerável da população conseguisse pagar por moradia[49]. A força crescente do Partido Trabalhista significava que as palavras de Davison para pressionar o parlamento deviam ser levadas a sério:

> Afirmamos que, a menos que tal política seja adotada, a menos que o povo deste país esteja abrigado de modo decente e confortável, o Partido Trabalhista usará todos os meios ao alcance no empenho de obter a reversão do veredicto da eleição

---

[46] Ibidem, cc. 1749.
[47] Monthly Labour Review, "The Housing Situation in England", *Monthly Labor Review*, v. 12, n. 1, jan. 1921, p. 213; disponível on-line.
[48] "Existem atualmente neste país pelo menos 70 mil casas bastante impróprias para habitação e outras 300 mil que estão seriamente deficitárias. [...] Há cerca de 3 milhões de pessoas vivendo em condições de superlotação, ou seja, mais de duas pessoas em um cômodo, e na área abarcada pelo London County Council o excedente é de 758 mil pessoas vivendo nessas terríveis condições." John Joseph Clarke, *The Housing Problem: Its History, Growth, Legislation and Procedure* [O problema da habitação: sua história, crescimento, legislação e tratamento], (Nova York, Sir I. Pitman and Sons, 1920), p. 234; disponível on-line. As más condições de habitação eram vistas como a principal causa da mortalidade infantil, que atingia quase quatro vezes mais as classes trabalhadoras do que as classes média e alta. John Davison, HC Deb, 7 abr. 1919, v. 114, cc. 1746. Doenças infecciosas como a tuberculose eram endêmicas, e sua propagação, irrefreável quando, "na grande maioria dos casos, não só uma ou mais pessoas dormiam na mesma cama, mas também havia outras camas no mesmo cômodo, em alguns casos até quatro outras camas no mesmo cômodo". Dr. Addison, HC Deb, 7 abr. 1919, v. 114, cc. 1715.
[49] Monthly Labour Review, "The Housing Situation in England", cit., p. 213.

de dezembro passado. Se quisermos fazer isso, conseguiremos fazê-lo da forma mais eficaz por um método que eu seria o último homem a defender [...]. Isso não é dito como ameaça.[50]

A Lei de Habitação e Planejamento Urbano de abril de 1919 prometia construir 500 mil novas casas em três anos[51]. Tal reforma foi "heroica"[52] em sua ruptura com o passado: tratava-se do primeiro reconhecimento oficial da obrigação política do Estado de prover abrigo a seus cidadãos. Várias comissões esclarecidas sob o Ministério da Reconstrução configuraram a legislação e concretizaram a realização abrangente que a iniciativa privada – responsável por aproximadamente 95% do setor de construção civil antes da guerra – era incapaz de enfrentar de modo rápido e bem-sucedido diante dessa crise social.

Reformistas em ação

A agenda do Ministério da Reconstrução

O debate parlamentar em torno da lei habitacional de abril de 1919 demonstrou a determinação e a influência dos reconstrucionistas no governo britânico. O parlamentar liberal James Gilbert falou em nome de todos: "É muito necessário que essas casas sejam construídas o mais rápido possível, porque, não só eu, mas cada membro desta Câmara está completamente comprometido com a habitação [...]. Algo que marcará uma nova era para as classes trabalhadoras deste país"[53].

---

[50] HC Deb, 7 abr. 1919, v. 114, cc. 1748.
[51] A Lei de Habitação concedeu às autoridades locais o poder de adquirir terras e casas, tendo como intenção suplantar a iniciativa privada, considerada "estagnada no que tange à construção de casas para as classes trabalhadoras" (Ernest Pretyman, HC Deb, 7 abr. 1919, v. 114, cc. 1772), para "fazer valer a ação do Estado e das associações de utilidade pública". As associações de utilidade pública incluíam "cooperativas de construção e outras que trabalham em troca de dividendos estritamente limitados e não para especulação". Capitão William Ormsby-Gore, HC Deb, 7 abr. 1919, v. 114, cc. 1800. Como exploraremos no próximo capítulo, em conformidade com as reformas, as associações de construção tiveram a oportunidade de prosperar. Essa primeira lei logo foi reforçada pela Lei de (poderes adicionais para a) Habitação de dezembro de 1919 (conhecida como Lei Addison, nome do ministro da Saúde), que ampliou o poder do recém-criado Ministério da Saúde para apoiar as autoridades locais a fim de garantir os empreendimentos habitacionais.
[52] Paul Barton Johnson, *Land Fit for Heroes*, cit., p. 425.
[53] James Gilbert, HC Deb, 7 abr. 1919, v. 114, cc. 1763.

As chamas de uma revolução operária foram extintas com promessas de "banheiros adequados, com serviço adequado de água quente e fria"[54]. Esses novos padrões habitacionais foram estudados com detalhes científicos pelo Comitê Tudor-Walters sob o Ministério da Reconstrução. O comitê recebeu o nome de seu presidente, um proeminente arquiteto e parlamentar liberal que colaborou com outros arquitetos de renome, como Frank Baines e Raymond Unwin. As orientações mais impactantes, entretanto, vieram do Subcomitê Habitacional de Mulheres (também subordinado ao Ministério da Reconstrução). O comitê, formado apenas por mulheres e presidido pela sufragista e ativista feminista Mary Gertrude Emmott, adotou uma abordagem de baixo para cima. Nas palavras do próprio comitê, seu relatório final "incorporou apenas as melhorias exigidas pelas mulheres trabalhadoras"[55].

O impressionante plano do comitê de mulheres incluía regras sobre janelas, ventilação e "aparelhos que reduzem o esforço" da dona de casa, como o "armário de cozinha" ao estilo dos Estados Unidos, que economizaria "caminhadas desnecessárias de um lado para o outro"[56]. Mais importante ainda, o comitê proporcionou uma experiência com "amplas possibilidades de vida comunitária" – jardins, área de recreação infantil, centros sociais –, já que as integrantes acreditavam que "deveria ser dada plena atenção à organização dos recursos disponíveis para o desenvolvimento social e intelectual"[57]. O comitê enfatizou as condições materiais para a emancipação das mulheres. Uma seção do relatório intitulado "Casas de férias comunitárias" fazia frente à "dificuldade vivida pelas mulheres trabalhadoras na obtenção de um verdadeiro descanso e férias". O plano previa: "1) casas onde as mães poderiam, tranquilamente, deixar seus filhos pequenos […]; 2) casas grandes no litoral ou no campo onde grupos de trabalhadores poderiam passar férias"[58].

A Guilda Cooperativa de Mulheres[59] liderou outra ampla campanha para reconhecer e compensar o trabalho não remunerado de uma mulher na gestação

---

[54] Ibidem, cc. 1762.
[55] Ministry of Reconstruction Advisory Council, *Women's Housing Sub-Committee Final Report* [Relatório Final do Subcomitê das Mulheres para Habitação], Cd. 9232 (Londres, HMSO, 1919), p. 20.
[56] Ibidem, p. 9.
[57] Ibidem, p. 20.
[58] Ibidem, p. 13.
[59] A Guilda Cooperativa de Mulheres ganhou grande representatividade nos comitês locais de maternidade que floresceram a partir da Lei de Assistência Materno-Infantil de 1918, discutida no capítulo 1.

e na educação das crianças. Nas palavras da conhecida intelectual sufragista Maude Royden: "A maternidade é um serviço que dá à mulher o direito à independência econômica"[60]. O Comitê de Dotação Familiar pediu ao governo que financiasse todas as mães da gravidez até a criança completar cinco anos. Mesmo o jornal *The Times* publicou relatos de apoio a essa medida de alta demanda orçamentária[61]. Infelizmente, com o ressurgimento da austeridade na década de 1920, essa agenda nunca viu a luz do dia.

Naqueles primeiros anos do pós-guerra, todos esses comitês deram voz a um amplo eleitorado da classe trabalhadora que visava a desenvolver os alicerces de uma revolução na vida social com base em "compra e venda cooperativas" e, em especial, "na expansão da vida em comunidade"[62].

Dentro do aparelho de Estado, a burguesia esclarecida e os representantes dos trabalhadores se uniram para cumprir a promessa de uma sociedade nova e mais justa por meio de reformas sociais sem precedentes – "íntima e imediatamente conectadas umas às outras"[63].

O Comitê de Educação de Adultos atuou por mais de dois anos. Reconstrucionistas proeminentes, incluindo o político Ernest Bevin, o sindicalista Frank Hodges e o economista R. H. Tawney, sob a presidência do acadêmico de Oxford A. L. Smith, uniram forças para redigir um relatório final visionário em outubro de 1919.

Incentivado pela Lei de Educação de agosto de 1918 – que aboliu todas as taxas em escolas públicas de ensino fundamental, elevou a idade final para o ensino obrigatório de doze para catorze anos e exigiu que as autoridades locais providenciassem escolas de formação continuada de meio período para jovens

---

[60] Susan Pedersen, *Family, Dependence, and the Origins of the Welfare State*, cit., p. 146.
[61] "Saving the Children", *The Times*, 25 fev. 1919, p. 7.
[62] Ministry of Reconstruction Advisory Council, *Women's Housing Sub-Committee Final Report*, cit., p. 14.
[63] No mesmo ano, o gabinete concordou com um aumento substancial das pensões por velhice para enfrentar o deplorável problema da pobreza entre a população idosa. As novas medidas sancionaram as recomendações do Comitê Ryland Adkins em 1919, como a duplicação da pensão para dez xelins por semana. Várias condições e requisitos foram relaxados em favor dos requerentes. Os limites de renda foram aumentados e, como consequência, cerca de 220 mil novos pensionistas foram registrados. Ver John Macnicol, *The Politics of Retirement in Britain, 1878-1948* (Cambridge, Cambridge University Press, 2002). Ernest Pretyman, HC Deb, cit., cc. 1773.

de catorze a dezesseis anos⁶⁴ –, o comitê recomendou uma profunda democratização das decisões econômicas e políticas.

Os membros do comitê respeitaram a centralidade da mão de obra, que acabara de ser reconhecida, com um compromisso inovador, escrito em letras maiúsculas, que ainda hoje é um ideal malogrado: "A EDUCAÇÃO DE ADULTOS É UMA NECESSIDADE NACIONAL PERMANENTE, ASPECTO INDISSOCIÁVEL DA CIDADANIA E, PORTANTO, DEVE SER UNIVERSAL E PARA TODA A VIDA"⁶⁵.

Uma educação "sistemática", "contínua" e "social", como "dever da comunidade", satisfaria o "apetite por conhecimento" e suplantaria o "trabalho sem reflexão"⁶⁶. Esse tipo de educação não profissionalizante para adultos era o oposto de um processo imposto de cima para baixo ou de um exercício de doutrinação por parte do Estado⁶⁷. Ao contrário, foi uma resposta oportuna a um crescente movimento pela educação popular⁶⁸.

---

⁶⁴ Ver G. C. Peden, *British Economic and Social Policy*, cit., p. 51; e HMSO, *War Cabinet Report for the Year 1918*, cit., p. 296.

⁶⁵ Ministry of Reconstruction, *Report of the Women's Employment Committee* [Relatório do Comitê das Mulheres para o Emprego], Cd. 9239, 1919a, Cmd. 321, p. 5. Esse impulso à educação pública foi uma verdadeira revolução. Em 1917, o visconde Richard Haldane declarou: "Quando eu estava no comando do Gabinete de Guerra, descobri que um número surpreendente de recrutas não sabia ler nem escrever". Richard Haldane, "National Education", em William Harbutt Dawson (org.), *After-War Problems* [Problemas do pós-guerra] (Londres, Allen and Unwin, 1917), p. 85; disponível on-line.

⁶⁶ Ministry of Reconstruction, *Report of the Women's Employment Committee*, cit., p. 36-7.

⁶⁷ As declarações do comitê dizem: "A educação de adultos só prosperará claramente sob condições que permitam a mais completa autodeterminação por parte dos estudantes em relação aos estudos a ser realizados, à escolha do professor e à organização da turma. Nossas propostas, portanto, encaixam-se na visão de garantir a máxima liberdade aos estudantes e estabelecer a relação justa entre estudantes, professores e os órgãos que proporcionam a educação – uma relação que deve ser de cooperação". Ibidem, 1919, Cmd. 321, p. 168. O mesmo relatório destacou que "o estudo e o debate crescem mais facilmente entre grupos de estudantes que têm liberdade considerável na organização da própria educação e que são auxiliados a vivenciar os próprios limites em vez de ser obrigados a seguir qualquer sistema prescrito". Ibidem, p. 117. Grande ênfase foi dada à negação de qualquer "censura" ou interferência "na liberdade dos estudantes para desenvolver o tipo de educação que melhor lhes convém". Ibidem, p. 118. Mais importante: "O Estado não deve [...] recusar apoio financeiro a instituições, faculdades e cursos meramente com base no fato de que têm uma 'atmosfera' particular ou atraem principalmente estudantes deste ou daquele tipo. Tudo o que ele deve pedir é que os estudantes se preocupem com um estudo sério". Idem.

⁶⁸ Sobre o movimento de educação popular, a comissão relata: "Em suma, o movimento não é esotérico nem superficial, nem o fraco de alguns indivíduos seletos nem a moda passageira de um momento. É um desenvolvimento natural que tem suas raízes profundas nas necessidades

De fato, o comitê previu um "aumento considerável nas contribuições do Estado"[69] para auxiliar todos os tipos de "organizações voluntárias", como a Associação Educacional de Trabalhadores, que oferecia uma "rede" de cursos e rodas de leitura em muitos distritos, unindo "2.555 sociedades, incluindo 952 sindicatos, conselhos sindicais e seções, 388 sociedades cooperativas e outras organizações em um movimento de educação popular"[70]. Outros centros que promoviam a conscientização dos trabalhadores por meio de vários cursos críticos, incluindo o de história e economia do capitalismo e o de teoria socialista, seriam os beneficiários de subvenções estatais. Instituições como Working Man College, Ruskin College e Labor College, de Londres, expressavam "a crença da mão de obra organizada na importância de pôr o ensino superior ao alcance da geração mais jovem de sindicalistas"[71].

O discernimento sobre a conexão teoria-prática – entre "conhecimento e ação efetiva" – estava se disseminando: "É significativo, de fato, que a crença gradual no valor do estudo por parte de movimentos e organizações cujo principal propósito é prático tenha vindo a incentivá-lo cada vez mais entre seus membros por meio da programação de palestras, aulas e rodas de leitura ou pela oferta de livros"[72]. Naqueles anos, o movimento italiano L'Ordine Nuovo levou essas ideias até as últimas consequências revolucionárias (como veremos no capítulo 4).

O Comitê de Educação de Adultos previu a disseminação do conhecimento econômico crítico para as áreas rurais. E observou: "É certo que, com o crescimento do sindicalismo entre os trabalhadores da agricultura, haverá uma procura pela história econômica e a economia do ponto de vista da experiência e dos interesses dos trabalhadores"[73]. Essa visão de empoderamento cultural deu origem a planos ambiciosos de transporte público e planejamento urbano, por exemplo, para construir um Village Institute – "núcleo vivo de atividade

---

populares e que ocupa seu lugar como um estágio lógico no desenvolvimento da educação na Grã-Bretanha". Ibidem p. 36.

[69] Ibidem, p. 117.

[70] Ibidem, p. 38-9.

[71] Ibidem, p. 39. O prenúncio explícito era que o trabalho dessas instituições "agora necessariamente esporádico e dissociado, possa ser desenvolvido e encontre seu lugar apropriado no sistema educacional do país". Ibidem, Cmd. 321, p. 5.

[72] Ibidem, p. 39-40.

[73] Ibidem, p. 146.

comunitária" que incluísse "um salão grande o bastante para bailes, mostras de cinema, concertos, peças teatrais, palestras públicas e exposições", bem como "uma biblioteca pública e um museu local"[74].

O alcance da reconstrução

O ano 1919 foi de projetos de nacionalização que favoreceram as classes trabalhadoras da Grã-Bretanha. Isso incluía não só o setor de carvão (como veremos no próximo capítulo), mas também os setores de transporte e saúde.

O Ministério dos Transportes foi concebido como um órgão com o poder de nacionalizar qualquer empreendimento de transporte (rodovias, ferrovias, canais e docas) e controlar o fornecimento de eletricidade[75]. Esses planos de nacionalização, em especial para ferrovias, causaram alvoroço no *establishment* conservador, com o presidente do conselho da Câmara de Comércio descrevendo o projeto de lei como uma "revolução por estatuto parlamentar"[76]. Ainda assim, até o jornal *The Times* endossou o apelo progressista da lei, entendendo a "revolução dos transportes" pelo governo como "uma das armas mais importantes na nova guerra que está apenas começando contra condições industriais e sociais obsoletas e ineficientes"[77].

De forma similar, o Ministério da Saúde foi criado em 1919 para centralizar a administração de saúde e, "em última análise, abolir a Lei dos Pobres"[78]. Os deputados falavam da "nacionalização" do "maior bem que qualquer nação ou qualquer indivíduo pode possuir, em outras palavras, a nacionalização da saúde do povo deste país"[79].

---

[74] Ibidem, p. 142-3.
[75] Lei do Ministério dos Transportes de 1919; disponível on-line.
[76] "Ways and Communication", *The Times*, 4 mar. 1919, p. 12.
[77] "Commons and Transport Bill", *The Times*, 6 mar. 1919, p. 6.
[78] Charles Sitch, HC Deb, 26 fev. 1919, v. 112, cc. 1878. O princípio básico do projeto de lei era colocar sob um ministro e um departamento as funções relacionadas com a saúde "que, no momento presente, estão dispersas por pelo menos meia dúzia de departamentos em Whitehall". Major Astor, HC Deb, 26 fev. 1919, v. 112, cc. 1910. O secretário parlamentar do conselho do governo local, major Waldorf Astor, usou uma metáfora militar evocativa: "Usar no grande combate à doença o mesmo princípio que nos permitiu derrotar o outro inimigo no continente. Ou seja, queremos um comando unificado, uma equipe para olhar para o futuro, planejar uma campanha e depois executá-la". Ibidem, cc. 1909).
[79] Ibidem, major Alexander Farquharson, cc. 1878.

Dirigentes eleitos aclamaram o projeto de lei da saúde como "algo esplêndido"[80]. O projeto recebeu "apoio unânime de todas as alas da Câmara"[81]. Os parlamentares falaram de uma sociedade na qual a "rígida distinção entre as palavras 'prevenção' e 'cura'" foi superada[82]. Se houve críticas, elas foram no sentido de mais reivindicações. Muitos na Câmara se posicionaram a favor de reforçar o poder de ação do ministério – especialmente no concernente à saúde mental e a fundos para pesquisas médicas. Infelizmente, como veremos na segunda parte do livro, a assistência de saúde nacional e universal estava fadada a se tornar vítima da austeridade do pós-guerra.

Os reconstrucionistas italianos dentro do governo tinham ambições semelhantes para um serviço nacional de saúde. Uma comissão, a Comissão Abbiate, propôs uma reforma universalista na seguridade social – "O seguro deve ser estendido a todos os cidadãos" – que acatou muitas das demandas da popular união sindical italiana CGdL e do Partido Socialista[83]. Como no caso da Grã-Bretanha, o projeto era centralizar e simplificar os benefícios sociais em um único seguro: cobertura de assistência médica contra doenças, proteção contra acidentes e cobertura para maternidade[84]. Pietravalle e seus colegas de comissão foram diretamente inspirados pelas reformas britânicas quando fizeram campanha por um Ministério da Saúde que orientasse "a partir de uma mente diretiva"[85] tarefas amplas, "recém-nascidas, mais promissoras e mais avançadas" da saúde pública[86]. Os dirigentes da CGdL fizeram pressão por um plano

---

[80] Ibidem, capitão Walter Elliot, cc. 1891.
[81] Ibidem, major Waldorf Astor, cc. 1909. Nas palavras de outro parlamentar: "Este projeto de lei é uma necessidade pública urgente e, dado que é concebido com um espírito audacioso e abrangente, tenho certeza de que, quando seus princípios forem aplicados, a lei terá o resultado não apenas de melhorar a saúde geral da comunidade como de complementar consideravelmente o conforto das próprias pessoas". Ibidem, tenente-coronel Nathan Raw, cc. 1896.
[82] Ibidem, major Alexander Farquharson, cc. 1880.
[83] A conferência do Partido Socialista de outubro de 1916, em Roma, elaborou um plano de seguro social universal e obrigatório em caso de doença, invalidez e velhice. Menos de um ano depois, o conselho nacional da CGdL fez uma pressão unânime pela ampliação do seguro para salvaguarda à maternidade e proteção contra os acidentes de trabalho e a pobreza. Arnaldo Cherubini, *Storia della previdenza sociale in Italia 1860-1960*, cit., p. 225 e seg.).
[84] O sistema era financiado por contribuições conjuntas de trabalhadores, empregadores e Estado, com ajuda considerável de municípios e instituições beneficentes locais, que aumentaram a própria autonomia operacional e financeira.
[85] Michele Pietravalle, "Per un ministero della sanità ed assistenza pubblica in Italia", cit., p. 108.
[86] Ibidem, p. 110.

ainda mais abrangente e "menos rígido", que incluiria outras categorias de trabalhadores em idades inferiores e garantiria subsídios maiores, especialmente para os trabalhadores com salários mais baixos[87].

Projetos emancipatórios na área da saúde foram colocados em banho-maria pelos governos liberais do pós-guerra e, posteriormente, naufragados pela campanha fascista de austeridade. Depois desse revés, o sistema de saúde nacional e universal não se concretizaria na Itália até 1978. E, no início dos anos 1990, o ressurgimento da austeridade começou novamente a destruir esses programas governamentais.

Em 1919, no entanto, a alta temporada de intensas reformas sociais estava em plena aceleração – a ponto de, em dezembro daquele ano, o liberal-democrata Mario Cermenati, subsecretário do Ministério de Assistência Militar, poder elogiar seu país por subir "do último lugar" para "a vanguarda da seguridade social" e ter a "disposição de fazer ainda mais"[88]. Para provar o otimismo de Cermenati, basta mencionar as três vitórias reformistas mais importantes.

Em abril de 1919, o Estado anunciou o seguro obrigatório contra invalidez e velhice[89] e o estendeu para cobrir todos os trabalhadores do setor privado[90]. Isso inaugurou uma forma precoce de um sistema redistributivo interclasses que beneficiou cerca de 12 milhões de trabalhadores, incluindo arrendatários, *mezzadri* [meeiros], trabalhadores administrativos e lojistas

---

[87] Rinaldo Rigola, "Le classi operaie e le assicurazioni sociali", cit., p. 4.

[88] Cermenati foi firme em dizer que "o direito do trabalhador à assistência social, em todos os casos, está garantido. Sua velhice está a salvo da penúria e da indigência, ele pode ter certeza de receber apoio adequado em tempos de desemprego involuntário, e em breve também haverá cláusulas para o que mais preocupa as classes trabalhadoras, ou seja, auxílio em caso de doença". Atas da reunião do Consiglio Superiore della Previdenza e delle Assicurazioni, 2 dez. 1919, em INPS, Per una storia della previdenza sociale in italia. Studi e documenti, Roma, 1962, p. 352, citado em Ilaria Pavan, "War and the Welfare State: The Case of Italy, from WWI to Fascism", cit., p. 851.

[89] Reformas do seguro obrigatório para acidentes e do seguro por velhice e invalidez já haviam sido criadas durante a guerra e encontraram justificativas mais amplas durante os anos do pós-guerra. Decreto-lei régio n. 670, 29 abr. 1917, em *Gazzetta Ufficiale del Regno d'Italia* (GU) [4 ago. 1917], p. 184, 3497.

[90] Decreto-lei régio n. 603, 21 abr. 1919, em GU, 1ª maio 1919, p. 104. Administradores locais desempenharam um papel relevantepara colocar em prática esses objetivos de bem-estar social. Ver Alberto de Stefani, *La legislazione economica della guerra* (Bari/New Haven, Laterza/Yale University Press, 1926a), p. 388-91.

de baixa renda[91]. Augusto Ciuffelli, ministro da Agricultura, Indústria e Comércio, apresentou o benefício ao Parlamento invocando a "consciência" da Itália quanto a "seus deveres para com seu povo" e a "grande tarefa de paz e justiça social" da legislação[92].

A onda de reformas continuou com a instauração efetiva, em 1919, do seguro obrigatório contra acidentes para trabalhadores da agricultura[93]. Essa lei, muito cara aos sindicatos socialistas, sobrepujou a oposição dos proprietários de terras e da Câmara de Comércio, preocupados com a possibilidade de a intervenção do Estado – ainda mais com a gestão pública centralizada de seguros de acidentes por meio da recém-instituída *Cassa Nazionale Infortuni* (CNI) – alterar de forma irrevogável as hierarquias de classe. Um manifesto da Câmara de Comércio em janeiro de 1918 se contrapôs à lei e alertou: "O decreto teria um grande impacto nas relações entre trabalhadores e proprietários, tanto em termos políticos quanto em suas repercussões financeiras"[94].

Pela primeira vez, essa lei tornou público e obrigatório o seguro para acidentes na agricultura, aplicando o princípio moderno do direito automático a uma indenização que não estivesse vinculada à contribuição do empregador. Com essa reforma, 9 milhões de trabalhadores rurais ganharam proteção social, juntando-se aos trabalhadores industriais. Em um decreto de 1921, o primeiro-ministro Giovanni Giolitti ampliaria ainda mais o escopo da lei ao diminuir a barreira de elegibilidade. Em 1923, no entanto, o machado de austeridade de Mussolini garantiu a evisceração imediata do decreto de Giolitti[95].

Finalmente a Itália havia se tornado uma liderança com sua reforma contra o desemprego, outro meio de mitigar as altas demandas da classe trabalhadora. Além das leis soviéticas de 1917, o plano italiano foi o primeiro a introduzir um sistema de seguro-desemprego obrigatório em larga escala (cobrindo

---

[91] Ilaria Pavan, "War and the Welfare State", cit., p. 851.
[92] Ibidem, p. 850.
[93] Para detalhes, ver Enzo Bartocci, *Le politiche sociali nell'Italia liberale: 1861-1919* [A política social na Itália liberal: 1861-1919] (Roma, Donzelli, 1999), p. 226. Ver também Arnaldo Cherubini, *Storia della previdenza sociale in Italia 1860-1960*, cit., p. 194-211; o livro de Cherubini é particularmente esclarecedor quanto à luta de classes que se desencadeou em torno dessas reformas. Apresentado originalmente no Decreto-lei régio n. 1.450, 23 ago. 1917, em GU, Índice Geral de Assuntos de 1917, p. 47.
[94] Ilaria Pavan, "War and the Welfare State", cit., p. 848; ACS, Presidenza del Consiglio dei Ministri, 1918, fol. 5.1.607.
[95] Decreto-lei régio n. 432, 11 fev. 1923, em GU 64 [17 de março de 1923], p. 2.286.

trabalhadores industriais e agrícolas e trabalhadores administrativos de ambos os sexos, dos 15 aos 65 anos)[96]. Esse plano de 1919 era ainda mais inclusivo que seu equivalente britânico de 1920[97].

Reformismo: pacificação ou polarização?

A criação no pós-guerra do Ministério do Trabalho e Previdência Social da Itália, que se assemelhava muito ao Ministério do Trabalho britânico (estabelecido em 1916), revela a ambiguidade do projeto reconstrucionista[98]. Por um lado, o objetivo explícito do governo Nitti era fortalecer a intervenção estatal para a proteção das classes trabalhadoras. Por outro, essa reforma constituiu uma tentativa de harmonizar as relações produtivas e, assim, garantir a sobrevivência de um sistema capitalista fragilizado.

Desde o início do século, o Partido Socialista, a CGdL e as ligas nacionais de cooperativas vinham reivindicando um ministério "para lidar com os problemas do trabalho" (*che provveda ai problemi del lavoro*)[99]. Os governos liberais de

---

[96] Observe-se que o seguro não incluía a mão de obra doméstica, o funcionalismo público e as pessoas que trabalhavam em casa. O seguro era baseado em subsídios de trabalhadores e empregadores com substantiva contribuição anual do Estado. Para detalhes, ver "Decreto n. 2.214 de 19 de outubro de 1919", em Ilaria Pavan, "War and the Welfare State", cit., p. 859-60; e Arnaldo Cherubini, *Storia della previdenza sociale in Italia 1860-1960*, cit., p. 218-24.

[97] Em 1920, a Lei do Seguro-Desemprego ampliou o programa de 1911 para cobrir a maioria dos trabalhadores da indústria. A cobertura foi ampliada "de 2 milhões a 3 milhões de pessoas em 1912 para mais de 12 milhões de pessoas". G. C. Peden, *The Treasury and British Public Policy, 1906-1959* (Oxford, Oxford University Press, 2000), p. 168. Depois do verão de 1920, quando o desemprego na Grã-Bretanha triplicou em apenas alguns meses, os reconstrucionistas pressionaram por muitas propostas protokeynesianas de obras públicas financiadas por empréstimos visando a manter as pessoas nos empregos; em seus meios e fins, esses projetos contrastavam profundamente com a ortodoxia orçamentária anterior à guerra (ver capítulos 3 e 6 deste volume).

[98] Ao ministério cabia: i) a fiscalização por parte da Cassa Nazionale do seguro para acidentes de trabalho; ii) a aplicação da lei do seguro obrigatório por invalidez e velhice; e iii) a cobrança das estatísticas do trabalho e a coordenação do escritório da central de empregos (*l'Ufficio nazionale per il collocamento e la disoccupazione*), estabelecido em outubro de 1919. O primeiro ministro a ocupar a pasta, Mario Abbiate, era um liberal progressista conhecido por sua dedicação aos problemas trabalhistas e por suas importantes investigações sobre as condições de trabalho do proletariado. Sob sua alçada, a proteção da assistência social aos trabalhadores tornou-se uma prerrogativa legal.

[99] Em Dora Marucco, "Alle origini del Ministero del Lavoro e della Previdenza Sociale in Italia [Electronic Resource]", *Il Mulino*, 2008, p. 181; disponível on-line; publicado originalmente em ACS, Atti Parlamentari [AP] Camera, Leg. XXI, 1. sessione, *Discussioni*, 2. tornata, 15 maio 1901, p. 3.867.

antes da guerra evitaram esse projeto – havia uma esmagadora oposição a um ministério entendido como "um ministério de classe" (*un ministero di classe*)[100]. Depois da guerra, porém, as coisas foram diferentes. A dinâmica da guerra inaugurou novas prioridades, e nenhum imperativo foi mais forte que incorporar as classes trabalhadoras e neutralizar sua rejeição ao Estado capitalista. O governo buscou a paz social por meio da reforma trabalhista. De fato, a relação colaborativa entre trabalho e Estado foi um pilar do "reformismo produtivista" de Nitti – uma crença que se sobrepunha amplamente à de muitos reconstrucionistas britânicos[101]. O leitor pode, assim, compreender a ambivalência fundamental do reconstrucionismo: mesmo na construção de redes de segurança, o Estado de bem-estar ainda desempenha uma função de controle social. Os trabalhadores têm menos incentivos para romper com um sistema que lhes confere mais direitos trabalhistas e benefícios sociais[102].

Vale destacar que, mesmo em um momento social tão explosivo, a maioria das reformas sociais não foi realmente tão reformista em seus resultados. Em vez de apaziguar os trabalhadores, a "agenda esclarecida" estimulou maiores expectativas de um futuro melhor. Surgiram rachas entre reformistas e radicais.

Por exemplo, enquanto a CGdL fazia campanha pelo seguro contra invalidez e velhice, o operariado começou a se mobilizar contra o pagamento de cotas de seguro[103]. No verão de 1920, trabalhadores da oficina Bianchi, em Milão, organizaram uma greve que foi apoiada pela Câmara do Trabalho de Bolonha e Turim: "Que propósito têm esses seguros sociais quando estamos à beira da revolução? Por que pagar se em breve teremos todo o poder?"[104].

---

[100] Ibidem, p. 183; publicado originalmente em ACS, AP Camera, Leg. XXIII, 1. sessione, *Discussioni*, tornata, 12 maio 1910, p. 6.789.

[101] Sobre o reformismo produtivista de Nitti, ver Francesco Barbagallo, *Francesco S. Nitti* (Turim, Unione Tipografico-Editrice Torinese, 1984), p. 119-26.

[102] Essa função do bem-estar como controle social é particularmente importante em tempos de recessão econômica, quando a força de trabalho é separada de seu principal sistema de controle; ou seja, o mercado de trabalho. A ideia é que o bem-estar iniba a inclinação dos trabalhadores de romper com o sistema, pois eles ainda têm algo a perder.

[103] A radicalização momentânea na Itália também foi explicitada no comportamento da CGdL (tradicionalmente reformista), que, em 15 de julho de 1920, assinou um pacto em Moscou "pelos triunfos da revolução social e da república universal do soviete". Ver Angelo Tasca, *Nascita e avvento del fascismo*, cit., p. 124.

[104] Idem, "Un episodio della lotta di classe alla vigilia della rivoluzione" [Um episódio da luta de classe à véspera da revolução], *L'Ordine Nuovo*, v. 2, n. 9, 10 jul. 1920, p. 124.

Esses rachas se tornaram discrepâncias, e em 1920 Benito Mussolini, em ascensão, escreveu em um artigo para *Il popolo d'Italia* que não era apenas o Estado liberal que estava em grave crise, mas também a atitude reformista dos próprios sindicatos[105].

A falta de apoio aos governos reformistas era dolorosamente evidente para os próprios governos. Em janeiro de 1921, uma comissão parlamentar italiana deixou claro que no novo Ministério do Trabalho "os trabalhadores enxergam agora o órgão supremo de proteção de seus interesses e esperam dele novas reformas dirigidas à elevação material e moral do trabalhador"[106].

O desespero do projeto reconstrucionista italiano pela paz social fracassou, conduzindo, em última análise, ao regime fascista de 1922. Como vamos explorar, a austeridade fascista interrompeu abruptamente a temporada de reformas, inaugurando o retorno das classes dominantes mais intransigentes. Emblemático dessa nova estratégia de "apaziguamento" foi o desmantelamento do Ministério do Trabalho em 1923[107].

Em vez de promover a unidade nacional, o reconstrucionismo polarizou a sociedade. De um lado estavam os trabalhadores e suas práticas revolucionárias, cuja difamação por parte do Estado daria origem, depois, às políticas de austeridade. Do outro lado estava a burguesia reacionária, apoiada por economistas influentes – os protagonistas da segunda parte deste livro – e que iniciou uma poderosa campanha contra o "paternalismo burocrático" e pôs em ação a arma da austeridade. A austeridade funcionou como um mecanismo de defesa não apenas contra ondas revolucionárias, mas também contra os próprios princípios do capitalismo de bem-estar do pós-guerra e sua potencial expansão.

---

[105] Benito Mussolini, "The Crisis of Their Authority" (*la crisi della loro autorità*), *Il popolo d'Italia*, 19 jul. 1920.

[106] Dora Marucco, "Alle origini del Ministero del Lavoro e della Previdenza Sociale in Italia [Electronic Resource]", cit., p. 186; originalmente publicado em ACS, AP Camera, Leg. XXVI, sess. 1921, Documenti, n. 2, Relazione della commissione parlamentare d'inchiesta sull'ordinamento delle amministrazioni di Stato e sulle condizioni del personale, presentata il 18 gennaio 1921, p. 260.

[107] O Ministério da Economia Nacional – já responsável por uma ampla variedade de funções – assumiu também as principais responsabilidades do extinto Ministério do Trabalho. Foi uma nítida regressão à situação pré-guerra, em que os problemas trabalhistas estavam nas mãos do Ministério de Agricultura, Indústria e Comércio. Para a história do Ministério do Trabalho, ver Dora Marucco, "Alle origini del Ministero del Lavoro e della Previdenza Sociale in Italia [Electronic Resource]", cit.

A Grã-Bretanha certamente representava um cenário menos explosivo, mas essa era uma diferença apenas em grau, não em espécie. Mesmo que seja verdade que em uma economia capitalista madura os representantes dos trabalhadores estavam mais profundamente integrados ao aparato do Estado, a polarização social ainda era uma realidade insidiosa. As lutas dos mineiros, exploradas no capítulo 3 desde livro, são indicativas de como as reformas sociais ampliaram as demandas para a tomada do controle da produção. Como lorde Sankey observou no relatório oficial da comissão de carvão de 1919, havia nos campos carboníferos muito mais que "um desejo pelos benefícios materiais de salários mais altos e jornadas mais curtas". Os trabalhadores manifestaram, "em um grau crescente, uma ambição maior de receber sua devida cota e parcela na condução da indústria rumo ao sucesso, para o qual eles também estão contribuindo"[108]. Para deter as ameaças à velha ordem, foi deflagrada uma sonora campanha "contra o desperdício" nos gastos públicos, que encontrou forte apoio institucional na cruzada dos especialistas do Tesouro britânico pela austeridade.

Conclusão

Durante a Primeira Guerra Mundial, os governos britânico e italiano empregaram o bem-estar social como uma poderosa estratégia de coesão política, em escala sem precedentes. No momento em que o capitalismo do *laissez-faire* revelava seu viés classista, os Estados intervieram como atores redistributivos para impedir a combustão interna do sistema. No pós-guerra imediato, os reconstrucionistas impulsionaram ainda mais essa estratégia: a reforma equitativa poderia moderar o descontentamento popular e aplacar os trabalhadores, que teriam algo a perder ao romper com a ordem socioeconômica burguesa. Apaziguar o coletivo envolvia uma ambiciosa reconstrução da sociedade sobre uma base socialmente inclusiva e que encontrou suas melhores expressões no Ministério da Reconstrução britânico, com seus numerosos comitês esclarecidos, e no Ministério do Trabalho e Previdência Social italiano – símbolos da voz dos trabalhadores dentro do aparato estatal.

Não há dúvida de que, em suas raízes, o impulso rumo à reconstrução foi uma questão de preservação existencial: as reformas eram o antídoto a qualquer

---

[108] Great Britain, *Reports and Minutes of Evidence*, v. 2: *On the Second Stage of the Inquiry* (Londres, HMSO, 1919b), p. vii.

desenraizamento imediato do contrato social burguês. Paradoxalmente, essa preservação requeria algo que era, em si, uma ameaça ao capitalismo ou, pelo menos, uma séria ameaça ao capitalismo do *laissez-faire* "puro".

De fato, com a reconstrução do pós-guerra, as prioridades do sistema econômico mudaram de forma drástica, passando da satisfação do intuito de lucro individual à satisfação da necessidade social coletiva. Os recursos foram transferidos do capital privado para a coletividade. Isso significou, por exemplo, que as receitas fiscais e os créditos recém-criados foram usados para programas de saúde pública e educação em vez de serem canalizados de volta para o bolso dos poupadores-investidores.

Depois da guerra, muitos rejeitaram o "velho credo econômico" em favor de "uma trindade progressista" – políticas fiscais e monetárias expansionistas e agendas industriais inclusivas que sobrepujaram as leis impessoais do mercado. Ao afirmar a ação humana, os reconstrucionistas se recusaram a aceitar restrições orçamentárias como um "limite econômico" às políticas de distribuição social. Tais planos para uma "nova sociedade" visavam a objetivos emancipatórios – da disseminação da vida comunitária que empoderava as mulheres até o financiamento de escolas de trabalhadores que ensinassem direitos trabalhistas e teoria socialista.

Em última análise, a ortodoxia econômica teve de lidar com dois grupos inimigos. Primeiro, os reconstrucionistas, que, com sua visão de ampliar a redistribuição social em detrimento do capital privado, representaram um importante inimigo do capitalismo em sua forma de *laissez-faire* puro. Ao mesmo tempo, surgiu um inimigo indiscutivelmente maior, que desafiou os próprios fundamentos do capitalismo e foi encorajado pelas reformas reconstrucionistas: as ambições revolucionárias do povo. Em vez de serem apaziguados pela redistribuição social, os trabalhadores se viram reanimados por ela. Os anos 1919-1920 foram marcados por amplas mobilizações rumo a um sistema socioeconômico alternativo que implicava a superação da propriedade privada dos meios de produção e dos próprios salários.

A relação mutuamente aprimorada entre as reformas e a consciência da classe trabalhadora provou-se uma sinergia explosiva. Ironicamente, os reformistas – que dobraram as leis de ferro do mercado para evitar uma revolução – tinham, na verdade, provocado outra. Essas brasas que calcinaram o capitalismo são o assunto do capítulo 3.

3
A LUTA POR DEMOCRACIA ECONÔMICA

> Os movimentos econômicos têm uma tendência acelerada de se tornarem também políticos – não só porque os trabalhadores possuem um poder muito maior e estão bem mais conscientes disso, mas também porque suas reivindicações econômicas são revigoradas por uma hostilidade cada vez mais profunda contra toda a ordem capitalista da sociedade. Os trabalhadores não apenas se sentem mais fortes; eles também têm um sentimento crescente de que o capitalismo é inseguro.
>
> *G. D. H. Cole*[1]

A crise de legitimidade do capitalismo nasceu de seu despojamento durante a Primeira Guerra Mundial: as intervenções dos Estados nas economias nacionais expandiram os limites do politicamente viável e, ao fazê-lo, abriram espaço para uma imaginação política mais ampla em torno do ordenamento das relações socioeconômicas. Resumindo, as próprias condições criadas pelo controle estatal durante a guerra provocaram o colapso da racionalidade prática que havia justificado o sistema até então. O capítulo 2 detalhou como esse colapso se manifestou no espírito reconstrucionista do pós-guerra e nas tentativas de apaziguamento por meio de reformas sociais. Neste, vamos examinar como a perda de legitimidade dos governos capitalistas se aprofundou bastante: ela escancarou a questão do intuito de lucro – a essência do capitalismo –, bem como seus dois pilares fundamentais, a propriedade privada dos meios de produção e as relações assalariadas.

Após a guerra, grupos de trabalhadores de toda a Europa foram atraídos para modos de organização nos quais a produção era destinada ao uso, não ao lucro; a propriedade comunal era preferida à propriedade privada; a liberdade tinha valor superior à mercantilização da força de trabalho. Nas décadas posteriores à guerra, a força e a importância revolucionária do

---

[1] G. D. H. Cole, *Chaos and Order in Industry* [Caos e ordem na indústria] (Londres, Methuen, 1920), p. 8-9.

movimento trabalhista italiano e, em especial, do britânico foram minimizadas por muitos historiadores do trabalho; o teórico político e economista G. D. H. Cole, autor da epígrafe deste capítulo, escreveu no volume 4 de seu *A History of Socialist Thought* [Uma história do pensamento socialista], de 1958: "Tentei deixar claro que em nenhum momento existiu a possibilidade de uma Revolução Britânica"[2]. Era um desvio em relação aos relatos dele naquele período, incluindo um testemunho de 1919 que dizia, em parte: "Pois acredito sinceramente que a atual ordem econômica está ruindo e que seu colapso definitivo não é questão de décadas, e sim de anos"[3]. Ele observou que o elemento que havia conservado o capitalismo até aquele momento – ou seja, "a convicção generalizada de que o capitalismo era inevitável"[4] – entrava em colapso.

Na verdade, durante os anos vermelhos de 1919-1920, a imaginação coletiva foi inflamada por eventos que ocorreram em outras partes da Europa. Os escritos do socialista reformista Pietro Nenni revelam a natureza interconectada e transnacional da crise:

> A queda dos Hohenzollern na Alemanha, a dissolução do império Habsburgo e a fuga de seu último imperador, os movimentos espartaquistas em Berlim, a revolução bolchevique na Hungria, o soviete na Baviera [...] inflamaram a imaginação e inspiraram a esperança de que o velho mundo estivesse a ponto de desmoronar e a humanidade estivesse à beira de uma nova era, de uma nova ordem social.[5]

Se a ideia é argumentar que o capitalismo estava desmoronando durante esse período – como eu defendo –, as ondas sem paralelo de ação industrial na Grã-Bretanha e na Itália são as provas A e B. Essas ações industriais do pós-guerra buscavam novas relações de produção para construir sociedades democráticas.

---

[2] Idem, *A History of Socialist Thought*, v. 4 (Nova York, St. Martin's, 1958), p. 449.
[3] Idem, *Chaos and Order in Industry*, cit., p. 24.
[4] Ibidem, p. 8.
[5] Pietro Nenni, *Storia di quattro anni: 1919-1922* (2. ed., Turim, G. Einaudi, 1946), p. 6. Cole havia usado palavras muito semelhantes: "Após a queda dos Habsburgo, dos Hohenzollern e dos Romanoff, após o advento da Rússia soviética e, por certo tempo, da Hungria soviética, quem, independentemente de sua atitude em relação a esses fatos, ousará afirmar que as mudanças sociais revolucionárias são impossíveis em seu próprio país? Quem manterá uma fé imaculada na permanência e na inviolabilidade da velha ordem?". G. D. H. Cole, *Chaos and Order in Industry*, cit., p. 9. Ou: "O controle do capitalismo sobre o trabalho está desmoronando". Ibidem, p. 20.

Os movimentos trabalhistas estavam enraizados em reivindicações para que o controle estivesse nas mãos dos trabalhadores, ou seja, pela substituição parcial, se não completa, do sistema industrial capitalista por uma nova ordem. Cole, em sua voz anterior, explica:

> Quando o trabalho pede o controle, sua principal preocupação não é com o lucro nem com a participação nos lucros, mas com a democratização da verdadeira gestão real da indústria e com a garantia de uma medida real para o controle operário sobre suas condições de trabalho. A solução trabalhista para a maldição do lucro não é uma participação nos lucros para si, mas a propriedade pública da indústria combinada com um sistema de controle democrático.[6]

Uma campanha tão radical quanto essa, pelo controle nas mãos dos operários, exigia a aplicação de estratégias múltiplas. Este capítulo detalha três delas: as lutas dos mineiros britânicos pela nacionalização; a ascensão das cooperativas italianas; e a proliferação das guildas britânicas.

O trabalhismo invade o palco da história

Em 1918, novas leis eleitorais concederam o direito de voto aos homens, independentemente da posse de propriedades, e, na Grã-Bretanha, também às mulheres, ainda que com algumas restrições[7]. Isso significava que as preocupações dos trabalhadores passaram a moldar o cenário político.

Na Grã-Bretanha, a mudança na base eleitoral (que passou de 5,2 milhões para 12,9 milhões com a nova lei) deu protagonismo ao Partido Trabalhista,

---

[6] G. D. H Cole, *The World of Labour: A Discussion of the Present and Future of Trade Unionism* (4. ed., Londres, George Bell and Sons, 1920), prefácio, p. vx.

[7] Na Grã-Bretanha, uma parcela das mulheres com mais de trinta anos de idade também obteve o direito ao voto. Mais especificamente, mulheres com mais de trinta anos que tivessem propriedades de valor não inferior a cinco libras anuais ou que fossem casadas com um homem com habilitação similar. A seção IV da lei dizia: "Uma mulher terá o direito de ser registrada como eleitora para o parlamento em uma circunscrição eleitoral (exceto a de uma universidade) se: a) tiver atingido a idade de trinta anos; b) não estiver sujeita a qualquer incapacidade legal; e c) tiver o direito de ser registrada como eleitora do governo local mediante a ocupação de terras ou instalações daquela circunscrição eleitoral (exceto casa de habitação) de valor anual não inferior a cinco libras ou de uma casa de habitação, ou se for esposa de um marido que tem direito de ser assim registrado". George Percy Warner Terry, *The Representation of the People Act 1918* (Londres, C. Knight and Co.), 1918, p. 14. Sobre o assunto, ver também Ross McKibbin, *The Ideologies of Class: Social Relations in Britain, 1880-1950* (Nova York, Oxford University Press, 1990), p. 66-101.

que destronou o Partido Liberal como o principal rival dos Tories*. O Partido Trabalhista obteve 4,5 milhões de votos – oito vezes mais que nos anteriores à guerra. A despeito de nosso julgamento sobre a autenticidade das grandiosas ambições do partido de se apoderar dos meios de produção – conforme declarado em seu manifesto programático de 1918[8] –, a caracterização desse período nas observações do historiador britânico Eric Hobsbawm é inegável:

> Pela primeira vez na história, um partido proletário tornou-se e continuou sendo um importante partido alternativo de governo, e o medo do poder da classe trabalhadora e da expropriação agora assombrava as classes médias – não tanto porque era o que os líderes do Partido Trabalhista prometiam ou realizavam, mas porque sua mera existência como partido de massa lançou uma tênue sombra vermelha de potencial revolução soviética por todo o país.[9]

---

* Como eram conhecidos os membros do Partido Conservador no início do século XX (pois foi o partido que os substituiu na primeira metade de 1800). Embora haja diferenças, o nome Tory continuou sendo usado para os conservadores. (N. T.)

[8] Historiadores discutem a natureza socialista da ideologia do Partido Trabalhista, expressa no famoso inciso IV do programa de 1918, impresso em *Labour and the New Social Order*. A cláusula trazia o compromisso do partido em "garantir aos trabalhadores manuais e intelectuais todos os frutos de sua indústria, distribuídos da forma mais equitativa possível, com base na propriedade comum dos meios de produção e no melhor sistema acessível de administração popular e controle de cada indústria e serviço". A maioria dos especialistas tende a concordar com G. D. H. Cole, *A History of Socialist Thought*, v. 4 (Nova York, St. Martin's, 1958), e Ralph Miliband, *Parliamentary Socialism: A Study in the Politics of Labour* (Londres, Allen and Unwin, 1961), que compreendem o programa como um projeto da Sociedade Fabiana e que era genérico o suficiente para atrair o consenso sindical. Embora não propusesse a abolição da propriedade privada *in toto*, reivindicava, *sim*, a nacionalização da terra e de muitas das indústrias estratégicas juntamente com medidas sociais radicais. Dessa forma, "ainda que a implementação do programa trabalhista não conduzisse a uma sociedade socialista, teria feito uma grande diferença nas características e na tessitura da sociedade antiga". Ibidem, p. 62. Ross McKibbin, *The Evolution of the Labour Party, 1910-1924* (Oxford, Oxford University Press, 1974), extrapola essa leitura pragmática da cláusula IV, argumentando que, em vez de uma conversão ideológica, tratava-se de sensibilidade para as mudanças estruturais provocadas pela Primeira Guerra Mundial. Nesse sentido, o objetivo socialista era principalmente uma resposta ao medo do bolchevismo e à necessidade de uma alternativa parlamentar e socialista poderosa. Era também uma medida que permitia ao Partido Trabalhista estabelecer uma ruptura com o Partido Liberal e atrair as classes médias profissionais que tinham tendências socialistas amadurecidas. Ver ibidem, p. 95-7.

[9] Eric Hobsbawn, *Industry and Empire: From 1750 to the Present Day* (Nova York, Penguin, 1999), p. 187.

Na Itália, os resultados eleitorais de novembro de 1919 foram ainda mais contestadores à acumulação do capital: o Partido Socialista e o Partido Popular[10] obtiveram maioria na Câmara dos Deputados – 256 cadeiras de um total de 508. Sozinhos, os socialistas obtiveram 1.840.600 votos e 156 deputados (32% de todo o Parlamento), ao passo que o tradicional Partido Liberal praticamente desapareceu. Em 1920, o Partido Socialista contava com 4.367 seções locais e governou um terço de todos os municípios (cerca de 2,8 mil *comuni*) e mais de um terço dos conselhos provinciais[11]. Os socialistas também dirigiam 8 mil cooperativas. Esse não era um feito comum e foi, em parte, provocado pela radicalização do partido desde os tempos da guerra[12]. A agenda partidária imediata visava "à socialização do capital financeiro, à supressão da dívida do Estado, à socialização de habitação, meios de transporte e grandes propriedades agrárias, além de grandes empresas da indústria e do comércio"[13].

Mais dramático, o Partido Socialista também rejeitou qualquer forma de parlamentarismo. Travou lutas por mandatos eleitorais e com um conjunto perspicaz de objetivos revolucionários. Essa difusão bastante intensa dos

---

[10] O Partido Popular (ou Partido do Povo) italiano foi fundado em 18 de janeiro de 1919 por Luigi Sturzo, um sacerdote católico siciliano. Tinha inspiração nas ideias católicas de justiça social e pressionou por reformas sociais redistributivas e pelo sufrágio feminino. Sobre suas origens e sua agenda, ver Carlo Invernizzi-Accetti, *What Is Christian Democracy? Politics, Religion and Ideology* (Cambridge, Cambridge University Press, 2019). As atividades do partido cessaram em 1926, quando a ditadura fascista assumiu o controle total.

[11] O Partido Socialista venceu as eleições administrativas com o seguinte manifesto: "As *comuni* não podem ser conquistadas a não ser com o objetivo de apoderar-se delas e paralisar todos os poderes, todos os mecanismos do Estado burguês, a fim de acelerar a revolução proletária e o estabelecimento de uma ditadura do proletariado". Angelo Tasca, *Nascita e avvento del fascismo* [Nascimento e advento do fascismo] (Bari, Laterza, 1965), p. 204.

[12] No congresso do Partido Socialista de Bolonha, em outubro de 1919, a corrente "maximalista" confirmou sua vitória sobre a corrente reformista e aderiu à Terceira Internacional. A radicalização do Partido Socialista italiano havia começado após a derrota na Batalha de Caporetto, no outono de 1917 (quando surgiu a "fração intransigente revolucionária" do Partido Socialista). A linha revolucionária obteve maioria nas reuniões oficiais em Florença em novembro de 1917 e dominou o partido durante muitos anos a partir de então. Em 1919, a agenda reformista foi derrotada em favor do programa mais maximalista em todas as principais eleições partidárias locais (*congresso provinciale*). Até mesmo em Milão, região de origem da tradição reformista, a facção intransigente venceu as eleições de março de 1919 para o conselho diretivo. O florescimento de muitas publicações locais revolucionárias refletem essa tendência radicalizadora. Em Nápoles, Amadeo Bordiga, futuro líder comunista, fundou a revista semanal *Soviet*. Em Florença, *La Difesa*, semanário das federações socialistas, foi o paladino das linhas mais extremistas.

[13] *L'Avanti*, 8 ago. 1919.

princípios comunistas pretendia "facilitar a abolição das instituições de dominação burguesa"¹⁴. Assim, as eleições eram compreendidas como um barômetro para medir a mudança de poder na direção da mão de obra e como um meio poderoso de cultivar a consciência de classe. Enquanto os partidos proletários tornavam-se cada vez mais fortes, os sindicatos também – e as duas formas de organização estavam interconectadas em ambos os países.

Na Grã-Bretanha, capital industrial do mundo, entre 1914 e 1918 a filiação a sindicatos aumentou de 4 milhões de pessoas para 6,5 milhões e, em 1920, atingiu um número recorde de quase 8,4 milhões. Em apenas seis anos, a sindicalização dobrou: 40% do total da população trabalhadora se associou a sindicatos. Na Itália, a escalada foi igualmente impressionante. O impulso do sindicalismo entre o proletariado urbano e rural cresceu como nunca: quase 3,8 milhões de trabalhadores – cinco vezes o total anterior à guerra – participaram de protestos trabalhistas organizados. Além disso, a federação dos trabalhadores socialistas superava todas as outras em popularidade. A CGdL cresceu de forma impressionante: só nos dois primeiros anos do pós-guerra a adesão aumentou oito vezes, chegando a 2 milhões de membros em 1920¹⁵. Particularmente combativas eram as organizações a ela afiliadas: Federterra, a "liga vermelha" dos trabalhadores agrícolas, e Fiom, o "sindicato vermelho" dos metalúrgicos.

A onda de filiações sindicais resultava principalmente da integração de novos trabalhadores (e de novos tipos de trabalhadores) durante a guerra: mulheres,

---

[14] Angelo Tasca, *Nascita e avvento del fascismo*, cit., p. 95.
[15] Os líderes da CGdL eram membros reformistas do Partido Socialista. O pacto de lealdade de 1918 reafirmou as decisões de 1907 (a CGdL foi fundada em 1906), que atribuíram a liderança das greves "políticas" ao "partido" e a das greves "econômicas" à CGdL. Ludovico d'Aragona, o líder, em janeiro de 1919 detalhou o plano, que incluía "tributação altamente progressiva"; "cultivo de terras e realização de obras públicas por trabalhadores unidos em cooperativas no interesse da coletividade"; "o direito dos trabalhadores ao controle da gestão da fábrica"; e "todo o fruto do trabalho para quem o produz". O plano também incluía "seguro global contra desemprego, acidentes de trabalho, doenças e velhice". Pietro Nenni, *Storia di quattro anni*, cit., p. 13. Mais da metade dos membros da CGdL eram trabalhadores industriais; eles estavam distribuídos da seguinte forma: 200 mil pedreiros, 160 mil metalúrgicos, 155 mil trabalhadores da indústria têxtil, 68 mil da indústria de gás, 60 mil funcionários públicos, 50 mil da indústria de produtos químicos, 50 mil funcionários do setor privado, 30 mil marceneiros, 25 mil ferroviários, 23 mil trabalhadores da indústria de couro, 22,4 mil operários da construção civil, 22 mil trabalhadores das linhas de bondes e 21 mil papeleiros. A CGdL também reunia 890 mil trabalhadores agrícolas.

operários não qualificados e semiqualificados¹⁶. A guerra deu origem a uma "classe trabalhadora nova e bem mais aguerrida" que tinha muito pouco a perder. Como vimos no capítulo 1, esses trabalhadores haviam sido profundamente politizados pelo coletivismo de guerra e aparentemente não estavam inclinados a testemunhar a própria subjugação. A ação industrial direta era a expressão mais vívida dessa crescente politização.

Strikomania – a mania da greve

Na Grã-Bretanha do pós-guerra, as tensões de classe dispararam e as greves dobraram em comparação a 1912, ano pré-guerra com a maior explosão grevista. O auge dessa tendência foi em 1919, quando quase 35 milhões de dias úteis foram perdidos em greves – seis vezes mais que no ano anterior – e havia uma média de 100 mil trabalhadores em greve todos os dias¹⁷. Não apenas mineiros de carvão, ferroviários, trabalhadores dos transportes e estivadores, mas também policiais, soldados, ex-militares, jornalistas, pintores, professores, trabalhadores agrícolas, fiandeiros de algodão e muitos outros grupos começaram a tomar as ruas contra seus empregadores ou o Estado.

Folheando as páginas do *Daily Herald* dos anos 1919-1920, encontram-se inúmeros relatos da ação direta empreendida por trabalhadores do país, dando corpo à ideia de que "ninguém pode duvidar da existência no Reino Unido atualmente das revoltas mais generalizadas e profundamente arraigadas que este país já conheceu"¹⁸.

Só em julho de 1919, os mineiros de carvão estavam em greve em todo o país, os padeiros preparavam uma greve nacional contra o trabalho noturno, e

---

¹⁶ Na Grã-Bretanha, por exemplo, entre as trabalhadoras, o crescimento da sindicalização foi da ordem de 130% no período 1914-1920. Keith Burgess, *The Challenge of Labour: Shaping British Society, 1850-1930* (Londres, Croom Helm 1980), p. 165. No setor metalúrgico, os principais sindicatos profissionais especializados cresceram 76% entre 1914 e 1918. Em contrapartida, os dois maiores sindicatos de trabalhadores menos qualificados da indústria – o Sindicato Nacional dos Trabalhadores Gerais (NUGW, na sigla em inglês) e o Sindicato de Trabalhadores (WU, na sigla em inglês) – cresceram 216% e 137%, respectivamente. James Hinton, *The First Shop Stewards' Movement* (Londres, Allen and Unwin, 1973), p. 49-50.

¹⁷ A fonte desses dados é Dataset 1: Labour disputes annual estimates, UK, 1891 to 2018; Office of National Statistics (ONS).

¹⁸ *Memorandum on The Causes of and Remedies for Labour Unrest, Presented by the Trade Union Representatives on the Joint Committee Appointed at the National Industrial Conference*, Central Hall, Londres, 27 fev. 1919. Republicado em G. D. H. Cole, *Chaos and Order in Industry*, cit., p. 247.

os policiais estavam prestes a sair às ruas. Essa categoria lutava para conquistar a sindicalização, identificando-se fortemente como trabalhadores e difundindo a insegurança política: as forças da lei e da ordem não apoiariam o governo[19]. A greve da polícia de Liverpool em agosto de 1919 encontrou solidariedade entre trabalhadores de outros setores, levando a revoltas intensas e à intervenção de tropas[20]. Enquanto isso, carpinteiros, alfaiates, *chefs*, siderúrgicos, soldados e operários da construção lutavam para obter o controle das próprias condições de trabalho ou, ao menos, melhorá-las.

A *strikomania* (*scioperomania*), como foi rotulada, não poupou a Itália. Em 1919, o número de greves registradas no país havia mais que dobrado em comparação com os anos anteriores à guerra e, como na Grã-Bretanha, aumentara mais de seis vezes durante a transição da guerra para a paz. Em 1919, os dias de trabalho perdidos para disputas trabalhistas na agricultura e na indústria superaram 22 milhões e, em 1920, subiram para quase 31 milhões[21]. O número de greves continuou crescendo em 1920, envolvendo cerca de 2.314.000 trabalhadores (1.268.000 da indústria e 1.045.732 da agricultura) – ou seja, quase 50% da força de trabalho nos setores produtivos capitalistas, incluindo indústria, construção, agricultura, mineração etc.[22]

---

[19] Sobre as greves de policiais, ver T. A. Critchley, *A History of Police in England and Wales* (ed. rev., Londres, Constable, 1978), e Jane Morgan, *Conflict and Order: The Police and Labor Disputes in England and Wales, 1900-1939* (Nova York, Clarendon, 1987). Quanto à agitação das Forças Armadas, a ameaça revolucionária generalizada e a reação de Lloyd George à agitação da mão de obra, ver Chris Wrigley, *Lloyd George and the Challenge of Labour: The Post-War Coalition, 1918--1922* (Hemel Hempstead, Harvester Wheatsheaf, 1991).

[20] Os poderes coercitivos do Estado também foram mobilizados integralmente durante as quarenta horas de greve em Clydeside em janeiro-fevereiro de 1919. Sobre a reação das Forças Armadas governamentais contra os trabalhadores britânicos, ver, entre outros, Jane Morgan, *Conflict and Order*, cit.

[21] O número de dias de trabalho perdidos em um ano é calculado multiplicando-se o número total de dias de greve pelo número de trabalhadores envolvidos. Ver Ministero dell'Economia Nazionale, 1924, Supplemento 38, "Bollettino del lavoro e della previdenza Sociali", p. 15 para dados sobre greves e p. 278 para dados sobre greves agrícolas.

[22] Observe-se que esse número não inclui os 450 mil trabalhadores em ocupações e os 6 milhões de dias de trabalho perdidos durante ocupações de fábricas entre 30 de agosto e 20 de setembro de 1920 – episódio que exploraremos em detalhes no capítulo 4. Zamagni documenta que o nível de mobilização na Itália durante o biênio vermelho foi "realmente excepcional" em relação a outros países: disputas industriais envolveram 30% da força de trabalho, enquanto o percentual em outros países era próximo de 20%. Ver Vera Zamagni, *Dalla periferia al centro: la seconda rinascita economica dell'Italia, 1861-1981* (Bolonha, Il Mulino, 1991), p. 151-2. Para dados sobre greves, consultar o capítulo 9 deste livro, gráficos 9.5 e 9.6.

Assim como as reportagens do *Daily Herald* apresentaram uma imagem vívida das greves em toda a Grã-Bretanha, também o fez o jornal socialista italiano *L'Avanti*, que registrou um grande aumento do número de assinaturas entre operários e camponeses italianos após a guerra. Em 2 de abril de 1920, sob a manchete "As violentas batalhas da classe trabalhadora" (*"Le aspre lotte della classe lavoratrice"*), o jornal narrou a greve nacional dos funcionários públicos, que durou quase um mês[23]; a greve de trabalhadores do setor agrícola da região da Padânia; a greve dos panificadores em Bréscia; a greve dos trabalhadores da construção em Bérgamo; a greve dos ferroviários de Casale Monferrato; a greve de funcionários dos telégrafos em Milão; e as paradas metalúrgicas em Turim, Florença, Pávia etc. No dia seguinte, *L'Avanti* publicou a manchete "As batalhas cotidianas do proletariado" (*"Le quotidiane battaglie del proletariato lavoratore"*) e relatou a greve de 30 mil papeleiros; a greve dos pedreiros em Mântua; a greve de trabalhadores do setor de gás em Monza; a mobilização de agricultores em Forlì; e os acordos finais para o aumento salarial dos trabalhadores têxteis de Milão após uma hostil paralisação da mão de obra. Só naquele mês de abril, a Itália registrou 195 greves, com 229.960 participantes e 2.454.012 dias úteis perdidos[24]. As mulheres participaram em grande número, até mesmo liderando os esforços em vários setores, inclusive na indústria têxtil, em que a greve era das mais combativas e as mulheres grevistas superavam os homens na proporção de três para um (em 1919, por exemplo, 148.832 mulheres participaram, contra 44.991 homens)[25].

Os noticiários não retratavam apenas as lutas dos trabalhadores, mas seus sucessos inéditos: em todo o país, os trabalhadores conquistaram direitos

---

[23] Ver *L'Avanti*, 28 abr. 1920.

[24] Ver Ministero dell'Economia Nazionale, 1924, cit., p. 177, Supplemento 38, "Bollttino del lavoro e della previdenza Sociali". Os metalúrgicos representavam a maior parcela: em março de 1920, os metalúrgicos tinham 70.270 grevistas com 1.448.209 dias perdidos. Ibidem, p. 176. Durante todo o ano 1919, quase 400 mil metalúrgicos em greve contribuíram para uma perda de mais de 11 milhões de dias de trabalho. Ibidem, p. 154. No entanto, os trabalhadores que participaram das greves eram de todas as categorias sociais, mesmo aquelas tradicionalmente distantes da ação direta, incluindo padres, professores da educação básica e juízes.

[25] Em 1919, a indústria têxtil tinha o maior percentual de greves entre todas (18% em comparação aos 12% dos metalúrgicos). A distribuição de gênero nas outras greves industriais em 1919 foram as seguintes: nas fábricas de chocolate, 386 homens para 1106 mulheres; nas fábricas de calçados, 38 homens para 9018 mulheres; na produção de couro, oito homens para 330 mulheres; nas fábricas de botão, 1189 homens para 2446 mulheres; no setor de tabaco, 83 homens para 263 mulheres. Ministero dell'Economia Nazionale, 1924, cit., p. 156-82.

econômicos e de representação[26]. Em 1921, a média diária nominal dos salários industriais italianos quintuplicou (aumento de cerca de 400%) em comparação aos níveis anteriores à guerra[27]. Tais ganhos eram inéditos: durante os vinte anos de desenvolvimento industrial (1890-1910), o aumento "natural" agregado da média nominal dos salários fora de apenas 53%. Em 1920, os salários semanais nominais para os trabalhadores manuais britânicos subiram 178% em relação aos níveis de antes da guerra – alta de 3,70 libras esterlinas em comparação com o valor de 1,26 libra esterlina em 1910[28]. Para dar uma noção desses ganhos, considere que durante todo um século antes da guerra o aumento gradual da média dos rendimentos semanais britânicos de um ano para o outro nunca excedeu dez centavos de libra esterlina[29]. Durante os anos vermelhos, tanto na Itália como na Grã-Bretanha, os trabalhadores lutaram por, e conseguiram, padronização da jornada de trabalho de oito horas por dia. *L'Avanti* saudou o fato em tom triunfante, como "uma conquista sem precedentes [...], uma vitória inédita na história do movimento proletário mundial"[30].

As greves se tornam políticas

À medida que as manifestações dos trabalhadores proliferavam, seus objetivos evoluíam. O que começou como ação direta nos lucros industriais tornou-se político – e em escala internacional.

Tanto na Grã-Bretanha quanto na Itália, os trabalhadores se mobilizaram em solidariedade aos trabalhadores russos e húngaros para combater os ataques antissoviéticos empreendidos por interesses das elites econômicas internacionais. O exemplo mais aclamado na Grã-Bretanha foi o episódio *Jolly George*, em que estivadores britânicos sabotaram o apoio do governo à guerra

---

[26] Dados da época mostram que em 1919 e 1920 houve um aumento das "vitórias" dos trabalhadores em comparação às perdas. Ver Ministero dell'Economia Nazionale, *I conflitti del lavoro in Italia nel decennio 1914-1923 (dati statistici)*, cit., p. 28-9.

[27] Peter Scholliers e Vera Zamagni (orgs.), *Labour's Reward: Real Wages and Economic Change in 19th-and 20th-Century Europe* (Cheltenham, Edward Elgar, 1995). Os salários diários aumentaram 53%; ver capítulo 9 deste volume, gráfico 9.7.

[28] Peter Scholliers e Vera Zamagni (orgs.), *Labour's Reward*, cit., tabela A.23, p. 261.

[29] Ibidem, p. 258, tabela A.23 – Average Weekly Earnings, Manual Workers, 1780-1960 [£s], Assuming Full Employment.

[30] *L'Avanti*, 21 fev. 1919, ed. Milão, p. 2.

polonesa contra a Rússia soviética recusando-se a carregar armas em um navio de suprimentos[31]:

> O episódio do *Jolly George*, navio fretado para transportar armas para a Polônia saindo de Harwich [Essex], adquiriu fama mundial quando os estivadores se recusaram a embarcar a carga, e ficou claro que qualquer tentativa de derrotar o boicote pelo uso da mão de obra dos fura-greve resultaria em uma greve solidária generalizada. [...] Na Rússia, contava-se, e por um tempo acreditava-se, que a Revolução havia eclodido na Grã-Bretanha. Houve, de fato, entre os trabalhadores britânicos, uma súbita crença de que o caso do *Jolly George*, embora pequeno, tivera em si importância simbólica por representar a solidariedade internacional à Revolução Russa contra seus inimigos do regime capitalista-imperialista.[32]

Um mês depois, de 20 a 21 de julho de 1919, a CGdL e o Partido Socialista Italiano organizaram uma greve geral, convocando os trabalhadores de todo o país para marcharem em solidariedade a camaradas russos em luta. Mais tarde, em junho de 1920, soldados e trabalhadores italianos na cidade de Ancona assumiram o controle do quartel militar e se recusaram a partir para a Albânia, que na época estava sob ocupação italiana[33]. Essa ação precipitou greves de solidariedade e insurreições populares por toda a Itália, nas quais as pessoas se opuseram à produção de armas e pediram a repatriação de todos os soldados italianos. O movimento acabou contribuindo para o pleno reconhecimento da independência albanesa e o fim da mobilização de soldados italianos. No entanto, após a guerra, a politização das greves significou mais que o confronto

---

[31] A luta foi amplamente conhecida em todo o movimento trabalhista britânico, que lançou uma intensa campanha "Não toquem na Rússia". A partir de janeiro de 1919 e acompanhando o assunto diariamente, o Partido Trabalhista tentou convencer o governo a retirar as tropas da Rússia. Na conferência de junho de 1919, o discurso do presidente do Partido Trabalhista invocou a posição partidária oficial: "Devemos resistir às operações militares na Rússia" (uma voz: "E na Irlanda") "e a perpetuação do recrutamento em nosso país. Não pode haver paz enquanto continuarmos a nos entregar a aventuras militares na Rússia. Deve-se deixar a Rússia livre para trabalhar por sua própria salvação política, e seria muito melhor enviar ao povo os meios para estabilizar e consolidar o crescimento democrático do país do que os meios para uma ala destruir a outra ou até mesmo a própria Revolução". Report of the Nineteenth Annual Conference of the Labour Party, 25 jun. 1919, p. 113; disponível on-line. A campanha foi bem-sucedida. Em 30 de julho de 1919, Churchill anunciou que "nossas tropas serão retiradas da Rússia antes do inverno". *Daily Herald*, 30 jul. 1919, p. 1. Para detalhes, ver Macfarlane, 1967, p. 126-52.
[32] G. D. H Cole, *A History of Socialist Thought*, v. 4, cit., p. 427-8.
[33] Ver *L'Avanti*, 30 jun. 1920.

direto com o Estado em assuntos externos: os próprios movimentos econômicos tornaram-se profundamente políticos.

Reivindicações que antes haviam sido registradas como estritamente econômicas, como horas trabalhadas e aumentos salariais, eram agora consideradas parte de reivindicações mais sistemáticas que envolviam diretamente o Estado (que havia se tornado o empregador de fato). A intervenção direta do Estado na produção significou que as lutas industriais contra os empregadores imediatamente se desdobraram em lutas políticas contra o Estado – e, assim, em reivindicações de que o poder do Estado fosse usado para colocar a produção social sob controle democrático[34]. Como James Sexton, um trabalhador portuário, comentou: "Havia uma dificuldade considerável, se não uma impossibilidade, de dissociar questões políticas e industriais"[35].

Além disso, as revoltas já não ocorriam mais como intervenção que visava essencialmente a benefícios econômicos imediatos. Muito pelo contrário: um grande motivador era a revolução social. Um memorando oficial britânico de fevereiro de 1919 enfatizou essa mudança: "As causas fundamentais da agitação" foram encontradas na "crescente determinação do Partido Trabalhista de desafiar toda a estrutura existente na indústria capitalista", não mais apenas nas "queixas especiais e menores que vêm à tona em um dado momento"[36].

Os trabalhadores rejeitavam os pressupostos centrais do capitalismo. Como o relatório britânico afirmou, eles "não estavam mais preparados para concordar com um sistema em que sua mão de obra é comprada e vendida como mercadoria no mercado de trabalho"[37] e, uma vez que eram colocados para trabalhar, exigiam ser tratados "não como 'mãos' ou partes do equipamento fabril", mas "como seres humanos com o direito de usar suas habilidades manuais e intelectuais não a serviço de poucos, e sim de toda a comunidade"[38].

---

[34] Simon Clarke, *Keynesianism, Monetarism, and the Crisis of the State* (Aldershot, Gower, 1988), p. 199.
[35] Labour Party, *Report of the Nineteenth Annual Conference of the Labour Party, 25 jun. 1919* (Nottingham/Londres, Labour Party, 1919), p. 119.
[36] O memorando sobre as causas e soluções para as revoltas na indústria foi elaborado por representantes sindicais por ocasião da Conferência do Congresso Nacional da Indústria de fevereiro de 1919; reimp. em G. D. H. Cole, *Chaos and Order in Industry*, cit., p. 271. Essa investigação ecoava, em muitos aspectos, a investigação feita pelo governo em 1917.
[37] Ibidem, apêndice 1, p. 250.
[38] Idem.

Frank Hodges, um dos líderes sindicais dos mineiros britânicos, descreveu o movimento como secessão do capitalismo: "Ele [o trabalhador] quer conhecer a finalidade social de seu trabalho; em resumo, quer sentir a alegria que atinge um homem cuja personalidade inteira está impressa no objeto que ele está em processo de criar, em vez de ser mera argila maleável nas mãos de um sistema que transforma todo o seu ser em uma mercadoria comercializável"[39].

Na Itália, o desejo popular pelo autogoverno se espalhou como fogo nas fábricas e no campo de todo o país. Enquanto os operários do norte da Itália continuavam reivindicando o controle dos meios de produção, os camponeses paralisaram a produção em uma vasta área do Piemonte e da Lombardia (incluindo Novara, Pavia, Vercelli, Voghera, Casale Monferrato, Mortara, Biella e Alessandria) por um total de cinquenta dias em 1920, realizando assembleias constantes em todas as cidades[40]. Essas greves eclodiram em março de 1920 e envolveram mais de 300 mil pessoas. Suas reivindicações eram econômicas (adoção de um salário mínimo anual global, organização eficaz contra o desemprego) e, sobretudo, políticas. Os trabalhadores agrícolas garantiram o controle do trabalho no interior do processo de produção e o reconhecimento oficial de seus centros de contratação (*Uffici di collocamento di classe*)[41].

Entre inúmeros outros acontecimentos revolucionários em 1920, destaca-se a invasão camponesa de Medicina, na região bolonhesa. O que começou em 22 de março foi, na noite do segundo dia, um espetáculo de camponeses

---

[39] Frank Hodges, *Nationalization of the Mines* (Nova York, Thomas Seltzer, Inc., 1920), p. 110-1. Em outra passagem, Hodges dá uma boa ideia da situação revolucionária: "Estamos diante de uma classe trabalhadora cada vez mais educada; uma classe que rejeita cada vez mais a imposição de vontade e da autoridade externas sobre si; uma classe que anseia pela condição de hombridade responsável na indústria e que se rebela contra qualquer instituição restritiva que impeça suas aspirações à liberdade. O propósito da vida está sendo expresso de modo mais amplo como o prazer da liberdade. Por gerações, as classes trabalhadoras acreditaram que a única instituição que se interpunha no caminho da liberdade era de caráter político. A liberdade da democracia política é uma realização magnífica, mas se percebe que a escravização industrial é mais dura que a escravização do servo sem direitos. Daí o impulso da liberdade na indústria. A luta para se livrar da imposição de vontades externas porque os instrumentos de produção são de propriedade dos possuidores de tais vontades é o fenômeno mais notável da época". Ibidem, p. IX-X.

[40] Ver *L'Avanti*, 2 abr. 1920.

[41] Os camponeses também obtiveram reconhecimento na forma de um representante eleito – um *fiduciario* – para supervisionar a aplicação correta do novo acordo trabalhista e formar um conselho de *fiduciari*.

"reunidos em marcha, portando facões, pás, foices, cantando a Internacional e o hino dos trabalhadores"[42], uma cena marcante de solidariedade e organização. Em reportagem escrita meses depois para descrever os acontecimentos, o líder político Angelo Tasca comentou que os camponeses demonstraram "a verdade mais evidente" da classe trabalhadora: assumir "para si o problema da produção". Tasca detalhou como os camponeses de Medicina puseram em prática as próprias instituições de governança e organização, incluindo um centro de contratação que coordenava as admissões e uma cooperativa de produção que fornecia máquinas e fertilizantes. "Conselhos" locais espontâneos – comitês para discutir as questões técnicas da produção – eram comuns. A comunidade organizava a produção de acordo com as "necessidades sociais de nutrição", não com o princípio organizador do capital. Em vez de colher *cannabis* para a indústria, eles cultivaram cereais, arroz e ervas medicinais. Como disse um camponês ao repórter: "É preciso produzir primeiro o que é necessário para comer, depois pode-se pensar em lucro". O caso de Medicina encabeçou uma subversão nacional das prioridades capitalistas.

No geral, os "anos vermelhos" 1919-1920 viram o chamado pelo controle da terra e da indústria nas mãos dos trabalhadores atingir o auge e tornar-se uma das mais importantes reivindicações políticas dos movimentos da classe trabalhadora britânica e italiana do pós-guerra, ocupando o centro do palco entre o operariado e até mesmo na estratégia oficial dos principais sindicatos[43].

O que se segue é a exploração das diversas batalhas dos trabalhadores por objetivos comuns no sentido de uma sociedade pós-capitalista: campanhas sindicais, cooperativas agrícolas e guildas de construção.

---

[42] Angelo Tasca, "Un episodio della lotta di classe alla vigilia della rivoluzione", *L'Ordine Nuovo*, ano II, n. 9, 10 jul. 1920, p. 69-70.

[43] Essas reivindicações por democracia econômica brotavam em diversas indústrias: mineiros, ferroviários, trabalhadores da construção civil, engenheiros e construtores navais, bem como trabalhadores dos correios e do serviço público. A NUR (sigla em inglês da União Nacional dos Ferroviários), por exemplo, apresentou uma solicitação eloquente de nacionalização e controle conjunto do sistema ferroviário, enquanto o sindicato dos trabalhadores dos correios elaborou o projeto de um esquema bastante amplo para transformar o serviço postal em um serviço autônomo na linha das guildas socialistas. Para uma discussão sobre os trabalhadores em relação ao controle das ferrovias, ver Susan H. Armitage, *The Politics of Decontrol of Industry: Britain and the United States* [As políticas de descontrole da indústria: Grã-Bretanha e Estados Unidos] (Londres, Weidenfeld and Nicolson, 1969), p. 46-100.

A luta dos mineiros e o Comitê Sankey

Os mineiros assumem o controle

Para a comunidade de mineiros britânicos, a Primeira Guerra Mundial foi um período de expressivo fortalecimento como indústria e de aumento dramático da consciência de classe como setor empregador. O controle estatal do carvão durante a guerra levou a um avanço significativo na posição dos mineiros, incluindo o reconhecimento oficial da Federação dos Mineiros da Grã-Bretanha (MFGB, na sigla em inglês). A bem-sucedida negociação nacional diretamente com o Estado deu base ao audacioso programa dos mineiros no pós-guerra. Ao fim do conflito, o sindicato dos mineiros era poderoso, nacionalmente estruturado e ativo na promoção da solidariedade entre os diversos setores. Unificava cerca de 1 milhão de homens, tornando-se de longe o maior sindicato da Grã-Bretanha. Em 1919, em média uma em cada oito pessoas por todo o país vivia ou procedia de uma comunidade mineradora, e "o ressentimento de classe e a solidariedade de classe nas aldeias mineiras não tinham paralelo no restante da indústria britânica"[44].

Em 31 de janeiro de 1919, com a indústria ainda sob administração pública de fato depois da guerra, a MFGB apresentou ao governo suas reivindicações de aumento de 30% nos pisos salariais, jornada de trabalho de seis horas, nacionalização e controle conjunto – e alertou que, se tais reivindicações não fossem atendidas integralmente, a consequência seria uma greve nacional na extração de carvão.

Em termos políticos, as circunstâncias favoreciam os trabalhadores. Depois da guerra, o país estava passando por uma escassez de carvão: uma greve não só impediria diretamente o fornecimento de energia às residências, como fecharia indústrias nos estágios iniciais de retomada da produção em tempos de paz, além de colocar em risco o esforço de reconquista de mercados externos (o transporte marítimo tinha necessidade vital de carvão). Além disso, as apostas eram extremamente altas. A situação política era imprevisível: com a agitação de trabalhadores industriais por todo o país, uma greve de mineiros tinha o potencial de gerar um colapso político. Para o socialista escocês John Maclean e outros membros influentes da MFGB, "uma greve de mineiros por horas

---

[44] Kenneth Morgan, *Consensus and Disunity: The Lloyd George Coalition Government 1918-1922* (Oxford, Oxford University Press, 1979), p. 65.

de trabalho e salários poderia, no contexto da mobilização de massa, atrair milhões de trabalhadores de outras indústrias com resultados potencialmente revolucionários"[45]. Esses não eram pensamentos de todo fora da realidade. Nos primeiros meses de 1919, as forças da lei e da ordem não eram – segundo estimativas do próprio governo britânico – confiáveis. Se ocorresse uma revolta, a probabilidade de conseguir contê-la parecia pequena.

Dados do gabinete ministerial mostram que a maioria dos ministros era hostil às reivindicações dos mineiros. Mas, dadas as circunstâncias, "com muita pressa e temor"[46] o gabinete optou por uma abordagem reconstrucionista e sugeriu que as reivindicações dos mineiros fossem averiguadas por uma comissão imparcial do governo sob a presidência neutra de *sir* John Sankey, juiz do tribunal superior. *The Times* detalhou o cenário tenso do qual emergiu essa comissão, como ela representava um "respiro" que permitiria que a nação evitasse a ameaça perene de um ressurgimento das greves:

> Há uma semana a atmosfera estava muito carregada e havia todos os sinais de que uma tempestade se aproximava tão devastadora e com tamanha amplitude que ninguém escaparia de seus efeitos. Hoje o ar está mais limpo […], o perigo de uma revolução dos trabalhadores da indústria não foi eliminado, mas […] os mineradores terão carta branca para provar que suas reivindicações são justas e exequíveis na Comissão de Inquérito da Indústria do Carvão que começa hoje.[47]

Os líderes dos mineiros aceitaram a oferta, desde que a MFGB fosse autorizada a nomear metade dos membros da comissão (com a outra metade representando o lado dos capitalistas)[48]. Eles escolheram os três líderes mais carismáticos dos mineiros: Robert Smillie, presidente da MFGB; Frank Hodges, secretário-geral da mesma organização; e Herbert Smith, vice-presidente da MFGB e presidente da federação dos mineiros de Yorkshire. Eles também nomearam

---

[45] Martyn Ives, *Reform, Revolution and Direct Action amongst British Miners: The Struggle for the Charter in 1919* (Leiden, Brill, 2016), p. 47.
[46] Kenneth Morgan, *Consensus and Disunity*, cit., p. 62.
[47] "Lull in Labour Strife", *The Times*, 3 mar. 1919, p. 11.
[48] A outra metade da comissão de doze membros consistia em três proprietários de minas de carvão (Evan Williams, R. W. Cooper e J. T. Forgie) e três representantes da indústria (Arthur Balfour, *sir* Eric Duckham e *sir* Tony Royden). A primeira fase das audiências sobre salários de trabalho e horas trabalhadas ocorreu de 3 a 20 de março de 1919; a segunda, sobre a questão mais ampla da nacionalização, foi concluída em junho de 1919.

três especialistas que encarnavam o espírito reconstrucionista detalhado nos capítulos anteriores: os economistas Leo Chiozza Money e Sidney Webb e o historiador socialista Richard H. Tawney.

Embora as explicações retrospectivas de alguns historiadores[49] tendam a ver o episódio do Comitê Sankey como um acontecimento que, ao ganhar tempo, matou o potencial revolucionário dos mineiros, fato é que os trabalhadores promoveram um grande avanço histórico. Eles impuseram um desafio aos pilares do capitalismo que chegou à antessala da fortaleza capitalista. A ameaça de ação direta e seu efeito paralisante despertou um debate político que abalou o núcleo do *establishment* britânico, envolvendo intimamente o Parlamento e a imprensa nacional.

Na antessala da fortaleza capitalista

Nas negociações com o governo britânico, os três representantes dos mineiros e os três especialistas em economia concordavam todos em um ponto básico: o capitalismo de livre mercado tinha que ser denunciado e superado. Smillie e Hodges referiam-se abertamente a ele como "o velho regime"[50]. A iniciativa privada e o lucro privado como motivadores da produção foram julgados, minuciosamente examinados e publicamente recriminados[51]. O fato de que "a comissão se reuniu no King's Robing Room* da Câmara dos Lordes tornou as deliberações ainda mais impressionantes"[52].

---

[49] Por exemplo, Charles Loch Mowat, *Britain between the Wars, 1918-1940* (Londres, Methuen, 1955), p. 30-6; e M. W. Kirby, *The British Coal Mining Industry, 1870-1946: A Political and Economic History* [A indústria britânica de mineração de carvão, 1870-1946: uma história política e econômica] (Londres, Macmillan, 1977), p. 37.

[50] Robert Arnot, *Further Facts from the Coal Commission: Being a History of the Second Stage of the Coal Industry Commission; with excerpts from the Evidence* (Londres, Allen and Unwin, 1919), prefácio.

[51] É interessante observar que esse sentimento de condenação ao capital privado era compartilhado pelos membros da comissão que representavam o capital, como *sir* Arthur Duckham, presidente do Instituto de Engenheiros Civis. Duckham apresentou seu relatório oficial conclusivo em junho, que diz nos dois primeiros pontos: "I) A propriedade privada dos minerais não foi e não é em nome do interesse maior da comunidade; II) O fornecimento de recursos minerais do país não deve ser deixado para a iniciativa privada". Royal Industry on Coal Industry Commission, Great Britain, *Reports and Minutes of Evidence*, v. 2: *On the Second Stage of the Inquiry* (Londres, HMSO, 1919), p. XXII.

* Salão de uso reservado onde o rei ou a rainha vestem seus trajes cerimoniais e a coroa antes de se dirigirem aos membros do parlamento britânico. (N. T.)

[52] Henry Pelling, *History of British Trade Unionism* (Londres, Palgrave Macmillan, 1987), p. 162.

As audiências, realizadas sob o olhar atento da opinião pública nacional, derrubaram a condição de domínio impenetrável da propriedade – e da indústria – privada[53]. Arthur H. Gleason, funcionário do American Bureau of Industrial Research, observou que "nunca tal autonomia de questionamento foi permitida em uma investigação oficial da indústria. Tinha-se ali um mineiro interrogando um empregador milionário e colocando-o contra a parede, sem chance de escapar"[54].

De fato, a primeira sessão de audiências foi publicamente reconhecida, até pela imprensa burguesa, como triunfo dos trabalhadores. O *Daily News* afirmou que "ninguém que assista aos trabalhos consegue evitar a impressão de que é o caso dos donos das minas, não dos mineiros, que está sendo julgado"[55]. E novamente *The Times*: "Não haverá divergência de opiniões entre os leitores imparciais quanto a um ponto, o de que, das três partes envolvidas, os mineiros saem-se muito melhor. O caso deles foi mais bem apresentado, mas também era um caso melhor que o do governo ou os dos proprietários de minas"[56].

As audiências não eram simplesmente um teatro para os mineiros demonstrarem seu poder. Ao contrário, o processo do Comitê Sankey revelou profundas falhas do sistema de competição capitalista anterior à guerra. Juntamente com o quadro deplorável das condições de trabalho dos mineiros[57], emergiu uma crítica das falhas estruturais do capitalismo. A ineficiência econômica "não

---

[53] Entre a primeira e a segunda fases, foram ouvidas 163 testemunhas, englobando uma pluralidade de vozes: esposas de mineiros, docentes de economia, funcionários públicos, engenheiros, secretários das federações locais de mineradores, representantes da indústria, proprietários de minas de carvão etc. Royal Industry on Coal Industry Commission, Great Britain, *Reports and Minutes of Evidence*, v. 1: *On the First Stage of the Inquiry* (Londres, HMSO, 1919), p. xxiv e xxix-xxxii.

[54] Arthur Gleason, *What the Workers Want: A Study of British Labor* (Nova York, Harcourt, Brace and Howe, 1920), p. 34.

[55] Citado em ibidem, p. 48.

[56] "The Industrial Crisis", *The Times*, 18 mar. 1919, p. 11. William Straker, o secretário do sindicato dos mineiros de Northumberland, comentou resumidamente que "durante a primeira etapa dessa comissão as velhas formas de gerenciamento e controle de minas foram apresentadas de modo tão destruidor que o relatório, conhecido como Relatório Sankey e aceito pelo governo, declarou que 'o sistema atual está condenado'". Royal Industry on Coal Industry Commission, Great Britain, *Reports and Minutes of Evidence*, v. 2, cit., p. 944.

[57] Evidências meticulosamente reunidas em primeira mão destacaram a divisão de classes e a injustiça: as péssimas condições de trabalho e de vida dos mineiros, que eram "na maioria dos casos, nada menos que escandalosas". Etc. Royal Industry on Coal Industry Commission, Great Britain, *Reports and Minutes of Evidence*, v. 1, cit., p. xiv. Os terríveis acidentes de trabalho e a queda dos salários reais da indústria foram comparados aos lucros excessivos dos proprietários, que quadruplicaram durante a guerra. "Os padrões de vida, as casas e as condições dos mineiros, que se sacrificam nessa

deve ser atribuída a falhas pessoais"⁵⁸; ao contrário, ela emergiu do próprio funcionamento da concorrência de mercado, que impediu o planejamento central racional da extração e do uso de recursos naturais e levou capitalistas específicos a tentar sistematicamente pressionar a mão de obra a trabalhar mais por salários desumanos e a economizar em infraestrutura. No caso da maior indústria da Grã-Bretanha, os efeitos da mão invisível não foram tão ideais quanto Adam Smith prometera. Inúmeros depoimentos enfatizaram que, longe de ser virtuosa, a competição pelo lucro não resultou em prosperidade coletiva⁵⁹. Mas produziu falta de coordenação e desperdício excessivo, combinados com um desestímulo estrutural para a realização do tipo de investimento de longo prazo necessário para aumentar a oferta de carvão e manter os preços baixos⁶⁰. Na

---

labuta indispensável, representam o caso mais esmagador contra a continuidade do atual sistema". Frank Hodges, *Nationalization of the Mines*, cit., p. v.

⁵⁸ Royal Industry on Coal Industry Commission, Great Britain, *Reports and Minutes of Evidence*, v. 2, cit., p. 477.

⁵⁹ Por exemplo, em seu depoimento, o senhor William Straker denunciou a visão antagônica e individualista da sociedade como uma teimosia ultrapassada que deveria ser superada: "Aqueles que são contra a nacionalização evidentemente defendem que a competição é a própria alma do progresso. A vida, para eles, é um antagonismo, cada indivíduo luta pela supremacia; e nessa luta sobreviverá o mais apto. Isso significa que do egoísmo, cientificamente aplicado, virá o maior bem para o maior número. Essa me parece uma ideia primitiva pertencente a uma forma mais arcaica de sociedade do que à civilização do século XX. Em contrapartida, os partidários da nacionalização defendem muito fortemente que a vida não é necessariamente um antagonismo e que a ajuda, cientificamente aplicada, deve dar os melhores resultados. Essa é uma concepção a que a humanidade chega depois de afastar-se, de forma considerável, do primitivo. O egoísmo é a causa-raiz de todos os erros; portanto, qualquer sistema que seja consequência do egoísmo deve estar errado. Aquilo que é errado em termos morais não pode ser certo em termos econômicos. Sistemas baseados nessa grande verdade devem ser encorajados, pois podem produzir um cidadão melhor. Sistemas baseados no desejo de ganho egoísta devem ser desencorajados, por criar tudo o que há de pior na vida individual e corporativa. Aquele que reúne os homens em atividades cooperativas contribui para o progresso e o bem-estar humano; aquele que mantém os homens em atitude hostil uns em relação aos outros trava uma guerra contra o bem-estar e o progresso". Robert Arnot, *Further Facts from the Coal Commission*, cit., p. 29.

⁶⁰ A propriedade compartilhada, observou-se, significava uma enorme perda de carvão usado para barreiras, desperdício no desenvolvimento de túneis e reboque subterrâneo desnecessário, gastos indevidos com drenagem e até mesmo a impossibilidade de um dispositivo sistemático de drenagem, ineficiência na comercialização, gasto extra com vagões ferroviários e assim por diante. Para uma análise da discussão técnica e específica sobre o carvão, ver o relatório final de Sankey, de 20 de junho, relativo à segunda etapa do inquérito (Royal Commission on Coal Industry, Great Britain, *Reports and Minutes of Evidence*, v. 2, cit., p. IV-XIII e V-VIII), ou as evidências de Chiozza Money (Robert Arnot, *Further Facts from the Coal Commission*, cit., p. 25-7).

verdade, proprietários de empresas de carvão podiam garantir altos lucros pressionando os salários: "De fato, como nação, obtemos mão de obra de trabalhadores das minas barata demais para nossa saúde econômica"[61].

Esse modesto ataque à tradição capitalista – ataque que reafirmou uma contradição entre interesses privados e ganhos públicos – atingiu especialistas em economia no país e no exterior. Um artigo de H. D. Henderson publicado no *Economic Journal* em 1919 discutiu o caso do Comitê Sankey e concluiu: "É bastante questionável que parcela considerável do público consumidor estivesse preparada, quando se chegou ao tema principal, para sustentar a própria crença na propriedade privada diante de um preço tão alto e tão óbvio"[62].

O problema da competição produzindo ineficiência poderia, em tese, ser resolvido pela unificação sob propriedade privada. Mas outra fonte de ineficiência não aceitaria solução tão fácil. A antagônica relação entre capital e trabalho era inerente à natureza do capitalismo privado. A solução, apresentada pelo juiz Sankey, foi aceitar um novo papel para os trabalhadores no processo produtivo, que satisfizesse a "maior ambição de terem sua devida parcela e seus interesses na direção da indústria"[63].

Nacionalização e controle operário

A cláusula IX do Relatório Sankey anunciou a chegada de mudanças sísmicas na indústria britânica: "Mesmo com as evidências já dadas, o presente sistema de propriedade e trabalho na indústria do carvão está condenado, e algum outro sistema deve substituí-lo, seja a nacionalização, seja um método de unificação por compra nacional e/ou controle conjunto"[64].

Temendo uma greve nacional dos mineiros ou, pior, uma greve da tríplice aliança (os três principais sindicatos: mineiros, ferroviários e trabalhadores dos transportes), em 20 de março de 1919 o gabinete aceitou o Relatório Sankey com sua inovadora cláusula IX. *The Times* expressou a natureza extrema dos fatos com manchetes em letras garrafais: "RELATÓRIO DO CARVÃO.

---

[61] Royal Commission on Coal Industry, Great Britain, *Reports and Minutes of Evidence*, v. 1, cit., p. XVIII.
[62] H. D. Henderson, "The Reports of the Coal Industry Commission", *Economic Journal*, v. 29, n. 115, 1919, p. 273.
[63] Ibidem, v. 2, p. VII.
[64] Ibidem, v. 1, p. VIII.

GRANDES CONCESSÕES AOS MINEIROS. VOZ EFETIVA NA DIREÇÃO. SISTEMA ATUAL CONDENADO"[65]. O artigo especificava que "se concedeu aos mineiros, de fato, mais que a nacionalização, no sentido em que esse termo é em geral interpretado. Os proprietários devem se retirar, na condição de proprietários, e a única questão é qual seria a melhor forma para o novo sistema, que dará aos mineradores voz ativa na gestão"[66].

Seguiu-se uma segunda fase das audiências da comissão, dessa vez tratando diretamente da nacionalização e do controle pelos operários. Os líderes sindicais Smillie, Hodges e Straker (secretário do sindicato dos mineiros de Northumberland) e também Cole, que foi chamado para prestar depoimento, defenderam uma relação obrigatória entre o controle pelos trabalhadores e a nacionalização (na forma de abolição de *royalties* e propriedade estatal dos veios de carvão): "Da mesma forma que a propriedade nacional é inadequada sem o controle pelos trabalhadores, o controle pelos trabalhadores é inadequado sem propriedade nacional"[67]. Na verdade, a nacionalização em si não garantia a abolição do sistema de salários, segundo o qual "o trabalhador vende sua força de trabalho para um empregador em troca de um salário e, por essa venda, deve renunciar a todas as maneiras pelas quais seu trabalho é usado"[68]. A ousada reivindicação era por democracia econômica: controle conjunto, compartilhado entre os mineiros e o Estado.

O controle operário sobre o local de trabalho era uma questão emocional entre os movimentos de base dos mineiros mesmo antes da guerra[69]. Esses movimentos tornaram-se mais fortes durante a guerra, levando a uma considerável pressão da esquerda e à influência da MFGB nos campos carboníferos e até na política. O notável em 1919 foi como o núcleo dessa visão, despojado de sua

---

[65] "Coal Report", *The Times*, 21 mar. 1919, p. 11.
[66] "To Strike or Not to Strike", *The Times*, 21 mar. 1919, p. 11.
[67] Cole, em Arnot, 1919, p. 33.
[68] Idem.
[69] O chamado por uma democracia econômica radical já estava presente no programa de inspiração sindicalista *The Miners' Next Steps* [Os próximos passos dos mineiros], de 1912. A revolta nas minas de carvão em 1919 também produziu o panfleto *Industrial Democracy for the Miners: A Plan for the Democratic Control of the Mining* [Democracia industrial para os mineiros: uma plano para o controle democrático da mineração], publicado pelo comitê industrial da Sociedade Socialista de South Wales e que apresentava uma descrição detalhada do programa para a implementação do controle operário. Para detalhes sobre esses movimentos de base, ver Martyn Ives, *Reform, Revolution and Direct Action amongst British Miners*, cit., p. 58-75.

mensagem revolucionária explícita, encontrou circulação dentro do *establishment*. Ela propunha uma imagem radicalmente diferente da sociedade industrial por meio da reforma governamental – e encontrou um público.

O apelo do argumento apresentado pelos membros da comissão repousava sobre seu tom reconstrucionista, que transformava o controle operário em uma questão de interesse nacional, não de classe[70].

O relatório final de Sankey foi aceito pelos seis representantes dos trabalhadores (tornando-se, assim, quase um relatório majoritário). O texto e o Projeto de Lei da Federação dos Mineiros[71] emergiram como projetos concretos de gestão democrática da indústria do carvão. Os dois relatórios previam rechaçar a administração burocrática hierárquica e promover a participação efetiva dos trabalhadores na produção por meio de conselhos – órgãos eletivos com representação substancial de trabalhadores[72]. Um sistema de três níveis foi

---

[70] Os membros da comissão apresentaram longos relatórios técnicos sobre o funcionamento e os benefícios da nacionalização: a unificação da produção, da compra e da venda, do transporte e da distribuição resultaria em economias enormes e em uma eficiência muito maior nas minas de carvão, garantindo "um suprimento barato e adequado de carvão". Royal Commission on Coal Industry, Great Britain, *Reports and Minutes of Evidence*, v. 2, cit., p. vi. Em seu relatório, Sidney Webb resume a lógica por trás da visão dos especialistas: "A nacionalização é necessária 1) como único meio de melhorar adequadamente a situação dos mineiros quanto a habitação, acidentes e doenças específicas e mortalidade infantil; 2) como único meio de lidar econômica e eficientemente com os recursos de carvão do país; 3) como único meio de garantir que o carvão seja fornecido aos consumidores com regularidade e ao menor custo". Ibidem, p. 478. Os potenciais méritos da nacionalização foram levados em consideração até mesmo por economistas ortodoxos como A. C. Pigou. Em seu depoimento à comissão em abril de 1919, Pigou afirmou que "com a plena nacionalização há possibilidades de resultados melhores que aqueles que qualquer outro plano pode oferecer". Ibidem, p. 417. A nacionalização era, assim, compreendida como garantia de eficiência e interesse comum; beneficiaria a nação, não apenas os mineiros. Como disse John R. Clynes, deputado trabalhista: "A propriedade nacional é defendida não para o benefício de um setor, ou de uma classe, ou de um grupo. O ganho para a comunidade inspira a reivindicação por mudanças imediatas tanto em termos de serviço como nas condições de propriedade desse grande bem". Frank Hodges, *Nationalization of the Mines*, cit., p. iv.

[71] Elaborado por William Straker e oficialmente submetido à comissão em 23 de maio de 1919.

[72] Cada relatório dava uma visão diferente sobre o peso gerencial dos trabalhadores no processo de produção. O plano Sankey colocava o ministro de Minas (responsável perante o Parlamento) no controle supremo, com a obrigação de pedir o parecer do Conselho Nacional de Mineração sobre "todas as questões relacionadas à operação e à gestão da indústria". Já o plano dos mineiros entendia o próprio Conselho Nacional de Mineração – tendo o ministro de Minas como um dos membros – como a autoridade suprema. Nesse plano, metade do Conselho de Mineração era composto por representantes eleitos no Parlamento (incluindo técnicos, especialistas e trabalhadores administrativos), e a outra metade, pelos trabalhadores. O conselho se envolveria em

formalizado: Conselhos de Minas, Conselhos Distritais e Conselho Nacional de Mineração. Enquanto este último tinha o papel principal de coordenação, as demais autarquias detinham elevado grau de participação na produção e de autonomia financeira[73].

Ascensão e queda dos mineiros de carvão
Os relatórios do Comitê Sankey foram divulgados em junho de 1919 e receberam ampla atenção da imprensa nacional e internacional[74]. Em seu artigo, Henderson ecoou o potencial daqueles acontecimentos históricos: "Não há orientação real a ser obtida a partir da experiência do passado ou das instituições contemporâneas"[75]; assim, o novo experimento político oferecia "um objetivo e um ponto de convergência para aqueles que tentam transformar toda a estrutura da sociedade"[76].

De acordo com Vernon Hartshorn, um líder entre os mineiros galeses que testemunhou durante o processo de Sankey, os mineiros desenterraram um mecanismo constitucional pelo qual a mudança estrutural poderia acontecer na Grã-Bretanha. Ao comentar as propostas do segundo relatório, Hartshorn escreveu: "Eles chegam às raízes do sistema capitalista. As recomendações acatam

---

todas as atividades de produção, distribuição e exportação de carvão. Miners Bill, reimpresso em Robert Arnot, *Further Facts from the Coal Commission*, cit., p. 37-47. Em julho de 1919, mesmo com algumas ressalvas quanto ao grau supostamente limitado de representação dos trabalhadores, representantes dos mineiros decidiram endossar as propostas de Sankey a fim de passar uma forte mensagem ao governo.

[73] "Submetidos a uma superintendência geral e à necessidade de tornar a indústria autossuficiente, [os conselhos de mineração] podem seguir suas próprias políticas com liberdade de ação e liberdade de caixa. Suas finanças devem ser mantidas 'inteiramente separadas' umas das outras". H. D. Henderson, "The Reports of the Coal Industry Commission", cit. Para nossa história, era importante que se previsse a independência financeira em relação ao Tesouro: "O Tesouro não terá o direito de interferir ou ter qualquer controle sobre a apropriação dos recursos financeiros provenientes da indústria. Esses ditos recursos devem ser mantidos inteiramente separados e isolados de outros recursos nacionais até que o lucro proveniente da indústria seja periodicamente apurado e revertido ao Tesouro". Report by The Honourable Mr. Justice Sankey, G. B. E. [Chairman], em Royal Commission on Coal Industry, Great Britain, *Reports and Minutes of Evidence*, v. 2, cit., p. xi.

[74] O jornal *The Times*, por exemplo, publicou os relatórios na íntegra. Ver "State Coal", *The Times*, 23 jun. 1919, p. 19-20.

[75] H. D. Henderson, *The Reports of the Coal Industry Commission*, cit., p. 269.

[76] Ibidem, p. 276.

todas as formas de procedimento constitucional, embora prenunciem uma mudança verdadeiramente revolucionária"[77].

De fato, os trabalhadores sabiam que o carvão, em "posição de destaque na hierarquia industrial", colocava o caso na dianteira para consumar um sistema completo de controle pelos trabalhadores[78]. O *Daily Herald* frequentemente reiterou esse argumento: "Todo o movimento trabalhista observa os mineiros extraírem do sistema capitalista uma plataforma a partir da qual possa dar um grande salto adiante"[79].

A crescente ameaça ao capitalismo foi reconhecida também pelos proprietários das minas de carvão, que repetidamente alertavam, no banco das testemunhas, que quando eles se retirassem a Grã-Bretanha também se retiraria: "A nacionalização das minas deve ser seguida pela nacionalização de todas as indústrias [...] revogar nossos avanços [em todas as indústrias] terminaria em desastre nacional"[80]. A federação dos proprietários das minas de carvão (Miners Association of Great Britain, MAGB), apressou-se em, com a associação nacional da câmara de comércio, coordenar uma ampla campanha contra a nacionalização para vencer uma batalha que, se perdida, significaria: "A Inglaterra mudará de mãos"[81]. Aliás, a batalha *tinha* de ser travada: a polêmica sobre a nacionalização das minas dominava a política britânica durante o verão de 1919.

No entanto, em agosto, após meses de procrastinação e incerteza política, o governo rejeitou oficialmente o relatório final e majoritário (que obteve o apoio de sete dos treze comissários) de Sankey. A pressão de especialistas econômicos do Tesouro pelo fim do controle estatal da indústria a fim de salvaguardar as finanças públicas teve um peso decisivo na rejeição. A partir de julho, o governo procurou explorar o medo de balanços fiscais deficitários "para pintar as reivindicações dos mineiros como excessivas e danosas"[82] aos cofres nacionais. Esses raciocínios foram os antecedentes iniciais da austeridade formal; os bordões estavam funcionando.

---

[77] *South Wales News*, 30 jun. 1919, reimp. em Ives, 2016, p. 208.
[78] Frank Hodges, *Nationalization of the Mines*, cit., p. 114.
[79] *Daily Herald*, 22 mar. 1919.
[80] Royal Commission on Coal Industry, Great Britain, *Reports and Minutes of Evidence*, v. 2, cit., p. 1.054.
[81] Martyn Ives, *Reform, Revolution and Direct Action amongst British Miners*, cit., p. 226.
[82] Ibidem, p. 232.

A essa altura, os trabalhadores tinham pouca esperança de contra-atacar. Em março de 1920, o fim do crescimento econômico soava como uma sentença de morte para o poder político dos mineiros. De fato, lembra Cole, as prioridades mudaram: "Diante da ameaça de depressão econômica, os sindicatos estavam mais preocupados em cuidar de sua própria proteção, indústria por indústria, que com o apoio às reivindicações essencialmente socialistas dos mineiros ou de qualquer outro setor"[83].

Essa depressão econômica não era um "desastre natural", mas a consequência de uma política bem pensada pelo Tesouro e o Banco da Inglaterra que operou para deflacionar drasticamente a economia aumentando a taxa de juros e restringindo o crédito. A austeridade monetária impôs danos pesados ao comércio britânico, em especial às exportações de carvão: a libra esterlina se valorizou em relação a outras moedas, tornando os produtos britânicos mais caros nos mercados mundiais que os de outros países. Os maus negócios resultaram em aumento do desemprego, que esmagou os sindicatos e principalmente o poder de pressão que tinham para a mudança social[84].

Uma política de austeridade desse tipo talvez pareça economicamente irracional, no sentido de ter prejudicado a economia. Mas foi bastante racional, porque garantiu a sobrevivência do capitalismo e de suas relações de produção. G. D. H. Cole apontou a essência da contraofensiva da austeridade, que será explorada nas páginas a seguir: "A grande ofensiva da classe trabalhadora foi contida com sucesso; e o capitalismo britânico, embora ameaçado pela adversidade econômica, sentiu-se mais uma vez seguro montado em sua sela e bastante capaz de lidar tanto industrial quanto politicamente com qualquer tentativa que ainda pudesse ser feita por parte dos trabalhistas para derrubá-lo"[85]. Em poucas palavras, a crise econômica fortaleceu o capitalismo. Os pilares da propriedade privada e das relações salariais não foram apenas reafirmados – a austeridade também garantiu o arrocho salarial e o ressurgimento do lucro privado.

Na verdade, com a indústria entrando em depressão permanente na primavera de 1921, os mineiros perderam a maior parte dos ganhos materiais que

---

[83] G. D. H Cole, *A History of Socialist Thought*, v. 4, cit., p. 419.
[84] A conexão entre austeridade monetária e desemprego era evidente na mente de funcionários do Tesouro, como Ralph Hawtrey, que em várias ocasiões afirmou: "É verdade que o desemprego se devia a uma retração na oferta dos meios de pagamento". Para mais detalhes, ver o capítulo 6 deste volume.
[85] G. D. H Cole, *A History of Socialist Thought*, v. 4, cit., p. 419.

haviam obtido durante a guerra, inclusive o aumento dos salários garantido como resultado do Comitê Sankey. A greve dos mineiros que veio em seguida começou em 1º de abril de 1921, nomeadamente para lutar por um salário nacional; tratou-se do último esforço heroico para combater o declínio das condições de vida. A greve sucumbiu quando, em 15 de abril, líderes sindicais dos ferroviários e dos trabalhadores dos transportes decidiram recuar e deixaram os mineiros sozinhos. Esse episódio é notoriamente conhecido como Black Friday: o momento em que o movimento trabalhista britânico foi forçado a ficar na defensiva. Depois, no mesmo ano, o carvão voltou à competição interdistrital por negócios e, com ela, a todos os rigores do sistema privado. Em 1922, os mineiros que ainda estavam em atividade recebiam cerca de metade do que ganhavam em 1919; em apenas dois anos, eles viram o salário semanal nominal cair 46%[86].

Nessa conjuntura, a retirada do governo da produção de carvão significou que o arrocho salarial não era mais uma questão de "luta política" que envolvia o Estado como empregador. A luta de classes fora mais uma vez confinada ao reino da economia, em que dominavam as leis impessoais de oferta e procura. Com o aumento da dependência em relação ao mercado, a capacidade de ação dos trabalhadores diminuiu.

Conclusão: o movimento dos mineiros pelo controle operário optou por uma aliança com o Estado, mas encontrou no Estado sua derrota final. Como vamos investigar, o Tesouro e o Banco da Inglaterra foram capazes de uma reação imediata: desencadearam a austeridade monetária no auge dos acontecimentos. Naquele momento, a mudança institucional tornou-se impossível por estar enredada em uma mudança mais ampla em nome da austeridade: as novas prioridades eram cortar custos de mão de obra e despesas governamentais a qualquer preço.

Cooperativas e guildas

Os mineiros não foram os únicos trabalhadores que buscaram aprofundar as reformas industriais da Primeira Guerra Mundial. Dois outros grupos, as cooperativas italianas e as guildas britânicas de construção, encarnaram as mesmas aspirações da classe operária. Embora compartilhassem com os mineiros o objetivo – um sistema baseado na produção para uso, não para lucro –, as

---

[86] Peter Scholliers e Vera Zamagni (orgs.), *Labour's Reward*, cit., tabela A.23, p. 261.

cooperativas e guildas não agiram diretamente contra os capitalistas privados. Ao contrário, experimentaram uma ordem social diferente *dentro* do sistema capitalista, ao lado de capitalistas privados e com a ajuda do Estado.

Cooperativas italianas

Em Castenaso, pequena cidade de 6 mil habitantes no interior de Bolonha, o governo italiano havia requisitado a fábrica local de conservas de tomate para produzir ferro e aço para navios e ferrovias durante a guerra. Após a desmobilização, a fábrica foi vendida para um grupo de industriais, sendo que uma das cláusulas do contrato especificava que o comprador devia "pôr em prática o experimento de colaboração entre capital e trabalho"[87]; caso contrário a propriedade voltaria para o Estado. A venda prosseguiu, mas os termos logo foram rompidos; após uma longa greve dos trabalhadores e muita negociação, o governo garantiu a rescisão do contrato dos industriais. Em março de 1920, um consórcio de metalúrgicos comprou a fábrica, cedendo o uso para um novo tipo de organização que incorporava o espírito de uma cooperativa operária.

Os trezentos cooperados estavam organizados em uma estrutura de comitê operando sob um conselho de administração composto por cooperados eleitos. O estatuto da organização incluía especificações sobre como os excedentes seriam reinvestidos, em particular no fundo de reserva (50%), no seguro social e em instrução (20%) e em dividendos entre trabalhadores proporcionalmente ao trabalho efetivamente exercido por eles (30%). Após um mês de experiência de livre administração, os membros da cooperativa de Castenaso escreveram um manifesto para outros trabalhadores italianos:

> Desejamos e esperamos que a história das oficinas de Castenaso sirva de exemplo a todos os trabalhadores italianos – ainda oprimidos e explorados pela gula (*ingordigia*) capitalista – para que possam salvar-se de uma vez por todas da servidão ao patrão e seguir corajosamente rumo a uma sociedade comunista![88]

Castenaso era uma das muitas cooperativas. O movimento cooperativista explodiu durante o "biênio vermelho" italiano (1919-1920). Era "uma forma

---

[87] Andrea Viglongo, "L'esperimento di gestione cooperativa degli operai di castenaso", *L'Ordine Nuovo*, ano II, n. 10, 17 jul. 1920, p. 75-6.
[88] Ibidem, p. 76.

de reação contra os abusos do capitalismo"[89] que permitia superar a acumulação privada de capital e as relações assalariadas tradicionais. Os trabalhadores eram membros da cooperativa, portanto possuíam seus meios de produção e compartilhavam seus excedentes[90].

Um manual da cooperativa de 1921 descrevia a natureza dessa alternativa: "Os negócios industriais-comerciais são geridos por *capitalistas* que almejam o maior lucro do capital investido"; por sua vez, as

> cooperativas são geridas por pessoas que têm na produção um objetivo central diferente daquele do capitalista – ou seja, trabalhadores que querem se beneficiar ao máximo de sua força de trabalho. [...] O lucro líquido, que em uma empresa comum beneficia ainda mais o capital, em uma cooperativa beneficia ainda mais os cooperados.[91]

Essas instituições floresceram graças ao apoio do Estado. Nesse sentido, é importante o (já mencionado) decreto de 2 de setembro de 1919[92], que autorizava os prefeitos a requisitar terras e entregá-las a cooperativas camponesas por quatro anos ou permanentemente. Também centrais para o sustento das cooperativas eram os contratos de obras públicas (construção de estradas, escolas etc.)[93].

A maioria das cooperativas, especialmente as cooperativas industriais, em geral tinha pouco capital próprio e, assim, dependia de outra consequência da relação das cooperativas com o governo: o crédito a juros baixos em uma extensa rede de bancos cooperativos. La Banca del Lavoro e della Cooperazione, com filiais nas principais cidades italianas (Milão, Turim, Roma, Nápoles, Salerno, Cremona, Magenta etc.), e L'Istituto Nazionale per il Credito e la Cooperazione de Roma foram facilitadores proeminentes. Este segundo recebeu subvenções públicas para dar crédito às cooperativas.

---

[89] Ferdinando Buffetti, *Manuale della cooperativa di lavoro e di produzione* (Roma, Buffetti, 1921), p. 360.
[90] Os trabalhadores eram pagos por seu trabalho. O excedente era dividido entre o fundo de reserva e o pagamento das diferentes participações dos trabalhadores no capital, bem como de qualquer trabalho extra. Essas cooperativas eram por lei "abertas", ou seja, tinham de "admitir membros de modo ilimitado tendo em mente o desenvolvimento da capacidade da cooperativa". Isso significava aceitar membros enquanto houvesse trabalho para eles. Ver ibidem, p. 85-6.
[91] Ibidem, p. 35.
[92] Decreto-lei régio n. 1.633, 2 set. 1919, em GU 219 [13 de setembro de 1919], p. 7.862.
[93] Ver *Ufficio Municipale del Lavoro*, 1920, p. 7-8.

Na província de Bérgamo, no norte da Itália, oito das dez cooperativas de produção existentes em 1921 haviam sido fundadas nos anos vermelhos de 1919-1920. Na maior região da Lombardia, 41% das 87 cooperativas nasceram no mesmo período.[94] Milhares de trabalhadores, homens e mulheres (pois mulheres casadas podiam associar-se de forma totalmente independente de seus maridos), nos mais diversos setores, eram cooperados: construtores, pedreiros, marceneiros, vidreiros, trabalhadores agrícolas, carpinteiros, alfaiates, mineiros etc.

Em 1920, quando a CGdL liderava cerca de oitocentas dessas cooperativas, havia uma inquietude efervescente entre o *establishment* econômico do país. Mesmo em seu caráter gradual, a extensão e a influência política dessas organizações não capitalistas eram uma ameaça ao *status quo*. Economistas como Maffeo Pantaleoni as rotularam como "associações bolcheviques" (*associazioni bolsceviche*) ou "cooperativas vermelhas" (*cooperative rosse*), organizações que estavam "destruindo a burguesia que criara todas as empresas existentes"[95].

Na verdade, os estatutos das cooperativas eram totalmente democráticos. O modelo era o mesmo de Castenaso. Os membros da cooperativa só podiam ser trabalhadores; seu corpo deliberativo era a assembleia geral (as reuniões ordinárias ocorriam três vezes por ano), na qual os cooperados tinham direito a voto sobre o orçamento anual e a destinação da receita líquida. Durante a assembleia, os cooperados elegiam o conselho de administração entre si[96].

Guildas britânicas

Assim como as cooperativas italianas, as guildas britânicas eram grupos que coletivizavam seus meios de produção e estavam organizados para que a produção ficasse democraticamente com os trabalhadores, enfatizando a administração local e a autonomia financeira[97].

---

[94] Ver Ministero per il Lavoro e la Previdenza Sociale, 1923, p. 218-31.
[95] Maffeo Pantaleoni, *Bolcevismo Italian* (Bari, Laterza, 1922), p. VIII.
[96] O presidente ficava no cargo por dois anos; os quatro (ou mais) conselheiros, por dois anos, sendo que metade deles era eleita a cada ano. Ver o modelo do estatuto de cooperativas em Buffetti, 1921, p. 43-54.
[97] Como nas propostas do Comitê Sankey para o controle conjunto dos mineiros, as guildas também eram organizadas nacionalmente em uma estrutura de três níveis. O comitê da guilda funcionava como conselho de administração. O comitê distrital ou local era o núcleo da rede da guilda. Era composto por, no máximo, dois representantes de cada profissão, de modo a assegurar vozes iguais nas atividades e transações da guilda. Esses representantes atuavam por um ano,

No entanto, na Grã-Bretanha as guildas deram um passo além, uma vez que se livraram não apenas dos pilares da propriedade privada e das relações assalariadas, mas também do lucro como motor da produção. Como o movimento dos mineiros, as guildas eram destinadas a possibilitar um "novo sistema industrial" com base em um novo intuito, "o intuito do serviço público sob condições livres"[98], considerado muito superior ao do lucro privado. Líderes socialistas de guildas, incluindo Cole, Frank Hodges e S. G. Hobson, vislumbraram um ponto inicial para a plena realização de uma sociedade socialista de guildas com base em uma economia democrática e um novo sistema industrial.

Na Grã-Bretanha, as guildas de moveleiros e de alfaiates foram formadas em Manchester, Londres e outras cidades; havia também guildas de agricultores (em Welwyn, Hertfordshire, uma guilda agrícola tinha iniciado suas operações em um terreno de pouco mais de duzentos hectares), estivadores, trabalhadores do serviço de correios, escriturários, fabricantes de instrumentos musicais e engenheiros; a fabricação de caixotes e veículos puxados por cavalos também era realizada por trabalhadores organizados em guildas. O mais bem-sucedido de todos certamente foi o movimento das guildas de construção. O professor de negócios da Universidade de Chicago Garfield V. Cox, que detalhou o experimento no *Journal of Political Economy*, em 1921, apontou duas condições que fortaleceram os trabalhadores da construção.

A primeira tinha a ver com a própria natureza da indústria. A construção era uma indústria que exigia pouca infraestrutura fixa (por exemplo, nenhuma fábrica ou maquinarias caras), "de modo que o problema da propriedade dos instrumentos de produção é relativamente irrelevante"[99]. Por isso, não havia, como no caso dos mineiros, obrigatoriedade de uma luta política direta pela nacionalização. Em segundo lugar, as guildas eram boas em escolher seus lugares: "As guildas competem em um campo em que o sistema capitalista, com

---

estavam sujeitos à revogação de registro e eram qualificados para reeleição. Em julho de 1921, a conferência nacional de comitês distritais adotou um estatuto para a formação de uma guilda nacional de construção, que previa, além do nível local, também conselhos regionais e uma diretoria nacional.

[98] G. D. H Cole, *The World of Labour*, cit., p. 17.
[99] Garfield V. Cox, "The English Building Guilds: An Experiment in Industrial Self-Government", *Journal of Political Economy*, v. 29, n. 10, dez. 1921, p. 788.

seu intuito de lucro, provou ser excepcionalmente incompetente para atender a uma grande e generalizada necessidade pública"[100].

Como descobrimos no capítulo 2, após a guerra a Grã-Bretanha enfrentou uma crise aguda de escassez de habitação, combinada com forte pressão popular por mudanças – e isso levou o governo a adotar as ambiciosas Leis da Habitação. Essas iniciativas dividiram a Inglaterra em onze distritos, cada um com autoridade local responsabilizada por investigar as necessidades de habitação da comunidade, levantando o dinheiro para atender a essas necessidades e firmando contratos (aprovados pelo Ministério da Saúde). O governo ofereceria subsídios.

Em meio a essa política expansionista, as guildas de construção foram capazes de se candidatar a contratos para habitação. Em setembro de 1920, o Ministério da Saúde aprovou contratos com as guildas de Manchester e Londres para um total de mais de oitocentas casas para a classe trabalhadora. Em novembro, mais de oitenta comitês locais de guildas de trabalhadores da construção civil se organizaram para o trabalho. Até dezembro, "os contratos envolvendo a construção de mais de mil casas foram aceitos e aguardavam a aprovação do Ministério da Saúde"[101].

O sistema de guildas baseava-se no espírito e nos princípios da democracia na medida em que rejeitava os intuitos do capitalismo: os membros eram movidos por um "espírito criativo e cooperativo" e a crença em que, "se os homens tiverem boas razões para trabalhar bem e senso de liberdade e de utilidade em seu trabalho, os resultados serão muito diferentes daqueles garantidos por métodos capitalistas comuns"[102]. Na prática, as guildas eliminaram os incentivos estruturais à competição entre os trabalhadores, rejeitando o pagamento individual por resultado e o tratamento diferencial com base na eficiência em favor de "uma base comum de remuneração"[103]. Assim, os contratos assalariados – que se baseavam na mercantilização do trabalho – foram substituídos por um sistema de remuneração que reconhecia o valor social do trabalho e "que atenderá mais adequadamente às necessidades do trabalhador como ser humano"[104].

---

[100] Idem.
[101] Ibidem, p. 780.
[102] G. D. H. Cole, "The British Building Guild: An Important Development of Policy", *Journal of the American Institute of Architects*, v. 9, n. 1, 1921, p. 291.
[103] Carl S. Joslyn, "The British Building Guilds: A Critical Survey of Two Years Work", *Quarterly Journal of Economics*, v. 37, n. 1, 1922, p. 75-133, p. 116; disponível on-line.
[104] Ibidem, p. 97.

As chamadas "provisões para remuneração contínua" eram a essência das políticas das guildas de construção, dando suporte total ao trabalhador durante mau tempo, doença, acidentes e feriados.

Embora cada trabalhador tivesse uma ação de um *penny* na guilda, eles não recebiam dividendos. As ações eram simbólicas, pois a guilda não tinha a intenção de acumular mais-valor: "'Lucro' e 'prejuízo' são ambas as ideias que não têm voz no sistema de guildas"[105]. As guildas operavam com base em um princípio de serviço a preço de custo estritamente sem fins lucrativos. Assim, as autoridades estaduais e locais – ao firmar contratos com guildas – pagavam o custo de material e mão de obra ao valor corrente, com um adicional de quarenta libras por casa, o que garantiria a capacidade de manter a remuneração contínua dos trabalhadores. Se os custos acabavam sendo inferiores ao valor estimado, nada era embolsado; os excedentes eram devolvidos às autoridades locais.

A experiência das guildas de construção britânicas atraiu a atenção não só dos militantes britânicos, mas também de observadores estrangeiros da economia, a ponto de as publicações de economia mais prestigiadas expressarem surpresa com os resultados positivos e considerarem seriamente o potencial que elas tinham como alternativa de organização da produção.

Por exemplo, no momento do primeiro anúncio das guildas sobre a política de pagamentos contínuos, as previsões eram amplamente pessimistas: os economistas achavam que a simulação de doenças seria desenfreada e que os trabalhadores se esforçariam "para transformar o trabalho em uma clínica de convalescença"[106]. Mas as estatísticas que foram amplamente publicadas e apareceram no *Quarterly Journal of Economics* e na *Monthly Labour Review* calaram os desconfiados. O número de dias perdidos pela guilda de trabalhadores da construção por doenças e acidentes acabou sendo menor que o de dias perdidos em empresas privadas, tanto na Grã-Bretanha quanto em outros países[107]. Uma análise comparativa da eficiência do trabalho mostrou que, mesmo de

---

[105] G. D. H. Cole, "The British Building Guild", cit., p. 291.

[106] Carl S. Joslyn, "The British Building Guilds", cit., p. 109; disponível on-line.

[107] De outubro de 1920 a março de 1922, as guildas de Londres "perderam uma média de 4,7 dias por homem devido a doenças, cerca de metade do número de dias perdidos a cada ano por trabalhadores sem seguro nos Estados Unidos, cerca de metade do número de dias perdidos em 1915 por trabalhadores segurados na Alemanha e cerca de metade do número de dias perdidos em 1913 por trabalhadores segurados na Áustria". Ibidem, p. 111.

acordo com critérios econômicos ortodoxos, as guildas tiveram desempenho muito melhor que o das construtoras privadas, permitindo que praticassem preços menores que os de empreiteiras privadas e economizassem o dinheiro das autoridades locais. As guildas podiam construir casas não só de melhor qualidade, mas a custos mais baixos – e não apenas para as autoridades públicas, mas também para clientes particulares. Nas palavras de artigo do *Quarterly Journal*: "As evidências apontam inequivocamente para a conclusão de que a organização da indústria em guildas, com suas políticas de controle operário e remuneração contínua, tem se mostrado superior, tanto em qualidade como em economia de mão de obra, em relação à iniciativa privada considerada em seu nível médio"[108].

No entanto, a abordagem pacífica dos socialistas das guildas, que buscavam alcançar a revolução por meio de mudanças graduais, significava que, na prática, as guildas teriam que operar e sobreviver, pelo menos de início, dentro de uma economia capitalista monetária. Produzir em uma economia capitalista significava que as guildas de construção tinham de adquirir suas instalações, equipamentos e matérias-primas em um mercado inerentemente volátil. Como os próprios socialistas das guildas observaram, "não é fácil isolar determinada indústria ou parte de uma indústria específica e fazer dela um oásis de organização em guilda estando no meio de um sistema capitalista"[109].

Em meio a uma fase de crescimento econômico e com o benefício do apoio do Estado, as guildas de construção prosperaram por dezoito meses. Mas as nuvens da austeridade surgiram no horizonte. Em julho de 1921, em meio a uma implementação de austeridade monetária, uma crise econômica e uma crescente "campanha por economia", o governo decidiu retirar toda ajuda estatal às autoridades locais, deixando-as sem capacidade de financiar projetos habitacionais, embora menos de um quinto das casas urgentemente necessárias tivesse sido construído[110].

---

[108] Ibidem, p. 127.
[109] G. D. H. Cole, "The Great Building Adventure", cit., p. 18.
[110] Ao mesmo tempo, dada a incerteza do negócio, a cooperativa Wholesale Society (o segundo maior negociante de materiais de construção depois do governo, que forneceu o capital inicial e o material) retirou seu financiamento, deixando as guildas sem capital, cada vez mais necessário caso quisessem passar a construir não para clientes públicos, mas para clientes privados, competindo com empresas privadas.

Em 1922, o Geddes Axe[111] – provavelmente a mais maligna das políticas de austeridade, detalhada no capítulo 6 – interrompeu o programa habitacional expansionista, estrangulando efetivamente as guildas de construção e dando início ao declínio e ao eventual desaparecimento dessas organizações ao longo dos anos que se seguiram. Todas as outras guildas seguiram o mesmo caminho, de modo que em 1924 não havia mais um movimento socialista de guildas separado e organizado[112].

Cole comentou sobre a invasão da austeridade:

> Os trabalhadores das guildas de construção, tão interessados no fornecimento de boas casas como no desenvolvimento da nova forma de serviço industrial democrático que defendem, entraram em vigoroso protesto contra a violação, pelo governo britânico, de todas as promessas sobre "casas para os heróis", fartamente apresentadas durante o período em que ainda era moda falar em "reconstrução". Hoje essa palavra desapareceu da língua, salvo como sobrevivência arcaica, e o termo "economia" tomou seu lugar como a máxima que governa a sabedoria política.[113]

Conclusão

Após as intervenções de seus governos na economia durante a Primeira Guerra Mundial, as classes trabalhadoras da Grã-Bretanha e da Itália não tiveram interesse em uma suave reintrodução do capitalismo. Em 1919, o antigo sistema estava em plena crise, e todos os seus integrantes – trabalhadores, dirigentes sindicais e especialistas em economia – anunciavam o fim da velha ordem. O pós-capitalismo, independentemente da forma, estava a caminho.

Qual era a base para esta convicção, que se refletiu em uma sensação de pânico apocalíptico entre o *establishment* burguês? O capitalismo foi fortemente contestado em sua essência.

Nessas páginas, mostramos como a imaginação política em direção à abolição da propriedade privada e das relações assalariadas passou da abstração à realidade. Em primeiro lugar, a crescente *"strikomania"* dos britânicos e dos trabalhadores italianos era *política*: reivindicava novas relações de produção. Essas

---

[111] Para detalhes sobre o Geddes Axe, ver o capítulo 6 deste volume.
[112] Geoffrey Ostergaard, *The Tradition of Workers' Control: Selected Writings* (Londres, Freedom, 1997), p. 77.
[113] G. D. H. Cole, "The British Building Guild", cit., p. 290.

reivindicações assumiram a forma da luta pelo controle operário, que teve seu auge em 1919-1920, com o objetivo de autogoverno para assegurar a emancipação da maioria.

A ação direta dos trabalhadores politizados estava, sem dúvida, se mostrando um inimigo muito mais sério do capitalismo que o projeto reconstrucionista que o leitor encontrou no capítulo 2. Na verdade, o movimento dos mineiros, as guildas de construção e as cooperativas atacaram diretamente a produção visando ao lucro, as relações assalariadas e a propriedade privada dos meios de produção. No entanto, as lutas que encontramos aqui compartilham com os reconstrucionistas a fé na ajuda do Estado para derrotar a velha ordem por meios constitucionais. Para completar o esboço do capitalismo em crise, ainda devemos encarar seu inimigo mais grave.

O capítulo 4 explora o movimento pelos conselhos industriais que surgiu na região de Clydeside, na Grã-Bretanha, e atingiu seu auge em Turim, Itália. Os esforços desses trabalhadores de base assumiram uma forma nitidamente revolucionária em oposição tanto à acumulação de capital quanto ao Estado – e deixaram o capitalismo à beira do abismo. Nesse espaço, uma classe de especialistas encontrou sua ferramenta mais útil: um novo raciocínio a favor da austeridade, que se tornou a narrativa dos ameaçados e poderosos.

4
A NOVA ORDEM
INSTITUIÇÕES E PENSAMENTO DEPOIS DA GUERRA

> Dizemos que o período atual é revolucionário porque a classe trabalhadora começa a exercer toda a sua força e sua vontade de estabelecer seu próprio Estado. É por isso que dizemos que o nascimento dos conselhos de fábrica é um grande evento histórico – o início de uma nova era na história da humanidade.
>
> *Antonio Gramsci*[1]

Depois da Primeira Guerra Mundial, entre os operários metalúrgicos da Grã-Bretanha e da Itália, o autogoverno na forma de comitês de fábrica foi a base de um sistema econômico alternativo – "uma nova ordem nas relações de produção e distribuição"[2]. O sistema estava enraizado na eliminação da propriedade privada dos meios de produção e das relações assalariadas – os dois pilares da acumulação de capital. O estágio final era uma sociedade sem classes na qual "o proletariado se dissolve como classe e se torna a própria humanidade"[3].

Esses metalúrgicos compartilhavam do mesmo objetivo de mineiros, operários da construção e trabalhadores rurais: formar uma sociedade diferente que não se contentasse com a formalidade da democracia política, mas, em vez disso, se alicerçasse na democracia econômica. Nesse sentido, os trabalhadores

---

[1] Antonio Gramsci, "O conselho de fábrica", em *Homens ou máquinas?* (trad. Nelson Coutinho e Rita Coitinho, São Paulo, Boitempo, 2021), p. 189.
[2] Idem, "Due Rivoluzioni" [Duas revoluções], *L'Ordine Nuovo*, ano II, n. 8, 3 jul. 1920, p. 57.
[3] Idem. Gramsci concebeu o conselho de fábrica como um primeiro núcleo de uma sociedade sem classes: "O conselho de fábrica deve ser formado segundo o princípio da organização por indústria; deve representar, para a classe operária, o modelo da sociedade comunista, à qual se chegará por intermédio da ditadura do proletariado; nessa sociedade, não haverá mais divisões de classe, e todas as relações sociais serão reguladas de acordo com as exigências técnicas da produção e da organização correspondente, não sendo subordinadas a um poder estatal organizado". Antonio Gramsci, "O movimento turinês dos conselhos de fábrica", *Homens ou máquinas?*, cit., p. 210.

consideravam impossível a separação entre o econômico e o político; eles lutavam pela "emancipação do escravo do salário"[4] via ação coletiva e participação na produção. Resumidamente, não podia haver emancipação política sem emancipação econômica. Nas palavras do líder operário britânico J. T. Murphy: "A verdadeira prática democrática exige que cada membro de uma organização participe ativamente da condução dos negócios da sociedade"[5]. Portanto, ecoou Tom Walsh, "um novo espírito está se espalhando [...], esse espírito não está a favor de um aumento insignificante de salário, mas da abolição absoluta do atual sistema de roubo, da eliminação do capitalismo e do Estabelecimento de uma Comunidade Popular!"[6].

As estratégias, no entanto, diferiam. Considerando que os mineiros, com o Comitê Sankey, e os agricultores e os operários da construção, com cooperativas ou guildas, tentaram uma aliança com o Estado para superar os pilares do capitalismo, os conselhos de fábrica britânico e italiano declararam guerra a todo o sistema capitalista – definindo-se em oposição tanto ao Estado quanto aos capitalistas privados. Na verdade, eles abominavam o estatismo dos reconstrucionistas mais dóceis e refutavam o ideal reconstrucionista de uma transição do coletivismo de guerra para um Estado socialista, inclusive a noção de que esse seria o caminho para a emancipação dos trabalhadores. A propriedade estatal era entendida como "a palavra final na dominação" e "prenhe de sinistros perigos para os trabalhadores, que se tornariam servos do Estado"[7].

Esse movimento radical era liderado principalmente por socialistas de esquerda (depois membros do Partido Comunista) que rejeitavam qualquer forma de controle conjunto[8] (entre trabalhadores, capitalistas e Estado) e abra-

---

[4] Tom Walsh, *What Is the Shop Steward Movement? A Survey with Diagrams* (Londres, The Agenda, 1920), p. 8.

[5] John Thomas Murphy, *The Workers' Committee, An Outline of Its Principles and Structure* (Sheffield, Sheffield Workers' Committee, 1917), p. 4. J. T. Murphy foi considerado o cérebro do Movimento dos Delegados Operários britânico. Ele era ativo na ala Sheffield do movimento, que surgiu em fábricas de engenharia durante a guerra. Em 1916, Murphy ingressou no Partido Trabalhista Socialista e foi um dos membros fundadores do Partido Comunista Britânico em 1920. Para suas memórias, ver idem, *New Horizons* (Londres, John Lane The Bodley Head, 1941).

[6] Tom Walsh, *What Is the Shop Steward Movement?*, cit., p. 4.

[7] *The Socialist*, set. 1916, em James Hinton, *The First Shop Stewards' Movement* (Londres, Allen and Unwin, 1973), p. 47.

[8] O movimento manteve-se fiel a sua posição radical, de modo que, em janeiro de 1920, a conferência nacional dos delegados operários tomou uma posição firme, declarando oficialmente o

çou o esforço a favor do poder total para o proletário, sob forte influência da Revolução Russa. Eles defendiam a ação direta, que no caso italiano significou a tomada real dos meios de produção privados durante o intenso verão de 1920, quando os próprios trabalhadores dirigiram as fábricas por quase um mês. A partir de setembro, cerca de 500 mil trabalhadores ocuparam fábricas por toda a Itália[9]. Os trabalhadores assumiram o controle do processo de produção: não só no norte industrial, mas no Vêneto, na Emíia, na Toscana, nas Marcas e na Úmbria, chegando a Roma, Nápoles e Palermo. Como enfatizou o historiador Paolo Spriano: "Onde houvesse uma fábrica, um estaleiro, uma siderurgia, uma forja, uma fundição em que os *metalos* trabalhassem, havia ocupação. O caráter universal do fenômeno é notável"[10].

A lendária ocupação das fábricas italianas em 1920, discutida em detalhes aqui, foi a concretização do incessante trabalho prático e teórico dos ordinovistas, grupo militante que girava em torno do semanário *L'Ordine Nuovo* [A nova ordem], com sede em Turim – a mais vermelha das cidades italianas – e amplamente inspirado pelas lutas dos comitês britânicos de delegados operários.

O movimento liderado pelos comitês de fábrica constituiu o desafio mais explícito ao capitalismo na Itália. Ao desmascarar as instituições burguesas, os trabalhadores das fábricas desmascararam a essência da visão de mundo burguesa: a crença em que as instituições capitalistas são uma necessidade

---

controle total da indústria como seu objetivo final e repudiando, ao mesmo tempo, o controle conjunto ou qualquer outro esquema burguês: "Esta conferência, ao exortar as bases do movimento operário a apoiar os mineiros ou qualquer outro corpo de trabalhadores em sua luta contra a classe empregadora, declara que a nacionalização de nenhuma indústria que mantenha a classe capitalista no poder emancipará os trabalhadores e convoca o movimento trabalhista organizado a lutar pelo confisco de minas, ferrovias e outros meios de produção e distribuição em nome do interesse da mão de obra. Portanto, a conferência declara que todos os esquemas de controle conjunto, estejam eles incorporados no Relatório Sankey, no Relatório Whitley ou em qualquer outro plano capitalista, são prejudiciais aos melhores interesses operários e insta os trabalhadores a se reorganizarem com o objetivo de assumir de forma independente o controle da maquinaria industrial e social no interesse das massas exploradas". *The Worker*, 14 fev. 1920, reimp. em Branko Pribićević, *The Shop Stewards' Movement and Workers' Control, 1910-1922* (Oxford, Blackwell, 1959), p. 140.

[9] Esse episódio foi amplamente documentado por contemporâneos de Giolitti a Albertini, de Salvemini a Einaudi, de Buozzi a Nenni, Gramsci, Togliatti, Tasca e Bordiga, e tem sido debatido por historiadores.

[10] Paolo Spriano, *The Occupation of the Factories: Italy 1920* (Londres, Pluto, 1975), p. 60.

fixa; a crença em que os trabalhadores são insumos secundários no processo produtivo; a prevalência da teoria abstrata sobre a prática; e a estrita divisão entre os domínios econômico e político. Como as páginas seguintes vão explorar, os comitês foram uma ruptura tanto com as relações hierárquicas de produção quanto com a compreensão hierárquica do mundo. Esse pivô era o pior inimigo do sistema – e um inimigo que nossos especialistas em economia estavam determinados a derrotar. Na verdade, esses fatos são explorados como detonadores do medo revolucionário que provocou a emergente contraofensiva da austeridade.

A guerra e as sementes dos comitês de fábrica

Durante a Primeira Guerra Mundial, as organizações de trabalhadores independentes (muitas vezes rebeldes) cresceram na Grã-Bretanha e na Itália. Essa ascensão pode ser atribuída a uma espécie de antagonismo combinado: contra o Estado, contra os sindicatos oficiais e contra a guerra.

Como detalhado no capítulo 1, as intervenções econômicas dos Estados britânicos e italianos durante a guerra, para assegurar uma mão de obra disciplinada e móvel, apagaram todas as noções de "naturalidade" nas relações hierárquicas de produção. Ao fazer isso, revelaram a coalizão inquebrantável entre Estado e capital: "A classe capitalista [no Reino Unido] está mais que satisfeita com a subjugação da mão de obra pelo Estado. [...] O capital precisa da propriedade estatal"[11]. Os líderes italianos ecoaram os mesmos pensamentos: os eventos de guerra apenas confirmavam a verdadeira face do Estado burguês como o "avalista supremo" (*garante supremo*) da exploração[12].

Enquanto isso, os sindicatos demonstravam cumplicidade com essas estruturas de poder e não eram mais vistos como confiáveis. Eles haviam renunciado ao direito de greve, adiado reivindicações por aumentos salariais e aceitado restrições à mobilidade da mão de obra. A britânica *Enquiry on Industrial Unrest* [Investigação sobre a revolta na indústria] de 1917 documentou a rejeição generalizada à eficácia do trabalho organizado. A crença entre os trabalhadores era que

---

[11] *The Socialist*, set. 1916, em James Hinton, *The First Shop Stewards' Movement*, cit., p. 47.
[12] Palmiro Togliatti, "Controllo di classe", *L'Ordine Nuovo*, ano I, n. 32, 3 jan, 1920, p. 249-50.

os dirigentes executivos de seus sindicatos agora são impotentes para ajudá-los em suas dificuldades atuais [...], que o governo, ao negociar com tais dirigentes, não está negociando com o corpo geral de trabalhadores, cujas opiniões reais, os dirigentes executivos ou as autoridades dos sindicatos em Londres agora não são mais, de forma alguma, representativos.[13]

Até mesmo Tom Jones, conselheiro de confiança do primeiro-ministro Lloyd George, teve de admitir que "muito da presente dificuldade surge do amotinamento do operariado contra os velhos líderes estabelecidos"[14].

A mesma investigação do governo britânico detalhava como a animosidade vinda de baixo resultou na formação de "uma vigorosa organização defensiva para a proteção dos trabalhadores dentro de suas próprias fábricas, conhecida como o movimento dos 'comitês de fábrica'[15] ou de 'operários', com delegados operários eleitos entre os trabalhadores em cada oficina"[16]. Contra as ordens da liderança oficial, o movimento dos comitês de fábrica praticava duas formas interligadas de ação direta: greves e o controle nas mãos dos trabalhadores.

As greves eram eficazes porque estimulavam a formação de instrumentos da democracia direta: os comitês de trabalhadores. Esses comitês colocavam "o controle do produto nas mãos dos próprios operários"[17] e permitiam a coordenação de greves, aumentando o poder dos trabalhadores para desenvolver mais comitês. Assim, a organização industrial dos trabalhadores era o principal órgão de controle industrial – e, potencialmente, de emancipação política. As greves e os comitês de trabalhadores marcaram o nascimento de

---

[13] US Department of Labor, 1917, p. 9.

[14] James E. Cronin, *Labour and Society in Britain, 1918-1979* (Londres, Batsford Academic and Educational, 1984), p. 21.

[15] Antes de 1914, os delegados operários eleitos eram poucos, tinham tarefas de representação limitadas e pertenciam principalmente a organizações especializadas. Com a guerra, um novo tipo de delegado, não oficial (não mais nomeado pelos sindicatos, mas escolhido por grupos de trabalhadores em cada estabelecimento) e com poderes consideravelmente mais amplos, assumiu a liderança em todas as disputas industriais dentro do ofício.

[16] US Department of Labor, "Industrial Unrest in Great Britain: Reports of the Commission of Inquiry into Industrial Unrest", *Bulletin of the United States Bureau of Labor Statistics*, n. 237, out. 1917, p. 9.

[17] William Gallacher e J. R. Campbell, *Direct Action: An Outline of Workshop and Social Organization* (Londres, Pluto, 1972), p. 31.

uma organização revolucionária, que foi minuciosamente refinada durante a guerra e nos anos do pós-guerra[18].

Na Grã-Bretanha, esse processo começou em Clydeside, área repleta de indústrias de armamentos na Escócia que estava na vanguarda da oposição às políticas autoritárias do governo em relação à força de trabalho. Em fevereiro de 1915, durante uma greve não oficial por aumento de salários e redução das horas de trabalho, metalúrgicos organizaram-se coletivamente de modo a impedir as estratégias de "dividir para conquistar" dos empregadores, que tentaram negociar em separado com diferentes categorias de trabalhadores. Os primeiros comitês de greve transformaram-se em um órgão mais permanente, o comitê de trabalhadores de Clyde, que representava trabalhadores de todos os níveis, independentemente da qualificação. As greves de maio de 1917 foram as maiores do período de guerra, envolvendo 200 mil metalúrgicos durante mais de três semanas. W. C. Anderson, parlamentar de Sheffield Attercliffe, relatou ao Parlamento que a agitação tinha conotações insurgentes. Em Glasgow, 70 mil pessoas marcharam pelas ruas "com faixas e cartazes, todos os membros da passeata vestiam cores revolucionárias"[19].

No fim da guerra, o movimento havia se tornado um fenômeno nacional. Como observou o historiador Branko Pribićević, "nunca antes ou depois um movimento de base não oficial exerceu tal poder e influência neste país [Grã-Bretanha]"[20]. Essa não foi uma contestação menor ao sistema capitalista, dadas as explícitas ambições políticas dos trabalhadores. Em janeiro de 1919, *The Socialist* anunciou:

> As massas grevistas criaram espontaneamente os comitês operários, a base do Estado operário [...]. Esses comitês, que representam cada departamento em cada mina, fábrica, ferrovia ou usina, contêm os elementos de uma

---

[18] Acadêmicos produziram poucos (ainda que detalhados) estudos explicando as ações de greve e a militância dos diversos grupos de delegados operários, principalmente em Clydeside, analisando seus sucessos, a repressão que sofreram e suas fraquezas políticas. Ver Arthur Gleason, *What the Workers Want: A Study of British Labor* (Nova York, Harcourt, Brace and Howe, 1920); Walter Kendall, *The Revolutionary Movement in Britain 1900-1921: The Origins of British Communism* (Londres, Weidenfeld and Nicolson, 1969); James Hinton, *The First Shop Stewards' Movement*, cit.; Branko Pribićević, *The Shop Stewards' Movement and Workers' Control, 1910-1922*, cit.

[19] Ver HC Deb 93, 5s, 14 maio 1917, cc. 1395-6; reimp. em Coates e Topham, 1968, p. 115.

[20] Branko Pribićević, *The Shop Stewards' Movement and Workers' Control, 1910-1922*, cit., p. 83.

organização que pode transformar o capitalismo em uma república soviética. [...] Todo o poder aos comitês de trabalhadores[21].

No mesmo ano, o trabalhador italiano Mario Montagna expressou otimismo semelhante em relação a seu próprio país: "Acreditamos que a formação dos conselhos de oficina (*consigli di officina*) representa a primeira afirmação concreta da revolução comunista na Itália e que esses conselhos de camponeses e operários são a base para todo o futuro sistema"[22].

O jovem líder político italiano Antonio Gramsci[23] vinha acompanhando de perto os delegados operários britânicos em suas lutas durante o período de guerra, com especial interesse em sua autonomia, sua militância e no relacionamento com os sindicatos tradicionais. Dispensado da mobilização de guerra por problemas de saúde, Gramsci empreendeu um aprendizado político crucial como chefe da seção local do Partido Socialista. Para Gramsci, esse se mostrou um período formativo; seu trabalho posterior refletiu um espírito revolucionário análogo ao do proletariado de Turim.

O ímpeto da mão de obra italiana aumentou alguns meses depois das lutas em Clydeside, começando com os levantes de Turim em agosto de 1917. Turim, cidade industrial do norte, onde sentimentos antiguerra e anticapitalistas haviam escalado durante o conflito mundial, tornou-se o epicentro da ofensiva operária[24]. Durante cinco dias, milhares de trabalhadores, incluindo

---

[21] *The Socialist*, 30 jan. 1919; reimp. em James Hinton, *The First Shop Stewards' Movement*, cit., p. 302.

[22] Mario Montagna, "Il rovescio della medaglia", *L'Ordine Nuovo*, ano I, n. 26, 15 nov 1919, p. 202-3.

[23] Antonio Gramsci (1891-1937) está até hoje entre os mais influentes pensadores do século XX. Nascido na Sardenha, estudou filosofia na Universidade de Turim. Foi um intelectual ativo e militante até sua prisão, em 1926, pelo regime fascista. Ele passou o resto da vida na prisão e morreu aos 46 anos. A literatura sobre Gramsci é extensa. Mencionamos apenas algumas obras. Sobre a evolução da relação entre Gramsci e a tradição liberal, ver Luca Michelini, *Alle origini dell'antisemitismo nazional-fascista: Maffeo Pantaleoni e "la vita italiana" di Giovanni Preziosi, 1915-1924* (Veneza, Marsilio, 2011); disponível on-line. Para uma reconstrução multifacetada da biografia e do pensamento de Gramsci, ver Francesco Giasi, *Gramsci nel suo tempo* (Roma, Carocci, 2007), que contém as contribuições da conferência da Fondazione Istituto Gramsci sobre a ocasião do septuagésimo aniversário da morte do autor. Para uma recente reconsideração da filosofia de Gramsci nos *Cadernos do cárcere*, ver Peter D. Thomas, *The Gramscian Moment: Philosophy, Hegemony and Marxism* (Leiden, Brill, 2009).

[24] Para uma ideia do espírito vermelho da cidade, note-se que as primeiras impressões da edição local do socialista *L'Avanti*, em dezembro de 1918, começaram com tiragem de 16 mil exemplares;

um enorme contingente feminino, protestou contra as dificuldades econômicas generalizadas deixando as fábricas em marcha, organizando uma greve geral, saqueando lojas, ocupando bairros inteiros da cidade e construindo trincheiras e barricadas contra os soldados e os policiais. O episódio, liderado pelos comitês de fábrica dos metalúrgicos, assumiu "caráter de luta armada revolucionária em larga escala"[25].

A dupla estratégia de ação de greve e de organizações de comitês de trabalhadores – a mesma abordagem pioneira em duas frentes dos camaradas britânicos – foi aprimorada na Itália durante os anos do pós-guerra. Como disse Gramsci: "A atividade dos conselhos e das comissões internas mostrou-se mais claramente durante as greves". Na verdade, a "organização técnica" dos conselhos e sua capacidade de ação foram tão bem desenvolvidas que as greves perderam "sua natureza impulsiva e arriscada" e tornou-se possível "obter em cinco minutos a suspensão do trabalho de 15 mil operários dispersos em 42 seções da Fiat"[26].

De fato, em 1919, os comitês de trabalhadores das fábricas haviam ampliado largamente seu nível de inclusão, competência e influência, de modo a assumir uma forma qualitativamente diferente[27]. Eles agora estavam sendo

---

em poucos meses a circulação local atingiu 50 mil. Ver Paolo Spriano, *L'Ordine Nuovo e i consigli di fabbrica* (Turim, Einaudi, 1971), p. 16-7.

[25] Gramsci relembra o incidente: "A insurreição estourou em 23 de agosto de 1917. Durante cinco dias, os operários combateram nas ruas da cidade. Os insurretos, que tinham fuzis, granadas e metralhadoras, conseguiram ocupar alguns bairros da cidade e tentarem três ou quatro vezes apoderar-se do centro, onde ficavam as instituições governamentais e os comandos militares. [...] O povo ergueu barricadas, cavou trincheiras, cercou alguns bairros com arame farpado eletrificado e rechaçou durante cinco dias os ataques das tropas e da polícia. Morreram mais de quinhentos operários, mais de 2 mil ficaram gravemente feridos. Depois da derrota, os melhores elementos foram presos e demitidos, e o movimento proletário perdeu intensidade revolucionária. Mas os sentimentos comunistas do proletariado de Turim não se haviam dissipado". Antonio Gramsci, "O movimento turinês dos conselhos de fábrica", cit., p. 217. Para uma descrição detalhada das ações políticas desses meses, incluindo todos os comícios e reuniões, ver os documentos de arquivo da *magistratura militare* sobre a investigação judicial, reimp. em Domenico Zucaro, *La rivolta di Torino del 1917 nella sentenza del tribunale militare territoriale* (Milão, Rivista Storica del Socialismo, 1960).

[26] Antonio Gramsci, "O movimento turinês dos conselhos de fábrica", cit., p. 222.

[27] As comissões internas eram comitês para reclamações eleitos pelos membros dos sindicatos dentro da fábrica para lidar com problemas cotidianos de disciplina, arbitragem etc. O projeto dos conselhos de fábrica era estender amplamente a competência da comissão interna e seu nível de inclusão, eleger entre os trabalhadores os comissários de fábrica, que então elegeriam um comitê como órgão executivo do conselho de fábrica. Nas palavras de Gramsci: "Hoje,

abordados como conselhos. Os representantes dos trabalhadores italianos podiam agora ser eleitos entre todas as categorias de base; não precisavam ser membros de sindicatos para assumir a liderança. Vale frisar que as funções dos conselhos de trabalhadores transcenderam a economia para se tornar políticas. Um grupo de trabalhadores da fábrica Fiat Centro resumiu bem suas tarefas: havia aquelas imediatamente "econômicas" – incluindo "a defesa do interesse da classe trabalhadora contra seus patrões, para promover o espírito associativo entre todos aqueles que sofrem exploração" – e, mais importante, o objetivo político de longo prazo de "preparar-se para uma nova sociedade"[28].

Foi a oficina metalúrgica de Brevetti-Fiat de Turim – a maior da Itália – que primeiro assegurou o reconhecimento formal, por parte do empregador, de um conselho de comissários de fábrica em setembro de 1919. O episódio, lembrou Gramsci, "encheu a alma de nossos camaradas trabalhadores de entusiasmo e fervor ativo"[29], e isso logo se replicou por toda a cidade, produzindo mais de 50 mil comissários e se tornando um verdadeiro fenômeno de massa[30]. A maré do movimento de conselhos ultrapassou o pioneirismo da indústria metalúrgica, atingindo fábricas de madeira, produtos químicos e calçados. Gramsci citou um trabalhador da fábrica Brevetti que se entusiasmou com o modo como, com as novas instituições de autogoverno, os

---

as comissões internas limitam o poder do capitalista na fábrica e desempenham funções de arbitragem e disciplina. Desenvolvidas e enriquecidas, deverão ser amanhã os órgãos do poder proletário que substituirá o capitalista em todas as suas funções úteis de direção e de administração". Antonio Gramsci (e Palmiro Togliatti), "Democracia operária", em *Homens ou máquinas?*, cit., p. 82. O dever dos comissários era representar os trabalhadores contra os capitalistas, e o crucial, "estudar e atrair outros camaradas para estudar o sistema burguês de produção". De fato, para além das funções administrativas (que também eram próprias da comissão interna), o conselho de fábrica estava envolvido na "intensa preparação revolucionária" (*intensa preparazione rivoluzionaria*) e se enquadrou ativamente na ação política, visando à ditadura do proletariado. Assembleia dos comissários de fábrica de Turim, "Il programma dei commissari di reparto" [O programa dos comissários de departamento], *L'Ordine Nuovo*, ano I, n. 25, 8 nov. 1919, p. 193.

[28] "Discussioni sui Consigli di fabbrica" [Discussão sobre os conselhos de fábrica], *L'Ordine Nuovo*, ano I, n. 27, 22 nov. 1919, p. 212; assinado: um grupo organizado de trabalhadores da Fiat Centro (*firmato: alcuni operai organizzati dela Fiat Centro*).

[29] "Cronache dell'*Ordine Nuovo*", *L'Ordine Nuovo*, ano I, n. 18, 13 set. 1919, p. 135.

[30] Imediatamente após a guerra, relata Gramsci: "Os problemas econômicos e políticos da revolução tornaram-se tema de discussão em todas as assembleias operárias". Antonio Gramsci, "O movimento turinês dos conselhos de fábrica", cit., p. 219.

trabalhadores passaram "a marchar 'dentro da' revolução, e não mais 'rumo à' revolução", para alcançar "o fim maior: a libertação da mão de obra da escravização pelo capital"[31].

L'Ordine Nuovo *e a troca de ideias*
Também em 1919, A. Hamon, correspondente britânico do jornal italiano *L'Ordine Nuovo*, escreveu sobre os acontecimentos na Grã-Bretanha: "As massas estão pressionando por mudanças radicais, e os conselhos estão satisfazendo essas demandas". Ele detalhou a difusão do movimento britânico para além da indústria metalúrgica, concluindo o artigo com uma nota otimista: "Essa organização atingiu agora um nível de desenvolvimento que nos permite antever que ela se estenderá a todo o proletariado britânico"[32].

A relevância dos avanços trabalhistas britânicos para o público italiano não era passageira nem acidental. Palmiro Togliatti, um dos fundadores de *L'Ordine Nuovo*, explicou a necessidade de correspondência internacional:

> Se trouxermos e continuarmos a trazer exemplos estrangeiros, isso ajudará a demonstrar que a guerra de classes segue em todos os lugares um ritmo semelhante e que os mesmos problemas estão postos em todos os países. [...] Assim como falamos sobre o que os britânicos fazem, os camaradas britânicos, segundo temos a prova, estão interessados em nossos feitos.[33]

Se o mais impressionante dos "feitos" italianos foi a liderança articulada do movimento de conselhos, então esse "experimento coletivo e absolutamente novo" foi catalisado pelo profundo compromisso dos militantes no raio de ação de *L'Ordine Nuovo*. O jornal semanal, fundado e liderado por quatro jovens marxistas – Gramsci (28 anos), secretário de redação e diretor; Palmiro Togliatti (24 anos); Ângelo Tasca (28 anos); e Umberto Terracini (24 anos) –, começou como experimento político-cultural independente em maio de 1919: "Um vivo e fecundo exercício (campo de treinamento) de discussão

---

[31] Idem.
[32] Augustin Hamon, "I consigli operai in Inghilterra", *L'Ordine Nuovo*, ano I, n. 19, 20-27 set. 1919, p. 145.
[33] Palmiro Togliatti, "La battaglia delle idee", *L'Ordine Nuovo*, ano I, n. 24, 1º nov. 1919, p. 19.

sobre os intuitos fundamentais de uma sociedade comunista e sobre sua organização prática"[34].

O jornal era um cadinho de pensamentos que vinham de trabalhadores, líderes e intelectuais socialistas. Documentava e discutia os movimentos e teorias revolucionárias que estavam varrendo a Europa. Foi a principal caixa de ressonância do programa da Terceira Internacional e de seus líderes, apresentando artigos de nomes como os russos Vladímir Lênin, Nikolai Bukhárin, Grigory Zinoviev e Leon Trótski; os húngaros Béla Kun e György Lukács; a polonesa Rosa Luxemburgo, atuante em Berlim; e Sylvia Pankhurst, da Inglaterra – todos os textos divulgavam amplamente o movimento dos delegados sindicais britânicos[35].

A contribuição singular do movimento da comunidade ordinovista foi um formidável avanço metodológico, ou melhor, uma nova abordagem ao conhecimento que incorporou as consequências mais inovadoras do processo de politização da economia. Essa inovação metodológica fundamentou a carga revolucionária do movimento e foi devastadora para a ordem capitalista. Aliás, a "nova ordem" da libertação humana visava a uma abordagem emancipatória do conhecimento.

Os ordinovistas mantiveram-se firmes na ideia de que qualquer abordagem do conhecimento era profunda e inerentemente política, já que as lentes através das quais se olha o mundo podem fechar ou abrir espaços para a imaginação e, assim, definir se há alternativas viáveis – tanto conceituais quanto práticas – e quais são elas. Enquanto a lente predominante para interpretar o mundo excluía a imaginação e fomentava a aceitação da ordem capitalista, a lente emancipatória abria possibilidades para vislumbrar outra sociedade. Isso era político.

Havia quatro características principais – ainda hoje atuais – para definir o avanço metodológico dos ordinovistas, em especial Gramsci e Togliatti. A abordagem emancipatória adotada por eles rejeitava todas as formas de ortodoxia – tanto liberais quanto socialistas – e negava as posições epistêmicas da ciência econômica tradicional. Para esses escritores, todas as formas de ideologia capitalista – mesmo aquelas encarnadas no reformismo – sucumbem. A seguir, os quatro princípios-chave e interligados destacados por eles.

---

[34] "Programma di lavoro", *L'Ordine Nuovo*, ano I, n. 1, 1º maio 1919, p. 2.
[35] Ver "Lettere dall'Inghilterra", *L'Ordine Nuovo*, ano I, n. 17, 6 set. 1919, p. 133; ano I, n. 21, 11 out. 1919, p. 166; ano I, n. 36, 7 fev. 1920, p. 287; ano I, n. 42, 27 mar. 1920, p. 338; ano II, n. 5, 12 jun. 1920, p. 36; e ano II, n. 10, 17 jul. 1920, p. 80.

As bases para uma forma de conhecimento emancipatória
Contra a naturalização da ordem capitalista

> A economia não é uma ciência da realidade econômica "como ela é", mas sim uma ciência da realidade como "os homens querem construí-la". [...] A economia não é uma ciência se não for uma prática, uma vontade, uma força que se realiza.
>
> *Antonio Gramsci*[36]

Togliatti e seus camaradas rotularam a disciplina economia como "a lúgubre ciência dos fatos econômicos"[37] porque, remontando aos gostos de Ricardo e Malthus, ela afirmou "necessidades econômicas" fixas – leis econômicas naturais que são separadas de nós e devem ser aceitas passivamente. Nessa narrativa, o capitalismo é inevitável e a capacidade humana de ação não é garantida. E, por internalizar a noção da inevitabilidade de nossa estrutura socioeconômica, passamos a nos sentir impotentes para promover qualquer iniciativa histórica. Essa sensação de impotência reforça a ideia de que nossa sociedade capitalista é fixa e funciona independentemente de nós.

Essa armadilha ideológica de longo alcance também transcende a afiliação política. Em *L'Ordine Nuovo*, Gramsci observou:

> Os socialistas aceitaram, muitas vezes com indiferença, a realidade histórica que é produto da iniciativa capitalista. Eles caíram no modo equivocado de pensar que também afeta os economistas liberais: uma crença na perpetuidade das instituições do Estado democrático, na sua perfeição fundamental. Na opinião deles, a forma das instituições democráticas pode ser corrigida, retocada aqui e ali, mas deve, fundamentalmente, ser respeitada.[38]

Os ordinovistas desafiaram essa "estreita psicologia vangloriosa" (*psicologia angustamente vanitosa*)[39] na esperança de desenraizar a onisciência capitalista. Nenhuma instituição, eles argumentavam – menos ainda uma instituição

---

[36] Antonio Gramsci, "Socialismo ed economia", *L'Ordine Nuovo*, ano I, n. 34, 17 jan. 1920, p. 265.
[37] Palmiro Togliatti, "Lo stato del lavoro", *L'Ordine Nuovo*, ano I, n. 10, 19 jul. 1919, p. 71.
[38] Antonio Gramsci, "La conquista dello Stato", *L'Ordine Nuovo*, ano I, n. 9, 12 jul. 1919, p. 64.
[39] Idem.

econômica –, é *natural*; ao contrário, tais instituições são resultado de relações sociais *históricas* específicas de produção. Como Gramsci afirmou: "Nenhuma instituição é definida ou absoluta. A história é um perpétuo devir"[40].

Na visão de Gramsci e seu grupo, as convenções econômicas como a propriedade privada não eram dados *fixos* e *indiscutíveis*, mas a corporificação de *ações coletivas* que constituem um sistema econômico historicamente específico – ou seja, o capitalismo. Em sua simplicidade, essa intuição carrega um significado político radical: ela nos permite perceber que a luta de classes intensa e consciente pode acabar com a ordem atual e reinventar um novo mundo social.

Togliatti escreveu que os trabalhadores "puseram um limite à liberdade absoluta do chefe"; eles subverteram "as condições 'naturais' do mercado"; assim, sua força de trabalho deixou de "ser uma mercadoria sujeita às 'leis' de ferro da oferta e da procura". Em outras palavras, "os homens se rebelaram contra a economia: [agora] sua consciência e vontade contam mais que as 'leis científicas' da economia"[41].

Após a Primeira Guerra Mundial, os conselhos de trabalhadores impediram fixação "natural" do preço da mão de obra, bem como a suspensão "natural" de contratos de trabalho por parte dos empregadores. Esses foram apenas os primeiros passos em direção a uma reconfiguração radical das relações econômicas por meio da qual os trabalhadores podiam obter plena soberania de seu processo de produção – elevando sua condição de trabalhadores assalariados para a de produtores autogovernados.

Na nomenclatura local, o processo revolucionário era um "ato de libertação" (*l'atto di liberazione*)[42] que fundamentava a passagem da "opressão" (*oppressione*) para "liberdade" (*liberazione*). Na verdade, essa liberdade era, primeiro, uma liberdade da dependência do mercado, a forma mais básica de coerção econômica que até hoje dita nossa vida: sob o capitalismo, a maioria de nós não tem opção senão vender a própria força de trabalho no mercado em troca de um salário para obter dinheiro para comprar o necessário para o sustento.

Esses pensamentos de imediato conduzem ao segundo avanço metodológico crucial: o reconhecimento da capacidade de ação econômica e política central

---

[40] Antonio Gramsci, "Postilla", *L'Ordine Nuovo*, ano I, n. 15, 23 ago. 1919, p. 117.
[41] Palmiro Togliatti, "Lo stato del lavoro", cit., p. 72.
[42] Antonio Gramsci, *Due Rivoluzioni*, cit., p. 58.

das classes trabalhadoras, que enfim percebem que são agentes da história; os próprios trabalhadores que são "revolucionários em um sentido positivo" (*rivoluzionari in modo positivo*)[43].

Pela capacidade de ação dos trabalhadores

> Criem, trabalhem, encontrem-se – dizemos aos trabalhadores. As coisas escritas no jornal, repensem-nas, vejam-nas com seus próprios olhos. [...] Só aquilo que é conquistado de forma autônoma tem valor, e isso vale especialmente para as batalhas sociais e para a vida intelectual.
>
> *Cronache dell'*Ordine Nuovo[44]

À medida que os trabalhadores assumiam a condição de protagonistas de um processo político rumo a um novo sistema econômico, os economistas burgueses negavam categoricamente essa capacidade de ação (e continuam a fazê-lo hoje). Na verdade, os economistas tradicionais retratam os trabalhadores como engrenagens substituíveis na máquina econômica – em essência, insumos da máquina de produção. A única ação construtiva dos trabalhadores é sua escolha de passar de um trabalho assalariado a outro.

Mais uma vez, depois da Primeira Guerra Mundial, os ordinovistas desestabilizaram esses *bien pensants* em seus pressupostos primários:

> Quem fala de "falaciosas ilusões" subentende necessariamente que a classe operária deve sempre baixar a cabeça diante dos capitalistas, que a classe operária deve convencer-se de que não passa de um rebanho, de um aglomerado de brutos sem consciência e sem vontade, que deve convencer-se de sua incapacidade de ter uma concepção própria para contrapor à concepção burguesa, de ter noções, sentimentos, aspirações, interesses contraditórios com as noções, os sentimentos, as aspirações, os interesses da classe burguesa.[45]

---

[43] Palmiro Togliatti, "L'assemblea della sezione metallurgica torinese", *L'Ordine Nuovo*, ano I, n. 25, 8 nov. 1919, p. 196.
[44] "Cronache dell'*Ordine Nuovo*", *L'Ordine Nuovo*, ano I, n. 10, 19 jul. 1919, p. 71.
[45] Antonio Gramsci, "Superstição e realidade", *Homens ou máquinas?*, cit., p. 174.

Mas não, os trabalhadores *eram* os revolucionários segundo os quais "ser revolucionário significa trabalhar efetivamente para transformar toda a ordem produtiva"[46].

Para os trabalhadores dentro das estruturas capitalistas, a sensação de ser supérfluo – ou de ser perfeitamente intercambiável um com o outro e, portanto, a sensação de ser impotente contra as forças da competição capitalista – pode soar familiar. Ainda hoje os modelos ortodoxos de economia respaldam essa percepção de impotência. A suposição é de que empregador e empregado firmam contratos individuais – pelos quais o segundo é, assim, intercambiável com outro funcionário igualmente qualificado[47]. Ao limitar a liberdade dos indivíduos, o capitalismo sufoca o coletivo.

Em contrapartida, o movimento ordinovista destacava que o poder não emergia de indivíduos, mas de um grupo. É apenas como membro de uma classe, como *produtor*, que o trabalhador pode perceber a absoluta impossibilidade de dispensar o trabalho e a centralidade deste no processo de produção e na construção de uma sociedade pós-capitalista – uma sociedade em que a maioria é libertada do trabalho assalariado e elevada à posição de produtores autogovernados. A organização inclusiva dos conselhos de fábrica – que substituía todas as divisões de trabalho dos sindicatos tradicionais e unia trabalhadores qualificados e não qualificados – concretizava esse princípio de ação. Como disse Togliatti, "o título exigido para entrar no novo sistema, que é a forma embrionária de uma nova sociedade, é apenas um: ser um trabalhador, uma célula do organismo produtivo"[48]. Por isso os conselhos de fábrica eram essencial e inequivocamente "uma emanação, uma expressão da vontade dos trabalhadores"[49].

Um terceiro princípio (sem dúvida, o mais surpreendente) acompanhava essas declarações sobre a capacidade de ação do proletariado: reafirmá-la era

---

[46] Palmiro Togliatti, "Lo stato del lavoro", cit., p. 72.

[47] Ver, por exemplo, Gregory Mankiw, *Principles of Microeconomics* (5. ed., Boston, South-Western Cengage Learning, 1997).

[48] Palmiro Togliatti, "L'assemblea della sezione metallurgica torinese", cit., p. 196. Esse princípio representava uma grande guinada em relação aos comitês industriais de guerra: os comissários não eram mais escolhidos pelos sindicatos, que – segundo comentou o operário Arturo Jacchia – "se encarregava de escolher os integrantes do comitê dos trabalhadores que estavam de acordo com a administração". Ao contrário: "Hoje é preferível que [os comissários] pertençam a organizações socialistas". Arturo Jacchia, "Vita operaia", *L'Ordine Nuovo*, ano I, n. 9, 12 jul 1919, p. 66.

[49] Palmiro Togliatti, "La battaglia delle idee", cit., p. 190.

repudiar o intelectualismo e a abordagem tecnocrática do conhecimento, típica dos economistas burgueses[50].

Práxis

> Somente de um trabalho comum e solidário de esclarecimento, de persuasão e de educação recíproca nascerá a ação concreta de construção.
>
> *Antonio Gramsci*[51]

Ideias e conceitos não podem ser impostos de cima, é claro; seres humanos raramente atuam conforme os planos. Os ordinovistas conciliavam a dicotomia entre teoria e prática com o conceito de *práxis* – a ideia de que teoria e prática se influenciam e se fortalecem mutuamente e podem respaldar uma dinâmica transformadora já em curso. *Ação é pensamento, pensamento é ação.*

Nada poderia materializar melhor esse ponto de virada epistêmica que a práxis do movimento ordinovista: grupos de estudos, assembleias, discussão colaborativa e "educação mútua" entre trabalhadores e intelectuais estavam na ordem do dia. Nas palavras de Gramsci, "os artigos de *L'Ordine Nuovo* eram quase como uma tomada de consciência de eventos reais, vistos como momentos de um processo de íntima libertação e autoexpressão da classe operária"[52]. O jornal nunca endossou "a aplicação fria de um esquema intelectual" (*fredde architetture intellettuali*); em contrapartida, "satisfazia uma necessidade, favorecia a concretização de uma inspiração latente nos trabalhadores". Gramsci prosseguiu: "Por isso nos entendemos tão rapidamente; por isso foi possível passar com tanta segurança da discussão à realização"[53].

---

[50] Para uma boa crítica ao intelectualismo, ver Gramsci contra Tasca em Antonio Gramsci, "O programa de *L'Ordine Nuovo*", *Homens ou máquinas?*, cit., p. 233-46.

[51] Idem, "Democracia operária", cit., p. 84.

[52] Idem, "O programa de *L'Ordine Nuovo*", cit., p. 238-9. E novamente, em *Cadernos do cárcere*, ele se recordaria do jornal nos seguintes termos: "Esse conselho editorial não era abstrato, não consistia em repetir mecanicamente fórmulas científicas ou teóricas [...], aplicava-se a homens reais, formados em relações históricas específicas, com sentimentos, modos de vida, fragmentos de concepções de mundo específicos [...]. Esse elemento de 'espontaneidade' não foi negligenciado nem menosprezado: foi educado e dirigido". Idem, em Paolo Spriano, *L'Ordine Nuovo e i consigli di fabbrica*, cit., p. 136.

[53] Antonio Gramsci, "Aos comissários de seção das fábricas Fiat Centro e Brevetti", *Homens ou máquinas?*, cit., p. 90.

L'Ordine Nuovo foi um esforço coletivo composto por intelectuais públicos, operários, trabalhadores administrativos e estudantes universitários; todos eles complementavam suas práticas cotidianas com conceitos capazes de esclarecer melhor e revitalizar sua missão. Adquirir conhecimento era, em si, um ato político. Nas palavras do jornal, "um problema econômico ou político não é concreto em si mesmo, e sim porque é pensado e repensado concretamente por quem tem o dever de transformá-lo em realidade histórica"[54].

O movimento Ordine Nuovo foi um ensaio experimental completo da décima primeira tese sobre Feuerbach, de Marx: "Os filósofos apenas interpretaram o mundo [...]; o que importa agora é transformá-lo"[55]. Assim, a experiência prática de organização em conselhos de fábrica foi entendida como a "nova escola" do povo[56]: "Os comícios (*comizi*), a discussão para a preparação dos conselhos, têm beneficiado a educação das classes trabalhadoras muito mais que dez anos de estudos dos panfletos e artigos escritos pelos detentores do 'diabo na garrafa' (*diavolo nell'ampolla*)"[57].

Os conselhos de fábrica eram a expressão viva da práxis; seus regulamentos garantiam uma fusão de teoria e prática conceitualmente essencial para o autogoverno. Parte desse projeto era a formação de uma escola para os trabalhadores, que se concretizou em novembro de 1919, em Turim, com a abertura de uma escola para todos, concentrada nas teorias e nas histórias do capitalismo e do

---

[54] "Cronache dell'*Ordine Nuovo*", *L'Ordine nuovo*, ano I, n. 8, 28 jun. 28 – 5 jul. 1919, p. 55.

[55] A segunda tese sobre Feuerbach diz: "A questão de saber se ao pensamento humano cabe alguma verdade objetiva [*gegenständliche Wahrheit*] não é uma questão da teoria, mas uma questão prática. É na prática que o homem tem de provar a verdade, isto é, a realidade e o poder, a natureza interior [*Diesseitigkeit*] de seu pensamento. A disputa acerca da realidade ou não realidade do pensamento – que é isolado da prática – é uma questão puramente escolástica." Karl Marx, "Ad Feuerbach", in: Karl Marx e Friedrich Engels, *A ideologia alemã: crítica da mais recente filosofia alemã em seus representantes Feuerbach, B. Bauer e Stirner, e do socialismo alemão em seus diferentes profetas* (trad. Rubens Enderle, Nélio Schneider e Luciano Cavini Martorano, São Paulo, Boitempo, 2007), p. 535, 533.

[56] A metáfora da escola aparece frequentemente em *L'Ordine Nuovo*. Por exemplo, a ideia de que os conselhos de fábrica "são uma escola de vida na qual a nova classe que dirigirá o destino da humanidade se educa e adquire consciência". "Vita politica internazionale, uno sfacelo ed una genesi" [Vida política internacional, uma destruição e uma gênese], *L'Ordine Nuovo*, ano I, n. 1, 1º maio 1919, p. 7.

[57] "Lo strumento di lavoro" [O instrumento do trabalho], *L'Ordine Nuovo*, ano I, n. 37, 14 fev. 1920, p. 289.

socialismo⁵⁸. Além disso, dentro das próprias fábricas, os comitês executivos (CE) dedicavam-se "a assegurar a livre circulação de jornais na oficina durante as horas de folga do trabalho" e a "publicar um boletim quinzenal de fábrica com o objetivo de reunir estatísticas capazes de aprofundar o conhecimento dos trabalhadores sobre a vida na fábrica, explicar o trabalho feito pelo CE e pelo conselho de fábrica, reunir notícias sobre a fábrica publicadas em jornais etc."⁵⁹. Na Fiat Centro, o CE da fábrica negociou com a administração para organizar na oficina uma biblioteca "rica em livros sobre indústria, história e economia política"⁶⁰.

Esses projetos, revolucionários em seus intuitos, constituíram mais uma ofensiva contra a mais fatal das ideologias burguesas – aquela que os economistas eram os primeiros a defender em suas teorias: a separação entre política e economia.

Contra a divisão política e econômica

> A revolução comunista realiza a autonomia do produtor no campo econômico e no campo político [...]. Para que a ação política tenha bom êxito, deve coincidir com uma ação econômica.
>
> *Antonio Gramsci*⁶¹

O filósofo e acadêmico italiano Zino Zini fez a palestra inaugural da recém-fundada escola de cultura socialista de Turim, um discurso intitulado "De cidadão a produtor" (*Da cittadino a produttore*), em fevereiro de 1920. Ele argumentou que o cidadão, como tipicamente entendido na democracia burguesa, é um indivíduo abstrato, "soberano em teoria, quando, de fato, só o é no dia das eleições; em todo o restante do tempo ele nada mais é que um subordinado

---

[58] Os cursos variavam de "Anarquia e a teoria do Estado", ministrado por Angelo Tasca, a "Economia e socialismo", ministrado por Togliatti, a uma série sobre a Revolução Francesa, ministrada por Terracini. Para uma descrição detalhada da escola, ver "Il programma della scuola di propaganda" [O programa da escola de propaganda socialista], *L'Ordine Nuovo*, ano I, n. 28, 29 nov. 1919, p. 216.

[59] "Il programma dei commissari di reparto" [O programa dos comissários de departamento], *L'Ordine Nuovo*, ano I, n. 25, 8 nov. 1919, p. 194.

[60] "Il parere del C. E. sui consigli d'officina" [Opinião do comitê executivo sobre os conselhos de fábrica], *L'Ordine Nuovo*, ano I, n. 42, 27 mar. 1920, p. 335.

[61] Antonio Gramsci, "O instrumento de trabalho", *Homens ou máquinas?*, cit., p. 139.

a leis e regras elaboradas sem sua contribuição"⁶². A servidão política de um indivíduo baseia-se na servidão econômica (*servitù economica*). A desigualdade das condições econômicas (ou melhor, a desigualdade das posições nas relações de produção) impede quaisquer relações genuinamente democráticas entre seres humanos livres e iguais. Em contrapartida, escreveu Zini, a sociedade pós-capitalista dará origem a "um novo homem" (*un uomo nuovo*) – o "produtor consciente" (*produttore cosciente*) –, que exerce uma liberdade política e econômica ao mesmo tempo. Esta será "a nova sociedade de produtores livres e iguais" (*la nuova società di produttori liberi ed eguali*)⁶³.

Zini criticou o conceito abstrato e indireto de liberdade política; em resumo, ele disse que a liberdade política é impossível diante da "falta de liberdade econômica", uma condição de dependência do mercado em que a maioria das pessoas é forçada a vender sua força de trabalho para sobreviver. As teorias dos economistas burgueses muitas vezes ocultavam tais formas de coerção econômica, que mesmo assim eram sentidas pelos trabalhadores: "Hoje todos os homens, se quiserem viver, se não quiserem morrer de fome e de frio, são obrigados [...] a se posicionar na hierarquia capitalista. [...] O número daqueles que já não se sentem capazes de se adaptar à forma social existente é cada vez maior"⁶⁴.

O conselho de fábrica, como "uma instituição absolutamente original" do proletariado, era um veículo estratégico para derrubar os pilares da acumulação de capital. Era também um contexto em que os trabalhadores podiam vivenciar concretamente a unidade político-econômica: "Nascido do trabalho, [o conselho] adere ao processo de produção industrial [...]. Nele, economia e política se fundem; no conselho, o exercício da soberania se une ao ato de produção [...], nele se concretiza a democracia proletária"⁶⁵. De fato, nos conselhos, a orga-

---

⁶² Zino Zini, "Da cittadino a produttore", *L'Ordine Nuovo*, ano I, n. 38, 21 fev. 1920, p. 301-2. Os delegados operários estavam pensando na mesma linha. Os trabalhadores estavam "percebendo que o direito de votar para o parlamento, uma vez a cada cinco anos, é de pouco valor em comparação com o direito de voto sobre o modo como a indústria deve ser conduzida". William Gallacher e J. R. Campbell, *Direct Action* cit., p. 3. Murphy sugeriu que, por essa razão, a emancipação econômica tinha prioridade política absoluta: "A verdadeira prática democrática exige que cada membro de uma organização participe ativamente na condução dos negócios da sociedade". John Thomas Murphy, *The Workers' Committee, An Outline of Its Principles and Structure*, cit., p. 8.

⁶³ Zino Zini, "Da cittadino a produttore", cit., p. 301-2.

⁶⁴ Palmiro Togliatti, "Controllo di classe", cit., p. 249.

⁶⁵ Antonio Gramsci, "Il problema della Commissioni interne", *L'Ordine Nuovo*, ano I, n. 15, 23 ago. 1919, p. 117.

nização do processo de produção era profundamente política. Assim, em seus procedimentos, os conselhos colocavam em prática a essência de uma sociedade alternativa, na qual "a democracia burguesa mentirosa" (*menzognera democrazia borghese*) e sua expressão como "parlamentarismo" eram suprimidas em favor do "autogoverno do povo" antiautoritário e corporificado no "Estado proletário" – instituição que não mais seria alienada das pessoas, mas seria parte integrante de suas atividades cotidianas[66].

No relato de Togliatti, a nova ordem social "busca a origem do político no econômico, isto é, na atividade produtiva coletiva de cada homem, e, ao fazê-lo, busca a origem da soberania em sua verdadeira e principal fonte, a consciência individual"[67]. O autogoverno, para não mencionar a reunificação dos domínios político e econômico da vida e do pensamento, não era tarefa pequena[68].

O espírito do movimento também incluía obrigações e exercia pressão sobre o modo como os conselhos de trabalhadores eram estruturados, além de enfocar particularmente a garantia de que as organizações fossem horizontais e totalmente

---

[66] "O modelo do Estado proletário não é a democracia burguesa mentirosa (*menzognera*), mas a democracia proletária; não é o parlamentarismo, mas o autogoverno do povo (*masse*) através de instituições representativas próprias". Sem título, *L'Ordine Nuovo*, ano II, n. 16, 2 out. 1920, p. 124.

[67] Palmiro Togliatti, "Lo stato del lavoro", *L'Ordine Nuovo*, ano 1, n. 10, 19 jul. 1919, p. 71-2.

[68] A estratégia revolucionária dos conselhos italianos colocou no centro do palco a ligação entre o econômico e o político. O movimento britânico, que surgiu de uma tradição sindicalista, inicialmente carecia dessa percepção, pois subestimava o papel de um partido de trabalhadores. Depois de 1920, muitos dos líderes do movimento britânico perceberam a necessidade de um partido; muitas das pessoas que fundaram o Partido Comunista da Grã-Bretanha em 1921 vieram desse grupo de líderes. Ver James Hinton, *The First Shop Stewards' Movement*, cit. Gramsci, por sua vez, já em 1919, reprovou qualquer acusação de sindicalismo e de "economismo". Para ele, a organização política era intrínseca à organização do processo de produção através dos conselhos. Ver Antonio Gramsci, "Sindacalismo e os conselhos", *Homens ou máquinas?*, cit., p. 111-6. Além disso, para Gramsci e Togliatti, o avanço revolucionário poderia ser colocado em movimento no nível da fábrica, mas isso exigia uma conexão central com o papel político do partido. O partido tinha de ser ativamente integrado e transformado para estar "enraizado no local de trabalho e tinha de estar inserido no 'tecido conjuntivo' da fábrica". Somente pela estreita interconexão com os conselhos, tanto sindicatos quanto o partido podem ser transformados de instituições burocráticas distantes das massas proletárias em instituições que podem "envolver ativa e conscientemente grandes massas do proletariado no processo revolucionário [...], um partido que vive de acordo com as massas proletárias, que é delas a consciência e vontade claras e definidas". Antonio Gramsci, "Il problema della commissioni interne", cit., p. 340. Uma vez integrado ativamente com a nova organização proletária dos conselhos, o partido oferecia liderança organizacional básica. De modo coerente com a tradição leninista, os ordinovistas entendiam o partido como vanguarda para a tomada do poder político, indispensável para derrotar o Estado capitalista.

representativas – uma estrutura que assegurava a responsabilidade direta desde a base. Os debates floresciam nas páginas de *L'Ordine Nuovo*, nas assembleias e em outros espaços proletários[69]. (Encontravam paralelos nas preocupações da Grã-Bretanha, onde, entre 1917 e 1921, os principais líderes do movimento dos delegados operários produziram mais de sete planos democráticos alternativos[70], com frequência discutidos em seus principais jornais, *Solidarity* e *The Worker*.)

Na Itália, a rotatividade de comissários de fábrica a cada seis meses – e a obrigação que tinham de "anunciar referendos frequentes sobre questões sociais e técnicas em seus departamentos e realizar assembleias regularmente"[71] – institucionalizou o anseio de manter o poder decisório nas mãos dos próprios trabalhadores. Além disso, em ambos os países, os organizadores dos conselhos procuravam garantir a representação horizontal fora da oficina isolada por meio de uma forma de federalismo: "os órgãos centrais que surgirão

---

[69] A primeira reunião geral de comissários de departamento estabeleceu algumas diretrizes, mas se recusou a formalizar um "programa definitivo", destacando que deveria ser visto como um "experimento prático" – experimento que seria "aberto à inovação contínua e radical". "O programa dos comissários de departamento", cit., p. 193.

[70] Para exemplos, ver John Thomas Murphy, *The Workers' Committee, An Outline of Its Principles and Structure*, cit.; William Gallacher e J. Paton, *Toward Industrial Democracy: A Memorandum on Workshop Control* (Paisley, Paisley Trades and Labour Council, 1918); William Gallacher e J. R. Campbell, *Direct Action*, cit.; Tom Dingley, *The Shop Stewards and Workers' Committee Movement* (Coventry, Shop Stewards and Workers' Committee, 1918); Tom Walsh, *What Is the Shop Steward Movement?*, cit.; E. L. Pratt, *Industrial Unionism* (Londres, Solidarity, 1917). A filosofia central era que "esses comitês não devem ter nenhum poder de governo, mas devem existir para prestar serviço à base, fornecendo-lhe meios para que chegue a decisões e una suas forças". John Thomas Murphy, *The Workers' Committee, An Outline of Its Principles and Structure*, cit., p. 10.

[71] "Programa dos comissários do departamento", cit., p. 194. Quanto aos representantes dos trabalhadores – os comissários –, suas vivências cotidianas escapavam ao estranhamento burocrático, pois eles viviam em contato imediato com as massas trabalhadoras e garantiam essa ligação em um conjunto concêntrico de comissões. As eleições ocorriam a voto fechado durante dia útil, e a contagem final se dava imediata e publicamente. Em contrapartida, o "comitê executivo do conselho de fábrica" (*il comitato esecutivo del consiglio di officina*) era eleito pelos comissários o "órgão máximo do autogoverno proletário" (*massimo organism dell'autogoverno proletario*), que exercia "mandato executivo dentro da fábrica e mandato representativo nas assembleias dos conselhos". O comitê executivo da Fiat Centro tinha seus objetivos de longo prazo claramente expostos: "Poderemos construir um polvo gigante cujos tentáculos se infiltrem em todas as brechas da vida industrial moderna, abraçando e coordenando todas as atividades produtivas e revolucionárias. Poderemos, dessa maneira, construir um formidável instrumento de luta a ser conduzido para a realização de nossos fins e para o estabelecimento do poder proletário". "Il parere del C.E. sui Consigli 'Officina' [A opinião dos conselhos executivos sobre os comitês de oficina], *L'Ordine Nuovo*, ano I, n. 42, 27 mar. 1920, p. 335.

para cada grupo de seções, para cada grupo de fábricas, para cada cidade, para cada região, até chegar a um supremo Conselho Operário nacional, prosseguirão, ampliarão e intensificarão a obra de controle, de preparação e de organização de toda a classe"[72]. As organizações de trabalhadores britânicas tinham quatro níveis: comitês de oficina, comitês de fábrica, comitês de trabalhadores locais e organização nacional[73]. Já os conselhos italianos lutavam por uma rede nacional estável, incluindo a aliança entre cidade e campo – elemento central para a revolução, como a experiência russa havia revelado. O conselho aspirava a direcionar o fervor espontâneo pela ocupação da terra (discutida no capítulo anterior) para instituições estruturadas[74].

Em suma, havia quatro linhas intelectuais que influenciavam e motivavam a subversão da conduta burguesa em relação ao conhecimento na Itália e na Grã-Bretanha do entreguerras: a desnaturalização do capitalismo; a centralidade da capacidade de ação dos trabalhadores; a práxis; e a unidade de economia e política. Esse avanço metodológico foi um elemento poderoso da crise do capitalismo desse período; na verdade, representou uma alternativa contra-hegemônica para conceber o mundo social. O conhecimento já não se impunha de cima para baixo a fim de reforçar a aquiescência passiva ao sistema vigente. Naquele momento, o conhecimento fortalecia a ação de baixo para cima. O fato de os quatro atributos metodológicos encontrarem uma realização institucional concreta nos conselhos de fábrica amplificou a ameaça à ordem social capitalista.

---

[72] Antonio Gramsci, "Aos comissários de seção das fábricas Fiat Centro e Brevetti", cit., p. 93-4.

[73] O National Advisory Council, fundado em julho de 1919, representava a indústria metalúrgica em nível nacional e vislumbrava um conselho nacional com o objetivo de coordenar o movimento de todos os trabalhadores britânicos como um só corpo. Em 1921, fiel à intenção de unir todos os movimentos operários, não só o dos metalúrgicos, o movimento ganhou um novo estatuto, mudando seu nome de Worker Control and Shop Steward Movement para National Workers' Committee Movement (NWCM).

[74] O Partido Socialista de Turim escreveu para convidar os camponeses a participar do congresso dos conselhos operários de 1920, declarando: "Camponeses, nós os convidamos a participar dos trabalhos do congresso dos comissários de fábrica, porque vocês também sãos oprimidos pela pesada ordem capitalista que os trabalhadores querem varrer". "Per il Congresso dei Consigli di Fabbrica, Agli operai e contadini di tutta Italia" [Pelo Congresso dos Conselhos de Fábrica, ao Conselho Industrial de Trabalhadores e camponeses de toda a Itália], *L'Ordine Nuovo*, ano I, n. 42, 27 mar. 1920, p. 331. Segundo Gramsci, a revolução proletária resolveria a perniciosa "questão do sul", com os trabalhadores industriais rompendo as correntes da "escravidão capitalista" e eliminando de vez a colonização do sul da Itália pela burguesia do norte.

As marés de mudança açoitavam as margens do capitalismo na forma de uma revolução ao mesmo tempo metodológica e política. As organizações de trabalhadores eram expressão dessa dupla abordagem, corporificando as bases alternativas para novas relações sociais de produção. Essas novas instituições derrubariam, ainda que de modo efêmero, os conceitos de trabalho assalariado e capital privado. O movimento pela tomada dos meios de produção exacerbou os temores da velha ordem. E até hoje representa um episódio sem igual na história do capitalismo ocidental.

A ocupação de fábrica

> Hoje, com as ocupações operárias [...], é um Estado ilegal, é uma república proletária que vive dia a dia, aguardando o desenrolar dos eventos [...]. Aqui é posta à prova a capacidade política, a capacidade de iniciativa e de criação revolucionária da classe operária.
>
> *Antonio Gramsci*[75]

No outono de 1919, a popularidade do movimento entre o operariado e os líderes trabalhistas italianos estava no auge: "A propaganda a favor dos conselhos de fábrica foi recebida com entusiasmo pelas massas", relatou Gramsci.

> No curso de meio ano foram constituídos conselhos de fábrica em todas as fábricas e oficinas metalúrgicas; os comunistas conquistaram a maioria no sindicato dos metalúrgicos; o princípio dos conselhos de fábrica e do controle da produção foi aprovado e aceito pela maioria do Congresso e pela maior parte dos sindicatos pertencentes à Câmara do Trabalho.[76]

À medida que o fermento político do movimento de conselhos crescia, também cresciam as preocupações dos industriais, que foram rápidos em lançar-se ao ataque. Em março de 1920, os industriais Gino Olivetti, presidente da Confederação Geral da Indústria Italiana (Confindustria), e Giovanni Agnelli, proprietário da Fiat, reuniram-se com o prefeito de Turim, anunciando sua intenção de iniciar um locaute. Como afirmou Olivetti, "dois poderes não

---

[75] Antonio Gramsci, "Domingo vermelho", *Homens ou máquinas?*, cit., p. 271.
[76] Idem, "O movimento turinês dos conselhos de fábrica", *Homens ou máquinas?*, cit., p. 220.

poderiam coexistir" na oficina, principalmente quando um deles "era uma célula (*cellula*) da sociedade comunista"[77].

A luta entre industriais e trabalhadores da metalurgia irrompeu um mês depois, em abril de 1920, quando os industriais tentaram cercear os direitos dos conselhos de trabalhadores. Os trabalhadores metalúrgicos reagiram com uma greve que durou um mês, com mais de 200 mil operários de base enfrentando as Forças Armadas. Nos últimos dez dias, a ação se transformou em uma greve que se espalhou por toda a região do Piemonte e além, mobilizando cerca de meio milhão de trabalhadores. Em 18 de abril, a edição de Milão do *L'Avanti* relatou: "A deflagração em Turim, primeiro estendida à província de Alessandria, inclui toda a nossa província [...], podemos dizer que quase todo o norte da Itália está de pé contra a direita e a arrogância dos patrões"[78].

O que estava em jogo era a existência e a legitimidade dos conselhos de fábrica, o futuro do controle da produção pelos operários e, em termos gerais, o capitalismo. Depois de muito sangue derramado, a greve terminou com um acordo que reconhecia as comissões internas – mas limitava brutalmente os poderes dos comissários. A reação inflexível dos trabalhadores de Turim foi expressa no último boletim do comitê de greve: "A batalha acabou, a guerra continua"[79]. *L'Avanti* comentou: "O proletariado turinês foi derrotado localmente, mas venceu nacionalmente, pois sua batalha se tornou a do proletariado nacional. A revolução italiana por fim tem um plano concreto, um objetivo real para alcançar: o controle da produção e da troca"[80]. De fato, aquele foi apenas o início da luta[81].

---

[77] Discurso de Gino Olivetti à Confindustria, reproduzido em "L'opinione degli industriali sui Consigli di Fabbrica" [A opinião dos industriais sobre os conselhos de fábrica], *L'Ordine Nuovo*, ano II, n. 2, 15 maio 1920, p. 15.

[78] *L'Avanti*, 18 abr. 1920, p. 2.

[79] Paolo Spriano, *L'Ordine Nuovo e i consigli di fabbrica*, cit., p. 100.

[80] *L'Avanti*, ed. Piemonte, 1º maio 1920; reimp. em Paolo Spriano, *L'Ordine Nuovo e i consigli di fabbrica*, cit., p. 101.

[81] A seção de Turim do Partido Socialista local, que havia sido deixada por conta própria para enfrentar a ofensiva das forças repressivas do Estado, aprovou uma moção (preparada por Gramsci) para a renovação do Partido Socialista e a expulsão dos "comunistas não revolucionários, colocando no centro do palco o papel de liderança e coordenação de um partido plenamente revolucionário, baseado na fábrica e entendido como expressão da vanguarda proletária. "Alguns meses depois, no segundo congresso da Terceira Internacional, Lênin aprovou essa moção tanto em suas críticas quanto em suas propostas práticas, por corresponderem plenamente aos princípios da Terceira Internacional. Sobre o isolamento de *L'Ordine Nuovo* e o imobilismo da CGdL e do PSI, ver ibidem, p. 97-8.

No verão seguinte, em meio a uma amarga negociação de quatro meses para um contrato de trabalho entre a Fiom e os industriais metalúrgicos, o sindicato dos metalúrgicos convocou "uma operação-padrão" – uma desaceleração do trabalho aos níveis mínimos, um gesto obstrucionista diante dos olhos dos donos das fábricas[82]. Os industriais foram rápidos em responder com locautes, começando pela fábrica Romeo de Milão. A divisão da Fiom em Milão respondeu com o início de um movimento de ocupação de fábrica que se espalhou como fogo. Em 31 de agosto de 1920, os trabalhadores tomaram mais de 280 fábricas em Milão, e em dois dias o movimento se estendeu de forma capilar por toda a península. Cerca de meio milhão de trabalhadores em pelo menos sessenta cidades ocuparam fábricas, altos-fornos, minas, estaleiros, ferrovias, docas e indústrias não metalúrgicas. Na segunda quinzena de setembro, operários dos setores de calçados, borracha, produtos químicos e têxteis também aderiram[83]. Gramsci escreveu em *L'Avanti*: "As hierarquias sociais estão rompidas; os valores históricos, derrubados. As classes *executoras*, as classes *instrumentais*, tornaram-se as classes *diretivas*"[84].

Em Turim, Milão e Gênova, a ocupação transformou-se em um movimento popular de massa. Alternadamente, cativava, fascinava e assustava o público italiano. Fervia de novidade. Nem a Fiom nem os industriais tinham pretendido ou previsto, de modo algum, que o confronto industrial escalasse a ponto de tornar-se um inesperado experimento revolucionário: o entusiasmo da base operária estava prestes a produzir algo inimaginável.

Il corriere della sera, importante jornal italiano, captou vividamente o princípio improvisado e vibrante da ocupação milanesa:

> As fábricas ontem à noite apresentaram um espetáculo singular. Assistiu-se à multidão de mulheres e crianças indo e voltando com jantares para grevistas, prisioneiros voluntários das fábricas [...]. As entradas eram rigorosamente vigiadas por grupos de trabalhadores. Nem o fantasma de um oficial ou policial era visto. Os grevistas eram mestres plenos do campo. Quem passava, de carro ou táxi, era submetido a um controle, como se estivesse

---

[82] O obstrucionismo foi iniciado em todas as fábricas de engenharia e metalurgia e em cada estaleiro naval. Para um relato bem documentado de todo o episódio da ocupação da fábrica, ver Paolo Spriano, *The Occupation of the Factories*, cit.
[83] Ver Ministero dell'Economia Nazionale, 1924, p. 174-97.
[84] *L'Avanti*, ed. Piemonte, set. 1920; apud. em Paolo Spriano, *The Occupation of the Factories*, cit, p. 66.

atravessando a fronteira, controle exercido por esquadrões de vigilância dos trabalhadores e seus companheiros entusiasmados.[85]

As ocupações transcorreram de maneira relativamente pacífica. Cantava-se o hino dos trabalhadores, bandeiras vermelhas eram hasteadas nas cercas e chaminés das fábricas. Battista Santhià, trabalhador em greve em Turim, descreveu a experiência: "Naquela época, de fato parecia que o futuro da classe trabalhadora estava em nossas mãos. O patrão fora destronado das fábricas, que passaram a ser administradas diretamente pelos trabalhadores"[86].

Em uma fotografia do *Almanaque Socialista* de 1921, trabalhadores estão sentados à mesa de uma cantina. A foto traz a legenda: "Cozinha comunista durante a ocupação"[87]. Em outras fotos, os ocupantes aparecem armados com cassetetes e fuzis, fazendo a saudação de punho cerrado. A mais simbólica: um grupo de trabalhadores do conselho de fábrica senta-se à mesa de Agnelli, dono da maior fábrica de automóveis da Itália. As centenas de milhares que trabalhavam e dormiam nas fábricas para vigiá-las estavam vivendo a revolução em andamento.

Os conselhos de fábrica assumiram o controle direto da produção em sua totalidade; não tiveram outra escolha depois que os técnicos do alto escalão e os engenheiros deixaram seus postos por ordem dos industriais. Os ordinovistas participaram ativamente das ocupações, divulgando o trabalho dos conselhos na coordenação improvisada da produção, da troca, da venda de produtos e da assistência e da defesa das fábricas. Em Turim, na segunda semana de ocupação, a maioria da classe trabalhadora em todas as indústrias estava envolvida. Não só as pequenas, médias e grandes empresas (automóveis, trens, fundições, fábricas de serviços, material ferroviário, motores marítimos, máquinas operatrizes, máquinas de escrever etc.), mas também empresas de borracha, fábricas de calçados, têxteis e indústrias de seda foram ocupadas, da cidade à província. Também em Milão, a novidade da segunda semana de ocupação estendeu-se aos estabelecimentos não metalúrgicos, em particular as indústrias químicas, que controlavam o fornecimento de matérias-primas[88].

---

[85] *Il corriere della sera*, 31 ago. 1920; apud. Paolo Spriano, ibid., p. 54.
[86] Battista Santhià, *Con Gramsci all'Ordine Nuovo*. Biblioteca della Resistenza 7 (Roma, Riuniti, 1956), p. 120.
[87] Paolo Spriano, *The Occupation of the Factories*, cit, p. 21.
[88] Ver *L'Avanti*, 11 set. 1920.

A produção seguiu seu ritmo normal (ainda sob condições obstrucionistas dos sindicatos), mesmo sob restrições financeiras e técnicas, com trabalhadores sem salário[89] e dificuldades para garantir suprimentos de materiais. Nesse ponto, a causa dos trabalhadores contou com a solidariedade dos ferroviários, que forneciam carregamentos regulares de matérias-primas e combustível para as fábricas ocupadas. O conselho também organizou trocas de matérias-primas entre diferentes fábricas[90].

A luta foi concebida como demonstração – e glorificação – da produção industrial na ausência de hierarquias e sob o comando dos conselhos de trabalhadores. Nas palavras de Antonio Oberti, trabalhador da fábrica Ansaldo, em Turim: "Tínhamos de demonstrar aos industriais que também sem eles, e apesar de todas as dificuldades, poderíamos ter a mesma produção – e na capacidade máxima"[91]. Outra trabalhadora, Piera Stangalini, aprendiz na fábrica Rotondi, na cidade de Novara, lembrou: "Trabalhávamos com entusiasmo, pois estávamos eufóricos por estar ali, e foi uma grande festa, porque, no mastro da fábrica, erguemos a bandeira vermelha, e isso foi tudo em meio a euforia, porque vi aquela bandeira vermelha tremulando e fiquei emocionada. Eu estava feliz"[92].

As opiniões conciliadoras do *establishment* que vieram depois disso revelam o poder conquistado pelos trabalhadores. Primeiro, o chefe do governo, Giovanni Giolitti, recusou-se categoricamente a intervir devido ao esforço de guerra que a tarefa implicaria. Ele disse ao Parlamento:

> Como eu poderia deter a ocupação? São seiscentas fábricas da indústria metalúrgica. Para evitar a ocupação, eu teria de colocar uma guarnição em cada uma delas, cem homens nas pequenas, vários milhares nas grandes. Para ocupar as fábricas, eu teria de usar todas as forças à disposição! E quem faria a vigilância dos 500 mil trabalhadores fora da fábrica? Quem faria a segurança do país?[93]

---

[89] "Muitas famílias da classe trabalhadora estavam sem salário desde o fim de agosto; sua situação estava ficando desesperadora. [...] Necessidades urgentes foram atendidas por subsídios das cooperativas e sobretudo pela solidariedade popular [...], cozinhas comunistas [...] e mil gestos de ajuda e fraternidade". Paolo Spriano, *The Occupation of the Factories*, cit, p. 83.
[90] *L'Avanti*, 10 set. 1920.
[91] Depoimento citado por Claudio Natoli, "Primo settembre, occupazione delle fabbriche", em Alessandro Portelli (org.), *Calendario civile, per una memoria laica, popolare e democratica degli Italiani*, (Roma, Donzelli, 2017, p. 194).
[92] Idem.
[93] Atos do Parlamento, sessão de 26 set. 1920, ACS, Legislatura 22, 1. sessão, p. 1.711-2.

Os chefes da Banca Commerciale também garantiram à Fiom uma neutralidade benevolente, ao mesmo tempo que solicitaram garantias caso o movimento tivesse um resultado revolucionário. O próprio Benito Mussolini – líder do recém-fundado movimento fascista – foi politicamente precavido quando declarou simpatia pelas ocupações[94].

A tensão revolucionária atingiu o ápice nos dias 6 e 7 de setembro, quando o movimento se expandiu para além das fábricas e passou a incluir ocupações de terra nas províncias agrícolas do sul[95]. Embora não houvesse coordenação explícita, o Partido Socialista lançou, ao mesmo tempo, um manifesto dirigido a camponeses e soldados em todas as edições de *L'Avanti*:

> Se amanhã chegar a hora da luta decisiva, vocês devem unir-se à batalha contra todos os patrões, todos os exploradores! Tomem as comunas, as terras, desarmem os *carabinieri*, formem seus batalhões em unidade com os operários, marchem pelas grandes cidades, permaneçam com o povo em armas contra os bandidos mercenários da burguesia! Pois, quem sabe, o dia da justiça e da liberdade talvez esteja próximo.[96]

Na cidade de Brescia, no norte, um inspetor alertou as autoridades do Estado de que armas e bombas estavam sendo produzidas nas fábricas ocupadas[97]. O ministro do Interior, Enrico Corradini, também relatou a Giolitti: "Parece que os ocupantes têm metralhadoras. Eles alegam ter armado um tanque, [que foi originalmente] construído na Fiat para o Estado. Se esse tipo de coisa continuar, a crise se tornará aguda"[98]. O prefeito da vizinha Milão, Lusignoli, deixou claro para Corradini que as Forças Armadas só podiam defender um quinto da cidade em caso de agravamento; Lusignoli pediu que o governo central enviasse um esquadrão de guardas reais, tropas e *carabinieri*[99]. A essa altura estava cada

---

[94] Angelo Tasca, "Un episodio della lotta di classe alla vigilia della rivoluzione", *L'Ordine Nuovo*, ano II, n. 9, 10 jul. 1920, p. 127.
[95] Ver Giuseppe Rocca, "L'occupazione delle terre 'incolte'", *La Riforma Sociale*, maio/jun. 1920, p. 221-52.
[96] *L'Avanti*, 6 set. 1920, em Paolo Spriano, *L'Ordine Nuovo e i consigli di fabbrica*, cit., p. 75.
[97] Telegrama, 8 set. 1920, em Paolo Spriano, *L'Ordine Nuovo e i consigli di fabbrica*, cit., p. 78.
[98] ACS, Ministero degli Interni, 1920, em Paolo Spriano, *The Occupation of the Factories*, cit, p. 76.
[99] ACS Ministero degli Interni, *Ufficion Cifra*, n. 16, 1920, p. 325, em Paolo Spriano, *The Occupation of the Factories*, cit, p. 179.

vez mais claro para os trabalhadores que seu estabelecimento permanente como produtores autônomos e não como assalariados constituíra um ataque "contra os centros reais do sistema capitalista, ou seja, os meios de comunicação, os bancos, as Forças Armadas, o Estado"[100]. Em última análise, no entanto, as dificuldades para conseguir coordenação nacional e uma direção comum paralisaram esse momento de insurreição.

A breve e inebriante experiência dos trabalhadores com a produção livre acabou chegando ao fim com um acordo entre o recém-fundado sindicato patronal da indústria (chamado Confindustria), a Fiom e a CGdL[101]. Os industriais haviam capitulado sob forte pressão do governo[102]: os proprietários assinaram um contrato que um mês antes se recusariam até mesmo a discutir. Eles tiveram que aceitar o controle da indústria pelos sindicatos, que haviam rechaçado fortemente antes, bem como aumentos salariais significativos, férias remuneradas e indenização aos trabalhadores demitidos.

Em 19 de setembro de 1920, o governo convocou as partes para irem a Roma e mediou a fase final das negociações. O primeiro-ministro Giolitti, que apoiara na íntegra a proposta de controle operário feita pela CGdL, afirmou que o momento histórico exigia uma transformação radical na relação entre capital e trabalho. Já não era tolerável que, na indústria, "um homem devesse comandar e milhares obedecer. Devemos dar aos trabalhadores", disse Giolitti, "o direito de saber, de aprender, de se erguer, o direito de participar na gestão da empresa, de assumir parte da responsabilidade"[103].

O jornalista Mario Missiroli descreveu a reação de medo na assembleia dos proprietários das indústrias em Milão ao ouvir o anúncio: "Foi um raio. A assembleia foi tomada por uma espécie de pânico e dissolvida para se reunir algumas horas depois em tumulto indescritível, uma confusão de palavras e

---

[100] Anônimo, "Il simbolo e la realtà" [O símbolo e a realidade], *L'Avanti*, ed. Piemonte, 3 set. 1920.

[101] Os representantes em Roma eram: D'Aragona, Baldesi e Colombino pela CGdL; Marchiaro, Raineri e Missiroli pela Fiom; Conti, Crespi, Olivetti, Falck, Ichino e Pirelli pela confederação da indústria.

[102] A imprensa usou a palavra "capitulação" para descrever o acordo, embora a maioria dos industriais o denominasse decreto do governo e criticasse amplamente seus representantes na conferência. Ver ACS, Ministero degli Interni, direzione generale di ps affari generali e riservati, D. 13, busta 74, n. 2.958, em Paolo Spriano, *L'Ordine Nuovo e i consigli di fabbrica*, cit., p. 195.

[103] Reimp. em Paolo Spriano, *The Occupation of the Factories*, cit, p. 103.

ideias"[104]. Vários anos depois, o líder sindical Bruno Buozzi comentou que "a vitória dos metalúrgicos não teve paralelo em toda a história do movimento operário internacional"[105].

Impressões e reações

A vitória do trabalho estava longe de ser satisfatória em relação às expectativas revolucionárias de muitos trabalhadores comuns. O PSI e a Fiom recuaram da liderança de uma insurreição geral para a tomada definitiva do poder, intensificando seu conflito com os ordinovistas, que os acusaram de hesitação e, finalmente, de sabotagem do ímpeto revolucionário popular.

Embora hoje os historiadores leiam esse momento como um ponto final para a onda revolucionária do pós-guerra[106], uma reconstrução mais precisa historicamente exige que não percamos de vista o espírito da época. Na verdade, a ação era parte de um processo mais amplo em direção a uma mudança social drástica. Essa compreensão não estava limitada aos círculos socialistas. Em setembro, depois que o acordo foi assinado, o diretor do *Il corriere della sera*, senador Luigi Albertini, disse explicitamente ao então deputado do Partido Liberal Democrático Giovanni Amendola durante uma conversa telefônica que "só o que resta é renunciar e dar poder à CGdL"[107]. Albertini chegou a visitar o líder reformista-socialista Filippo Turati e disse a ele que era chegada a hora de os socialistas governarem. De volta a sua mesa na Fiat, o próprio Agnelli propôs formalmente transformar toda a sua empresa em uma cooperativa. Em entrevista a *La Gazzetta del Popolo*, explicou:

---

[104] Mario Missiroli, *Una battaglia perduta* (Milão, Corbaccio, 1924), p. 172; reimp. em Paolo Spriano, *The Occupation of the Factories*, cit, p. 104.

[105] Bruno Buozzi, "L'Occupazione delle fabbriche", *Almanacco Socialista Italiano* (Roma, Partito Socialista Italiano, 1935), p. 82. *La vittoria dei metallurgici non ha l'eguale in tutta la storia del movimento operaio internazionale.*

[106] Contemporâneos e historiadores têm debatido incessantemente a controversa questão de saber se o verão de 1920 representou ou não um "verdadeiro" momento revolucionário e se as condições objetivas foram antecipadas por um fator subjetivo fraco: a "falta de determinação" do partido e do sindicato. A complexidade do debate, que está fadado a não encontrar solução, está além de nossa investigação aqui. O que está claro é que muitos membros do *establishment* tinham certeza de que uma grande eclosão se aproximava. Nas palavras de Luigi Einaudi, em 1933: "A situação teria realmente se tornado revolucionária se os líderes do movimento socialista tivessem explorado a revolta dos operários fabris e partido para um assalto ao regime". Luigi Einaudi, *La condotta economica e gli effetti sociali della guerra italiana* (New Haven, Yale University Press, 1933), p. 332.

[107] ACS, Ministero degli Interni, direzione generale di ps affari generali e riservati, D. 13, busta 74, n. 2.936; reimp. em Paolo Spriano, *The Occupation of the Factories*, cit, p. 190.

Sob o sistema atual, as relações entre administradores e trabalhadores são simplesmente inviáveis. As massas hoje não têm mais vontade de trabalhar. Elas são movidas apenas por noções políticas. Suas conquistas recentes não são nada para elas [...]. Como alguém pode construir qualquer coisa com a ajuda de 25 mil inimigos?[108]

Alguns anos depois, Gaetano Salvemini observaria que "os banqueiros, os grandes industriais e os grandes latifundiários aguardaram a revolução socialista como um carneiro espera para ser conduzido ao matadouro"[109].

Daquele outono a 1921, os membros do Partido Socialista (dos maximalistas aos reformistas) e os ordinovistas, todos entenderam fundamentalmente a ocupação das fábricas como um ensaio geral para a revolução. *L'Avanti* de 21 de setembro de 1920 anunciou que "a conquista do controle da indústria e a vitória dos trabalhadores metalúrgicos não podem abrandar a batalha contra os empregadores (*padronato*)". O artigo prosseguia: "Esse acordo não é o fim do caminho, é apenas um passo. O acordo não acaba com a luta de classes. [...] Esse primeiro golpe altivo na propriedade privada exige inevitavelmente mais. Se os trabalhadores souberem lutar com habilidade, vencerão para sempre"[110]. O operariado milanês entrevistado para o artigo compartilhava do espírito revolucionário.

L'Ordine Nuovo recebeu o mesmo tipo de avaliação[111], inclusive a de Cesare Seassaro, publicitário socialista e colaborador frequente do jornal. Ele afirmou: "Esses dias memoráveis que serão escritos em letras flamejantes na memória do proletariado e da civilização humana foram as *grandes manobras* do exército do

---

[108] *La gazzetta del popolo*, 3 out. 1920; reimp. em Paolo Spriano, *The Occupation of the Factories*, cit, p. 123.

[109] Gaetano Salvemini, *La dittatura fascista in Italia* (Nova York, Nuovo Mondo, 1929), p. 22.

[110] O manifesto da Camera del Lavoro de Milão dizia: "Trabalhadores! É uma trégua de nossa parte. Não se desarmem, apenas desmobilizem-se, não deixem a desconfiança minar seu espírito. Nossa hora vai chegar e precisa nos encontrar fortes, prontos para tudo. Esperamos porque podemos, queremos, temos que vencer!". *L'Avanti*, 22 set. 1920. Nos dias que se seguiram, *L'Avanti* usou um tom de futuro revolucionário: por exemplo, na edição de 24 de setembro de 1920 apareceu um artigo intitulado "Trabalhadores, prossigamos unidos, rumo a novas batalhas, rumo a vitórias certas!".

[111] Gramsci repetiu que os "conselhos de fábrica demonstraram ser a instituição revolucionária mais historicamente vital para a classe proletária". Antonio Gramsci, "Cronache dell'*Ordine Nuovo*", *L'Ordine Nuovo*, ano II, n. 16, 2 out. 1920, p. 121. E em outubro escreveu: "O proletariado italiano pode ser determinante para a revolução mundial". Idem, "La settimana politica, la disciplina Internazionale" [A semana política, disciplina internacional], *L'Ordine Nuovo*, ano II, n. 18, 16 out. 1920, p. 138.

proletariado"[112]. Para ele, a vanguarda revolucionária precisava valorizar esses acontecimentos com orgulho para ter sucesso na "futura invasão definitiva e final dos feudos da tirania burguesa". As principais lições tiradas do episódio foram a intensificação do armamento e a criação urgente de um partido verdadeiramente comunista para canalizar e orientar a revolução pela conquista do poder político. "A revolução não será evitada", concluía o artigo. "Não se alegre, burguês barrigudo, pois a revolução é fatal."[113]

As sementes da contrarrevolução

> A fisionomia da luta das classes na Itália é caracterizada, no momento atual, pelo fato de que os operários industriais e agrícolas são incoercivelmente levados, em todo o território nacional, a pôr explícita e violentamente a questão da propriedade sobre os meios de produção.
>
> *Antonio Gramsci*[114]

Os industriais sofreram um choque psicológico transformador e saíram dele combativos. Acusaram o governo de Giolitti de "absenteísmo total e conivência com os infratores da lei". Lamentaram ainda que nenhum soldado ou policial tivesse sido enviado para defender a "propriedade" e a "liberdade pessoal"[115].

O comportamento neutro do governo não foi o único fator que enfureceu os industriais e os capitalistas agrários. Eles viram o acordo final em termos apocalípticos. Houve também a visita ao gabinete do ministro do Trabalho, Arturo Labriola, um socialista que em entrevistas e depoimentos falou abertamente da fase de transição da economia capitalista para uma economia socialista. Além

---

[112] Cesare Seassaro, "Gli insegnamenti della lotta dei metallurgici", *L'Ordine Nuovo*, ano II, n. 16, 2 out. 1920, p. 133-4.

[113] O engenheiro Pietro Borghi concordou: "No fundo, a experiência de setembro passado foi excelente"; Cesare Seassaro, 1920, p. 134. Tratava-se, então, de colher seus frutos para ações futuras. O funcionário da Fiat Mario Stagiotti também observou: "Eles tinham de se preparar para o momento decisivo [...]. Tudo tem de ruir diante da força formidável". Ver Paolo Spriano, *L'Ordine Nuovo e i consigli di fabbrica*, cit., p. 142.

[114] Antonio Gramsci, "Por uma renovação do Partido Socialista", *Homens ou máquinas?*, cit., p. 178.

[115] Carta dos industriais de Turim a Giolitti, 10 set. 1920, em Angelo Tasca, "An Episode of Working-Class Struggle at the Eve of Revolution", cit., p. 141.

disso, como vimos no capítulo 3, esses anos marcaram um ataque ao capital por meio de reformas, incluindo medidas contra a especulação, a tributação dos lucros excedentes da guerra, o imposto extraordinário sobre a propriedade, o registro obrigatório de ações em nome dos proprietários, impostos sucessórios mais exorbitantes, legalização da ocupação de terras e muito mais.

Em março de 1920, a Confindustria se posicionara como organização nacional, completa, com linha política e táticas gerais próprias. Os industriais agora podiam pensar em si mesmos como uma força política nacional – uma "classe industrial"[116] com uma associação centralizada. Eram 72 associações federadas com 11 mil membros. Todas as grandes indústrias e três quartos daquelas de médio e pequeno porte aderiram à associação. Em agosto, os empresários do setor agrícola fizeram o mesmo: fundaram La Confederazione Generale dell'Agricoltura, que uniu grandes e pequenas propriedades e indústrias agrícolas. Era um novo "corpo político de batalha e resistência para coordenar todas as forças da propriedade e da indústria agrícolas"[117].

Diante desses desdobramentos, a análise de Gramsci não poderia ter sido mais oportuna: [Os industriais] dividem-se entre si na busca do lucro, na concorrência econômica e política, mas diante da classe operária formam um bloco de aço"[118]. Tanto Lênin quanto Gramsci previram o desencadeamento de um novo tipo de reação da burguesia, que ia além do quadro democrático liberal tradicional – a chegada de uma violenta guerra civil. O impulso de vingança (que o governo não conseguiu enfrentar) precisava ser satisfeito com a violência fascista. Incêndios logo queimariam muitas sedes de organizações de trabalhadores. *Camere del lavoro* (câmaras do trabalho), *le case del popolo* (centros de cidadãos), cooperativas e redações de jornais foram reduzidos a cinzas. Ataques armados matariam milhares, de dirigentes socialistas a operários da base, até o advento final do governo fascista, em outubro de 1922[119].

---

[116] *Il corriere della sera*, 9 mar. 1920.
[117] Riccardo Bachi, *Italia economica nell'anno 1920: annuario della vita commerciale, industriale, agraria, bancaria, finanziaria e della politica economica* (Città di Castello, S. Lapi, 1921), p. 302; disponível on-line. Ver também Arrigo Serpieri, *La guerra e le classi rurali Italiane* (New Haven, Yale University Press, 1930), p. 328-33.
[118] Antonio Gramsci, "Superstição e realidade", cit., p. 172.
[119] Para uma reconstrução dramática dos anos da guerra civil e dos ataques dos esquadrões fascistas, ver Angelo Tasca, "An Episode of Working-Class Struggle at the Eve of Revolution", cit., p. 143-221; e Gaetano Salvemini, *Le origini del fascismo in Italia: "Lezioni di Harvard"* (Milão, Feltrinelli, 1966), cap. 19.

Tasca captou com eloquência o espírito contrarrevolucionário: "Eles [os industriais] receberam o choque (*scossa*) daquele que, estando no limiar da morte e voltando à vida, sente-se um novo homem"[120]. E acrescentou: "O sangue que derramaram parecerá para eles o ritual de uma cerimônia expiatória, necessária para a purificação do templo violado da propriedade privada"[121].

Conclusão

Este capítulo se aprofundou em como a destruição do capitalismo após a Primeira Guerra Mundial se corporificou na ascensão do movimento dos comitês de fábrica na Grã-Bretanha e na Itália. A ameaça à velha ordem emergiu das lutas dos metalúrgicos contra o capital e o Estado durante a guerra. A ameaça explodiu em 1919-1920 na Itália, onde atingiu uma dimensão superada apenas pela Rússia e a Hungria soviéticas. Sob a liderança dos ordinovistas, por dois anos inteiros o operariado italiano praticou e promoveu uma alternativa concreta ao capitalismo que encontrou um campo de testes durante a ocupação das fábricas em 1920. Naquela época, já não era incomum declarar que os trabalhadores começaram "a marchar 'dentro da' revolução, e não mais 'rumo à' revolução" para alcançar "o fim maior: a libertação da mão de obra da escravização pelo capital"[122].

O movimento ordinovista propôs uma dupla ruptura com a ordem capitalista, ao mesmo tempo institucional e metodológica. Em vez de ser um meio para fortalecer o consentimento passivo da população à ordem capitalista, o conhecimento tornou-se crítico e empoderador. Esse potencial emancipatório repousava sobre os quatro principais fundamentos explorados aqui: a abolição do fetiche da "necessidade econômica"; a centralidade da capacidade de ação (teórica, econômica e política) dos trabalhadores; a conexão entre teoria e prática; e a ligação entre os domínios político e econômico. Essas bases rompiam com qualquer concepção de conhecimento imposto de cima para baixo e tecnocrático – uma concepção de conhecimento que os especialistas em austeridade se esforçariam incansavelmente para restabelecer.

---

[120] Angelo Tasca, "An Episode of Working-Class Struggle at the Eve of Revolution", cit., p. 129-30.
[121] Ibidem, p. 143.
[122] "Cronache dell'*Ordine Nuovo*", cit., p. 135.

Os conselhos de fábrica encarnaram essa revolução metodológica. Os conselhos uniam trabalhadores de todas as classes como pensadores e produtores – para controlar a produção, para acabar com a propriedade privada dos meios de produção e as relações assalariadas e para estabelecer a ponte na divisa entre o econômico e o político a fim de dar verdadeira força à democracia econômica.

A ocupação nacional das fábricas, coordenada pelos conselhos, despertou os maiores temores do *establishment* e consolidou o bloco antissocialista entre liberais, nacionalistas e conservadores. Essas facções logo se fundiriam na ofensiva armada do fascismo e na ampla agenda de austeridade que provou ser plenamente hostil à força de trabalho.

O regime fascista de Mussolini representou mais que mão de ferro – era um fascismo "austero". O *Duce* cercou-se de especialistas em economia que restabeleceram firmemente – tanto na teoria quanto na formulação de políticas – a divisão entre o econômico e o político que os trabalhadores haviam violado. Como veremos na segunda parte deste livro, a emergência da austeridade como nova paladina do capitalismo operou para excluir qualquer alternativa a ele. Com efeito, numa crise dessa proporção, ou as organizações populares conseguem ir além das relações capitalistas, ou a classe dominante vai impor novamente seu domínio. A austeridade serviu a este segundo fim[123].

---

[123] O objetivo do livro não é, de forma alguma, afirmar que a austeridade foi a única razão da derrota das propostas socialistas, pois tal afirmação implicaria uma análise contrafactual e uma investigação robusta das fraquezas internas e dos pontos fortes desses mesmos movimentos, o que não é o escopo aqui.

Parte II
O significado da austeridade

A crise do capitalismo que se seguiu à Primeira Guerra Mundial foi, para algumas pessoas de posses, um fenômeno agudo e terrível.

Assim que os trabalhadores invadiram o palco da história com ideias de uma sociedade alternativa, a defesa do capitalismo assumiu formas novas e mais potentes. Os guardiões do capitalismo voltaram à prancheta para redesenhar a velha ordem; a produção da austeridade tornou-se a principal arma deles. A austeridade consistia em um processo duplo, ao mesmo tempo material e ideológico. Ou melhor, consistia em uma estratégia dupla: coerção e consenso.

A coerção dos trabalhadores estava clara no lema de austeridade que foi formulado em duas importantes conferências financeiras internacionais, em Bruxelas (1920) e em Gênova (1922): "Trabalhar mais, consumir menos". Os Estados capitalistas e seus peritos em economia garantiram a acumulação de capital por meio de políticas que impunham o comportamento "adequado" (ou seja, apropriado à classe) da maioria de seus cidadãos. As três formas de políticas de austeridade – fiscais, monetárias e industriais – atuaram em uníssono para desarmar as classes trabalhadoras e exercer pressão pela redução dos salários.

A atuação dessa tríade da austeridade e seu desdobramento material como estratégia de coerção econômica é esclarecida no quadro a seguir. Esse esclarecimento enfatiza os mecanismos por meio dos quais as austeridades fiscal, monetária e industrial se reforçam mutuamente. Tais conceitos gerais serão estudados de fato nos capítulos desta parte; mas essa análise pode ajudar os leitores com a mecânica geral da coerção sob a austeridade.

Austeridade fiscal → austeridade monetária

A austeridade fiscal assume a forma de cortes orçamentários, especialmente para assistência social, e tributação regressiva (ou seja, uma política tributária que retira proporcionalmente mais dinheiro de quem tem menos). Essas duas reformas possibilitam a transferência de recursos da maioria dos cidadãos para a minoria – as classes poupadoras e investidoras –, de modo a garantir as relações de propriedade e a formação de um capital maior. Enquanto isso, os cortes orçamentários também refreiam a inflação por meio de dois mecanismos principais. Em primeiro lugar, a redução e a consolidação da dívida pública diminuem a liquidez na economia, já que os detentores da dívida não podem mais utilizar como meio de pagamento títulos prestes a vencer. Em segundo lugar, os cortes orçamentários reduzem a demanda agregada: a população comum tem menos renda disponível, e o próprio Estado está investindo menos. A menor demanda por bens e capital significa que os preços internos são mantidos baixos. Além disso, esse sufocamento da demanda agregada também aumenta o valor externo da moeda, desencorajando importações e, dessa forma, melhorando a balança comercial (ou seja, garantindo que as exportações excedam as importações). De fato, o valor externo de uma moeda é favorável se a balança comercial do país é favorável.

Austeridade monetária → austeridade fiscal

A austeridade monetária (ou deflação monetária, aqui descrita) implica uma redução de crédito na economia e coincide principalmente com o aumento das taxas de juros. Essa chamada política do "dinheiro caro", na qual é mais difícil obter dinheiro, aumenta o custo do governo para tomar empréstimos e, assim, limita seus projetos expansionistas. Na história do século XX, o limite aos gastos do Estado torna-se mais arraigado depois que o padrão-ouro é restabelecido (na Grã-Bretanha, isso ocorreu em 1925): para manter a paridade com o ouro, evitar a fuga de capitais torna-se prioridade; portanto, a política fiscal tem de priorizar a retenção de capital em sua economia. E faz isso minimizando os gastos do governo e criando um ambiente favorável ao capital por meio de uma incidência menor de impostos sobre ele.

Austeridade industrial → austeridade monetária

A austeridade industrial refere-se a uma imposição de paz industrial, ou seja, de relações não contestadas, hierárquicas, de produção. Essa "paz" é, obviamente, a base da acumulação de capital, pois assegura os direitos de propriedade, as relações assalariadas e a estabilidade monetária no longo prazo. A austeridade industrial também garante uma deflação monetária conveniente – que torna os ativos disponíveis mais valiosos. Na verdade, uma revalorização bem-sucedida (ou seja, o aumento do valor do dinheiro) implica o ajuste dos preços para baixo, em particular os preços da mão de obra (ou seja, salários mais baixos), para reduzir os custos de produção. Isso porque custos de produção mais baixos mantêm os preços das *commodities* baixos, aumentando, assim, a competitividade do comércio internacional no momento em que um país busca melhorar suas taxas de câmbio exportando mais. Portanto, custos de produção mais baixos são cada vez mais essenciais para compensar a perda de competitividade, já que a moeda está revalorizada para não perder participação no mercado externo. Se o Estado tiver poderes coercitivos suficientes, como o Estado fascista italiano tinha, poderá intervir diretamente para reduzir os salários nominais por meio de ação legal, garantindo ajustes imediatos de preços para baixo e garantindo a competitividade necessária para atingir o padrão-ouro. É claro que, mesmo em sociedades menos autoritárias, como a Grã-Bretanha, leis trabalhistas restritivas podem limitar a legitimidade das manipulações por parte da indústria, por exemplo, com a criminalização de greves solidárias. A paz industrial e o arrocho salarial também são importantes para atrair capitais e evitar sua fuga, outra prerrogativa da conversibilidade em ouro. Salários baixos também diminuem a demanda de consumo, o que, por sua vez, diminui as importações e, portanto, tem um efeito positivo na taxa de câmbio, favorecendo a revalorização.

Austeridade monetária → austeridade industrial
A política do dinheiro caro significa que a economia vai desacelerar porque os empréstimos se tornam muito caros e os investidores são desincentivados. Assim que a deflação é desencadeada e os preços declinam, as expectativas pessimistas em relação aos lucros futuros reduzem ainda mais os investimentos. Menos investimento significa menos emprego. O aumento do desemprego não só reduz os salários dos trabalhadores, como garante a "paz industrial" ao acabar com a influência política e a militância da mão de obra.

Austeridade industrial → austeridade fiscal
Uma classe trabalhadora fraca e dócil é aquela cuja pressão por medidas sociais, tributação progressiva e outras políticas redistributivas estão subordinadas às austeras prioridades de deslocamento de recursos, que favorecem as classes poupadoras-investidoras. Os sindicatos renunciam às propostas e às práticas radicais que desafiam a propriedade privada e estão dispostos a colaborar para aumentar a eficiência da produção em nome de uma causa nacional.

Austeridade fiscal → austeridade industrial

Cortes orçamentários significam redução de obras públicas e de empregos públicos em geral, levando a uma ampliação do exército de reserva de mão de obra (o grupo de pessoas em busca de trabalho), que prejudica o poder de negociação dos sindicatos, reduz salários e intensifica a competição entre trabalhadores.

O projeto circular, cujos detalhes acabamos de expor, revela um ponto importante na descrição e no histórico da austeridade. Sob um exame mais atento, fixações austeras dos governos no equilíbrio orçamentário e no controle da inflação serviram ao objetivo maior de garantir que o *capital* (como relação social) seja inquestionável e que seus pilares – as relações assalariadas e a propriedade privada – permaneçam fortes. O principal feito da austeridade fiscal e monetária foi idêntico ao da austeridade industrial: a subjugação da classe trabalhadora às leis impessoais do mercado. Na verdade, todas as três formas de austeridade serviram para recriar a divisão entre economia e política que o coletivismo de guerra suspendera temporariamente. Assim que o Estado renunciava a ser um ator econômico (e um empregador), as relações assalariadas se viam outra vez sujeitas às pressões impessoais do mercado. A austeridade garantia e facilitava esse recuo à norma.

Emerge aqui um argumento central deste livro: o objetivo principal da austeridade foi a *despolitização do econômico* – ou a reinstalação de uma divisão entre política e economia – depois que a paisagem política do pós-guerra a dissolvera. Na prática, a reinstalação dessa divisão tomou três formas.

A *despolitização* refere-se à retirada do Estado das atividades econômicas, que por sua vez permitiu 1) que as relações de produção (proprietários *versus* mão de obra) retornassem ao comando das forças impessoais do mercado – ao mesmo tempo que sufocou qualquer contestação política das relações assalariadas ou da propriedade privada. No entanto, a despolitização fez mais. As próximas páginas mostrarão que a despolitização também significou 2) que as decisões econômicas ficaram isentas do escrutínio democrático, especialmente por meio do estabelecimento e da proteção de instituições econômicas "independentes"; e 3) que promoveu uma concepção da teoria econômica como "objetiva", "neutra" e, por isso, transcendendo as relações de classe – o tipo de onisciência que fundamentava um dos fins da austeridade: produzir consenso.

Essas três convenções sustentavam-se mutuamente. Cultivar uma noção de objetividade econômica (3), por exemplo, exigia, primeiro, reabilitar a regra das leis impessoais do mercado (1). Isso, ainda mais em um momento de alta contestação, só poderia ser alcançado se tais leis governassem de forma irrestrita (2).

Assim, a austeridade encontrou seu principal aliado na tecnocracia – a crença no poder dos economistas como guardiões de uma ciência indiscutível. O capítulo 5 explora a consolidação dessa poderosa parceria austeridade-tecnocracia e apresenta ao leitor duas conferências financeiras internacionais, em Bruxelas (1920) e em Gênova (1922), amplamente desconsideradas por estudiosos contemporâneos. Mas a realidade é que esses dois eventos foram cruciais para garantir a longevidade do capitalismo como um sistema socioeconômico.

Conforme será detalhado nos capítulos 6 e 7, os especialistas em economia – em sua alta posição dentro do aparato de Estado – produziram consenso por meio de modelos econômicos que excluíam a variável *capital* (no sentido de relação social de produção), que se tornou um dado. Ao incorporar as relações sociais hierárquicas em sua equação, esses modelos neoclássicos também substituem o conceito de exploração como base do lucro pela ideia de "liberdade de mercado"; o trabalho deixa de ser o motor central da máquina econômica, torna-se uma escolha ou uma vocação. Enquanto isso, é a capacidade do *empresário* de poupar e investir que impulsiona a economia (observe-se a mudança vernacular de "capitalista" para "empresário", que conota certa noção de realização individual). Aliás, esses modelos não preveem conflitos de classe entre capitalistas e trabalhadores, mas, em contrapartida, postulam uma sociedade de indivíduos que podem *potencialmente* poupar (e investir) seu dinheiro (isto é, desde que ajam virtuosamente) e cujos interesses correspondem aos dos outros membros da sociedade. Desse modo, os tecnocratas neutralizaram qualquer crítica sobre as relações verticais de produção e defenderam o capitalismo como um sistema que beneficia a sociedade como um todo. Os economistas da austeridade confundiram o *bem do todo* com o bem da classe capitalista. Postularam o interesse nacional como correspondente ao interesse do capitalismo privado. Essas crenças impregnam a austeridade hoje, como na época.

A austeridade – tanto em sua forma material de política coercitiva quanto em sua forma teórica como conjunto de teorias de produção de consenso – repudiou as conquistas revolucionárias dos trabalhadores durante a guerra e no pós-guerra, em especial aquelas do movimento ordinovista. As alternativas práticas e teóricas do grupo foram o mais sério inimigo do sistema capitalista, um inimigo que os criadores da doutrina da austeridade estavam determinados a derrotar. De fato, e como exploraremos na segunda metade do livro, a austeridade esmaga os fundamentos metodológicos/institucionais ordinovistas. A austeridade: a) naturaliza repetidamente os pilares capitalistas da propriedade privada e das relações assalariadas; b) nega a capacidade de ação política e econômica dos trabalhadores; c) reivindica a prioridade da ciência econômica de cima para baixo; e d) reafirma a divisão entre o econômico e o político.

Essa visão austera do mundo social também se reflete no apoio dos líderes do pensamento liberal ao regime fascista italiano. Aliás, como o capítulo 8 examina, o *establishment* liberal internacional estava convencido de que a ditadura de Mussolini era a única solução para impingir a pílula de austeridade ao "turbulento" povo italiano. Métodos políticos fascistas para alcançar o sucesso econômico, por mais horrível que sejam, podem ser amplamente tolerados graças a sua convicção de que o econômico e o político eram dois domínios separados. O capítulo 8 detalha como os tecnocratas liberais desempenharam um papel importante na consolidação do governo de Mussolini.

O capítulo 9 apresenta evidências empíricas sobre os intuitos e a estratégia política final daqueles que conceberam a austeridade como um plano de ação. O que foi apresentado à época, como agora – a reabilitação da acumulação de capital como meio de salvação das massas famintas –, tem cumprido repetidamente seu verdadeiro propósito: facilitar a extração permanente e estrutural de recursos de muitos para poucos.

Por fim, o capítulo 10 examina os cem anos que se seguem aos eventos narrados neste livro para delinear como o funcionamento da austeridade continuou a moldar nossa sociedade e tem constantemente protegido o capitalismo de potenciais ameaças democráticas.

5
TECNOCRATAS INTERNACIONAIS E A CRIAÇÃO DA AUSTERIDADE

> As resoluções às quais a comissão chegou, e que esta conferência é convidada a adotar, constituem um código financeiro não menos importante para o mundo atual do que foi o código civil de Justiniano. Os princípios de Justiniano têm sido a base para a jurisprudência não apenas de grande parte da Europa, mas do mundo. Aqui em Gênova reuniram-se especialistas em finanças e economia, cada um conhecido em seu próprio país como a principal autoridade nos temas de que estamos tratando, e a sabedoria deles, combinada [...] resultou em um acordo quanto a uma série de resoluções que serão uma guia e, espero, um código, a ser seguido e observado da mesma forma que as leis devidas ao aprendizado de Justiniano.
>
> *Presidente da Comissão de Finanças de Gênova, Laming Worthington-Evans, secretário de Estado britânico para a Guerra*[1]

No momento da mais grave crise do capitalismo, quando as classes trabalhadoras haviam invadido o palco da história, outro conjunto de atores entrou à direita do palco para retomar o comando. Entre eles estavam os "especialistas em finanças e economia" que se reuniram para as primeiras conferências financeiras internacionais – em Bruxelas (1920) e em Gênova (1922) – e conquistaram influência sem precedentes. *Sir* Worthington-Evans, ministro conservador britânico, ao presidir o plenário da comissão de finanças de Gênova, não teve dúvida de que a sabedoria combinada dessas proeminentes autoridades serviria de base para um novo "código financeiro". Esse código equivalia aos princípios fundamentais da austeridade moderna: a "economia" (no sentido de cortar tanto os gastos do Estado quanto os gastos das classes trabalhadoras) e o "trabalho duro" (mais uma vez, imposto às classes trabalhadoras). O fato de que

---

[1] Em W. N. Medlicott et al. (orgs.), *Documents on British Foreign Policy, 1919-1939*, v. 19 (Londres, His Majesty's Stationery Office, 1974), p. 705-6.

Worthington-Evans definiria esses princípios em termos tão grandiosos quanto o Código de Justiniano, de 529 da era comum, atesta a força e o escopo do que eles se propuseram a fazer: assim como o Código de Justiniano estabeleceu a espinha dorsal legal da Europa, o código de austeridade moldaria nossa sociedade, como de fato tem feito até hoje. Nisso, o grupo reunido foi bem-sucedido.

Este capítulo considera os momentos originários do código, em duas conferências notórias e altamente acadêmicas que conceberam e articularam um plano internacional de austeridade. O propósito era defender o capitalismo de seus "inimigos"; a lógica era culpar os ditos inimigos pelos problemas econômicos das nações e impor a essas populações o sacrifício do trabalho duro e do consumo baixo. A natureza circular da austeridade, em termos de plano de ação, garantia essa forma de coerção: medidas fiscais, monetárias e industriais operaram de forma combinada para restabelecer a divisão econômico-político, para naturalizar mais uma vez as relações assalariadas e a propriedade privada e, finalmente, para usurpar a capacidade de ação das populações. Esses resultados confrontavam diretamente os fundamentos de uma sociedade alternativa proposta pelo movimento ordinovista italiano, que estudamos no capítulo 4, e até mesmo em oposição direta às guildas britânicas do capítulo 3, bem como ao movimento reconstrucionista do capítulo 2.

Resgatar as estruturas de acumulação do capital significava anular todas as expectativas de emancipação social por parte dos povos após o sacrifício a que foram submetidos durante a guerra. O prêmio da reconstrução do pós-guerra já não era mais o controle democrático da indústria nem "uma casa adequada para os heróis"; era, nas palavras do banqueiro R. H. Brand da Lazard Brothers, de Londres, a "dura verdade" de "trabalho e sofrimento"[2]. Essas ideias ressoaram entre seus colegas especialistas nas conferências. Lorde Robert Chalmers, ex-secretário permanente do Tesouro britânico, observou que, para recuperar o "equilíbrio", a "dolorosa" solução era "trabalhar duramente, viver duramente, economizar duramente"[3].

Esse ataque frontal à mão de obra – que cortaria recursos sociais e salários e, principalmente, aniquilaria as visões de uma sociedade alternativa – exigia uma

---

[2] Liga das Nações, Conferência Financeira Internacional de Bruxelas, 1920, Registro literal, v. 2, p. 20; documentos da Conferência de Bruxelas serão citados a partir de agora como Bruxelas, 1920, seguido dos números de volume e página.
[3] Bruxelas, 1920, Registro literal, v. 2, p. 26-7; itálicos meus.

justificativa robusta. A autoridade dos especialistas fornecia um canal para produzir consensos para uma verdade que, mesmo *dura* e *dolorosa*, era "universal", "objetiva" e, portanto, tinha de ser engolida. Para esses tecnocratas, a racionalidade da austeridade era sinônimo de racionalidade em si, pois eles sustentavam que a ordem capitalista era a única ordem possível.

Reavaliando Bruxelas e Gênova

Em fevereiro de 1920, o Conselho da Liga das Nações reuniu-se em Londres para convocar a "primeira Conferência Financeira Internacional do mundo", a ser realizada em Bruxelas de 24 de setembro a 4 de outubro de 1920. Foram chamados à mesa 39 nações, representando três quartos da população mundial. A conferência teve como objetivo principal "estudar a crise financeira e buscar meios de remediar e mitigar as perigosas consequências dela decorrentes"[4].

Menos de dois anos depois, num momento em que a inflação na Grã-Bretanha havia sido drasticamente substituída por deflação e uma recessão econômica preocupante, o Conselho Supremo dos Aliados anunciou a conferência econômico-financeira de Gênova (de 10 de abril a 19 de maio de 1922)[5]. O objetivo, mais uma vez, era enfrentar a crise econômica e restabelecer as condições econômicas normais no espírito de cooperação entre as nações para a "pacificação da Europa e sua reconstrução"[6].

Os estudiosos têm ignorado a conferência de Bruxelas ao mesmo tempo que enfatizam a de Gênova, principalmente por seu impacto diplomático[7]. Os poucos historiadores da economia que estudaram as conferências falam de um fiasco. Em seu famoso *Golden Fetters* [Grilhões de ouro], por exemplo, Barry

---

[4] Bruxelas, 1920, Relatório da Conferência Financeira Internacional, v. 1, p. 3.

[5] Em Gênova, todas as potências europeias participaram, inclusive Alemanha, Rússia, Áustria, Hungria e Bulgária. Os Estados Unidos foram convidados para ambas as conferências, mas se recusaram a comparecer oficialmente.

[6] Luigi Facta, ex-primeiro-ministro italiano, na primeira reunião de Gênova, citado em W. N. Medlicott et al. (orgs.), *Documents on British Foreign Policy*, v. 19, cit., p. 305.

[7] A questão proeminente da conferência de Gênova, aquela que chamou mais atenção da mídia e do público, foi a Rússia e suas relações econômicas com o Ocidente – o foco do primeiro comitê. O esforço de reconciliação falhou porque deixou as questões russas de reconhecimento, créditos, propriedade e dívidas sem resposta e porque não resolveu o problema de uma nova crise de compensações com a Alemanha. A profunda oposição política entre as nações em certos assuntos (por exemplo, entre França e Grã-Bretanha quanto às reparações, o reconhecimento do governo russo, a Alta Silésia, o desarmamento, e assim por diante) não minou o consenso unânime quanto à austeridade – formalizado pela comissão de finanças.

Eichengreen fala sobre o "fracasso" dos historiadores "em fornecer uma estrutura para uma cooperação internacional sistemática"[8], em especial devido a uma limitação inata: as questões não resolvidas das dívidas e reparações de guerra foram expressamente excluídas da pauta das conferências, eliminando, assim, a possibilidade de que as reuniões tivessem alguma relevância significativa ou duradoura. As observações de Eichengreen ecoavam as de economistas anteriores, como John Maynard Keynes, Gustav Cassel e Francesco Saverio Nitti, que colaboraram com uma edição especial de 1922 do *Manchester Guardian Comercial* sobre os eventos em Gênova[9]. Essas vozes concordaram que a falta de assistência mútua, citada por Eichengreen, era, para começo de conversa, uma miragem. Nas palavras da *Economist*, não foi "desenvolvido nenhum plano sob o qual os governos de Estados relativamente prósperos devam ajudar seus vizinhos mais fracos"[10].

Essa avaliação comum de que os encontros não realizaram nada muda de forma drástica quando se adota uma lente diferente – uma lente que reconhece a centralidade da luta de classes até o momento em que os participantes estavam reunidos. Dessa nova perspectiva, as conferências adquirem um papel central e fundacional, até agora desconsiderado. As reuniões foram, de fato, as pioneiras da versão moderna de austeridade, consubstanciada, como veremos, no lema essencial: "economia" e "trabalho duro".

As conferências conseguiram estabelecer um programa para solidificar os pilares vacilantes do capitalismo. Embora as potências capitalistas possam ter falhado em sua relação *horizontal* – estabelecendo um sistema de poder umas com as

---

[8] Barry Eichengreen, *Golden Fetters: The Gold Standard and the Great Depression, 1919-1939* (Nova York, Oxford University Press, 1992), p. 153.

[9] Em 1922, a *Economist* observou que "Gênova, como Bruxelas, sofre com o inconveniente de não poder lidar com os problemas de reparações e dívidas de guerra ou com questões políticas como o desarmamento". Ver "The Eve of the Conference", *Economist*, 8 abr. 1922, p. 661 e seg. Sobre o problema fundamental de reparações e dívidas, ver, por exemplo "A Critical Conference", *Economist*, 9 dez. 1922, p. 1.063 e seg.; ver também o economista Gustav Cassel, que lamenta "os limites estreitos antecipadamente traçados para as deliberações da Conferência de Gênova [...] a conferência foi obrigada a fazer recomendações para a recuperação de um mundo doente sem tocar em algumas causas da doença". Gustav Cassel, "The Economic and Financial Decisions of the Genoa Conference", *Manchester Guardian Commercial*, 15 jun. 1922, p. 140. Ver outros artigos na mesma edição do *Manchester Guardian Commercial*: J. M. Keynes, "The Genoa Conference", p. 132-3; e Francesco Saverio Nitti, "The Genoa Conference", p. 134-6.

[10] "Bruxelas", *Economist*, 16 out. 1920, p. 579.

outras –, elas certamente obtiveram sucesso em sua relação *vertical* – com o trabalho, ou seja, subjugando-o.

O professor de economia de Stanford Joseph S. Davis aclamou a "conferência de especialistas em doenças financeiras" de Bruxelas. A reunião "para o diagnóstico da doença aguda das nações" foi uma vitória, argumentou Davis, no sentido de que os participantes chegaram a um "acordo unânime sobre os principais pontos de um diagnóstico e sobre o modo de tratamento adequado para os estágios atuais da doença"[11]. A afirmação dele sobre o acordo unânime era menos centrada na cooperação internacional que na austeridade. Ou melhor, a cooperação internacional encontrava expressão útil na austeridade, com esta última silenciando os poderosos inimigos da acumulação de capital e fechando quaisquer alternativas não capitalistas de reconstrução no pós-guerra, incluindo projetos de democracia econômica.

O mesmo artigo da *Economist* que havia enfatizado o fracasso da conferência em realizar um plano de assistência mútua também destacou a importância da Conferência de Bruxelas na definição de um programa internacional de austeridade. O artigo lamentava "a tendência de minimizar a importância das resoluções [da conferência]"[12] e parabenizou os delegados por "garantir, *contra muitos defensores poderosos*, que a conferência aceitasse um plano de deflação, obviamente gradual, em oposição ao de desvalorização, e também o plano do dinheiro caro em oposição à doutrina continental predominante dos juros baixos"[13]. A revista acrescentou que o consenso entre os participantes quanto à austeridade monetária andou de mãos dadas com o acordo sobre a inevitabilidade da austeridade fiscal: "Os representantes dos Estados mais fracos retornaram com a convicção fortalecida de que finanças sólidas eram não apenas a medida correta, mas a única política possível para seus países se quisessem garantir a confiança e a assistência estrangeiras"[14]. Aceitar essa necessidade de austeridade forneceu "a base de qualquer recuperação econômica da Europa"[15]. Em 1922, a Conferência Financeira de Gênova reafirmou a unanimidade sobre os princípios de austeridade.

---

[11] Joseph Davis, "World Currency and Banking: The First Brussels Financial Conference", *Review of Economics and Statistics*, v. 2, n. 12, 1920, p. 350.
[12] "Bruxelas", *Economist*, 16 out. 1920, p. 579.
[13] Idem, itálico meu.
[14] Ibidem, p. 580.
[15] Ibidem, p. 579.

Em suma, as duas conferências reuniram o *establishment* europeu sob a bandeira da tecnocracia[16] para conceber e implementar a austeridade. Os tecnocratas estavam surgindo como os novos protetores do capitalismo – e o sermão deles foi claramente ouvido em todo o continente.

Os tecnocratas assumem o comando

Os observadores econômicos expressaram verdadeira empolgação com a qualidade altamente científica da Conferência de Bruxelas. O impacto técnico da conferência, ou pelo menos a prevalência do "econômico" sobre o "político", era perceptível de várias maneiras. Em primeiro lugar, a composição social das delegações nacionais foi essencialmente desprovida de afiliação política explícita e depurada de vozes da classe trabalhadora. Entre os delegados de cada país, escreveu o professor de economia H. A. Siepmann, "pouquíssimos representantes eram políticos ou diplomatas – e menos ainda representantes do Partido Trabalhista"[17]. Não se esperava que os países incluíssem representantes da força de trabalho em suas delegações. Ao contrário, como observou Davis: "Os representantes eram, sobretudo, os principais banqueiros e autoridades dos tesouros, que 'participaram na condição de especialistas e não como porta-vozes de uma política oficial [existente]'"[18].

Em segundo lugar, a documentação técnica era de uma abundância sem precedentes. O secretariado da Liga das Nações solicitou antes da reunião que os Estados e seus bancos apresentassem informações sobre moeda, finanças públicas, comércio internacional, preços de varejo e produção de carvão, coletando, desse modo, uma quantidade considerável de estatísticas econômicas. Siepmann destacou que "nunca uma conferência esteve tão bem provida de documentos como

---

[16] Defini tecnocracia na introdução deste livro como o governo do conhecimento econômico, tanto em sua forma histórica de aconselhamento de economistas e na implementação de medidas econômicas como em sua forma epistêmica, por meio da qual o economista atinge um ponto de vista neutro, não classista, e postula verdades universais, livres de juízos de valor, sobre um objeto imutável. Tal objeto nunca é entendido como historicamente construído pela prática humana, mas como um dado, um fato deste mundo.

[17] H. A. Siepmann, "The International Financial Conference at Brussels", *Economic Journal*, v. 30, n. 120, 1920, p. 443.

[18] Joseph Davis, "World Currency and Banking: The First Brussels Financial Conference", cit., p. 349.

esta"¹⁹. E relatou que tinham "uma espessura agregada de dez centímetros"²⁰. Davis elogiou o "grande avanço na utilização de estatísticas por uma conferência internacional" e os esforços sofisticados para padronizar as estatísticas nacionais (sobre orçamentos, por exemplo) para uso internacional e comparativo²¹.

Em terceiro lugar, e mais importante, foram especificamente os professores de economia que delinearam o corpo mais influente de memorandos. Aí os preconceitos (autolisonjeiros) do comitê consultivo da conferência²² ficaram expostos: o grupo defendeu a decisão de convidar apenas os "principais economistas de renome internacional" com base no fato de que, ao contrário das diferentes delegações de outros campos, eles não representariam "o ponto de vista isolado de cada nação", mas "o ponto de vista mundial"²³.

O uso sistemático do conhecimento acadêmico e a justificativa de que ele estaria "acima dos preconceitos" foi surpreendente. Cinco proeminentes economistas, todos professores, subiram ao palco: Maffeo Pantaleoni (Itália), Charles Gide (França), Gijsbert Weijer Jan Bruins (Holanda), Arthur Cecile Pigou (Grã-Bretanha) e Gustav Cassel (Suécia). Eles apresentaram trabalhos individuais para orientar os participantes da conferência. Na sequência, os cinco acataram um pedido, reuniram-se e prepararam a declaração conjunta de um acordo que preparou o terreno para o programa de austeridade da conferência²⁴.

---

[19] H. A. Siepmann, "The International Financial Conference at Brussels", cit., p. 441. Durante os preparativos para a conferência, o secretariado da seção econômica e financeira da Liga das Nações compilou catorze documentos preparatórios contendo dados empíricos e pareceres de especialistas. Os documentos estatísticos tratavam de "Estatísticas monetárias", "Finanças públicas" e "Comércio internacional". Eles estão reunidos em Bruxelas, 1920, v. 4. Essas estatísticas foram discutidas minuciosamente na *Economist*. Ver, por exemplo, "Some Recent Budgets", *Economist*, 3 nov. 1923, p. 783 e seg. Para uma descrição dos documentos, ver H. A. Siepmann, "The International Financial Conference at Brussels", cit., p. 437-9.

[20] H. A. Siepmann, "The International Financial Conference at Brussels", cit., p. 436.

[21] Davis continuou: "Os volumes de estatísticas não são meras coleções de números brutos. Ao contrário, os dados são selecionados, trabalhados e cuidadosamente apresentados como base para interpretação". Joseph Davis, "World Currency and Banking: The First Brussels Financial Conference", cit., p. 350.

[22] Os membros do conselho consultivo (indicados pelo secretário geral da Liga das Nações) foram Jean Monnet (presidente, França); Joseph Louis Avenol (França); Alberto Beneduce (Itália); R. H. Marca (Grã-Bretanha); Dudley Ward (Grã-Bretanha); José Gonzales (Espanha); W. T. Layton (diretor do secretariado da conferência, Grã-Bretanha); e Carel E. Ter Meulen (Holanda).

[23] Bruxelas, 1920, Relatório do comitê consultivo, p. 9.

[24] *International Financial Conference, Monetary Problems XIII: Joint Financial Statement of the Economic Experts*, reimp. em Bruxelas, 1920, v. 5, p. 2-3.

As resoluções oficiais finais de Bruxelas incorporaram totalmente a recomendação "científica" desses especialistas.

Da mesma forma, a comissão financeira da conferência de Gênova, dois anos depois, acatou o conselho de estudiosos da economia, financistas, empresários e banqueiros[25]. O funcionário do Tesouro, *sir* Basil Blackett, que será um ator fundamental nesta história, chefiou um comitê de especialistas que incluiu outras figuras conceituadas: R. H. Brand, o economista sueco Gustav Cassel, o banqueiro central holandês Gerard Vissering, o presidente do Banco Central alemão Rudolf Havenstein e Henry Strakosch, futuro diretor da *Economist*. Esses especialistas já haviam se encontrado em Londres meses antes de organizar um plano de austeridade. Naquela ocasião, foi o economista interno do Tesouro britânico, Ralph Hawtrey, outro protagonista sobre quem veremos mais no capítulo 6, quem tomou a iniciativa de prescrever uma austeridade drástica como antídoto "natural" contra a crise capitalista. As resoluções oficiais da Conferência de Gênova transcreviam na íntegra a terapia de austeridade de Hawtrey e foram aceitas quase sem nenhum debate.

Os procedimentos dessas duas conferências incorporaram a primeira característica fundamental da tecnocracia, ou governo pelo conhecimento econômico: economistas adquiriram uma influência sem precedentes no aconselhamento e na implementação de medidas econômicas. Esse tipo de autoridade social se mantém na medida em que a segunda característica fundamental da tecnocracia também se sustenta: economistas alcançaram uma condição "sem classes" e "neutra". Eles são reconhecidos como porta-vozes de verdades universais e isentas de valores sobre a economia, vista como um objeto a-histórico. A austeridade incorpora a aplicação dessas "verdades" e, como tal, é inerentemente tecnocrática.

A caracterização que Davis faz de como a Conferência de Bruxelas foi beneficiada por seus participantes tecnocratas com argumentos baseados em dados mostra o anseio burguês de reconfigurar concretamente a sociedade:

> O prestígio [da conferência] foi considerável; a unanimidade das conclusões é impressionante; as visões são, provavelmente e sobretudo, as da maior parte dos líderes financeiros na maioria dos países. Há, portanto, razão para acreditar que será

---

[25] His Majesty's Stationery Office (daqui em diante, HMSO), "Reports of the Committee of Experts Appointed by the Currency and Exchange sub-commission of the Financial Commission", Londres, 1922, cmd. 1650.

aplicada uma pressão eficaz sobre os vários governos europeus para atender às recomendações e colocá-las em operação.[26]

Nas próximas seções, exploraremos essas mesmas recomendações para compreender como aqueles tecnocratas planejavam transformar os princípios de "economia" e "trabalho duro" da austeridade em realidade.

Sobre a natureza e o propósito da austeridade

> Sem pagar as próprias despesas como nação, sem atingir aquele equilíbrio e a estabilidade que estão na base da confiabilidade, não pode haver esperança. A isso temos que dedicar todas as nossas energias. Como vamos fazê-lo? Acho que a resposta é muito dolorosa e, no entanto, bem simples. É esta: devemos todos trabalhar duramente, viver duramente, economizar duramente.
>
> *Lorde Chalmers*[27]

O programa de austeridade compartilhado entre os "especialistas em doença financeira"[28] na reunião de Bruxelas consistia em um "diagnóstico" e "um modo de tratamento". O diagnóstico foi implacável e evocava uma sensação de emergência drástica: a economia mundial estava em uma crise séria, e "a gravidade da doença" variava bastante, "proporcionalmente ao grau em que cada nação se afundou no turbilhão da guerra"[29].

Os primeiros dez dias da Conferência de Bruxelas foram dedicados à oitiva das demonstrações financeiras dos países participantes:

> O exame dessas demonstrações traz à tona a extrema gravidade da situação geral das finanças públicas em todo o mundo, particularmente na Europa. [...] *A opinião pública é a grande responsável por essa situação.* [...] Quase todos os governos estão sendo pressionados a incorrer em novos gastos, em grande parte com paliativos que agravam os próprios males contra os quais são direcionados. O primeiro passo é fazer que a opinião pública de todos os países entenda os fatos essenciais da situação

---

[26] Joseph Davis, "World Currency and Banking", cit., p. 359.
[27] Lorde Chalmers, Bruxelas, 1920, v. 2, p. 26-7.
[28] Joseph Davis, "World Currency and Banking", cit.
[29] Bruxelas, 1920, v. 1, p. 4.

e, em especial, a necessidade de restabelecer as finanças públicas em uma base sólida e preliminar para a execução das reformas sociais que o mundo exige.[30]

Após a apresentação de evidências empíricas das dificuldades financeiras[31], as conferências não caracterizaram tais males como, digamos, causados por contradições econômicas estruturais ou pela decisão de empreender uma guerra grande e cara; ao contrário, colocaram a culpa nos cidadãos das nações. Os cidadãos eram culpados pelo desejo de viver além do que seus meios permitiam e por pressionar os governos a satisfazer esses desejos "excessivos" não apenas com medidas sociais, mas com a subversão dos pilares do capitalismo. Isso, como disse o financista R. H. Brand, era um paradoxo:

> É um paradoxo da situação que, por mais urgente que seja essa limitação dos gastos por motivos financeiros e econômicos, *toda a força da opinião pública ainda parece ser exercida na direção oposta*. A guerra levou a uma reivindicação quase universal de ampliação das funções do governo. Todos se acostumaram à assistência e à atividade do Estado. Socialismo e nacionalismo estão na ordem do dia. Os trabalhadores manuais [...] foram encorajados a ter, e têm, expectativas de *alguma nova forma de vida*, alguma grande melhoria em sua condição. Essas mudanças, eles acreditam, podem ser alcançadas se o sistema da indústria privada for substituído por alguma espécie de propriedade governamental ou comunitária. Eles não percebem a *dura verdade* de que [...] agora, devido às perdas da guerra, *uma vida melhor só pode ser alcançada por meio de trabalho e sofrimento*.[32]

Em meio a esse momento profundamente conturbado em que as massas sociais buscavam mais para si mesmas, a "dura verdade" residia no "modo de tratamento" dado a elas: o comportamento dos cidadãos tinha de ser moldado e controlado de acordo com os princípios da ciência econômica que reabilitaria as condições de acumulação de capital. Os indivíduos tinham de trabalhar ainda mais duro, consumir menos, ter menos expectativas em relação ao governo como ator social e renunciar a qualquer forma de ação da mão de obra que

---

[30] Bruxelas, 1920, Resolução proposta pela Comissão de Finanças Públicas, v. 1, p. 13; itálicos meus.

[31] Entre os muitos "males financeiros que o mundo está sofrendo", eles enfatizaram o "enorme volume da dívida interna e externa"; o aumento dos gastos do governo; a oferta "enormemente ampliada" de papéis-moedas, levando a uma inflação descontrolada; a "escassez de capital" em todo o mundo; e o colapso do comércio internacional. Bruxelas, 1920, v. 1, p. 4-5, e v. 3, p. ix.

[32] Bruxelas, 1920, Registro literal, v. 2, p. 20; itálicos meus.

impedisse o fluxo de produção. Lorde Chalmers havia declarado, de forma sucinta: "Trabalhar duramente, viver duramente, economizar duramente".

Gerard Vissering, do Banco Central da Holanda, vice-presidente da Comissão de Moeda e Câmbio, resumiu bem o tratamento de austeridade: para garantir a recuperação econômica, "a eficiência do trabalho deve ser ampliada, em primeiro lugar evitando greves, mas, além disso, também por uma oferta mais intensiva de mão de obra". A moderação também poderia servir para complementar a disciplina dos trabalhadores. A recuperação econômica exigia "reduzir o consumo doméstico ao estritamente necessário e evitar o supérfluo; por exemplo, o consumo excessivo de manteiga, açúcar etc."[33].

Trabalho duro e economia – como nos casos de cortes orçamentários e abstinência individual – foram os princípios orientadores da formação da essência da austeridade como resposta à crise. Não representavam, em si mesmos, uma grande novidade; já tinham sido parte da caixa de ferramentas conceitual dos renomados economistas clássicos Adam Smith, David Ricardo e Thomas Robert Malthus por ao menos um século. O que havia de novo no início do século XX era que a população comum percebia a falha de tais narrativas.

Após a Primeira Guerra Mundial, a população comum não aceitaria "remédios" econômicos austeros, e os tecnocratas em Bruxelas e Gênova já compreendiam isso. Aliás, os especialistas econômicos intuíram a contestação generalizada às finanças ortodoxas tradicionais, em especial entre os trabalhadores que estavam sendo seduzidos pelo "bolchevismo". A *Economist* falou em "renascimento do marxismo" (*revival of Marxism*)[34]; em seu memorando, Gijsbert Weijer Jan Bruins referiu-se ao "que pode ser chamado de certa mentalidade pós-guerra (*ce qu'on pourrait appeler une certain mentalité d'après-guerre*)"[35] cuja difusão era de "conhecimento geral"; Pantaleoni denunciou como "a opinião pública é amplamente favorável ao socialismo e ao paternalismo"[36]. O confronto inevitável dos tecnocratas com essas realidades de crise moldou a fundo a natureza da austeridade moderna, que, como consequência, incorporava duas estratégias lúcidas: consenso e coerção.

---

[33] Bruxelas, 1920, Registro literal, v. 2, p. 61.
[34] "The Cooling Lava", *Economist*, 13 nov. 1920, p. 857. *Revival of Marxism* é um livro de Joseph Shield Nicholson publicado em 1920.
[35] Bruxelas, 1920, v. 5, p. 7.
[36] Obidem, p. 103.

A primeira estratégia, o consenso, envolveu uma tentativa consciente de "despertar intensamente"[37] a população comum para as reformas científicas e necessárias de estabilização econômica. A sensação de alerta tinha de ser espalhada, as prioridades econômicas certas tinham de ser compreendidas. Tal impulso de "esclarecimento" é explícito em muitas resoluções das duas conferências. Por exemplo, "para mobilizar o interesse público é essencial dar a maior publicidade possível à situação das finanças públicas de cada Estado"[38]. E mais uma vez: *"Todo gasto supérfluo deve ser evitado. Para atingir esse fim, o esclarecimento da opinião pública é a alavanca mais poderosa"*[39]. Os países foram instados a coletar regularmente informações orçamentárias e qualquer outra sugestão que pudesse ser útil "para a educação financeira da opinião pública mundial"[40].

No mesmo sentido, a Liga das Nações abordou a necessidade de "manter os gastos dentro da receita", equilibrando o gasto a partir da receita: "Esse princípio deve convencer os povos de todos os países, pois, de outra forma, será impossível despertá-los de um sonho de falsas esperanças e ilusões para o reconhecimento de fatos concretos"[41].

A segunda estratégia, a coerção, surgiu da suspeita de que o consenso pudesse não ser alcançado ou pudesse não ser suficiente. Se necessário, a democracia teria que se curvar na busca da solidez econômica, e esse processo seria imposto. Pantaleoni – arquiteto da austeridade e, posteriormente, conselheiro da ditadura de Mussolini – observou que "onde o socialismo é forte, onde a democracia é forte, as finanças públicas seguirão o caminho errado"[42]. Os especialistas em economia aparentemente não confiavam na população agitada para tomar as decisões "corretas" em relação ao seu próprio bem-estar. Como veremos, a austeridade carregava em si o princípio de isentar as decisões de

---

[37] Pantaleoni, em Bruxelas, 1920, v. 5, p. 107.

[38] Bruxelas, 1920, Resolução ix, Comissão de Finanças Públicas, v. 1, p. 15.

[39] Bruxelas, 1920, Resolução vii, Comissão de Moeda e Câmbio, v. 1, p. 19; itálicos do original.

[40] Bruxelas, 1920, Resolução ix, Comissão de Finanças Públicas, v. 1, p. 15. A Liga das Nações colocou em prática seus objetivos pedagógicos preparando panfletos e periódicos comparativos das situações financeiras, que continuou a publicar nos anos seguintes. Além disso, a Conferência Financeira de Bruxelas foi sensível à opinião pública e inaugurou "seu próprio boletim de notícias econômicas, chamado *Conference Forum ou Tribune Libre*". H. A. Siepmann, "The International Financial Conference at Brussels", cit., p. 441.

[41] *Three months of the League of Nations*, v. 3, 1920, p. 77.

[42] Bruxelas, 1920, v. 5, p. 109.

medidas econômicas de procedimentos democráticos, fosse por meio de instituições tecnocráticas, fosse, como no caso da Itália, por meio de um governo fascista. Economistas austeros demonstram as mesmas intuições antidemocráticas até hoje[43].

A coerção residia não apenas em como as medidas econômicas eram aprovadas, mas também em como elas funcionavam. Os tecnocratas projetaram medidas monetárias, fiscais e industriais que impunham trabalho duro e economia a uma população carente de disciplina. Afinal, como o processo oficial da resolução de Bruxelas apontou, "o país que aceita o plano de déficits orçamentários está trilhando o caminho escorregadio que leva à ruína geral; para escapar desse caminho, nenhum sacrifício é grande demais"[44].

O que se segue é uma análise dessas recomendações conforme foram apresentadas nas resoluções da Comissão sobre Finanças Públicas e da Comissão de Moeda e Câmbio de Bruxelas; a Comissão de Finanças em Gênova as reiterou vigorosamente, citando as resoluções adotadas pela conferência anterior "como base para seu próprio trabalho"[45]. Em ambas as reuniões, os Estados-nação participantes endossaram, com unanimidade, esses princípios de austeridade.

Austeridade fiscal

As nações, como os indivíduos, devem trabalhar pelo próprio sustento e pagar as próprias despesas.

Lorde Chalmers[46]

---

[43] Conforme discutido extensamente na conclusão deste livro, a bibliografia da economia política neoclássica normaliza a desconfiança nas instituições políticas, que, portanto, devem ser reformadas para conceder tanta influência aos órgãos econômicos independentes (não eleitos) quanto possível. Ver, por exemplo, Vittorio Grilli et al., "Political and Monetary Institutions and Public Financial Policies in the Industrial Countries", *Economic Policy*, v. 6, n. 13, 1991; disponível on-line; Alberto Alesina e L. H. Summers, "Central Bank Independence and Macroeconomic Performance: Some Comparative Evidence", *Journal of Money, Credit and Banking*, 1993, v. 25, n. 2; e Alberto Alesina e Vittorio Grilli, "The European Central Bank: Reshaping Monetary Policy in Europe", em Matthew Canzoneri et al., *Establishing a Central Bank: Issues in Europe and Lessons from the US* (Cambridge, Cambridge University Press, 1992).

[44] Bruxelas, 1920, Resolução II, Comissão de Finanças Públicas, v. 1, p. 13.

[45] W. N. Medlicott et al. (orgs.), *Documents on British Foreign Policy*, v. 19, cit., p. 704.

[46] Lorde Chalmers, Bruxelas, 1920, Registro literal, v. 2, p. 25.

A declaração conjunta dos especialistas em Bruxelas não deixou dúvidas sobre as novas prioridades econômicas legislativas dos Estados europeus: "O equilíbrio dos orçamentos estatais deve ser restaurado" e "a dívida flutuante deve ser financiada assim que possível"[47]. A Conferência de Gênova repetiu o refrão: "A reforma mais importante de todas, portanto, deve ser o equilíbrio do gasto anual do Estado sem a criação de novos créditos não representados por novos ativos"[48].

Essa obsessão por equilibrar o orçamento tinha o claro intuito de garantir as condições para a acumulação de capital. Na verdade, a resolução II era inflexível: "A atenção do público deve ser especialmente atraída" para a prioridade do aumento da produção. Observe-se que essa produção seria privada: "O contínuo excesso de gastos do governo acima das receitas representadas por déficits orçamentários é um dos mais sérios obstáculos a tal aumento de produção"[49].

A reforma social e financeira mais urgente, "da qual todas as outras dependem", foi um amplo corte orçamentário nos gastos públicos, tanto ordinários quanto extraordinários[50]. A resolução IV da Conferência de Bruxelas enfatizou que o primeiro corte deveria ser em armamentos e gastos de guerra. A seguinte resolução pressionou ainda mais: "A conferência considera que todo governo deve abandonar até a data viável mais próxima todas as medidas antieconômicas e artificiais que *escondem do povo a verdadeira situação econômica*"[51]. Essas medidas incluíam assistência e despesas sociais, controle de preços para bens primários como "pão e outros gêneros alimentícios", benefícios em caso de desemprego e tarifas de serviços de transporte e taxas postais baixas. As resoluções condenaram a existência dessas políticas como "desperdício", gastos públicos "extravagantes" e interferência nos mercados.

---

[47] Bruxelas, 1920, Problemas monetários, Declaração Conjunta dos Especialistas em Economia, v. 5, p. 2-3.
[48] Conferência de Gênova, 1922, Relatório da Segunda Comissão (Finanças), Resolução VII, em Charles Gordon e Edouard Montpetit, *The Genoa Conference for the Economic and Financial Reconstruction of Europe: Joint Report of the Canadian Delegates* (Ottawa, F. A. Acland, 1922), p. 68-9. Nas palavras de Brand, vice-presidente do comitê financeiro de Bruxelas, "a receita deve ser ao menos suficiente para cobrir todos os gastos, incluindo juros e fundo de amortização da dívida". Bruxelas, 1920, v. 2, p. 19. Lorde Chalmers chegou a falar em um princípio "universal" e "imperativo": os indivíduos "devem pagar suas despesas". Ibidem, p. 25.
[49] Bruxelas, 1920, Comissão de Finanças Públicas, Resolução II, v. 1, p. 13.
[50] Bruxelas, 1920, Comissão de Finanças Públicas, Resolução III, v. 1, p. 14.
[51] Bruxelas, 1920, Comissão de Finanças Públicas, Resolução V, v. 1, p. 14.

Na verdade, a austeridade fiscal operava por duas lógicas paralelas. A primeira tinha como interesse predominante salvaguardar a propriedade privada dos meios de produção. Durante a discussão sobre finanças públicas, o primeiro-ministro e ministro das Finanças belga Léon Delacroix afirmou: "Devemos economizar [...], devemos evitar a adoção de medidas sociais que possam frustrar a indústria e também a adoção de medidas de nacionalização e socialização que possam substituir a iniciativa privada pela ação do governo"[52]. A segunda lógica buscava garantir que os recursos seriam transferidos para as classes sociais capazes de poupar e investir. Aliás, nesse modelo, a poupança era o único motor da acumulação de capital, e todas as poupanças seriam canalizadas para investimentos de forma automática – uma suposição que a estrutura keynesiana da década de 1930 contestaria amplamente tempos depois.

Ao desmascarar a conexão imediata entre poupança e investimento, a *Teoria geral* de Keynes, de 1936[53], reabilitou o investimento público como pré-requisito para a acumulação estável de capital, não como um obstáculo a ela. No modelo keynesiano, quando a economia não atinge o pleno emprego, os déficits orçamentários realmente impulsionam a produção privada, dado que um aumento da demanda agregada tem influência positiva nas expectativas de lucro dos empresários. Em suma, os investimentos públicos incentivam os empresários a investir[54]. No entanto, antes disso, durante os críticos anos vermelhos após a Primeira Guerra Mundial, nossos austeros especialistas em economia – incluindo, notadamente, o próprio Keynes – tinham preocupação mais séria: proteger o *capital* como relação social. Na verdade, o pré-requisito para a existência de *qualquer* investimento era sua segurança.

Os cortes nos gastos com assistência social e serviços sociais aumentavam a acumulação de excedentes, que poderiam ser usados para investimento privado ou para pagar dívidas públicas, o que, por sua vez, recompensaria os credores

---

[52] Bruxelas, 1920, Registro literal, v. 2, p. 22.
[53] John Maynard Keynes, *The General Theory of Employment, Interest, and Money* (Londres, Palgrave Macmillan, 1964).
[54] Um dos principais pontos de controvérsia entre a *Teoria geral* e o quadro dominante era a rejeição da ideia de que investimento = poupança (a chamada lei de Say). Para os keynesianos, a acumulação de capital não precisa de mais poupança (potencialmente ociosa), mas de um incentivo para que os investidores invistam – ou seja, expectativas de lucro alto o suficiente. Altas expectativas de lucro são acompanhadas da expectativa de vender mais mercadorias, o que pode ser garantido por uma alta demanda agregada – em especial, mais gastos governamentais.

(ou seja, os virtuosos poupadores da sociedade). Portanto, um Estado que utilizasse a austeridade fiscal para alcançar o equilíbrio orçamentário demonstrava estabilidade e credibilidade financeiras e, assim, fomentava a confiança dos poupadores em sua capacidade de manter condições favoráveis para a acumulação de capital. Nas palavras de lorde Chalmers: "Sem pagar as próprias despesas como nação, sem atingir aquele equilíbrio e estabilidade que está na base da confiabilidade, não pode haver nenhuma esperança"[55].

A mesma lógica de redistribuição regressiva, de baixo para cima, a fim de promover a acumulação de capital se aplicava do lado da receita. Aumentos na tributação universal contribuíram para uma transferência de recursos de muitos para poucos, sob o pretexto do benefício para todos. A resolução VI de Bruxelas dizia: "Devem ser impostas novas taxas para suprir o déficit, e esse processo deve ser *impiedosamente* continuado"[56]. Havia, é claro, uma ressalva central: a tributação que "pode ser um fardo para a indústria privada"[57] deveria ser evitada. A maioria dos delegados em Bruxelas era cética quanto a um imposto sobre o capital que implicasse "a fuga de capital"[58] para outros países, dificultando sua acumulação. A intenção era, portanto, atingir as "massas gerais". O banqueiro sueco Oscar Rydbeck, como outros, louvou a tributação ao consumo (a quintessência da tributação regressiva) como "método de taxação que promove diretamente a poupança [das massas populares]", uma vez que "todo aquele que quer comprar um artigo pelo qual tem de pagar determinada taxa deve considerar se pode ou não arcar com isso, se pode ou não poupar a despesa"[59].

O argumento mais amplo era claro: uma reeducação da população em geral, que aprenderia a "virtude" da parcimônia. O banqueiro sueco Rydbeck estava convicto de que seu povo tinha de reduzir as compras diárias:

> Ao falar em poupança, não devemos esquecer que, se ela não for efetuada pelas massas populares, que atualmente passaram a possuir mais dinheiro do que estavam acostumadas, muito pouco bem será feito. A fim de induzir as grandes massas a

---

[55] Bruxelas, 1920, Registro literal, v. 2, p. 26.
[56] Bruxelas, 1920, Resolução VI, Comissão de Finanças Públicas, v. 1, p. 14.
[57] Bruxelas, 1920, Delacroix, representante belga, v. 2, p. 22.
[58] Bruxelas, 1920, Registro literal, v. 2, p. 34.
[59] Bruxelas, 1920, Registro literal, v. 2, p. 33.

economizar, a tributação indireta deve ser introduzida (*pour forcer les masses populaires à faire des économies, if faut recourir à la taxation indirecte*).⁶⁰

Os tecnocratas sabiam muito bem que, num momento histórico em que as massas pareciam hostis à velha ordem das coisas, era mais fácil falar que convencer a poupar. Alberto Beneduce, professor italiano de estatística econômica e presidente do Instituto Nacional de Seguros (INA, na sigla em italiano) – que viria a ter uma carreira duradoura como parlamentar, senador e conselheiro econômico do regime de Mussolini –, não tinha dúvidas: era preciso "agir sobre a opinião pública, sobre o estado psicológico das massas, para que não mais *impeçam*, e sim ajudem, o restabelecimento do orçamento do Estado"⁶¹. Beneduce deu voz a essas preocupações durante a discussão plenária de 20 de setembro de 1920. A data é significativa: naquele dia, em seu próprio país, estava no auge uma luta de classes sem precedentes. A ocupação das fábricas já durava quase um mês. O "estado psicológico das massas" parecia mais voltado a uma sociedade pós-capitalista na qual a propriedade privada e as relações assalariadas deveriam ser abolidas⁶².

Como a austeridade poderia prosseguir em um momento tão turbulento? Aqui, novamente, os especialistas induziram o consenso por meio dos poderes persuasivos de uma ciência econômica "objetiva". Os especialistas justificaram a necessidade de austeridade fiscal sugerindo que as reformas sociais estavam apenas "escondendo do povo a *verdadeira* situação econômica"⁶³. Mais uma vez, observamos o ponto de vista "neutro" adotado por esses especialistas, cujo suposto papel era "informar" o povo – incapaz de compreender sozinho – sobre o "verdadeiro" caminho para a redenção econômica.

Quando o consenso falhava, era substituído pela coerção. Aliás, mesmo nos casos em que a opinião pública se opunha a essas "verdades" econômicas, o atrativo dos cortes orçamentários era tamanho que, uma vez acionados, eles garantiam a conformidade de um jeito ou de outro; a eliminação dos programas assistenciais *impunha* parcimônia à maioria. Além disso, a austeridade fiscal significava que os trabalhadores eram abandonados à competição no livre mercado sem nenhuma rede de proteção social. Assim, o

---

⁶⁰ Bruxelas, 1920, Registro literal, v. 2, p. 33.
⁶¹ Bruxelas, 1920, Registro literal, p. 75; itálicos meus.
⁶² Ver cap. 4 deste volume sobre o episódio da ocupação de fábricas.
⁶³ Bruxelas, 1920, Resolução v sobre Finanças Públicas, v. 1, p. 14.

instinto de sobrevivência entraria em ação, abortando greves, reprimindo reivindicações por salários mais altos e penalizando todos os tipos de comportamento insubordinado.

Na verdade, o Estado – em seu papel de supressor de gastos – era uma precondição fundamental para reconstruir as condições materiais (e ideológicas) necessárias para a divisão entre os campos econômico e político a fim de recuperar seu controle. A própria retirada do Estado do reino das intervenções econômicas foi claramente uma decisão política drástica e forte, mas ainda assim era justificada como apolítica e economicamente necessária – um processo guiado pela razão técnica e, portanto, fundamentalmente incontroverso.

Concluindo, vimos como a austeridade fiscal, na forma de cortes orçamentários – ainda mais cortes em medidas de bem-estar social – e a tributação regressiva permitiam a transferência de recursos da maioria dos cidadãos para as classes poupadoras-investidoras de modo a assegurar relações de propriedade e maior formação de capital. A austeridade fiscal também servia a outro propósito fundamental: restabelecer a estabilidade monetária e assegurar o domínio das instituições tecnocráticas.

Austeridade monetária
Inflação e dinheiro caro

> O requisito essencial para a reconstrução econômica da Europa é a obtenção, por parte de cada país, da estabilidade do valor de sua moeda.
>
> *Conferência de Gênova, 1922*[64]

Um meio estável de troca monetária é precondição para transações de mercado e investimentos eficientes. Os especialistas das conferências de Bruxelas e de Gênova argumentaram que "para o comércio e a indústria não basta apenas ter capital. Eles precisam de preços estáveis, trocas estáveis, estabilidade do mecanismo financeiro interno e externo"[65]. As comissões monetárias das duas conferências propunham-se a derrotar a inflação: "É essencial que a

---

[64] Resolução I da Segunda Comissão (Finanças), em Charles Gordon e Edouard Montpetit, *The Genoa Conference for the Economic and Financial Reconstruction of Europe*, cit., p. 68.

[65] R. H. Brand, Bruxelas, 1920, Registro literal, v. 2, p. 17.

inflação do crédito e da moeda seja interrompida em todos os lugares o mais cedo possível"[66].

Os peritos em economia presentes nas duas conferências definiram a inflação como uma "expansão artificial e desenfreada da moeda" que tinha o efeito de reduzir o poder de compra unitário da moeda. A inflação "aviltava a moeda", e sua degeneração podia ser monstruosa: para comprar os mesmos bens a preços mais altos, precisava-se de moeda adicional, o que era obtido por meio de mais "inflação", criando assim uma "espiral viciosa" de "preços e salários em alta constante e inflação em crescimento constante"[67].

A inflação foi diagnosticada como um resultado pernicioso do coletivismo de guerra: ou seja, da interferência do Estado nas leis "naturais" de oferta e procura. A politização do domínio econômico durante a guerra caracterizou-se como o principal catalisador da inflação, ainda mais pelo consequente aumento dos salários e dos custos de produção, que dificultavam a acumulação de capital. "É de reconhecimento geral que a inflação contínua, que se deve principalmente aos gastos governamentais excessivos, tem um efeito sério na produção", observou R. H. Brand[68]. Concluiu-se, então, que a austeridade fiscal era o principal remédio para a inflação, já que – na visão dos especialistas da conferência – os déficits orçamentários forçaram os governos a financiar seus gastos emitindo mais papel-moeda ou lançando novos créditos, aumentando assim a quantidade de moeda legal em circulação[69].

Os procedimentos de Gênova basearam-se fortemente em uma das ideias de Hawtrey: a de que os cortes orçamentários eram indispensáveis para conter o consumo não só do Estado, mas também da população em geral. De fato, o princípio de Hawtrey reduzia a renda disponível das classes trabalhadoras. Isso

---

[66] "Problemas monetários: declaração conjunta dos especialistas em economia", Bruxelas, 1920, v. 5, p. 2.

[67] Bruxelas, 1920, Recomendações da conferência, v. 1, p. 9.

[68] Bruxelas, 1920, Registro literal, v. 2, p. 17.

[69] As resoluções de Gênova reafirmaram que, para alcançar a estabilidade monetária, "a redução dos gastos governamentais é o verdadeiro remédio", uma vez que "para obter o controle efetivo de sua própria moeda, cada governo deve cobrir seus gastos anuais sem recorrer, para esse fim, à criação de moeda fiduciária ou créditos bancários". Relatório da Segunda Comissão [Finanças], Resolução VII e Resolução XI, em Charles Gordon e Edouard Montpetit, *The Genoa Conference for the Economic and Financial Reconstruction of Europe*, cit., p. 68-70. Além disso, a redução e a consolidação da dívida pública diminuiriam a liquidez da economia, já que os detentores de dívidas não conseguiriam utilizar títulos vincendos como meio de pagamento.

correspondia a um controle da demanda pública, que reduzia e estabilizava os preços ao mesmo tempo que garantia a estabilidade monetária externa, já que a redução dos gastos governamentais e privados desencorajava as importações e, assim, melhorava a balança de pagamentos[70].

Para derrotar a inflação e controlar por completo o poder de compra dos trabalhadores, a austeridade fiscal seria complementada pela austeridade monetária. Esta última significava uma contração direta e deliberada do crédito por meio do aumento das taxas de juros, o que deflacionaria os preços e, por sua vez, aumentaria a confiança no valor da moeda. Esse era o núcleo da chamada política de "dinheiro caro"[71]. Vissering declarou: "Ao se tornar o dinheiro escasso, o poder de compra do dinheiro [pode], a título de remédio, ser forçado a subir um pouco"[72].

Assim como a austeridade fiscal, a austeridade monetária funcionou fundamentalmente para moldar o comportamento dos agentes econômicos de forma favorável à acumulação de capital. Se a depreciação "leva a um espírito de extravagância imprudente e a uma determinação de gastar de uma vez o que, de qualquer maneira, se perderá"[73], então a revalorização incentivava a poupança – o comportamento mais virtuoso – por parte daqueles que têm meios para poupar. O ex-controlador do Banco da Inglaterra, Brien Cokayne, sob seu novo título como primeiro barão Cullen de Ashbourne, participou como membro da Comissão de Moeda e Câmbio. Ele estava convencido de que

> o último aumento das taxas monetárias na Grã-Bretanha parece ter agido, conforme naturalmente deveria, como um estímulo considerável à parcimônia. Os banqueiros recebem inúmeras perguntas sobre as condições em que aceitarão depósitos agora que as taxas são tão altas.[74]

Os especialistas estavam cientes de que, junto com a austeridade fiscal, a incorporação de uma "política de dinheiro caro" seria extremamente impopular.

---

[70] Esse diagnóstico da inflação contraria o argumento keynesiano desenvolvido na década de 1930 e segundo o qual a inflação não é causada pelo déficit público *per se*, mas surge quando a economia atinge sua capacidade total e a procura supera estruturalmente a oferta. Assim, no argumento keynesiano, o déficit público não provoca inflação até que se atinja o pleno emprego.
[71] Bruxelas, 1920, Resolução VII, Comissão de Moeda e Câmbio, v. 1, p. 19.
[72] Bruxelas, 1920, Registro literal, v. 2, p. 45.
[73] R. H. Brand, Bruxelas, 1920, Registro literal, v. 2, p. 18.
[74] Bruxelas, 1920, Registro literal, v. 2, p. 71.

A austeridade monetária tinha o mesmo propósito de estimular os poupadores à custa do restante da sociedade, em especial as classes trabalhadoras. A deflação decorrente significaria que os empréstimos públicos para gastos sociais se tornariam mais caros e, de forma mais destrutiva, os salários seriam reduzidos. Afinal, o dinheiro caro provocava aumento do desemprego que mitigava o poder de barganha da mão de obra e sua capacidade de resistir a cortes salariais. Consequentemente, a contração do crédito gerava desemprego, o que desacelerava a economia doméstica e tornava os países menos competitivos no exterior (devido à revalorização monetária), exacerbando ainda mais a crise econômica. Como afirmou Henry Strakosch, da delegação sul-africana, o dinheiro caro era sinônimo de "tempos difíceis e desemprego"[75].

As repercussões negativas e injustas da deflação eram conhecidas e muito criticadas, especialmente na Grã-Bretanha, onde o público já havia começado a ranger os dentes. A revista britânica *New Statesman* denunciou constantemente os efeitos da deflação, em particular o modo como "as únicas pessoas que se beneficiam são os rentistas e os credores, cujos rendimentos monetários se tornam mais valiosos à medida que os preços caem"[76].

Obtenção da imunidade política e reconfiguração das relações de produção
Os especialistas que se reuniram em Bruxelas e Gênova enfrentaram um problema prático: como projetar medidas (ou seja, assegurar sua atividade irrestrita e protegida) que se opõem ao interesse e ao sentimento públicos? A solução foi imediatamente coercitiva. Os peritos fizeram pressão pelo uso do poder tecnocrático – justificado pela pureza da ciência – para impor a despolitização das instituições e das decisões econômicas. Para o barão Cullen de Ashbourne, o caminho a seguir dependia da "eliminação do controle direto do Estado sobre

---

[75] Bruxelas, 1920, Registro literal, v. 2, p. 78.
[76] E. M. H. Lloyd, "Gold and Coal", *New Statesman*, v. 25, n. 639, 25 jul. 1925. Em seu tom crítico, o artigo especifica as armadilhas da deflação. O aumento do valor da libra envolvia necessariamente: "1) uma alta do câmbio que estava fadada a atingir as indústrias exportadoras de forma particularmente dura; 2) a queda dos preços, que estava fadada a dificultar o comércio e a indústria em geral; 3) redução de custos, que estava fadada a significar principalmente uma redução salarial; e, por último, 4) desemprego generalizado em larga escala, já que este é o único meio conhecido de reduzir os salários [...] e de os rentistas, como classe, não terem suas rendas monetárias reduzidas como a justiça abstrata teria exigido". Ibidem, p. 414. A revalorização, é claro, era algo que beneficiava as parcelas da população com poupança e salários fixos, a exemplo de membros da burguesia, como os professores universitários.

a emissão de papel-moeda"[77]. Vissering explicou: "Um governo nacional ou municipal pode ser impotente contra uma pressão desse tipo por parte dos empregados, pois estes podem fazer que sua influência política seja sentida no governo nacional". Em contrapartida, "uma instituição bancária independente não precisa se deixar levar completamente por qualquer poder que seja exercido pelos empregados"[78].

Essas estratégias políticas de despolitização foram incorporadas nas resoluções oficiais das duas conferências. Eles afirmavam a necessidade de que os bancos, em especial os bancos centrais, fossem órgãos tecnocráticos independentes – "livres de pressões políticas" – para garantir que "*devem ser conduzidos exclusivamente de acordo com as linhas da prudência financeira*"[79]. Com essa intenção, "nos países onde não há banco central emissor, deveria ser estabelecido um"[80]. Além disso, em Gênova ficou explícito que os bancos gozariam de poderes discricionários absolutos, uma vez que "o poder discricionário dos bancos centrais" não deve ser "agrilhoado por quaisquer regras específicas"[81].

Em outras palavras, o poder de gestão monetária que a guerra havia desalojado do controle tecnocrático não poderia descansar nas mãos de representantes do povo, que provavelmente seriam mais sensíveis às preocupações sociais; ao contrário, ele ficaria nas mãos de tecnocratas que tinham como prioridade a reabilitação da pureza da acumulação de capital, uma prioridade livre de qualquer outra preocupação[82].

---

[77] Bruxelas, 1920, Registro literal, v. 2, p. 71.
[78] Bruxelas, 1920, Registro literal, v. 2, p. 57.
[79] Bruxelas, 1920, Resolução III, Comissão de Moeda e Câmbio, v. 1, p. 18, itálico no original; e Resolução II do Relatório da Segunda Comissão [Finanças], Gênova, em Charles Gordon e Edouard Montpetit, *The Genoa Conference for the Economic and Financial Reconstruction of Europe*, cit., p. 68.
[80] Resolução II, Gênova, Charles Gordon e Edouard Montpetit, *The Genoa Conference for the Economic and Financial Reconstruction of Europe*, cit., p. 68.
[81] Resolução XI, Relatório da Segunda Comissão [Finanças], em Charles Gordon e Edouard Montpetit, *The Genoa Conference for the Economic and Financial Reconstruction of Europe*, cit., p. 70.
[82] Como veremos no capítulo 6, o financiamento da dívida flutuante adquiriu um importante propósito político na Grã-Bretanha: eliminar a situação excepcional do pós-guerra em que, devido à circulação excessiva de títulos do governo, a soberania monetária do Banco da Inglaterra estava sendo desafiada. De fato, os credores poderiam fugir das restrições de crédito do banco deixando de renovar seus títulos do Tesouro no vencimento. Em contrapartida, uma vez que a dívida fosse financiada, a divisão entre o econômico e o político atingiria mais uma vez sua força. O governo não estaria mais envolvido na gestão monetária.

Dessa perspectiva, a fixação em reafirmar o padrão-ouro, que foi ruidosamente anunciada em Gênova[83], era explicável principalmente como um escudo político para proteger a primazia das convenções econômicas contra "a comunidade em sua capacidade coletiva"[84]. Obviamente, um retorno ao ouro era considerado necessário para a estabilidade monetária internacional[85]. Porém, mais importante ainda era o fato de que o padrão-ouro forçaria o governo a aceitar como necessárias e inevitáveis tanto a austeridade monetária quanto a fiscal.

Em primeiro lugar, retornar ao padrão-ouro e mantê-lo garantia uma justificativa constante para as escolhas deflacionárias dos bancos centrais. Aliás, mesmo depois que o padrão-ouro fosse alcançado, os bancos poderiam operar com a intenção exclusiva de manter a paridade com o ouro[86]. A austeridade monetária – na forma de aumento da taxa de juros – era a principal ferramenta usada para evitar a evasão de ouro[87]. O regime do padrão-ouro também era, por definição, um regime de austeridade fiscal em que os gastos deveriam ser reduzidos ao mínimo essencial. As reformas não seriam mais questão de disputa política, mas de necessidade econômica: para evitar a evasão de ouro, o consumo interno

---

[83] Embora em Bruxelas a questão ainda não estivesse madura para um consenso, em 1922 as resoluções de Gênova afirmavam claramente que "é *do interesse geral* que os governos europeus devam declarar agora que o estabelecimento de um padrão-ouro é seu objetivo final". Relatório da Segunda Comissão [Finanças], Resolução VI, em Charles Gordon e Edouard Montpetit, *The Genoa Conference for the Economic and Financial Reconstruction of Europe*, cit., p. 68; itálicos meus.

[84] Bruxelas, 1920, Resolução IV da Comissão de Moeda e Câmbio, v. 1, p. 18.

[85] Antes da guerra, a moeda era baseada no valor do ouro; portanto, as flutuações das taxas de câmbio eram limitadas. Essas ideias tinham sido claramente formuladas na reunião dos especialistas de Londres, em que Ralph Hawtrey havia tomado a palavra. Ver o cap. 6 deste volume para mais detalhes sobre seu papel e suas teorias. A principal impressão era que somente pela ancoragem da moeda em uma paridade fixa com o ouro era possível realmente escapar da inerente instabilidade nacional e internacional da moeda.

[86] Como sugeriam as resoluções, sua função-chave era regular o crédito "com o objetivo de manter a paridade das moedas". Relatório da Segunda Comissão [Finanças], Resolução XI, em Charles Gordon e Edouard Montpetit, *The Genoa Conference for the Economic and Financial Reconstruction of Europe*, cit., p. 70.

[87] Segundo nossos especialistas, um aumento nas taxas de juros reagia às taxas de rentabilidade em geral e funcionava como controle de duas maneiras. Por um lado, as taxas mais altas de rentabilidade tendiam a atrair ouro para a Grã-Bretanha ou manter no país o ouro que normalmente teria saído. Por outro lado, ao diminuir a demanda por empréstimos para fins comerciais, elas tendiam a controlar as despesas e, assim, baixar os preços na Grã-Bretanha, resultando no desincentivo às importações e no incentivo às exportações – com isso, as trocas se tornavam favoráveis à Grã-Bretanha.

e as importações tinham de ser minimizados[88]. Assim, o padrão-ouro tornou-se objeto de fixação de especialistas. Era um regime que impunha a austeridade e, com ela, as relações de classe apropriadas ao capitalismo.

Ao menos teoricamente, esses mesmos economistas consideravam os temores de violenta deflação e a desaceleração econômica resultante como o preço a ser pago pelo retorno ao padrão-ouro[89]. Esses riscos eram insuficientes para uma renúncia a tal "tratamento doloroso"[90]; o objetivo era muito importante. Surpreende que a consciência dos especialistas quanto aos prováveis fardos da deflação sobre a comunidade – concretamente expressos na crise deflacionária britânica de 1921 – não os tenha dissuadido de recomendar a deflação em Gênova. Para eles, o sofrimento que decorria do retorno ao padrão-ouro se justificava como questão de "interesse geral"[91].

Em suma, austeridade monetária e austeridade fiscal eram dois lados da mesma moeda que funcionavam de forma recíproca. O funcionário do Tesouro britânico *sir* Otto Niemeyer resumiu isso com clareza quando aconselhou o governo brasileiro, na qualidade de diretor executivo do Banco da Inglaterra: "Os dois fatores, equilíbrio orçamentário e moeda estável, devem marchar

---

[88] A precondição para o padrão-ouro era deter a inflação, que exigia um orçamento equilibrado. Nos termos da resolução VII: "Enquanto houver um déficit no orçamento anual do Estado que é coberto pela criação de moeda fiduciária ou créditos bancários, nenhuma reforma monetária é possível e nenhuma abordagem para o estabelecimento do padrão-ouro pode ser realizada. A reforma mais importante de todas deve, portanto, ser o equilíbrio nos gastos anuais do Estado sem a criação de novos créditos que não sejam representados por novos ativos". Relatório da Segunda Comissão [Finanças], em Charles Gordon e Edouard Montpetit, *The Genoa Conference for the Economic and Financial Reconstruction of Europe*, cit., p. 68-9. Tendo alcançado o padrão-ouro, o Estado ficava limitado em sua capacidade de gastar pela perda do poder de imprimir dinheiro para financiar suas despesas e tinha de manter um equilíbrio comercial, pois importações excessivas acarretariam perda de ouro.

[89] O firme compromisso dos economistas com o ouro era acompanhado por um temor subjacente das consequências extremas da deflação; em particular "para países onde a moeda caiu muito abaixo da paridade pré-guerra, um retorno a ela deve envolver o deslocamento social e econômico resultante de contínuos reajustes monetários, salariais e de preços e de um aumento contínuo no fardo da dívida interna". Relatórios da Comissão de Especialistas indicados pelas subcomissões monetárias e cambiais da comissão financeira, anexo A, em Charles Gordon e Edouard Montpetit, *The Genoa Conference for the Economic and Financial Reconstruction of Europe*, cit., p. 73. A maioria dos especialistas acreditava que a transição para o padrão-ouro seria gradual e feita com cautela.

[90] Barão Cullen, Bruxelas, 1920, Registro literal, p. 70.

[91] Conferência de Gênova, Resolução VI, em Charles Gordon e Edouard Montpetit, *The Genoa Conference for the Economic and Financial Reconstruction of Europe*, cit., p. 68.

juntos; e nenhum pode ser mantido sem o outro"[92]. De fato, vimos como a ortodoxia orçamentária era pré-requisito para a revalorização da moeda. Ao mesmo tempo, a medida monetária deflacionária – na forma de aumento das taxas de juros e de redução da oferta monetária – aumentou o custo para que o governo tomasse empréstimos, limitando, assim, seus projetos expansionistas. A resolução VII da Comissão de Moeda e Câmbio de Bruxelas foi explícita: "Se o controle sensato do crédito traz dinheiro caro, esse resultado ajudará, por si só, a fomentar a economia"[93].

A austeridade fiscal e a austeridade monetária não apenas se reforçaram mutuamente, como representavam o mesmo propósito. As duas favoreceram poupadores ricos, enquanto o resto da sociedade foi forçado a consumir menos por meio da diminuição de recursos do governo, do pagamento de impostos e de salários mais baixos. A dupla operação da austeridade fiscal e monetária impôs o fardo da acumulação de capital nas classes trabalhadoras para finalmente restabelecer a divisão entre o econômico e o político e proteger a propriedade privada e as relações assalariadas. Mais importante ainda, essas políticas roubaram do povo sua capacidade de ação econômica e silenciaram suas reivindicações de salários mais altos e redistribuição social, sem mencionar suas reivindicações de nacionalização e relações alternativas de produção.

Se cavarmos mais fundo, é fácil perceber como a depreciação da inflação, disfarçada de fenômeno monetário, visava a reforçar as relações sociais capitalistas de produção, em especial por meio das noções de diminuição do consumo e aumento da produção. Isso foi explicitado na resolução da Comissão de Moeda e Câmbio reproduzida a seguir. De fato, o segundo lema da austeridade, centrado no "trabalho duro", era condição indispensável para o resgate definitivo da acumulação de capital. Esse é o tema da próxima seção.

Austeridade industrial

> Os passos complementares para deter o crescimento da inflação aumentando a riqueza em que a moeda se baseia podem ser resumidos nas seguintes palavras: aumento da produção e diminuição do consumo. A produção mais intensa possível é

---

[92] Otto Ernst Niemeyer, *Report Submitted to the Brazilian Government* (Rio de Janeiro, 1931), p. 4.
[93] Bruxelas, 1920, Resolução VII, Comissão de Moeda e Câmbio, v. 1, p. 19.

> necessária para compensar o desperdício de guerra, deter a inflação e, assim, reduzir o custo de vida; contudo, estamos testemunhando em muitos países uma produção abaixo do normal, juntamente com greves frequentes que só agravam, em vez de ajudar a sanar, a atual escassez e o custo de mercadorias. [...] No entanto, em nossa opinião, a produção de riqueza está sofrendo, em muitos países, de uma causa que o poder dos governos pode eliminar diretamente, a saber, *o controle, em suas várias formas*, muitas vezes imposto pelos governos como medida de guerra e que ainda não foi completamente relaxado. Em alguns casos, os negócios foram até mesmo retirados das mãos do negociante privado, cujas iniciativa e experiência são instrumentos muito mais potentes para a recuperação do país. Outra necessidade urgente é a troca internacional de mercadorias mais livre possível.
>
> *Resolução V, Comissão de Moeda e Câmbio*[94]

Até agora, enfatizamos que o objetivo principal da austeridade, conforme formulada pelos especialistas das duas conferências internacionais, foi a retomada da acumulação de capital. Para isso, medidas fiscais e monetárias diminuíram o consumo de muitos e aumentaram a poupança e o investimento de poucos, ao mesmo tempo que restabeleceram a divisão entre os setores econômico e político que restauraria os pilares do capitalismo.

Esses esforços seriam discutíveis caso o processo de produção fosse prejudicado; "a principal necessidade da Europa é a retomada do trabalho e da produção"[95]. Só que não era *apenas* um aumento de produção que os especialistas buscavam; eles almejavam produção, mas com um retorno das relações capitalistas de exploração, que em nenhum outro momento da história tinham sido tão seriamente desafiadas. E como ilustra a resolução V, citada, para garantir a estabilidade do dinheiro os pilares das relações assalariadas e da propriedade privada também precisavam ser reforçados.

A resolução V afirma explicitamente que a produção capitalista exigia o fim de quaisquer aspirações dos trabalhadores a formas de organização alternativa

---

[94] Bruxelas, 1920, v. 1, p. 19.
[95] Problemas monetários, Declaração conjunta de especialistas em economia, Bruxelas, 1920, v. 5, p. 2. R. H. Brand repetiu essa ideia: "A inadequação do capital e, consequentemente, da força produtiva é fundamental, e portanto, na minha opinião, é a necessidade de aumentá-lo o mais rápido possível que deve ser o guia principal das Finanças Públicas". Bruxelas, 1920, Registro literal, v. 2, p. 16.

da produção. Tais aspirações podem ser frustradas por meio de duas medidas: a privatização e o controle da mão de obra. Ambas, em última análise, seriam uma proteção contra as principais culpadas pela crise econômica – as ações equivocadas dos governos e dos indivíduos (ou melhor, dos empregados). Vissering, elogiado por sua "alta competência científica e prática"[96], afirmou que "a depreciação do dinheiro não é uma causa em si", mas "é apenas o efeito de outras causas e que essas outras causas devem ser encontradas nos atos de governos nacionais e municipais, por um lado, e nos atos de indivíduos, mais particularmente dos empregados, por outro". Ele concluiu que "apenas quando governos e cidadãos chegarem a ações mais razoáveis outras medidas poderão ser adequadamente aplicadas tendo em vista a obtenção de condições melhores no sistema monetário"[97].

Não obstante a interpretação *prima facie* da inflação como fenômeno monetário, os economistas deixaram claro que a solução por trás disso era a subordinação dos cidadãos ao capitalismo. Essas ideias eram coerentes com um temor profundo quanto às consequências políticas da inflação. Keynes, o economista que na época defendia o dinheiro caro[98], usou palavras que agora são famosas: "Uma continuidade do inflacionismo e dos preços altos não só pressionará as trocas para baixo, mas, por seu efeito sobre os preços, atingirá toda a base de contratos, segurança e do sistema capitalista em geral"[99]. Em linha semelhante, o economista italiano Luigi Einaudi escreveu: "O que parecia abalar profundamente toda a sociedade e preparar uma revolução social [...] era chamado pelo termo técnico de inflação monetária"[100].

A privatização e o argumento do crowding-out

A mudança de estratégia defendida pelos economistas da austeridade "diminuía a esfera do governo"[101]. Essa "estratégia sólida" permitiria que "as leis econômicas

---

[96] Bruxelas, 1920, Registro literal, v. 2, p. 83.
[97] Bruxelas, 1920, Registro literal, v. 2, p. 51.
[98] Sobre a posição de Keynes quanto à estratégia monetária depois da guerra, ver o clássico de Howson "A 'Dear Money Man'?", de 1973.
[99] Keynes, fev. 1920; reimp. em J. Adam Tooze, *The Deluge: The Great War, America and the Remaking of the Global Order, 1916-1931* (Nova York, Viking Adult, 2014), p. 356.
[100] Luigi Einaudi, *La condotta economica e gli effetti sociali della guerra italiana* (New Haven, Yale University Press, 1933), p. 337.
[101] Registro literal, v. 2, p. 20.

naturais tivessem total chance de atuar em toda sua intensidade"[102], levando, assim, a "finanças sólidas"[103] e, especialmente, ao aumento da eficiência da produção.

Para promover suas receitas, os defensores da austeridade apoiavam-se fortemente no argumento de *crowding-out* – um cavalo de batalha do Tesouro britânico – que os delegados britânicos compartilharam durante as discussões da conferência: "Como não há capital suficiente para circular, quem o deve ter – governos ou indústria privada? [...] Quanto mais capital é absorvido pelos governos, menos está disponível para a indústria privada. [...] Quem tem mais probabilidade de usar o capital de forma mais produtiva, governos ou indústria privada? A resposta é favorável à indústria privada"[104].

Um memorando do professor italiano Pantaleoni reforçou essa visão ao atacar violentamente o "socialismo de Estado"[105]. Os governos deviam parar de interferir e se ater mais "a seus próprios negócios, que devem fornecer as condições gerais para a atividade privada irrestrita"[106].

É útil fazer uma pausa aqui e contrastar essas perspectivas com aquelas descritas nos primeiros capítulos deste livro. As lições da Primeira Guerra Mundial foram tão convincentes que levaram muitos burocratas, especialistas e, é claro, trabalhadores a romper com os dogmas do capitalismo do *laissez-faire* e promover a superioridade produtiva do controle estatal e de formas de planejamento central. "Uma escola de pensamento totalmente nova" estava "se apoderando das pessoas"[107], como o visconde Haldane havia comentado. Em seu livro de 1920,

---

[102] Beneduce, Bruxelas, 1920, v. 2, p. 73.

[103] Bruxelas, 1920, v. 2, p. 142.

[104] Bruxelas, 1920, v. 2, p. 17. A citação continua: "Isto é – para usar as palavras de um estadista do meu país, W. E. Gladstone –, a favor de permitir que o dinheiro frutifique nos bolsos das pessoas; então, exceto nos casos de mais clara necessidade, é imperativo que os governos restrinjam seu gasto às menores dimensões". R. H. Brand, Bruxelas, 1920, Registro literal, v. 2, p. 17.

[105] Pantaleoni especificou: "Por toda parte, mas em medidas diferentes, os governos têm assumido sob sua gestão, e retirado da gestão privada, uma série muito grande de serviços para os quais são totalmente inaptos, como provam experiências passadas e recentes, a saber: a) não conseguem administrar ferrovias; b) não conseguem administrar o transporte marítimo; c) não conseguem administrar portos; d) não conseguem administrar o comércio internacional; e) não conseguem administrar as transações em notas comerciais; f) não conseguem regular os preços das *commodities*; e g) não conseguem conservar e distribuir *commodities* após o confisco". Bruxelas, 1920, v. 5, p. 102.

[106] Bruxelas, 1920, v. 5, p. 103.

[107] Haldane a Escher, 26 dez. 1918, em Paul Barton Johnson, *Land Fit for Heroes: The Planning of British Reconstruction, 1916-1919* (Chicago, University of Chicago Press, 1968), p. 245.

The Triumph of Nationalization [O triunfo da nacionalização], o economista Leo Chiozza Money expôs a irracionalidade do "individualismo doutrinário", ao passo que seus colegas do Comitê Sankey colocaram a propriedade privada à prova sob a alegação de que era "um desperdício" e "antissocial".

Colocando as resoluções capitalistas das conferências nesse contexto internacional, fica claro que os tecnocratas presentes não estavam expressando verdades objetivas, como pretendiam; estavam, sim, defendendo a propriedade privada ao máximo. De fato, o retorno da primazia da iniciativa privada tinha interesses muito mais elevados que o mero objetivo de eficiência: a volta da privatização dizia respeito à despolitização da economia, o que afastaria as aspirações das classes trabalhadoras das organizações sociais alternativas e as restituiria às fronteiras da produção capitalista. Em outras palavras, se a produção para o lucro devia prevalecer sobre a produção para o uso, a privatização tinha de ser segura.

Disciplinar a mão de obra e cortar salários

A privatização não teria sentido se não fosse acompanhada pelo comportamento "cooperativo" daqueles que deveriam trabalhar dentro da ordem do capital. Assim, a mobilização industrial sem precedentes do entreguerras teria causado calafrio nos especialistas: em vez de trabalhar duro para o aumento da produção, um grande número de trabalhadores estava fazendo exatamente o oposto. Vissering expressou preocupação: "Eles reivindicam menos horas de trabalho sem aprimorar igualmente seu trabalho, que permitiria uma produção mais intensa", e para fazer cumprir essas reivindicações "eles fazem greves com frequência, o que significa nova queda na produção"[108]. Vissering ainda sugeriu que as horas de trabalho perdidas "representam um valor de centenas de milhões, se não bilhões, em dinheiro"[109]. Críticas às disputas trabalhistas eram acompanhadas de uma reprovação à ética geral do trabalho: "E mesmo quando de fato trabalham, muitos deles exibem uma espécie de timidez, de modo que sua eficiência é outra vez reduzida. Isso, por sua vez, leva novamente à diminuição da produção e ao aumento do custo das mercadorias"[110].

Maffeo Pantaleoni usou termos ainda mais duros, denunciando trabalhadores como violentos, desonestos e chantagistas do governo. A diminuição das

---

[108] Bruxelas, 1920, Registro literal, v. 2, p. 50.
[109] Idem.
[110] Idem.

horas de trabalho refletia o "jeito desleixado", vagaroso, como o trabalho era feito[111]. Aqui Pantaleoni não expressava dúvida: "Os salários são muito superiores à produtividade marginal do trabalho deles", e as culpadas eram as "leis e ações governamentais" que operaram "primeiro sob a pressão da guerra, depois sob a pressão do socialismo e do bolchevismo"[112].

Ainda que não fosse possível convencer a maioria deles a trabalhar duro (enquanto consumia menos), os especialistas sabiam que a despolitização da economia faria que os trabalhadores se submetessem. Na verdade, o projeto era remover os "controles em suas várias formas", incluindo as leis que protegiam a mão de obra. O restabelecimento de um mercado de trabalho livre, ainda mais em tempos de deflação, garantia uma disciplina natural da força de trabalho, ameaçada de acabar na base do exército de reserva de mão de obra caso se recusasse a aceitar salários mais baixos. Como veremos no capítulo 7, a assembleia de acadêmicos italianos chegou a justificar explicitamente leis trabalhistas repressivas sob um regime fascista para garantir o objetivo maior da austeridade, o trabalho duro.

Conclusão

Vistas pelas lentes da crise capitalista, as conferências financeiras de Bruxelas e Gênova não são irrelevantes nem malsucedidas, como alguns as caracterizaram. Na verdade, elas representaram um momento marcante na história do capitalismo: a emergência da austeridade em sua forma moderna, de projeto tecnocrático global.

A austeridade, como é conhecida hoje, foi fruto da crise – não apenas da crise econômica, mas da crise do capitalismo como sistema socioeconômico. Os capítulos anteriores mostraram que, depois da guerra, pela primeira vez, a contestação dos pilares da acumulação capitalista tornou-se um fenômeno de massa. As classes trabalhadoras adquiriram um senso de direito e protagonizaram a cena política. Na mente das pessoas, a propriedade privada dos meios de produção e as relações assalariadas já não eram dados naturais e indiscutíveis.

Naquele momento, como nunca antes, o capital precisava de proteção. Foi o que os especialistas nas conferências se propuseram a fazer: seu maior objetivo foi garantir a reprodução do sistema capitalista.

---

[111] Bruxelas, 1920, v. 5, p. 106.
[112] Idem.

As conferências diagnosticaram que a causa da crise estava nos indivíduos que contestavam o sistema e eram responsáveis por seu colapso. Esses indivíduos exibiam um consumo excessivo combinado à falta de vontade de trabalhar produtivamente por baixos salários. A inflação e o déficit orçamentário, os dois grandes males da época, não passavam de sintomas de um "defeito" muito mais profundo: o comportamento individual.

Por isso os especialistas forjaram a cura drástica da austeridade: uma doutrina de economia e trabalho duro, aparentemente para o bem das nações (ou, pelo menos, de suas economias). Conforme sistematizado, a austeridade estava relacionada ao sacrifício individual por parte de cidadãos "patrióticos" que tiveram de praticar a frugalidade no estilo de vida e a disciplina no trabalho. Meio século depois, em 1979, o poderoso presidente do Federal Reserve estadunidense Paul Volcker usou o mesmo mantra para enfrentar outra grande crise: "O padrão de vida dos Estados Unidos deve decair"[113], anunciou ele, enquanto apoiava a firme determinação do governo de reprimir greves e administrar uma dose descomunal de dinheiro caro.

A resolução final da Comissão de Finanças Públicas de Bruxelas condensa a natureza repressiva do projeto de austeridade que ressoa ainda hoje:

> A conferência é de opinião que a estrita aplicação dos princípios descritos é a condição necessária para o restabelecimento das finanças públicas em bases sólidas. Um país que não planeja atingir, o mais rápido possível, a execução desses princípios está condenado, sem esperança de recuperação. No entanto, para permitir que os governos façam cumprir esses princípios, todas as classes da comunidade devem contribuir. [...] Acima de tudo, para preencher a lacuna entre a oferta e a demanda de mercadorias, *é dever de todo cidadão patriota* praticar a economia mais estrita possível e, assim, contribuir com o máximo esforço para o bem comum. Tal ação privada é a base indispensável para as medidas fiscais necessárias à restauração das finanças públicas[114].

Em um momento tão turbulento, a aplicação dos princípios de austeridade exigia uma justificativa enfática. Um dos aspectos mais inovadores da austeridade moderna era que, como antídoto para a crise capitalista, ela não podia mais

---

[113] Steven Rattner, "Volcker Asserts US Must Trim Living Standard", *The New York Times*, 18 out. 1979; disponível on-line.
[114] Bruxelas, 1920, Resolução x, Comissão de Finanças Públicas, v. 1, p. 15-6; itálicos meus.

ignorar ou desconsiderar os atores considerados responsáveis por essa crise. Os especialistas tiveram de lidar com a opinião pública, seja por meio do consenso, seja por meio da coerção – ou, na prática, por ambos. Assim se constituía a dupla estratégia da austeridade.

A austeridade buscou o consenso por meio da proteção e da autoridade da tecnocracia, que operou como sua fundamentação epistêmica e como sua força política. Como pregadores da "ciência econômica pura", os especialistas transmitiram seus ensinamentos a todos os cidadãos. Eles começaram a educar o público em geral sobre a veracidade das prescrições que deveriam moldar seu comportamento econômico. Uma vez desarmadas de qualquer capacidade de ação para promover alternativas econômicas, as pessoas não tiveram escolha a não ser cumprir ou serem obrigadas a cumprir a necessidade econômica. E, uma vez que a divisão econômico/político fosse restabelecida, o poder coercitivo das forças do mercado trabalharia naturalmente para disciplinar os trabalhadores desarmados.

A austeridade provou ser mais que uma ilusão por parte dos especialistas nas conferências internacionais de Bruxelas e Gênova. Os capítulos 6 e 7 investigarão como esses especialistas implementaram com sucesso o código internacional de austeridade. Começaremos olhando para a Grã-Bretanha, país pioneiro na austeridade a partir de 1920, e depois exploraremos como, a partir de 1922, a Itália de Mussolini seguiu meticulosamente os mesmos passos. O fato de essas datas serem tão próximas das duas conferências internacionais (Bruxelas e Gênova) indica a rápida ascensão da austeridade em toda a Europa[115].

---

[115] Nossa análise comparativa dos casos italiano e britânico não faz justiça a todos os outros países em que a austeridade foi implementada após a Primeira Guerra Mundial, incluindo os Estados Unidos, que implementaram a austeridade e impulsionaram sua implementação no exterior. Ver, por exemplo, Gian Giacomo Migone, *The United States and Fascist Italy: The Rise of American Finance in Europe* (Cambridge, Cambridge University Press, 2015), p. 1-27.

6
AUSTERIDADE, UMA HISTÓRIA BRITÂNICA

> Maior produção, interrupção dos empréstimos pelo governo e diminuição dos gastos, tanto do governo como de cada membro individual da nação, são os primeiros elementos essenciais de recuperação.
>
> *Relatório Final do Comitê de Moeda e Câmbio*[1]

Antes mesmo que os princípios de austeridade fossem codificados em Bruxelas e Gênova, a partir de 1920, as políticas que os compunham já estavam se propagando. Foi o caso da Grã-Bretanha, na época o país capitalista mais avançado da Europa. Confrontado com o crescimento da mobilização da mão de obra e o aumento dos preços, o país adotou dois axiomas públicos – produzir mais, consumir menos – que serviram para sufocar qualquer fio de esperança de um programa reconstrucionista, para não falar de um futuro não capitalista.

Como questão governamental, essa campanha começou com a convocação, em 1918, do Comitê de Moeda e Câmbio (ou Comitê Cunliffe, sobrenome do lorde que o presidia), reunindo especialistas do Tesouro, da academia e do Banco da Inglaterra[2] para discutir formas de combater a "incerteza da situação monetária"[3] no período de reconstrução e formular um programa que se tornou, intelectualmente, o predecessor das resoluções de Bruxelas e Gênova, logo em seguida. A epígrafe de abertura deste capítulo fala da percepção do comitê sobre uma crescente crise capitalista, juntamente com os imperativos agora familiares ("aumentar a produção" e "diminuir os gastos").

Importante nessa iteração inicial da austeridade britânica foi a demanda por um sacrifício extremo; até mesmo o consumo pessoal das mercadorias mais básicas, como pão, era secundário diante dos "interesses da economia"[4]. As ideias

---

[1] His Majesty's Stationery Office (daqui em diante, HMSO), 1919, p. 3.
[2] Incluindo pessoas como o professor Pigou e autoridades do Tesouro como John Bradbury e nosso protagonista, Basil Blackett.
[3] HMSO, 1918b, p. 5.
[4] Austen Chamberlain, HC Deb, 16 mar. 1920, v. 126, cc. 2.069.

do ministro Austen Chamberlain sobre o subsídio ao pão revelam quais eram as prioridades da austeridade:

> Há 45 milhões de libras para o subsídio ao pão. Nada me daria maior satisfação que tratar disso. [...] Quanto mais cedo nos livrarmos desses subsídios, melhor. Concordo que eles levam a ocultar os fatos reais da situação do país e que colocam um fardo muito oneroso sobre o Estado e sobre as finanças nacionais. [...] Quanto mais cedo eles forem eliminados, melhor.[5]

A partir da primavera de 1920, a grave deflação monetária afetou os empregos britânicos. A austeridade fiscal e industrial rapidamente se seguiu, com cortes sem precedentes, tributação regressiva, privatizações e medidas para controlar a ação direta dos trabalhadores.

Em 1922, os salários nominais na indústria eram um terço dos níveis de 1920[6]. Em 1926, o austero Estado britânico denunciou a militância trabalhista, soterrou os recursos para assistência social e restaurou o padrão-ouro, com a libra voltando à paridade de antes da guerra[7]. A essa altura, passados apenas alguns anos da guerra, os sentimentos de coletivismo e uma suposta "escola de pensamento totalmente nova" haviam sido relegados aos arquivos da história.

Foi um grupo de burocratas do Tesouro que desempenhou papel crucial na orquestração dessa reviravolta – uma reviravolta inimaginável logo depois da Primeira Guerra Mundial. No papel de controladores financeiros durante os turbulentos anos do pós-guerra, Basil Blackett e Otto Niemeyer tiveram grande influência sobre o ministro das Finanças, o chefe do Tesouro. Eles não precisavam se preocupar com a reeleição política, e o nome deles não estava exposto à opinião pública; assim, esses especialistas podiam agir nos bastidores para moldar e justificar a austeridade.

Mas a missão não era fácil: as circunstâncias políticas não poderiam ter sido mais desfavoráveis. Como vimos nos capítulos anteriores, a pressão da guerra havia politizado os cidadãos. Para a maioria, o sacrifício econômico era uma

---

[5] Ibidem, cc. 2.071.
[6] B. R. Mitchell, *International Historical Statistics: Europe, 1750-1993* (14. ed., Londres, Palgrave Macmillan, 1998), p. 189, tabela B4.
[7] Para uma documentação detalhada de todos os passos envolvidos no retorno ao padrão-ouro, ver Donald Edward Moggridge, *British Monetary Policy, 1924-1931, the Norman Conquest of $4.86* (Cambridge, Cambridge University Press, 1972), e Susan Howson, "The Origins of Dear Money, 1919-1920", *Economic History Review*, v. 27, n. 1, 1974, p. 88-107.

relíquia de guerra; considerava-se amplamente que o país havia "entrado em uma época inteiramente nova" de redistribuição social e coletivismo[8]. Nesse contexto de apreensão, a austeridade tinha de desbravar o caminho a seguir sob o disfarce de sua teoria econômica proclamada sólida. Ralph Hawtrey – economista interno do Tesouro e pioneiro em teoria macroeconômica – forneceu exatamente essa base teórica.

Hawtrey concebia a economia como uma grande máquina de crédito e compreendia a inflação, ou seja, a expansão do crédito, como uma ameaça insidiosa à economia. Como ele explicou: "A inflação é uma praga mortal; uma vez que ganha força, envenena todo o sistema econômico e só pode ser eliminada, caso isso seja possível, com esforços exaustivos"[9]. Para Hawtrey, a estabilização do crédito exigia um gerenciamento monetário constante, ela não se daria sozinha. A chave para tal gerenciamento era controlar – ou melhor, subjugar – o consumidor.

É fácil ignorar – como faz a bibliografia canônica – a natureza classista de um modelo de consumo excessivo aparentemente apolítico. De fato, parte da construção de consenso e coerção em torno da austeridade baseava-se em eliminar da teoria econômica a consciência de classe, mesmo que isso intimidasse certas classes. Sob uma observação mais atenta, essas teorias econômicas reintroduzem as diferenças de classe pela porta dos fundos ao compreender que nem todos os consumidores são igualmente virtuosos. Para os especialistas, era o consumidor improdutivo, ou seja, o trabalhador, que precisava ser controlado, ao passo que o consumidor produtivo, ou seja, o credor/investidor, devia ser recompensado. As medidas de austeridade imaginadas pelos especialistas eram, portanto, um instrumento essencial de redistribuição forçada favorável aos poupadores-investidores e contra a classe trabalhadora de baixa renda e baixa poupança. Essa era a receita para a estabilização monetária: aumentar o capital privado e normalizar as relações assalariadas.

Sem dúvida a austeridade era um projeto político, mas seus pressupostos não estavam necessariamente errados. Na verdade, revelavam uma verdade inegável: para que o capitalismo funcionasse, os trabalhadores tinham de ser disciplinados a aceitar os dois pilares da acumulação de capital: a primazia da propriedade privada e as relações assalariadas.

---

[8] William Harbutt Dawson, *After-War Problems* (Londres, Allen and Unwin, 1917), p. 7.
[9] Ralph George Hawtrey, *Currency and Credit* (2. ed., Londres, Longmans, Green and Co., 1923), p. 230; disponível on-line.

Esses princípios fundamentais da austeridade operam também como pressupostos subjacentes à teoria econômica hoje predominante, em especial sua tendência a servir a fins políticos. Isso pode ser amplamente percebido na teoria de Hawtrey, que testou muitas das abstrações sociais típicas da teoria econômica convencional da atualidade. No prefácio de sua obra mais influente, *Currency and Credit* [Moeda e crédito], Hawtrey expressou sérias preocupações com as mudanças históricas que vinha testemunhando. As instituições do período anterior à guerra eram por muitos compreendidas como "coisas do passado"[10]. Para ele, "nunca houve época em que os sistemas monetários do mundo estivessem tão expostos ao perigo quanto provavelmente estarão no futuro imediato"[11]. Além de sua clara consternação diante de um desvio da "normalidade", codificado em suas teorias, o enraizamento de Hawtrey na luta de classes é revelado por seu silencioso preconceito de classe e sua solução nitidamente tecnocrática (antidemocrática) para a crise. Um programa desse tipo, mais bem representado pela prescrição, por Hawtrey, da independência dos bancos centrais (ou seja, que eles estivessem livres de pressões democráticas), logo se tornou um estratagema comum do *establishment* britânico.

O objetivo primordial dos especialistas da austeridade era proteger as medidas econômicas das influências da política e da intervenção do Estado; ao fazer isso, os economistas isentavam as políticas econômicas de um processo de decisão democrático ao mesmo tempo que apresentaram a teoria econômica como *apolítica*. Obviamente, conceber a teoria econômica como apolítica exigia um mercado irrestrito que fosse influenciado apenas pelas leis teóricas objetivas – feito que, em um momento de efervescência pública, só poderia ser alcançado blindando as decisões econômicas contra o público em geral. De fato, a natureza de despolitização e a estreita interdependência de suas três características principais (ou seja, a retirada do Estado das relações econômicas; a remoção das políticas econômicas do processo democrático de tomada de decisões; e a compreensão da teoria econômica como *apolítica*) ressaltam como a austeridade – mesmo em uma democracia parlamentar como a Grã-Bretanha – era antidemocrática em essência e por natureza. Se combinarmos essa característica da austeridade com sua principal prescrição – sujeitar as classes trabalhadoras a produzir mais e consumir menos –, podemos, com facilidade, dizer que a austeridade foi (e ainda é) um projeto totalmente repressivo.

---

[10] Ibidem, prefácio, p. vi.
[11] Ibidem, p. 363.

Tamanha repressão exigia uma equipe. O que se segue é uma apresentação dos personagens e das alavancas que facilitaram essa repressão, suturando as políticas de austeridade (em sua forma tripla – fiscal, industrial e monetária) à teoria econômica que as moldava e justificava. O relato dessa história é baseado em um estudo dos memorandos (a maioria deles inexplorada na bibliografia econômica ou histórica) sobre a política do Tesouro e também sobre as contribuições publicadas e teóricas de Hawtrey naquele período. Essas fontes relatam uma história que até hoje não foi contada: como a estreita conexão entre as teorias de gerenciamento monetário e o desejo de moldar o comportamento individual foi concebida e desenvolvida para perdurar. Essencial para atingir esses objetivos foi a campanha em defesa de um banco central independente (outra história que escapou à atenção acadêmica, mas é essencial para compreender a natureza da austeridade até hoje).

Tecnocratas na direção do poder

Depois da Primeira Guerra Mundial, o Tesouro britânico havia crescido em estatura[12], passando a ser considerado o departamento central do governo britânico. Como departamento, seus poderes foram personificados na influência desmedida de dois altos funcionários públicos, *sir* Basil P. Blackett e *sir* Otto Niemeyer. Esses dois especialistas foram os principais assessores diretos do chanceler do Tesouro[13] em todas as questões financeiras, incluindo impostos, gestão de dívidas e a política monetária tanto nacional quanto internacional. Com os dois especialistas, o departamento de Finanças preparava o orçamento anual e muitas vezes escrevia os discursos sobre o orçamento para o próprio

---

[12] O papel do Tesouro havia crescido em resposta à perda de controle, durante a guerra, sobre os empréstimos do governo, que afetavam a inflação. "Quando o gabinete decidiu fortalecer o Tesouro, em 1919, o que parece ter tido maior importância no pensamento dos ministros foi a necessidade de um poderoso departamento central para controlar a máquina do governo e cortar o desperdício. O secretário permanente do Tesouro foi designado chefe do serviço público, e em 1920 um conselho consolidou a autoridade do Tesouro sobre o serviço público, determinando que o Tesouro poderia definir regulamentos para controlar a conduta dos departamentos." G. C. Peden, "The Treasury as the Central Department of Government, 1919-1939", *Citation Public Administration*, v. 61, n. 4, 1983, p. 376. Para documentação direta sobre essas reformas, ver T. 199/351. Para um relato da estrutura e do funcionamento do Tesouro naqueles anos, ver G. C. Peden, *The Treasury and British Public Policy, 1906-1959* (Oxford, Oxford University Press, 2000), p. 128-90.

[13] Equivalente ao ministro das Finanças na maioria dos países.

ministro[14]. Blackett explicitou seu papel quase onipresente: "O trabalho diário do [...] departamento [...] envolve a aceitação, pelo controlador de Finanças, de responsabilidades cuja magnitude é realmente descomunal, se ele cometer o erro de prestar atenção nela"[15].

Todas as relações entre o Tesouro, o Banco da Inglaterra e o mercado monetário estavam nas mãos de um controlador. Blackett e Niemeyer se mantinham em contato direto e pessoal com o poderoso presidente do banco, Montagu Norman (que ocupou o cargo de 1920 a 1944), e Niemeyer era, inclusive, amigo próximo de Norman[16]. Depois da guerra, o Banco da Inglaterra e o Tesouro compartilharam a autoridade monetária. Com a grande quantidade de títulos do Tesouro em circulação até a primavera de 1921, o Banco da Inglaterra dependia do Tesouro para aumentar a taxa básica de juros[17].

Esses especialistas "neutros" vinham dos altos escalões da sociedade. Provenientes de famílias de classe média alta, eles foram educados nos prestigiosos salões de Oxford, onde aprenderam sobre sociedade – embora notadamente não sobre economia – através das lentes do "interesse nacional"[18]. Classificando-se em primeiro lugar nos concursos para o serviço público (em 1904 e 1906, respectivamente), os dois logo garantiram cargos no Tesouro e começaram longas carreiras. Blackett tornou-se controlador financeiro em 1920; Niemeyer, seu vice, o sucedeu em 1922 e ocupou o cargo pelos cinco anos seguintes.

---

[14] Por exemplo, em T. 172/144b, fols. 322-33, encontramos evidências de que o ministro recebeu o projeto da Lei do Ouro de 1925 e o Discurso do Orçamento escritos por Niemeyer.

[15] 17 ago. 1921, T. 199/3, fol. 133.349.

[16] R. S. Sayers, *The Bank of England, 1891-1944* (Cambridge, Cambridge University Press, 1976).

[17] Ver Susan Howson, *Domestic Monetary Management in Britain, 1919-1938* (Cambridge, Cambridge University Press, 1975), p. 10.

[18] O título *Literae Humaniores* da Universidade de Oxford combinava os estudos de história antiga e filosofia, usando textos gregos e latinos, e de filosofia moderna, incluindo lógica. Em outras palavras, Blackett e Niemeyer não eram economistas por formação. Ver G. C. Peden, *The Treasury and British Public Policy, 1906-1959*, cit., p. 20-1. Blackett e Niemeyer foram homens práticos; não escreveram artigos científicos. No entanto, uma vez no Tesouro, como especialistas em questões financeiras e monetárias, tinham muitos contatos com o mundo acadêmico. Blackett lecionou na American Academy of Political and Social Sciences. Ele morreu em 1934 em um acidente de carro, a caminho da Universidade de Heidelberg para dar uma palestra. Niemeyer, por sua vez, recebeu a prestigiosa tarefa de escrever o verbete "conversão de dívida" da 14ª edição da Enciclopédia Britânica, em 1930. Foi presidente do conselho diretor da London School of Economics de 1941 a 1957 e diretor até 1965.

O poder dos controladores era tecnocrático. A profunda influência que exerciam e a liberdade que tinham para decidir sobre a formulação de políticas vinham com a posição que ocupavam como altos funcionários permanentes, isolados das pressões decorrentes do sufrágio universal e da competição política. Até 1925, Blackett e Niemeyer eram mais influentes que o próprio ministro, que em geral ficava no cargo por um período muito curto e não era especialista em finanças[19]. Isso permaneceu verdadeiro mesmo com um peso pesado como Churchill no cargo. Uma nota de 1927 do presidente do Banco da França, Emile Moreau, em referência a um parecer do embaixador francês em Londres, dizia: "Ele aponta que Winston Churchill, que detesta [o primeiro-ministro francês] Poincaré, não está realmente no controle do Tesouro. O homem que de fato o controla é *sir* Otto Niemeyer, amigo próximo de M. Norman"[20].

A influência dos dois especialistas estendeu-se, em uma fase posterior de suas carreiras, ao Banco da Inglaterra. Tanto Niemeyer quanto Blackett foram contratados pelo presidente Norman para altos cargos; Blackett foi diretor do banco de 1929 até sua morte, em 1935; Niemeyer foi o primeiro diretor executivo e assessor do presidente do banco (entre 1927 e 1938) e, depois, por um longo período (1938-1952), um dos diretores do banco.

O mais importante é que o impacto político exercido por eles foi muito além das fronteiras britânicas: os dois tecnocratas conceberam reformas de austeridade que se espalharam por vários países. Ambos foram membros do comitê financeiro da Liga das Nações e trabalharam na implementação dos planos de reconstrução financeira da Áustria, da Bulgária e da Grécia depois da guerra[21]. Os esquemas condicionavam os empréstimos internacionais a esforços para equilibrar o orçamento, estabilizar a moeda e, em particular, criar bancos centrais privados, independentes do governo – todos princípios centrais da austeridade.

---

[19] Ibidem, p. 136-7.
[20] Andrew Boyle, *Montagu Norman: A Biography* (Nova York, Weybright and Talley, 1968), p. 229. Falando do ministro Snowden em 1923, Robert Boyce confirma que "Snowden, deslumbrado com Norman, também estava pronto para ceder a *sir* Otto Niemeyer, seu principal conselheiro financeiro no Tesouro, que logo o dominou por completo, como fez com outros ministros depois da guerra". Robert W. D. Boyce, *British Capitalism at the Crossroads, 1919-1932: A Study in Politics, Economics, and International Relations* (Cambridge, Cambridge University Press, 1987), p. 51.
[21] Ver "New Greek Loan", *The Times*, 14 set. 1927, p. 10; "The Bulgarian Loan Negotiations", *The Times*, 3 dez. 1927, p. 12; "The Problem of Security", *The Times*, 27 fev. 1928, p. 13; e "End of Geneva Meeting", *The Times*, 22 mar. 1928, p. 13.

Blackett dedicou-se especialmente ao leste global. Como membro do conselho executivo do vice-rei da Índia (1922-1928), impôs seu mandamento da austeridade fazendo que a colônia custeasse a dívida flutuante, equilibrasse o orçamento, cortasse gastos (principalmente no sistema ferroviário), estabilizasse a taxa de câmbio, estabelecesse um banco central independente e obtivesse a paridade com o ouro. Niemeyer defendeu os mesmos tipos de medidas em suas missões como especialista financeiro na Austrália (1930), no Brasil (1931) e na Argentina (1933)[22].

Os dois especialistas não eram atípicos na história do Tesouro britânico: desde a era vitoriana, a ortodoxia orçamentária e o rigor monetário haviam representado a incontestável doutrina do departamento[23]. No entanto, dado o clima sem precedentes após a Primeira Guerra Mundial, a influência de Blackett e Niemeyer outorga a eles, nesse período, uma relevância especial para a evolução da austeridade moderna. Os dois defenderam o mais puro capitalismo do *laissez-faire* num momento em que ele era amplamente contestado, tanto pelas classes trabalhadoras (como vimos nos capítulos 3 e 4) como por membros do *establishment* britânico (capítulos 1 e 2). A austeridade cristalizou-se exatamente a partir dessa contestação. Como paradoxo, evidenciou-se que para defender os "feitos naturais" do capitalismo do *laissez-faire* a ação coercitiva direta era necessária.

As contestações à austeridade a partir de dentro

A oposição à ortodoxia econômica que explodiu após a guerra teria sido suficiente para fazer os controladores do Tesouro perderem o sono. A oposição às visões econômicas e monetárias britânicas tradicionais havia se apoderado de autoridades do governo e funcionários públicos que, com a guerra, tinham sido apresentados a um potencial fiscal aparentemente ilimitado do aparato estatal. A ortodoxa "Treasury View" [Visão do Tesouro][24] – segundo a qual havia

---

[22] Para uma discussão sobre o entendimento de Niemeyer quanto ao papel da instituição do Banco Central na Argentina, ver Florencia Sember, "El papel de Raúl Prebisch en la creación del Banco Central de la República Argentina", *Estudios críticos del desarrollo*, v. 2, n. 3, 2012, p. 133-57; disponível on-line.

[23] M. J. Daunton, *Just Taxes: The Politics of Taxation in Britain, 1914-1979* (Nova York, Cambridge University Press, 2002), cap. 1-3, fala sobre uma "constituição fiscal gladstoniana". Sobre o legado vitoriano, ver G. C. Peden, *British Economic and Social Policy: Lloyd George to Margaret Thatcher* (Deddington, P. Allan, 1985), p. 1-12.

[24] Para exposições sobre o teor da "Treasury View", ver Robert Skidelsky, "Keynes and the Treasury View: The Case for and against an Active Unemployment Policy, 1920-1929", em Wolfgang

limites naturais para a formação de capital e os empréstimos governamentais – não tinha mais como se sustentar. O argumento foi defendido repetidamente: as necessidades de reconstrução e os projetos sociais exigiam empréstimos baratos. A suspensão formal do padrão-ouro em março de 1919 expôs a recém-descoberta prioridade de evitar o desemprego. Como até mesmo o jornal do *establishment* havia afirmado, o momento marcou uma palpável "derrota dos partidários do dinheiro caro", que foi rotulado de "ineficaz" e "proibitivo"[25].

Manifestações de revolta econômica foram coletadas nos arquivos confidenciais dos controladores de finanças, atestando sua aparente disposição de observar os inimigos antes de derrubá-los. Mesmo quando a mordida da austeridade começou a doer, a oposição não esmoreceu de imediato; e isso estava meticulosamente registrado naqueles arquivos mantidos pelo Tesouro. As imagens 6.1 e 6.2 dão uma ideia da continuidade da insatisfação durante a primeira parte da década de 1920.

Em maio de 1920, palavras duras apareceram no jornal *The Times*. Foi publicada a carta de um leitor que expressava uma das percepções norteadoras deste livro: "A redução do poder de compra é uma proposta viável neste momento? É consistente com as esperanças que foram abraçadas como resultado da melhoria nas condições da classe trabalhadora?"[26].

> **HIGH PRICES.**
>
> **REMEDY OF INCREASED SUPPLY.**
>
> **MEANS OF DEFLATION.**
> TO THE EDITOR OF THE TIMES.
>
> Is the reduction of that purchasing power a practicable proposition at the present time ? Is it consistent with the hopes which have been held out of a betterment in the condition of our working classes ?

6.1: Recorte da carta de um leitor intitulada "High Price", *The Times*, 18 maio 1920, p. 10.

Mommsen (org.), *The Emergence of the Welfare State in Britain and Germany, 1850-1950* (Londres, Routledge, 1981), e Clara Mattei, "The Conceptual Roots of Contemporary Austerity Doctrine: A New Perspective on the 'British Treasury View'", *New School Economic Review (NSER)*, v. 8, 2016; disponível on-line.

[25] "City Notes", *The Times*, 31 mar. 1919, p. 21.
[26] "High Prices", *The Times*, 18 maio 1920, p. 10.

> CITY OFFICE: 15, COPTHALL-AVENUE, E.C.2.
> TELEPHONE: LONDON-WALL 7767.
>
> ## CITY NOTES.
>
> ### BETTER MARKETS.
>
> ### MR. MCKENNA'S SPEECH.
>
> **"Forced" Credit Restriction?**
>
> Some people, we imagine, in perusing the full speech, may stumble over the last portion of it. Mr. McKenna said that a forced restriction of purchasing power could not fail to depress trade and cause unemployment.

6.2: "City Notes", *The Times*, 25 out. 1923, p. 18.

Em outubro de 1923, o jornal *The Times* divulgou as críticas do senhor McKenna, presidente do London Joint Stock and Midland Bank e ex-ministro das Finanças (1915-1916), que em um discurso na Câmara de Comércio de Belfast condenou as consequências da política deflacionária do Tesouro que derrubou os preços por meio da "restrição forçada do poder de compra [...], o que não poderia deixar de pressionar o comércio e causar desemprego"[27]. Portanto, tratava-se de um duplo sacrifício para a população em geral: sem consumo e sem emprego.

Em junho de 1924, o comitê consultivo de finanças e comércio do congresso de sindicatos e o Partido Trabalhista divulgaram um memorando em que declaravam suas "graves objeções" a uma maior deflação com o objetivo de garantir o padrão-ouro: isso condenaria as pessoas ao desemprego. Eles advertiram: "Neste momento, uma insistência na elevação da taxa básica de juros, independentemente do que se diga no longo prazo, se parece muito com um *sacrifício dos interesses imediatos da comunidade em geral* em favor dos interesses imediatos dos banqueiros"[28]. Como mostra a figura 6.3, Niemeyer sublinhou

---

[27] "City Notes", *The Times*, 25 out. 1923, p. 18; ver também em T. 176/5, fol. 150.
[28] Ver o artigo "The Proposed Raise in the Bank Rate in the Near Future", de J. E. Norton, em T. 176/5, parte 2, fols. 2-4, jun. 1924.

e comentou a fundo o memorando. O documento, como tantos outros, atesta a consciência geral da principal questão política em jogo: as políticas de austeridade tinham como base o sacrifício da vasta maioria dos cidadãos britânicos.

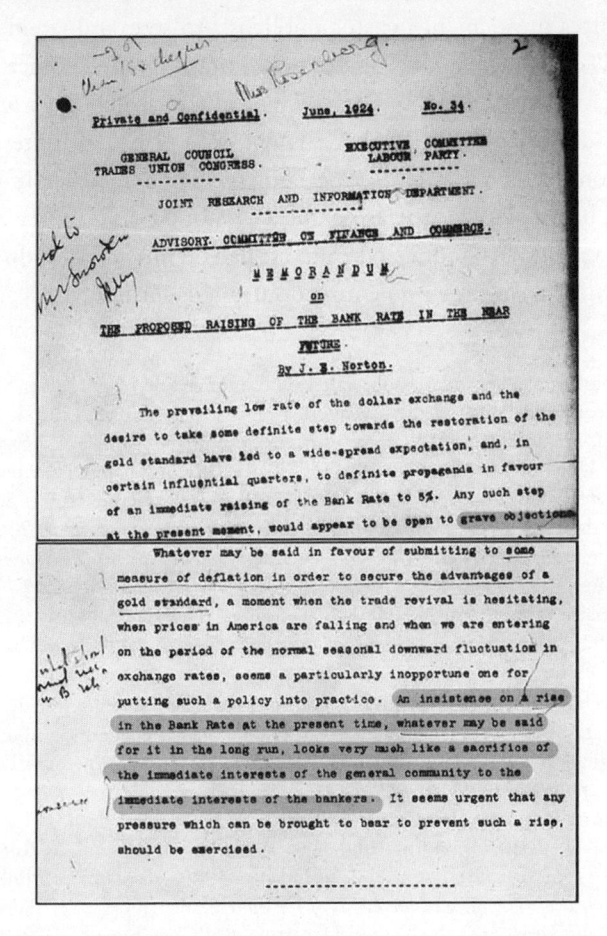

6.3. Comitê consultivo de finanças e comércio do congresso de sindicatos, memorando sobre a proposta de aumento da taxa básica de juros em um futuro próximo, jun. 1924, em T. 176/5, parte 2, fols. 2-4.

Como os especialistas foram capazes de lidar com um ataque desse tipo originado no próprio cerne do *establishment*? A resposta estava no recurso à alta teoria econômica. De fato, o entrelaçamento da teoria econômica e das políticas de austeridade – tão crucial em um momento de forte contestação – é a característica definidora da austeridade como a conhecemos hoje, em que o consenso complementa a coerção.

A defesa da austeridade: o aporte da teoria econômica

Diante da oposição implacável, Niemeyer e Blackett precisavam de bases intelectuais sólidas para encorajar o ministro das Finanças a adotar o dinheiro caro e os cortes drásticos nos gastos públicos. Ao se examinarem os arquivos confidenciais dos controladores do Tesouro – praticamente a única fonte direta de informação disponível sobre as crenças econômicas deles –, a onipresença e a influência do economista Ralph G. Hawtrey[29], principal fonte de conhecimento econômico para Blackett e especialmente para Niemeyer, impressionam. Na verdade, há amplas evidências de que a economia de Hawtrey aprimorou e fortaleceu[30] a postura econômica do alto escalão de funcionários do Tesouro, de modo a permitir o surgimento de uma doutrina da austeridade.

---

[29] Para uma bibliografia secundária sobre a teoria econômica de Hawtrey, ver Susan Howson, "Monetary Theory and Policy in the Twentieth Century: The Career of R. G. Hawtrey", em M. Flinn (org.), *Proceedings of the Seventh International Economic History Conference* (Edimburgo, Edinburgh University Press, 1978); R. D. C. Black, "Ralph George Hawtrey 1879-1975", *Proceedings of the British Academy*, n. 63 (Londres, British Academy, 1977); Susan Howson, "Hawtrey and the Real World", em Geoffrey Harcourt, (org.), *Keynes and His Contemporaries* (Londres, Macmillan, 1985); Patrick. R. G. Deutscher, *Hawtrey and the Development of Macroeconomics* (Londres, Macmillan, 1990); Alan Gaukroger, *The Director of Financial Enquiries* (tese de PhD, University of Huddersfield, 2008); Clara Mattei, "Hawtrey, Austerity, and the 'Treasury View', 1918-1925", *Journal of the History of Economic Thought*, v. 40, n. 4, 2018, p. 471-92; ambos disponíveis on-line.

[30] Têm acontecido amplos debates sobre a relação entre ideias e conhecimentos práticos: isto é, se a visão do Tesouro foi principalmente o resultado da teoria econômica ou um produto das tradições das finanças públicas e da cidade de Londres. Ver Susan Howson e Donald Winch, *The Economic Advisory Council, 1930-1939: A Study in Economic Advice during Depression and Recovery* (Cambridge, Cambridge University Press, 1977); Jim Tomlinson, *Problems of British Economic Policy, 1870-1945* (Londres, Routledge, 1981), disponível on-line; Roger Middleton, *Towards the Managed Economy*, (Nova York, Routledge, 1985), disponível on-line; Simon Clarke, *Keynesianism, Monetarism, and the Crisis of the State* (Aldershot, Gower Publishing, 1988); G. C. Peden, "The Treasury as the Central Department of Government, 1919-1939", *Citation Public Administration*, v. 61, n. 4, 1983, "The 'Treasury View' on Public Works and Employment in the Interwar Period", *Economic History Review*, v. 37, n. 2, 1984, "The Treasury View in the Interwar Period: An Example of Political Economy?", em Bernard Corry (org.), *Unemployment and the Economists* (Cheltenham, Edward Elgar, 1996); *The Treasury and British Public Policy, 1906-1959* (Oxford, Oxford University Press, 2000); "The Treasury and the City", em Philip Williamson; R. C. Michie, *The British Government and the City of London in the Twentieth Century* (Cambridge, Cambridge University Press, 2004); e Clara Mattei, "The Conceptual Roots of Contemporary Austerity Doctrine: A New Perspective on the 'British Treasury View'", cit., "Hawtrey, Austerity, and the 'Treasury View', 1918-1925", cit., e "Treasury View and Post-WWI British Austerity: Basil Blackett, Otto Niemeyer and Ralph Hawtrey", *Cambridge Journal of Economics*, v. 42, n. 4, jul. 2018, p. 1.123-44; disponível on-line. Nossa tese propicia uma integração

Hawtrey nasceu em uma família abastada em Slough, cidade trinta quilômetros a oeste do centro de Londres. Seguiu o *cursus honorum* da elite britânica: formou-se em Eton, escola particular número um do país, e, depois de estudar matemática no Trinity College, em Cambridge, seguiu carreira como funcionário público. Em 1919, nomeado diretor de investigações financeiras, enfim foi "elevado a um posto suficientemente alto no Tesouro para participar do processo interno de definição de políticas"[31]. O papel de Hawtrey era o de primeiro "economista interno", cujo dever era oferecer comentários e recomendações sobre cada aspecto da política econômica[32], função que manteve até se aposentar, em 1947, quando aceitou uma cátedra no Royal Institute of International Affairs. Durante sua permanência no Tesouro, Hawtrey foi o único alto funcionário estudioso de economia com prestígio internacional; a coroação de sua carreira acadêmica veio em 1959, com uma bolsa honorária no Trinity College[33]. Hawtrey estabeleceu seu nome como um proeminente economista monetarista com seu *Good and Bad Trade* [Bom e mau negócio],

---

dessas perspectivas: o Tesouro britânico certamente não adotou as regras fiscais e o rigor monetário *devido à* teoria de Hawtrey, mas essa teoria foi fundamental para elaborar a austeridade em sua forma mais completa após a guerra. O próprio Hawtrey tinha sido bastante influenciado pela sabedoria prática de seus colegas mais antigos no Tesouro, em especial John Bradbury – o influente funcionário pró-austeridade que precedeu Blackett e Niemeyer na condução do Tesouro no cargo de secretário permanente adjunto (1913-1919). Além disso, Hawtrey era um tanto arredio à ortodoxia econômica acadêmica, o que lhe permitiu apresentar ideias originais que escapavam às muitas restrições do pensamento econômico convencional. Como observa Peden, quando Hawtrey escreveu seus primeiros livros, ele não era "de todo familiarizado com a atual bibliografia". G. C. Peden, "The Treasury View in the Interwar Period", cit. No texto de Hawtrey de 1913, a única referência a outro economista foi a Irving Fisher, e essa referência foi acrescentada depois que Hawtrey já havia terminado o primeiro rascunho da obra. Além disso, Hawtrey negou que sua teoria dos ciclos econômicos derivasse da de Alfred Marshall; Patrick R. G. Deutscher, *Hawtrey and the Development of Macroeconomics*, cit., 8, p. 247.

[31] Sua posição como economista interno, no entanto, não era alta o bastante para se dirigir diretamente ao ministro por iniciativa própria. Na maioria das vezes, Hawtrey transmitia suas ideias por um controlador: isto é, através de Blackett ou Niemeyer.

[32] A influência de Hawtrey sobre os funcionários do Tesouro havia diminuído na década de 1930. Susan Howson, *Monetary Theory and Policy in the Twentieth Century*, cit., p. 509-10. Ele não estava envolvido em dar recomendações econômicas durante a Segunda Guerra Mundial, época em que já havia passado da idade de se aposentar. Ele estava encarregado do registro da política financeira.

[33] Hawtrey foi um escritor prolífico: entre 1913 e 1940, publicou doze livros e pelo menos 44 artigos, sem contar as numerosas resenhas de livros que escrevia regularmente para revistas de economia. Hawtrey tornou-se membro da academia britânica em 1935 e, depois de se aposentar, atuou como presidente da Royal Economic Society de 1946 a 1948.

de 1913 – livro que sistematizou o ciclo econômico monetário. Sua reputação aumentou em 1919, com *Currency and Credit*.

Keynes, que foi extremamente influenciado por seu colega e amigo Hawtrey, aclamou *Currency and Credit* como "um dos mais originais e profundos tratados sobre a teoria do dinheiro a surgir em muitos anos"[34]. O texto foi o primeiro a desenvolver ideias hoje entendidas como keynesianas, incluindo a influência central da renda do consumidor e do desembolso do consumidor no ciclo econômico monetário e sua implicação necessária: a essência da gestão monetária consiste em muito mais do que manipular a quantidade de dinheiro em circulação, como pretende a tradicional teoria quantitativa da moeda[35]. Ela reside mais profundamente na manipulação do comportamento dos agentes econômicos reais no que diz respeito a suas receitas e suas despesas.

Currency and Credit foi bastante utilizado como livro acadêmico na década de 1920. Tornou-se um texto obrigatório no exame Cambridge Tripos em economia e também no exterior, inclusive no departamento de economia de Harvard, onde Hawtrey lecionou como professor visitante em 1928-1929. David Laidler documentou como, durante o entreguerras, a influência de Hawtrey chegou à Escola de Economia de Chicago[36].

Hawtrey teve alguns momentos brilhantes, especialmente na Conferência Financeira de Gênova, em 1922, onde sua voz predominou sobre todas as outras. Anos depois, o especialista recordou as "reuniões regulares com os delegados e outros representantes todas as noites, depois dos trabalhos do dia"[37]. Hawtrey já havia apresentado o esboço de suas prescrições (aprovadas por Blackett e Norman) nas reuniões preliminares de especialistas em Londres; o código financeiro de austeridade de Gênova as incorporou. Outro grande momento aconteceu quando ele aconselhou pessoalmente o então ministro Churchill a

---

[34] Keynes, 1920, em G. C. Peden, "The Treasury View in the Interwar Period", cit.

[35] Em última análise, Hawtrey tinha uma teoria monetária do ciclo econômico excessivamente consumista que diferia de uma leitura monetarista padrão. Segundo ele: "A teoria quantitativa por si só é inadequada e leva ao método de tratamento baseado no que chamei de renda dos consumidores e desembolso dos consumidores – ou seja, apenas os agregados de receitas e gastos individuais". Hawtrey, *Currency and Credit*, cit., prefácio, p. v.

[36] David Laidler, "Hawtrey and the Origins of the Chicago Tradition", *Journal of Political Economy*, v. 10, n. 6, 1993.

[37] Conversas com Francis Spreng em 1973 e 1974, reimp. em Susan Howson, "Hawtrey and the Real World", cit., p. 156.

tomar a controversa decisão de declarar o retorno ao padrão-ouro[38]. Mais que esses episódios específicos, no entanto, o verdadeiro impacto de Hawtrey foi sua marca indelével nas mentes mais poderosas do Tesouro[39].

Blackett e Niemeyer regularmente escreviam bilhetes para Hawtrey pedindo sua assessoria em assuntos econômicos, desde as questões mais técnicas e estatísticas até sugestões para medidas precisas[40]. As fecundas respostas de Hawtrey, na forma de memorandos, eram minuciosamente sublinhadas, estudadas, intercambiadas e discutidas. As recomendações dele sobre princípios monetários e fiscais se disseminaram fora do Tesouro, inclusive em outra das principais instituições tecnocráticas da Grã-Bretanha – o conselho do Banco da Inglaterra.

---

[38] G. C. Peden, "The Treasury and the City", cit., p. 33-9. Sobre as opiniões otimistas de Hawtrey de retorno ao padrão-ouro sem aumentar a deflação monetária, ver Clara Mattei, "Journal of the History of Economic Thought", v. 40, n. 4, 2018, p. 471-92; disponível online e "Treasury View and Post-WWI British Austerity", cit. Vale a pena observar que Hawtrey não endossou um padrão-ouro puro; ao contrário, ele propôs um padrão de troca de ouro que permitiria aos bancos centrais manter um limite na quantidade de reservas em moedas vinculadas ao ouro como sendo totalmente equivalente ao ouro; dessa forma, economiza-se no uso de ouro e reduz-se o excesso de demanda por ele, o que aumentaria ainda mais a necessidade de deflação. Além disso, Hawtrey recomendou que os bancos centrais, pelo menos o Federal Reserve System e o Banco da Inglaterra, deveriam cooperar para controlar a oferta de crédito tomando por referência um índice de preços e outros indicadores da situação comercial. Hawtrey acreditava que o padrão-ouro que ele propôs em Gênova era um aprimoramento marcante da concepção pré-guerra: "As presentes resoluções melhoram o padrão pré-guerra de duas maneiras: 1) adotando um padrão de troca que economizará o uso real de ouro; 2) coordenando o valor do ouro como moeda para estabilizar seu valor em relação às mercadorias. (O segundo representa o mais esperançoso método para atingir a estabilização.)". T. 208/28, fol. 11.

[39] Dados de arquivo sobre as conversas entre eles são uma base para desafiar a imagem convencional de Hawtrey como um intelectual respeitado que ainda "permanecia distante do processo principal de tomada de decisões". Patrick. R. G. Deutscher, *Hawtrey and the Development of Macroeconomics*, cit., p. 3. Essa imagem se popularizou a partir da fala de Winston Churchill de que "o erudito seja libertado da masmorra em que disseram que o emparedamos" – citado em R. D. C. Black, "Ralph George Hawtrey 1879-1975", cit., p. 379 – e da referência de John Maynard Keynes ao "remanso Hawtrey". Howson e Winch, 1977, p. 25. Essa imagem persistiu apesar da tentativa de correção de Robert Black. R. D. C. Black, "Ralph George Hawtrey 1879-1975", cit., p. 378.

[40] Um impressionante conjunto de arquivos de Niemeyer sobre política monetária compreende principalmente os memorandos de Hawtrey. Ver T. 176/5. Um exemplo de como Niemeyer implementou ativamente as ideias de Hawtrey está em sua correspondência com o burocrata da Organização Internacional do Trabalho (OIT), *sir* Llewellyn Smith. A fim de formular suas respostas, Niemeyer escrevia a Hawtrey pedindo informações sobre a relação entre política monetária e desemprego. As cartas para Smith mostram que Niemeyer usou totalmente os memorandos de Hawtrey, sendo o tema principal o conceito de estabilização de crédito de Hawtrey como a solução definitiva para o desemprego. Ver T. 208/95.

Hawtrey teve frequentes conversas pessoais com o presidente do banco, Montagu Norman, ainda mais durante os acalorados anos de 1919 a 1924. Norman muitas vezes lhe pedia conselhos sobre o programa monetário que deveria ser implementado, e os dois entravam em acordo. Em 1920, Norman mostrou um espírito aguçado e questionador em sua resposta ao memorando de Hawtrey endossando a decisão de aumentar a taxa de juros para 7%: "É claro que estou bastante de acordo quanto ao memorando que gentilmente me enviou. [...] Gostaria que você considerasse esta observação – não poderíamos nós, da escola do dinheiro caro, ser criticados por má-fé se a alíquota fosse elevada agora?"[41].

O reconhecimento do trabalho econômico de Hawtrey por Norman se espalhou por toda a corte, que ao longo da década de 1920 foi educada na economia hawtreyiana. "Caro senhor Hawtrey", escreveu Norman em 1923, "foi muito gentil de sua parte me enviar uma cópia de seu novo volume de ensaios. Seus trabalhos são sempre lidos aqui com grande interesse, e, embora já tenhamos estudado uma ou duas das séries atuais, não é por isso que daremos menos valor ao livro. Atenciosamente"[42]. Ocasiões de persuasão intelectual entre os membros da elite governante britânica eram frequentes. Banqueiros, altos funcionários do Tesouro e economistas eram vistos como associados. Por exemplo, o Tuesday Club – pequeno clube de jantar iniciado pelo corretor da bolsa Oswald Toynbee Falk em 1917 – reunia financiadores, jornalistas financeiros, economistas acadêmicos e altos funcionários do Tesouro para discutir questões econômicas e os problemas financeiros posteriores[43]. Os membros regulares incluíam Blackett, Niemeyer e Norman, assim como Keynes, que era um dos membros fundadores.

Em suma, a economia hawtreyiana se espalhou por toda parte, incorporando-se à visão de mundo das mentes mais poderosas de importantes instituições tecnocráticas que implementaram a austeridade após a Primeira Guerra Mundial.

---

[41] Em 12 de outubro de 1922, Norman escreveu: "Caro Hawtrey, obrigado por me enviar seu artigo sobre as resoluções de Gênova. Li-o com apreço pela lucidez de seu argumento e a força de seu pensamento e diria que os bancos centrais poderiam atingir na prática o ideal que está diante deles!".

[42] 6 fev. 1923, GBR/0014/HTRY 10/11, Churchill Archives Centre.

[43] Robert Skidelsky, *John Maynard Keynes: Economist, Philosopher, Statesman* (Londres, Macmillan, 2003), p. 203. Outros participantes do Tuesday Club incluíam os economistas Walter Layton, Hubert Henderson e Dennis H. Robertson; investidores como Charles Addis, Bob Brand, Reginald McKenna e Henry Strakosch; servidores públicos como John Anderson e Josiah Stamp; e jornalistas financeiros como A. W. Kiddy e Hartley Withers. Ibidem, p. 264.

Num momento em que os cortes orçamentários e as políticas de dinheiro caro tinham perdido seu verniz de medidas "naturais" e enfrentavam uma dura reação pública, era necessário que a teoria econômica as justificasse. A fundamentação das medidas na teoria econômica veio por meio de personalidades nas alavancas do poder. Essa foi a verdadeira novidade da austeridade – projeto que era ao mesmo tempo teoria e tomada de decisões, ao mesmo tempo processo ideológico, material e pessoal.

Combater a inflação

Currency and Credit foi escrito como um modelo geral da economia mundial, mas também refletiu as preocupações de Hawtrey com as lutas econômicas iminentes. Na verdade, sua análise foi conduzida por uma fixação principal: a tendência inerente de uma economia de mercado de entrar em espiral inflacionária.

A inflação, acreditava Hawtrey, era a expressão viciosa da "natureza indisciplinada" do crédito. O crédito era a base da economia de mercado. Hawtrey concebia a economia de mercado como uma grande máquina de crédito, pela qual qualquer tipo de relação econômica poderia ser entendida como troca de dívida e crédito entre compradores e vendedores[44]. Nesse contexto, as relações de troca entre consumidores e produtores ofuscavam as relações de classe inerentes ao processo de produção.

Apesar de seu jargão técnico, a mensagem do modelo de Hawtrey era bem simples: a inflação era a principal ameaça à economia de mercado, e as causas da inflação repousavam fundamentalmente nos gastos por parte da população em geral – especialmente os escalões inferiores. Aliás, a natureza "indisciplinada" do crédito, bem como sua tendência à expansão excessiva, eram fundamentalmente baseadas no comportamento *indisciplinado* da maioria dos cidadãos

---

[44] O conceito de moeda era secundário ao de crédito (ou dívida, dívida sendo apenas o oposto do crédito), pois o dinheiro nada mais era que "o meio com o qual dívidas são legalmente amortizáveis". Ralph George Hawtrey, "Currency and Public Administration", *Public Administration*, v. 3, n. 3, 1925, p. 232. Essa perspectiva de Hawtrey claramente diferia de outras teorias monetárias, como as propostas por Marx e por Keynes (depois de 1936 em *Teoria geral*), que compreendiam o dinheiro como reserva de valor. Para Hawtrey, a iniciativa de produção recaía sobre as encomendas do " distribuidor" ou sob as ordens do "distribuidor" ou comerciante, ou seja, o intermediário entre o produtor e o consumidor. O processo subsequente de produção dá origem a uma sequência de dívidas: "O fabricante ou empreiteiro fica endividado dia a dia com seus funcionários. O comerciante fica em dívida com o fabricante". Idem, *Currency and Credit*, cit., p. 376.

que exerciam um consumo "improdutivo". O problema não era a expansão do crédito *em si*, mas o aumento do *consumo* que dela resultava e que impulsionava um novo aumento do crédito. Nas palavras de Hawtrey, "o crédito, criado para fins de produção, torna-se poder de compra nas mãos das pessoas envolvidas na produção; quanto maior a grandeza do crédito gerado, maior a magnitude do poder de compra"[45].

Hawtrey assinalou o impacto que a expansão do crédito tinha sobre a "demanda efetiva"[46] – conceito macroeconômico crucial que ele introduziu em 1913 e que Keynes desenvolveria em seu livro *Teoria geral*. A expansão do crédito aumentava a demanda efetiva, definida como "a grandeza do poder de compra nas mãos do público"[47].

---

[45] Ibidem, p. 13.

[46] Outras passagens apontam para a relação entre o aumento do crédito e um aumento da demanda efetiva: "Então chegamos à conclusão de que uma aceleração ou um atraso na criação de crédito significa um aumento ou uma diminuição equivalente da renda das pessoas". Ibidem, p. 40. E ainda: "A inflação consiste no alastramento da infecção dos preços elevados por meio da produção para a renda dos consumidores e, portanto, para o desembolso dos consumidores". Ibidem, p. 114.

[47] Ibidem, p. 350. Assim como Keynes em 1930, já em 1919 Hawtrey entendia a demanda efetiva como composta por dois elementos: a fração do poder de compra aplicável ao consumo e a fração aplicável ao investimento. Hawtrey escreveu: "O poder de compra aplicável à acumulação, distinto do consumo, vem de duas fontes – da poupança e dos empréstimos bancários". Ibidem, p. 348. Keynes especificou que a demanda efetiva é o ponto em que a demanda agregada é igual à oferta agregada. Keynes entende esse ponto de equilíbrio da perspectiva do empreendedor, de tal maneira que a demanda agregada é a receita esperada por ele a partir do emprego de certo número de homens (o que corresponde às expectativas sobre quanto a sociedade gasta em consumo e quanto gasta em investimento). A oferta agregada, por sua vez, é a referência: a grandeza das receitas que um empresário deve esperar para justificar seu desembolso em salários ("expectativas de rendimentos necessários para empregar x homens"). A inovação que explica por que Keynes atribuiu tanta importância aos gastos do governo é sua ideia de que, no capitalismo de livre mercado, a demanda efetiva costuma ser deficiente no que diz respeito ao nível necessário para alcançar o pleno emprego. Isso porque, na maioria das vezes, os empresários não têm expectativas altas o suficiente para investir de fato. O problema da poupança ociosa não era uma questão para Hawtrey, que acreditava que o dinheiro que foi economizado seria gasto "mais cedo ou mais tarde" em capital fixo ou investido fora do país. Assim, enquanto os modelos de Hawtrey se preocupam mais com a inflação causada pelo excesso de consumo, a principal preocupação de Keynes na década de 1930 reside na falta de investimento (também motivada pelo subconsumo). É interessante observar, no entanto, que em 1919 Hawtrey introduziu uma ideia posteriormente incluída na estrutura keynesiana: ele aponta para o fato de que a oferta é regida pela demanda efetiva. Em suas palavras, "o emprego de recursos produtivos do país é governado pela demanda efetiva". Ibidem, p. 348. E repete: "A produção alimenta a demanda, a demanda estimula a produção". Ibidem, p. 376.

Para Hawtrey, essa espiral de consumo excessivo era cada vez mais perigosa porque não era capaz de se autocorrigir. Em uma alta econômica, o aumento da renda significa mais compras pelos consumidores em geral (isto é, trabalhadores), o que "se refletirá rapidamente em novas encomendas para reabastecer os estoques de mercadorias" do comerciante (ou revendedor), colocando a máquina de crédito em hiperatividade[48]. Depois de certo ponto, a sociedade atinge seus limites produtivos e os preços começam a subir (ou seja, a oferta não cresce), sobrecarregando bem mais a máquina de crédito e depreciando o valor do dinheiro ainda mais[49]. Essa espiral tem um efeito autossustentável: a maior demanda das pessoas sustenta seus próprios empregos, já que suas compras esgotam o estoque de mercadorias; os comerciantes, assim, fazem mais encomendas, induzindo os produtores a aumentar a produção contratando mais trabalhadores. Nesse sentido, o emprego e os salários mais altos não são vistos como conquista do progresso econômico, mas como ameaça ao padrão de valor.

A guerra e o clima do pós-guerra imediato tornaram essas dinâmicas ainda mais pronunciadas: "Os preços serão altos porque, esgotados, os estoques de bens serão expostos a uma demanda efetiva ampla, sendo que a grandeza de poder de compra nas mãos do público foi dilatada sob condições de guerra e a renda dos consumidores foi mantida em um nível elevado, correspondente à atividade de produção"[50].

A "expansão viciosa" do crédito, argumentava Hawtrey, não desqualificava apenas o padrão interno de valor; desqualificava também o padrão externo. Hawtrey não poderia ser mais explícito: "É preciso lembrar que a causa *direta*

---

[48] "Uma expansão indefinida do crédito parece ser do interesse imediato de comerciantes e banqueiros. A subida contínua e progressiva dos preços torna lucrativo manter mercadorias em estoque, e a taxa de juros que o comerciante detentor de tais bens está disposto a pagar é igualmente alta". Ibidem, p. 13. Foi esse mecanismo inflacionário autopropulsor, acionado por reações racionais dos agentes econômicos, segundo os quais "há uma tendência inerente aos comerciantes de tomar cada vez mais empréstimos e aos banqueiros de emprestar cada vez mais" (ibidem, p. 30), que provocou um aumento na velocidade de circulação da unidade monetária e, portanto, uma depreciação da moeda. Seguiu-se que "as tendências expansivas do crédito estão em conflito perpétuo com a manutenção de um padrão fixo de valor" (ibidem, p. 16), já que a moeda "poderia ser depreciada indefinidamente". Ibidem, p. 52.

[49] Hawtrey explica: "À medida que os preços sobem, a quantidade de crédito necessária para financiar determinada remessa de mercadorias aumenta proporcionalmente e a criação de crédito é ainda mais acelerada". Ibidem, p. 43.

[50] Ibidem, p. 350.

de trocas adversas é comprar demais [...]; a compra dos revendedores tende a seguir a compra dos consumidores"⁵¹. No modelo de Hawtrey, o aumento no desembolso dos consumidores – sua capacidade de gastar – produz um movimento adverso de divisas, já que atrai importações adicionais e desvia algumas possíveis exportações para o mercado interno⁵².

Em seu conselho ao ministro Chamberlain, Blackett adotou um enfoque hawtreyiano quanto à gravidade da inflação britânica do pós-guerra. A elevação dos preços era apenas a indicação mais visível do aumento do "poder de compra da comunidade"⁵³, que atingiu o auge com a guerra expansionista do governo e as políticas do pós-guerra. Blackett argumentou que o governo exacerbou essa espiral elevando artificialmente a quantidade de dinheiro nas mãos das pessoas. Mais precisamente, o controlador deixou explícito que o aumento do poder de compra de uma parcela *específica* da população era o responsável por um pico de preço tão dramático: "A redistribuição do poder de compra entre as várias classes da comunidade tem sido alterada em favor daqueles cujas compras foram mais severamente restringidas pela limitação de suas carteiras"⁵⁴.

Blackett deduziu as consequências de classe ocultadas pela sintaxe neutra do modelo hawtreyiano: a causa da crise repousava no comportamento esbanjador dos trabalhadores. Considerando-se que antes da guerra eles estavam limitados por restrições econômicas, quando os salários aumentaram os trabalhadores encontravam-se essencialmente relutantes em poupar.

Durante seus esforços para o War Savings Committee, Blackett denunciou como "[esta] guerra está trazendo, em todos os países beligerantes, grandes somas aos bolsos dos assalariados"⁵⁵. Pela primeira vez, disse Blackett, havia "algum excedente além das necessidades básicas" que poderia ser poupado; no entanto, "havia, infelizmente, uma terrível quantidade de extravagância inútil e esbanjadora" e "o comércio de joias baratas estava crescendo". Esses ataques classistas de fato não estavam longe da compreensão do próprio Hawtrey, ao menos quando se atravessa o véu de suas abstrações econômicas.

---

⁵¹ Ibidem, p. 352, itálico no original.
⁵² Nesse sentido, Hawtrey esteve entre os primeiros a introduzir a abordagem da renda na teoria do comércio internacional.
⁵³ "Dear Money", 12 fev. 1920, T. 176/5, parte 2, fol. 50.
⁵⁴ Ibidem, T. 176/5, parte 2, fol. 48.
⁵⁵ Ibidem, p. 77.

Currency and Credit apresentou dois tipos de consumidores: "Onde há aumento de renda, o homem parcimonioso tenderá a investir sua sorte inesperada, e o não parcimonioso, a gastá-la"[56]. Eram as ações do homem "parcimonioso" e "prudente" que evitavam a espiral inflacionária; ele poupava em vez de gastar. Hawtrey, Blackett e Niemeyer compartilhavam de um pressuposto bem fundamentado na ortodoxia econômica da época: a poupança implicava automaticamente o investimento, restaurando, assim, "o equipamento de capital fixo da nação e seus estoques de mercadorias básicas"[57]. A reconstrução exigia uma grande oferta de capital, e "não há como o capital ser disponibilizado exceto pela poupança"[58].

Um quadro moral e individualista desse tipo retratava todos os agentes da sociedade *decidindo* se deviam ser consumidores esbanjadores ou parcimoniosos. No entanto, em suas esparsas referências aos trabalhadores (em contraste com a predominância de seu foco nos consumidores), o próprio Hawtrey não pôde deixar de considerar de forma tácita as condições materiais estruturalmente diferentes que, em última análise, classificavam o trabalhador como o tipo "não poupador". Para ele, os assalariados agiam de forma unidimensional, ou seja, gastando o próprio salário "ao longo da semana com suas despesas cotidianas"[59]. Captando uma realidade concreta da época, Hawtrey supunha que trabalhadores não tinham contas bancárias (exceto os raros tipos parcimoniosos[60],

---

[56] Ralph George Hawtrey, *Currency and Credit*, cit., p. 42.

[57] Ibidem, p. 348. Juntamente com seus colegas, Hawtrey aderiu de maneira acrítica à conhecida lei de Say, que descreve a poupança fluindo suavemente para a torrente de gastos. Poupança e investimento eram considerados equacionados pela variação da taxa de juros. Nesse sentido, o problema do subinvestimento, que também pode ser chamado de poupança excessiva, em geral não era uma preocupação. Para Hawtrey, tais fluxos eram mantidos igualados pelo funcionamento do mercado de investimentos. Ver E. G. R. G. Davis, 1879-1975, *Pioneers of Modern Economics in Britain*, p. 213-5. Sobre as visões de Hawtrey, ver também G. C. Peden, "The Treasury View in the Interwar Period", cit., p. 75-81.

[58] Basil Blackett, *War Savings in Great Britain, or The Gospel of Goods and Services, Addresses*, cit., p. 20-1. Hawtrey concordou e advertiu: "Se os gastos forem direcionados excessivamente para o consumo e escassamente para o investimento, o processo de recuperação econômica atrasa e a escassez de mercadorias básicas é intensificada e prolongada". Ralph George Hawtrey, *Currency and Credit*, cit., p. 350.

[59] Ralph George Hawtrey, *Currency and Credit*, cit., p. 20.

[60] O "homem parcimonioso" da classe trabalhadora podia "colocar suas economias em uma caixa econômica; no entanto, "ele deve primeiro garantir que tem um pouco de dinheiro em casa". Ibidem, p. 22.

especificou), sendo que o dinheiro representava a totalidade da renda líquida da população em geral. Nesse sentido, a maior parte dos salários "volta para os varejistas em troca dos bens adquiridos"[61].

Como consequência, os únicos consumidores que conseguiam ser virtuosos e poupar eram, de fato, os burgueses. Para serem virtuosos, os demais podiam apenas submeter-se e abster-se reduzindo a própria renda. Por isso a presença de duas categorias de agentes na sociedade: aqueles que podiam realizar poupança no sentido positivo (investindo) e a maioria que deve ser levada a empreendê-la no sentido negativo (abstendo-se)[62]. Ainda hoje, os principais economistas fazem essas distinções falando sobre as diferenças nas propensões a poupar (ou a consumir), e, se olharmos com atenção, essas propensões estão tacitamente associadas às diferenças de classe. A implicação é que os rendimentos mais baixos se devem a hábitos esbanjadores individuais, não às posições subordinadas dos trabalhadores nas relações sociais capitalistas de produção.

Blackett e Niemeyer denunciaram a sociedade do pós-guerra como uma distorção do roteiro virtuoso de acumulação de capital, um produto do modo como os indivíduos se encontravam em condições singularmente invertidas. De fato, a tradicional distribuição do poder de compra entre as classes havia sido alterada em favor da mão de obra organizada. Embora a inflação pudesse corroer os salários reais, os sindicatos conseguiram preservar o poder de compra dos trabalhadores reivindicando salários mais altos em dinheiro – inclusive entrando em greve, se necessário. Os trabalhadores obtinham, assim, novos rendimentos e tendiam a gastar tudo em mercadorias básicas nacionais ou estrangeiras. Em contrapartida, parcelas das classes média e alta – cuja renda provinha de poupança ou aluguéis – tinham experienciado uma redução de sua renda real e eram incapazes de acompanhar o ritmo dos preços[63]. Essas circunstâncias eram inimigas da estabilidade monetária e da acumulação.

---

[61] Idem.

[62] No modelo econômico de Hawtrey, o "desembolso do consumidor" incluía duas ações: consumo de bens e serviços descartáveis (consumo improdutivo) e poupança na forma de investimentos em ativos, ações e títulos (consumo produtivo). Patrick. R. G. Deutscher, *Hawtrey and the Development of Macroeconomics*, cit., sugere que a terminologia de Hawtrey não distingue entre gastos com bens e gastos com títulos. Ambos os elementos faziam parte do desembolso do consumidor.

[63] As classes médias, definidas de forma muito ampla, incluíam trabalhadores administrativos que não dispunham de sindicatos poderosos para protegê-los contra a inflação. Em uma época em que só havia pensões estatais por velhice que ficavam sujeitas à verificação de condições

De um diagnóstico classista surgiu uma solução classista. O próprio Hawtrey o afirmou, sem meias-palavras:

> A inflação do crédito, ao financiar a guerra com um *sacrifício* de grau menor que o necessário da parte do povo, na verdade atrai importações supérfluas; o problema, então, não é tanto financiar as importações, e sim evitar atraí-las. A solução deve ser encontrada não na tomada de mais dinheiro emprestado no exterior, mas *encorajando ou impondo a abstinência nacional*.[64]

O foco na abstinência revela a abordagem individualista dos peritos na resolução de problemas sociais. De forma semelhante às resoluções das conferências de Bruxelas e Gênova, eles viam as dificuldades econômicas como resultado de um comportamento individual impróprio, que por sua vez tinha de ser consertado por meio de sacrifícios em nome da recuperação econômica. Quem lê isso pode ter familiaridade com essa retórica, que permeia grande parte do discurso público ainda hoje.

Ensinar abstinência

Educar a população comum para ser parcimoniosa era imperativo – e, é claro, complicado. A campanha pela abstinência já havia começado durante a Primeira Guerra Mundial, e Blackett e Niemeyer foram membros de destaque do War Savings Movement [Movimento pela Poupança de Guerra] na Grã-Bretanha, que "aplicava a lição da abstinência patriótica contra a autoindulgência"[65]. O movimento pregava "moderação patriótica"[66], ao lado da lógica imediata de financiar o esforço estatal de guerra por meio da compra de títulos do Tesouro.

Blackett levou a missão a sério e, entre 1916 e 1917, viajou pela Grã-Bretanha e os Estados Unidos para dar palestras entusiásticas sobre como "negar a si mesmo confortos e luxos"[67]. Em um discurso público na cidade de

---

financeiras e todas as empresas privadas concediam pensões (que não eram associadas à variação dos preços), essas pessoas dependiam da acumulação de poupança ao longo da vida profissional para se sustentar na aposentadoria (comunicação pessoal com Peden).

[64] Ralph George Hawtrey, *Currency and Credit*, cit., p. 230, grifos meus.

[65] Basil Blackett, *War Savings in Great Britain, or The Gospel of Goods and Services, Addresses* (Nova York, Liberty Loan Committee, 1918), p. 30.

[66] Idem, "Thinking in Terms of Money the Cause of Many Financial Fallacies", *The Annals of the American Academy of Political and Social Science*, v. 75, 1918, p. 210.

[67] Idem, *War Savings in Great Britain, or The Gospel of Goods and Services, Addresses*, cit., p. 16.

Nova York, expôs o espírito de sacrifício que se tornaria a base da austeridade: "Produza mais, consuma menos, não desperdice nada. [...] Não importa se – ou o que – você recebe por seus serviços: consagre seu dinheiro e a si mesmo ao serviço de seu país"[68].

Essa prescrição não deveria ser interpretada como sombria e excepcional, ele esclareceu, mas como condição para que o progresso econômico se tornasse norma universal. Blackett advertiu a multidão: "Não estávamos todos cansados das extravagâncias ostensivas do período pré-guerra? A guerra não nos ensinou que nosso senso de valores estava errado?"[69]. O aprendizado do hábito da parcimônia, ele disse aos professores de Nova York, tinha de começar em uma idade muito precoce: "Ao não comprar doces, ou não ir ao cinema, elas [as crianças] poderiam aumentar a quantia a seu favor na escola da War Savings Association [Associação de Poupança de Guerra]"[70].

As classes privilegiadas tinham um papel importante a desempenhar como modelos de virtude:

> O que os ricos podem fazer é, pela força de seu exemplo pessoal, agir e influenciar a opinião pública para mostrar o caminho aos trabalhadores. [...] É incrível a diferença que o exemplo pessoal entre os abastados, e particularmente no caso das mulheres, faz na eficácia da campanha da Poupança de Guerra entre os trabalhadores.[71]

Niemeyer compartilhava dessas crenças. Uma década depois, ele exportou o modelo britânico para o Brasil ao aconselhar o governo brasileiro a "incentivar a formação de um comitê voluntário de pessoas adequadas para a organização e a propaganda da parcimônia em todo o país"[72].

Os especialistas da Grã-Bretanha, no entanto, não tinham ilusões: depois da guerra, o grau de contestação do sistema significava que os trabalhadores não estavam mais inclinados a obedecer aos ditames comportamentais das classes dirigentes. A demonstração financeira de Chamberlain de abril de 1919 expressava a mudança percebida na atitude da população:

---

[68] Ibidem. p. 70.
[69] Ibidem, p. 20.
[70] Ibidem, p. 73-4.
[71] Ibidem, p. 18.
[72] Otto Ernst Niemeyer, *Report Submitted to the Brazilian Government* (Rio de Janeiro, S. I., 1931), p. 22.

Todos nós sabemos o que aconteceu desde a assinatura do armistício. Houve uma distensão na mente dos homens. [...] Pessoas que durante a guerra se esforçaram ao máximo para poupar e colocar suas poupanças à disposição do governo estão menos dispostas a fazer esses sacrifícios agora. [...] Tanto o Parlamento quanto a população estão com um ânimo diferente hoje, e fui convocado a [...] proporcionar os meios para criar, em alguns meses ou alguns anos, um novo céu e uma nova terra.[73]

Contra esse "relaxamento" de espírito, Hawtrey, Niemeyer e Blackett defendiam políticas econômicas que impusessem diretamente a abstinência às classes trabalhadoras, frustrando qualquer relutância ao sacrifício. A austeridade fiscal, industrial e monetária serviu a esse propósito.

Austeridade fiscal

Durante o verão de 1919, sob orientação direta dos especialistas do Tesouro, o ministro Chamberlain deu um ultimato público: "Se não pudermos equilibrar receitas e despesas no próximo ano, nosso crédito – nacional e internacional – será seriamente abalado, e os resultados podem ser desastrosos"[74].

Esse apelo ao rigor orçamentário foi um passo (e um pretexto) para semear a mudança comportamental entre a maioria "indisciplinada", com o objetivo de sanar a inflação[75]. Serviu também de justificativa para ampliar a tributação (regressiva) e o corte de gastos governamentais; duas políticas que reduziram o consumo da maioria e incentivaram a poupança e o investimento da minoria.

---

[73] Austen Chamberlain, Demonstração Financeira de 1919, HC Deb, 30 abr. 1919, v. 115, cc. 175-6.
[74] 26 jul. 1919, T. 171/170.
[75] Hawtrey repetia sem parar que a "tensão financeira" era o principal obstáculo para a reforma monetária. O rigor orçamentário era crucial para controlar a inflação – ou melhor, era um pré-requisito para a estabilização da moeda. Ralph George Hawtrey, "The Gold Standard", *Economic Journal*, v. 29, n. 116, dez. 1919, p. 428-42, p. 435; disponível on-line. Esse sermão recebeu aplausos internacionais. As resoluções de Gênova transcreviam diretamente os rascunhos de memorandos originais de Hawtrey: "Em cada país, o primeiro passo para restabelecer o padrão-ouro será o equilíbrio das despesas anuais do Estado. [...] Esta é a condição necessária e suficiente para obter o controle da moeda". "Financial Subjects", T. 208/28, fol. 6T 208/28, fol. 6. Em março de 1922, Niemeyer reafirmou com veemência a determinação de que os cidadãos britânicos fossem fiéis à ortodoxia fiscal: "Se não equilibrarmos nosso orçamento, todo o movimento por uma situação financeira mais sólida e as condições comerciais na Europa sofrerão um revés mortal". "Note to the Chancellor of the Exchequer, T. 171/202, p. 28.

Tributar para impor a parcimônia

"A tributação", escreveu Hawtrey, "ao reduzir os recursos das pessoas, dá-lhes um incentivo para reduzir seu consumo de mercadorias básicas"[76]. Num momento em que a tributação excessiva sobre as classes trabalhadoras enfrentaram oposição máxima, Hawtrey elogiou a capacidade da tributação de forçar a abstinência do povo.

Durante a guerra, a escalada do movimento de trabalhadores se opôs às medidas extrativas do Estado, que aumentaram a base tributária para incluir grande parte das classes trabalhadoras pela primeira vez[77]. A inflação elevada após a guerra exacerbou a natureza controversa e política de tais reformas, com os sindicatos reivindicando a redução da carga tributária para dar conta do aumento do custo de vida[78]. Depois da guerra e ainda enfrentando demandas populares, o Tesouro se recusou a pagar o alto preço financeiro de restaurar o nível de isenções anteriores à guerra em termos reais (ou seja, para levar em conta a inflação), medida que teria isentado desse tipo de dificuldade 2,2 milhões de 3,4 milhões de contribuintes do imposto de renda.

Para impor a "parcimônia compulsória"[79] às classes que, na visão de especialistas, eram estruturalmente incapazes de poupar/investir, a tributação indireta – isto é, a tributação sobre bens de consumo – se mostrava o meio mais eficaz. A tributação indireta era ao mesmo tempo menos visível (portanto, menos

---

[76] Ralph George Hawtrey, *Currency and Credit*, cit., p. 351.

[77] O limite de isenção foi reduzido de 160 para 130 libras, o que significou triplicar o aumento de contribuintes em 1918-1919 em comparação com os cinco anos anteriores. No verão de 1917, houve um grande movimento de oposição à redução do limite de isenção, liderado principalmente por mineiros e trabalhadores de minas de carvão, que muitas vezes se recusavam a pagar imposto de renda. As bases do movimento eram em Clydeside, Midlands, partes de Londres e Gales do Sul;. Ver R. C. Whiting, "Taxation and the Working Class, 1915-1924", *Historical Journal*, v. 33, n. 4, 1990; disponível on-line.

[78] Nas palavras de Vernon Hartshorn, figura importante na Federação dos Mineiros de Gales do Sul e parlamentar trabalhista: "Todas essas pessoas que têm esse aumento no pagamento e são submetidas a essa taxa estão simplesmente sendo tributadas sobre o custo de vida extra; elas simplesmente têm de pagar o imposto com o dinheiro que lhes foi permitido ter devido ao custo de vida extra". T. 172/982, fols. 17-8, em R. C. Whiting, "Taxation and the Working Class, 1915-1924", cit., p. 907; disponível on-line.

[79] O predecessor de Blackett, Bradbury, tinha as mesmas convicções: "A tributação para fins de amortização da dívida interna tende, por um processo de parcimônia compulsória, a aumentar, em vez de diminuir, os recursos de capital da nação". John Bradbury, "Reconstruction Finance", T. 170/125, fol. 4, 1918.

contestável) e mais perniciosa. Ela transferia o poder de compra de pessoas cujos rendimentos eram muito pequenos para ser submetidos ao imposto de renda, mas que ainda não poderiam prescindir de bens básicos. Era a definição da tributação regressiva: "Quanto menor a renda, maior é a alíquota incidente sobre aquilo que os impostos representam"[80].

Estimulado pelo conselho de especialistas do Tesouro, o ministro Chamberlain introduziu no orçamento de abril de 1920 um novo aumento de impostos sobre bens de consumo da classe trabalhadora, como tabaco, cerveja e destilados; todos já tinham sido aumentados no ano anterior[81]. Como mostra a tabela 6.1, o peso dos impostos indiretos cresceu ao longo da década.

Tabela 6.1
Distribuição de taxas na Grã-Bretanha

Ano	Taxas diretas (em percentual)	Taxas indiretas (em percentual)
1919-1920	75,1	24,9
1924-1925	66,9	33,1
1929-1930	64,2	35,9

Fonte: Ministro das Finanças, Orçamento, v. 1, 1924-1925, T. 171/232, e Receita Interna, Orçamentos de abril e setembro, 1931, IR 113/42.

Hawtrey citava repetidamente o modo como medidas regressivas desse tipo se adequavam às prioridades da recuperação capitalista. "É apenas por meio de métodos financeiros, como a tributação drástica, que tende a cortar os gastos individuais com bens de consumo, que a deflação e o gasto de capital podem ser encorajados"[82].

---

[80] HMSO, 1927, p. 211-3.
[81] O discurso presidencial de Herbert Samuel à Royal Statistical Society deixou claro que "o sistema tributário britânico é regressivo nos estágios inferiores; as classes com menores rendimentos pagam uma proporção maior deles em contribuições para a receita que as classes imediatamente superiores a elas. […] Tal regressão é a consequência de contarmos, como contamos, com grande parte da receita da taxação de álcool, tabaco, chá e açúcar e do fato de o consumo desses artigos representar uma proporção maior da renda entre as classes mais pobres". Herbert Samuel, "Taxation of the Various Classes of the People", *Journal of the Royal Statistical Society*, v. 82, n. 2, 1919, p. 180.
[82] Ralph George Hawtrey, *Currency and Credit*, cit., p. 351.

Na verdade, uma vez utilizada com a finalidade de amortizar dívidas e juros sobre a dívida, a tributação regressiva *serviu* para evitar o impulso do crédito pela expansão da demanda e induzia a virtude do investimento por meio da transferência de riquezas "dos mais pobres para os mais ricos"[83]. Entre 1921 e 1932, o maior item do orçamento do ministro foram os juros da dívida, o que significava que a nação estava transferindo a receita tributária para os detentores da dívida nacional – a parcela da comunidade que, de acordo com nossos tecnocratas, estava mais "inclinada" a poupar e, assim, a investir[84].

Em outubro de 1921, Niemeyer enviou ao ministro uma nota em que deixou essa lógica econômica bastante explícita:

> Quando a dívida é paga com dinheiro arrecadado por impostos dos *cidadãos em geral*, ela é usada para pagar os detentores dos empréstimos, ou seja, aquela parcela da comunidade que está *mais inclinada* a poupar que o restante, e a tendência será que o investidor pago invista novamente seu dinheiro em outros títulos. Em outras palavras, o pagamento da dívida *extrai dinheiro* daqueles que provavelmente não poupam e investem e torna-o disponível para aqueles que são mais propensos a fazê-lo.[85]

Em outras palavras, a extração de dinheiro das classes trabalhadoras pelo Estado era a chave para a acumulação de capital.

Mais uma vez, as palavras de Niemeyer ecoavam as de Hawtrey, que em 1920 havia escrito: "A tributação para o resgate da dívida tira dinheiro das pessoas, que de outra forma talvez o gastem consigo mesmas, e usa-o para aumentar os recursos do mercado de capitais"[86]. Ainda em 1932, Blackett tinha pensamentos bem semelhantes: "Pagamentos de fundos de amortização podem, de fato, ser um método útil de ajudar a formar capital para fins produtivos"[87].

---

[83] HMSO, 1927, p. 99.

[84] "Grande parte da dívida é detida pelos bancos e ligada ao sistema monetário do país; então os juros geralmente serão colocados à disposição da indústria. Outra grande parte é detida por sociedades anônimas, e os juros são pagos diretamente à indústria; a mesma coisa vale para os juros pagos àqueles indivíduos que os investirão em negócios privados próprios". HMSO, 1927, p. 99.

[85] T. 176/5, parte 2, fols. 39-40, grifos meus.

[86] "Mr. McKenna on Over-taxation", GBR/0014/HTRY 1/14, Churchill Archives Centre.

[87] Basil Blackett, "The Practical Limits of Taxable Capacity", *Public Administration*, v. 10, n. 3, 1932, p. 236.

Com o mesmo objetivo de recompensar o poupador/investidor, os especialistas conceberam maneiras de reduzir a tributação para as classes ricas. Aqui, novamente, a lógica era simples: uma vez que as classes ricas têm uma propensão natural a poupar, a alta tributação direta sobre essas classes travaria a poupança e desencorajaria o investimento. Niemeyer escreveu: "O nível de tributação não deve ser incompatível com a vida econômica do país e com a acumulação de novo capital"[88]. Impostos sobre herança mais altos e "arrecadação sobre o capital [tributação sobre o capital] significam uma perda muito mais séria para o país em geral"[89], já que, como disse Blackett, as arrecadações iriam "limitar" o "capital da nação"[90].

Esse fraseado ilustra a sutileza da mensagem política da austeridade, mensagem que racionaliza e justifica a transferência (ou extração) de recursos de muitos para poucos. Esses poucos virtuosos eram ricos não apenas devido a suas qualidades morais individuais; eles também atuavam para fortalecer a acumulação de capital, que se supunha ser do interesse nacional.

Esse pensamento, bastante difundido ainda hoje, foi bem-sucedido em derrotar as tantas reformas redistributivas radicais sobre a tributação da riqueza que surgiram logo depois da guerra. Introduzido em abril de 1920, o imposto corporativo foi reduzido à metade já em 1923 e finalmente abolido em 1924. Só voltaria a ser discutido na Câmara dos Comuns depois da Segunda Guerra Mundial. Da mesma forma, o imposto sobre lucros excedentes de 1915 – uma grande vitória para os sindicatos britânicos – foi eliminado em 1921. Ainda mais emblemático do triunfo da austeridade foi o destino da arrecadação sobre o capital. Considerada o cavalo de batalha do Partido Trabalhista[91] depois da guerra – junto a um ataque generalizado contra especuladores –, em meados da década de 1920 essa ideia estava morta e enterrada. O Comitê Nacional de Dívida e Tributação expressou a nova internalização social que justificava a lucratividade e as riquezas da classe capitalista. A arrecadação sobre o capital, sugeriu-se, "envolvia uma penalização da parcimônia que é injusta e também economicamente indefensável"[92].

---

[88] T. 176/39, fol. 62.
[89] Otto Ernst Niemeyer, 13 mar. 1926, T. 176/39, fol. 59.
[90] Basil Blackett, "The Practical Limits of Taxable Capacity", cit., p. 240.
[91] Para um breve histórico da base ideológica da posição do Partido Trabalhista sobre impostos, ver M. J. Daunton, *Just Taxes*, cit., p. 50-60.
[92] HMSO, 1927, p. 402.

É claro que, ao operar sob o disfarce do rigor orçamentário, o Estado só poderia reduzir a tributação de poucos se reduzisse os gastos públicos. Para os tecnocratas, um Estado parcimonioso era o mantra definitivo para superar a crise do pós-guerra[93]. A maioria da população tinha de ser forçada a se abster não só do consumo individual, mas também do consumo público em geral, subvertendo sumamente a tendência reconstrucionista do pós-guerra. Blackett alertou para os perigos da cumplicidade do governo ao contribuir para que os cidadãos vivessem além de seus meios: "A tentativa de manter os padrões de vida de todos acima daqueles justificados pelas atividades econômicas da nação por meio de gastos do governo sem tributação é, em parte, responsável pelo colapso"[94]. Para nossos especialistas, tais excessos não eram mais toleráveis.

O ataque aos gastos sociais

Hawtrey havia estabelecido firmemente em *Currency and Credit*: além da tributação, a redução dos gastos públicos era vital para reduzir a renda e redirecionar recursos para investimento de capital privado.

No verão de 1920, o Tesouro pressionava todos os departamentos a fornecer um relatório quinzenal de progresso no corte de gastos[95]. Mais tarde, em dezembro de 1920, o gabinete cedeu explicitamente a essas pressões de teor contrário ao reconstrucionismo: "Embora reconhecendo que existem muitas reformas que são em si desejáveis para melhorar as condições no Reino Unido [...], na medida em que tais reformas envolvem encargos adicionais sobre o erário ou sobre alíquotas, não é o momento para iniciá-las ou colocá-las em operação"[96]. O gabinete,

---

[93] "O que os negócios precisam", afirmou Niemeyer, "é que a tributação seja reduzida como consequência da redução dos gastos. Uma transferência dos gastos com tributação para os empréstimos é, de qualquer forma, muito menos útil para os negócios e, na medida em que reduz a pressão pela redução dos gastos [sublinhado no original] pode ser categoricamente prejudicial à atividade comercial". "The Burden of Taxation", T. 171/202, fol. 28.

[94] Basil Blackett, "The Practical Limits of Taxable Capacity", cit., p. 240.

[95] Essas demandas por economia persistiram por anos. Uma comunicação circular confidencial de 1923 "sobre o tema da economia" (também chamada "a carta econômica" ou "a circular do Tesouro sobre economia"), enviada pelo Tesouro a todos os departamentos, incluindo o Conselho de Educação, o Ministério do Trabalho e o Ministério das Pensões, solicitando seus gastos e estimativas de economia agregada, comunicou que "todo esforço de economia será, portanto, necessário para equilibrar o orçamento em 1924/25". N. F. Warren Fisher, 1º jun. 1923, T. 160/159.

[96] "Draft Resolutions on Economy", 8 dez. 1920, CAB 23/23, p. 196 e segue.

portanto, instruiu que todos os "planos envolvendo gastos que ainda não estejam em operação devem permanecer em suspenso"[97].

A austeridade fiscal do Tesouro foi muito além do corte dos planos reconstrucionistas discutidos no capítulo 2. Sua maior vitória veio com o inédito Geddes Axe, de 1921 – uma lenda da política britânica, pois representou a maior restrição de gastos do país no século XX[98]. Superou até mesmo os famosos cortes da administração Thatcher no fim dos anos 1970 e 1980. A legislação Geddes cortou 52 milhões de libras adicionais do orçamento público, além dos 75 milhões de libras que o Tesouro já havia planejado no verão (ver tabela 6.2). De uma perspectiva histórica, os dois cortes, combinados, representaram uma redução de cerca de 20% das despesas do governo central[99]. Indicador significativo dos verdadeiros objetivos da austeridade, o corte feriu profundamente a população britânica, embora a Grã-Bretanha já tivesse alcançado o superávit primário no ano anterior. O órgão do governo da Grã-Bretanha para orçamento social, o Committee of National Expenditure [Comitê de Gastos Nacionais], ou "Comitê Geddes", era um órgão técnico que trabalhava em estreita colaboração com o Tesouro. O ministro e seus especialistas mantiveram a prioridade do corte orçamentário viva por meio de várias instruções que orientaram o trabalho do comitê[100]. Em seu discurso para a Câmara dos Comuns em março de 1922, o ministro das Finanças Robert Horne expressou profunda gratidão ao "corpo altamente capaz de homens"[101] que havia "desempenhado a tarefa bastante onerosa" que o Tesouro "impusera a eles" por meio do "trabalho incessante". Ele reconheceu esse esforço para economizar, qualificando-o como "o mais valioso serviço para a comunidade"[102].

---

[97] Idem.

[98] Não considerando os períodos de desmobilização imediatamente posterior a cada guerra mundial.

[99] Christopher Hood e Rozana Himaz, "The UK Geddes Axe of the 1920s in Perspective", em Christopher Hood, David Heald e Rozana Himaz (orgs.), *When the Party's Over: The Politics of Fiscal Squeeze in Perspective* (Oxford, British Academy, 2014), p. 8.

[100] Ver nota de Blackett em T. 171/202, fols. 34-9. O comitê trabalhou em etapas, entregando relatórios mensais ao governo entre dezembro de 1921 e fevereiro de 1922 que foram avaliados por comitês do gabinete antes de ser publicados em fevereiro de 1922. Ver First Interim Report of Committee on National Expenditure, Cmd. 1581; Second Interim Report of Committee on National Expenditure, Cmd. 1582; e Third Report of Committee on National Expenditure, Cmd. 1589. Ver também Andrew McDonald, "The Geddes Committee and the Formulation of Public Expenditure Policy, 1921-1922", *The Historical Journal*, v. 32, n. 3, 1989.

[101] T. 172/1.228, parte 3, fol. 3.

[102] Ibidem, fol. 2.

Tal "serviço" à "comunidade" consistiu em demolir todas as propostas emancipatórias do pós-guerra.

Os cidadãos britânicos enfrentaram a derrota do programa habitacional público – contra o qual muitos funcionários do Tesouro se opuseram desde o início do programa[103]. Obviamente, com a redução dos subsídios governamentais e uma vigorosa estratégia de venda de habitações populares veio a derrota do movimento das guildas de construção examinado no capítulo 3. Christopher Addison, o defensor da Lei de Habitação e Planejamento Urbano de 1919, demitiu-se de seu cargo no governo em protesto[104], enquanto o ministro da saúde, *sir* Alfred Mond, foi abandonado lamentando que essa reviravolta nos acontecimentos era hostil às "necessidades habitacionais da comunidade. […] Haverá muitos casos de superlotação grave e más condições dos casebres em muitos lugares"[105].

Os cidadãos também assistiram ao enterro do plano de serviço universal de saúde, que esperaria até depois da Segunda Guerra Mundial para ser reformulado. Em vez disso, foi suplantado por uma proposta de corte de 15% no Ministério da Saúde, o que coincidiu com a renúncia aos avanços educacionais prometidos pela Lei de Educação de 1918 – incluindo o plano de educação continuada universal até os dezesseis anos – que acabaram ficando apenas no papel. O Conselho de Educação era um estorvo especial para o Tesouro, pois estava "determinado a não permitir que as pressões políticas de economia nos gastos públicos […] travassem o crescimento normal da provisão educacional". O conselho levou um

---

[103] Mesmo antes do Geddes Axe, o Tesouro fora bem-sucedido em impor uma decisão "baseada não em méritos, mas apenas em avaliações financeiras". Comissão de Finanças, 30 jun. 1921, TNA, CAB 27/71. A cruzada do Tesouro contra os ambiciosos programas habitacionais do pós-guerra datava de 1919. O Tesouro recusou-se a reservar os recursos necessários para enfrentar a escassez de capital. E dobrou as altas taxas de juros sobre as letras do Tesouro (6%), o que desincentivou o investimento em títulos de habitação das autoridades locais (que estavam em 5,5%), drenando assim as fontes de investimento. Em novembro de 1920, Chamberlain pediu ao gabinete para restringir o plano de Addison de construção de 800 mil para 160 mil habitações populares. No entanto, até aquele outono, o compromisso do governo com a prerrogativa de "Land Fit for Heroes" [País adequado para os heróis] permaneceu intacta. As objeções do Tesouro foram rejeitadas sob a alegação de que o governo não podia se dar ao luxo de quebrar suas promessas de habitação. Só em 1921, com o colapso do crescimento do pós-guerra e o enfraquecimento da força de trabalho, as condições políticas estavam maduras para o governo se render às exigências do Tesouro por economia.

[104] Em março de 1921, o governo transferiu Christopher Addison do Ministério da Saúde para o cargo anômalo de ministro sem pasta. Depois de renunciar, Addison escreveu um panfleto feroz, *The Betrayal of the Slums* (1922), para denunciar as medidas de austeridade do governo.

[105] 22 de junho de 1921, T. 161/132, fol. 51.

golpe quando o Comitê Geddes propôs cortes de 18 milhões de libras, queda de 32% em relação ao ano anterior; o governo acabou cortando mais de 16 milhões de libras para a educação. Tais reduções estrangularam o sistema educacional, fechando escolas pequenas, reduzindo salários e aumentando o número de alunos por turma[106]. Os professores tiveram descontos de 5% em seus salários. Não é preciso dizer que os ambiciosos planos para a educação crítica de adultos da classe trabalhadora (estudada no capítulo 2) foram sufocados por esses cortes, a ponto de levar o Central Labour College a fechar em 1929 por falta de financiamento. Os gastos do governo central com educação e seguro-saúde permaneceram abaixo do nível de 1921-1922 pelo resto da década[107].

Tabela 6.2
Cortes de gastos na Grã-Bretanha para as principais categorias orçamentárias entre 1922 e 1923 (em milhões de libras)

	Defesa	Educação	Previdência social	Saúde	Assuntos exteriores	Salários	Total
Cortes nominais	79	15	13	12	20	6	162
Cortes reais	85	16	14	13	22	7	176

Os cortes em termos reais são ainda mais expressivos que os nominais devido ao efeito da queda dos preços entre 1922 e 1923. Apresento os cortes em termos reais para destacar a gravidade dos cortes já profundos. Observe-se que, antes do envolvimento do Comitê Geddes, o ministro das Finanças já havia planejado cortes de 75 milhões de libras. O comitê recomendou cortes adicionais, totalizando 87 milhões de libras.
Fonte: Hood e Himaz, 2014.

Esses impactos reverberaram entre a população de todo o império. O Comitê Geddes prescreveu reduções nos serviços às colônias, explicitando que "a assistência que pode ser dada pelo Tesouro britânico a nossos domínios africanos deve se limitar às necessidades mais urgentes que esses domínios possam se mostrar incapazes de suprir com os próprios recursos"[108].

---

[106] T. 172/1228, parte 7, ver fols. 4-5.
[107] Ver G. C. Peden, *British Economic and Social Policy*, cit.
[108] HMSO, 1922d, p. 12.

Em 1922, todos os setores das políticas sociais foram incapazes de resistir ao esforço de economia: a prioridade de redução da dívida do Estado impulsionou um fluxo constante de recursos das classes trabalhadoras para as classes credoras da sociedade. Na verdade, o grande superávit primário atingiu um pico de 9% do PIB nominal em 1923; o excedente foi usado principalmente para financiar o resgate da dívida. A quantia que o Estado britânico gastou (como uma parcela do PIB nominal) para pagar os credores foi quase o dobro do valor gasto com medidas sociais (especificamente, o montante gasto em saúde e educação) em cada ano da década a partir de 1921-1922[109].

É revelador que o único gasto que não caiu durante esses anos – e, aliás, disparou – tenha sido o seguro-desemprego[110]. Isso foi o resultado não de maior generosidade nos subsídios, mas de um número quatro vezes maior de trabalhadores desempregados de 1920 a 1921, com uma taxa de desemprego acima de 10% da força de trabalho segurada durante toda a década. Pode-se afirmar que o desemprego foi o parâmetro mais emblemático do sacrifício social provocado pela austeridade. Como leitores descobrirão nas próximas páginas, essa calamidade social foi um resultado esperado e até intencional da doutrina de austeridade dos tecnocratas britânicos.

De fato, as duas companheiras da austeridade fiscal – as políticas industrial e monetária – colaboraram ativamente para piorar as possibilidades de emprego e, portanto, os salários dos trabalhadores britânicos. Mais uma vez, essa população foi forçada à abstinência financeira.

Austeridade industrial

Os tecnocratas do Tesouro sabiam que a derrota da inflação e o restabelecimento da acumulação de capital não ocorreria sem austeridade. A austeridade industrial veio na forma de privatizações e medidas legais para disciplinar e reprimir a mão de obra.

---

[109] Ver R. Thomas e N. Dimsdale, *A Millennium of UK Data: Bank of England OBRA Dataset* (Bank of England, 2017); disponível on-line; sobre saúde e educação, tabela A28a; e sobre pagamentos de juros da dívida do setor público, tabela A28.

[110] O seguro-desemprego na Grã-Bretanha também foi vítima da austeridade. Ao longo de toda a década de 1920, foram constantemente criados mecanismos para reduzir a cobertura e os custos, instituindo-se a exigência de que o trabalhador estivesse "genuinamente em busca de emprego" e difíceis comprovações de necessidades econômicas, que excluíam as mulheres casadas do direito ao benefício. Ver Pat Thane, *Foundations of the Welfare State* (2. ed. Longman Social Policy in Britain Series, Nova York/Londres, Addison-Wesley Longman, 1982).

Privatização e despolitização: o argumento do crowding-out
O desmantelamento em larga escala do controle estatal durante a guerra facilitou a despolitização da economia do país – processo para fortalecer os pilares da propriedade privada e das relações assalariadas e também para proteger as classes investidoras.

O Tesouro apoiou fervorosamente uma campanha de privatização, que em parte assumiu a forma de erradicar todos os "ministérios supérfluos"[111]. Isso incluiu o Ministério da Reconstrução, o Ministério dos Transportes, o Ministério dos Armamentos, o Ministério da Navegação e o Ministério de Alimentos, todos extintos em 1921. O Ministério do Trabalho também estava sob ataque brutal do Tesouro e quase não sobreviveu ao corte.

Nem é preciso dizer que a austeridade também visava aos funcionários públicos. No verão de 1919, o ministro reclamou:

> O número de funcionários ainda nos serviços públicos praticamente não diminuiu de forma perceptível desde a guerra. Isso é indefensável. [...] Tudo que for excessivo deve ser impiedosamente cortado. Em benefício da economia, devemos estar dispostos a nos contentar com o segundo melhor quando o melhor é muito caro.[112]

As exigências do Tesouro foram satisfeitas. Em 1920 e 1921, o total de empregos públicos civis caiu de 19,537 bilhões para 17,417 bilhões[113], o que significa que o governo demitiu 11% de todos os servidores públicos em um único ano. O Geddes Axe também contribuiu com sua parcela, poupando ao Tesouro 5% do PIB por meio de demissões e cortes salariais.

Sem dúvida, a economia de recursos foi o pretexto explícito. E o mais fundamental: essas políticas descarrilharam os alarmantes processos sociais do pós-guerra que foram detalhados nos capítulos 3 e 4, em especial a tendência que tinham de fazer pressão de baixo para cima. As "grandiosas ideias departamentais"[114], como disse Niemeyer, tinham de ser formalmente contestadas, já que

---

[111] Em numerosos memorandos ao Comitê Geddes, o Tesouro defendeu uma redução substancial do pessoal de vários ministérios e departamentos e até mesmo o fechamento dos órgãos. Ver, por exemplo, "Treasury Report to Geddes committee, Ministry of Transport estimates 1922/1923", T. 186/25.

[112] 28 ago. 1919, T. 170/171, fol. 2.

[113] C. H. Feinstein, *National Income, Expenditure and Output of the United Kingdom, 1855-1965* (Cambridge, Cambridge University Press, 1972), tabela T-126.

[114] 6 abr. 1925, T. 176/21, fol. 10.

só quando "seus apetites [fossem] controlados em definitivo" o apetite de seus funcionários também seria controlado[115]. A lógica da austeridade era impecável: quando as pessoas perdiam seus empregos no setor público, eram jogadas no irrefreável mercado de trabalho privado e, assim, tinham de obedecer às incontestáveis leis de oferta e procura. A necessidade econômica disciplinava os trabalhadores; ela subjugava o potencial para a desobediência política.

Essas perspectivas explicam a feroz oposição do Tesouro a qualquer plano público de enfrentar o aumento do desemprego no país. É digno de nota o episódio, no outono de 1921, em Gairloch, aldeia escocesa na qual alguns ministros liberais se reuniram sob a égide do primeiro-ministro Lloyd George para pressionar o Tesouro a adotar um programa expansivo de obras públicas financiadas por empréstimos para criar novos empregos[116]. O Tesouro foi bombardeado com propostas: do Esquema Gairloch para um empréstimo de desenvolvimento nacional[117] a um plano de eletrificação ferroviária[118] e, também, um plano do ministro da Saúde para a utilização de dinheiro de poupança de guerra em obras para redução do desemprego[119]. Blackett e Niemeyer opuseram-se veementemente a esses e outros "esquemas arrojados"[120], alertando o ministro das Finanças de que "a posição financeira nacional torna, portanto, imperativo limitar a assistência a algo perto do mínimo necessário para evitar a inanição"[121].

Assim como disciplinou os trabalhadores para aceitarem seu lugar nas relações verticais de produção, a privatização beneficiou as classes poupadoras-investidoras. A pauta dos controladores era imutável: o Estado tinha de liberar todos os recursos possíveis em favor da iniciativa privada. Nas palavras de

---

[115] Idem.

[116] Sobre o episódio de Gairloch, ver G. C. Peden, "The Road to and from Gairloch: Lloyd George, Unemployment, Inflation, and the 'Treasury View' in 1921", *Twentieth Century British History*, v. 4, n. 3, 1993, p. 224-49; disponível on-line.

[117] T. 172/1.208, fols. 43-5.

[118] Ibidem, fols. 85-6.

[119] Ibidem, fol. 87.

[120] Idem.

[121] Ibidem, fol. 143. Niemeyer já havia expressado claramente esses pensamentos ao ministro das Colônias, Winston Churchill, em outubro de 1921. Churchill pediu a ele que revelasse a opinião do Tesouro sobre conduta financeira e emprego, e sua resposta foi concisa, mas eficaz: "A melhor assistência que o Estado pode dar ao desemprego [...] é 1) reduzir suas despesas 2) pagar suas dívidas"; T. 176/5, parte 2, fol. 39. Assim, continuou: "É óbvio que certa assistência imediata mínima deve ser dada aos desempregados para evitar a inanição, mas para a solução definitiva do problema do desemprego é essencial que essa assistência seja reduzida ao mínimo". Ibidem, fol. 38.

Niemeyer: "A indústria não poderia prosperar permanentemente enquanto o Estado absorvesse a maior parte das economias que podem ser investidas"[122]. Em 1922, Blackett usou a mesma terminologia: "O fundo de capital que pode ser investido é reduzido pelo empréstimo ao governo daquilo que poderia, de outra forma, ser emprestado ao comércio"[123]. Eis o cerne do argumento do *crowding-out*: o governo é acusado de desviar a poupança privada do mercado de investimentos – dinheiro que normalmente seria investido em empresas privadas mais produtivas[124].

Pelo menos até 1924, Keynes compartilhava dessas crenças austeras. Quando começou a trabalhar em seu *Treatise on Money* [Tratado sobre o dinheiro], ele não tinha dúvidas de que

> a oferta de novo capital só pode existir na medida em que aqueles que têm reivindicações quanto ao fluxo de renda da comunidade estejam dispostos a adiar suas solicitações, isto é, devido à poupança. Na produção de capital fixo, o gasto de dinheiro público obtido por meio de empréstimos nada pode fazer sozinho para melhorar as coisas; e desviar o capital de giro existente da produção de bens pode causar danos reais.[125]

Os males das obras públicas não pararam por aí. As obras públicas também podiam ser inflacionárias. Isso porque o governo nem sempre contraía empréstimos

---

[122] T. 176/21, fol. 26.

[123] T. 171/202, fol. 23.

[124] De acordo com essa visão, o *crowding-out* ocorre porque os poupadores investem em títulos do governo e não em outros empreendimentos produtivos e porque, ao tomar empréstimos do público, o governo compete por um conjunto limitado de fundos e, assim, aumenta o custo do empréstimo de dinheiro para outros investidores. Esses argumentos foram certamente influentes, pois foi o discurso orçamentário de Churchill em 15 de abril de 1929 que forneceu a declaração mais clara do argumento do *crowding-out*: "A visão ortodoxa do Tesouro [...] é que, quando o governo toma empréstimos no mercado monetário, torna-se um novo concorrente da indústria, absorve para si recursos que, caso contrário, seriam empregados por empresas privadas e, nesse processo, aumenta o aluguel do dinheiro para todos os que precisam dele". Winston Churchill, HC Deb, 15 de abril de 1929, v. 227, 5s, 1928-1929, fols. 53-4, citado em G. C. Peden, *Keynes and His Critics: Treasury Responses to the Keynesian Revolution, 1925-1946* (Oxford, Oxford University Press, 2004), p. 57.

[125] John Maynard Keynes, *The General Theory of Employment, Interest, and Money* (Londres, Palgrave Macmillan, 1971), v. 13, p. 19-23. Para um registro da evolução das ideias de Keynes, ver Donald Edward Moggridge, *British Monetary Policy, 1924-1931, the Norman Conquest of $4.86*, cit., e Susan Howson, "The Origins of Dear Money, 1919-1920", cit.

de "poupanças confiáveis" (ou seja, impostos ou títulos do Tesouro), mas financiava seu investimento por meio de uma nova expansão de crédito – prática do período de guerra que nossos tecnocratas abominavam. O dinheiro barato era a maior das irritações de Hawtrey, uma vez que impulsionava uma recuperação inflacionária que aumentava o nível de emprego e, por fim, aumentou os salários e o consumo da classe trabalhadora – o que, por sua vez, desencadeava instabilidade monetária e ampliava a ameaça à acumulação de capital[126].

O Tesouro não abandonou o argumento do *crowding-out* posteriormente – nem diante da crise social que se seguiu ao colapso de 1929. Nesse ano, os apelos do governo conservador de Stanley Baldwin por obras públicas para enfrentar a "condição miserável"[127] de 1,5 milhão de cidadãos britânicos desempregados caíram no vazio. Na verdade, a austeridade era o mantra com o qual o Tesouro pressionou o governo a abordar a Grande Depressão, mesmo após a queda do padrão-ouro em 1931[128].

Salários, desemprego, greves

Um pilar do dogma da austeridade é que uma redução drástica nos salários pode curar qualquer crise econômica.

---

[126] A formulação mais famosa de Hawtrey para o argumento do *crowding-out* encontra-se em "Public Expenditure and the Demand for Labor", obra em que ele procurou explicitamente refutar medidas de intervenção pública por meio de obras destinadas a reduzir o enorme problema do desemprego britânico. Ralph George Hawtrey, "Public Expenditure and the Demand for Labour", *Economica*, v. 13, mar. 1925. Ele havia expressado essas ideias repetidamente em seus trabalhos acadêmicos anteriores e em seus memorandos do Tesouro. Ver, por exemplo, idem, *Currency and Credit*, cit., p. 208, e *Good and Bad Trade*, cit. Hawtrey pensava essencialmente que, em momentos de crise econômica, a criação de crédito bancário por si só seria suficiente para aumentar o emprego e que as obras públicas seriam "desnecessárias". Ele colocou isso com firmeza: "As obras públicas são apenas parte do ritual, conveniente para as pessoas que querem ser capazes de dizer que estão fazendo algo, mas, fora isso, irrelevantes. Estimular uma expansão do crédito costuma ser muito fácil. Valer-se do propósito da construção de dispendiosas obras públicas é queimar a casa a fim de assar o porco". Idem, "Currency and Public Administration", cit., p. 44. Para uma boa explicação do argumento do *crowding-out* de Hawtrey, ver G. C. Peden, "The Treasury View in the Interwar Period", cit.

[127] Em seu memorando sobre "Desemprego", o secretário do Interior de Baldwin, *sir* William Joynson-Hicks, deixou claro que o único caminho para o governo conservador escapar da "difamação" nas eleições gerais por "suas medidas insuficientes contra o desemprego" era um estímulo "abrangente" por meio de grandes empréstimos com financiamento público para estender o poder produtivo dos domínios e a "construção de estradas em grande escala" que pudesse competir com as ambiciosas propostas dos partidos Trabalhista e Liberal. HMSO 1929, p. 294-300.

[128] Ver G. C. Peden, "The Treasury View in the Interwar Period", cit., p. 69-88.

Salários mais altos não apenas levam ao consumo excessivo, como produzem o problema paralelo dos custos de produção mais elevados. Depois da Primeira Guerra Mundial, os tecnocratas sabiam que o aumento do poder de barganha da mão de obra organizada[129] significava que a inflação não funcionaria como um dispositivo para redução dos salários reais, apenas aumentaria os custos de produção, o que resultaria no aumento dos preços de exportação[130].

A necessidade de baixar os preços para impulsionar as exportações se repete muitas vezes nas notas e nos memorandos dos dois controladores[131]. Niemeyer foi explícito: "Em geral admite-se que, se o comércio britânico deve competir nos mercados mundiais, o preço dos produtos britânicos deve cair. Na prática, isso significa que os salários da mão de obra britânica devem cair"[132].

A "receita para o interesse geral de longo prazo" era o duplo sacrifício da população com o corte no consumo (o que reduziria a procura interna e os preços) e o corte nos salários (o que permitiria menores custos de produção e, assim, melhor competitividade). Como disse Blackett, o "período do doloroso processo de retorno a condições seguras começa a ser sucedido por uma revitalização da indústria em uma nova base de salários e preços reduzidos"[133].

Hawtrey havia antecipado esses pensamentos em sua palestra para a British Association for the Advancement of Science [Associação Britânica para o Progresso da Ciência] em 1919:

> A deflação também envolve inevitavelmente um corte salarial. Essa é uma condição indispensável para reduzir tanto o custo de produção quanto a demanda efetiva. [...] Enfrentando um período de adversidade, podemos voltar a uma moeda sólida e colheremos nossa recompensa ao ter um futuro claro à frente.[134]

Para esses especialistas, o desemprego não era uma característica do capitalismo de mercado, mas um fenômeno temporário. Se o desemprego durasse muito, seria atribuído ao fracasso dos trabalhadores em serem cidadãos virtuosos.

---

[129] T. 172/1208.
[130] T. 176/5, parte 2, fol. 35.
[131] Ver T. 176/21, fol. 27; 19 fev. 1923, T. 172/214, fol. 4.
[132] Otto Ernst Niemeyer, T. 175/5, parte 2, fol. 36.
[133] 8 jun. 1921, T. 175.6, parte 1, fol. 1. O pressuposto teórico era que os salários monetários seriam flexíveis e poderiam ser reduzidos à medida que os preços caíssem e que os trabalhadores se precificassem em empregos.
[134] Ralph George Hawtrey, "The Gold Standard", cit., p. 433-4.

Portanto, o desemprego era outro indicador dos verdadeiros culpados da crise econômica: a maioria dos cidadãos, que ganhava muito e gastava muito – levando, como sabemos, à expansão do crédito e, portanto, a uma espiral inflacionária. A correlação traçada entre desemprego e salários excessivos é elucidada no relato de Niemeyer: "Se os salários atuais forem mantidos, certa parte da população tem de ficar sem salário. A expressão prática disso é o desemprego"[135].

Evidentemente, salários mais baixos como "condição indispensável" para a reabilitação do capital era o oposto do que a população reivindicava. E, outra vez, esses especialistas estavam cientes do conflito de classes iminente. Hawtrey escreveu: "Não parece improvável que a dificuldade de reduzir [salários] será outra vez fator determinante no ajuste de unidades monetárias futuras"[136].

Para a sorte dos economistas, a crise econômica reduziu essas dificuldades. A partir do verão de 1920, o desemprego subiu de forma rápida e impressionante quando a maré começou a virar contra os trabalhadores. No entanto, os trabalhadores continuaram a greve em grande escala ao longo do ano. Como observou o historiador James Cronin, "talvez a principal evidência da profundidade do antagonismo de classe em 1919-1920 seja o tempo que ela levou para diminuir"[137]. Evidentemente, com altos níveis de organização da mão de obra, a liberação das forças coercitivas de mercado exigia um impulso político. Assim, a austeridade industrial, como praticada pelo governo britânico, previa técnicas de ação legal para reduzir o poder de barganha e a liberdade de associação dos trabalhadores. De forma paradoxal, os burocratas do Tesouro não condenavam

---

[135] Otto Ernst Niemeyer, T. 176/5, parte 2, fol. 37. Ou, nas palavras de Hawtrey, "deflação, portanto, significa uma redução de lucros e salários. Se os salários resistirem a isso e o processo recair indevidamente sobre os lucros, o resultado é o desemprego". Ralph George Hawtrey, *Good and Bad Trade*, cit., p. 361. Blackett alertou o ministro das Finanças que qualquer forma de despesa do governo impediria que os salários e o custo de vida diminuíssem. Em suas palavras: "Enquanto o governo britânico estiver criando um novo crédito para cobrir suas despesas ou para substituir a dívida vencida de curto prazo, há dificuldade adicional em obter preços, salários e o custo de vida reduzidos a cifras razoáveis" (6 ago. 1921, T. 175/6 parte 1, fol. 15). Assim, como Niemeyer reiterou: "Esquemas ambiciosos de gastos ou créditos só podem intensificar os males do desemprego ao manter salários e preços e tornar o remédio definitivo mais difícil" (T. 176/5, parte 2, fols. 38-9).

[136] Além disso, Blackett demonstrou uma compreensão afiada das questões políticas em jogo: "Os preços em queda", enfatizou, "não agradam a todos os comerciantes e, por mais que um trabalhador, na condição de consumidor, não goste de preços altos, ele tem aversão ainda maior a reduções de salários e falta de emprego" (T. 176/5, parte 2, fol. 50).

[137] James E. Cronin, *Industrial Conflict in Modern Britain* (Lanham, MD, Rowmanand Littlefield, 1979), p. 127.

a intervenção do Estado quando se tratava de questões de lei e ordem; nesses casos, a intervenção era motivo de alegria.

A Lei de Poderes Emergenciais de outubro de 1920 foi a primeira legislação restritiva em resposta à grande onda de greves. Permitia que o governo declarasse "estado de emergência" de modo a exercer os poderes amplos e até repressivos que considerasse necessários para quaisquer "fins essenciais à segurança pública e à vida da comunidade"[138].

O governo adotou amplamente tais prerrogativas durante a greve geral de 1926, e sua nova autonomia legal equipou-o para interromper a greve em pouco mais de uma semana. Em agosto de 1927, o Parlamento aprovou a Lei de Litígios Trabalhistas e Sindicatos "para justificar a autoridade do Estado e proteger as liberdades do cidadão", conforme descreveu o procurador-geral Douglas Hogg[139]. O economista estadunidense H. A. Millis, que publicou uma longa análise da legislação no *Journal of Political Economy* em 1928, resumiu a natureza implacável da Lei de Litígios Trabalhistas e Sindicatos:

> A nova legislação muda [a] situação em vários aspectos: 1) impondo restrições ao direito de greve e bloqueio; 2) impondo restrições adicionais sobre "piquetes"; 3) atacando o apoio financeiro às atividades políticas dos trabalhadores; 4) exigindo que as organizações dos funcionários públicos se separassem e permanecessem independentes de afiliação a outros sindicatos e ao Partido Trabalhista, além de se absterem de atividades políticas; e 5) impondo limitações aos governos locais e outras autoridades públicas favoráveis aos trabalhadores.[140]

---

[138] Emergency Powers Act, 1920, seção 2.1 [Regulations], HC Deb, v. 199, 28 set. 1926, cc. 409--508.

[139] HC Deb, 2 maio 1927, v. 205, cc. 1.307.

[140] H. A. Millis, "The British Trade Disputes and Trade Unions Act, 1927", *Journal of Political Economy*, v. 36, n. 3, 1928, p. 306; disponível on-line. Outro aspecto crucial da Lei de Litígios Trabalhistas e Sindicatos foi o limite imposto ao poder político dos trabalhadores, atacando seu partido e sindicatos. O Partido Trabalhista teve grande parte de seu financiamento roubado com a proibição de "qualquer contribuição para o fundo político de um sindicato" a menos que fosse enviada uma notificação formal declarando a "vontade" dos membros do sindicato "de contribuir para esse fundo". Em vez da "contratação externa", como estipulado pela Lei sindical de 1913, os membros do sindicato agora tinham que ser "contratados internamente". Como resultado dessa legislação, em apenas dois anos o Partido Trabalhista perdeu recursos financeiros substanciais (um quarto de sua receita total de fundos de filiação) e um terço de suas assinaturas. G. D. H. Cole, *A History of the Labour Party from 1914* (Londres, Routledge, 1948), p. 195; disponível on-line. Além disso, o Estado britânico proibiu que servidores públicos participassem de organizações trabalhistas sob risco de "desqualificação e dispensa do serviço". Essa lei limitava severamente

Em nome do interesse comum, as autoridades se protegeram das greves gerais recorrentes ao proibir quaisquer paralisações e greves políticas, inclusive as greves que defendiam uma melhoria geral das condições de trabalho (para além de uma ocupação específica) e as que reivindicavam nacionalização. Em poucas palavras, era possível fazer greve por uma cláusula, mas não por uma causa. Incitar a participação em uma greve ilegal tornou-se infração penal sujeita a prisão por até dois anos; o procurador-geral foi autorizado a sequestrar bens e fundos dos sindicatos envolvidos em tais greves. Dessa forma, o Estado britânico colocou o último prego no caixão da solidariedade entre trabalhadores e das reivindicações de mudança social.

Até Millis teve de admitir que a lei foi um episódio singular da história britânica, na medida em que "restringiu os direitos da mão de obra tanto no campo industrial como no político"[141]. Os resultados foram imediatos. O número médio de litígios em 1927 e 1928 caiu à metade em relação aos anos 1924 e 1925[142]. Mais impressionante ainda, como disse Miliband, "enquanto o número médio de trabalhadores envolvidos em greves e locautes a cada ano, de 1919 a 1921, foi 2,108 bilhões, nos treze anos entre 1927 e 1939 foi 308,1 mil por ano – e não porque o Partido Trabalhista carecesse de grandes queixas naqueles anos ou tivesse alcançado sucessos notáveis pelo uso de sua força parlamentar"[143]. Em 1930, a filiação sindical havia caído pela metade em relação a 1920 (passando de 8,4 milhões para 4,8 milhões de participantes – ver capítulo 9, figura 9.4).

Esta grandiosa reviravolta nos fatos, da mão de obra investida de poder para a mão de obra derrotada, não pode ser totalmente explicada sem uma investigação sobre os mecanismos da deflação monetária – a rainha de todas as políticas de austeridade da Grã-Bretanha – sem a qual a subjugação dos trabalhadores britânicos poderia não ter sido alcançada.

---

a liberdade política dos funcionários públicos. Segundo Millis, "dos 300 mil a 400 mil funcionários públicos, 130 mil, em sua maioria telefonistas e operadores de telégrafo, além de outros funcionários do serviço postal, tinham filiação a sete organizações associadas ao Congresso Sindical e ao Partido Trabalhista. Em alguns casos, essa afiliação remonta a 1906". H. A. Millis, "The British Trade Disputes and Trade Unions Act, 1927", cit., p. 326-7.

[141] Ibidem, p. 315.
[142] B. R. Mitchell, *International Historical Statistics*, cit., tabela b.3, p. 176.
[143] Ralph Miliband, *Parliamentary Socialism: A Study in the Politics of Labour* (Londres, Allen and Unwin, 1961), p. 148-9.

Austeridade monetária

Dinheiro caro e poupança

Os controladores do Tesouro mantiveram-se firmes no principal princípio teórico de Hawtrey: o crédito era "indisciplinado" ou "um fenômeno peculiarmente instável e sensível", como disse Blackett em nota para Chamberlain. Essa teoria tinha uma importante implicação estratégica. A falta de autorregulação e as tendências expansionistas constantes do crédito exigiam "controle nacional" sobre sua oferta[144]. Portanto, em vez de uma estratégia de não intervenção monetária, os especialistas britânicos endossaram incondicionalmente a gestão monetária via manipulação da taxa básica de juros a fim de atingir o desejado "equilíbrio" econômico[145].

Um retorno à estabilidade da moeda, escreveu Hawtrey, implicava "uma dolorosa e cansativa jornada", e "a dolorosa e cansativa jornada devia ser empreendida após cada complacência com a inflação [...], depois da bebedeira vem a ressaca"[146]. Mais uma vez o fardo desta jornada recaiu principalmente sobre os trabalhadores por meio da redução dos rendimentos e da restrição ao consumo – ambas necessárias para a gestão monetária ser bem-sucedida[147].

No modelo de Hawtrey, um aumento na taxa de juros era muito eficaz para esse fim[148], uma vez que desencorajava os comerciantes a tomar empréstimos e levava a uma redução na circulação de crédito. Com os comerciantes freando

---

[144] Ralph George Hawtrey, *Good and Bad Trade*, cit., p. 50.

[145] Ibidem, p. 4.

[146] Ibidem, p. 375.

[147] Pela defesa enfática de Hawtrey de uma "teoria ortodoxa do mercado monetário" que "prescreve altas taxas de câmbio como remédio para trocas adversas e para os demais sintomas de uma expansão muito grande do crédito", ver seu memorando "Cheap or Dear Money", 4 fev. 1920, T. 176/5, parte 2, fols. 71-6. Este é um memorando que tanto Niemeyer quanto Blackett estudaram atentamente.

[148] Para uma discussão da teoria de Hawtrey sobre a eficácia rápida de uma mudança nas taxas básicas de juros para fins deflacionários e inflacionários, ver Clara Mattei, "Hawtrey, Austerity, and the 'Treasury View'", cit., p. 477-9. Vale ressaltar que a principal diferença entre Keynes e Hawtrey na década de 1920 foi que Hawtrey atribuiu enorme influência à taxa de juros de curto prazo (porque os empréstimos de curto prazo financiavam os estoques de varejistas e atacadistas), ao passo que, para Keynes, a taxa de longo prazo era mais importante (porque o investimento privado acaba sendo "financiado" pela emissão de ações). A crítica de Hawtrey a Keynes em *A Century of Bank Rate*, de 1938, foi mostrar que a taxa de longo prazo não variava muito e, portanto, não poderia ser uma explicação para o investimento volátil.

a máquina de crédito, os fabricantes reduziriam a produção e o emprego, com cortes na renda e, portanto, nos gastos dos assalariados, desacelerando ainda mais a economia, já que os comerciantes tinham incentivo ainda menor para contrair empréstimos visando a reabastecer seus estoques. Em poucas palavras, o dinheiro caro significava menos emprego e menos renda no bolso dos consumidores[149].

Enfrentando oposição, mas se mantendo firmes em sua teoria econômica hawtreyiana, o Tesouro e o Banco da Inglaterra colocaram em ação uma dosagem sem precedentes de dinheiro caro. Em abril de 1920, o presidente do banco, Norman, e o Tesouro tinham concordado com uma taxa de 7% que foi mantida por mais de um ano[150]. Pela primeira vez, uma alta taxa básica de juros foi usada para satisfazer o objetivo de estabilizar os preços internos.

Essa "dose rápida e severa de dinheiro caro" foi apoiada pelos intelectuais mais poderosos – não só do Tesouro, mas também da academia britânica em geral. Tanto Pigou quanto Keynes apoiavam uma taxa ainda mais alta. Um influente artigo de Pigou no jornal *The Times*[151] pressionava por uma taxa de 8%, enquanto Keynes[152] foi mais longe, aconselhando ao ministro em uma carta privada que "a taxa de empréstimo deve ser colocada em 7% e depois, logo em seguida, em 8%. Os resultados dessa ação teriam de ser

---

[149] Para uma aplicação do modelo de Hawtrey à situação britânica, ver seu memorando "The Credit Situation", 8 jun. 1921, T. 175/6 parte 1, fols. 5-15.

[150] Para dados sobre taxas básicas de juros e as taxas de títulos do Tesouro, consultar Susan Howson, *Domestic Monetary Management in Britain, 1919-1938*, cit., tabela 3, p. 50, e Apêndice 2, p. 160-6. Sobre a circulação de notas, ver B. R. Mitchell, *International Historical Statistics*, cit., tabela G1, p. 789.

[151] 1º mar. 1920.

[152] Chamberlain estava ciente da sugestão de Keynes: "K. escolheria uma crise financeira (não acredita que isso levaria ao desemprego). Ele escolheria qualquer taxa necessária – talvez 10% – e a manteria por três anos"; 4 fev. 1920, T. 172/1.384. O arquivo do Tesouro (T. 172/1.384) foi coligido durante a Segunda Guerra Mundial a pedido de Keynes e inclui um comentário feito por ele em 1942, o que mostra que ele não se arrependeu de ter dado esse conselho naquele momento. Escreveu: "O que mais me impressiona é o completo desespero da situação. Todos os controles foram abandonados. [...] Com todos os métodos de controle, à época tão pouco ortodoxos, excluídos, sinto que eu deveria dar hoje exatamente o mesmo conselho que dei então, ou seja, uma dose rápida e severa de dinheiro caro, suficiente para quebrar o mercado, e rápida o bastante para evitar pelo menos algumas das consequências desastrosas que, caso contrário, aconteceriam. De fato, os remédios dos economistas foram tomados, mas muito timidamente"; T. 172/1.384, fol. 3. Para mais informações sobre os pontos de vista de Keynes a respeito da política monetária em 1920 e a relação com seus pontos de vista posteriores, ver Susan Howson, "'A Dear Money Man'?: Keynes on Monetary Policy, 1920", *Economic Journal*, v. 83, n. 330, 1973, p. 456-64; disponível on-line.

observados. Em minha opinião pessoal, não surpreenderia se fosse preciso chegar a 10% para alcançar os resultados necessários"[153]. Essas prescrições drásticas eram consequência de um diagnóstico catastrófico de que todos os tecnocratas britânicos compartilhavam: a inflação não era entendida meramente como um problema econômico, mas como uma ameaça existencial à ordem capitalista. Aliás, o aumento dos preços exacerbaria as reivindicações dos trabalhadores por maiores salários e maior redistribuição social e poderia até inflamar um embate revolucionário. Em seu livro campeão de vendas de 1919, *The Economic Consequences of Peace* [As consequências econômicas da paz], Keynes parafraseou Lênin, advertindo: "A melhor maneira de destruir o sistema capitalista [é] desqualificar a moeda"[154].

Em agosto de 1920, Hawtrey defendia um dinheiro ainda mais caro. Os preços haviam caído, mas não o bastante. "O problema que o país tem adiante é reduzir os preços de 20% a 25%."[155] Um ano depois, Hawtrey orgulhosamente afirmou que a política deflacionista por fim fora eficaz. Ele escreveu: "O que realmente aconteceu neste país foi uma combinação de alta taxa básica de juros, superávit orçamentário e restrição de crédito acordada pelos bancos"[156].

Niemeyer defendeu a deflação por motivos pedagógicos. Durante a alta inflacionária, "as pessoas viviam no paraíso dos tolos". Em 1921, ele tinha a convicção de que "nós, afinal, demos um grande passo à frente. Todos percebemos que, depois de quatro anos de guerra devastadora, o país está e deve estar mais pobre que antes"[157]. Niemeyer procurou situar essa mudança no longo prazo, advertindo que o governo perderia o "efeito educativo" da deflação se o país retornasse ao dinheiro barato. "As pessoas dirão: a escassez acabou, o dinheiro está barato, não há necessidade de economia, e descerão correndo a ladeira rumo à inflação até que o xelim siga o caminho do franco e do marco"[158].

---

[153] "Keynes's Note of Interview with Chancellor", 15 fev. 1920, T. 172/1.384, em Susan Howson, "'A Dear Money Man'?", cit., p. 459.
[154] Ver Geoff Mann, *In the Long Run We Are All Dead: Keynesianism, Political Economy, and Revolution* (Nova York, Verso, 2017), p. 235.
[155] "The Government's Currency Policy", 4 ago. 1920, GBR/0014/HTRY 1/13, Churchill Archives Centre.
[156] "The Credit Situation", jul. 1921, GBR/0014/HTRY 1/13, Churchill Archives Centre; e também T. 176/5, parte 1, fol. 6b.
[157] T. 176/5, parte 1, fol. 17b.
[158] 3 fev. 1920, T. 176/5, parte 2, fol. 70.

Tal como acontece com a tributação, os tecnocratas consideravam a deflação eficaz porque operava de maneira diferente nas diversas classes sociais. Ao mesmo tempo que a deflação obrigava os trabalhadores a se abster, ela recompensava as classes credoras da sociedade com maior rendimento do capital. Assim, estes últimos eram encorajados a poupar[159].

Sem dúvida, uma alta na taxa de câmbio prejudicou as empresas exportadoras britânicas devido à queda na competitividade internacional. Mas os especialistas percebiam nisso um ajuste de curto prazo. As pressões do desemprego causado pela deflação também serviram para reduzir os custos da produção, o que tornou as exportações britânicas ainda mais competitivas.

Em outubro de 1921, Niemeyer podia afirmar com orgulho: "Já há tendência de queda de alguns salários como consequência da restrição levada a cabo no crédito. Nada deve ser feito para controlar essa tendência"[160]. Esta dura estratégia do dinheiro caro coincidiu com o fim da alta econômica do pós-guerra e foi, certamente, o principal fator a lançar a economia britânica em seu PIB real mais baixo do século em 1921[161]. A recessão foi grave – os ganhos de produção e renda em 1919, acima dos níveis do período de guerra, foram perdidos em um ano, e o desemprego atingiu o pico de 18% em dezembro de 1921[162].

O que alguns economistas caracterizariam hoje como erro de gestão econômica teve claras vantagens políticas. O mal do desemprego não foi tão ruim para a sobrevivência da exploração no longo prazo, um princípio sobre o qual repousava a acumulação de capital. O desemprego enfraqueceu a posição dos trabalhadores, silenciou as reivindicações por maior democracia econômica

---

[159] A queda dos preços aumentou o valor dos ativos financeiros, que era fixado em termos nominais, notadamente a dívida nacional dilatada durante a guerra, e assim aumentou a riqueza dos detentores desses ativos – ainda mais de membros mais ricos de comunidades e instituições financeiras. A suposição era, novamente, de uma relação imediata entre poupança e formação de capital. Em março de 1920, Blackett compartilhou com o ministro das Finanças um artigo de Pigou que reiterava o dogma comum: "O país precisa tremendamente de novos capitais. [...] É imperativo, portanto, que as pessoas economizem. Dinheiro barato não os encoraja a fazer isso. Dinheiro caro, sim". A. C. Pigou, "Dear Money", *The Times*, 1º mar. 1920, p. 10; também em T. 172/1.384, fol. 50.

[160] Otto Ernst Niemeyer, 5 de outubro de 1921, T. 175/5, parte 2, fol. 37.

[161] Embora os historiadores econômicos possam discutir se a austeridade monetária foi a principal causa da queda, não há dúvida de que foi um fator central e que contribuiu para a "gravidade e duração" da queda. G. C. Peden, *The Treasury and British Public Policy, 1906-1959*, cit., p. 153.

[162] Susan Howson, *Domestic Monetary Management in Britain*, cit., p. 10.

e garantiu custos mais baixos de mão de obra (ver capítulo 9). Como disse Cronin: "Os níveis astronômicos de desemprego em alguns dos setores industriais mais militantes e mais propensos a greves devem ter servido para diminuir as expectativas dos trabalhadores e corroer as bases da organização nas fábricas"[163]. De fato, os tecnocratas conseguiram o que desejavam: os salários caíram tremendamente como consequência da crise induzida pela austeridade. A média dos salários monetários e dos preços de varejo despencou 30% entre 1920 e 1923, um nível de flexibilidade fora do comum[164]. A revista *The Economist* estimou que em 1922 os trabalhadores perderam três quartos dos aumentos salariais do período de guerra. As ruidosas reivindicações de gestão nas mãos dos trabalhadores de poucos anos antes foram reduzidas a uma lamúria. Além disso, o consequente enfraquecimento da mão de obra e a escassez de receita nos cofres estatais (devido à menor receita tributária do período de recessão) garantiram as condições políticas para sufocar os planos reconstrucionistas de políticas fiscais expansionistas.

Uma vez que as altas taxas básicas de juros deflacionavam os preços nacionais, essas altas taxas tinham de ser mantidas para alcançar um objetivo ainda mais custoso: retornar ao padrão-ouro na paridade pré-guerra de 1914. Isso equivalia a um longo período de deflação, já que a libra esterlina precisava ser elevada de 3,40 dólares em 1920 para 4,86 dólares em 1925 – deflação de preços de 10%[165].

De fato, depois de 1921 Hawtrey expressou preocupação com o prolongado período de deflação[166]; no entanto, a preocupação nunca foi suficiente para desviá-lo de sua sonora defesa em favor de retornar ao ouro em sua paridade

---

[163] James E. Cronin, *Industrial Conflict in Modern Britain*, cit., p. 129.

[164] G. C. Peden, *British Economic and Social Policy*, cit., p. 68.

[165] Ver idem, *The Treasury and British Public Policy*, cit., p. 128-89. As altas taxas persistiram ao longo da década, fazendo que a moeda em circulação caísse de forma impressionante, despencando quase 21% de 1920 a 1929. Deve-se considerar que as altas taxas básicas de juros em época de queda de preços tornavam-se muito mais elevadas em termos reais, uma vez que tinham grande efeito dissuasivo sobre o investimento, criando expectativas de queda nos preços e, assim, de queda nos lucros. Essa foi a típica espiral deflacionária que assombrou a Grã-Bretanha durante a década.

[166] As críticas de Hawtrey sobre a perpetuação de uma política de dinheiro caro aumentaram depois de 1925, já que o padrão-ouro foi alcançado. Ver Susan Howson, "Monetary Theory and Policy in the Twentieth Century", cit., p. 507-8. No entanto, o medo da inflação continuou a persegui-lo, de modo que, no fim da década de 1930, quando a revitalização e o rearmamento ameaçavam produzir um *boom*, Hawtrey defendeu novamente a política do dinheiro caro. Ibidem, p. 510.

anterior à guerra. Mais uma vez, Hawtrey deixou claro como, ainda que oneroso para os trabalhadores, o padrão-ouro significava uma proteção para aqueles que ele considerava que de fato contavam para a acumulação de capital: os credores – "a classe de investidores não especulativos que desempenham um papel tão considerável quanto os sócios comanditários do sistema capitalista moderno"[167]. Por esse motivo, ele se opôs explicitamente à proposta amplamente disseminada de restaurar um valor nominal mais baixo que o do ouro; isso teria implicado uma inquestionável "injustiça enquanto o sistema capitalista continuar"[168].

Para o Tesouro e o Banco da Inglaterra, o retorno ao ouro, tão custoso em termos de desemprego e sacrifício social, teve um benefício político inestimável que valia *qualquer* sacrifício econômico. O padrão-ouro reforçou a isenção da política monetária e consequentemente também da política fiscal, da discussão e da intervenção políticas.

Essa despolitização da questão econômica – ou melhor, a desdemocratização da economia – garantiu prioridade ao sistema de acumulação de capital, no qual as austeridades monetária e fiscal eram elementos necessários. Mais especificamente, os burocratas do Tesouro sabiam que, uma vez que a política monetária estivesse associada à manutenção de uma taxa fixa câmbio, os políticos não seriam mais livres para determinar a oferta de moeda ou o nível das taxas de juros[169]. O mesmo valia para a política orçamentária, que não podia ir contra a balança comercial. Dessa forma, o padrão-ouro forneceu um anteparo definitivo e indissolúvel a quaisquer programas expansionistas. E, é claro, o mais importante de tudo, o ouro funcionaria como mecanismo para disciplinar permanentemente os trabalhadores a aceitar salários mais baixos. Caso não admitissem tal disciplina, a repercussão seria prejudicial a eles mesmos. Esses efeitos claramente coercitivos foram do interesse não apenas do capital financeiro, mas também do capital industrial[170] – e foram fundamentais para um

---

[167] Ralph George Hawtrey, *Good and Bad Trade*, cit., p. 357.
[168] Idem.
[169] "Sob o padrão-ouro, o fornecimento de moeda legal estava relacionado à oferta de ouro, todas as notas bancárias sendo lastreadas em ouro, exceto determinado montante, fixado por estatuto, conhecido como emissão fiduciária". G. C. Peden, *The Treasury and British Public Policy* , cit., p. 151.
[170] Tem havido um intenso debate entre os historiadores britânicos sobre até que ponto a decisão de voltar ao padrão-ouro estava beneficiando interesses financeiros acima dos interesses industriais. Não pretendemos simplificar a complexa composição da dinâmica capitalista e os conflitos estruturais entre setores concorrentes da classe capitalista. Ver David Harvey, *The Limits to*

aumento geral das taxas de lucro. Na verdade, a partir de 1926 as taxas de lucro se tornaram muito mais acentuadas que nos cinco anos anteriores (aumentando de 18% para 27% entre 1926 e 1928 – ver capítulo 9, figura 9.3).

Niemeyer não poderia ter sido mais explícito ao responder às críticas: "Por certo tempo, sem dúvida, nossas dificuldades atuais serão atribuídas a um retorno ao padrão-ouro. É muito mais fácil fazê-lo que atacar nosso verdadeiro problema: como reduzir o custo de produção e parar de pensar que podemos consumir mais do que conseguimos produzir"[171]. O resultado é que o argumento de Niemeyer recolocou a situação no ponto de partida: para manter o crédito sob controle, prevaleceu a fórmula de ouro de consumo menor e produção maior.

Se o povo britânico se abstivesse, de onde viria a demanda por mercadorias britânicas? Blackett, como colegas, tinha uma resposta simples: "O fato é que a única forma de demanda que realmente ajudará nessa situação é a demanda do exterior. Uma estimulação artificial da demanda nacional significará apenas encorajar as pessoas deste país a sobreviver na precariedade e desperdiçar energia ao fazê-lo"[172]. Nesse quadro, as exportações deveriam ser ao mesmo tempo o motor do crescimento econômico e a chave para um virtuoso balanço de pagamentos[173].

Paradoxalmente, os especialistas não consideravam o retorno ao ouro "uma questão de classe", mas uma decisão tomada "do ponto de vista do interesse geral"[174]; ou, nos termos grandiosos do presidente do Banco da Inglaterra, Norman, o ouro representava o interesse não de uma classe ou de uma nação, mas do "mundo". Esses pensamentos não devem surpreender, pois são indicativos da lógica de austeridade difundida ainda hoje – a suposição subjacente

---

Capital (Oxford, B. Blackwell, 1982), cap. 10 [ed. bras.: *Os limites do capital*, trad. Magda Lopes, São Paulo, Boitempo, 2013]. No entanto, como o capítulo 9 vai explicar, este livro argumenta que a disciplina austera e a consequente derrota dos aguerridos trabalhadores britânicos, representada de forma emblemática pela derrota da greve geral de 1926, foram benéficas não apenas para setores específicos da classe capitalista, mas para a completa preservação da ordem do capital.
[171] T. 208/105, fol. 5.
[172] Basil Blackett, 8 jun. 1921, T. 175.6, parte 1, fol. 15.
[173] O declínio no volume das exportações entre 1925 e 1926 foi logo recuperado com um aumento substancial em 1927, levando a uma melhoria do déficit comercial nos anos subsequentes. Ver R. Thomas e N. Dimsdale, *A Millennium of UK Data: Bank of England OBRA Dataset*, cit., tabela A.36. A mesma queda nas exportações ocorreu com a dura deflação de 1920. No entanto, em 1922, o volume das exportações já foi maior que em 1919 e 1920.
[174] T. 208/105, fol. 4.

de que a racionalidade *em si* coincide com a racionalidade da acumulação de capital. Não existe nada tão importante.

Com o padrão-ouro, a austeridade poderia passar por um mecanismo técnico, natural e inevitável; ainda assim, na verdade, como mostramos, o padrão-ouro não era um mecanismo automático, visto que exigia práticas austeras – tanto no retorno a ele quanto em sua manutenção[175].

Hawtrey foi muito explícito ao declarar que o padrão-ouro *em si* não era suficiente para evitar a inflação. Seu apelo na Conferência de Gênova foi por um padrão *gerenciado*. Os "grandes bancos centrais do mundo"[176] deveriam assumir o controle absoluto da política monetária e, ao fazê-lo, desfrutar total "discrição". Essas palavras, que à primeira vista podem parecer ineficazes, merecem ser investigadas em seu pleno significado político.

O projeto tecnocrático

Blackett, Niemeyer e Norman estavam "fanaticamente apegados"[177] à doutrina de Gênova – uma visão da tecnocracia operando em escala global, em que o modelo britânico seria seguido pelo resto do mundo.

As resoluções da Conferência de Gênova saíram da pena de Hawtrey, e vale a pena relembrá-las: "O retorno a uma moeda sólida será atendido se for depositada confiança na cooperação internacional dos bancos emissores, não na

---

[175] De fato, quando o padrão-ouro estava em vigor, evitar saídas de ouro exigia uma balança comercial favorável. Para este fim, a deflação de preços e receitas no Reino Unido foi crucial para compensar a sobrevalorização da moeda e manter as exportações britânicas competitivas. O baixo consumo público e privado, por sua vez, manteve as importações sob controle. Se o país importasse muito, a drenagem do ouro aumentaria os preços e restringiria o consumo. Além disso, ao longo da década, as medidas de austeridade constituíram "barreiras econômicas adequadas contra a exportação de capital". Bradbury, em Susan Howson, *The Origins of Dear Money*, cit., p. 96. De fato, as altas taxas básicas foram o instrumento para evitar a fuga de capitais para os Estados Unidos em uma época em que a especulação naquele país era alta e Londres havia sido destronada como o principal centro financeiro. Como consequência da forma como a guerra fora financiada, o Banco da Inglaterra tinha mais ativos de curto prazo mantidos por estrangeiros em Londres que dívidas de curto prazo de estrangeiros fora de Londres. A proporção entre um e outro chegou a dois para um na década de 1920, sendo que em 1914 era aproximadamente um para um. Assim, a libra esterlina sempre esteve vulnerável à movimentação de fundos de Londres caso as taxas de juros fossem mais altas em outro lugar ou se os detentores dos fundos sentissem que a taxa de câmbio da libra cairia. G. C. Peden, *British Economic and Social Policy*, cit., p. 72-3.

[176] "Draft Resolutions", T. 208/28, fol. 5.

[177] R. S. Sayers, *The Bank of England, 1891-1944* cit., p. 523.

ação direta do governo"[178]. Como "corporações privadas", os bancos centrais devem ser "livres de pressão política e ser conduzidos exclusivamente nas linhas da prudência financeira"[179].

Essas resoluções revelam a fé inabalável em um projeto tecnocrático, projeto que coloca o centro das decisões econômicas nas mãos de um órgão que não tem absolutamente nenhum compromisso democrático. Nesse sentido, e como Hawtrey explicitou: "O governo deve responder às críticas, pois sua estabilidade depende do apoio popular". O Banco Central, em contrapartida, "é livre para seguir o preceito: 'Nunca explique; nunca se arrependa; nunca se desculpe'"[180].

Sem nunca se desculpar, o especialista neutro poderia agir sem impedimentos para garantir o bom funcionamento do mercado. Embora popular entre os tecnocratas, esses pontos de vista estavam sendo amplamente contestados e precisavam de proteção. Durante os turbulentos anos de deflação e desemprego, os cidadãos britânicos não ficaram cegos ao profundo impacto da política monetária em sua vida. Em 1925, o Partido Trabalhista Independente lançou uma campanha popular a favor da nacionalização do Banco Central. Em uma reação frenética, Hawtrey escreveu uma defesa completa da natureza tecnocrática dos bancos centrais.

A gestão monetária, declarou, é "uma tarefa técnica que está no campo do especialista"[181] e, portanto, deve ser "transformada em objeto de um intenso estudo científico, do tipo que seria inapropriado para decisões políticas amplas"[182]. Nenhuma exceção poderia ser feita em relação ao requisito "de separar o Banco Central, como órgão especializado, do governo executivo"[183]. Na Grã-Bretanha, disse Hawtrey ao leitor, a separação havia sido plenamente realizada: "O Banco da Inglaterra é propriedade de seus acionistas e os presidentes e diretores não prestam contas a mais ninguém". Depois, acrescentou: "É completamente compreendido, entretanto, que sua posição é de confiança para o interesse público"[184].

---

[178] "Draft Resolutions", T. 208/28, fol. 2.
[179] T. 176/13, fol. 26; T. 208/28, fol. 4.
[180] Ralph George Hawtrey, "Currency and Public Administration", cit., p. 243.
[181] Ibidem, p. 239.
[182] Idem.
[183] Idem.
[184] Idem.

Sem dúvida, nesse quadro, o que era bom para o Banco Central também era bom universalmente e para o público em geral. Qualquer pálida dúvida de que, como instituição privada, o Banco Central poderia trabalhar a favor da classe dominante era fortemente desconsiderada, já que "a única defesa contra a inflação pode ser encontrada na sabedoria do mundo financeiro em geral e dos ministérios das Finanças e bancos centrais em particular"[185].

Hawtrey foi firme ao dizer que justamente em uma "era democrática" a isenção tecnocrática em relação à democracia representava "uma vantagem". Era preciso escapar da "pressão imprudente em momentos críticos" e, em especial, de qualquer oposição à deflação por parte dos trabalhadores e das empresas. Na verdade, até que "uma opinião pública saudável pudesse ser desenvolvida em relação ao tema do controle do crédito" – e Hawtrey se declarou indiferente quanto a essa possibilidade –, "o bem-estar da comunidade" dependia "vitalmente da eficiência técnica e do esclarecimento daqueles que administram os grandes bancos centrais do mundo"[186].

O caráter elitista do conhecimento científico tornou-se, assim, o meio para justificar a natureza antidemocrática de uma instituição com imenso poder social e impacto na vida de todos. O paralelo inocente de Hawtrey entre o funcionamento dos bancos centrais – que ele admitiu "[afetarem] intimamente toda a vida econômica do país" – e o departamento colonial governando uma colônia denuncia o conteúdo fundamentalmente antidemocrático ou mesmo repressivo do projeto de austeridade.

Keynes concordou com entusiasmo. Ele escreveu: "Meu ponto de vista está em completo acordo com o do senhor Hawtrey, de que essa atividade deve ser realizada por um órgão parcialmente autônomo não sujeito a interferência política em seu trabalho diário"[187]. A ambição comum era impecável: o setor econômico devia ser despolitizado.

É à luz desse projeto de longo prazo e potencialmente irreversível de separar o econômico do político que se deve compreender o esforço de Hawtrey, Blackett e Niemeyer para desfazer o envolvimento anômalo do Tesouro na política monetária durante a guerra, por meio do qual, como recordou Bradbury, "o banco teria

---

[185] Ibidem, p. 240-1.
[186] Ibidem, p. 244.
[187] "Discussion by Prof. J. M. Keynes from the Chair", em Ralph George Hawtrey, "Currency and Public Administration", cit., p. 244.

de se considerar um departamento do Tesouro, e ele [lorde Cunliffe, presidente do banco] sempre seguiu a linha de acatar ordens do ministro das Finanças"[188]. A austera pauta fiscal do Tesouro, em especial a forma de resgate da dívida flutuante, tinha um significado político preciso: permitia que o Banco da Inglaterra recuperasse na íntegra seu controle autônomo sobre a política monetária[189].

Em 17 de fevereiro de 1929, já no cargo de diretor do Banco da Inglaterra, Blackett orgulhosamente legitimou seus esforços anteriores: "Acertei com o ministro das Finanças logo depois de abril de 1920 retornar à prática anterior à guerra de não o informar antes sobre uma alteração pretendida na taxa básica de juros ou de só avisá-lo por volta das dez e meia ou onze da quinta-feira"[190]. Como representante do governo, o ministro não tinha e não deveria ter qualquer função oficial relativa à taxa básica. Definir a taxa, comentou Niemeyer, seria decisão de uma "corporação privada"[191].

Como corporação privada, o banco poderia colocar as prioridades econômicas acima de todas as preocupações sociais; enquanto isso, o Tesouro poderia convenientemente escapar de toda responsabilidade pelo sacrifício social, em especial na forma de desemprego, imposto pelas medidas de austeridade à população britânica.

Quando, em março de 1921, o ministro Chamberlain foi questionado sobre a "importância vital desta queda nas taxas do Banco da Inglaterra para o desemprego, que é a questão mais vital que temos que considerar hoje", ele rebateu dizendo: "O preço do dinheiro está totalmente fora da ação do governo"[192]. Dois anos depois, após contestação semelhante, o secretário do Tesouro, *sir* William Joynson-Hicks, declarou: "De acordo com a tradição deste país e o conselho unânime de especialistas nas conferências de Bruxelas e Gênova, o controle da

---

[188] J. Bradbury, "Relations between the Treasury and the Bank of England: Testimony of Former Permanent Secretaries and Controllers of Finance", T. 176/13, fol. 23.

[189] Em 1922, a posição operacional do banco era muito mais forte que nos anos anteriores à guerra, com sua nova capacidade de se envolver em operações ativas de mercado aberto. Ver Donald Edward Moggridge, *British Monetary Policy, 1924-1931, the Norman Conquest of $4.86*, cit., p. 26.

[190] T. 176/13, fol. 25.

[191] Ibidem, fol. 26. Em contrapartida, como órgão especializado, o Banco Central desempenhava papel direto nas consultas com base nas quais os ministros das Finanças tomavam suas decisões. Ver Ralph George Hawtrey, Review of Central Banks, por C. H. Kisch e W. A. Elkin, *Economic Journal*, v. 38, n. 151, set. 1928.

[192] T. 176/13, fols. 9-10.

taxa básica de juros cabe ao Banco Central, não ao governo"[193]. Em março de 1925, o ministro Churchill defendeu políticas deflacionárias "despolitizadas" por questão de etiqueta: "Acho que seria uma prática inconveniente se o ministro das Finanças estabelecesse o precedente de expressar aprovação ou desaprovação às decisões tomadas a qualquer momento pelo Banco da Inglaterra"[194].

A mensagem era clara: a crítica política não tinha lugar na tecnocracia. Niemeyer e Blackett ainda exerceram grande esforço em semear essa ideologia austera fora da Europa. Em sua missão à Índia, Blackett conseguiu criar um banco central independente (que começou suas operações em 1935), enquanto Niemeyer obteve sucesso no Brasil (em 1931) e na Argentina (em 1935), onde os governos estabeleceram bancos centrais de acordo com o modelo dele.

Em suas notas para convencer o governo brasileiro a cumprir esses princípios tecnocráticos, Niemeyer usou seus velhos argumentos. Ele advertiu que, se a independência tecnocrática não fosse institucionalizada, "considerações políticas e as exigências pecuniárias do governo, mais que considerações sobre a economia monetária sólida, provavelmente se tornariam, cedo ou tarde, dominantes. [...] O risco de excesso de emissões, inflação e depreciação da moeda é constante"[195]. Para evitar esse desastre total, a solução, é claro, era óbvia: o Banco Central deve ser "uma empresa comercial totalmente privada"[196], liderada por agentes privados independentes de qualquer tipo de representação política. A contraofensiva tecnocrática que começou na Grã-Bretanha já havia se estabelecido em escala global.

A tecnocracia, como governo de especialistas, tinha como base a suposição de uma superioridade epistêmica. Nesse sentido, os especialistas eram guardiões do conhecimento objetivo imaculado sobre como estabilizar adequadamente o crédito e administrar a economia de mercado. Como exploramos nas páginas anteriores, esse conhecimento prescrevia o lema da austeridade: produzir mais e consumir menos. Assim, conclui-se que a austeridade não foi apenas um projeto antidemocrático, mas, sim, no fundo, um projeto repressivo: forçou pessoas ao sacrifício sem críticas.

---

[193] T. 176/13, fol. 10.
[194] T. 176/13, fol. 11. Respostas desse tipo foram dadas repetidamente ao Parlamento. Ver T. 176/13, fols. 9-15.
[195] Otto Ernst Niemeyer, *Report Submitted to the Brazilian Government*, cit., p. 17.
[196] Ibidem, p. 18.

Conclusão

Este capítulo explorou como a austeridade foi um projeto antidemocrático e fundamentalmente repressivo emergindo de uma época de reivindicações democráticas sem precedentes. Num momento em que o escopo das alternativas sociais se ampliou e os cidadãos não estavam mais dispostos a sacrificar seus meios de subsistência em nome do rigor econômico, os especialistas implantaram uma economia hawtreyiana para impor à população sacrifícios cada vez maiores com o propósito de estabilizar a economia.

O sacrifício veio de forma duplicada, com diminuição do consumo (que reduziria a demanda interna e os preços) e corte nos salários (que reduziria custos) para aumentar a produção e a competitividade econômica. Essa era a "fórmula do interesse geral de longo prazo".

Um passo fundamental nessa direção foi despolitizar a economia – isto é, abolir qualquer forma de controle estatal de modo que os salários ficassem novamente sujeitos à pressão do mercado impessoal em vez de estarem propensos à contestação política. Com uma observação atenta, verifica-se que a fixação dos especialistas em orçamentos equilibrados e combate à inflação tinha um objetivo *mais profundo*: reconfigurar o caráter irrefutável das relações capitalistas de produção com base (como sabemos) nos pilares da propriedade privada e das relações assalariadas.

De fato, o Tesouro e o Banco da Inglaterra prolongaram suas políticas de dinheiro caro mesmo depois da redução da inflação. Além disso, o Estado britânico não afrouxou o cinturão fiscal mesmo após alcançar o superávit orçamentário em 1920. A recessão induzida pela austeridade e o consequente desemprego não foram um erro econômico, mas um meio poderoso de esfriar a temperatura coletiva de uma classe trabalhadora aguerrida e abrir o caminho para desmantelar planos reconstrucionistas e transferir recursos às classes credoras da sociedade.

Os especialistas britânicos, é claro, estavam cientes de que o impacto da austeridade não era neutro sobre as classes sociais. Um memorando de 1920 do Banco da Inglaterra dizia: "O processo de deflação de preços que se espera que siga no controle da expansão do crédito deve ser necessariamente doloroso para algumas classes da comunidade, mas isso é inevitável"[197]. Essas linhas revelam como a austeridade procedeu para normalizar a repressão de classe por meio do

---

[197] Bank Memorandum, 10 fev. 1920, T. 172/1.384, fol. 30b.

conceito de verdades econômicas "inevitáveis" e "naturais" que só especialistas poderiam oferecer.

Os protestos, no entanto, não cederam facilmente. A normalização do sacrifício exigiu um novo processo de despolitização: o isolamento das políticas econômicas de qualquer forma de escrutínio público. O ideal era uma economia administrada pela "orientação especializada livre de interferência política"[198]. A principal contribuição da economia hawtreyana foi fortalecer o conceito de gestão monetária (ou gestão austera) da economia de mercado e atribuir o comando gerencial a uma instituição tecnocrática. Como organismo privado, disse Hawtrey, o Banco da Inglaterra era "livre" para infligir austeridade sem nunca ter de "explicar", "se arrepender" ou "se desculpar". Nesse sentido, verifica-se que não havia nada mais político que a missão tecnocrática de despolitização.

Por mais audacioso que possa ser o caso britânico, pouco se compara à experiência italiana de austeridade, cuja natureza política e repressiva ficou ainda mais flagrante em seu casamento com o fascismo.

---

[198] Basil Blackett, "What I Would Do with the World", *The Listener*, v. 6, n. 150, 1931.

7
AUSTERIDADE, UMA HISTÓRIA ITALIANA

> Os princípios das políticas domésticas resumem-se nestas palavras: parcimônia, trabalho, disciplina. O problema financeiro é crucial: o orçamento tem de ser equilibrado o mais rápido possível. Regime de austeridade[1]; gastar de forma inteligente; o apoio às forças produtivas da nação; acabar com todos os controles de guerra e interferências do Estado.
>
> *Benito Mussolini*[2]

Após meses durante os quais esquadrões fascistas realizaram ataques violentos contra a oposição de esquerda, Benito Mussolini assumiu oficialmente o poder em 29 de outubro de 1922[3]. Mais que um golpe, sua infame Marcha sobre Roma foi uma demonstração cerimonial de força: o líder fascista da Itália fora convocado pelo rei Vittorio Emanuele III para resolver a crise política do pós-guerra e executara suas ordens.

Em seu primeiro discurso no Parlamento como primeiro-ministro recém-nomeado, Mussolini usou a linguagem da austeridade: "Economia, trabalho, disciplina", disse, prometendo despolitizar a economia do país colocando um ponto-final em todas as "interferências estatais".

Mussolini cumpriu suas promessas. Austeridade fiscal e austeridade industrial (1922-1925), seguidas por austeridade monetária e austeridade industrial continuada (1926-1928), demoliu reformas sociais duramente conquistadas e as aspirações dos trabalhadores. Essas políticas serviram para pôr em prática um propósito comum: a reabilitação dos pilares fundamentais da acumulação de capital – em parte alguma tão bem observados quanto na capacidade do regime de garantir uma rápida "paz industrial". Depois de um ano do novo regime, o

---

[1] Literalmente, *regime della lesina*; *lesinare* significa "economizar".
[2] Benito Mussolini, *Discorsi sulla politica economica italiana nel primo decennio* (Roma, Istituto Italiano di Credito Marittimo, 1933), p. 22.
[3] Todos esses eventos sensacionais foram amplamente documentados por observadores e por historiadores, e a obra clássica de Angelo Tasca, de 1965, é um retrato inigualável de uma das épocas mais tensas da história italiana.

ministro das Finanças, Alberto de Stefani, pôde brindar à derrota trabalhista: "Em 1920/1921, a perda devido às greves foi de 8,201 bilhões de dias de trabalho e, em 1921/1922, foi de 7,336 milhões de dias. De 1º de novembro de 1922 a 31 de outubro de 1923, a perda foi de apenas 247 mil [dias – queda de 97% em dois anos]. Lucros e receitas estão aumentando"[4].

A austeridade necessitava do fascismo – um governo forte e de cima para baixo que impusesse sua vontade nacionalista coercitivamente e com impunidade política – para obter sucesso imediato. O fascismo, inversamente, necessitava da austeridade para solidificar seu domínio. Na verdade, foi o apelo da austeridade que levou os *establishments* liberais internacionais e domésticos a apoiar o governo de Mussolini mesmo depois da *Leggi Fascistissime* [literalmente, "leis extremamente fascistas"] de 1925-1926, que instalaram Mussolini como ditador oficial da nação. Especialistas liberais na Itália[5], na Grã-Bretanha e nos Estados Unidos foram rápidos em observar que um homem forte central com "plenos poderes" era o meio mais eficaz de salvaguardar o capitalismo italiano de seus "inimigos" multifacetados. Enquanto o capítulo 8 explora o apelo da austeridade fascista no mercado internacional, este investiga a íntima associação entre os liberais italianos e o autoritarismo – conexão com a qual a bibliografia canônica não conseguiu lidar.

Os promotores italianos da austeridade foram alguns dos economistas mais bem estabelecidos do país e os defensores do paradigma emergente da economia pura – um precursor direto da economia neoclássica predominante hoje[6]. Dois

---

[4] Resumo da demonstração financeira, senado italiano, 8 dez. 1923, FO 371/8.887, fol. 68.

[5] Os governos liberais italianos fizeram esforços para equilibrar o orçamento em 1921-1922, mas foi apenas durante os anos fascistas que a pauta econômica do país parecia ter o potencial de incorporar a austeridade com sucesso. Muitos economistas e políticos influentes estavam prontos para testar a capacidade de Mussolini de normalizar a situação financeira. Assim, figuras proeminentes do *establishment* liberal (por exemplo, o historiador Salvemini, os políticos Nitti e Giolitti, e os economistas Einaudi, Giretti e De Viti de Marco) expressaram sonoro apoio aos plenos poderes do novo ministério. Paolo Frascani, *Politica economica e finanza pubblica in Italia nel primo dopoguerra (1918-1922)* (Nápoles, Giannini, 1975); Gianni Toniolo, *L'economia dell'Italia fascista* (Bari, Laterza, 1980), cap. 2; Pierluigi Ciocca, *Ricchi per sempre? Una storia economica d'Italia, 1796-2005* (Turim, Bollati Boringhieri, 2007), cap. 7.

[6] Os quatro economistas foram os principais, embora não os únicos, a apoiar o regime. O apoio foi generalizado na profissão e incluiu os economistas mais proeminentes da época. Luca Michelini, *Marxismo, liberismo, rivoluzione: saggio sul Giovane Gramsci, 1915-1920* (Milão, La Città del Sole, 2011), p. 47-50, documenta como a maioria dos jornais econômicos, incluindo as duas principais revistas de teoria econômica italiana – *Il Giornale degli Economisti* e *La Reforma Sociale* –, publicou artigos endossando o programa de Mussolini.

deles, Alberto de Stefani e Maffeo Pantaleoni, eram fascistas proeminentes. Os outros dois, Umberto Ricci e Luigi Einaudi, identificados como liberais. Eles uniram forças – e encontraram uma importante base comum – sob a bandeira da austeridade. Para cada um, a austeridade representava um papel altamente funcional: era tanto a expressão de um sistema de dominação como um meio de reforçá-la.

A facilitação da austeridade por esses economistas (e, consequentemente, seu apoio ao fascismo) levanta uma questão importante: quanto suas medidas de austeridade foram motivadas pelos princípios da economia pura e quanto estavam atreladas à participação política deles na luta de classes italiana? Além disso: a economia pura era realmente tão pura? Ou tinha em sua essência uma disposição profundamente classista? Se uma resposta definitiva não pode ser dada, certamente uma investigação sobre os pensamentos e as ações desses quatro economistas levantam ideias para iluminar essas questões.

Nada disso visa a afirmar que o antecedente intelectual da economia dominante hoje foi o *único* motor da política econômica fascista dos anos 1920; o nacionalismo e a defesa dos interesses financeiro-industriais também devem ser responsabilizados, e ambos são amplamente discutidos na bibliografia[7]. Em contrapartida, os motores que serão explorados aqui – a especialização econômica e a austeridade – foram desconsiderados ou ignorados por completo. Talvez devido à luz que podem lançar sobre a natureza repressiva da ciência econômica atual.

Uma ênfase na austeridade também oferece uma nova lente para avaliar historicamente o fascismo italiano e seu programa econômico. Na verdade, embora a historiografia tradicional acentue a descontinuidade entre o primeiro período do *laissez-faire* (1922-1925) e o período corporativista que se seguiu (com este último geralmente entendido enquanto a verdadeira expressão do fascismo), sugiro que se trace uma linha contínua entre os dois: a austeridade. Seja qual for o período historiográfico, a austeridade sempre foi muito mais que o *laissez-faire*; ela encarnou a intervenção ativa do Estado contra a crise capitalista.

---

[7] Ver Ernesto Rossi, *I padroni del vapore* (Bari, Laterza, 1955); Gaetano Salvemini, *Le origini del fascismo in Italia: "Lezioni di Harvard"* (Milão, Feltrinelli, 1966); Adrian Lyttelton, *The Seizure of Power: Fascism in Italy, 1919-1929* (Nova York, Scribner, 1973); e Felice Guarneri, *Battaglie economiche tra le due grandi guerre* (Milão, Garzanti, 1953).

Os especialistas no poder

Em 3 de dezembro de 1922, apenas um mês depois da formação de seu novo gabinete, Mussolini emitiu um decreto real concedendo plenos poderes a seu governo para reformar o sistema fiscal e a administração pública[8]. E inaugurou o chamado "período de plenos poderes", que dotou especialistas em economia italianos com autoridade sem restrições para impor medidas de austeridade ao público italiano.

Alberto de Stefani, Maffeo Pantaleoni, Umberto Ricci e Luigi Einaudi eram professores de economia bem-sucedidos que transitavam nos mais altos círculos acadêmicos[9]. Os quatro foram (ou acabaram se tornando) membros

---

[8] Decreto real é sinônimo de uma ordem executiva presidencial – que não exige projeto de lei apresentado ao Parlamento e submetido a exame e debate. Ver "Decreto legal para a delegação de plenos poderes ao governo de Sua Majestade para o rearranjo do sistema de tributação e administração pública", Lei n. 1.601, de 3 de dezembro, em GU, p. 293, 15 dez. 1922. Para uma descrição detalhada das políticas fascistas, ver Lello Gangemi, *La politica finanziaria del governo fascista (1922-1928)* (Florença, R. Sandron, 1929). Gangemi colaborou com De Stefani no Ministério das Finanças.

[9] Pantaleoni tornou-se professor titular (*professore ordinario*) de ciências das finanças (*scienze delle finanze*) em 1884. Então se tornou professor titular de economia política (o equivalente a economia hoje) em Nápoles, Genebra e Pávia. Desde 1901 até sua morte, em 1924, ocupou a prestigiada cátedra de economia política em Roma La Sapienza. Em 1921, De Stefani tornou-se professor de economia política na Scuola Superiore di Commercio de Veneza (Ca'Foscari). Em 1925, tornou-se professor titular de política e legislação financeira (*politica e legislazione finanziaria*) e, em 1929, professor catedrático de política econômica e financeira do Departamento de Ciências Políticas em Roma La Sapienza. Em 1954, tornou-se professor emérito. Umberto Ricci também teve uma extensa carreira acadêmica: tornou-se professor titular de economia política em Macerata (1912-1914), depois, professor de estatística em Parma (1915-1918) e Pisa (1919-1921), após o que se tornou professor de economia política em Bolonha (1922-1924). Ricci sucedeu a Pantaleoni na Universidade de Roma La Sapienza (1924-1928). Luigi Einaudi foi professor titular de ciências das finanças (*scienze delle finanze*) na Universidade de Turim (1902); depois, dirigiu o Instituto de Economia da Universidade Bocconi de Milão (1920-1926). A bibliografia secundária sobre Einaudi é interminável; entre muitos títulos, ver Gustavo del Vecchio, "Einaudi economist", em Achille M. Romani (org.), *Einaudi* (Milão, Bocconi, 2011); Giovanni Farese, *Luigi Einaudi: un economista nella vita pubblica* (Soveria Mannelli, Rubbettino, 2012); Riccardo Faucci, *Luigi Einaudi* (Turim, Unione Tipografico-Editrice Torinese, 1986); Francesco Forte, *L'economia liberale di Luigi Einaudi: saggi* (Florença, L. S. Olschki, 2009); e Luigi Einaudi, *From Our Italian Correspondent: Luigi Einaudi's Articles in The Economist, 1908-1946* (org. Roberto Marchionatti, Florença, L. S. Olschki, 2000). Sobre Pantaleoni, ver Massimo Augello e Luca Michelini, "Maffeo Pantaleoni (1857-1924). Biografia scientifica, storiografia e bibliografia", *Il Pensiero Economico Italiano*, v. 5, n. 1, 1997, p. 119-50; Nicolò Bellanca, "Dai principii agli 'erotemi'. Un'interpretazione unitária", *Rivista di Politica Econômica*, v. 85, 1995; Nicola Giocoli e Nicolò Bellanca, *Maffeo Pantaleoni:*

da *Accademia dei Lincei*, a instituição honorária mais prestigiada do país para acadêmicos. O compromisso que tinham com os debates acadêmicos nos níveis nacional e internacional foi complementado por um profundo envolvimento em questões de sua época. Os quatro professores participavam regularmente de discussões políticas e contribuíram para jornais nacionais e

---

il principe degli economisti italiani (Florença, Polistampa, 1998); Piero Bini, "Quando l'economia parlava alla società: la vita, il pensiero e le opere", *Rivista di Politica Economica*, v. 85, 1995, e "Esiste l'*Homo economicus*? La didattica di Maffeo Pantaleoni: dai principii di pura alle lezioni di economia politica", em M. M. Augello e M. E. L. Guidi (orgs.), *L'economia divulgata: stili e percorsi italiani (1840-1922)*, v. 1: *Manuali e trattati* (Milão, FrancoAngeli, 2007); De Marcello de Cecco, "Il ruolo delle istituzioni nel pensiero di Pantaleoni", *Rivista di Politica Economica*, n. 3, 1995; Franco Marcoaldi, "Maffeo Pantaleoni, la riforma finanziaria e il governo fascista nel periodo dei pieni poteri, attraverso le lettere ad Alberto De' Stefani", *Annali della Fondazione Luigi Einaudi*, v. 14, 1980; Luca Michelini, "Il pensiero di Maffeo Pantaleoni tra economia politica e politica militante", *Società e storia*, v. 58, 1992; Luca Michelini, *Marginalismo e socialismo: Maffeo Pantaleoni, 1882-1904* (Milão, FrancoAngeli, 1998) e *Alle origini dell'antisemitismo nazional-fascista: Maffeo Pantaleoni e "la vita italiana" di Giovanni Preziosi, 1915-1924* (Veneza, Marsilio, 2011); disponível on-line; e Manuela Mosca, "Io che sono Darwinista". La visione di Maffeo Pantaleoni ("I Am a Darwinist". Maffeo Pantaleoni's Vision), *Il Pensiero Economico Italiano*, v. 23, n. 1, 2015; disponível on-line. Enquanto a bibliografia sobre Einaudi e Pantaleoni é abundante, a pesquisa sobre Ricci e De Stefani é mais limitada. Sobre Ricci, as principais referências são Piero Bini e Antonio Maria Fusco, *Umberto Ricci (1879-1946): economista militante e uomo combattivo* (Florença, Polistampa, 2004); Pierluigi Ciocca, *Umberto Ricci: l'uomo l'economista* (Lanciano, Carabba, 1999); Domenicantonio Fausto, "I contributi di Umberto Ricci alla scienza delle finanze", em *Umberto Ricci (1879--1946): economista militante e uomo combattivo* (Florença, Polistampa, 2004); Giovanni Busino, "La riscoperta di Umberto Ricci economista", *Rivista Storica Italiana*, v. 112, n. 3, 2000; e Valentino Dominedò, "Umberto Ricci economist, *Economia Internazionale*, v. 14, n. 1, 1961. Sobre De Stefani, ver Perfetti em Alberto de Stefani e Francesco Perfetti, *Gran consiglio, ultima seduta: 24-25 luglio 1943* (Florença, Le Lettere, 2013); Spaventa em De Stefani, *Quota 90: la rivalutazione della lira: 1926-1928* (org. Marco di Mico e introd. Luigi Spaventa) (Turim, Utet Università, 1998); Lello Gangemi, *La politica finanziaria del governo fascista (1922-1928)*, cit.; Franco Marcoaldi, *Vent'anni di economia e politica: le carte De' Stefani, 1922-1941* (Milão, FrancoAngeli, 1986); Banca d'Italia, *L'archivio di Alberto de' Stefani* (Roma, Banca d'Italia, 1983); e Francesco Parrillo, "Profilo di Alberto de Stefani", *Rivista Bancaria*, n. 12, 1984. Para uma imagem ampla dos quatro autores, no contexto mais amplo da economia italiana na época, ver Riccardo Faucci, *A History of Italian Economic Thought* (Londres, Routledge, 2014), caps. 6-7; disponível on-line. Clara Mattei, "The Conceptual Roots of Contemporary Austerity Doctrine: A New Perspective on the 'British Treasury View'", *New School Economic Review (NSER)*, v. 8, 2017; disponível on-line; expõe alguns dos tópicos em que este capítulo se aprofunda. Para uma excelente reconstrução do debate econômico internacional em que os autores italianos participaram, ver Roberto Marchionatti, *Economic Theory in the Twentieth Century: An Intellectual History*, v. 2 (Cham, Suíça, Palgrave Macmillan, 2021).

estrangeiros[10]. O grau do envolvimento deles na *formulação* efetiva de políticas, porém, variou.

O sisudo Alberto de Stefani assumiu a liderança no desenvolvimento da legislação econômica fascista. Em 1921, aos 42 anos, após a violenta militância no início do movimento fascista, ele se tornou parlamentar como membro do Partido Fascista. As circunstâncias de sua transição para a política eleitoral sinalizavam a força de seu compromisso com o fascismo: em vez de se identificar como membro do Bloco Nacional, coalizão que incluía liberais e nacionalistas, ele exigiu e obteve identidade apenas como fascista. Tornou-se o único deputado fascista eleito em 1921, representando sua cidade natal, Vicenza[11]. A partir de então, sua carreira disparou. Dois dias depois da Marcha sobre Roma, o rei exortou Mussolini a criar um novo governo. Mussolini nomeou

---

[10] Durante e após a Primeira Guerra Mundial, Pantaleoni publicou com frequência na imprensa (especialmente em *Il Mezzogiorno, Il Popolo d'Italia, Politica* etc.). A editora Laterza reuniu muitos de seus artigos em livros. Maffeo Pantaleoni, "Note", em *Margine alla guerra* (Bari, Laterza, 1917), *Politica: criteri ed eventi* (Bari, Laterza, 1918), *La fine provvisoria di un'Epopea* (Bari, Laterza, 1919), *Bolcevismo Italian* (Bari, Laterza, 1922). Como Michelini observa: "Nesses escritos, Pantaleoni teve claramente a intenção de oferecer uma concatenação orgânica de teoria econômica e política". Luca Michelini, "From Nationalism to Fascism: Protagonists and Journals", em Massimo M. Augello et al. (orgs.), *An Institutional History of Italian Economics in the Interwar Period*, v. II (Nova York, Springer International Publishing, 2020), p. 32; disponível on-line. De fato, seus escritos políticos foram imbuídos de seus princípios biológicos, mostrando a interligação entre teoria, política econômica e militância política; essa associação também está visível nas publicações de seus colegas. As inúmeras contribuições de Ricci a jornais estão coletadas em vários volumes. Umberto Ricci, *Politica ed economia* (Roma, Società Anonima Editrice "La Voce", 1919), *La politica economica del ministero Nitti: gli effetti dell'intervento economico dello stato* (Roma, Società Anonima Editrice "La Voce", 1920), *Il fallimento della politica annonaria* (Roma, Società Anonima Editrice "La Voce", 1921), *Dal protezionismo al sindacalismo* (Bari, Laterza, 1926). Os discursos públicos e artigos de imprensa de De Stefani foram coletados por Treves; Alberto de Stefani, *La restaurazione finanziaria 1922-1925* (Modena, N. Zanichelli, 1926), *Vie maestre: commenti sulla finanza del 1926* (Trieste, Fratelli Treves, 1927), *Colpi di vaglio: commenti sulla fi nanza del 1927*, cit., *L'oro e l'aratro* (Milão, Fratelli Treves, 1929). A intensa atividade de Einaudi como jornalista e editor de imprensa é bem conhecida. Quando ele começou a trabalhar para a revista *The Economist*, em 1908, já era coeditor de *La Riforma Sociale* e, em 1910, tornou-se editor-chefe. Einaudi também escreveu para *La Stampa* (1896--1902), que deixou para iniciar uma longa colaboração com o *Corriere della Sera* que durou até o fim de 1925. Como correspondente italiano da *Economist*, entre 1920 e 1935 Einaudi publicou mais de 220 artigos, cerca de catorze por ano. A coletânea de seus artigos está republicada em Luigi Einaudi, *Cronache economiche e politiche di un trentennio (1893-1925)* (Turim, Einaudi, 1959-1965), e *From Our Italian Correspondent*, cit.

[11] Ver o prefácio de Perfetti em Alberto de Stefani e Francesco Perfetti, *Gran consiglio, ultima seduta*, cit., p. 5.

De Stefani para comandar o Ministério das Finanças, que logo se fundiu com o Ministério da Fazenda[12]. De Stefani ocupou esse poderoso cargo até junho de 1925[13], exercendo pressão a favor de uma austeridade sem precedentes sob seu lema constante: "Nada é de graça: para cada 100 bilhões de aumento na renda do Estado, 100 bilhões a menos de gastos" (*"niente per niente"; per ogni cento milioni di maggiori entrate, cento milioni di minori spese*)[14]. Durante aqueles anos de fervorosa semeadura de uma nova identidade econômica nacional, os assessores técnicos mais próximos de De Stefani foram dois de seus colegas mais admirados: Pantaleoni, seu principal mentor; e Ricci, que havia sido guia e apoiador da carreira acadêmica de De Stefani.

Um dos fundadores da economia pura como escola de pensamento[15], Pantaleoni era certamente o mais renomado economista italiano da época. Sua fama era mundial, e seu clássico livro *Principi di economia pura* [Princípios de economia pura], de 1889, foi traduzido para o inglês em 1898. Pantaleoni compartilhou os holofotes com os famosos fundadores do movimento econômico neoclássico, incluindo William Stanley Jevons, Hermann Heinrich Gossen, Alfred Marshall e Léon Walras. A grande obra de Pantaleoni representou uma verdadeira virada metodológica para os estudos econômicos na Itália, preparando terreno para grande parte da teoria padrão da atualidade[16] e inspirando gerações de economistas mais jovens (inclusive o polímata

---

[12] Decreto real n. 1.700, 31 dez. 1922, em Camera dei Deputati, 1929.

[13] Após sua renúncia, De Stefani continuou a lecionar em universidades italianas enquanto permanecia profundamente envolvido na política, observando eventos políticos e escrevendo na principal imprensa nacional. Em 1929, foi novamente nomeado para o Grande Conselho Fascista (Gran Consiglio del Fascismo), o principal órgão executivo do governo fascista de Mussolini. Ele viveu uma vida bastante longa (1879-1969) e, após a década de 1920, abandonou sua perspectiva neoclássica-austera – e, enfim, a ciência econômica como um todo. Ver Franco Marcoaldi, *Vent'anni di economia e politica*, cit., p. 55. Sobre a vida e a carreira de De Stefani, ver também o prefácio de Perfetti em Alberto de Stefani e Francesco Perfetti, *Gran consiglio, ultima seduta*, cit., p. 5-26.

[14] Alberto de Stefani, *La restaurazione finanziaria 1922-1925*, cit., p. 8.

[15] "Economia pura" foi a expressão que os autores usaram para indicar a tradição neoclássica da economia que se originou do marginalismo (o que Dobb, 1973, chama de "revolução jevoniana", de William Stanley Jevons). Para uma boa análise histórico-teórica da teoria neoclássica, ver Giorgio Lunghini e Stefano Lucarelli, *The Resistible Rise of Mainstream Economics*: *The Dominant Theory and the Alternative Economic Theories* (Bergamo, University of Bergamo Press, 2012).

[16] Piero Barucci, "La diffusione del marginalismo, 1870-1890", em M. Finoia (org.) *Il pensiero economico italiano, 1850-1950* (Bolonha, Cappelli, 1980).

Vilfredo Pareto[17], que ajudou a expandir a economia de um campo filosófico para um pensamento mais quantitativo; os dois se tornaram amigos próximos e colaboradores). Como vimos no capítulo 5, a reputação de rigoroso foi o que rendeu a Pantaleoni um posto entre os conselheiros selecionados para a Conferência Financeira de Bruxelas de 1920.

Sua carreira política foi igualmente intensa. Parlamentar no início dos anos 1900 e nacionalista convicto[18], Pantaleoni juntou-se com entusiasmo ao movimento fascista desde o início, em março de 1919; em 1920, associou-se ao líder Gabriele d'Annunzio na ocupação irredentista da cidade croata de Fiume, onde Pantaleoni dirigiu brevemente o Ministério das Finanças. Em 1923, o regime fascista recompensou suas realizações com uma cadeira no Senado. Foi então que as colaborações de Pantaleoni com o ministro De Stefani tornaram-se mais intensas. Ricci descreveu o anseio de seu colega em trabalhar em prol das políticas de austeridade:

---

[17] Pareto não é uma das principais figuras de nossa história porque permaneceu na Suíça durante os primeiros anos do regime fascista; morreu em 19 de agosto de 1923. No entanto, nem é preciso dizer que, como fascista convicto e um proeminente expoente da economia pura, defendia o domínio ideológico e teórico sobre nossos especialistas econômicos e o projeto de austeridade deles, bem como outros entre as elites fascistas e liberais.

[18] No início dos anos 1900, Pantaleoni integrou o parlamento como socialista. Sua breve lua de mel com o nascente Partido Socialista baseava-se em sua crença de que se tratava da única força social organizada que protegia o livre–comércio. Luca Michelini, "From Nationalism to Fascism, cit., p. 29; ver também *Marginalismo e socialismo*, cit. Essas ideias foram compartilhadas com Pareto e os outros economistas puros, como Enrico Barone. No entanto, no início dos anos 1900, quando o movimento operário ganhou força, Pareto, Pantaleoni e Barone permaneceram firmes em seu objetivo de proteger a ordem burguesa e defender a causa nacionalista: "Os três economistas puros viram primeiro no nacionalismo e depois no fascismo as forças políticas e sociais capazes de engendrar um confronto final com o movimento socialista, fosse ele reformista ou revolucionário, e com o fraco liberalismo italiano, que muito timidamente se abria à lógica da democracia política e social". Idem, "From Nationalism to Fascism", cit., p. 30. De fato, por suas intervenções no *La Politica*, jornal nacionalista oficial, Pantaleoni trabalhou para expulsar do movimento fascista todos os resquícios "esquerdistas" e "subversivos". Sobre o nacionalismo e a ideologia antissemita de Pantaleoni e Pareto, juntamente com a carreira política e as atividades jornalísticas de Pantaleoni, ver idem, *Alle origini dell'antisemitismo nazional-fascista*, cit.; *Il nazionalismo economico italiano*, cit.; e *From Nationalism to Fascism*, cit. Luca Michelini, em *Alle origini dell'antisemitismo nazional-fascista*, argumenta de forma convincente que havia uma continuidade entre a polêmica antissemita de Pantaleoni e suas polêmicas anticoletivistas e antissocialistas. Assim, a explicação do antissemitismo e do fascismo não pode ser considerada um componente externo em relação à análise econômica teórica realizada por ele e, especialmente, a suas visões austeras.

Pantaleoni era um homem impecável e um cidadão destemido, campeão de muitas batalhas, que por vezes lhe proporcionaram inimigos amargos. [...] Tive a sorte de colaborar com ele em mais de uma comissão, especialmente a de redução de gastos públicos na Itália, que o tinha como presidente. Vi-o trabalhar sem interrupções, dia e noite.[19]

A influência política de Pantaleoni e sua fama acadêmica internacional encontravam-se no auge no momento de sua morte, em 1924.

Apesar de ser talvez o liberal mais comprometido dos quatro, Ricci, com seus óculos, foi crucial para a expansão da política econômica fascista. Em 1923, Mussolini enviou uma carta ao ministro da Educação, Giovanni Gentile, pedindo pessoalmente a dispensa do jovem Ricci de suas muitas funções como professor para servir ao governo em tempo integral. Um memorando de 1925 do Ministério das Finanças resume a intensa atividade de Ricci naqueles anos:

> O professor Umberto Ricci, sucessor de Pantaleoni na cadeira de economia na Real Universidade de Roma, esteve à disposição de Sua Excelência o Ministro das Finanças de junho de 1923 a fevereiro de 1925. Durante esse período, o professor Ricci, além de participar de comissões de menor importância, exerceu sua atividade 1) como membro da *Commissione Censuaria Centrale*; 2) como membro da Comissão de Revisão de Balanços e Redução de Gastos Públicos; 3) como primeiro membro e depois presidente do comitê de investigação para a organização técnica do Ministério das Finanças. Além disso, o professor Ricci foi membro a) do conselho de administração das Ferrovias Nacionais; e b) da diretoria do Instituto Nacional de Seguros (Istituto Nazionale delle Assicurazioni).[20]

Ricci atuou com determinação: como veremos, as ferrovias nacionais estavam entre as instituições mais afetadas pelos cortes; ao mesmo tempo, o governo fascista também privatizou o Instituto Nacional de Seguros. Mas Ricci provou ser mais austero que o próprio fascismo. Em nome de uma estrita defesa da austeridade, ele pôs fim a seus serviços ao governo em fevereiro de 1925. Na verdade, a polêmica que distanciou Ricci do regime pouco teve a ver com a violação da liberdade política; tinha tudo a ver com a violação da "liberdade econômica" – a liberdade do mercado. Esse

---

[19] Umberto Ricci, *Tre economisti italiani: Pantaleoni, Pareto, Loria* (Bari, Laterza, 1939), p. 19. Originalmente publicado em *Il Giornale degli Economisti*, abril de 1925.
[20] ACS Segreteria Particolare del Duce, Carteggio Riservato, Cs b. 91, Umberto Ricci, junho de 1925.

desacordo se acirrou em 1928, custando a Ricci seu cargo acadêmico na Itália[21]. Aos 46 anos, ele se mudou para o Egito a fim de continuar no Cairo a vida acadêmica; lá também atuou como assessor do governo. Em um panfleto de 1941, o professor lembrou-se com orgulho de ocupar uma cadeira na Comissão Fiscal Egípcia, fazendo discursos influentes e escrevendo nos principais jornais do Egito "para iluminar a opinião pública egípcia sobre instituições de maior controle financeiro"[22]. A missão do especialista era transplantar para o país as estruturas de austeridade italianas e britânicas e, principalmente, instituir um "órgão independente para manter as finanças sob controle"[23].

O último dos quatro economistas foi o renomado professor liberal Luigi Einaudi, senador italiano desde 1919 e um dos candidatos iniciais de Mussolini ao cargo de ministro do Tesouro. Embora o convite final nunca tenha se materializado e, na verdade, Einaudi nunca tenha servido ao governo fascista, ele desempenhou um papel crucial na formação de consenso pela austeridade fascista no país e no exterior. Após o assassinato do político socialista Giacomo Matteotti[24], em 1924, Einaudi se opôs politicamente ao

---

[21] Ricci começou a expor as ineficiências da emergente economia corporativista e o consequente abandono do livre mercado. Por exemplo, em um de seus primeiros artigos críticos, "Sindacalismo giudicato da un economista", Ricci argumentou contra o papel dos sindicatos no mercado de trabalho e a abolição da propriedade privada em nome de entidades coletivas como corporações fascistas. Idem, *Dal protezionismo al sindacalismo*, cit., p. 107-66. A polêmica atingiu o ápice com o artigo "La scienza e la vita" na revista *Nuovi studi di diritto, economia e politica*, onde defendeu que as reformas econômicas do regime não correspondiam à "ciência econômica", mas principalmente aos princípios de austeridade. Idem, "La scienza e la vita", *Nuovi Studi di Diritto, Economia e Politica*, v. 6, n. 3, 1928. Ele criticou em particular as medidas intervencionistas personificadas pela "batalha do trigo", em que "os agricultores foram forçados a cultivar produtos que eram comparativamente mais caros". Ibidem, p. 223. Também denunciou a virada protecionista do governo que "proibiu os industriais de comprar matéria-prima de fora do país". Ele censurou ainda as leis de controle de aluguel, obras públicas "inúteis" e auxílios ao desemprego, bem como políticas de migração e controle populacional.
[22] "La finanza dello stato egiziano nell'ultimo decennio", em *Studi economici finanziari e corporativi*, v. 19, n. 3, out. 1941, publicado em Roma por Edizioni Italiane (*Mi sembrò allora opportuno di illuminare l'opinione pubblica egiziana e tenni due conferenze, una alla società di economia politica e l'altra all'università*).
[23] Idem, *La finanza dello stato egiziano nell'ultimo decennio*. Estratto da "studi economici finanziari e corporativi", v. 19, n. 3 (Roma, Edizioni Italiane, 1941), p. 53.
[24] Em 10 de junho de 1924, Giacomo Matteotti, jovem membro do Parlamento italiano e secretário do Partido Socialista Italiano, foi sequestrado do lado de fora de sua casa por agentes da polícia secreta fascista (Ceka) que estavam sob o comando de Mussolini. Dois meses depois,

fascismo; no entanto, com base em suas intervenções no jornal liberal *Corriere della Sera*, e especialmente em seu fecundo trabalho como correspondente da revista *The Economist*, o apoio fervoroso de Einaudi à política econômica fascista ao longo da década de 1920 é inegável[25].

Depois que o fascismo foi derrotado na Segunda Guerra Mundial, Einaudi tornou-se o principal representante do Partido Liberal na Assembleia Constituinte italiana (1946) e foi o primeiro presidente eleito da República da Itália (1948-1955). Nesses papéis, personificou uma continuidade institucional tácita entre o *establishment* que havia apoiado a ditadura e a nova república democrática. Até hoje, Einaudi é reverenciado como uma das figuras públicas mais respeitáveis da Itália. Universidades, avenidas e fundações culturais de todo o país levam seu nome. Além da Universidade de Turim, durante a vida Einaudi lecionou também na Universidade Bocconi, fortalecendo seu legado duradouro como centro da economia neoclássica; até hoje Bocconi continua sendo a instituição para influentes defensores da austeridade. Por exemplo, o economista Mario Monti, reitor de longa data da universidade, que liderou as reformas de "lágrima e sangue" pela austeridade em seu papel como primeiro-ministro não eleito da Itália entre 2011 e 2013. Há também Francesco Giavazzi, que a partir de 2022 tornou-se o assessor econômico do partido do

---

o corpo de Matteotti foi encontrado a alguns quilômetros de Roma. O chamado caso Matteotti deu origem a acontecimentos que resultaram no estabelecimento de um regime fascista totalitário, forçando Mussolini a revelar suas ambições inerentemente totalitárias e a abandonar a pretensão de "legalidade" que marcou os dois primeiros anos do governo fascista (1922-1924). As chamadas leis *fascistissime* que baniram todos os partidos políticos foram os meios pelos quais Mussolini superou a crise que o assassinato precipitou. *The Economist* observou: "É difícil ver como [um] governo constitucional – no sentido agora geralmente aceito na sociedade ocidental – pode ser mais que um nome em um país no qual um líder político é capaz de convocar homens armados a qualquer momento para cumprir suas ordens". "The Crisis in Italy", *The Economist*, 5 jul. 1924, p. 11.

[25] Sobre o apoio de Einaudi ao fascismo pelo menos até 1924, ver Riccardo Faucci, *Luigi Einaudi*, cit., p. 194-211. De fato, na revista *The Economist*, os escritos de Einaudi concentravam-se exclusivamente nas políticas econômicas do fascismo, sem qualquer consideração pelo contexto político mais amplo. Ainda assim, em 1927, Einaudi descrevia positivamente os fatores econômicos, encobrindo quaisquer aspectos que poderiam ter exposto a verdadeira face autoritária da austeridade fascista. Entre os muitos artigos que revelam essa abordagem, ver "Italy – Mussolini's Policy – Population and the Lira – Stock Exchanges – Readjusting the Price Level – The Campaign for Reduction of Prices", *The Economist*, 11 jun. 1927, p. 1.236 e segue; "Italy – Revaluation Policy and the State Revenue – Appeals for Economy – Treasury Cash Funds – Increasing Gold Reserves", *The Economist*, 2 jul. 1927, p. 22 e segue.

governo tecnocrático não eleito de Mario Draghi e que, juntamente com seu famoso colega Alberto Alesina e outros dos chamados "Bocconi boys", aconselhou instituições europeias e internacionais – como o Ecofin (Conselho para Questões Econômicas e Financeiras, composto pelos ministros das Finanças de todos os Estados-membros europeus), o Banco Central Europeu (ECB, na sigla original) e o Fundo Monetário Internacional (FMI) – a se comprometerem com a austeridade após a crise financeira de 2009[26].

A relação de Einaudi com o fascismo – incluindo seu persistente apoio à austeridade que o governo fascista decretou – foi minimizado, se não esquecido, em histórias e narrativas contemporâneas. No entanto, sua relação com o fascismo levanta um dos principais temas deste livro. Ricci e Einaudi – celebrados como os mais autênticos embaixadores do liberalismo italiano – tinham uma prioridade durante a crise do pós-guerra: implantar a austeridade para proteger a economia de mercado contra um colapso iminente. Tal austeridade foi representada pelas políticas fascistas da década de 1920, tendo a política repressiva como componente essencial. Ricci e Einaudi não tiveram de declarar lealdade ao fascismo para estar a serviço dele; a austeridade entreteceu o fascismo ao liberalismo em uma busca comum, coercitiva.

Se nos concentrarmos nas crenças econômicas desses quatro homens, as diferenças entre os dois fascistas e os dois liberais desaparecem. Seus contemporâneos pareciam cientes dessa conexão. Em 1921, o próprio De Stefani declarou ao jornal fascista *Il Popolo d'Italia*:

> Eu daria, por exemplo, a carteira de filiado fascista a Vilfredo Pareto, Maffeo Pantaleoni, Umberto Ricci, Luigi Einaudi. O *vade mecum* fascista está exatamente nas obras desses homens; seria bom se os fascistas fossem ensinados com suas obras a fim de adquirir essa brilhante unidade de pensamento que deve guiar ações inteligentes.[27]

---

[26] Ver, por exemplo, a influente intervenção de Alesina no conselho do Ecofin em abril de 2010, em Madri, chamada "Fiscal Adjustments: Lessons from Recent History" [Ajustes fiscais: lições da história recente]; Alesina, 2010. Detalharemos esses episódios no capítulo 10. Sobre a influência política internacional dos graduados de Bocconi, ver Oddný Helgadóttir, "The Bocconi Boys Go to Brussels: Italian Economic Ideas, Professional Networks and European Austerity", *Journal of European Public Policy*, v. 23, n. 3, mar. 2016, p. 392-409; disponível on-line.

[27] Alberto de Stefani, "L'orientamento del Fascismo secondo il pensiero di Alberto de' Stefani", entrevista a Mario Zamboni, *Il Popolo d'Italia*, 21 set. 1921, p. 3.

Uma vez no cargo, De Stefani confirmou essas opiniões em uma carta aberta no *Il popolo* dirigida a seu "ilustre amigo" Luigi Einaudi:

> Quando meus jovens e ousados camaradas me perguntam como desenvolver uma mentalidade fascista, inclusive no campo técnico dos problemas sociais, econômicos e financeiros, aponto a eles as obras de quatro grandes fascistas italianos, que não são militantes e não têm carteira do partido: Vilfredo Pareto, Maffeo Pantaleoni, Umberto Ricci e, "por último, mas não menos importante", Luigi Einaudi, a quem peço que meus camaradas perdoem por fazer propaganda do fascismo nas colunas do *Corriere della Sera*.[28]

Essas associações eram injustificadas? Oportunismo político? Interpretações e comentários populares em geral argumentam que "sim". O resto deste capítulo explora como essas caracterizações benevolentes são incorretas – e como, ao contrário, as descrições de De Stefani basearam-se na boa-fé de seus pares na austeridade. Esses fundamentos são evidentes em suas ações e escritos jornalísticos e acadêmicos[29]. Aliás, representam um conjunto de casos em que os empreendimentos políticos e acadêmicos – duas vias que os acadêmicos costumam avaliar separadamente – estão em profunda harmonia. Com estes quatro economistas como embaixadores, as políticas de austeridade encontraram úteis meios de disseminação na comunicação da teoria econômica. Na verdade, o duplo lema da austeridade – consumir menos e produzir mais – foi

---

[28] Idem, "Il programma finanziario del Partito Nazional-Fascista, lettera aperta al Senatore Luigi Einaudi", *Il Popolo d'Italia*, 14 jan. 1922.

[29] A produção científica de Ricci assume três formas distintas: suas resenhas para *Il Giornale degli Economisti* (ele escrevia na seção chamada "Rassegna economica"); suas palestras sobre economia política em Roma, em 1924-1925; e seus textos teóricos – em especial suas duas obras mais famosas: *Il Capitale* e *I saggi sul Risparmio*. Pantaleoni foi um acadêmico prolífico e complexo; muita tinta foi gasta estudando seu pensamento, e existem diversas interpretações controversas entre os estudiosos. O principal ponto de divergência é entre aqueles que entendem os escritos de Pantaleoni como substancialmente unitários e aqueles que veem uma mudança teórica entre seus *Principii* e as palestras que proferiu no início do século XX. Ver Luca Michelini, *Marginalismo e socialismo*, cit., e Piero Bini, Esiste "l'*Homo economicus*?, cit. De Stefani não foi um contribuinte original para a teoria da pura economia; suas principais contribuições são complicados estudos empíricos. Ver, por exemplo, Alberto de Stefani, *L'azione dello Stato Italiano per le opere pubbliche (1862-1924)* (Roma, Libreria dello Stato, 1925) e *La legislazione economia della guerra* (Bari/New Haven, Laterza/ Yale University Press, 1926). O trabalho científico de Einaudi teve natureza mais aplicada, especialmente no que diz respeito à tributação e às ciências financeiras. No entanto, ele expressou total consenso à abordagem metaeconômica da economia pura.

impulsionado pela vontade desses economistas de implementar e "realizar" os modelos ideais de uma sociedade capitalista virtuosa que pressupõe a subordinação da classe trabalhadora.

Economia pura e o projeto tecnocrata

Em seus esforços para restaurar a primazia da acumulação de capital, Alberto de Stefani, Maffeo Pantaleoni, Umberto Ricci e Luigi Einaudi enfrentaram duas batalhas.

A primeira, que já havia começado na virada do século, prosseguiu no universo acadêmico. Os quatro economistas juntaram forças com seu colega Pareto, da Suíça, em uma longa e bem-sucedida campanha para subverter a tradição histórica italiana de pensamento, atuando, em contrapartida, "para fazer justiça contra todas as falsas escolas e proclamar soberana a economia pura"[30]. Nesse sentido, a compra e a administração por Pantaleoni, em 1910, de *Il Giornale degli Economici* – a mais influente publicação de economia da Itália – representaram um passo para a construção da hegemonia de um novo paradigma científico.

Em paralelo, os quatro homens lutaram arduamente para moldar a opinião pública no momento em que ela havia "se desencaminhado". Depois da guerra, essa segunda batalha teve primazia. De fato, após a Primeira Guerra Mundial, o impensável pairava sobre eles: os valores e as relações sociais capitalistas – as próprias precondições para a economia pura existir como cânone – tinham de ser defendidos dos ataques da sociedade como um todo.

Sobre o esforço para frustrar as massas, Ricci falou que os economistas estavam "lutando para fazer o público entender que os trens não podem chegar à Lua". A população, afirmavam os economistas, era ignorante quanto às verdades econômicas, portanto agia contra os próprios interesses. Infelizmente, essas verdades econômicas haviam sido exploradas por especialistas em termos tão requintados que "não eram mais inteligíveis" não apenas para as massas, mas para qualquer não especialista, incluindo deputados do Parlamento. Era a condição grandiosa da economia pura que concedia uma aura superior a seus praticantes, encarregados da árdua tarefa de educar a humanidade quanto ao

---

[30] Umberto Ricci, *Tre economisti italiani*, cit., p. 44.

correto comportamento econômico, a fim de promover o equilíbrio econômico e o progresso. Como explicou Ricci, o economista agia desinteressadamente para o bem de todos. Nessa cruzada, sacrificava seu "interesse como indivíduo, grupo ou classe pelo interesse do coletivo"[31]. A missão pedagógica era, na cabeça de Pantaleoni, tão "grande e difícil" que exigia "muito trabalho, energia excepcional, coragem civil indomável e perspicácia sutil", bem como acesso a um jornal "de grande circulação e financeiramente independente"[32].

Ricci fez dois discursos importantes sobre o assunto. O que realizou em Pisa, para a abertura do ano acadêmico 1921-1922, foi intitulado "O suposto declínio da economia política" (*Il preteso tramonto dell'economia politica*). O outro, que fez na Universidade de Bolonha em janeiro de 1922, foi intitulado "A impopularidade da economia política" (*L'impopolarità dell'economia politica*). Em ambas as ocasiões, ele admitiu que as massas ignorantes e oportunistas odiavam os economistas e os viam como inimigos públicos[33]. Expressou o desdém do público como ressentimento – os economistas, afinal, eram o que evitava que a sociedade desmoronasse sob o peso da própria indolência: "Ao proclamar o princípio da tributação universal, promovendo o fechamento de cargos públicos inúteis, a demissão de funcionários redundantes, o abandono das obras públicas, o economista seguramente não faz novos amigos"[34].

Um economista nunca deve perder a coragem, advertiu Ricci, porque um economista é a mais pura força humana:

> Nem sempre as palavras [do economista] são ouvidas, nem sempre a consciência de cumprir seu dever é acompanhada pela alegria do resultado. Mas, se às vezes ele é afetado pela tristeza de ter falado em vão, *uma recompensa o aguarda*, uma recompensa que nenhuma força humana pode tirar dele. À medida que sobe progressivamente a torre de marfim e abandona em cada andar seus preconceitos e interesses, sua visão vai ficando mais refinada, seu horizonte se amplia; mais cedo ou mais tarde, quando o alto topo é alcançado, ele descobre *a unidade na verdade, a ordem na desordem* [...], e o espetáculo da alta torre torna-se ainda mais maravilhoso caso, nas trocas entre firmas, grupos, classes e nações, se é capaz de destilar *leis rigorosas e*

---

[31] Idem, *Dal protezionismo al sindacalismo*, cit., p. 2.
[32] Maffeo Pantaleoni, *Bolcevismo Italian*, cit., p. 222.
[33] Umberto Ricci, *Dal protezionismo al sindacalismo* (Bari, Laterza, 1926), p. 72.
[34] Ibidem, p. 102.

elegantes, dignas de competir com as leis da mecânica celeste. Essa visão da beleza é a recompensa soberana do economista.[35]

Todos os quatro economistas italianos da austeridade compartilhavam dessa postura intelectualmente elitista, para não mencionar uma tendência à autoadulação. Era uma série de conceitos expressos por meio da metáfora religiosa de Ricci, pela qual a "contemplação" da "ciência divina" da economia é "o privilégio de poucos" e "nem sempre aparece como bela, verdadeira e boa para o público profano"[36].

A economia pura está imbuída dessa forma de positivismo. (Utilizo aqui o presente do indicativo para assinalar a continuidade disso com a teoria neoclássica dos dias atuais.) Com o tempo, a disciplina alcançou uma reputação de rigor e legitimidade epistêmica que correspondia à de outras ciências duras. Nas palavras evocativas de Ricci: "O socialista e o protecionista estão, para o economista, como o astrólogo está para o astrônomo, o alquimista está para o químico, o feiticeiro está para o médico"[37]. De Stefani e Ricci prestavam homenagem a seu professor Pantaleoni; eles o aclamavam como "arcanjo com uma espada flamejante", lutando contra todo historicismo para proclamar que "deve haver uma parte teórica da ciência econômica, um núcleo de doutrinas, que independam de opiniões, bem como de predileções éticas, políticas e religiosas. Algo semelhante à física e à matemática [...] essa é a 'economia pura'"[38].

Em 1923, De Stefani relatou sua alegria ao descobrir a economia pura quando leu os *Princípios* de Pantaleoni e o *Cours d'economie* de Pareto em uma livraria:

> Fui seduzido por uma análise em que o útil e o prejudicial, o prazer e a dor e todos os fatos mais complexos de nossa ordem econômica foram acompanhados por fórmulas de cálculo e descritos por meio de representações gráficas. [...] Os equilíbrios tornaram-se pontos de interseção de sistemas de curvas e números que resolviam sistemas de equações. O espírito humano encontrava quietude naquelas verdades formais.[39]

Os economistas proclamavam a objetividade da economia pura por meio de uma separação contundente e bem narrada dos reinos econômicos e políticos

---

[35] Ibidem, p. 104-5; itálicos meus.
[36] Ibidem, p. 72.
[37] Ibidem, p. 25.
[38] Idem, *Tre economisti italiani*, cit., p. 44.
[39] Alberto de Stefani, "Vilfredo Pareto", em *Gerarchia*, 1923, p. 1.187.

da sociedade. Eles traçavam uma estrita linha fronteiriça: *o econômico é transcendente, um sistema isolado em abstração dos demais elementos da esfera sociopolítica.* Dessa forma, os economistas puros desviavam o olhar de questões históricas como as origens da propriedade ou das relações de classe; essas coisas eram entendidas como externas ao domínio do economista e consideradas dados que ocorriam naturalmente[40]. As alegações de objetividade dos economistas são fortalecidas por seus métodos: os números não podem mentir; logo, como a economia poderia[41]?

A economia pura aspirava a ser algo como a forma platônica de investigação social. Assim como, para Platão, as ideias eram a essência autêntica da existência de fenômenos, as ideias econômicas também eram mais *reais* que a própria realidade. Eram o verdadeiro modelo, o arquétipo que a realidade representava. Sua autodescrita "pureza" não resultava de um desapego do mundo real; ao contrário, a economia tinha uma estratégia final inegável e prática. Como o filósofo de Platão, o economista tinha de retornar à caverna e resgatar os não iluminados de sua ignorância. Os quatro professores tinham como ambição erradicar as impurezas do mundo real para que este correspondesse à pureza de seus modelos matemáticos.

Ricci resumiu as famosas passagens dos *Princípios*, de Pantaleoni, que centralizam a teoria econômica como um pré-requisito para a formulação de políticas: "Em primeiro lugar, é preciso ser bem versado em economia pura, depois treinado em economia aplicada, ou seja, teoria pura; por fim, pode-se embarcar na resolução de problemas econômicos concretos, ou seja, das questões peculiares e contingentes que a realidade cotidiana coloca sob nossos olhos e cujo núcleo é a economia"[42].

Dito de forma mais explícita, modelos e teoremas não deveriam apenas ministrar o conhecimento econômico; tinham de exigir a obediência das pessoas.

---

[40] Para uma crítica o recente quadro teórico da escola neoclássica, ver Maurice Herbert Dobb, *Theories of Value and Distribution since Adam Smith: Ideology and Economic Theory* (Cambridge, Cambridge University Press, 1973), p. 166-211.

[41] Uma lógica dedutivista é baseada em um pequeno conjunto de "axiomas" (como o cálculo de maximização racional) que produzem uma estrutura internamente consistente para explicar fenômenos econômicos observados. Os resultados desses experimentos abstratos de pensamento levam a leis rigorosas; dadas certas premissas, os teoremas econômicos fundamentais advêm. Maffeo Pantaleoni, *Pure Economics* (Londres, Macmillan, 1898), p. 3.

[42] Umberto Ricci, *Tre economisti italiani*, cit., p. 45-6.

Como Ricci declarou: "É o desejo honesto de qualquer bom teórico da política econômica que as construções teóricas sejam consideradas não apenas um luxo do intelecto, mas necessárias para explicar e prever eventos e essenciais para *adestrar os homens [ammaestrare gli uomini]*"[43]. Depois da guerra, de fato a maioria dos cidadãos precisava ser adestrada, dado que se revoltara contra a essência autêntica das coisas.

Os modelos desses quatro economistas capturaram exatamente essa essência – uma sociedade em que o capital, não o trabalho, era o motor da máquina econômica.

O poupador virtuoso e o trabalhador indisciplinado

Em 1920, Luigi Einaudi inscreveu uma polêmica no jornal liberal *Corriere della Sera* lamentando os economistas marxistas e sua teoria do valor-trabalho: "Por que um capitalista deveria lucrar apenas porque a máquina é dele? Por que ele deve viver sem fazer nada? Não é óbvio que seu lucro vem da exploração do trabalho de outra pessoa?", perguntou ele, com sarcasmo. "Este é o célebre e vulgar sofisma de *O capital*, de Marx. [...] Mas basta perguntar: quanto seria produzido se os poupadores não produzissem capital? A resposta: nada. Sem capital, o trabalho produz zero."[44]

De Stefani ofereceu explicação semelhante a seus alunos: "O capitalismo é o fenômeno de uma classe que vive da produtividade específica do capital, depende do direito de propriedade e hereditariedade, não de uma subtração à custa dos trabalhadores". Isso, ele especificou, era "resultado da poupança e da conservação, na realidade úteis às próprias classes trabalhadoras"[45].

Num momento em que os trabalhadores endossavam teorias econômicas que colocavam o trabalho como fonte de formação de capital, esses especialistas nacionais de grande visibilidade defendiam um conjunto oposto de teorias: na verdade, eram os investidores-poupadores que detinham as chaves que impulsionavam o sistema. Dessa forma, os economistas forneciam bases científicas para naturalizar uma sociedade de classes – e, assim, justificar sua inevitabilidade

---

[43] Umberto Ricci, "Rassegna del movimento scientifico: economia", *Giornale degli Economisti*, n. 36, maio 1908, série II, p. 389, itálicos meus; disponível on-line.
[44] "Savers are necessary for production?" (*I risparmiatori sono necessari alla produzione?*), *Corriere della Sera*, 27 abr. 1920, em Luigi Einaudi, 1961, v. 5, p. 720.
[45] Alberto de Stefani, *Lezioni di economia politica*, cit., p. 164.

e, em última análise, sua imparcialidade. Faziam isso equiparando os membros da burguesia ao conceito de *homo economicus* – agente racional que atuava no interesse próprio[46].

Uma noção matemática de virtude econômica – ainda usada nos modelos neoclássicos atuais – concedia rigor à análise de Ricci: um chamado custo virtual de abstinência econômica. Ele é medido, tanto na época como agora, pela taxa de desconto subjetiva, baseada na regra psicológica de que, sendo todas as outras coisas equivalentes, preferem-se os bens agora aos bens no futuro. Por essa lógica, um agente virtuoso terá uma taxa de juros subjetiva menor e estará mais propenso a economizar:

> A taxa de desconto subjetiva é baixa para homens que têm uma aguçada habilidade de antecipação e conseguem prever vividamente alegrias e necessidades futuras; para homens enérgicos e disciplinados, que suportam as restrições que impõem a si mesmos [...]; para homens criados com costumes sóbrios. Todas essas virtudes morais – visão de futuro, autocontrole, amor por sua prole, hábitos moderados, juntamente com a certeza de uma vida longa – podem tornar a taxa de desconto extraordinariamente pequena.[47]

De fato, nesse quadro de virtudes individuais, qualquer agente econômico poderia potencialmente praticar o comportamento virtuoso do *homo economicus*. Mas a realidade, pelo menos segundo Ricci, é que, "entre as ferramentas com as quais o homem eleva seu grau de civilização, a abstinência individual (*l'astinenza*) é tanto a mais eficaz quanto a menos difundida"[48]. Na verdade, apenas *alguns poucos selecionados* tinham propensão a abster-se, a viver dentro de suas possibilidades, e poucos realmente o faziam: "O empresário é parcimonioso, um pensador, um calculador, é este homem real que mais se assemelha ao abstrato homem retratado por economistas, que não se alvoroça como um maricas (*donnicciuola*) diante da dificuldade iminente"[49]. Pantaleoni concordava enfaticamente que, ao contrário dos outros, o empresário não era um

---

[46] O *homo economicus* adquire essa virtude de poupar apenas por uma questão de cálculo econômico racional visando a maximizar o prazer pessoal: "Nós acreditamos que o *homo economicus* compara o prazer presente à satisfação futura, com as devidas reduções e descontos". Umberto Ricci, *Saggi sul risparmio* (Lanciano, Carabba, 1999), p. 22.
[47] Ibidem, p. 33.
[48] Ibidem, p. 7.
[49] Ibidem, p. 23.

"maricas". Ele comentava as virtudes do empreendedor em termos evolutivos[50]: a capacidade de preservar a espécie por meio de um comportamento racional e no próprio interesse. São os empresários que "alcançam quase perfeitamente o tipo do *homo economicus* e que, portanto, conhecem e aproveitam cada oportunidade que se apresenta de obter lucro"[51]. Examinando essas ideias em conjunto, nem Pantaleoni, nem Ricci imaginavam uma clara distinção conceitual entre o poupador e o empreendedor: ambos os papéis personificavam agentes econômicos racionais em virtude da maximização de sua utilidade individual.

Essa nebulosidade conceitual central combina bem com a aderência dos economistas à lei de Say, princípio econômico que era sagrado, também, entre os especialistas britânicos da época. De acordo com a lei de Say, todas as poupanças de uma economia se transformam em investimento produtivo[52]. Para Pantaleoni, era exatamente essa transformação que caracterizava o processo capitalista e que era fundamental para o progresso econômico da sociedade[53]. Nesse sentido, para os economistas puros, o interesse próprio do *homo economicus*, na forma do poupador ou do empresário, personifica o interesse da sociedade como um todo. Nos modelos de Pantaleoni e seus colegas, a economia de mercado beneficiava a todos: o desempenho máximo das relações econômicas proporcionava resultados máximos no que diz respeito a preços, quantidades e alocação de recursos e mercadorias.

---

[50] A visão elitista de Pantaleoni é inseparável de sua perspectiva darwinista social, por meio da qual ele ensinava a seus alunos, nas aulas de economia política, que as qualidades econômicas são inatas e não podem ser compensadas com educação ou fatores externos. A desigualdade é explicitamente um fato natural e muito saudável para a sociedade. Como ele disse sem rodeios: "A mais complexa das organizações sociais não exige outra condição senão a liberdade de ação e escolha, a fim de proceder com virtude crescente para a eliminação seletiva dos incapazes". Maffeo Pantaleoni, *Bolcevismo Italian*, cit., p. 197. Sobre a perspectiva darwinista social de Pantaleoni, ver Piero Bini, *Captains of Industry and Masters of Thought: The Entrepreneur and the Tradition of Italian Liberal Economists from Francesco Ferrara to Sergio Ricossa* (SSRN Scholarly Paper, ID 2718541, Social Science Research Network, 2013); disponível on-line. E Manuela Mosca, "Io che sono Darwinista", cit.

[51] Maffeo Pantaleoni, *Pure Economics*, cit., p. 259.

[52] Na macroeconomia, hoje, a identidade de poupança = investimento (poupança privada mais poupança pública) ainda é válida. Em outras palavras, não há acúmulo de capital, já que se supõe que tudo aquilo que o empresário investe encontra um comprador. O desmascaramento da lei de Say é fundamental para a análise pós-keynesiana e marxista hoje. Ver Robert A. Blecker e Mark Setterfield, *Heterodox Macroeconomics* (Cheltenham, Edward Elgar, 2019), e Anwar Shaikh, *Capitalism: Competition, Conflict, Crises* (Oxford, Oxford University Press, 2016).

[53] Ver Maffeo Pantaleoni, "Finanza fascista", *Politica*, v. 15, n. 44-5, 1923.

Assim, a poupança privada e a acumulação privada nunca entravam em choque com o interesse geral. Ao contrário, o interesse público depende dessas "virtudes" privadas. Tais princípios permanecem incorporados na economia padrão dos livros acadêmicos da atualidade; eles estão tão arraigados que a defesa exaustiva que nossos protagonistas fazem deles parece exagerada.

Em contrapartida, as intervenções públicas de Pantaleoni demonstravam sua crença em que a condição econômica das classes trabalhadoras refletia sua falta de méritos sociais e econômicos: "Levando tudo em consideração, parece óbvio que as classes de renda mais baixa são significativamente deficientes em qualidades comparadas às outras. De modo que *essa deficiência (deficienza)* é a causa da renda mais baixa, não é a renda mais baixa a causa da deficiência"[54]. Os membros das classes trabalhadoras eram assim porque sofriam de vícios incuráveis, como o consumo excessivo, e porque dependiam de um sistema econômico mais perfeito, povoado por poupadores. Ser pobre ou da classe trabalhadora era uma escolha e uma patologia.

A caracterização de Pantaleoni da classe trabalhadora italiana era patente na época: a guerra havia proporcionado riqueza "imerecida" aos trabalhadores italianos graças a salários nominais mais altos e ao controle governamental dos preços de gêneros alimentícios e outros serviços sociais. Na narrativa de Pantaleoni, esses mesmos trabalhadores, em vez de poupar, haviam se entregado até o ponto da degradação moral e econômica:

> As classes trabalhadoras basicamente não economizam e gastam tudo em prazeres (*godimenti*), com a consequência de uma notável decadência de suas qualidades morais. [...] Esse é o resultado, primeiro, da pressão da guerra e, depois, da pressão do socialismo e do bolchevismo[55]. Esse estado de coisas levará necessariamente ao colapso, porque é exasperador (*parasítico*) para o capitalismo e um obstáculo a novas poupanças e ao crescimento da produção.[56]

---

[54] Idem, *Bolcevismo Italian*, cit., p. 36.
[55] Bolchevismo italiano – epíteto que deu título ao famoso poema de Pantaleoni, livreto publicado em 1922 – foi vagamente usado para denotar qualquer intervenção do Estado na esfera do mercado e qualquer forma de redistribuição social. Einaudi concordava que "o socialismo de qualquer tipo era inevitavelmente sinônimo de um espírito imprudente e amante do prazer, de uma tendência ao consumo imediato, com reivindicações de salários maiores em troca de menos trabalho". Riccardo Faucci, *Luigi Einaudi*, cit., p. 176.
[56] Maffeo Pantaleoni, *Bolcevismo Italian*, cit., p. 58.

Ele reiterou, desta vez com imagens evocativas e com uma nova menção à influência insidiosa da Revolução Russa:

> Graças ao bolchevismo, a modéstia no padrão de vida que caracterizava os italianos desapareceu. E desapareceu tanto na classe trabalhadora como no campesinato. É repulsivo testemunhar as massas de trabalhadores bêbados em todas as nossas cidades [...] o notável aumento dos salários não foi acompanhado de maior civilização, de modo que o trabalhador e sua esposa vivem como porcos (*porci*) em suas casas para desperdiçar a maior parte de sua renda em vinho na taverna.[57]

Einaudi, que alguns tinham como mais liberal, também demonstrou atitude altamente classista – com menção especial aos gastos com álcool: "É sabido que os salários dos trabalhadores dos setores industriais e comerciais aumentaram perceptivelmente [...], *a prova são os evidentes aumentos no consumo desnecessário de bebidas alcoólicas, doces, chocolates e biscoitos*"[58].

Ricci acrescentou: "Os queridinhos (*beniamini*) da política econômica durante e depois da guerra foram os trabalhadores das grandes cidades. Em outras palavras, os poupadores foram punidos, e os esbanjadores, recompensados"[59].

Os economistas que arquitetaram a austeridade italiana desconfiavam das classes trabalhadoras, e talvez as desprezassem, por sua inépcia para a ação vital do crescimento econômico: a poupança. Embora seja impossível determinar se a economia pura foi ou não a fonte *primária* das concepções classistas dos economistas, é seguro afirmar que a economia pura ao menos *reforçou* o classismo deles.

Sempre se pode, é claro, tentar educar esses trabalhadores indisciplinados. Todos os quatro economistas pregavam consistentemente sacrifício, abstinência, frugalidade e autocontrole. Einaudi era, sem dúvida, o mais apaixonado por esse tópico, que ele havia levado a sério desde o início da guerra[60]. Seus textos

---

[57] Ibidem, p. xiv.
[58] Luigi Einaudi, *Prediche* (Bari, Laterza), p. 96-7; itálicos do original.
[59] Umberto Ricci, *Il fallimento della politica annonaria* (Roma, Società Anonima Editrice "La Voce", 1921), p. 450.
[60] Segundo Einaudi, durante a guerra o povo italiano poderia facilmente ter empreendido um sacrifício maior que o realizado, em especial por meio de impostos, evitando assim o endividamento e a inflação monetária. Como ele escreveu: "Nosso povo não abandonou de imediato as artes da paz, não renunciou aos prazeres (*godimenti*) habituais, não se privou de grande parte de sua renda para lançá-la ao altar da nação pela salvação do exército e pela grandeza nacional". Luigi Einaudi, *La condotta economica e gli effetti sociali della guerra italiana* (New Haven, Yale University Press, 1933), p. 32.

opinativos no *Corriere della Sera* eram implacáveis: "O dever de salvar" (7 de julho de 1919); "A febre de viver e a necessidade das renúncias" (11 de abril de 1919); e "Não compre!" (19 de junho de 1920)[61], que dizia: "Se os jornais pregassem abstinência e penitência aos novos-ricos, camponeses e trabalhadores empreenderiam uma ação mais moralmente digna e socialmente útil"[62].

A semelhança dessas campanhas com os esforços de Blackett e Niemeyer no comitê de poupança britânico é impressionante. Mais que na Grã-Bretanha, no entanto, os economistas italianos estavam convencidos de que, depois da guerra, a situação em seu país havia ficado completamente fora de controle. Apesar de toda a inépcia essencial, os trabalhadores realmente ganharam poder econômico e político. Era evidente que apenas um governo forte poderia organizar as coisas para a acumulação de capital. Aqui entrava a ditadura de Mussolini.

Austeridade, tecnocracia e autoritarismo

Com o bolchevismo no governo [...], é impossível produzir e poupar.

Maffeo Pantaleoni[63]

Economistas fascistas e liberais compartilhavam da crença no poder e no bem de um governo formado por especialistas em economia – uma tecnocracia. Eles também concordavam que as políticas necessárias para garantir sólidos princípios econômicos não eram nem políticas, nem de qualquer interesse partidário; eram simplesmente verdadeiras. O papel e o dever dos especialistas é defini-las e implementá-las.

---

[61] Einaudi falava de si mesmo e de seus colegas economistas como "nós, os primeiros apóstolos da palavra da abstinência" (*apostoli della prima ora del verbo dell'astinenza*). Idem, *Prediche*, cit., p. 173. Para ele, tanto durante quanto após a guerra, a poupança levou à redenção econômica e moral: "A guerra impõe a necessidade de observar temperança e ensina como é possível viver sobriamente, de forma muito mais nobre que antes". Ibidem, p. 120. Einaudi considerava "razoável" e "necessário" "inculcar [...] no povo italiano a virtude do sacrifício, a renúncia a tudo o que é supérfluo, ao consumo inútil" (*inculcare* [...] *agli italiani la virtù del sacrificio, della rinuncia a tutto ciò che é superfluo, a tutti i consumi inutili*). "Abolire i Vincoli!", *Corriere della Sera*, 15 jan. 1919; reimpresso em Luigi Einaudi, 1961, v. 5, p. 43.

[62] Idem, *Prediche*, cit., p. 174.

[63] Maffeo Pantaleoni, *Bolcevismo Italian*, cit., p. iv-v.

Esse espírito tecnocrático permeou o discurso de De Stefani em 1927 diante de uma audiência no English Institute of Bankers: "Ainda julgamos as finanças sólidas pela adesão estrita da prática do governo para aquelas leis que *não são políticas, mas naturais* e humanas; e em todos os países o povo é inexoravelmente forçado a pagar o preço por *desobedecê-las*"[64].

É claro que, depois da guerra, a "desobediência" havia atingido níveis impensáveis. Os quatro especialistas consideravam terrível a situação política do pós-guerra e não enxergavam possibilidade de redenção econômica espontânea ou indolor. O pessimismo do memorando de Pantaleoni se infiltrou na Conferência de Bruxelas: "A probabilidade de que os governos interrompam sua interferência e voltem a sua devida atividade – que é fornecer as condições gerais para a atividade privada irrestrita – é muito pequena, porque a opinião pública os apoia no sentido errado"[65].

De modo semelhante, durante uma palestra pública na Universidade de Roma, Ricci opinou: "A pregação moral é de pouco benefício", uma vez que os dois principais "remédios" da austeridade – consumir menos e produzir mais – foram superados por seu exato oposto. Ele continuou: "Todos se abandonam com uma miopia (*imprevidenza*) semelhante à impudência (*sfacciataggine*), à algazarra do consumo (*gazzarra di consumi*) [...] as pessoas adoram greves, folga aos sábados, redução da jornada de trabalho, desaceleração da intensidade de trabalho"[66].

Nesse momento acalorado, era necessário um governo tecnocrático para levar adiante o programa de dura austeridade. No entanto, não foi de todo suficiente. O governo italiano também tinha de ser forte. E por *forte* os economistas italianos não se referiam a um governo com influência econômica; eles imaginaram um governo autoritário de "lei e ordem", aquele que nunca hesitaria em usar a repressão contra a população para proteger a economia de mercado e suas leis naturais[67].

A inclinação de Pantaleoni à violência é bem documentada[68]. Em discursos e conversas, ele com frequência evocava a noção de um "bastão fascista"

---

[64] Alberto de Stefani, *Vie maestre*, cit., p. 316, itálicos meus.
[65] Maffeo Pantaleoni, em Liga das Nações, *Brussels Financial Conference 1920* (Londres, Harrison and Sons, Ltd., 1920-1921), p. 103; reimp. em Maffeo Pantaleoni, *Bolcevismo Italian*, cit., p. 51.
[66] Umberto Ricci, *La politica economica del ministero Nitti*, cit., p. 7-8.
[67] Maffeo Pantaleoni, *Bolcevismo Italian*, cit., p. 47-8.
[68] Luca Michelini, *Alle origini dell'antisemitismo nazional-fascista: Maffeo Pantaleoni e "la vita italiana" di Giovanni Preziosi, 1915-1924* (Veneza, Marsilio, 2011); disponível on-line.

para combater os movimentos da classe trabalhadora e falava até em "guerra de extermínio" (*guerra di sterminio*) contra o inimigo interno: os "líderes bolcheviques"[69]. Sua aprovação à violência a fim de levar adiante um programa antissocialista era muitas vezes intercalada por comentários antissemitas, associando os judeus à conspiração anticapitalista[70]. É revelador que até mesmo o liberal Ricci tenha chegado a exortar, de forma semelhante e explícita, a repressão durante os tumultuados anos do pós-guerra na Itália. Diante das revoltas populares contra a inflação, ele polemizou: "Reprimir [a revolta], ou melhor, combater a fúria vandalística, teria sido fácil, ao menos no começo. Em vez disso, as forças públicas foram abandonadas sem comando"[71].

Einaudi juntou-se a Ricci na reclamação sobre a fraqueza dos governos pré-fascistas do pós-guerra de Giolitti e Nitti. Para Einaudi, os italianos estavam "oprimidos pelo governo absoluto de um grupo de políticos velhos, ineficazes, comprometedores e céticos"[72]. Para ter sucesso contra as forças sociais antagônicas, as medidas de austeridade precisavam de uma revisão. A ação tinha de ser rápida e implacável, e o ineficiente processo democrático não podia se encaixar nesse propósito. Mas o movimento fascista parecia à altura da tarefa.

As colunas de Einaudi nos jornais revelam como a profunda continuidade entre austeridade e repressão política era verdadeira não só para os economistas

---

[69] Maffeo Pantaleoni, *Bolcevismo Italian*, cit., p. 229. E ainda: "Os traidores, os depressivos, os sabotadores têm que ser pegos e fuzilados sem piedade. Caso contrário, teremos os sovietes" (*i traditori, i depressionisti, i sabotatori vanno senza pietà acciuffati e fucilati: altrimenti avremo i Soviet*). Idem, "Note", cit., Luca Michelini, *Alle origini dell'antisemitismo nazional-fascista*, cit., p. 34. Referindo-se aos chefes do movimento bolchevique, Pantaleoni diz: "É óbvio que entre nós e as pessoas que têm tal moralidade só pode haver *guerra de extermínio*". Maffeo Pantaleoni, *Politica*, cit., p. 167; itálicos do original.

[70] O ódio de Pantaleoni ao socialismo cresceu ainda mais depois da Primeira Guerra Mundial, sobretudo com a ocupação das fábricas em 1920. Foi naqueles anos que *La Vita Italiana* – o jornal político nacional-fascista que Pantaleoni codirigiu com Giovanni Preziosi – preparou sua campanha antissemita. Luca Michelini, *Alle origini dell'antisemitismo nazional-fascista*, cit., mostra como o antissemitismo que muitos intelectuais fascistas defendiam não era biológico, mas baseado em motivos políticos: o povo judeu estava associado a uma conspiração anticapitalista. Por exemplo, Giovanni Preziosi escreveu: "Os maiores e mais influentes demagogos e os agitadores mais ativos das classes trabalhadoras são judeus ou estão sob influência judaica". Ver Luca Michelini, *Marxismo, liberismo, rivoluzione*, cit., p. 96. Sobre a conexão intrínseca entre antissocialismo, antissemitismo e economia pura, ver idem, *Alle origini dell'antisemitismo nazional-fascista*, cit.

[71] Umberto Ricci, *La politica economica del ministero Nitti*, cit., p. 11.

[72] Einaudi na revista *The Economist*, 27 nov. 1922; reimpresso em Luigi Einaudi, *From Our Italian Correspondent*, cit., p. 267.

fascistas, mas também para os liberais austeros[73]. Aliás, no *Corriere della Sera* ele silenciosamente encobriu o comportamento assassino dos esquadrões de ação fascista, que espancaram, mataram e torturaram oponentes políticos em todo o país[74], a ponto de expressar profunda gratidão ao fascismo por "dar o golpe decisivo na tirania e na loucura dos bolcheviques"[75]. Os artigos de Einaudi atacavam as tentativas dos socialistas moderados de colaborar com o governo para restabelecer a legalidade e impedir a ascensão de Mussolini. Einaudi acusou-os de "buscar poder para controlar os militares e a guarda real e usar esse poder contra o fascismo e contra a nação"[76].

Numa linha similar, Einaudi escreveu na revista *The Economist*:

> Quando o pior aconteceu, em setembro passado, e a ocupação das fábricas por operários armados e a instituição dos soviets nas fábricas parecia apontar para uma iminente revolução comunista na Itália [...] [jovens] da classe média, soldados e oficiais regressos, indignados, uniram-se em "Fasci" [ligas]. [...] Os comunistas estão derrotados por toda parte. [...] Esse renovado sentimento de esperança no futuro do nosso país não é a causa menos importante da melhoria nas trocas cambiais.[77]

Os quatro professores pensavam no fascismo como a renovação da classe política, como "outro conjunto de políticos: jovens, enérgicos, cheios de vigor e de patriotismo"[78], que finalmente se mostraria determinado o suficiente para contrariar a vontade das massas e impor a austeridade. As perguntas que Einaudi fez no dia exato da Marcha sobre Roma (28 de outubro de 1922) são muito reveladoras.

---

[73] A maioria dos estudiosos vê a ação ministerial de De Stefani como o emblema da fase de normalização do fascismo italiano. Franco Marcoaldi, *Vent'anni di economia e politica*, cit., p. 18; Gianni Toniolo, *L'economia dell'Italia fascista*, cit., p. 50. No entanto, a ligação entre a austeridade e um governo autoritário revela profunda continuidade ideológica entre as chamadas medidas de normalização da austeridade da década de 1920 e a violenta e antidemocrática insurgência do movimento fascista.

[74] Sobre os esquadrões fascistas e suas ações violentas, ver Roberto Vivarelli, *Il dopoguerra in Italia e l'avvento del fascismo (1918-1922)* (Nápoles, Istituto Italiano per Gli Studi Storici, 1967); e Angelo Tasca, *Nascita e avvento del fascismo* (Bari, Laterza, 1965).

[75] Luigi Einaudi, *Cronache economiche e politiche di un trentennio*, cit., v. 6, p. 771.

[76] Ernesto Rossi, *I padroni del vapore*, cit., p. 295.

[77] 24 mar. 1921, em Luigi Einaudi, *From Our Italian Correspondent*, cit., p. 191-2.

[78] 27 nov. 1922, em ibidem, p. 267.

A questão importante é: qual é a plataforma econômica do novo partido? O *signor* Mussolini, o chefe, não é economista. Apaixonado e cheio de vigor, ele é capaz de comprometer seu partido em um mergulho de cabeça em mares desconhecidos. Por ora, proferiu em Nápoles apenas uma frase econômica: "A Itália precisa ter no comando um homem capaz de dizer *não* a todas as novas reivindicações de gastos". Até agora, tudo bem [...], a opinião pública foi séria e gravemente advertida sobre a necessidade de pôr fim ao aumento dos gastos e de reduzir até as despesas úteis. [...] Será que o novo partido terá vontade e poder para corrigir a difícil situação financeira do Estado?[79]

Essas perguntas eram praticamente retóricas diante do profundo otimismo de Einaudi em relação ao Estado fascista. Alguns dias antes, no *Corriere della Sera*, ele elogiou o programa econômico do Partido Nacional Fascista (PNF) que De Stefani apresentara no congresso do partido em Nápoles, entre 22 e 24 de outubro de 1922. Einaudi atestou que as ideias ortodoxas de De Stefani eram exatamente as que ele estava pedindo. Ele concluiu o artigo com uma frase de pleno endosso ao Partido Fascista: "Desejamos ardentemente um partido, e que seja o fascista se os outros não podem fazer melhor, que possa usar os meios apropriados para alcançar o objetivo da grandeza espiritual e econômica de nossa terra natal"[80].

O entusiasmo de Einaudi por essa chamada Lei dos Plenos Poderes surgiu da promessa da medida de "suprimir este ou aquele serviço público; transferir ferrovias e outras indústrias do Estado para mãos privadas; reduzir, simplificar ou aumentar os impostos existentes". Einaudi entusiasmou-se: "Nunca um poder tão absoluto foi confiado ao Executivo por um parlamento. [...] A renúncia do Parlamento a todos os seus poderes por período tão longo foi recebida com aplausos gerais pelo público. Os italianos estavam cansados de faladores e de executivos fracos"[81].

Parece evidente que os economistas da austeridade não estavam apaixonados pela figura carismática de Mussolini *per se*, mas o viam como o homem certo no momento certo para implementar os princípios da economia pura. E, de fato, os economistas não hesitaram em criticar as políticas de Mussolini quando elas

---

[79] 28 out. 1922, em ibidem, p. 263-4.
[80] Idem, *Cronache economiche e politiche di un trentennio*, cit., v. 6, p. 921.
[81] "Italy – Absolute Government in Italy – Taxes to Be Simplified – Working of the Succession Tax – A New Excise?", *The Economist*, 2 dez. 1922, p. 1.032 e segue.

não estavam de acordo com os princípios de austeridade. Por exemplo, em um artigo de *La Vita Italiana* (1921), Pantaleoni condenou os erros de Mussolini quando *Il Duce* simpatizava com os partidos socialistas[82]; Einaudi também estava preocupado com algumas manobras iniciais aparentemente bolcheviques do Partido Fascista[83]. No entanto, as preocupações dos especialistas logo foram mitigadas: *eles* eram os especialistas que cercariam e aconselhariam Mussolini.

Com De Stefani dirigindo o Tesouro[84], as medidas de austeridade impuseram poupança e trabalho árduo às classes trabalhadoras, permitindo que as forças do mercado operassem nas melhores circunstâncias possíveis para reiniciar a acumulação de capital e garantir condições estáveis para o lucro. Vamos investigar de que maneira.

Austeridade em todas as medidas

Austeridade fiscal – o recuo do Estado

O objetivo da política fiscal de equilíbrio orçamentário, pelo menos na opinião do Partido Fascista e de seus economistas, era restabelecer os melhores comportamentos econômicos para a retomada da acumulação de capital[85]. A maioria dos cidadãos teria de conter seu consumo para liberar recursos em favor das classes poupadoras-investidoras. Em um de seus discursos públicos, De Stefani não deixou dúvidas sobre o que ele descrevia como o benefício universal de tal programa de austeridade.

---

[82] Maffeo Pantaleoni, *Bolcevismo Italian*, cit., p. 215-6.

[83] Idem, *Cronache economiche e politiche di un trentennio*, cit., v. 6, p. 898.

[84] Assim que foi nomeado ministro das Finanças, no fim de novembro, De Stefani recebeu uma carta de Mussolini pedindo-lhe que também assumisse o cargo de ministro do Tesouro, aguardando a criação de um Ministério das Finanças e do Tesouro. De Stefani deu-lhe uma resposta firme e austera: "Caro Mussolini, obedeço e providencio a fusão dos dois ministérios. Ao aceitar, confio em sua colaboração para a redução dos gastos do Estado. Lealmente, […]". Roma, 20 dez. 1922, arquivo De Stefani; reimp. em Franco Marcoaldi, *Vent'anni di economia e politica*, cit., p. 70. Na *The Economist*, Einaudi deu um suspiro de alívio: "Já era tempo de ouvir uma voz vinda da bancada do governo se erguendo contra as finanças frenéticas dos bolcheviques após o período do armistício". "Italy – Absolute Government in Italy – Taxes to Be Simplified – Working of the Succession Tax – A New Excise?", *The Economist*, 2 dez. 1922, p. 1.032 e segue.

[85] Certamente, a Itália enfrentou maiores restrições externas no pagamento da dívida do que a Grã-Bretanha devido a sua dependência total das importações de alimentos e matérias-primas. Sobre essa dependência e como ela exerceu pressão a favor da austeridade, ver o capítulo 8.

Precisamos falar com clareza: um sistema financeiro baseado em critérios de perseguição ao capital é um sistema financeiro louco [...], em vez de impedir a amortização de capital pressionando as poupanças que podem ser reinvestidas e que têm sido transferidas do Estado para a ação econômica privada, é melhor pressionar o consumo, e isso no verdadeiro e definitivo interesse das populações desfavorecidas.[86]

Segundo a história contada pelos economistas italianos, os verdadeiros interesses das "populações desfavorecidas" dependiam do capitalismo; as pessoas só podiam prosperar se o capitalismo prosperasse. Mas essa prosperidade tinha um custo, e nesse empreendimento os sacrifícios deviam ser distribuídos de forma desigual. A austeridade administrava as receitas e os gastos orçamentários por meio de impostos regressivos e cortes orçamentários, respectivamente. Os dois trabalhavam em uníssono para garantir a "parcimônia compulsória" entre a população e para reforçar o investimento de capital entre a elite virtuosa.

Impostos

De Stefani e colegas travaram uma guerra contra a "progressividade confiscatória" do pós-guerra. O mais renomado especialista tributário dos quatro, Einaudi, opunha-se veementemente à "indecência fiscal" (*scelleraggini tributaria*) dos governos do pós-guerra e suas políticas fiscais irracionais que "baniram o capital em favor do trabalho"[87].

O primeiro-ministro liberal-centrista Giovanni Giolitti ganhou as eleições de 1919 com promessas de taxação progressiva dos "aproveitadores de guerra" e dos ricos[88], enquanto o Partido Socialista fazia campanha pela ampliação do imposto sobre herança – tendo como porta-voz Giacomo Matteotti, que propunha uma reforma fiscal para remodelar a estrutura social em favor da população

---

[86] Alberto de Stefani, *La restaurazione finanziaria 1922-1925*, cit., p. 12.

[87] A reforma tributária progressiva do pós-guerra baseava-se na ideia de que "esses sacrifícios necessários terão de recair principalmente sobre os ombros das classes abastadas, e em particular sobre aqueles que obtiveram grandes lucros com a guerra, enquanto as novas medidas de tributação devem pesar menos sobre as classes médias e médias baixas e apenas levemente ou nada sobre as classes trabalhadoras". Depoimento do ministro Carlo Schanzer sobre a situação financeira na Câmara dos Deputados, sessão de 10 jun. 1919, T. 1/12.367/35.323, p. 24-5.

[88] Giolitti anunciou a instauração de um inquérito parlamentar sobre os lucros de guerra em 1919; a instauração se deu em 1920. De Stefani acabou por dissolvê-lo, o que impediu a emissão de um relatório informativo final. Carlo Crocella et al. (orgs.), *L'inchiesta parlamentare sulle spese di guerra (1920-1923)* (Roma, Camera dei deputati, Archivio storico, 2002), reproduz a ata e o material da investigação.

trabalhadora com uma ampla redistribuição de recursos dos lucros para os salários[89]. Até o Manifesto Fascista de 1919 refletia o espírito da época, ao anunciar "[um] forte imposto progressivo sobre o capital que realmente expropriará uma porção de toda a riqueza"[90]. Eram tempos perigosos, como disse Einaudi, nos quais nenhuma tributação progressiva poderia satisfazer a "cobiça" das massas[91].

No entanto, em seu discurso de maio de 1923 no Teatro Scala de Milão, De Stefani anunciou um ponto de virada: "A política de perseguição ao capital foi subitamente interrompida graças a nossa ação"[92]. De modo revelador, seu discurso não foi proferido diante dos representantes do povo no Parlamento, mas diante da elite do capital financeiro italiano, que se acomodava nas poltronas acolchoadas do majestoso teatro. O ministro aproveitou a ocasião para enfatizar que o Estado deveria liberar o capital privado da pressão fiscal para promover seu uso "natural" no investimento privado[93], para estimular uma poupança cada vez maior e atrair capital estrangeiro[94]. De fato, o Estado fascista isentou o capital financeiro internacional de tributação[95]. (Como o capítulo 8 vai detalhar,

---

[89] Giacomo Matteotti, "La questione tributaria", *Critica Sociale*, v. 29, n. 6-7, 1919, p. 82-3. Em junho de 1920, o deputado do Partido Socialista Filippo Turati, fez um longo discurso no parlamento defendendo um sistema tributação sobre heranças a partir das propostas radicais do engenheiro Eugenio Rignano (1870-1930). Rignano aderiu à teoria do valor-trabalho e argumentou que os sistemas de herança existentes "tendiam a perpetuar a destituição da classe trabalhadora e conferir um caráter imortal às fortunas acumuladas pela classe capitalista". Sobre as propostas de Rignano e os debates que provocaram. Ver Guido Erreygers e Giovanni di Bartolomeo, "The Debates on Eugenio Rignano's Inheritance Tax Proposals", *History of Political Economy*, v. 39, n. 4, nov. 2007, p. 605-38; disponível on-line.

[90] "Il manifesto dei fasci di combattimento", *Il Popolo d'Italia*, 6 jun. 1919.

[91] Luigi Einaudi, *La guerra e il sistema tributario italiano*, (Bari/New Haven, Laterza/Yale University Press, 1927).

[92] Alberto de Stefani, "Vilfredo Pareto", cit., p. 226.

[93] Ibidem, p. 210.

[94] Nesse mesmo discurso orçamentário, De Stefani pôde afirmar com orgulho que "o país está agora em uma situação muito melhor que há sete meses. O país está trabalhando, não há disputas trabalhistas, o desemprego está diminuindo, a balança comercial está melhorando, a quantidade de papel-moeda em circulação tende a diminuir. [...] O governo mostrou que respeita o trabalho, mas não pretende perseguir o capital". Resumo do Balanço Financeiro, Milão, 13 maio 1923, FO 371/8.887, fol. 13.

[95] Outras medidas estimularam o capital estrangeiro a investir na Itália: as dívidas contraídas no exterior agora podiam ser deduzidas da *ricchezza mobile*; e o Ministério das Finanças podia conceder isenções sobre rendimentos sujeitos a dupla tributação, no país e em países estrangeiros. Douglas J. Forsyth, *The Crisis of Liberal Italy: Monetary and Financial Policy, 1914-1922* (Nova York, Cambridge University Press, 1993), p. 275. Sobre outras medidas a favor do capital, como

essas medidas renderam grande popularidade ao regime em círculos financeiros internacionais e garantiram crédito generoso.)

O novo princípio tributário foi rotulado como *produttivista* [produtivista]. Priorizava a acumulação de riqueza acima de qualquer "objetivo de justiça social ou de redistribuição mais igualitária da riqueza"[96]. A lógica redistributiva era inerentemente classista (e semelhante ao sistema britânico)[97]: ao tributar, o Estado coletava recursos de toda a comunidade e depois usava essa receita para pagar os detentores de títulos estatais, ou seja, as classes credoras da sociedade[98].

As reformas fiscais de De Stefani em 1923 expandiram a base tributária para impor maior controle tributário sobre as classes mais baixas. Essas faixas de tributação estavam sujeitas, pela primeira vez, à *imposta di ricchezza mobile* [imposto sobre o rendimento][99]. De Stefani estava triunfante: "Encontrei um exército de 600 mil contribuintes de *imposta di ricchezza mobile* […], um novo recrutamento fiscal de assalariados chegou perto de 100 mil inscritos […], a nação compreendeu as necessidades do Estado"[100].

Longe de um recrutamento de ricos, De Stefani de fato conseguiu restringir salários. Além disso, para extrair ainda mais (e em silêncio) os recursos dos

---

a liberalização dos mercados financeiros, ver Ernesto Rossi, *I padroni del vapore*, cit., p. 75-90; e Felice Guarneri, *Battaglie economiche tra le due grandi guerre*, cit.

[96] Luigi Einaudi, *La guerra e il sistema tributario italiano*, cit., p. 490.

[97] O sistema tributário italiano era obviamente muito mais regressivo que o britânico, já que a maior parte da receita do Estado vinha de impostos. As reformas de De Stefani significaram mais um impulso regressivo para um sistema já regressivo. Para detalhes sobre o sistema fiscal italiano após a Primeira Guerra Mundial, ver Douglas J. Forsyth, *The Crisis of Liberal Italy*, cit.

[98] Alberto de Stefani, *Colpi di vaglio: commenti sulla fi nanza del 1927* (Milão, Fratelli Treves, 1928), p. 195.

[99] Os trabalhadores agora tinham que pagar 12,4% de imposto sobre todos os seus bens, enquanto os agricultores que mantinham terras em certos tipos de arrendamento (*coloni, coloni parziari*) passaram a pagar uma taxa de imposto de renda de 10%. Decreto real n. 16, 14 jan. 1923, em Gianni Toniolo, *L'economia dell'Italia fascista*, cit., p. 47. Os funcionários públicos também se tornaram sujeitos à tributação. Decreto real n. 1.660, 16 dez. 1922, em GU 305, 30 dez. 1922; e Decreto real n. 1.661, 21 dez. 1922, em GU 305, 30 dez. 1922, p. 9.934).

[100] Alberto de Stefani, "Vilfredo Pareto", cit., p. 206. Em 1924, a embaixada britânica distribuiu dois exemplares das publicações do Ministério da Fazenda intitulados "Fascist Financial Policy" [Política Financeira Fascista] que afirmavam: "O número de contribuintes do imposto de renda aumentou de 600 mil para 700 mil. A inscrição de trabalhadores isentos na lista de contribuintes da tributação […] aumentou o número em mais 100 mil, ao qual deve ser acrescentado mais 1,25 milhão por meio da aplicação deste imposto para rendimentos derivados da agricultura". Ettore Rosboch, Roma, 1924, FO 371/9.936, fol. 35, p. 11].

membros mais pobres da sociedade, o governo fascista aumentou constantemente os impostos sobre o consumo ao longo da década. A proporção entre arrecadação de impostos diretos e indiretos caiu de 0,94 em 1922 para 0,72 em 1925 e para 0,61 em 1929 – tendência ainda mais pronunciada que no caso britânico. Mais especificamente, entre 1922 e 1925, os impostos sobre mercadorias básicas cresceram cerca de 5% ao ano[101]. Enquanto isso, o governo conseguiu abolir a "vexatória tributação sobre bens de luxo"[102].

Alinhada com os princípios de austeridade, a faixa de renda média alta da Itália beneficiou-se da desoneração fiscal por meio da abolição de toda a tributação progressiva da guerra e do pós-guerra. Isso incluía, por exemplo, os impostos longamente contestados sobre lucros de guerra e a declaração obrigatória de propriedade de ativos financeiros (*nominatività obbligatoria dei titoli azionari*)[103]. A abolição da *nominatività dei titoli* restringiu de fato qualquer possibilidade de tributar progressivamente a renda do capital[104]. Além disso, as descobertas técnicas do estudo anterior de Pantaleoni a respeito de impostos sobre herança reforçaram as ordens de De Stefani de julho de 1923, efetivamente eliminando a taxação da riqueza herdada totalmente[105].

---

[101] Gianni Toniolo, *L'economia dell'Italia fascista*, cit., p. 48.

[102] Luigi Einaudi, *La guerra e il sistema tributario italiano*, cit., p. 490.

[103] Ernesto Rossi, *I padroni del vapore*, cit., p. 75-90. Isenções fiscais foram concedidas também aos rendimentos das administradoras de sociedades anônimas; aos rendimentos de diretores e compradores de empresas comerciais; sobre dividendos, juros e bonificações de títulos emitidos por órgãos não governamentais; e na *imposta complementare* sobre rendas acima de 10 mil liras. Gianni Toniolo, *L'economia dell'Italia fascista*, cit., p. 47.

[104] A *nominatività dei titoli* foi uma medida aprovada na Itália após a Primeira Guerra Mundial para possibilitar a vinculação dos rendimentos do capital aos contribuintes individuais e submetê-los a um imposto de renda pessoal progressivo. Stefano Manestra, "A Short History of Tax Compliance in Italy", *Questioni di Economia e Finanza*, n. 81, dez. 2010, p. 28.

[105] O imposto sobre herança forneceu ao Estado uma receita de 305 milhões em 1922-1923. Quando a lei de De Stefani isentou de impostos 65% da herança, a receita caiu para 72 milhões em 1925-1926. Salvatore la Francesca, *La politica economica del Fascismo* (Bari, Laterza, 1972), p. 10. Com a nova lei, apenas as transferências para fora da família (definida como "ascendentes, descendentes, cônjuges, irmãos, tios/tias, sobrinhos/sobrinhas") foram tributadas. Giacomo Gabbuti, *A Noi! Income Inequality and Italian Fascism: Evidence from Labour and Top Income Shares* (Oxford Social History and Economics Working Papers 177, University of Oxford, Department of Economics), p. 16; disponível on-line. Pantaleoni preparou o estudo do imposto sobre herança para De Stefani, que chegou à seguinte conclusão: "É desejável chegar gradativamente à abolição do imposto sobre herança" (*è perciò opportuno arrivare per gradi alla soppressione totale della imposta successoria*). Ver Umberto Ricci, *Tre economisti italiani*, cit., p. 94. Sobre a abolição desse imposto e o apoio da imprensa fascista e liberal, ver Giacomo Gabbuti, "Il fascismo 'liberista' e la

As reformas de De Stefani também possibilitaram facilidades estruturais para a evasão fiscal nas camadas mais altas[106]. De um total estimado de 18 bilhões de liras em evasão fiscal total na Itália em 1934, nada menos que 8 bilhões foram dividendos e juros de títulos públicos – canais financeiros buscados quase exclusivamente pelos ricos da nação. O próprio ministro teve de admitir que "entre 50% e 75%" do imposto de renda foi sonegado, com "maior evasão no topo"[107]. Para os cofres do Estado, no entanto, essa perda era irrelevante no que diz respeito ao que de fato contava: restabelecer a ordem do capital.

Política social
Juntamente com a tributação, a redução dos gastos públicos foi fundamental para transferir recursos do consumo público para o investimento de capital privado.

No auge de seus poderes administrativos, em dezembro de 1922, De Stefani nomeou sua própria "comissão para a revisão de balanços e a redução dos gastos públicos", a partir do exemplo do Comitê Geddes da Grã-Bretanha. Por essa comissão, De Stefani trabalhou incansavelmente para revisar e cortar todos os itens do orçamento do Estado. Pantaleoni presidiu a comissão, e Ricci, um de seus principais personagens, expressou boas lembranças dos trabalhos:

> O ministro De Stefani impôs a si mesmo como dever supremo (*supremo dovere*) a redução de gastos; trata-se para ele de uma preocupação tão ardente que deve ser acusada de obsessão. Criou uma pequena comissão na qual ele mesmo intervinha diariamente, e a comissão, trabalhando dia e noite por três meses, reviu o orçamento entrada por entrada e propôs economias que foram aceitas pelos ministérios separadamente.[108]

Os resultados dessa "nova vontade" (*volontà nuova*) realizaram "milagres para conter os gastos"[109]. De Stefani gostava de usar o eufemismo "o espírito

---

'quasi abolizione' dell'imposta di successione del 1923", em Piero Barucci et al (orgs.), *Le sirene del corporativismo e l'isolamento dei dissidenti durante il fascismo* (Florença, Firenze University Press, 2021).
[106] Ver idem, *A Noi!*, cit., p. 28-9.
[107] Alberto de Stefani, *La restaurazione finanziaria 1922-1925*, cit., p. 211.
[108] Umberto Ricci, "Il miglioramento del bilancio dello stato", *Rivista di Politica Economica*, v. 13, n. 6, 1923, p. 612.
[109] Idem.

do ministro das Finanças paira (*aleggia*) em todas as administrações"[110]. Pensões e subsídios para veteranos de guerra e suas famílias foram os primeiros a ser eliminados. De 1923 a 1924, os gastos totais do Estado foram cortados em um terço[111], sendo que os gastos redistributivos foram os que mais sofreram[112].

Na revista *The Economist*, Einaudi aplaudiu as reformas alcançadas pela comissão, acrescentando que seus méritos evidentes "não exigem comentários"[113]. Os esforços para "aumentar os poderes do Tesouro italiano", escreveu, inspiraram-se diretamente na Grã-Bretanha: "*Signor* De Stefani colocou grande ênfase na eficácia do Tesouro britânico em cercear despesas e controlar departamentos de gastos"[114].

As contrarreformas dos especialistas reverteram as três grandes vitórias reformistas do pós-guerra detalhadas no capítulo 2 – seguro contra invalidez e velhice, seguro para acidentes no setor agrícola[115] e seguro-desemprego obrigatório[116].

---

[110] Alberto de Stefani, "Vilfredo Pareto", cit., p. 212.

[111] Ragioneria Generale dello Stato (RGS), "La spesa del balancio dello stato dall'unità d'Italia, anni 1862-2009". Tabela em Excel, 2011, incluída em Ministero dell'Economia e della Finanze, 150º Anniversario RGS, "La spesa dello stato dall'unità d'Italia"; disponível on-line.

[112] Brosio e Marchese apresentam dados ainda mais completos que aqueles em Ragioneria Generale dello Stato (RGS), "La spesa del balancio dello stato dall'unità d'Italia", cit. Eles mostram que os gastos redistributivos caíram mais de três vezes de 1922 a 1924 (de 6,664 bilhões de liras para 1,911 bilhões de liras). Se após a Primeira Guerra Mundial os gastos redistributivos subiram depressa até atingir 26% do gasto público total em 1921, eles foram reduzidos para 11% em 1923. Elaboração dos dados em Giorgio Brosio e Carla Marchese, *Il potere di spendere: economia e storia della spesa pubblica dall'unifi cazione ad oggi* (Bolonha, Il Mulino, 1986), tabelas 1A e 4A.

[113] Maio 1923, em Luigi Einaudi, *From Our Italian Correspondent*, cit., p. 289.

[114] Ibidem, p. 290-1.

[115] "Em fevereiro de 1923, o Estado elevou de 10% para 15% o grau de invalidez que os trabalhadores rurais tinham de provar para obter compensação por lesões relacionadas ao trabalho. Essas medidas reverteram a ampliação realizada por Giolitti em 1921. O direito à indenização encolheu, passando a incluir trabalhadores de 12 a 65 anos, não mais de 9 a 75 anos, conforme previsto pelas reformas de Giolitti. A reestruturação de 1923 também responsabilizou os agricultores *mezzadri* e arrendatários pelo pagamento de parte das contribuições que até então eram integralmente custeadas por seus empregadores. Em 1925, a Cassa Nazionale Infortuni relatou que as contribuições caíram 43%." Illaria Pavan, "War and the Welfare State: The Case of Italy, from WWI to Fascism", *Historia Contemporanea*, n. 61, 2019, p. 866.

[116] No fim de 1923, a contribuição anual do Estado para o seguro-desemprego foi suspensa. Decreto real n. 3.184, 30 dez. 1923, em GU 40, 16 fev. 1924. Mais importante ainda, sua natureza obrigatória – a verdadeira conquista de muitos movimentos populares apenas alguns anos antes – foi descartada. Além disso, trabalhadores rurais, empregados domésticos e pessoas que trabalhavam em casa foram excluídos dos seguros obrigatórios. Pavan comenta: "A característica mais inovadora

Uma torrente final e devastadora contra a economia de guerra veio com a extinção do Ministério do Trabalho e da Previdência Social, em abril de 1923 – um golpe para todos os trabalhadores italianos que pouco antes ganharam uma batalha de vinte anos pela criação do órgão[117].

Em 30 de junho de 1925, o orçamento estava equilibrado: o valor dos gastos públicos (excluindo defesa e pagamentos de dívidas) como porcentagem do PIB nominal atingiu o nível dos anos anteriores à guerra (13% em 1912), queda considerável em relação aos quase 29% de 1922[118]. As garras da austeridade fiscal não se soltaram a partir de então. Os gastos sociais, em especial, continuaram a cair ao longo da década e depois, atingindo seu ponto mais baixo em 1934 (momento em que o valor gasto em intervenção social havia caído mais de um quarto em relação a 1924)[119]. Enquanto isso, o montante que o Estado gastou em dívidas e pagamentos de juros foi mais que o dobro do valor gasto em programas sociais e continuou a crescer durante toda a década de 1920 e a maior parte da década de 1930[120]. Se pensássemos no austero Estado fascista como um pai disciplinador, sua predisposição era clara: embora fosse parcimonioso em relação à maioria, estava disposto a ser bastante generoso quando se tratava dos hábitos de seus filhos empreendedores.

Como evidência das prioridades fiscais do austero Estado italiano, o famoso plano de resgate de dois grandes consórcios industriais-financeiros[121] – Ansaldo/Banco de Roma e Ilva/Credito Italiano – é revelador. Na interpretação canônica do fascismo parece haver um conflito entre essas medidas intervencionistas e o

---

das leis italianas, que foram as primeiras no mundo a prever seguro-desemprego até para os trabalhadores rurais, foi apagada". Illaria Pavan, "War and the Welfare State", cit., p. 867.

[117] *Rassegna della previdenza sociale*, v. 6, 1923, p. 120. O ministério só seria recriado depois de 1945. Na década de 1920, o regime fascista chegou a abolir o Conselho Superior do Trabalho, símbolo do reformismo liberal que desde o início do século garantia a participação das organizações de trabalhadores nas atividades do Estado.

[118] Elaboração de dados: Ragioneria Generale dello Stato (RGS), "La spesa del balancio dello stato dall'unità d'Italia", cit. O superávit primário foi mantido ao longo da década, e os gastos públicos (excetuando-se despesas com defesa e pagamento de juros) permaneceram abaixo de 20% até a grande escalada da guerra da Etiópia em 1935.

[119] O gasto social ficou próximo ao nível de 1931 (1,2% do valor nominal do PIB) até 1936, quando saltou para quase 2%. Esses foram os anos da guerra da Etiópia, quando o gasto público total saltou para 37,9% em 1935 e 44,9% em 1936.

[120] RGS, 2011.

[121] Ver Gianni Toniolo, *L'economia dell'Italia fascista*, cit., p. 53-8.

laissez-faire fascista de De Stefani[122]. Mas através de uma lente de austeridade pode-se observar e avaliar o denominador comum entre cortes orçamentários e planos de resgate financeiros: ambos reforçavam ativamente a acumulação de capital. Nesse sentido, fica claro que a austeridade é muito mais que um simples *laissez-faire*; trata-se de uma alavanca de poder para a camada superior de uma sociedade. É revelador, então, que esse conjunto aparentemente contraditório de políticas continue a ser o recurso de intervenção para governos que lidam com crises financeiras hoje[123].

Em última análise, a redução dos gastos sociais foi realizada com um objetivo mais insidioso que apenas conter o déficit. Visava a sólidas relações de produção, especificamente a disciplina dos trabalhadores. Aqui Ricci não deixou dúvidas quando atacou as reformas sociais por "proteger oportunistas (*faccendieri*) e desordeiros (*facinorosi*)"[124]. Ele criticou especialmente os benefícios de desemprego, que suprimiam a força do mercado sobre a mão de obra: "Quando há um governo que dá subsídios aos desempregados, nasce a tentação de ficar desempregado (*nasce la tentazione di disoccuparsi*) para receber o subsídio, trabalhar menos e produzir menos"[125]. Cortes de gastos estatais andaram de mãos dadas com a austeridade industrial para liberar os empresários do entrave das reivindicações políticas dos trabalhadores.

Austeridade industrial
Privatização

Ricci falava por seus colegas quando repetidamente chamou o Estado de "um péssimo produtor e péssimo administrador"[126].

O desprezo pela inépcia econômica do Estado estava fundamentado em uma profunda ansiedade: a fusão da economia e da política não favorecia que os agentes econômicos se comportassem de acordo com sua classe. A

---

[122] Ver, por exemplo, idem.
[123] Ver, por exemplo, Oxfam, "IMF Paves Way for New Era of Austerity Post-Covid-19", 12 out. 2020; disponível on-line.
[124] Umberto Ricci, *Dal protezionismo al sindacalismo*, cit., p. 15.
[125] Ibidem, p. 22.
[126] Idem, *Il fallimento della politica annonaria*, cit., p. 229. Essa campanha contra o que Pantaleoni chamou de "bolchevismo italiano" incluiu a grande polêmica contra as chamadas *bardature di guerra*, termo que sinalizava intencionalmente um obstáculo difícil e incômodo. Ver, por exemplo, Einaudi, "Abolire i Vincoli!", 15 jan. 1919, em Luigi Einaudi, 1961, v. 5, p. 43.

prosperidade financeira das classes mais baixas em meio às intervenções do governo fez pouco para ajudar o setor privado. Dessa forma, as classes poupadoras-investidoras eram "expulsas" (*scacciati*)[127]. Esse argumento do *crowding-out*, retirado do Tesouro britânico, era uma narrativa comum entre os especialistas italianos. Nesse entendimento econômico, a riqueza é, na verdade, uma soma zero; como De Stefani escreveu nas páginas do *Corriere della Sera*, "o órgão público é concorrente do empresário privado no uso da moeda e da riqueza nacional. O milagre da multiplicação do pão e do peixe foi feito apenas uma vez"[128].

Em contrapartida, uma economia socialista era retratada como a concessão às classes trabalhadoras de uma "licença" para trabalhar menos e consumir mais. Para os economistas italianos, estava subentendido que, uma vez contratados pelo Estado, os empregados degeneravam em comportamento, tornando-se a antítese do virtuoso *homo economicus*. Funcionários públicos revelavam-se "preguiçosos" (*fannulloni*) imorais porque perdiam o sólido incentivo econômico do mercado irrestrito[129]. "O funcionário é levado a considerar o estipêndio fixo como um direito adquirido, uma pensão garantida (*pensione di garanzia*) em troca da qual não tem obrigação de dar nada", Einaudi argumentou. Ele advertiu: "O dever de trabalhar surge quando as horas extras começam, uma vez que são incertas e pagas de acordo com o trabalho feito"[130]. Tais observações críticas são comuns na literatura econômica hoje. O célebre economista italiano Alberto Alesina, que se graduou em economia em Bocconi antes de ter carreira em Harvard, lamentou que empregos no setor público criem uma "cultura de dependência" pela qual "residentes no sul [da Itália] reivindicam mais empregos públicos para se beneficiar de um grande bônus sobre a renda e uma maior segurança no emprego"[131]. Para Alesina e outros antes dele, emprego público era sinônimo de indivíduos despreparados para "enfrentar o

---

[127] Umbeto Ricci, *La politica economica del ministero Nitti*, cit., p. 8. Como disse Ricci: "Aqueles homens capazes de produzir e interessados na produção não devem ser expulsos [*scacciati*] e atormentados pelo governo". Ibidem, p. 8.
[128] Alberto de Stefani, *Colpi di vaglio*, cit., p. 24.
[129] Umberto Ricci, *Dal protezionismo al sindacalismo*, cit., p. 13.
[130] Luigi Einaudi, *Cronache economiche e politiche di un trentennio (1893-1925)*, cit., v. 5, p. 233.
[131] Stephan Danninger, Alberto Alesina e Massimo Rostagno, "Redistribution through Public Employment: The Case of Italy", *International Monetary Fund Working Papers*, n. 177, 1999, p. 3-4; disponível on-line.

mercado"¹³². Em outras palavras, os cidadãos não estavam dispostos a aceitar uma exploração forte o suficiente.

Os pensamentos de Alesina ecoaram declarações anteriores de Pantaleoni, em que este último argumentava que, sem intervenções governamentais progressistas, "toda a população, em especial as classes de baixa renda, teria, por um lado, suprimido gastos luxuosos e, por outro, mostrado mais trabalho"¹³³. Sob o fascismo, os tecnocratas tinham as ferramentas para "redimir" a população italiana.

O ano financeiro de 1922-1923 marcou um importante ponto de virada para os gastos com obras públicas. Apenas um ano antes, as obras públicas estavam em seu auge histórico. A administração de De Stefani iniciou uma redução drástica, a ponto de em 1924-1925 e 1925-1926 os gastos atingirem cifras inferiores às dos anos fiscais pré-guerra¹³⁴. Mais italianos dependeriam das leis impessoais do mercado para sua sobrevivência. Dessa forma, a austeridade industrial colaborava com a austeridade fiscal (especialmente na forma de cortes nas medidas de assistência social) para intensificar a dependência das pessoas em relação ao mercado e, assim, aplacar as vozes políticas dissidentes da população.

Uma reforma da burocracia em 1923¹³⁵ buscou eficiência por meio de demissões: o regime dispensou mais de 65 mil italianos¹³⁶. Os trabalhadores de serviços postais e ferrovias de propriedade pública foram os mais visados¹³⁷.

---

[132] Idem.
[133] Maffeo Pantaleoni, *Bolcevismo Italian*, cit., p. 47-8.
[134] S. Cecini, "Il finanziamento dei lavori pubblici in Italia: un confronto tra età liberale ed epoca fascista", *Rivista di Storia Economica*, v. 27, n. 3, 2011, p. 333. Em maio de 1923, o orçamento de obras públicas foi cortado em um quarto e De Stefani pôde anunciar que seria "limitado àquelas obras que não podem ser adiadas, para evitar a deterioração das obras já iniciadas". Alberto de Stefani, *La restaurazione finanziaria 1922-1925*, cit., p. 214.
[135] Decreto real n. 2.395, 11 nov. 1923, no *Suplemento* GU 270, 17 nov. 1923.
[136] Renzo de Felice, *Mussolini il fascista: la conquista del potere (1921-1925)*, v. 1 (Turim, Einaudi, 1966), p. 397.
[137] Essas políticas satisfizeram amplamente o espírito de retaliação da opinião pública liberal. Nas palavras de Federico Flora, que passaria a integrar o conselho diretor das ferrovias estatais em 1925, o quadro de funcionários havia sido "arruinado" (*rovinato*) pela "propaganda sectária de milhares de agentes: russos e vermelhos" (*propaganda faziosa di centinaia di agenti, russi e rossi*). Federico Flora, *La politica economica e finanziaria del fascismo (ottobre 1922/giugno 1923)*, Milão, Imperia, 1923, p. 28; disponível on-line. Entre muitos outros economistas, Giorgio Mortara era da mesma opinião: "O desempenho foi reduzido devido ao espírito de indisciplina e descaso que

De Stefani deixou claro que os altos déficits desses setores dependiam principalmente de "uma despesa exagerada com pessoal", força de trabalho que ele caracterizou como "muito numerosa e bem remunerada"[138].

Entre 1923 e 1924, o Estado fascista eliminou 27 mil trabalhadores ferroviários (15% do total de empregados) e fez acordos para demitir mais 13 mil e reduzir as licenças médicas. O embaixador britânico na Itália, *sir* Ronald William Graham, descreveu os acontecimentos como "a introdução da disciplina de ferro e a aplicação mais estrita da jornada diária de oito horas"[139]. Enquanto isso, em nome de maior receita, um aumento regressivo das passagens obrigou os trabalhadores a escolher entre desistir de trabalhar ou pagar as tarifas mais altas e, portanto, "consumir menos" em suas outras despesas diárias[140].

As privatizações em larga escala foram a solução permanente para impor a metade complementar do lema da austeridade, "produzir mais"[141]. Despojados do monopólio estatal do período de guerra, os trabalhadores seriam disciplinados para competir no livre mercado de trabalho – competição tão acirrada que as greves se tornariam "impossíveis", exagerou Pantaleoni[142]. Embora as

---

paira sobre os ferroviários" (*ma ancora più il rendimento è diminuito per lo spirito di indisciplina e negligenza che aleggia fra gli agenti ferroviari*). Giorgio Mortara, *Prospettive economiche* (Città di Castello, Societá Tipografica "Leonardo da Vinci", 1922), p. 298.

[138] Alberto de Stefani, "Vilfredo Pareto", cit., p. 215.

[139] Carta de *sir* R. Graham ao marquês Kurzon de Kedleston, 22 dez. 1922, FO 371/7.651, fol. 265, p. 2; sobre a austeridade nas ferrovias, ver também o relatório recebido em 5 nov. 1922, FO 371/8.886, fol. 57.

[140] Os preços dos bilhetes de terceira classe aumentaram 15%, e os preços de segunda classe aumentaram 6%, enquanto os bilhetes de primeira classe permaneceram inalterados. Gianni Toniolo, *L'economia dell'Italia fascista*, cit., p. 50. O Estado reduziu o investimento na manutenção da via férrea, dispensando, assim, as linhas menos rentáveis e impedindo sua modernização. Todas essas medidas ajudaram a melhorar o orçamento: em 1924-1925, as ferrovias obtiveram um lucro de 175,8 milhões de liras em relação ao ano encerrado em 30 de junho de 1922, em que tiveram um déficit de 1,258 milhões de liras. Ibidem, p. 49-50. A prioridade das finanças ortodoxas implicava que o Estado abandonara a tarefa crucial de melhorar a infraestrutura do país.

[141] Nossos especialistas empreenderam uma campanha feroz contra as companhias municipais para a administração dos serviços públicos. Falando sobre sua experiência como ministro das Finanças na cidade de Fiume, Pantaleoni sugeriu que "os serviços de água potável, bondes, gás e iluminação elétrica estavam em déficit e *apenas porque* [eram] *administrados pelo Estado*". Maffeo Pantaleoni, *Bolcevismo Italian*, cit., Prefácio, p. xxx.

[142] "As greves dos serviços postais se tornariam impossíveis se o governo parasse de defender o monopólio estatal e proibisse o setor privado, ou seja, as associações de comerciantes e industriais,

ferrovias se mostrassem muito difíceis de privatizar, os especialistas italianos obtiveram sucesso em outros setores importantes, a ponto de os estudiosos se referirem hoje a essa sucessão de eventos como "o primeiro caso de privatização em larga escala em uma economia capitalista"[143].

Essas privatizações estavam por toda parte. O Estado atuava como o principal prestador de serviços telefônicos desde 1907, tendo nacionalizado serviços anteriormente pertencentes a empresas privadas. Em fevereiro de 1923, um decreto real estabeleceu as condições para concessão de franquias a prestadores privados, e, em 1925, o governo havia privatizado por completo o setor de telefonia. O Istituto Nazionale delle Assicurazioni [Instituto Nacional de Seguros] foi criado em 1912 para fornecer seguros de vida, antes controlados por empresas estrangeiras, para o público italiano. Em abril de 1923, o Estado abandonou seu monopólio e iniciou um duopólio *de facto* com empresas do setor privado (Assicurazioni Generali e Adriatica di Sicurta). Também em 1923, o Estado abriu mão do controle da venda de fósforos, a qual havia assumido em 1916. Empresas privadas também assumiram a construção e a administração das autoestradas[144].

Salários, greves, corporativismo

O esforço da austeridade para reconstituir a divisão entre as esferas econômica e política garantiram que "a condução do trabalho das massas" repousaria mais uma vez "nas mãos dos homens de talento e personalidade que a seleção transforma em empreendedores"[145]. A economia pura dissipou a possibilidade de antagonismo de classe dentro da indústria. A relação vertical entre capital e trabalho era retratada como harmoniosa e benéfica aos próprios trabalhadores. Na verdade, a subsistência e a produtividade dos trabalhadores dependiam da

---

de organizar um serviço postal privado, uma organização que estaria pronta em menos de 24 horas e de uma forma muito mais perfeita que a pública". Ibidem, p. 233.

[143] Germà Bel, "The First Privatisation: Selling SOEs and Privatising Public Monopolies in Fascist Italy (1922-1925)", *Cambridge Journal of Economics*, v. 35, n. 5, 2011, p. 939; disponível on-line.

[144] Ver Lando Bortolotti, "Origine e primordi della rete autostradale in Italia, 1922-1933", *Storia Urbana*, v. 16, n. 59, e Giuseppe de Luca, "La costruzione della rete autostradale Italiana: l'autostrada Firenze-Mare, 1927-1940", *Storia Urbana*, v. 16, n. 59, 1992.

[145] Maffeo Pantaleoni, *Bolcevismo Italian*, cit., p. 47-8.

capacidade de alguns poucos selecionados – aqueles que mais se assemelhavam ao *homo economicus* – e de sua capacidade de poupar/investir.

Nesse modelo, os trabalhadores perderam a capacidade de ação econômica, alinhando o trabalho que realizavam com a definição de trabalho de Pantaleoni em *Princípios puros*: uma "mercadoria complementar". Esse conceito de trabalho enfatiza a prioridade do capital sobre o trabalho, prioridade também refletida na teoria do fundo de salários – novamente, um importante bloco de construção da economia pura. Essa teoria pressupõe que os salários são sempre e necessariamente pagos do capital do empresário – não como parte do mais-valor que ele arrecadou do trabalho dos trabalhadores, mas como algo que se torna possível apenas pela poupança virtuosa do empresário. O empresário antecipa salários com seu capital disponível e desempenha a tarefa vital de disciplinar/dirigir a mão de obra, na medida em que esta carece de capacidade de autogestão:

> O empresário disciplina o trabalho, e disciplina significa coordenação [...], essa coordenação é um problema difícil que poucos sabem resolver, e aquele que sabe resolver se chama empreendedor [...], o empreendedor não manda o trabalhador trabalhar, mas trabalhar de determinada maneira: você sabe se organizar sem ele? Vá em frente (*fate purê*).[146]

Nenhuma teoria econômica poderia estar mais distante de pensamentos e práticas do movimento ordinovista detalhadas no capítulo 4. Para Gramsci e Togliatti, a capacidade de ação política dos trabalhadores surgia da centralidade (e da autonomia potencial) de seu trabalho. Em vez disso, no mundo desses quatro professores de economia, a perda da capacidade de ação econômica dos trabalhadores garantia a perda de sua capacidade de ação política: entendido como qualquer outra mercadoria, os economistas viam o trabalho como algo a ser precificado exclusivamente por meio das leis da oferta e da procura[147].

---

[146] Idem, *Corso di economia politica: lezioni dell'anno 1909-1910 redatte dal Dott. Carlo Manes* (Roma, Associazione Universitaria Romana, 1910), p. 230.

[147] "O trabalho tem um grau final de utilidade por si só, assim como qualquer outra *commodity* direta [...], e quanto às causas que afetam sua quantidade disponível, estão intimamente ligadas à natureza merceológica [mercantilizada] do trabalho". Idem, *Pure Economics*, cit., p. 285.

Em suas aulas, Pantaleoni perguntava aos alunos: "Que salário o empresário pode dar ao trabalhador?". E respondia: "Aquilo que ele vale. Ele certamente não pode pagar ao trabalhador mais do que ele vale e, devido à concorrência, não poderá lhe pagar menos [...], a regra de que o trabalho é pago pelo que vale [*tanto quanto vale*], nada mais nada menos, prevalece"[148].

Claramente, o conceito de exploração como relação social de classe (ou seja, a ideia de que o mais-valor é realmente obtido do tempo de trabalho não pago) está excluído desse modelo. O foco recai exclusivamente sobre transações de mercado "equivalentes" e sobre a justa remuneração do trabalho de acordo com a regra de que, sob concorrência de mercado, o preço do trabalho é igual a sua produtividade marginal. Para Pantaleoni e colegas, essa regra foi drasticamente rompida na dinâmica do pós-guerra e na proteção legal à mão de obra. Ao contrário das leis econômicas, as leis políticas não tinham limites e podiam ser levadas a um extremo assustador: benefícios de desemprego, salário mínimo e regulamentação de horários elevaram os salários "muito acima de sua eficiência marginal"[149].

O Estado fascista aprovou leis trabalhistas coercitivas que reduziram os salários e proibiram os sindicatos, saindo em defesa das verdadeiras leis econômicas. O paradoxo aqui é gritante: os economistas, tão inflexíveis ao proteger o livre mercado contra o Estado, tinham poucos problemas com a intervenção do Estado no mercado de trabalho. Isso reflete outra suposição básica subjacente à austeridade: em um momento de crise, a "economia pura" do capitalismo não pode ser ressuscitada por conta própria.

A partir do fim das ocupações das fábricas, no outono de 1920, a violência fascista contra as organizações de trabalhadores tornou-se uma constante. No entanto, os trabalhadores permaneceram resilientes mesmo após a ascensão

---

[148] Idem, *Corso di economia politica*, cit., p. 204.

[149] Idem, Memorando, Liga das Nações, *Brussels Financial Conference 1920*, cit., p. 106. A proteção jurídica do trabalho era obviamente a principal ameaça ao modelo ideal e harmonioso. "Se, por lei ou qualquer outro artifício, se pudesse fazer que o trabalhador trabalhasse oito e não nove horas, não haveria nenhum obstáculo capaz de impedir a redução da jornada de trabalho e o aumento dos salários." Idem, *Corso di economia politica*, cit., p. 212. Na revista *The Economist*, Einaudi lamentou que "uma aplicação da política da jornada de oito horas e do descanso semanal, por meio da qual as horas de trabalho efetivo eram reduzidas, às vezes, a duas ou três horas por dia, é em grande parte responsável por este lamentável estado de coisas; mas a falta de disciplina não contribuía menos para isso". 31 dez. 1923, em Luigi Einaudi, *From Our Italian Correspondent*, cit., p. 270.

de Mussolini ao poder. Por exemplo, durante as eleições de 1924 em Turim para a renovação das comissões industriais, os trabalhadores votaram predominantemente na CGdL, organização antagônica ao fascismo. Os sindicatos fascistas, que pregavam a defesa da produção de interesse nacional, receberam apenas alguns votos.

O austero Estado fascista superou essas dificuldades pelos meios legais. Em outubro de 1925, o Pacto do Palazzo Vidoni suprimiu os comitês internos de fábrica e colocou todos os trabalhadores organizados sob o controle exclusivo da Confederação de Corporações Fascistas, que adotou – e impôs – a paz industrial na Itália[150].

O decreto real n. 563, de 3 de abril de 1926[151] formalizou o pacto e se recusou a reconhecer legalmente os sindicatos independentes. Os sindicatos fascistas remanescentes tornaram-se nada mais que uma extensão do Partido Fascista e do Estado fascista. O regime declarou ilegais as greves e os locautes enquanto reencenava a arbitragem compulsória que havia militarizado a força de trabalho durante a Primeira Guerra Mundial. O direito de greve foi substituído por um poder de apelar por meio de um sindicato fascista a uma magistratura

---

[150] Escrevendo na *The Economist* em 1926, Einaudi explica os pormenores do projeto de lei que se seguiu ao Pacto do Palazzo Vidoni, exaltando "sua importância de grande alcance". Ele pôs a nu as características do Estado autoritário corporativista, mas sem qualquer tom crítico. Ao contrário, apresentou uma descrição sóbria apontando um sucesso fundamental: as greves tinham sido derrotadas. "Um dos princípios fundamentais do programa fascista era, de fato, a eliminação dos conflitos trabalhistas. Na verdade, as greves, que foram desenfreadas nos anos do pós-guerra (18.887.917 dias perdidos na indústria em 1919 e 16.398.227 em 1920), tinham diminuído para 7.772.870 dias perdidos em 1921 e 6.276.565 dias perdidos nos primeiros dez meses de 1922. Mas, se a diminuição do espírito de revolta já era sensível, foi apenas depois de outubro de 1922 que o número de dias perdidos se tornou quase insignificante: 309.670 nos dois últimos meses de 1922, 295.929 em 1923 e 1.159.271 em 1924. Na agricultura, as greves quase desapareceram. O fascismo sempre teve como objetivo suprimir a luta de classes e substituir as lutas industriais pela cooperação entre capital e trabalho. O projeto de lei [...] vai inscrever no livro de leis os princípios que até agora eram a política prática do atual governo. [...] Apenas os empregadores ou trabalhadores podem ser admitidos como membros das associações reconhecidas que tenham um bom histórico político do ponto de vista nacional. Isso tem por objetivo excluir os seguidores de crenças políticas e sociais subversivas". "Italy – The Bill on Industrial Disputes – Its Far-Reaching Importance – Reform of the Senate", *The Economist*, 9 jan. 1926, p. 64.

[151] Em GU 87, 14 abr. 1926.

trabalhista com a ideia de que "a justiça imparcial do Estado substitui a nociva luta entre partidos opostos"[152].

A abolição dos sindicatos enquadrava-se no programa do economista liberal Ricci, que repetidas vezes se pronunciou publicamente contra a lógica sindicalista, retratando-os como uma ameaça à soberania do Estado e à produção capitalista: "O sindicato é uma organização monopolista. O monopolista visa a maximizar seu ganho e o obtém com uma contração da quantidade vendida e, em última instância, da quantidade produzida"[153].

A derrota final das aspirações dos trabalhadores veio com a Carta Trabalhista de 1927, que eliminou qualquer possibilidade de conflito de classes[154]. A carta codificou o espírito do corporativismo[155], cujo objeto, nas palavras de Mussolini, era "unir dentro do Estado soberano o pernicioso dualismo das forças do capital e do trabalho" que não eram mais "consideradas necessariamente opostas umas às outras, mas elementos que devem e podem almejar um objetivo comum, o interesse maior da produção"[156].

O nascimento das novas corporações italianas sancionou uma associação legal entre empregadores e trabalhadores representando as "organizações

---

[152] Funções da Magistratura do Novo Partido Trabalhista na Itália, 25 mar. 1927, FO 371/12.202, fol. 91.

[153] Umberto Ricci, *Dal protezionismo al sindacalismo*, cit., p. 22-3.

[154] Chamberlain recebeu um resumo da Carta do Trabalho em 21 de fevereiro de 1927; FO 371/12.202, fol. 80. Sobre o corporativismo e as funções da nova magistratura do trabalho, ver ibidem, fol. 89.

[155] "Segundo o sistema [corporativo], denominado 'corporativismo', os interesses conflitantes de empregadores e trabalhadores tinham de ser conciliados com os interesses supremos do Estado." O corporativismo foi inicialmente criado por meio de um acordo assinado em 2 de outubro de 1925, entre os representantes dos industriais italianos e os representantes dos sindicatos fascistas, depois codificado em uma série de leis aprovadas em 1926. Essas leis são: Lei n. 563, 3 abr. 1926, em GU 87, 14 abr. 1926; Decreto real n. 1.130, 1º jul. 1926, em GU 155, 7 jul. 1926, p. 2.930; e Decreto real n. 1.131, 2 jul. 1926, em GU 155, 7 jul. 1926, p. 2.941. Sobre os aspectos legais do sistema, consultar Gian Guido Balandi e Gaetano Vardaro, *Diritto del lavoro e corporativismi in Europa, ieri e oggi* (Facoltà di Economia e Commercio di Urbino 6. Milão, F. Angeli, 1988). O regime fascista foi um corporativismo autoritário no qual a representação dos interesses dos trabalhadores era apenas formal, não substancial, devido à ausência de liberdade de associação e ao poder do Estado para nomear os representantes do sindicato fascista. A relação entre capital e trabalho, além disso, era regulada dentro dos objetivos fixos das políticas de austeridade do regime. Em contrapartida, a associação de empregadores (Confindustria) pôde manter sua autonomia pelo menos até meados da década de 1930.

[156] "Circular a todas as associações sindicais", 25 mar. 1927, FO 371/12.202, fol. 91.

unitárias de produção" para "manter a disciplina da produção e do trabalho, e promover sua perfeição"[157]. Esses sindicatos, como Einaudi escreveu na *The Economist*, "são obrigados a exercer uma influência seletiva entre trabalhadores, para que sua capacidade técnica e seu padrão moral possam ser elevados indefinidamente"[158]. De Stefani saudou a carta como uma "revolução institucional" (*rivoluzione istituzionale*), enquanto Einaudi justificou sua fixação salarial "corporativista" como o único meio de imitar os resultados ideais do mercado competitivo neoclássico[159].

Uma vez que o trabalho se tornou uma obrigação social, os trabalhadores foram obrigados a agir de acordo com "o desenvolvimento da força nacional"[160]. Essa retórica, que se tornou comum entre os tecnocratas, era o meio mais poderoso para mascarar a crescente exploração. Emblemática dessa tendência de maior extração de mais-valor foi a implantação generalizada do chamado "sistema Bedaux", método estadunidense pós-taylorista de medição e gerenciamento científico do trabalho que a Fiat introduziu pela primeira vez na Itália em 1927. (O sistema Bedaux também encontrou bases sólidas na Grã-Bretanha naqueles anos[161].) Mesmo os sindicatos fascistas foram forçados a denunciar essa intensificação de esforços laborais, que rapidamente resultaram em fadiga e problemas de saúde entre trabalhadores. Os sindicatos chegaram a levantar preocupações sobre a "integridade das gerações futuras" (*l'integrità della stirpe*)[162].

---

[157] "La carta del lavoro di 1927", art. 6, *Gazzetta ufficiale*, v. 68, n. 100, 30 abr. 1927, p. 1.795.
[158] "Italy's Labour Charter", *The Economist*, 14 maio 1927, p. 1.008 e seg.
[159] Luigi Einaudi, "Le premesse del salario dettate dal giudice", *La Riforma Sociale*, n. 42, 1931, p. 316. Ele escreveu: "Basta partir da premissa incontroversa da economia pura de que a hipótese da livre concorrência ilimitada fornece a solução ideal para os salários. Partindo de tal premissa, o formulador de políticas pode legitimamente tentar alcançar, por diferentes meios (a decisão de um juiz, um acordo entre associações etc.), esta mesma solução ideal nos casos em que a hipótese de livre concorrência ilimitada não funciona e, portanto, não pode proporcionar os efeitos ideais".
[160] "La carta del lavoro di 1927", art. 2, *Gazzetta ufficiale*, v. 68, n. 100, 30 abr. 1927, p. 1.794.
[161] O sistema Bedaux já havia sido amplamente experimentado na Grã-Bretanha. Em 1937, 49 empresas italianas e 225 britânicas haviam incorporado essa prática. Steven Kreis, *The Diffusion of an Idea: A History of Scientific Management in Britain, 1890-1945* (PhD diss., University of Missouri-Columbia, 1990), p. 280. O sistema Bedaux consistia em um esquema de incentivo salarial "baseado na medição científica do trabalho humano" que poderia rastrear o esforço despendido pelo trabalhador e classificar sua eficiência, agilizar a produção e eliminar o tempo ocioso. Ibidem, p. 324.
[162] Stefano Musso, *Storia del lavoro in Italia: dall'unità a oggi* (Veneza, Marsilio, 2002), p. 167.

A continuidade e a coerência entre a austeridade e o corporativismo fascista[163] é visível não apenas no processo de coerção da mão de obra[164], mas tam-

---

[163] Luca Michelini – *Il nazionalismo economico italiano*, cit., e "From Nationalism to Fascism: Protagonists and Journals" – oferece uma boa visão geral das duas principais vertentes que caracterizam a cultura econômica do fascismo: aquela inspirada pela economia pura de Pantaleoni e outra inspirada pela economia da escola neomercantilista/corporativista de Alfredo Rocco. As duas escolas de pensamento compartilhavam uma postura antidemocrática e antissocialista e refutavam qualquer autonomia das organizações de trabalhadores na produção, marginalizando assim o componente sindicalista revolucionário do início do fascismo. Enquanto a segunda vertente, corporativista, tornou-se mais proeminente no fim da década de 1920, a vertente da economia pura de Pantaleoni permaneceu influente, mesmo dentro da própria tradição do corporativismo, como se evidencia nos debates sobre o significado da Carta Trabalhista de 1927. Por exemplo, Luca Michelini, em "From Nationalism to Fascism", aponta para o fato de que o economista puro Gustavo del Vecchio se opunha aos que entendiam que a Carta Trabalhista dava poder real ao sindicato fascista. Em vez disso, ele a elogiou "como uma personificação histórica dos princípios econômicos enunciados por Pantaleoni, concentrados na exaltação de empreendedores inovadores". Gustavo del Vecchio, "Prefazione", em M. Pavesi, *Economia corporativa e dottrine realiste* (Bolonha, Stabilimento Poligrafico Riuniti, 2011); Luca Michelini, "From Nationalism to Fascism", cit., p. 26. Muitos intelectuais fascistas concordaram. O teórico fascista e corporativista Carlo Costamagna, por exemplo, destacou insistentemente como a Carta do Trabalho resguardava a iniciativa privada. Ver Carlo Costamagna, "La validità della carta del lavoro", *Lo Stato*, v. 2, n. 11, 1931 (Direttive di azione economica. *Lo Stato*, v. 4, n. 1, 1933). O corporativismo, observou, "é um instrumento, não um fim". Mais importante ainda, "a premissa da nova ordem econômica nacional reside no indivíduo, na iniciativa privada", que é a "pedra angular da constituição fascista". Ibidem, p. 1-3. Gino Arias, outro corporativista fascista, distinguiu firmemente o corporativismo fascista do socialismo de Estado. O primeiro compreendia a iniciativa privada como "a mais forte [...] base para qualquer iniciativa produtiva" e que implicava "uma autodisciplina" dos trabalhadores para alcançar o "equilíbrio econômico". Gino Arias, "Il consiglio delle corporazioni e l'economia corporativa", *Gerarchia*, v. 7, n. 5, 1929, p. 371. Na verdade, "à corporação pode ser atribuída a proteção séria e eficaz do interesse maior da produção contra os egoísmos dos sindicatos". Idem. O político e economista fascista Ettore Rosboch, que trabalhou com o ministério de De Stefani, concordou. Em 1930, Rosboch observou que a crescente intervenção pública na economia ainda visava a priorizar a propriedade privada, e não a subordinar prioridades distintas do Estado: "A função econômica do Estado fascista tem a tarefa bem definida de integrar e desenvolver tanto quanto possível a atividade produtiva do setor privado". Ettore Rosboch, "L'azionariato di stato nell'economia fascista", *Lo Stato*, v. 1, n. 3, 1930, p. 254. Esta evidência corrobora ainda mais nossa tese de continuidade entre austeridade e instituições corporativistas como a Carta do Trabalho.

[164] Na *The Economist*, Einaudi comentou que "as seções mais interessantes da carta são aquelas que visam a dar um alcance prático aos princípios gerais", com prioridade ao princípio da conciliação de "capital e trabalho sob a autoridade suprema do Estado, no interesse da nação como um todo". Ele citou: "A iniciativa privada e o trabalho são forças que devem ser guiadas e conciliadas pelo Estado no interesse da produção máxima. Mas o Estado, principalmente o Estado fascista, não pode reconhecer como legais organizações de empregadores e empregados que visam a subverter isso". Por isso a expulsão dos sindicatos não fascistas. "Italy's Labour Charter", *The*

bém na prioridade explícita do princípio da produção capitalista sobre qualquer outro princípio político e na salvaguarda explícita do princípio da propriedade privada dos meios de produção. No artigo 7 da carta, lê-se: "O Estado corporativo considera a iniciativa privada, no campo da produção, o instrumento mais eficiente e útil da nação", o que significava que "a intervenção do Estado na produção econômica pode acontecer onde a iniciativa privada é ausente ou insuficiente"[165].

Assim, o corporativismo austero concebia o "interesse da nação como um todo"[166] como tendo em sua essência os interesses da classe proprietária-investidora; também considerou a subordinação da maioria à ordem do capital como parte do interesse nacional[167].

Por essas medidas autoritárias, o regime fascista foi capaz de atingir um objetivo fundamental de austeridade: um corte sem precedentes nos salários. Em 1929, houve queda de 26% nos salários nominais diários em comparação com 1926[168]. Assim, ao longo da década de 1920, o crescimento industrial e

---

Economist, 14 maio 1927, p. 1.008 e segue. Ver "Le premesse del salario dettate dal giudice", cit., p. 316.

[165] "La Carta del Lavoro di 1927", art. 7 e 9, em GU 68, n. 100, 30 abr. 1927, p. 1.795.

[166] "Italy's Labour Charter", *Economist*, 14 maio 1927, p. 1.008 e segue.

[167] O historiador Jon S. Cohen conclui seu artigo clássico sobre a batalha da lira com as seguintes observações: "Quando o governo [fascista] se envolveu diretamente com o setor privado nas décadas de 1920 e 1930, o motivo era proteger e apoiar interesses privados, não usurpar seu controle. Não houve conflito de interesses entre o fascismo italiano e o capitalismo italiano". Jon S. Cohen, "The 1927 Revaluation of the Lira: A Study in Political Economy", *Economic History Review*, v. 25, n. 4, 1972, p. 654; disponível on-line. Em consonância com esse argumento, Luca Michelini, "From Nationalism to Fascism", cit., p. 41-9, demonstra que muitos economistas que escrevem nos jornais fascistas interpretam o intervencionismo estatal nas relações de trabalho e o intervencionismo estatal na produção para sustentar o crescimento econômico como medidas que protegem o capitalismo das ideias socialistas e redistributivas.

[168] Peter Scholliers e Vera Zamagni, *Labour's Reward: Real Wages and Economic Change in 19th- and 20th-Century Europe* (Cheltenham, Edward Elgar, 1995), tabela A.6. Ver também Franco Cotula e Luigi Spaventa, "La politica monetaria tra le due guerre: 1919-1935", em Franco Cotula, Marcello De Cecco e Gianni Toniolo (orgs.) *La Banca d'Italia: sintesi della ricerca storica 1893-1960* (Roma/Bari, Laterza, 1993), p. 579. Os contemporâneos acreditavam que a queda nos salários era ainda maior. Buozzi observou que, na década de 1930, "a redução nacional geral dos salários reais poderia ser considerada entre 15% e 40% em comparação com 1920-1921". Bruno Buozzi, "Le condizioni della classe lavoratrice in Italia (1922-1943)", *Annali, Fondazione Giangiacomo Feltrinelli*, n. 14, 1972, p. 428. Gaetano Salvemini também escreveu: "Chegamos à conclusão de que entre 1926 e 1934 os trabalhadores da indústria perderam em média 40% a 50% de seus salários". Gaetano Salvemini, *Under the Axe of Fascism* (Nova York, Viking, 1948),

o aumento da produtividade do trabalho foram acompanhados por um forte declínio nos salários reais (ver capítulo 9, figura 9.7).

De fato, ao contrário do caso britânico, a austeridade industrial sob uma ditadura não precisou contar com uma crise econômica para suprimir os salários: os salários reais caíram significativamente entre 1923 e 1925, mesmo enquanto o país experimentava o crescimento econômico. Como veremos na próxima seção, a supressão salarial induzida politicamente tornou-se cada vez mais central quando a austeridade monetária e seu objetivo de alcançar o padrão-ouro entraram em ação.

Austeridade monetária

> Se o governo nacional defende a lira, o faz no interesse dos poupadores.
>
> *Volpi, discurso no Parlamento*[169]

Os professores italianos não haviam sido apresentados às complexidades da teoria monetária de Hawtrey – especialmente à crença de que a inflação era uma ameaça inerente que decorria do próprio funcionamento da economia de mercado. O entendimento que os quatro italianos tinham da inflação era de tipo mais ortodoxo, enraizado em uma ideia básica de que o desequilíbrio de preços – como qualquer forma de desequilíbrio econômico – devia-se a fatores externos e a interferências, em especial as políticas. Assim, no caso italiano, a inflação após a Primeira Guerra Mundial era simplesmente o resultado do aumento, por parte do governo, da circulação de moeda, necessária para financiar o esforço de guerra.

Com o agravamento da inflação, o governo italiano procurou amortecê-la pela limitação de preços máximos. Isso não fez nada além de piorar a situação:

---

p. 253. Os salários anuais reais atingiram seus níveis históricos mínimos em 1936 devido à onda inflacionária desencadeada pela guerra da Etiópia e as sanções internacionais que se seguiram. Em 1936, os salários reais caíram quase 20% em relação aos níveis de 1921 – diminuindo de 17,34 liras em 1921 para 13,98 liras em 1936. Salário real diário em liras, 1938, ver Vera Zamagni, "La dinamica dei salari nel settore industriale, 1921-1939", *Quaderni Storici*, v. 10, n. 29-30 (2/3), 1975, tabelas 1 e 3. Estudiosos têm discutido como a introdução do cheque familiar a partir de 1934 teve muito pouco efeito sobre o padrão de vida do trabalhador. Ver ibidem, cit., p. 541.

[169] Volpi, discurso no Parlamento, 9 dez. 1926, em Franco Cotula e Luigi Spaventa, "La politica monetaria tra le due guerre", cit., p. 579.

como Pantaleoni lamentou, o "preço artificialmente baixo das mercadorias apenas aumenta seu consumo"[170], fazendo crescer ainda mais a escassez de bens. Mas, Pantaleoni escreveu em seu memorando de Bruxelas, se o Estado quisesse deter a nova expansão da moeda, "um equilíbrio de preços nominais seria resolvido por si mesmo. [...] O comércio privado não pode de forma alguma perturbar os preços equilibrados"[171].

Para que essa abordagem de autoequilíbrio funcionasse, eram necessárias políticas de austeridade semelhantes às aplicadas pelo Tesouro britânico. Em outras palavras, o governo italiano precisava diminuir a liquidez em sua economia e, para isso, tinha que diminuir a contratação de empréstimos[172] – medidas que moderariam os gastos entre a população em geral enquanto impulsionavam os recursos para os credores. Com isso, os poupadores/investidores poderiam ganhar confiança em vez de se preocupar com a possibilidade de a incerteza da inflação monetária "cortar sua renda" (*falcidierà il loro reddito*), como disse Ricci[173].

Em suas manipulações econômicas, os economistas administradores da Itália estavam dispostos a tolerar a letargia doméstica se isso significasse domar a inflação. Eles também se consolavam com a crença em que os preços domésticos mais baixos que eles estavam planejando resultariam no aumento da demanda externa por mercadorias italianas. Estavam errados, mas não de forma tão flagrante: a lira tinha se mostrado notavelmente estável durante os primeiros anos do governo fascista, oferecendo uma base razoável para que eles apostassem no que os economistas da atualidade chamam de *crescimento liderado*

---

[170] Maffeo Pantaleoni, *Bolcevismo Italian*, cit., p. 38.
[171] Liga das Nações, *Brussels Financial Conference 1920*, cit., p. 104.
[172] A política restritiva de gestão da dívida foi indispensável para diminuir a liquidez na economia. Em 6 de novembro de 1926, as letras em aberto naquela data eram títulos públicos de longo prazo sem vencimento que pagavam 5%. Entre junho de 1926 e maio de 1927, o Estado reduziu o valor da dívida de curto prazo no sistema público e bancário de 27 bilhões para 6 bilhões de liras. A operação de reembolso foi bem-sucedida, e a liquidez foi reduzida. Cohen, "The 1927 Revaluation of the Lira", cit., p. 649. Seguindo o procedimento britânico, o regime fascista introduziu um fundo de amortização em agosto de 1927. FO 371/12.947, fol. 162. Isso permitiu a consolidação da dívida flutuante por meio da qual os títulos do Tesouro de cinco e sete anos foram convertidos em empréstimos "*littorio*" de prazo mais longo (em 6 de novembro de 1926, "*conversione forzosa*"). Os empréstimos *littorio* representaram um "esforço" (*sforzo*) popular que atraiu os pequenos poupadores para a "batalha econômica" nacional (*battaglia economica*). Volpi, em Franco Cotula e Luigi Spaventa, "La politica monetaria tra le due guerre", cit., p. 588.
[173] Umberto Ricci, *Politica ed economia*, cit., p. 33.

pelas exportações. Como seus colegas britânicos no capítulo 6, os economistas italianos apostavam na demanda externa para produtos italianos baratos.

No entanto, para uma potência secundária como a Itália, o envolvimento nos mercados internacionais muitas vezes não era suficiente. Durante a primavera de 1925, o destino da lira mudou drasticamente, uma queda que o jornal *The Times* atribuiu a "um ataque de febre especulativa"[174], visto que "a situação econômica da Itália [...] não justifica a recente desvalorização da lira"[175]. O episódio demonstrou como, mesmo que os fundamentos de um país sejam sólidos, a pressão sobre uma moeda não indexada pode ser devastadora. Em resposta, Mussolini obstinou-se em alcançar a paridade com o ouro e combater a piora da taxa de câmbio da Itália. Seu famoso discurso de Pesaro em agosto de 1926 inaugurou publicamente a chamada Batalha da Lira. Mussolini ordenou "esforços e sacrifícios combinados feitos por todas as classes no mais alto espírito de disciplina e responsabilidade"[176] para defender a lira[177]. Aqui, outra vez, as classes trabalhadoras pagariam a conta.

Einaudi, Ricci e De Stefani (que renunciou ao cargo em julho de 1925[178] e foi sucedido pelo especialista em finanças Giuseppe Volpi, conde de Misurata)

---

[174] "Italian Finance", *The Times*, 9 abr. 1925, p. 9. Ver também "Ministerial Changes in Italy", *The Times*, 13 jul. 1925, p. 15.

[175] Idem. Para um diagnóstico semelhante, enfatizando a solidez dos fundamentos italianos, ver "Italian Finance", *The Times*, 9 abr. 1925, p. 9; "Fall of the Lira", *The Times*, 19 jun. 1925, p. 15; "Italian Bank Rate Increased", *The Times*, 18 jun. 1925, em OV 36/22. Sobre a especulação como motivo da queda do valor da lira durante a crise cambial do verão de 1925, ver também o relato de Einaudi "Italy – The Foreign Exchanges Scare – Extraordinary Payments for Wheat – Paper Issues Stationary – The Inter-Allied Debt Problem", *The Economist*, 18 jul. 1925, p. 107 e segue.

[176] 18 ago. 1926, OV 36/22, f. 123A, p. 8.

[177] Ibidem, p. 10.

[178] De Stefani, observa *The Times*, agiu de forma flagrante ao se mover em direção ao cumprimento de suas promessas financeiras: "Duas das primeiras promessas do governo fascista em sua ascensão ao poder foram equilibrar o orçamento e aumentar em 50% o valor da lira. O avanço feito durante os últimos dois anos para o cumprimento da primeira promessa tem sido suficiente para dissipar todas as dúvidas quanto à possibilidade de êxito final". "Italian Finance", *The Times*, 9 abr. 1925, p. 9. O excessivo rigor monetário e os "Regulamentos e medidas da bolsa" com os quais De Stefani enfrentou a queda do valor da lira tiveram o efeito contrário, agravando a crise financeira e a desvalorização da lira; sendo assim, ele foi forçado a renunciar. "Italian Ministers Resign", *The Times*, 9 jul. 1925, p. 14. De Stefani renunciou em 9 de julho de 1925. Einaudi, que descreveu a renúncia na revista *The Economist*, homenageou o colega pelo impressionante histórico de austeridade e até notou como sua renúncia tinha ver com "um bem-intencionado esforço para revalorizar a lira" que "abalou os mercados financeiros". Ver "Italy – Resignation of

foram soldados leais na batalha da lira de Mussolini. E, como *Il Duce*, eles a apresentaram como questão de ônus compartilhado pelas classes e interesse "nacional", especialmente em seus objetivos virtuosos. Por uma questão prática, as classes populares arcaram com o fardo nacional[179]. O objetivo do governo era consolidar o que grande parte da população havia combatido poucos anos antes: a ordem econômica burguesa e seus valores. Einaudi, escreveu claramente na revista *The Economist* que "algum sofrimento é companhia inevitável da revalorização da lira", mas garante "a eliminação dos inaptos" e, é claro, "prudência e contenção", além de "caminhos melhores para a recuperação e a prosperidade futura"[180].

Como no caso da Grã-Bretanha, o dinheiro caro significou uma diminuição na circulação de notas (queda de 21,4% entre 1925 e 1929) e, em particular, um aumento da taxa básica de juros. Em seu último grito de vitória como ministro das Finanças, em junho de 1925 De Stefani aumentou a taxa de juros de 3% a 6,5%, depois a 7%[181], para acompanhar "o recente aumento da taxa de juros na Inglaterra e nos Estados Unidos"[182].

Em dezembro de 1927, Mussolini pôde orgulhosamente anunciar a vitória: a lira estava atrelada à taxa de câmbio em relação à libra esterlina em *Quota Novanta* (92,46 liras por libra esterlina e 19 liras por dólar). Essa revalorização da lira (um aumento de 39% no valor em relação a agosto de 1926) exigiu

---

signor De Stefani – Public Finance – Stock Markets – Duty on Cereals – Wholesale Prices", *The Economist*, 15 ago. 1925, p. 270 e segue. Volpi elogiou De Stefani como um nome a ser "escrito nos anais das finanças italianas" como o restaurador do equilíbrio orçamentário". "Italian Financial Policy", *The Times*, 14 jul. 1925, p. 13; ver também OV 36/22, fol. 36.

[179] Por exemplo, a dificuldade de vender grãos no exterior fez que agricultores da Padânia passassem fome, obrigando-os a aderir ao plano de migração centralizado do regime para recolonizar a área do Agro Pontino na região do Lácio. O romance histórico de Pennacchi, *Canale Mussolini*, apresenta um vívido relato desse episódio tão dramático.

[180] "Italy – Stock Exchange Situation – Unemployment – Foreign Trade – New Issues and Savings – Bank Balance Sheets", *The Economist*, 8 jan. 1927, p. 68 e segue.

[181] Ver "Italy's War Debt", *Daily Telegraph*, 19 jun. 1925, em OV 36/22, fol. 30. As taxas oficiais de desconto foram fixadas por decreto do ministro do Tesouro e das Finanças.

[182] "Italian Finance", *The Times*, 9 abr. 1925, p. 9; ou ver OV 36/22, fol. 23. O artigo informou sobre as medidas deflacionárias que foram tomadas para deter a desvalorização. Nas palavras do próprio De Stefani, "é essencial que a Itália, ao tomar precauções adequadas e à custa de sacrifícios inevitáveis, embora temporários, recupere o controle de sua própria moeda [...] e é para a concretização desse fim que a política financeira do governo se dirige".

esforços extraordinários para ajustar preços e salários. *Il Duce* fez um resumo meticuloso do que os levou a isso:

> a) Uma disciplina rígida e trabalho árduo do povo italiano; b) o equilíbrio e o superávit orçamentário; c) a unificação do direito de emissão de notas bancárias; d) uma circulação monetária consideravelmente reduzida; e) liquidação de dívidas estrangeiras de guerra e consolidação da dívida flutuante; f) saldo favorável de pagamentos internacionais; g) a estabilidade real do câmbio por oito meses; h) o reajuste de salários, custos de produção e preços; i) uma grande cobertura da circulação em ouro com base na nova paridade com o ouro.[183]

A lista de agradecimentos de Mussolini revelou uma simbiose entre a austeridade monetária, fiscal e industrial que era a essência da política econômica fascista; seus comentários também reconheceram o sacrifício seletivo que a trindade impôs.

Apesar de toda a pompa do anúncio de Mussolini, a revalorização contínua da lira – que tinha potencial para reduzir as exportações devido às decorrentes mudanças nos preços – tornaram imperativo que a Itália reforçasse sua austeridade fiscal[184]. Em resumo, as deficiências nas exportações exigiam compensação por meio de uma diminuição do consumo interno[185].

Nesse espírito, De Stefani defendeu a redução dos subsídios para funcionários públicos como uma "providência de importância econômica vital" para as políticas nacionais de revalorização[186]. No mesmo espírito, o conde Volpi declarou sua "determinação [...] de assegurar economias em todas as direções possíveis"[187], mesmo em um momento de superávit orçamentário[188].

---

[183] 21 dez. 1927, FO 371/12.198, fol. 234, p. 2.

[184] O mesmo discurso também foi noticiado na *The Economist*: "The Stabilisation of the Lira", 31 dez. 1927, p. 1.179 e segue.

[185] "Todos devem estar convencidos de que a revalorização tem exigências que são tão amplas a ponto de requerer que a política financeira esteja a elas subordinada para evitar a crise de avaliação que a reavaliação pode acarretar". Alberto de Stefani, *Colpi di vaglio*, cit., p. 151.

[186] Ibidem, p. 99.

[187] "Financial and Economic Situation in Italy", 6 ago. 1926, FO 371/11.387, fol. 153.

[188] Em julho de 1926, Volpi pôde escrever a Mussolini satisfeito dizendo que "o orçamento do Estado, livre e desimpedido de qualquer possibilidade de crítica, terá ao final do exercício financeiro de 1925-1926 triplicado o superávit estimado, elevando-o para além de um 1,2 bilhão de liras". 13 jul. 1926, FO 371/11.387, fol. 129. Volpi superou suas próprias expectativas. A Liga das Nações e o Banco da Inglaterra logo foram informados de que ele havia alcançado um superávit

Economizar assumiu a forma evocativa de venda obrigatória de pão mais grosso, chamado "pão cinza". A embaixada britânica informou que "a imprensa exorta todos os italianos a se orgulharem de usar este pão de guerra como contribuição rumo à vitória na atual luta econômica"[189].

Para compensar a falta de competitividade decorrente da moeda valorizada, o consumo menor andou de mãos dadas com a produção maior a custos mais baixos. Uma lira mais forte exigia salários nominais mais baixos[190], o que poderia garantir preços mais baixos no mercado internacional e, assim, restabelecer a competitividade do país no exterior, o que, por sua vez, tinha potencial para melhorar a balança de pagamentos nacional[191]. Nesse sentido, a revalorização da lira inaugurou um grau sem precedentes de austeridade industrial.

Assim que a Carta do Trabalho erradicou toda a oposição trabalhista, o Estado fascista pôde dar passos audaciosos rumo à redução dos salários por decreto legal. Em maio de 1927, todos os funcionários públicos, incluindo os ferroviários e outras administrações autônomas, perderam o bônus que lhes era

---

de 417 milhões de liras em 1924-1925 e um superávit de 2,268 bilhões de liras em 1925-1926. 27 jan. 1928, OV 36/22, fol.123A, p. 2.

[189] 6 ago. 1926, FO 371/11.387, fol. 154.

[190] Por exemplo, a carta que os representantes da indústria algodoeira enviaram a Mussolini em 20 de dezembro de 1926 dizia: "Os industriais encontram-se diante de uma crise e suspenderam qualquer nova planta ou melhoria técnica ou, em termos mais gerais, qualquer despesa que não seja estritamente pertinente à produção. Eles já foram forçados a reduzir os salários semanais de seus trabalhadores significativamente. E agora apresentam ao governo a necessidade de reduzir, até janeiro, a base de pagamento no valor necessário para ajustar a nova base monetária ao custo de produção e, portanto, aos preços de venda". ACS, Carte Volpi, fase. 49, em Franco Cotula e Luigi Spaventa, "La politica monetaria tra le due guerre", cit., p. 597.

[191] Como Einaudi afirmou na *The Economist*: "No entanto, um rearranjo dos custos de produção é claramente aguardado caso a indústria italiana deseje manter seu terreno duramente conquistado nos mercados estrangeiros. Daí a campanha iniciada pelo governo, as corporações (sindicatos de empregadores e de empregados) e a imprensa pela redução de salários semanais, salários mensais, aluguéis e preços". "Italy – Mussolini's Policy – Population and the Lira – Stock Exchanges – Readjusting the Price Level – The Campaign for Reduction of Prices", *The Economist*, 11 jun. 1927, p. 1.236 e segue. Da mesma forma, em setembro de 1927, Einaudi falou sobre um bom balanço de pagamentos e da inexistência de poupança ociosa graças ao fato de que, ao contrário da Grã-Bretanha, o Estado corporativista já estava estabelecido. Ele escreveu: "O real ponto de interesse na política econômica da Itália é o método adotado para atingir o novo equilíbrio de preços, rendas, salários, receitas públicas etc. [...] A verdadeira agência trabalhando para um novo equilíbrio é a ideia do 'Estado corporativo'", que entre outras coisas definiu o preço do trabalho. "Italy – Sinking Fund for Public Debt – Imports and Exports Figures – Towards a New Economic Equilibrium", *The Economist*, 17 set. 1927, p. 482 e segue.

devido para compensar o alto custo de vida (sem que o custo de vida tivesse diminuído). Naquele mesmo mês houve cortes salariais de cerca de 10% para os trabalhadores agrícolas e a mão de obra industrial. Em outubro houve outra redução generalizada nos salários nominais, da ordem de 10% a 20%[192]. Como Volpi havia afirmado ao Senado italiano em fevereiro de 1928, a essa altura o país estava "unificado sob disciplina de ferro", tendo realizado "esforços admiráveis" para "facilitar os ajustes dos preços de atacado e varejo ao valor da lira"[193].

Os industriais aceitaram a reavaliação monetária sob o argumento de que os cortes drásticos nos custos trabalhistas compensaram totalmente a queda nos preços de produtos manufaturados[194]. As perdas de lucros no curto prazo devido à deflação – que elevou o custo de produção ao aumentar o custo de empréstimos e prejudicar a competitividade – representou um pedágio mínimo. O que abriu uma via expressa para a exploração estável e estrutural (ver figura 9.2). De fato, como exemplificado pela Grã-Bretanha, o aumento do desemprego sujeitou a força de trabalho a aceitar as relações hierárquicas de produção – o pré-requisito vital para a obtenção de lucro.

As estatísticas oficiais negavam o aumento do desemprego, mas vazaram no exterior fontes sugerindo o contrário. Em outubro de 1926, a embaixada britânica relatou demissões na Fiat: "Há sérios rumores de milhares de trabalhadores sendo demitidos e de produção sendo reduzida"[195]. No fim de 1928, o

---

[192] Gianni Toniolo, *L'economia dell'Italia fascista*, cit., p. 114. Giovanni Favero, "Le statistiche dei salari industriali in periodo fascista", *Quaderni Storici* (new series), v. 45, n. 134, 2, 2010, p. 319-57; disponível on-line. Favero destaca que a decisão do Estado fascista de fixar uma redução percentual generalizada de 20% nos salários nominais do país foi baseada em um cálculo do índice de preços ao consumidor (CPI, na sigla em italiano) pelo Istat (Instituto Italiano de Estatísticas) que foi manipulado para baixo. A utilização dos dados do Istat resultou de um acordo entre o governo e a Confindustria por meio do qual o governo se comprometeu a calcular um CPI com base nos preços das lojas próprias das indústrias (*spacci operai contenuti nella fabbrica*), que eram inferiores aos preços de mercado. Favero observa como essa técnica justificou um novo corte salarial de 8% imposto pelo Estado em novembro de 1930. Ibidem, p. 328.

[193] 17 fev. 1928, FO 371/12.947, fol. 163, p. 20.

[194] Em maio de 1927, a Confederação Geral Fascista da Indústria falou claramente sobre a relação perpétua entre o padrão-ouro e a austeridade industrial. A organização anunciou aos "trabalhadores italianos, com louvável espírito de disciplina", uma "redução geral dos salários industriais – passo que parece de fato inevitável se o valor de troca da lira for mantido em uma taxa de cerca de 30% maior que as médias recentes". 20 maio 1927, FO 371/12.202, fol. 128.

[195] 29 out. 1926, OV 36/1, fol. 18, p. 2. O aumento do desemprego também foi atestado em documento do Banco da Inglaterra. OV 9/440, fol. 30. A embaixada britânica informou que a revalorização da lira "causara um deslocamento geral em quase todos os ramos do comércio e da

alto desemprego e a baixa taxa de emprego garantiram uma rápida recuperação econômica e um aumento dos lucros. A recompensa do capital era visível nos dados sobre as taxas de lucro (figura 9.3): entre 1927 e 1930, a taxa geral de lucro saltou de 8,68% para 16,6%.

O processo de "reabilitação" da lira claramente não foi apenas uma operação monetária, mas algo ainda mais fundamental para o capitalismo do pós-guerra: a blindagem de um sistema de classes em hierarquias estáveis sob o nome dos esforços nacionais necessários para a redenção econômica. Durante uma entrevista ao *Daily Mail* em 1º de julho de 1926, Mussolini discutiu a nova autorização legal que pôs fim à jornada de trabalho de oito horas – uma das vitórias reformistas mais significativas do pós-guerra. O embaixador Graham relatou:

> Afirma-se que *signor* Mussolini disse que as novas restrições [dia útil de nove horas] serão recebidas não só sem oposição, mas com entusiasmo; que, se tivesse convidado os italianos a trabalhar dez horas, e não nove, sabia que eles teriam concordado, porque estão conscientes do fato de que a mudança não é um capricho do governo, mas é ditada pela necessidade nacional.[196]

Em suma, o padrão-ouro, na Itália como na Grã-Bretanha, não representou apenas o ponto-final de uma austeridade muito sofrida. Foi mais um dispositivo para impor sua "naturalização", já que sob o padrão-ouro as restrições da austeridade não eram mais politicamente discutíveis. O legado da austeridade "dourada" não durou pouco. Para evitar a perda da paridade com o ouro após o declínio de 1929, o país foi confrontado com políticas fiscais e de crédito mais restritivas e combinadas a um decreto que cortou salários em outros 8% a 12% em dezembro de 1930[197]. Na verdade, na Itália, as teorias austeras continuaram a dominar a compreensão das possíveis causas e soluções para o grande colapso de 1929 entre economistas, tanto liberais como fascistas. Se a causa primária da crise foi uma difusa "decadência moral" e um "excesso de consumo", a solução

---

indústria" e que essa depressão havia começado em 1926 e progredido em 1927. "Summary of Board of Trade Report on the Economic Situation in Italy during 1927", abr. 1928, OV 36/1. Mesmo com a recuperação em 1929, o índice de emprego industrial ainda estava 3% abaixo do nível de 1925-1926. Gianni Toniolo, *L'economia dell'Italia fascista*, cit., p. 131. O desemprego oficial era de 10% da força de trabalho industrial. Jon S. Cohen, "The 1927 Revaluation of the Lira", cit., p. 649.

[196] 2 jul. 1926, FO 371/11.387, fol. 104, p. 5.

[197] Franco Cotula e Luigi Spaventa, "La politica monetaria tra le due guerre", cit., p. 889.

era uma maior deflação salarial – em outras palavras, o lema usual: consumir menos, produzir mais[198].

Conclusão

Este capítulo se propôs a explorar o nascimento da austeridade na Itália sob a condução "imparcial" de quatro renomados professores de economia. Apesar da divergência ideológica entre eles, os quatro compartilhavam de um conjunto mais profundo de crenças e de uma missão precisa: eles trabalharam em conjunto como guardiões de uma ciência econômica universal – uma ciência que, apesar da suposta pureza, tinha o objetivo prático intrínseco de "adestrar" os cidadãos para que consumissem menos e produzissem mais. O emergente regime fascista deu aos professores a oportunidade de sua vida: efetivamente moldar a sociedade para corresponder ao ideal de seus modelos.

Num momento em que o coletivismo de guerra desafiava a eficiência do desempenho do mercado, esses professores foram firmes em idealizá-lo e protegê-lo; em um momento de acirrada luta de classes, os quatro se propuseram a negar o antagonismo de classes por meio de seus modelos "sem classes". Na verdade, a economia pura operou para despolitizar a teoria econômica eliminando a análise de classes, apenas para reintroduzir secretamente pressupostos classistas em seus rigorosos cálculos microeconômicos. Desta forma, qualquer diferença de classe era resultado de uma diferença na extensão dos comportamentos econômicos racionais individuais.

Basta afastar-se das abstrações de seus estudos acadêmicos para obter uma visão completa de suas crenças classistas. Pantaleoni foi o mais explícito: "Burguês é aquele que tem a capacidade moral e o valor intelectual exigidos para sê-lo: aquele a quem falta talento, atividade, perseverança, controle de suas próprias paixões e

---

[198] Por exemplo, o economista corporativista Gino Arias descreveu o episódio da crise de 1929 como "uma crise de consumo excessivo" (Gino Arias, "La crisi bancaria americana", *Gerarchia*, v. 12, n. 3,) causada pelos altos salários, a "imprevisibilidade das classes trabalhadoras", a especulação financeira e "o aumento ilimitado da produção e da riqueza" com "a mais aberta violação de todas as normas mais elementares da moral pública e privada". Ibidem, p. 216, em Luca Michelini, "From Nationalism to Fascism", cit., p. 42-3. O conselho editorial do jornal fascista *Lo Stato*, composto por economistas proeminentes, considerou que a crise fora provocada por um "abuso de crédito" internacional. Em contrapartida, destacou-se a política econômica do fascismo, que "adotou desde o início uma medida de realismo austero". Direzione, 1931, em Luca Michelini, "From Nationalism to Fascism", cit., p. 49. Nessas páginas, Giuseppe Ugo Papi argumentou que as medidas econômicas da "economia controlada" corporativista se traduziriam em uma rápida redução de todas as receitas, tomando o cuidado de reduzir também os gastos públicos e manter o orçamento do Estado em equilíbrio. Papi, 1931, em ibidem, p. 49.

impulsos deixa de ser burguês; todas essas qualidades são necessárias para destacar-se entre camaradas e residir em uma classe que não é a dos plebeus (*volgo*)"[199].

Sob um governo forte, as políticas de austeridade – fiscal, monetária e industrial – serviram exatamente a esse propósito de proteger a rica minoria capitalista em sua capacidade de poupar, investir e, por fim, lucrar, ao mesmo tempo forçando a maioria a consumir menos e trabalhar mais.

Em suma, como no caso britânico, o movimento dos especialistas em direção a uma teoria apolítica tinha o objetivo político de subordinar a maioria dos cidadãos à lógica da acumulação do capital. Voltando ao discurso de De Stefani no La Scala, podemos agora compreender o significado completo de seu uso da palavra "austeridade". Ele a empregou para encorajar o sacrifício individual e, em particular, a renúncia às proteções sociais em nome de necessidades financeiras mais importantes:

> No discurso de 25 de novembro, lembrei ao Parlamento que, logo após a Marcha sobre Roma, a consciência das necessidades financeiras da nação foi difundida, mesmo entre a parcela mais humilde da população italiana. Hoje, como ontem, preciso colocar na agenda nacional a renúncia consciente aos direitos adquiridos por mutilados, inválidos, soldados. Estas renúncias constituem para nossa alma um sagrado sacrifício: *austeridade*.[200]

Isso pode nos lembrar das palavras dos burocratas do Tesouro britânico, que, embora de fala mais mansa ao se dirigir às classes trabalhadoras, também invocaram as noções de "sacrifício" e "imposição da abstinência"[201]. De fato, a história italiana revela mais explicitamente a dinâmica e os objetivos que já estavam aparentes no capítulo 6 sobre a austeridade britânica. A teoria econômica – seja a economia hawtreyiana ou a economia pura – proporcionou consenso para políticas coercitivas, disfarçando-as como benéficas para a sociedade em geral. Mostramos como nossos especialistas ocultaram as relações de dominação por trás de princípios econômicos abstratos apenas para reforçar essas relações de dominação por meio de políticas de austeridade.

O capítulo 8 se aprofunda na interconexão entre as duas histórias: a austeridade fascista foi amplamente aplaudida e apoiada pelo *establishment* britânico.

---

[199] Maffeo Pantaleoni, *Bolcevismo Italian*, cit., p. 109.
[200] Alberto de Stefani, *La restaurazione finanziaria 1922-1925*, cit., p. 34; itálico meu.
[201] R. G. Hawtrey, *Currency and Credit* (Londres, Longmans, Green and Co., 1919), p. 230.

8
A AUSTERIDADE ITALIANA E O FASCISMO PELO OLHAR BRITÂNICO

> Quando a Itália tiver ponderado essas verdades fundamentais, quando ela tiver se convencido de que sua única esperança está em si mesma, de que os outros não lhe concederão os créditos a menos que ela demonstre merecê-los por seu comportamento austero e tranquilo, as linhas a seguir são simples e óbvias [...]: uma política econômica formulada para estimular a produção; uma política interna de ordem e um melhor entendimento entre as classes; uma política financeira de parcimônia. Acima de tudo, a verdade fundamental é sempre a mesma, por mais desagradável e inflexível que seja: *consumir menos* e *produzir mais* [...], mais necessário que qualquer outra coisa é restaurar a confiança dos capitalistas [...], os princípios da recente legislação inglesa devem ser adotados.
>
> *Francesco Saverio Nitti*, discurso proferido em Melfi, 12 de março de 1922[1]

Após a Primeira Guerra Mundial, a Grã-Bretanha e a Itália aprovaram uma ampla legislação de austeridade na mesma sequência e com muitas das mesmas políticas constitutivas. A Grã-Bretanha era uma democracia parlamentar de longa data, com instituições bem-estabelecidas e valores vitorianos ortodoxos. Havia usufruído de séculos de hegemonia financeira e econômica global. A Itália, em contrapartida, era economicamente atrasada, recém-saída de levantes revolucionários bolcheviques e conflitos civis durante e após a guerra. Por que, então, dois países tão diferentes atuaram aparentemente em conjunto para reconfigurar suas economias domésticas?

As histórias britânica e italiana estão, na verdade, profundamente interligadas. A natureza da austeridade é tal que suas políticas domésticas são definidas com o exterior em mente: os economistas italianos em particular tentaram tornar os bens e a moeda italianos valiosos e acessíveis aos mercados estrangeiros,

---

[1] FO 371/7.669, fols. 198-200; itálicos meus.

em especial à Grã-Bretanha, que, por sua vez, facilitaria a acumulação do capital na Itália. Tecnocratas econômicos em ambos os países buscaram semear a austeridade para além de suas fronteiras de forma a garantir a estabilidade do capitalismo como um sistema econômico global – um sistema que tinha sido abalado de modo sem precedentes pela guerra. O bem-estar doméstico não era um componente de seu pensamento. A relação entre a Itália fascista e a Grã-Bretanha é emblemática de uma parceria perversa em que as fronteiras ideológicas tradicionais – incluindo aquelas entre liberalismo e fascismo – eram transpostas em nome da necessidade econômica.

Para a Itália, a menor das duas economias, vale a pena perguntar: a austeridade foi mesmo uma escolha soberana? De certa maneira foi, sem dúvida. Como discutido no capítulo 7, os especialistas italianos em economia tinham uma compreensão lúcida das políticas de austeridade como arma contra a luta de classes interna e como meio de assegurar a acumulação de capital entre os poupadores/empreendedores virtuosos. Para isso, e para aqueles poucos, a austeridade foi bem-sucedida. A austeridade italiana foi apoiada pela tradição, dominante no país, da economia pura e por nomes conhecidos, como Pantaleoni, Pareto, Ricci e Einaudi. Esses professores, porém, não limitaram seu olhar à Itália. Eles também se relacionaram com tecnocratas da economia política britânica e foram inspirados por eles. Os economistas italianos estavam, como a embaixada britânica repetia, "profundamente imbuídos da tradição clássica britânica"[2].

Além disso, para explicar direito por que a austeridade prosperou na Itália, precisamos contar o outro lado da história: como os interesses estrangeiros influenciaram – e, em alguns casos, definiram – a reconstrução de um país que havia hesitado à beira do bolchevismo. Na década de 1920, a Itália tinha uma substancial dívida de guerra e dependia fortemente da importação de bens e matérias-primas. Em outras palavras, era um país dependente dos outros: fundamentalmente dependente do capital e do crédito estrangeiros para seu investimento e seu desenvolvimento econômico. A posição de dependência da Itália significava que os credores internacionais podiam exercer fortes pressões – incluindo aquelas que abririam a Itália ao investimento estrangeiro, inclusive à custa do povo italiano. Essa pressão veio na forma de austeridade.

---

[2] 10 jul. 1925, FO 371/10.784, fol. 37.

A epígrafe deste capítulo é extraída de um discurso de 1922 do economista e então primeiro-ministro italiano Francesco Saverio Nitti, que pede explicitamente o "comportamento austero e tranquilo" do povo italiano para restaurar a "confiança dos capitalistas" – em particular no crédito e no investimento. Nitti advertiu que tais créditos vindos de países estrangeiros seriam ilusórios até que o governo mudasse as políticas econômicas para refletir a "verdade desagradável" da austeridade: "Consumir menos e produzir mais".

A Grã-Bretanha também tinha interesses no jogo. Como no caso italiano, esses interesses eram, ao mesmo tempo, políticos – impedir a revolução – e econômicos – aumentar o espaço para o lucro de seu capital e suas mercadorias. Com efeito, um aumento das exportações para a Itália era crucial na mente dos tecnocratas britânicos, que estavam todos apostando em um crescimento da demanda que compensaria a queda que havia ocorrido por influência da austeridade no consumo interno[3]. Sob o fascismo austero, o comércio entre a Itália e a Grã-Bretanha se intensificou consideravelmente em comparação aos níveis do pré-guerra. A Inglaterra ficava atrás apenas dos Estados Unidos como principal fornecedor de importações para a Itália, em especial de carvão e lã. Parcela substancial das exportações italianas, sobretudo seda e automóveis, ia para a Grã-Bretanha[4].

Os tecnocratas britânicos entenderam que a base para resguardar o capitalismo italiano tomaria a forma de austeridade e que sua implementação exigiria

---

[3] Como muitos outros, Niemeyer sabia que os empréstimos britânicos proporcionariam à Itália os meios para comprar produtos da Grã-Bretanha e, portanto, o impacto econômico desses empréstimos não devia ser subestimado. Niemeyer estava ciente da relação entre os empréstimos e o aumento das exportações britânicas para a Itália quando, em junho de 1930, informou o Comitê Macmillan: "Estou inclinado a acreditar que, no geral, os empréstimos estrangeiros não superam seriamente a capacidade de pagamento e, nesse caso, são muito vantajosos para nós. Pois a maior parte dos empréstimos significa aquisições diretas ou indiretas [...], mesmo os empréstimos para estabilização que preservem a aquisição são positivamente de interesse do comércio britânico" (G1/428). Em 1919, Rodney Rodd, da embaixada britânica, era da mesma opinião: "Mas, de um modo geral, parece-me que a questão de conceder mais créditos à Itália em um momento de grande dificuldade financeira não deve ser considerada apenas do ponto de vista da liquidação de débitos, mas também do ponto de vista do futuro desenvolvimento do comércio britânico neste país, no interesse do qual a estabilidade das finanças italianas não pode ser ignorada". 7 fev. 1919, FO 371/3.808.

[4] Para uma análise dos dados comerciais, ver Luigi Einaudi, "Italy – The Direction of Foreign Trade – Revival of Trade Unions Movement – Fascist Corporations and Class Federations", *The Economist*, 13 dez. 1964.

um governo forte. Os ingleses encontraram essas condições na forma da ditadura de Mussolini; o fascismo imitava os princípios da austeridade. Os britânicos não estavam sozinhos nisso. Com motivações similares às dos economistas liberais italianos para a austeridade, eles espelhavam um consenso internacional mais amplo que se mostrou fundamental para que o fascismo ganhasse legitimidade e consolidasse seu domínio.

Este capítulo se baseia no livro clássico de 1980 de Gian Giacomo Migone, *The United States and Fascist Italy: The Rise of American Finance in Europe* [Os Estados Unidos e a Itália fascista: a ascensão financeira estadunidense na Europa], que documentou o substancial apoio dado por financistas estadunidenses – em especial os do J. P. Morgan – ao governo de Mussolini. De fato, como Migone analisa, a Itália fascista agiu como um agente-chave para a expansão do capitalismo estadunidense na Europa depois da Primeira Guerra Mundial. Ao contrário de todos os outros países europeus, os Estados Unidos não ficaram enfraquecidos depois da guerra, mas fortalecidos: eles dobraram seu produto nacional bruto e suas exportações e mantinham um saldo credor com o resto do mundo de 12,562 bilhões de dólares[5]. Depois da guerra, por meio de uma considerável austeridade industrial, submeteram suas classes operárias, impossibilitando que "os trabalhadores organizados obtivessem uma substancial redistribuição de lucros dentro da sociedade estadunidense e impedindo-os de construir quaisquer redes internacionais que pudessem ser um recurso para fortalecer a autonomia operária"[6]. O país estava assentado em uma superabundância de capital líquido e uma quantidade cada vez maior de bens e serviços que estavam prontos para exportação. Dado o teor isolacionista da política dos Estados Unidos na década de 1920, a expansão do capital estadunidense na Europa e a relação entre a Europa e os Estados Unidos foram relegadas a canais informais; "esses canais, é claro, eram dominados pelo *establishment* financeiro de Nova York e, em particular, pela Casa dos Morgan"[7].

As páginas a seguir exploram como a influência dos Estados Unidos e do capital britânico sobre a política econômica de Mussolini foi particularmente

---

[5] Gian Giacomo Migone, *The United States and Fascist Italy: The Rise of American Finance in Europe* (Cambridge, Cambridge University Press, 2015), p. 2.
[6] Ibidem, p. 15.
[7] Ibidem, 136. [J. P. Morgan Bank – N. T.]

centrada em torno da austeridade, com o objetivo específico de chancelar as relações de classe capitalistas sob uma ordem internacional.

Esse arco começou com a crise do capitalismo que levou à ascensão do governo de Mussolini, estendendo-se depois às visões do *establishment* sobre a relação necessária entre a austeridade e um Estado forte, o que, por sua vez, cunhou a racionalização da violência política pela elite. A conclusão se deu com a análise do espinhoso tema da liquidação das dívidas de guerra da Itália e com o esforço para alcançar o padrão-ouro – dois casos em que a pressão internacional pela austeridade foi profunda, e os benefícios para o povo italiano, inexistentes.

O problema da dependência italiana

Após a guerra, a Itália não era autossuficiente em termos econômicos. Os burocratas italianos formularam explicitamente o problema da dependência externa do país: "Ao contrário da França, ou mesmo da Alemanha, a Itália não pode se isolar sem perecer. A Itália ou carece de tudo, ou só dispõe de quantidades insuficientes, quanto mais das matérias-primas necessárias; o país tem um enorme desequilíbrio de alimentos e gorduras e carece de ferro, carvão, fertilizantes, têxteis etc."[8].

A crise de desequilíbrio comercial da Itália aumentou. O armistício de 1918 pôs fim tanto à luta quanto aos acordos de guerra em torno das taxas de câmbio e do controle das moedas. O provável excesso de importações sobre as exportações que veio em seguida reduziria de imediato a taxa de câmbio da moeda italiana[9]. Uma lira desvalorizada não significava apenas o aumento do fardo da dívida externa do país; também prometia importações mais caras, aumento dos preços domésticos e um revés na atividade industrial com base na falta de matérias-primas.

Em janeiro de 1919, o ministro italiano da Indústria, Giuseppe de Nava, enviou um telegrama ansioso ao primeiro-ministro britânico, David Lloyd George. A falta de carvão na Itália, alertou De Nava, estava dificultando "a reconstrução industrial e a solução do já grave problema da mão de obra"[10].

---

[8] FO 371/7.669, fol. 196.
[9] Ver discurso realizado na sessão da Câmara dos Deputados por Carlo Schanzer, "Statement on the Financial Situation", 10 jun. 1919, Roma, em T. 1/12.367/35.323.
[10] T. 1/12.343/10.710/19.

O embaixador britânico na Itália *sir* J. Rennell Rodd previu consequências sombrias: "O fechamento das grandes fábricas no norte da Itália, com o custo de vida a um valor atual proibitivo e a condição inflamável do estado de espírito da população, atrairia perigosamente a ameaça da revolução [...], o desemprego e a escassez de comida podem desesperar os mais dóceis seres humanos"[11].

Mais que carvão, faltavam lá e carne. Como revelou o arquivo do Tesouro de 1919, "há muitas outras mercadorias, igualmente importantes para a vida econômica do país, que não são importadas no presente por falta de financiamento"[12]. Uma prorrogação da espiral viciosa de alto endividamento – que desencorajava credores e agravava a instabilidade monetária – poderia até resultar, muitos temiam, em um completo colapso monetário, em que a lira perdesse todo poder de compra.

Embora reconhecesse as dificuldades enfrentadas pelo povo italiano, o ministro das Finanças britânico Andrew Bonar Law deixou claro que o Tesouro britânico tinha "ele mesmo, grandes dificuldades a enfrentar"[13]. Em fevereiro de 1919, a Grã-Bretanha anunciou que reduziria os créditos concedidos à Itália, ocasionando um verdadeiro e profundo pânico entre os burocratas italianos. Depois de intensas negociações financeiras entre os dois tesouros, foi firmado um acordo que garantiu à Itália um substancial empréstimo público. O acordo especificava que o empréstimo seria "usado, em primeiro lugar, para pagar todas as dívidas em aberto com departamentos britânicos"[14] e seria seguido por outro fluxo de crédito em agosto de 1919, que Niemeyer e Blackett haviam aprovado.

---

[11] Carta de James Rennell Rodd para Earl George Nathaniel Curzon, 2 abr. 1919, FO 608/38/15, fol. 449.

[12] T. 1/12.343/10.710/19.

[13] Idem.

[14] T. 1/12.367/35.323. O empréstimo de fevereiro foi usado principalmente para pagar todas as dívidas pendentes com departamentos britânicos por serviços prestados ao governo italiano antes de 1º de fevereiro de 1919. Sobre os acordos de fevereiro, ver também T. 1/12.343/8.035/19. Vale destacar que a austeridade monetária na Grã-Bretanha podia afetar o montante do empréstimo italiano. Em 16 de junho de 1920, o responsável italiano pelas negociações, Gabriele Preziosi, escreveu em tom de preocupação ao primeiro-ministro Austen Chamberlain: "Quando o acordo de 8 de agosto de 1919 foi negociado, a taxa de juros havia se mantido estável em 5% por muito tempo. Depois, subiu para 6% e há pouco para 7%, provocando um aumento consideravelmente maior da dívida do Tesouro italiano". T. 160/10/12, fol. 3. O governo britânico consentiu em fixar uma taxa uniforme de 5% de juros para todas as renovações promissórias italianas.

Dada a grave e crescente dependência da Itália em relação ao crédito externo, os empréstimos britânicos de 1919 não foram suficientes. Os líderes italianos continuaram pedindo ajuda desesperadamente para evitar um colapso político completo – um colapso, eles enfatizavam, que não passaria despercebido por seus aliados britânicos.

Em abril de 1920, *sir* Edward Henry Capel-Cure, conselheiro comercial da embaixada britânica em Roma, relatou sua conversa com o ministro das Finanças italiano, *signor* Carlo Schanzer (que posteriormente participaria da Conferência de Gênova e endossaria profusamente a austeridade). Na reunião com Capel-Cure – que na sequência já foi transmitida ao Tesouro britânico –, Schanzer alertou que a condição financeira da Itália era "quase insustentável" devido aos altos custos das importações. Ele lamentou que "nesse ritmo, os gastos podem significar nada menos que a falência nacional e, mais ainda, a revolução"[15]. Capel-Cure enfatizou para os britânicos que as advertências de Schanzer não deveriam ser subestimadas: "O ministro repetiu a palavra ['revolução'] várias vezes e é a primeira vez que eu, que o conheço bastante bem, me recordo que ele não tenha ocultado uma expressão desse tipo". Capel-Cure recapitulou as preocupações de Schanzer na reunião: "A revolução", disse ele, "sem dúvida se estenderia à França e à Suíça [...] o elemento bolchevique era dolorosamente aparente"[16]. A mensagem era urgente e clara, como informou Capel-Cure: era de interesse da Inglaterra considerar de forma "imediata e séria" o problema do câmbio italiano[17].

Enquanto isso, o ministro italiano do Tesouro, *signor* Luzzatti, salientou para outras pessoas fora da Itália que conceder crédito não era mera caridade, mas questão de interesse mútuo na prevenção da revolução. A Itália era uma nação "cujo estresse extremo pode ser o meio de produzir uma conflagração", alertou Luzzatti, observando que tais desdobramentos "poderiam se estender à própria Inglaterra"[18]. Os financistas britânicos estavam cientes de que os riscos na Itália eram inextricavelmente econômicos e políticos. Um memorando

---

[15] 14 abr. 1920, T. 1/12.551/1.
[16] Idem.
[17] Ibidem, p. 2. O conselheiro comercial encerrou o relatório com este julgamento desolador: "Só posso dizer que é minha firme convicção, após mais de trinta anos de estudo minucioso deste país, que os italianos neste momento não estão exagerando suas necessidades e que os perigos que confrontam este país são da mais grave natureza possível". T. 1/12.551/7.
[18] Ibidem, fol. 4.

escrito pelo banqueiro *sir* Herbert Hambling, por exemplo, foi firme em dizer que o caos político não só ameaçaria a civilização capitalista em geral, mas traria a perda imediata do capital britânico já investido[19].

Dada a relutância do Tesouro britânico em contribuir mais, a esperança do Tesouro italiano repousava em mãos privadas – ou seja, os bancos privados estadunidenses e britânicos. Isso, é claro, não viria a custo zero. Capel-Cure relatou como parte de sua conversa com Schanzer:

> Na verdade, fui informado há alguns dias pelo presidente do banco, que tentou levantar os 10 milhões para o *signor* Schanzer em agosto, que a cidade de Londres provavelmente não aceitaria nenhuma proposta da Itália [de levantar empréstimo privado] até que fosse retirado o subsídio [público] do pão e outras reformas financeiras fossem iniciadas.[20]

Capel-Cure plantou, assim, uma semente precoce de austeridade: a Itália precisava cortar seus subsídios públicos para que a assistência financeira chegasse a ser considerada. Esse tipo de imperativo, como sabemos, se multiplicaria.

Os *establishments* italiano e britânico se uniram em uma narrativa compartilhada do problema: para compreender a crise econômica italiana, "o bom senso político devia ser colocado em primeiro plano"[21]. Os problemas econômicos da Itália só poderiam ser resolvidos depois que seus problemas políticos fossem enfrentados. Afinal, as greves e as políticas redistributivas eram fatores primordiais "do nervosismo demonstrado em relação às finanças da Itália no exterior", e,

---

[19] FO 371/7.660, fol. 185. O memorando de Hambling, preservado pelo Tesouro britânico, dizia: "Na Itália, pessoas responsáveis estão convencidas (e pelo meu conhecimento da Itália, que visitei várias vezes durante a guerra, tenho certeza de que estão certas) de que há um risco muito sério, devido às condições atuais, de uma enorme convulsão política, a menos que possam de algum modo obter as importações essenciais para suas indústrias, para que seu povo possa continuar empregado. Lá, o custo de vida atingiu tais limites que as pessoas ficam extremamente inquietas e qualquer falta de emprego provavelmente resultaria em revolução e bolchevismo. Este país já emprestou à Itália cerca de 400 milhões de libras esterlinas e parece quase uma necessidade darmos a eles a assistência adicional de que agora necessitam para um período de dois anos, a fim de proteger o montante que já temos em jogo. Estou ciente de que na cidade de Londres hoje existem certas pessoas proeminentes que são de opinião de que a Inglaterra não pode pagar agora para dar longos créditos a outros países, mas o perigo de revolta entre a população é muito grande e qualquer problema na Itália pode se espalhar rapidamente. [...] Acredito que nossa recusa em ajudar a Itália no momento pode ter sérias consequências". T. 1/12.367/35.323, memorando de *sir* Herbert Hambling.

[20] 14 abr. 1920, T. 1/12.551/4.

[21] 12 abr. 1920, T. 1/12.551/1.

além disso, observadores financeiros estrangeiros compreenderam noções como impostos sobre fortuna ou bens de luxo como expressão "do egoísmo e da cobiça dos indivíduos e das classes" na Itália[22]. Aqui, novamente, a culpa recaía sobre a maioria da população – as massas atrasadas que consumiam demais e produziam pouquíssimo.

No verão de 1922, as condições econômicas na Itália não haviam melhorado. Em 4 de julho, o escritório do conselheiro comercial britânico escreveu ao embaixador britânico na Itália, Ronald William Graham, para informar sobre "um artigo interessante" publicado no *Il Messaggero*, intitulado "Crítica externa à política financeira italiana"[23]. O artigo discutia a "desconfiança generalizada e crescente" em relação à Itália em círculos financeiros estrangeiros. E sugeria que interesses estrangeiros estavam particularmente "alarmados com os métodos de tributação e a prontidão demonstrados pelo governo italiano ao impor encargos ao dinheiro estrangeiro investido na Itália, e com a suposta negligência com suas obrigações". Fazia-se menção especial a um imposto sobre o capital (*tassa sul patrimônio*). As conclusões que se seguiram eram depreciativas: "O resultado pode não ser apenas impedir a entrada de capital estrangeiro na Itália, mas também induzir quem já investiu no país a vender suas participações e levar seu dinheiro embora"[24].

Mais tarde naquele julho, Capel-Cure expressou profunda insatisfação com a falta de determinação do país: "O governo italiano tem de lidar com vários elefantes brancos. Ferrovias, serviços postais e telégrafos apresentam um déficit continuamente crescente a ser enfrentado cedo ou tarde pelo contribuinte"[25]. Capel-Cure argumentou que os aumentos salariais eram parte central do problema: "Funcionários do governo e trabalhadores organizados em sindicatos

---

[22] Idem. As pressões políticas que se opunham aos cortes em benefícios sociais foram especialmente preocupantes: "O diretor de um banco inglês me disse", relatou Capel-Cure, "que o argumento desfavorável que causou especial impacto nos círculos financeiros da cidade de Londres foi que o governo italiano havia sido forçado a ceder ao clamor dos socialistas quando tentou retirar o subsídio agora dado ao pão". 12 abr. 1920, T. 1/12.551/4.

[23] 4 jul. 1922, FO 371/7.656, fols. 267-9.

[24] Queixas semelhantes contra a política financeira e econômica do governo vieram da Confederação Italiana da Indústria. A moção da comissão executiva "apontou que a política das autoridades financeiras, do Tesouro e dos serviços públicos parece tornar a situação mais difícil pela tributação, sem par em qualquer outro país, que absorve tanto o capital quanto os juros, impossibilitando a poupança e, portanto, cerceando o fluxo de novo capital para os canais produtivos". "Industry and Production: Motion of Executive Committee on the Confederation of Industry", 6 abr. 1922, FO 371/7.656, fol. 156.

[25] 21 jul. 1922, FO 371/7.656, fol. 283.

têm sido capazes de reivindicar do Estado uma quantidade considerável de salários semanais e mensais". O conselheiro comercial britânico alertou que essa tendência podia se espalhar para trabalhadores não sindicalizados e esgotar ainda mais as finanças estatais[26].

O Ministério das Relações Exteriores britânico juntou-se ao coro de críticas à Itália: "O governo central está fraco e acanhado; a administração, ineficiente; o funcionalismo público, desleal; o exército, em estado de reorganização caótica [...], a situação agrária é ameaçadora [...], o prestígio interno e externo do governo italiano diminuiu seriamente"[27].

Esses críticos concordavam que a única saída para a Itália era a austeridade de estilo britânico[28]. À luz dessa máxima, o homem certo na hora certa logo enfrentaria o problema da dependência financeira italiana.

A austeridade e o Estado forte

Signor De Stefani: o bom soldado da austeridade
Como Capel-Cure havia notado, a "compleição política" da Itália era importante para sua reabilitação financeira[29]. Em 27 de outubro de 1922, um dia antes da Marcha sobre Roma e da instauração do Estado fascista italiano, o embaixador britânico na Itália Ronald William Graham relatou a seus superiores o agravamento da situação do câmbio lira/libra esterlina, enquadrando-o como um problema político: "A súbita depreciação do valor da lira está chamando atenção especial na imprensa italiana, e os comentários são sombrios. Nos bairros nacionalistas, isso é atribuído à situação interna do país e à necessidade de um governo forte"[30].

---

[26] Idem.
[27] 22 jun. 1922, FO 371/7.669, fol. 191, p. 6.
[28] Atores internos, é claro, concordaram. Nitti, por exemplo, em 12 de março de 1922, encorajou a implementação dos princípios da legislação britânica "por meio da renúncia a todas as políticas aventureiras" (FO 371/7.669, fol. 201). "Todos reconhecem", continuou ele, "que só há um meio de salvação, retomar o hábito de poupar". Assim como seus colegas economistas que estudamos no capítulo 7, Nitti lamentou a falta de virtude austera: "Nem o Estado, nem os órgãos locais, nem os indivíduos poupam. O Estado, de fato, dá o mau exemplo do desperdício". Ibidem, fol. 198.
[29] FO 371/7.656, fol. 284.
[30] 27 out. 1922, FO 371/7.656, fols. 287-8.

O despacho seguinte do embaixador – escrito uma semana depois da tomada do poder por Mussolini – assumiu tom mais otimista: "Tenho a honra de relatar que os acontecimentos políticos da última semana parecem ter tido um efeito favorável na bolsa italiana"[31]. Os motivos do otimismo eram claros. Uma vez no poder, Mussolini logo definiu as prioridades diretas favoráveis ao capital. Em 10 de novembro de 1922, a embaixada britânica anunciou que estavam em andamento na Itália planos para garantir investimentos de capital estrangeiro e, em particular, para garantir que esse capital não ficasse sujeito à tributação na Itália nem no país de origem[32].

The Times discutiu como a atração de capital apresentava um argumento convincente "a favor da completa abolição dos impostos de herança e morte". Tais prioridades deviam permanecer ilimitadas mesmo, argumentou o jornal, se isso significasse "uma redução considerável e imediata na receita"[33]. Esse argumento estava alinhado ao dilema da lógica da austeridade: equilibrar o orçamento servia de pretexto para o objetivo real de transferir recursos a fim de favorecer a acumulação de capital. Esse objetivo prevalecia sobre qualquer outra coisa.

Apenas um ano depois, em dezembro de 1923, o embaixador britânico Graham tranquilizou os observadores de seu país no sentido de que a confiança, anteriormente rompida, estava sendo reparada. "O capital estrangeiro havia superado a desconfiança não injustificada do passado e estava mais uma vez entrando na Itália com confiança."[34] Graham comparou a incapacidade da democracia parlamentar italiana decadente do pós-guerra, com sua instabilidade e corrupção, com a gestão econômica eficiente do ministério de De Stefani.

Na verdade, a imprensa liberal estrangeira elogiou De Stefani. Ele atraiu elogios dos círculos financeiros estadunidenses e britânicos por dois motivos

---

[31] 3 nov. 1922, FO 371/7.656, fol. 290.
[32] Ver, por exemplo, "Investment of Foreign Capital in Italy", comunicação do embaixador Graham, 11 nov. 1922, FO 371/7.656, fols. 292-3. Um mês depois, *The Economist* divulgou o decreto real de 16 de dezembro de 1922 (Decreto-lei real n. 1.660, em GU 305 [30 dez. 1922]) que isentava de imposto de renda todos os empréstimos liberados em países estrangeiros a fim de importar novo capital para a Itália. Ver também: "Italy – Restriction on Sale of Occupied Houses – Exemption from Taxes to Foreign Loans – Succession Duty – Increase of Failures", *The Economist*, 25 ago. 1923, p. 298.
[33] A redução estimada foi de 254 millhões de liras. "Succession Duty in Italy", *The Times*, 21 ago. de 1923, p. 7.
[34] 27 dez. 1923, FO 371/8.887, fols. 76-7. O comunicado trazia palavras do ministro da Economia Nacional, Orso Mario Corbino.

convincentes e inter-relacionados: primeiro, sua determinação como *especialista* – "muitas vezes ausente em um político profissional"; segundo, seu louvável compromisso com os valores austeros ao estilo britânico. *The Times* o apresentou como a versão italiana de "um professor de Oxford", homem cujos colaboradores estavam "concentrados nos economistas ingleses". O "ideal não camuflado" desses virtuosos italianos era "apreender e copiar o sistema financeiro britânico"[35]. Na revista *The Economist*, Luigi Einaudi[36] escreveu um artigo intitulado "An Italian Geddes Committee" [Um comitê Geddes italiano"], que destacou como "*signor* De Stefani colocou grande ênfase na eficácia do Tesouro britânico em cercear os gastos e controlar os departamentos de gastos"[37]. Elogios semelhantes vieram da embaixada britânica em Roma. Graham falou de De Stefani como "um economista teórico por formação e profissão" que havia traçado para si "um programa que consistia praticamente em equilibrar o orçamento e recusar todas as tentações de inflar a moeda"[38].

Tanto *The Times* quanto *The Economist* enfatizaram que uma das maiores virtudes de De Stefani foi "a coragem de enfrentar a impopularidade", o que permitiu a ele perseguir as medidas de austeridade com "uma dogmática certeza de opinião"[39]. E, de fato, a disposição de De Stefani para "adestrar os homens" diante da opinião púbica foi um impulso duramente conquistado surgido de sua formação em economia pura. A bravura dos professores vinha da autoproclamada missão de sua escola em tornar realidade "leis [econômicas] rigorosas e elegantes"[40].

A presteza de De Stefani também foi elogiada pela imprensa liberal: "Ele vive, dorme, come no ministério, e seu dia é das oito às oito, com meia hora

---

[35] O artigo, "Bold Italian Finance", elogiou a promessa do governo fascista de reduzir o déficit a zero até 1925, tarefa árdua que foi possível porque agora o povo italiano era "guiado por uma mão firme e por um homem [De Stefani] que sabe como agir", um homem que estava implementando a fórmula "mais dinheiro e menos gastos". "Bold Italian Finance", *The Times*, 14 maio 1923, p. 11.

[36] Como vimos no capítulo 7, em sua coluna na revista *The Economist*, Einaudi só fazia elogios para as políticas econômicas fascistas da década de 1920.

[37] O governo não estava só aplicando diligentemente um Geddes Axe; a aplicação também trazia frutos, já que "as condições econômicas" estavam "melhorando", como De Stefani observou em seu discurso. Em particular, as importações diminuíam e as exportações subiam.

[38] 10 jul. 1925, FO 371/10.784, fol. 37.

[39] "Fascismo", *The Times*, 2 jul. 1923, p. 13.

[40] Umberto Ricci, *Dal protezionismo al sindicalismo* (Bari, Laterza, 1926), p. 104-5.

para almoço, durante os sete dias da semana. Suspeito que essa superatividade se deva a uma natural desconfiança dos funcionários que herdou"[41]. A imprensa também sabia, é claro, mas aparentemente se absteve de publicar, que a habilidade de De Stefani de ignorar as demandas sociais devia-se apenas parcialmente a sua personalidade resoluta: o especialista podia impor "mão firme" porque esta fazia parte das garras de um Estado autoritário.

A dupla invencível: austeridade e autoritarismo

Nas semanas que se seguiram à tomada do poder por Mussolini, observadores estrangeiros apontaram a impressionante eficácia do poder do Estado na implementação da austeridade. Em 3 de novembro de 1922, um despacho do embaixador britânico Graham enfatizou o avanço que já havia ocorrido na política econômica e no poder político. Ele descreveu planos de privatização e reduções nos serviços públicos, concluindo que "o governo é muito mais forte que seus antecessores para impor medidas da natureza citada anteriormente"[42].

The Times, por sua vez, definiu o fascismo como "um governo avesso ao desperdício"[43] ao cobrir o discurso inicial de Mussolini à nação – um discurso impregnado de temas objetivamente autoritários e austeros.

> As intenções orientadoras de nossa política [...] podem ser resumidas em três palavras: economia, trabalho, disciplina. Devemos atingir o equilíbrio orçamentário o mais rápido possível. [...] O respeito à lei será imposto a todo custo. O Estado é forte e mostrará sua força contra todos. [...] Quem se voltar contra o Estado será punido.[44]

Em discurso no Senado em 8 de junho de 1923, o *Duce* afirmou que "o fato dominante em 1919-1920 [...], a ocupação das fábricas, a greve contínua e permanente dos servidores públicos", tinha sido eliminado e punido graças à substituição, pelos fascistas, de um Estado "desprovido de virilidade" por outro

---

[41] Idem. Em outro artigo, intitulado "*Signor* De Stefani and London Italians" (*The Times*, 28 jul. 1924, p. 15), o discurso de De Stefani no Clube Cooperativo Italiano na Greek Street, em Londres, foi noticiado. Ele se dirigiu a um grande público que incluía italianos de todos os bairros de Londres: "Os italianos", disse, "estavam trabalhando firmemente e, por meio de paciente sacrifício, tinham reconstruído e restaurado a estrutura econômica e financeira do país".

[42] FO 371/7.660, fol. 185.

[43] "Fascismo", *The Times*, cit., p. 13.

[44] "*Signor* Mussolini's Policy", *The Times*, 7 nov. 1922; também em FO 371/7.660, fol. 236.

que "estava cada vez mais forte e podia impor disciplina sobre a nação"⁴⁵. A embaixada britânica descreveu esse discurso como "convincente": "Seu discurso mostra o movimento fascista em sua verdadeira luz como a reafirmação da 'autoridade' contra a 'liberdade' como ideia de governo [....], a subordinação completa dos demais aos fascistas"⁴⁶.

O tom das observações britânicas durante os primeiros dias do regime fascista não era uma condenação, mas um aceno de reconhecimento ao bom senso do líder fascista. Graham, por exemplo, disse que, para a Itália, "a principal falha residia no 'parlamentarismo'"⁴⁷. Com sua dinâmica de dissenso, o parlamentarismo – ou a democracia – só aumentou a ingovernabilidade em um momento de grave necessidade econômica e a ameaça revolucionária exigia algo mais forte⁴⁸.

Mesmo Montagu Norman, o presidente do Banco da Inglaterra que expressou cautela com o fato de que sob o fascismo "qualquer coisa relativa à alteridade" foi "eliminada" e "a oposição sob qualquer aspecto [foi] destruída", acrescentou, no mesmo fôlego: "Esse estado de coisas é pertinente no presente e pode propiciar, por ora, a administração mais adequada para a Itália". Ele continuou:

> O fascismo certamente trouxe ordem ao caos nos últimos anos: algo desse tipo era, sem dúvida, necessário para que o pêndulo não oscilasse muito amplamente em outra direção. O *Duce* era o homem certo em um momento crítico.⁴⁹

O apoio do *establishment* internacional a um Estado forte não era discrepância nem aberração⁵⁰. Esses sentimentos permeavam os círculos diplomáticos

---

⁴⁵ Ibidem, fol. 75.
⁴⁶ FO 371/8.885, fol. 73.
⁴⁷ FO 371/7.660, fol. 198.
⁴⁸ O senhor Harvey, segundo secretário da embaixada, reiterou as palavras de seu colega quando, um ano depois, relatou o novo adiamento das eleições italianas. Harvey afirmou sem rodeios: "Os membros da Câmara atual são pouco melhores que zeladores. [...] A atitude abjeta da Câmara, além disso, é justificada até certo ponto pelo fato óbvio de que ela não é mais representativa do país". FO 371/8.886, fol. 46.
⁴⁹ Carta a John Pierpont "Jack" Morgan Jr., 19 nov. 1926, G1 307, fol. 27.
⁵⁰ Graham relatou que o "projeto da lei de plenos poderes" era o "único meio de influenciar as economias". Ele explicou que, "tendo recebido 'plenos poderes' do Parlamento em novembro de 1922 pelo período de um ano, *signor* Mussolini era independente da Câmara e governava como ditador". *Annual Report for 1923*, FO 371/9.946, fol. 246, p. 16. Havia longos relatórios sobre a função do projeto de lei de plenos poderes (ver capítulo 7 deste volume) observando que "de acordo com várias declarações ministeriais, parecia não haver limites ao escopo das competências conferidas pela nova lei". 21 nov. 1922, FO 371/7.660.

e a imprensa liberal britânicos: a ditadura fascista era um meio inevitável e necessário para governar um país turbulento e alcançar objetivos econômicos sólidos[51]. Oliver Harvey, segundo secretário da embaixada britânica em Roma, não deixou dúvidas quanto ao critério desse julgamento: "O experimento de Mussolini deve se basear em seus méritos como uma ditadura pura e imaculada, como a de Cincinnatus, a ser justificada ou não pela gravidade da situação e pelo sucesso"[52]. Ditaduras só eram ruins quando estavam erradas.

Após o primeiro ano do regime no poder, a embaixada e a imprensa internacional continuaram a celebrar os triunfos de Mussolini[53]. Ele conseguira unir a ordem política à ordem econômica, a própria essência da austeridade[54]. No relatório geral de Graham de 1923, enviado ao primeiro-ministro, o embaixador continuou a valorizar:

> Dezoito meses atrás, qualquer observador instruído da vida nacional era obrigado a chegar à conclusão de que a Itália era um país em queda. [...] Agora é geralmente

---

[51] Em novembro de 1922, *The Economist* havia notado que "aparentemente o objetivo do *signor* Mussolini é formar um governo dos melhores homens à sua escolha, não por imposição dos grupos dos quais eles vêm, e uma das primeiras plataformas de seu programa é o corte drástico de gastos públicos. [...] A tentativa de realizá-lo será observada com simpatia por observadores de qualquer nacionalidade, que percebem a necessidade gritante de finanças equilibradas na Europa". "The Fascisti in Power", *The Economist*, 4 nov. 1922, p. 840 e seg.

[52] 22 out. 1923, FO 371/8.886, fol. 46.

[53] *The Economist*, por exemplo, celebrou: "*Signor* Mussolini restaurou a ordem e eliminou os principais fatores de perturbação". Especificamente, "os salários atingiram seus limites superiores, as greves se multiplicaram". Esses eram os fatores de perturbação e "nenhum governo foi forte o suficiente para tentar um remédio". "The Results of Fascism", *The Economist*, 22 mar. 1924, p. 623 e segue. E, em 1924, *The Times* elogiou o fascismo como uma solução para as ambições do "campesinato bolchevique" em "Novara, Montara e Alessandria" e para "a brutal estupidez dessa gente." O artigo continuava: "Durante dois anos e meio, as greves na agricultura, tão virulentas que as colheitas foram deixadas a perecer no solo, estiveram na ordem do dia. Os mesquinhos dirigentes dos comunistas, mais estúpidos ainda que seus seguidores, desejaram fazer aqui as primeiras experiências da chamada gestão coletiva". "The Dissident Fascisti", *The Times*, 17 jun. 1924, p. 15.

[54] Em agosto de 1928, Graham escreveu a Chamberlain e falou sobre um intercâmbio entre liberdade e ordem em que a segunda prevalecia: "Há a questão da liberdade, que exercita tantas mentes. Não há dúvidas de que as restrições são real ou potencialmente duras e muitas vezes injustas. Mas são muitos os italianos que se perguntam se estavam espiritualmente melhores nos dias em que Giolitti governou ou quando Nitti falhou em governar, quando greves sucediam greves e violência seguia violência, quando as reivindicações da Itália eram consideradas com impaciência por outras potências e sua posição internacional era educada ou indelicadamente questionada". FO 371/13.679, fol. 97, p. 7.

admitido, mesmo por aqueles que não gostam do fascismo e lamentam seus métodos, que toda a situação mudou [...], um impressionante progresso na estabilização das finanças do Estado [...], as greves [foram reduzidas] em 90% e os dias de trabalho perdidos [foram reduzidos] em mais de 97%, e um aumento na poupança nacional de 4 [bilhões de liras] em comparação ao ano anterior; na verdade, eles excederam pela primeira vez o nível anterior à guerra em cerca de 2 bilhões de liras.[55]

Essas mensagens não deixavam dúvidas: qualquer preocupação com os abusos políticos diminuía sob os sucessos de sua austeridade. O presidente do British Italian Bank J. W. Beaumont Pease afirmou-o de modo simples: o sucesso da austeridade tem a ver com "trabalho árduo e parcimônia" sob "a concepção mais elevada de autoridade estatal"[56].

O uso da repressão política e da violência pelo Estado fascista em sua busca pela acumulação de capital aparentemente expressaria um último teste para a aquiescência liberal com Mussolini e seu regime. Ao encobrir e defender esses abusos, o *establishment* liberal falhou no teste de imediato e por completo.

Repressão política e o duplo padrão internacional

Os celebrados sucessos da austeridade na Itália – calculados em termos como paz industrial, altos lucros e mais negócios para os britânicos – também tinham uma face repressiva, a qual ia muito além de grandes desdobramentos como a institucionalização de um poder executivo forte e o menosprezo ao Parlamento. Na Itália, Mussolini não tentou esconder as ações repressivas da opinião pública; afinal, observou ele, "as medidas adotadas para restabelecer a ordem pública são, antes de tudo, a repressão aos chamados elementos subversivos"[57].

---

[55] FO 371/9.946, fol. 246, p. 16.

[56] O presidente do banco, Beaumont Pease, relatou: "Nada além de um retorno aos ideais elevados, à mais alta concepção de autoridade de Estado, ao rigor da disciplina cívica e ao autossacrifício, ao trabalho árduo e parcimonioso, poderia salvar a nação de completa ruína moral e econômica". "The British Italian Banking Corporation, Limited", *The Economist*, 22 mar. 1924, p. 640 e segue. E ainda: "As conquistas da administração deste notável governante em menos de quinze meses de plenos poderes são surpreendentes, em especial em assuntos relevantes do ponto de vista econômico e financeiro". Idem. Em 1927, a linha era praticamente a mesma; o presidente do British National Provincial Bank, *sir* Henry Goschen, informou: "Na Itália, devido à firme administração do *signor* Mussolini, a posição econômica está sendo fortalecida". "National Provincial Bank, Limited – Rubber Securities, Ltd.", *The Economist*, 29 jan. 1927, p. 225 e segue.

[57] A reforma do novo código penal italiano contribuiu para a consolidação do autoritarismo. Ela reverteu "a direção anterior da legislação criminal italiana. Baseia-se em uma perspectiva de

Os observadores internacionais estavam cientes, por exemplo, de que os esquadrões fascistas, notórios pelo sangue frio de sua violência durante os turbulentos anos 1919-1922, haviam se tornado parte integrante do aparato estatal, reforçando o caráter militar do governo[58]. Em julho de 1923, em meio a alegações públicas de inconstitucionalidade, o Grande Conselho Fascista anunciou que os assim chamados camisas-negras constituíam "um exército temível e indivisível destinado a garantir a continuidade do governo fascista"[59]. Essa milícia federal plenamente desenvolvida era uma "grande força para intimidar os opositores políticos [de Mussolini]", necessária "enquanto o Estado não se tornasse inteiramente fascista"[60].

A embaixada britânica descreveu vários desses procedimentos: a agressão contínua contra adversários políticos[61]; a queima de sedes de grupos socialistas e de câmaras de trabalho; a expulsão de vários prefeitos socialistas de seus cargos; fraudes eleitorais ou intimidações explícitas aos eleitores nas urnas (antes da total abolição de eleições depois de três anos de regime)[62]; a execução de

---

punição como retribuição e não como prevenção ou cura [...], a pena capital foi reintroduzida. As punições aumentam e novos crimes são determinados [...], a usura será crime, assim como greves econômicas ou políticas, boicotes ou bloqueios". "The New Italian Penal Code", 1927, OV 9/440, fol. 34, Bank of England Archives.

[58] Sobre a integração da milícia fascista ao aparelho estatal, ver, por exemplo, "Celebration of Rome's Foundation Day: Fascist Military Organization", 25 abr. 1923, FO 371/8.885, fols. 1-4.

[59] "Summary of Proclamation", FO 371/8.885, fol. 201.

[60] 30 jul. 1923, FO 371/8.885, fol. 184. Em novembro de 1922, Graham disse a seus compatriotas que "para ele [Mussolini] são os camisas-negras, e não a Câmara, que representam a Itália, e seu governo deve se basear nos primeiros, o segundo apenas permanecerá sendo tolerado". 16 nov. 1922, FO 371/7.660, fol. 235.

[61] Por exemplo, um comunicado de 28 de dezembro de 1923 (FO 371/8.886, fol. 174) relatou o ataque fascista contra o jornalista e político Giovanni Amendola nas ruas de Roma. Em 13 de junho de 1924, a embaixada informou um ataque ao *signor* Misuri após ele ter condenado medidas extremistas fascistas na Câmara. FO 371/9.938, fol. 176. Sobre as perseguições fascistas a Nitti, ver "General Report", do embaixador Graham, 1923, FO 371/9.946, fol. 246, p. 24.

[62] Um documento fascinante do Ministério das Relações Exteriores intitulado "The Reasons for the Success of the Fascisti in the Municipal Elections of Milan" [Os motivos do sucesso dos fascistas nas eleições municipais de Milão] revela que o governo britânico estava plenamente ciente das tendências antidemocráticas do partido fascista desde o início. O texto explica que a repentina derrota dos partidos socialista e comunista nas eleições de Milão de 10 de dezembro de 1922, pelo "bloco constitucional" (os fascistas junto com todos os demais partidos de ordem – isto é, os nacionalistas, liberais e outros partidos constitucionais), se deu por intermédio da violência e fraude eleitoral: "Por volta das cinco horas da manhã do domingo, as várias cabines de votação foram ocupadas por partidos dos fascistas, armados com bastões e revólveres. Qualquer esforço por

inimigos políticos; a prisão de comunistas[63]; diversos e notórios homicídios políticos – sobretudo o assassinato do deputado socialista Giacomo Matteotti, que se opunha ao governo e suas eleições[64].

O tratamento dado pelos círculos financeiros estadunidenses e britânicos ao "caso Matteotti" é emblemático da prioridade dos resultados econômicos sobre a liberdade política (e aparentemente sobre as preocupações com a violência política). *The Times* e *The Economist* trataram o assassinato como oportunidade do governo italiano de "limpar o Ministério do Interior" e livrar o governo e o partido de Mussolini de elementos deploráveis[65]. Mussolini pôde fortalecer e normalizar o partido expulsando suas minorias extremistas[66], o que seria justificado se fornecesse um melhor fundamento à ortodoxia financeira de Mussolini e De Stefani[67]. Em discurso de campanha durante o auge da crise Matteotti, o secretário de Estado dos Estados Unidos, Andrew Mellon, ignorou as acusações de abuso de poder de Mussolini. Mas falou muito bem da capacidade do líder de alcançar um orçamento equilibrado e libertar a indústria da regulação governamental ao mesmo tempo que livrava o país da nefasta influência dos socialistas[68].

---

parte dos socialistas de encorajar votos nos socialistas, como propaganda na forma de folhetos, distribuição de boletins de voto socialistas etc., foram imediatamente reprimidas pelos fascistas e os acusados em geral tinham de ser levados para a enfermaria. Os eleitores socialistas se viram em uma situação um tanto difícil". FO 371/7.673, fol. 248.

[63] Um comunicado, por exemplo, dizia: "Autoridades italianas realizaram recentemente um cerco de grande escala aos comunistas, o número de prisões em todo o país é de mais de mil". 25 set. 1925, FO 371/10.784, fol. 162. Em 1928, a embaixada britânica relatou o julgamento, no tribunal especial italiano, de "pessoas acusadas de atividades comunistas". 8 fev. 1928, FO 371/12.949, fol. 235.

[64] Sobre o caso Matteotti, ver a nota 24 do capítulo 7. Para outros comunicados sobre o caso, ver FO 371/7.660, fols. 176, 178 e 187.

[65] Graham para Ramsay MacDonald, 23 jun. 1924, FO 371/9.938, fol. 214; em linha semelhante, ver "The Crisis in Italy", *The Economist*, 5 jul. 1924, p. 11.

[66] Gian Giacomo Migone, *The United States and Fascist Italy*, cit., p. 55.

[67] "Achievements of Fascismo", *The Times*, 31 out. 1923, p. 13.

[68] Ibidem, p. 56. Migone aponta que mesmo alguém como Walter Lippmann, diretor do *New York World* – único jornal diário com influência política nacional suficiente para sustentar uma postura crítica consistente em relação ao regime fascista –, havia especificado para Thomas William Lamont, do Morgan Bank, que não "deixava de reconhecer o progresso feito na frente financeira". Gian Giacomo Migone, *The United States and Fascist Italy*, cit., p. 60. Escreve Migone: "Poderíamos esperar que a destruição daquela ordem constitucional, que deveria ser a marca registrada da ordem democrática liberal, provocaria alguma reação na nação fundada em uma

Em meio à crise Matteotti, o presidente da British-Italian Banking Corporation [Corporação Britânico-Italiana], Beaumont Pease, defendeu explicitamente o governo fascista contra qualquer rumor de instabilidade, recomendando oferecer a ele assistência e "cordial simpatia"[69]. Pease afirmou que em seu cargo – "singular" na Inglaterra – como líder da única "instituição bancária britânica que lida quase exclusivamente com assuntos italianos", ele era capaz de verificar não apenas o crescimento de *seus próprios* lucros, mas, em um sentido mais amplo, "a prosperidade industrial estabelecida por Mussolini" e o "consequente benefício para a indústria britânica". Ele declarou: "Confiando nos italianos, garantimos muitos negócios para fabricantes britânicos que, de outra forma, teriam partido para a Alemanha, os Estados Unidos e outros lugares e nunca nos desapontamos financeiramente"[70].

A principal justificativa de Pease para a austeridade foi a habitual: "Não há italiano responsável que não deplore os excessos e as contravenções cometidas [por Mussolini]", mas "dificilmente existe alguém que não admitiria o benefício que o país obteve com a política do atual governo". Esse suposto benefício nacional veio, é claro, na forma de austeridade industrial, monetária e fiscal. Tais políticas foram tudo menos benéficas para a maioria dos cidadãos italianos.

As palavras de Pease são memoráveis e apresentam um modo de raciocinar típico do *establishment* liberal britânico: "Parece-me que não há motivo particular para a inquietação. [...] Podemos perfeitamente desconsiderar seus métodos internos que possam ser desagradáveis para nós e confiar neles para encontrar seus próprios meios de realizar sua salvação, em cuja direção eles já percorreram um longo caminho". A manobra intelectual era explícita: considerações econômicas e políticas eram domínios de julgamento separados, distintos – e desiguais. Por mais desconfortável que um cenário político autoritário fosse,

---

das grandes revoluções liberais do mundo. Em vez disso, críticas e estimativas negativas foram totalmente relegadas, quase por completo restritas a facções marxistas e extremistas, muitas vezes dentro de grupos de comunidades étnicas minoritárias. [...] Essa interpretação editorial e diplomática sobre a ascensão do fascismo constitui evidência inicial significativa que se tornou uma tendência histórica nos Estados Unidos: a tolerância cada vez mais frequente a exceções ao regime democrático em nome de interesses estadunidenses cada vez mais imponentes. Ibidem, p. 47-8. A atitude do representante diplomático e a dos círculos financeiros combinavam com as atitudes que explorei sobre a Grã-Bretanha. Sobre a recepção do Caso Matteotti nos Estados Unidos, ver Gian Giacomo Migone, *The United States and Fascist Italy*, cit., p. 50-68.

[69] "The British-Italian Banking Corporation, Limited", *The Economist*, 21 mar. 1925, p. 559.
[70] Idem.

era necessário para alcançar o sucesso econômico. Além disso, a recuperação econômica era o único padrão universal sobre o qual julgar o regime fascista; os fins ainda podiam justificar os meios. Ademais, era preciso ser tolerante: cabia aos italianos lidar com o regime político.

Em última análise, os observadores concordavam que era inadmissível um país de tradição democrática – especialmente anglo-saxão – ser apropriado para o cidadão italiano após a Primeira Guerra Mundial[71]. *The Times* expressou esse duplo padrão: "Parece improvável que sob seu sistema [de Mussolini], a democracia, no sentido britânico, sobreviva na Itália. Mas os críticos nem sempre percebem como o significado de democracia é totalmente diferente nos dois países e muitas vezes esquecem-se de que, quando o *signor* Mussolini chegou ao poder, a posição do Parlamento italiano era de profunda humilhação"[72].

O presidente do Banco da Inglaterra, Norman, concordava:

> A Itália não é um país livre no sentido habitual da palavra, e faltam certas coisas que em um país liberal como a Inglaterra a ausência pode ser sentida – por exemplo, liberdade de expressão, liberdade de imprensa, liberdade política, e assim por diante. Mas o fato é que ela fez progresso econômico e financeiro.[73]

O povo italiano era diferente do povo britânico, e o primeiro não sentiria falta da democracia nem de outros valores liberais[74].

---

[71] As observações de Winston Churchill são uma ilustração exemplar dessa maneira de pensar: "Diferentes nações têm diferentes maneiras de fazer a mesma coisa. [...] Se eu fosse italiano, tenho certeza de que estaria com você do início ao fim em sua luta vitoriosa contra [...] o leninismo. Mas na Grã-Bretanha, ainda não tivemos que enfrentar esse perigo de forma tão venenosa [...], não tenho a menor dúvida de que, em nossa luta, seremos capazes de estrangular o comunismo". "Churchill Parla dell'Italia e del Fascismo", *Il Corriere della Sera*, 21 jan. 1927; Renzo De Felice, *Mussolini il fascista: la consquista del potere (1921-1925)* [Turim, Einaudi, 1966], p. 330.

[72] De nosso correspondente em Roma, "The Italian Elections", *The Times*, 4 abr. 1924, p. 11.

[73] Telegrama pessoal para Benjamin Strong, 26 out. 1927; disponível on-line. Uma abundante documentação nas mãos do Banco da Inglaterra falava sobre a supressão da liberdade de imprensa. Ver, por exemplo, a carta de Louis Franck ao presidente Norman: "Não há imprensa livre, nem opinião pública, nem crítica e comentário liberal, nem mesmo liberdade pessoal, que os métodos da administração não tendam a reprimir cada vez mais". 9 nov. 1926, OV 36/1, fol. 19.

[74] As palavras do presidente do estadunidense Federal Reserve, Benjamin Strong, foram mais significativas que as de seu colega. Ele escreveu a Norman para expressar sua satisfação pela colaboração entre os bancos centrais dos três países, observando: "Quaisquer que sejam nossas opiniões a respeito da democracia e da liberdade individual (que frequentemente significa liberdade e, às vezes, rebeldia), acho que ambos podemos concordar que o atual regime da Itália tem sido quase milagroso em promover o bem-estar do povo italiano. Podemos não concordar

No Banco da Inglaterra, um documento manuscrito anônimo de 1925 intitulado "Fascist Italy – Fascist Methods" [Itália fascista – métodos fascistas] explicou esse duplo padrão de forma cabal. O documento continha um inventário da opressão fascista em seus termos humanos, incluindo a demissão de todos os funcionários públicos "que possam estar inclinados a se entregar a atividades antifascistas"[75], a dissolução de todos os municípios não fascistas e o controle total desses municípios pelo *podestà* [funcionários do governo central que substituíam as autoridades locais eleitas]. Mais que isso, dizia o documento: "Além de espancamento e óleo de rícino, recorreu-se ao assassinato em larga escala – não apenas no início, mas por muito tempo depois de o partido chegar ao poder, com o propósito de suprimir adversários detestáveis"[76]. O memorando terminava com uma lista dos principais assassinatos políticos do regime. No entanto, longe de serem denunciados, esses abusos políticos foram relatados com um tom de "realismo" em relação às más condições dos italianos:

> O povo italiano é descendente de romanos escravizados. Depois da queda do poder romano, ele permaneceu por cerca de catorze séculos sob o domínio de vários grupos de guerreiros estrangeiros [...], povos escravizados geralmente são incapazes de governar a si mesmos [...], é por isso que o governo democrático na Itália, que nunca tinha sido uma figura de sucesso conspícuo, entrou em colapso quando a tensão da grande guerra produziu uma degeneração moral excepcionalmente severa entre a instável população italiana [...] a nação estava madura para o bolchevismo [...], mas a nação – ou, quem sabe, seus governantes não latinos? – não estava madura para o suicídio. [...] Mussolini e seus fascistas tomaram o poder e restauraram a ordem. Eles governam o país hoje pela força, de acordo com a própria vontade, e o povo está reduzido à servidão que havia sido sua sorte por vários séculos.[77]

O argumento a favor da ditadura de Mussolini, portanto, assumiu diversas nuances: houve comentários abertamente racistas como esse, alegando a

---

inteiramente, falando a partir dos padrões da democracia liberal, com os métodos, mas certamente não podemos discordar quanto aos resultados conquistados". Carta de 9 de novembro de 1927, G1/307, fol. 47A. Mais uma vez, o alegado benefício para o povo italiano estava associado à retomada da acumulação de capital e à subordinação do povo às leis econômicas.

[75] OV 36/1, fol. 17.
[76] Idem.
[77] Idem.

definitiva incapacidade dos "latinos" de serem democráticos; ou uma linha ligeiramente mais suave que se aproveitou do relativismo cultural e do bom senso pragmático. Aparentemente, nada mais podia salvar um país tão amaldiçoado[78].

De fato, se os observadores levantaram dúvidas, elas não se basearam em uma preocupação com a democracia, mas com o que aconteceria na ausência de Mussolini. Essa preocupação era palpável dentro do Banco da Inglaterra, segundo seu memorando de 1926: "Se esse sistema falhar [...], tudo pode acontecer, inclusive a guerra civil e o caos"[79]. Em junho de 1928, Einaudi escreveu na revista *The Economist* que se preocupava com a falta de representação política, mas se preocupava mais ainda com a falta da ordem do capital[80]. Ele comentou os "questionamentos muito graves" que os ingleses tinham em mente:

> Quando, mais uma vez, no inevitável curso da natureza, a mão forte do grande *Duce* for afastada do leme, será que a Itália tem outro homem de seu calibre? Pode alguma era produzir dois Mussolinis? Se não, o que vem depois? Sob um controle mais fraco e menos sábio, não pode ocorrer uma reviravolta caótica? E quais seriam as consequências, não só para a Itália, mas para a Europa?[81]

---

[78] Por exemplo, em 1924, Graham enviou um telegrama parabenizando a "arrebatadora vitória fascista". "Italian Election Results", 11 abr. 1924, FO 371/9.938, fol. 50. A violência eleitoral foi muito minimizada ("foram relativamente poucos os casos graves de violência e derramamento de sangue", 18 abr. 1924, ibidem, fol. 61) e, mais uma vez, compreendida como um traço típico italiano: "O fato de que a vitória arrebatadora dos fascistas deveu-se em algum grau a medidas impróprias de coerção é indubitável, mas deve-se ter em mente que a violência e a corrupção sempre foram amplamente prevalentes nas eleições italianas, particularmente no sul". 11 abr. 1924, FO 371/9.938, fol. 51. Em última análise, o que importava era que Mussolini representava a estabilidade política. Ele comentou que, se o sistema eleitoral inglês (ou seja, um sistema de votação majoritária) fosse adotado, "praticamente toda a Câmara seria fascista". Idem.

[79] 13 nov. 1926, G1/307, fl. 22.

[80] Nesse artigo, Einaudi mostrou-se preocupado com a institucionalização do novo Estado corporativista e com a falta de liberdade política. Ao mesmo tempo, ele lembrou ao leitor que "existe entre nós, também, um pleno reconhecimento do trabalho que o *signor* Mussolini fez por seu país e uma admiração por seus altos ideais". "The Corporative State in Italy", *The Economist*, 23 jun. 1928, p. 1.273 e seg.

[81] "The Corporative State in Italy", *The Economist*, 23 jun. 1928, p. 1.273. Naquele ano, Graham também escreveu: "O que aconteceria se o *signor* Mussolini desaparecesse subitamente é uma questão a que ninguém pode responder". Em agosto de 1929, quando o primeiro plebiscito foi esmagadoramente favorável a Mussolini, Graham informou, satisfeito, ao ministro Austen Chamberlain que "a visível 'fascitização' do país prosseguiu com velocidade e com toda aparência de sucesso". Carta confidencial do embaixador Graham a A. Henderson, 1º ago. 1929, FO 371/13.679, fol. 96, p. 2.

Até aquele verão de 1928, os fantasmas da crise capitalista anterior ainda pareciam grandes. Ao relembrar a carreira do ex-primeiro-ministro Giovanni Giolitti, *The Economist* enfatizou um ponto obscuro: "Infelizmente ele foi partidário da política de 'esperar para ver' a ponto de não interferir quando, em setembro de 1920, operários invadiram estabelecimentos industriais e trabalhadores rurais ocuparam terras privadas"[82].

O *establishment* liberal internacional estava tão enamorado das ideias da implementação da austeridade por Mussolini que recompensou o regime com os recursos financeiros para solidificar ainda mais a estrutura política e o domínio econômico – em particular, liquidando sua dívida de guerra e estabilizando a lira. Como o presidente do Federal Reserve dos Estados Unidos, Benjamin Strong, afirmou em 1927, a demonstração italiana de "autodisciplina e capacidade de sacrifício" outorgou ao país o direito de ser apoiado em seu plano de alcançar o padrão-ouro[83].

Essas recompensas de instituições liberais de outros lugares ignoraram que a autodisciplina inicial italiana era, na realidade, o comando autoritário de Mussolini. O programa do primeiro-ministro para impor o "autossacrifício" às classes trabalhadoras – incluindo a supressão de seus salários, seus direitos trabalhistas e seu simples sustento – equivalia à deflação por meios violentos.

Dívida e a consolidação da lira

Os financistas britânicos e estadunidenses eram mais que espectadores solidários da austeridade fascista. Sua aceitação do regime de Mussolini dentro da ordem capitalista internacional foi crucial para a consolidação do regime.

Em carta a seu ministro das Finanças no início do verão de 1925, quando os ataques especulativos internacionais continuavam a depreciar a lira[84], Mussolini demonstrou pleno conhecimento da inevitável interdependência com o capital internacional:

> Devemos compreender que estamos enfrentando a falta de fé de todo o mundo financeiro nas finanças italianas, uma falta de fé que explica e provoca especulações

---

[82] "The Late *Signor* Giolitti," *The Economist*, 4 ago. 1928, p. 228.
[83] Ver Gian Giacomo Migone, *The United States and Fascist Italy*, cit., p. 189.
[84] *The Times* comentou que "foi iniciada por países credores nos mercados externos uma ofensiva contra a lira com o objetivo de exercer pressão sobre a Itália para induzi-la a pagar suas dívidas". "Fall of the Lira", *The Times*, 19 jun. 1925, p. 15; também em OV 36/22, fol. 31.

reduzindo o valor da moeda. Enquanto essa falta de fé não tiver consequências internas, a situação não apresenta perigo iminente; mas no dia em que a política cruzar a fronteira (e no longo prazo isso é inevitável), a desconfiança se espalhará por todo o país, fará com que os depositantes saquem seus fundos (que somam 51 bilhões de dólares) e o regime não teria poder para impedir o colapso.[85]

A mensagem de Mussolini era clara: a confiança financeira internacional poderia levar o regime fascista ao sucesso ou ao fracasso. Liquidar a dívida de guerra e alcançar o padrão-ouro eram os caminhos mais seguros para garantir a durabilidade dessa confiança. Esse programa de Mussolini pressupunha provar a credibilidade do país por meio da austeridade.

Desde o fim da Primeira Guerra Mundial, os Tesouros dos Estados Unidos e da Grã-Bretanha tinham negado os pedidos da Itália para cancelar sua dívida de guerra[86]. Assim, desde o início do regime fascista, os financistas anglo-estadunidenses descreveram com unanimidade Mussolini como "muito ansioso para chegar o mais cedo possível a um acordo quanto à dívida da Itália"[87]. O pagamento da dívida envolvia, é claro, a evasão de grandes quantias de capital e exigia uma porcentagem relativamente grande das receitas do governo, supondo maior austeridade fiscal. O *Duce* ofereceu garantias de que seu país tinha boas credenciais a esse respeito, dada sua pressa em melhorar o orçamento e garantir a paz industrial.

Nos anos anteriores e posteriores à liquidação da dívida, a embaixada britânica, o Tesouro, o Banco da Inglaterra e as instituições estadunidenses homólogas

---

[85] Gian Giacomo Migone, *The United States and Fascist Italy*, cit., p. 179-80.

[86] A fraqueza financeira da Itália, a balança comercial negativa e a dependência de financiamentos britânicos para a importação de armamentos e alimentos tornaram o país um devedor de guerra, devendo, à época do armistício, a maior parte de seu dinheiro para a Grã-Bretanha (1,855 bilhão de dólares ajustado para remessas de ouro e créditos no valor de 152,314.000 de dólares) e para os Estados Unidos (1,31 bilhão de dólares). O capital estrangeiro estava na garganta do país. Para financiar o esforço de guerra, a Grã-Bretanha também foi forçada a tomar empréstimos dos Estados Unidos – 1,027 bilhão de libras esterlinas no momento do armistício. E. Victor Morgan, *Studies in British Financial Policy, 1914-1925* (Londres, MacMillan, 1952), p. 320. O alto endividamento com a nova hegemonia estadunidense teve forte impacto nas políticas britânica e italiana do pós-guerra. Os Estados Unidos adotaram uma postura intransigente em relação aos empréstimos de guerra, forçando todos os países a serem rigorosos em suas expectativas de pagamento, a fim de, por sua vez, cumprir com suas próprias obrigações. Foi o caso da Grã-Bretanha, que exigia que a Itália, entre muitos outros países, pagasse suas dívidas.

[87] Financista britânico *sir* Felix Schuster ao presidente do Banco da Itália, Bonaldo Stringher, 23 abr. 1923, G 30/11.

monitoravam obsessivamente as finanças italianas[88]. Esses cães de guarda ficaram felizes com o que viram. Após uma reunião com o ministro das Finanças italiano, Giuseppe Volpi, em 1926, para discutir a dívida de guerra, o ministro das Finanças britânico, Winston Churchill, comentou:

> Fiquei impressionado com o imenso progresso feito pela Itália sob o regime atual – um orçamento equilibrado sob superávits consideráveis, à medida que a indústria aumenta rapidamente em importância, um equilíbrio favorável nos pagamentos internacionais [...], um governo ordeiro e progressista, uma população *parcimoniosa* e *diligente* e uma quase completa ausência de desemprego.[89]

Observe-se que os elogios de Churchill à organização de uma nação outrora problemática incluíam uma lista de verificação de medidas de austeridade.

A liquidação das dívidas com os Estados Unidos e a Grã-Bretanha em 1925 e 1926, respectivamente, era necessária para que a Itália alcançasse o padrão-ouro porque abria acesso a mais crédito[90]. Na verdade, a colaboração do Banco da Inglaterra e do Federal Reserve dos Estados Unidos – as duas instituições que controlavam os mecanismos do procedimento de estabilização – estava condicionada à liquidação da dívida, que tinha o benefício adicional de permitir à Itália o acesso ao mercado internacional de capitais[91].

---

[88] A embaixada britânica traduzia e comentava a estimativa orçamentária italiana anualmente. Ver, por exemplo, o ano 1927-1928 no FO 371/12.198, fol. 84. Da mesma forma, o Banco da Inglaterra mantinha muitos arquivos para monitorar manobras financeiras, balança comercial e circulação monetária na Itália ao longo da década de 1920. Ver, por exemplo, OV 36/1, fols. 13-4. Sobre um monitoramento financeiro semelhante por parte dos Estados Unidos, ver Gian Giacomo Migone, *The United States and Fascist Italy*, cit.

[89] T. 176/40, fol. 5, itálicos meus. Relatório de junho de 1925 do Banco da Inglaterra reforçava amplamente os mesmos pontos. Ver OV 36/1, fol. 3.

[90] Em 14 de novembro de 1925, o conde Volpi e o senhor A. W. Mellon, secretário do Tesouro dos Estados Unidos e presidente da Comissão Estadunidense da Dívida Externa, assinaram em Washington "um acordo consolidando a dívida da Itália com os Estados Unidos, que, em 15 de junho de 1925, incluindo capital e juros, menos certas quantias relativas a pagamentos já efetuados, chegavam a 2,042 bilhões de dólares". OV 36/22, 2. Em 7 de janeiro de 1926, um acordo foi concluído em Londres entre o conde Volpi e o senhor Churchill, fixando a dívida da Itália com o Reino Unido. OV 36/22, 14.

[91] A estabilização da lira só poderia ocorrer com a ajuda dos créditos internacionais – em parte privados, em parte proporcionados pelas instituições emissoras sob a jurisdição do chefe do Federal Reserve, Benjamin Strong, e dos banqueiros da Casa Morgan com a cooperação do Banco da Inglaterra. Desde maio de 1926, esses financiadores estrangeiros vinham pressionando a Itália a retornar ao padrão-ouro. O banqueiro estadunidense Thomas William Lamont,

Imediatamente depois da negociação das dívidas pela Itália, o J. P. Morgan Chase Bank assinou um empréstimo de 100 milhões de dólares para apoiar a estabilização da lira[92].

O Estado fascista divulgou, zeloso, sua conformidade com o código internacional de austeridade a ponto de De Stefani organizar o "envio regular de publicações de caráter financeiro" ao British Foreign Office[93]. A aplicação da austeridade foi tenaz, convenceu os mercados internacionais a passar de uma especulação para baixo à especulação para cima em favor da revalorização da lira, começando em outubro de 1926.

Os "especialistas (*tecnici*) britânicos [...] são nossos críticos mais perspicazes"[94], escreveu Volpi a Mussolini em 1926. No dia seguinte, o regime anunciou a paridade com o ouro, o ministro Churchill escreveu para oferecer seus "mais sinceros parabéns" por uma conquista que "coroa o grande trabalho que você fez para o restabelecimento das finanças italianas"[95]. O grande esforço de austeridade incluiu uma redução forçada do consumo interno para melhorar a balança comercial[96]. Em 1927, o governo informou que "as importações caíram 21%, as exportações

---

representando J. P. Morgan, tinha se dedicado a "convencer a Itália a qualquer custo de que, estando em posição mais forte para considerar seriamente antecipar o retorno à base do ouro [...], o país encontraria aprovação imediata de Montagu Norman e do presidente Strong". 21 maio 1926; OV 36/1, fol. 14.

[92] Dois outros empréstimos importantes para apoiar a estabilização ocorreram em 1927 concomitantemente ao regresso ao padrão-ouro: o presidente do Banco da Itália, Bonaldo Stringher, obteve um empréstimo de 75 milhões de dólares junto a bancos privados da Grã-Bretanha e dos Estados Unidos (Hambros Bank e Rothschild Bank) e 75 milhões de dólares dos bancos centrais.

[93] 15 out. 1924, FO 371/9.936, fol. 96. Em 1924, a embaixada tinha compilado muitos relatórios sobre as atividades de De Stefani para discutir a consolidação da dívida flutuante (carta de Graham ao primeiro-ministro James Ramsay MacDonald, 3 jul. 1924, FO 371/9.936, fol. 42; ver também OV 36/1, fol. 21); o pagamento da dívida interna; o declínio do déficit comercial do país; e o aumento da poupança e do emprego. "Summary of Financial Statement", 27 jun. 1924, FO 371/9.936, fol. 44. A frequência desses relatórios de acompanhamento da Itália só aumentou durante o período de estabilização da lira. Ver, por exemplo, o relatório de 3 de setembro de 1926, OV 36/22, FO 371/9.936, fol. 44; OV 36/22, fol. 83 e OV 36/1, fol. 16.

[94] Carta de Volpi a Mussolini, 20 out. 1926, em Franco Cotula e Luigi Spaventa, "La politica monetaria tra le due guerre: 1919-1935", em Franco Cotula, Marcello De Cecco e Gianni Toniolo, *La Banca d'Italia: sintesi della ricerca storica 1893-1960* (Roma/Bari, Laterza, 1993); disponível on-line [*I tecnici inglesi che sono i nostri critici più avveduti*].

[95] 26 dez. 1927, FO 371/12.198, fol. 236.

[96] Por exemplo, uma comparação dos fundamentos econômicos da Grã-Bretanha e da Itália escrita em 1927 revelou grande declínio na dívida flutuante italiana e uma melhoria da balança comercial. Também apontou que o fardo da dívida interna italiana era muito menos pesado

aumentaram em quantidade"[97]. Isso significa uma "cooperação patriótica do povo italiano"[98] – que consumia menos e trabalhava mais em um mercado de trabalho que o Estado havia expurgado de qualquer representação independente.

Na verdade, especialistas financeiros internacionais pressionaram explicitamente o fascismo para derrotar as demandas trabalhistas. Por exemplo, ao examinar um pedido de empréstimo de estabilização por parte da Itália, o presidente do FED, Benjamin Strong, encorajou o país a manter sua balança comercial por meio de uma redução ainda maior do custo de vida e dos salários, o que o presidente do Banco da Itália, Bonaldo Stringher, garantiu que realizaria[99]. A derrota dos operários era tal que, como informou a embaixada Britânica, "os líderes da Confederação Geral do Trabalho (CGdL, na sigla italiana), tendo em vista que sua organização agora só existe no papel e como um nome timbrado, decidiram por sua dissolução"[100.] O embaixador Graham concluiu: "Obviamente não há espaço para uma organização como a CGdL no sistema trabalhista desenvolvido pelo atual governo e dificilmente pode-se esperar que sua existência continue"[101].

Ao cobrar sacrifícios das classes trabalhadoras, a Itália pôde finalmente participar da ordem capitalista internacional. Após a estabilização do ouro, a revista *The Economist* anunciou esperar que "o capital estrangeiro, principalmente dos Estados Unidos e Grã-Bretanha [...] buscasse mais livremente, de forma temporária ou permanente, investir na Itália"[102]. O artigo elogiou as ações anti-inflacionárias do recém-criado Banco Central: "O Banco da Itália tomará as medidas necessárias para evitar que um influxo de capital estrangeiro resulte em

---

que o da dívida interna da Grã-Bretanha, devido ao grande aumento da produção industrial. OV 9/440, 6-7; ver também OV 9/440, fol. 21.

[97] FO 371/12.947, fol. 163.

[98] 1º set. 1926, OV 36/1, fol. 16.

[99] Conforme documentado no capítulo 7, a redução de salários por força da lei se tornou regra prática da austeridade industrial fascista. A partir de 1925, a embaixada britânica divulgou amplamente a sujeição da mão de obra ao Estado fascista (9 out. 1925, FO 371/9.936, fol. 257) por intermédio da proibição de greves, paralisações e dos sindicatos – exceto o Sindicato Fascista – que foram reduzidos a um "estado de total impotência no tocante às negociações com os empregadores". 1º dez. 1925, FO 371/9.936, fol. 259. O sindicalismo fascista, explicitou Graham, "foi um fator para a colaboração na produção". 21 dez. 1925, FO 371/9.936, fol. 276.

[100] 28 jan. 1927, FO 371/12.202, fol. 71.

[101] Ibidem, fol. 72. Os líderes mais importantes da dissolvida CGdL foram acusados de ter assinado uma declaração de apoio ao corporativismo. Ver FO 371/12.202, fol. 77.

[102] "The Stabilisation of the Lira", *The Economist*, 31 dez. 1927, p. 1.179.

inflação de crédito e afete os níveis de preços"[103]. Como os capítulos 5 e 6 mostraram, o projeto tecnocrático de um Banco Central independente para manter a inflação sob controle era um pilar central da austeridade britânica. Foi o único pilar que o fascismo se esforçou em alcançar.

Um banco central independente?

No curso da reabilitação da austeridade na Itália, a instauração de salários mais baixos exigiu forte intervenção do Estado italiano no mercado de trabalho. Embora os tecnocratas internacionais elogiassem essa fusão de economia e política – pela capacidade de disciplinar os rebeldes trabalhadores italianos –, a fusão do econômico e do político em relação às medidas monetárias foi menos apreciada.

Como parte de seus esforços de austeridade, a Itália seguiu o Código de Gênova de 1922, que prescrevia a criação de um banco central. A Banca d'Italia, existente desde o século XIX, tornou-se o Banco Central da Itália e único banco emissor do país em maio de 1926[104]. Naquele momento, todas as reservas de ouro ou equivalentes foram transferidas para lá, juntamente com um aumento substancial de capital com o empréstimo do J. P. Morgan.

O presidente do Banco da Inglaterra, Montagu Norman, tinha recebido informações sobre as medidas deflacionárias do banco italiano desde 1922[105]. Após a transição que o tornou o Banco Central da Itália, Norman ficou profundamente preocupado com a ausência formal e substancial de independência para a instituição. O Banco da Itália, assim como o britânico, era uma sociedade anônima, um órgão privado; no entanto, ainda estava sujeito ao controle político. Seu novo estatuto dizia: "O ministro do Tesouro tem controle permanente sobre o Banco da

---

[103] Idem.

[104] Um memorando do Banco da Inglaterra diz: "O Banco da Itália é uma sociedade anônima e foi criado a partir da fusão do Banco Nacional da Itália com o Banco Nacional da Toscana e o Banco Toscano de Crédito pela lei de agosto de 1893". OV 36/22, fol. 76. Ver também "Italian Bank-Note Reform", *The Times*, 25 maio 1926, p. 13.

[105] As realizações do Banco da Inglaterra estavam constantemente na mente dos tecnocratas italianos. O ministro das Finanças, Volpi, por exemplo, anunciou: "O Banco da Itália, seguindo o exemplo do Banco da Inglaterra quando o governo britânico decidiu retomar a paridade com o ouro, em 1924, empenhou-se para obter a cooperação dos círculos bancários internacionais, em parte para fortalecer a defesa do câmbio como definitivamente fixo e em parte porque pensava que os créditos dos bancos centrais e dos grandes banqueiros atestavam a cooperação cordial e a aprovação universal às decisões do governo". OV 36/22, fol. 123A, p. 13-4.

Itália, verificando anualmente os balanços e as contas, a reserva metálica, e assim por diante". Além disso, o banco foi formalmente obrigado a adiantar dinheiro ao governo e só podia alterar a taxa básica de juros por despacho do ministro do Tesouro[106]. O presidente Norman ficou inquieto com tal "atitude do fascismo" estendida aos sistemas monetários da Itália[107]. Em várias ocasiões e em cartas a outros presidentes de bancos centrais, Norman lamentou a subjugação política do presidente do banco italiano, Bonaldo Stringher[108], ao governo, a ponto de questionar o apoio dele à estabilização da lira[109]. Suas preocupações coincidiam com as de outros tecnocratas britânicos, incluindo Hawtrey, Blackett e Niemeyer.

Em carta ao presidente do FED, Benjamin Strong, de 4 de março de 1926, Montagu Norman expressou insatisfação com a atitude do ministro do Tesouro italiano, Giuseppe Volpi, em relação ao Banco da Itália. Depois de ser advertido sobre a exigência de independência do banco para fins de "estabilização e cooperação"[110], Volpi reafirmou que "ele mesmo dirigiria a política do Banco Central"; Volpi a considerava parte da política financeira como um todo[111]. Mais tarde, em novembro de 1926, escreveu a seu colega Hjalmar Schacht, do Reichsbank alemão: "Stringher tem cerca de setenta anos e acho que não tem mais independência que um rabo de pipa. Se ele for um homem sábio, provavelmente ficará mais feliz sem isso, pois o poder exercido pelos fascistas não deixa espaço para a independência e parece se estender e se tornar mais inquisitorial cada vez que uma arma é disparada contra o *Duce*"[112].

---

[106] OV 36/22, fl. 108.

[107] 28 out. 1926, G1/307, fol. 9, p. 2.

[108] G14/95, fol. 1, trechos de minutas do comitê do Tesouro.

[109] As preocupações de Norman baseavam-se na convicção de que "uma dose de independência efetiva é essencial para a conduta de qualquer banco central em linhas financeiras (e não políticas)". Carta a Strong, 29 out. 1926, fol. 9, p. 2. Ele também escreveu ao presidente do Banco Central holandês Gerard Vissering para dizer: "O regime existente é fatal para a independência e não posso cooperar com um parceiro de mãos atadas". 28 dez. 1926, G1/307, fl. 37, p. 2. Sobre a insistência de Norman na "completa autonomia e liberdade de controle político" em relação à Itália, ver carta ao doutor H. Schacht, 5 nov. 1926, G1/307; e carta a *sir* Arthur Salter, 8 nov. 1926, G1/307.

[110] Norman também lembrou ao Banco da Itália que "nos casos da Áustria, da Hungria, da Alemanha e da Bélgica, a independência do Banco Central foi obtida legalmente" e que os outros presidentes de bancos centrais não desejavam nada mais que "cooperar com um Stringher independente". 25 out. 1926, G14/95, p. 2-3.

[111] G14/95, p. 1-2.

[112] 5 nov. 1926, G1/307.

Observe-se que o problema de Norman com o autoritarismo não era a perda de direitos e liberdades pelos trabalhadores, mas a perspectiva de que o Banco Central fosse administrado por caprichos da política, que podiam criar "circunstâncias futuras incontroláveis e imprevisíveis", ainda mais se os financistas de Mussolini mudassem de ideia quanto à ortodoxia. As reflexões de Norman não continham nenhum julgamento negativo quanto às escolhas políticas ou econômicas do regime. Ele apenas apontou o problema de que a política monetária não fosse "à prova de fraude" diante de uma possível mudança da orientação austera do regime. O dilema de Norman ressalta mais uma vez o duplo padrão típico dos tecnocratas internacionais: as questões políticas só importavam na medida em que começaram a bater nos portões perolados do campo econômico.

De sua parte, J. P. Morgan e outros banqueiros "estavam ansiosos" para que "a estabilização ocorresse sempre que possível e que a Itália fosse naturalmente o próximo lugar" – isto é, quaisquer intervenções que fossem necessárias para estabilizar a moeda deveriam ser adotadas[113]. O presidente do FED também estava determinado a seguir em frente. Strong respondeu de forma firme às dúvidas de seu colega britânico Norman, expressando sua crença na lisura de priorizar a estabilização em detrimento da "concepção de independência ortodoxa" de Norman[114]. Ele deu novas garantias de que o ministro das Finanças italiano tinha mudado de tom: "Volpi expressou a opinião aos demais", escreveu ele, "de que o banco deve ficar livre do controle político ou estatal o mais rápido possível"[115].

Entusiasmado com essa garantia, Norman escreveu, em outubro de 1927: "Não penso que se deva reclamar, especialmente se, como parece possível, a medida da independência deles está aumentando"; e anunciou uma futura "prestação de contas e entendimento abrangentes e cooperativos" entre os bancos centrais britânico e italiano. Para garantir o crédito necessário para a estabilização, o regime italiano começou a reforçar a fachada de um banco central independente. No outono de 1927, Strong estava convencido: "Recebi a garantia do *signor* Stringher", disse ele a Norman, "de que o Banco da Itália está estabelecido em uma posição de independência e controle financeiro"[116].

---

[113] Telegrama de J. P. Morgan a Norman, 8 nov. 1926, G1/307, fol. 15.
[114] Idem.
[115] Idem.
[116] 29 nov. 1927, G14/95. Em outra carta ao doutor Schacht, o presidente Strong escreveu: "Não examinei a posição em detalhes, mas segundo Stringher o orçamento está equilibrado; não há dívida flutuante; os ajustes econômicos necessários ocorreram; a balança comercial está

Volpi, sondando a atmosfera, havia se afastado de sua teimosia anterior. Um discurso de 1928 explicou sua crença de que "a posição do Banco da Itália como controlador do mercado monetário também é claramente definida: uma sólida situação de capital, amplas reservas, gestão independente e a posse de meios para proteger a moeda e controlar o mercado monetário"[117]. Em última análise, os financiadores internacionais estavam dispostos a acreditar nessa narrativa porque a Itália estava cumprindo seu programa de austeridade.

A tecnocracia prevaleceu na questão do Banco Central da Itália, mesmo que não correspondesse exatamente ao caso britânico. Para Hawtrey e seus colegas no Banco da Inglaterra, o principal motivo para exigir um banco central independente era evitar qualquer possível controle democrático das políticas econômicas, impedindo, assim, a interferência popular na austeridade. Os italianos conseguiram essa mesma proteção contra a crítica popular usando métodos diferentes. Em vez de confiar em especialistas de tradicionais instituições tecnocráticas, os professores de economia italianos apoiaram executivos fortes e coercivos que podiam implementar seus modelos econômicos.

Conclusão

Este capítulo esmiúça as forças externas que impuseram a austeridade na Itália após a Primeira Guerra Mundial. Em suma, o compromisso com a austeridade por parte dos especialistas financeiros era tão grande que eles estavam dispostos a confiar em uma ditadura sangrenta para reerguer os pilares desmoronados da acumulação de capital. Todos os olhos voltaram-se para Mussolini, cuja ditadura era forte o suficiente para enfim adestrar o povo italiano e torná-lo "disciplinado, silencioso e pacífico"[118].

Sob esse prisma, os observadores estrangeiros avaliavam e julgavam o fascismo apenas pelo desempenho econômico. Esses especialistas internacionais eram indiferentes quando se tratava de métodos políticos. Para eles, uma ditadura violenta era semelhante à "arquitetura barroca romana"[119]: algo que seria

---

satisfatoriamente ajustada; e o Banco da Itália não apenas aceita os princípios gerais de cooperação entre bancos em uma base financeira, mas se estabelece em uma posição de independência e controle financeiro". 5 dez. 1927, OV 9/440.
[117] FO 371/12.947, fol. 176A, p. 49.
[118] "Italian Internal Situation and Policy", 9 jun. 1923, FO 371/8.885, fol. 88.
[119] "Achievements of Fascismo", *The Times*, 31 out. 1923, p. 13.

afrontoso em um clima democrático diferente, mas na Itália se adequava muito bem ao país e ao povo.

A conexão explícita entre austeridade e repressão política – tão evidente sob o fascismo – revela como o tratamento econômico dado aos cidadãos italianos não era de fato tão diferente do tratamento que os especialistas britânicos idealizavam para seu próprio povo. Na verdade, como enfatizou o capítulo 6, os tecnocratas britânicos exerceram forte pressão para a implementação de uma política econômica não democrática por meio da independência e autoridade dos bancos centrais. Mesmo que sejam de natureza diferente, as versões italiana e britânica da tecnocracia compartilhavam de um mesmo objetivo: criar sistemas que impusessem sacrifícios à maioria da população e depois isolar esses sistemas da interferência democrática.

A consolidação do regime fascista coincidiu com o auge do triunfo da austeridade, anunciado com a entrada da Itália no "Gold Standard Club", em dezembro de 1927. Essa consolidação política, porém, não significou que o país se libertou da dependência do capital anglo-estadunidense. Ao contrário, a política monetária italiana estava agora ligada à continuação da austeridade, para que fosse mantida a paridade com o ouro – vínculo que, em última análise, servia aos interesses do capital financeiro internacional para sempre. Na verdade, o equilíbrio orçamentário e o padrão-ouro garantiram a subserviência do devedor, a Itália, e permitiram que os capitalistas anglo-estadunidenses escapassem da competição com a lira desvalorizada; caso contrário, a Itália poderia exportar produtos baratos aos mercados estadunidense e britânico.

Essa dinâmica pode soar familiar, pois foi uma precursora da relação que os especialistas do Fundo Monetário Internacional (FMI) planejaram e implementaram com a maioria dos países periféricos do mundo de hoje: empréstimos condicionados à austeridade; foco na "liberdade econômica", não na liberdade política; e a compulsão de abrir a economia do país ao escrutínio internacional[120]. A história italiana nos ajuda a examinar outros casos austeros, mais recentes, com um olhar mais aguçado. Sob uma análise atenta, esses programas de ajuste baseados na austeridade revelam um mesmo objetivo

---

[120] A imposição de austeridade pelo FMI não parou mesmo sob a crise pandêmica da covid-19 nem depois que uma pesquisa do próprio FMI mostrou que a austeridade agrava a pobreza e a desigualdade. Ver "IMF Paves Way for New Era of Austerity Post-Covid-19", *Oxfam*, 12 out. 2020; disponível on-line.

subjacente: domar a população para produzir mais e consumir menos a fim de salvaguardar a acumulação de capital.

O capítulo seguinte fornecerá evidências empíricas do "sucesso" da austeridade na imposição de trabalho árduo e abstinência. As tendências da década de 1920 permitem compreender a persistência da austeridade no século XXI.

9
A AUSTERIDADE E SEUS "SUCESSOS"

A austeridade foi, e continua sendo, um esforço perverso. Ao estudar criticamente suas origens e seus arquitetos, percebemos repetidas vezes que ela foi concebida, e bem-sucedida, como um contra-ataque: ela opera para conservar a primazia e a irrefutabilidade do sistema capitalista em momentos em que este está sob ameaça política. E o faz introduzindo estruturas – medidas – que transferem recursos da maioria trabalhadora para a minoria poupadora/investidora. Os impactos distributivos imediatos têm a importante função de, no longo prazo, enfraquecer a maioria e, assim, reforçar a aceitação geral dos pilares da acumulação de capital: a propriedade privada dos meios de produção e as relações assalariadas. Você recebe o que o patrão lhe dá.

Os especialistas italianos e britânicos que introduziram a austeridade alcançaram uma grande vitória: eles reabilitaram suas economias capitalistas por meio de modelos e políticas que justificavam a superioridade econômica de uma pequena minoria como o único caminho para a recuperação econômica. Este capítulo apresenta um resumo crítico dos êxitos dessas duas iniciativas de austeridade – sendo "êxito", neste contexto, não necessariamente sinônimo de "coisas que são boas".

O que está claro é que a austeridade é particularmente eficaz não na estabilização de economias, mas na estabilização das relações de classe. Afinal, historicamente, a austeridade nunca significou conter a inflação e controlar o orçamento; suas manipulações da demanda agregada sempre foram meios para um fim mais profundo. A austeridade garantiu as melhores condições possíveis para que os lucros subissem, ao passo que a maioria das pessoas – aquelas politicamente destituídas – foram forçadas a abdicar de todos os projetos incipientes de democracia econômica e a "levar uma vida árdua" com salários mais baixos e menor consumo. O capitalismo austero produz fracassados e vitoriosos – e sempre os produziu.

O estudo da participação das classes (ou seja, da participação dos salários *versus* a participação dos lucros) propicia uma noção clara sobre os fracassados e os vitoriosos e, por sua vez, sobre suas implicações políticas. As participações das classes medem as parcelas do PIB destinadas ao trabalho e ao capital – o indicador mais imediato do equilíbrio de forças entre as duas principais classes sociais. A reafirmação da ordem do capital, ou seja, a primazia do capital sobre o trabalho, é fundamental para promover o investimento capitalista: o capital se sai melhor quando os trabalhadores são subordinados, os salários são baixos e a regulação é mínima. Depois da Primeira Guerra Mundial, a habilidade da austeridade em reduzir a participação dos salários – em um momento em que sua alta sem precedentes despertara entre os trabalhadores grandes expectativas de uma ruptura com a exploração capitalista – foi vital. Assim, a utilidade política da austeridade se torna óbvia. Um resgate da divisão hierárquica trabalho-capital significava escapar da crise capitalista (e dos impulsos igualitários que surgiram com ela) desencadeada pela Primeira Guerra Mundial.

Para dar uma noção de quem fazia parte do "trabalho" e quem fazia parte do "capital", é útil lembrar que em 1921 as classes trabalhadoras britânicas compreendiam mais de 60% da população, enquanto a "classe proprietária" era de aproximadamente 7%. Na Itália, a classe alta proprietária (burguesia) constituía apenas 1,7% de toda a população, contra uma classe trabalhadora (agrícola e industrial) que era quase metade da população[1]. Dado que essas pequenas frações da sociedade se beneficiaram da austeridade, os perdedores do movimento iam muito além dos trabalhadores assalariados: esses grupos compreendiam a maioria das classes médias que compunham o meio-termo populacional – funcionários públicos, agricultores independentes, soldados, lojistas e outros profissionais. Embora seja verdade que o valor das pensões e das poupanças desses profissionais tenha aumentado com a deflação, essa mesma deflação estimulou a perda de empregos e a perda de benefícios sociais.

Medir os efeitos econômicos da austeridade na Grã-Bretanha e na Itália corrobora uma das principais afirmações deste livro: existe um profundo paralelismo entre a austeridade em um cenário democrático e a austeridade em um cenário fascista. Na década de 1920, o caráter repressivo da austeridade britânica assumiu, sobretudo, a forma de coerção do mercado: os trabalhadores foram forçados a obedecer à lógica da acumulação de capital depois que as políticas instituídas pelo

---

[1] Paolo Sylos Labini, *Saggio sulle classi sociali* (Bari, Laterza, 1975), tabela 1.2.

Tesouro e o Banco da Inglaterra desencadearam um alto desemprego e cercearam os direitos de seguridade social. A necessidade econômica subjugou os trabalhadores. A versão italiana da austeridade não precisou depender do desemprego em si, uma vez que foi acompanhada de intervenções estatais fascistas que reduziram os salários nominais por decreto e aniquilaram a verdadeira representação trabalhista.

As duas formas de austeridade, a fascista e a democrática, se alinharam no sucesso que obtiveram em cercear o dissenso. Isso se vê nos padrões similares de ascensão e queda das greves de trabalhadores e nos padrões de ascensão e queda de remuneração e participação dos salários. Os paralelos entre a austeridade ditatorial e a austeridade democrática são notáveis por todo o século XX.

Participações de classe, exploração e taxas de lucro

Para compreender as implicações políticas (e econômicas) da austeridade, há três cronologias principais a ser consideradas: a participação dos salários na renda nacional, a proporção entre rendas não salariais e rendas salariais (conhecida como taxa de exploração) e a taxa de lucro.

A figura 9.1 mostra a parcela salarial – a parcela do PIB que vai para os salários (ou seja, a renda da classe trabalhadora) em oposição aos lucros (a renda da classe capitalista). Em essência, essa relação é de soma zero: o que é tirado de uma classe é obtido pela outra.

A semelhança desses padrões na Grã-Bretanha e na Itália é impressionante. A maturidade da Grã-Bretanha como sociedade industrial veio de uma tradição centenária de militância industrial que implicava que seus trabalhadores desfrutassem de um nível mais alto da renda nacional em comparação com seus companheiros italianos. Além disso, os anos de guerra tiveram um impacto diferente na força de trabalho dos dois países. Na Itália, a participação dos salários caiu drasticamente – de 44% em 1913 para 35% em 1918, uma transferência de nove pontos percentuais da renda nacional dos trabalhadores para os capitalistas. Enquanto isso, na Grã-Bretanha, a participação dos salários efetivamente aumentou de 67% em 1913 para 71% em 1918 (ver figura 9.1). Esse fenômeno ilustra uma dinâmica detalhada no capítulo 1: a força de trabalho italiana experimentou maior grau de militarização, ao passo que os sindicatos britânicos mantiveram uma voz mais firme em seu papel de colaboração com o Estado/ oposição ao Estado.

Os anos de crise capitalista do pós-guerra observaram um aumento comum na participação dos salários, fato inédito e de profunda importância histórica.

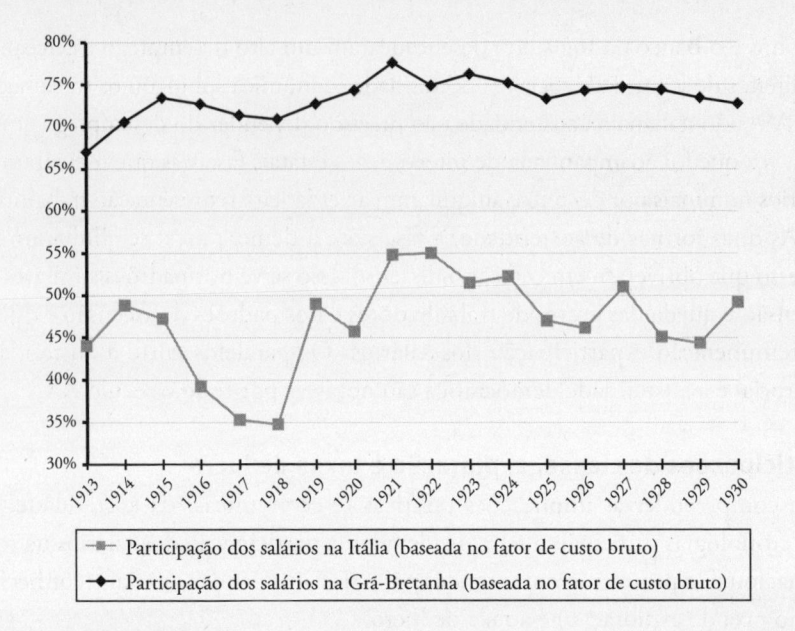

80% ―
75% ―
70% ―
65% ―
60% ―
55% ―
50% ―
45% ―
40% ―
35% ―
30% ―
1913 1914 1915 1916 1917 1918 1919 1920 1921 1922 1923 1924 1925 1926 1927 1928 1929 1930

─■─ Participação dos salários na Itália (baseada no fator de custo bruto)
─◆─ Participação dos salários na Grã-Bretanha (baseada no fator de custo bruto)

9.1 – Participação dos salários na renda nacional para a Itália e a Grã-Bretanha. A participação dos salários é calculada subtraindo do PIB nominal total a parcela do PIB que constitui o rendimento dos lucros.

(Fontes: Giacomo Gabbuti, "A Noi! Income Inequality and Italian Fascism: Evidence from Labour and Top Income Shares", *Oxford Social History and Economics Working Papers*, University of Oxford, n. 177, 2020; disponível on-line; R. Thomas e N. Dimsdale. "A Millennium of UK Data", *Bank of England OBRA Dataset*, 2017; disponível on-line).

Os trabalhadores desses dois países nunca haviam conquistado proporção tão alta da produção nacional. Durante esses anos vermelhos, a massa salarial italiana chegou a 49% em 1919, em comparação aos 35% em 1918, e atingiu um pico de 55% em 1922. Foi um grande aumento, mesmo em comparação com o pré-guerra (44% em 1913). Isso significa que, em 1921, o capital colhia menos frutos do crescimento econômico que do trabalho, algo até então nunca visto. A participação do capital caiu de 65% em 1918 para 45% em 1922.

Apesar de mais moderado, o caso britânico ainda impressiona. A participação dos salários aumentou de 71% em 1918 para 78% em 1921. Foi um incremento sem precedentes em relação aos anos pré-guerra (em 1913, era de 67%). Mesmo que o aumento não seja tão impactante numericamente como no caso italiano, dois fatores devem ser levados em consideração para avaliar o efeito potencialmente explosivo das circunstâncias britânicas. Primeiro, os trabalhadores britânicos detinham uma parcela significativa do PIB, demonstrando o grau de sua força, que lhes deu uma voz mais importante na definição de programas econômicos; em segundo lugar, esse poder havia aumentado como nunca antes. Os problemas do capital foram representados por uma queda de sete pontos percentuais na participação dos lucros entre 1918 e 1920, o que destruiu os ganhos da guerra. A participação dos lucros no pós-guerra era de um terço da grandeza registrada no pré-guerra. Como na Itália, os ganhos de classe também foram combustível para um movimento de nacionalização e proporcionaram aos trabalhadores britânicos um papel central e potencialmente independente no processo de produção.

A contraofensiva da austeridade teve um impacto inequivocamente uniforme em ambos os países: reverteu de forma drástica os ganhos trabalhistas nos dois países. Sob a austeridade fascista, a parcela do salário bruto dos trabalhadores italianos caiu ao longo da década de 1920, atingindo um novo mínimo em 1929, quando desceu aos níveis de 1913. O capital havia recuperado sua posição dominante. A mão de obra britânica experimentou queda semelhante: em 1929, os trabalhadores haviam perdido toda a participação na renda nacional que obtiveram no pós-guerra[2].

Outra maneira de visualizar o impacto dramático da austeridade nas relações de classe é olhar para a proporção entre lucros e salários, uma medida tangível da tendência de *exploração*. Como mostra a figura 9.2, na Grã-Bretanha a exploração aumentou 32% ao longo da década, enquanto na Itália – do início da austeridade fascista de 1922 a 1928 – a exploração aumentou em 54%[3].

---

[2] As participações dos salários na Grã-Bretanha e na Itália tiveram uma breve recuperação durante o início da década de 1930, no auge da recessão. Essa não foi uma consequência política, mas mecânica, devido à natureza anticíclica das participações do trabalho, à medida que os lucros são menores em tempos de crise. No entanto, após 1933, em ambos os países a recuperação se acumulou desproporcionalmente nos lucros e as participações dos salários diminuíram. Na Grã-Bretanha, a série atingiu um novo mínimo em 1938 (73%); já na Itália a participação dos salários atingiu seu nível mais baixo em 1942-1944 (41%).

[3] Essa ferramenta para medir a exploração não considera a "mão de obra improdutiva", ou seja, todo o trabalho de profissionais domésticos e afins que, naqueles anos, eram parte significativa da força de trabalho nos dois países. Em princípio, os salários do trabalho improdutivo devem ser incluídos na medição do mais-valor; assim, nossa ferramenta de medição subestima a taxa de exploração. Na Grã-Bretanha, a taxa de exploração aumentou de 0,29 em 1921 para 0,36 em 1929. Na Itália, em 1918, a taxa de exploração era de 0,82 e, em 1928, de 1,25. (Observe que esses números não são imediatamente representados na figura 9.2 porque o gráfico mostra uma média móvel de dois anos.)

Aqui, outra vez, essas tendências semelhantes nos dois países contrabalançaram fortemente as tendências dos anos vermelhos.

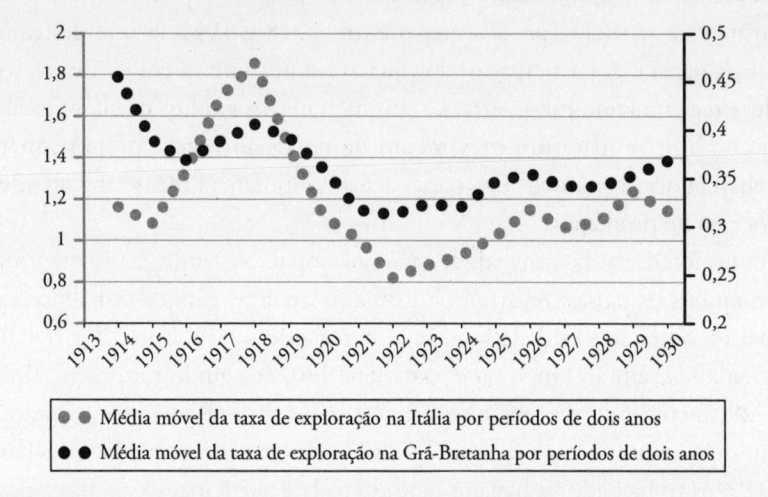

● ● Média móvel da taxa de exploração na Itália por períodos de dois anos
● ● Média móvel da taxa de exploração na Grã-Bretanha por períodos de dois anos

9.2 – Taxa de exploração na Itália e na Grã-Bretanha. A taxa de exploração é calculada como relação entre a participação do lucro e a participação dos salários. Observe-se que os dois países têm eixos diferentes: o vertical à esquerda representa a taxa de exploração italiana e à direita a taxa de exploração britânica. (Cálculos da autora.)

A exploração mais alta também se reflete no crescimento da produtividade, que, combinada ao declínio na remuneração real, gerou um superávit maior aos capitalistas. Na Grã-Bretanha, essa tendência foi forte nos primeiros anos de austeridade: entre 1920 e 1922, a produtividade *per capita* do trabalho cresceu de 18% para 20%, enquanto os salários reais estagnaram[4]. Na Itália, a dinâmica de queda dos salários reais e aumento da produtividade (de 20% de 1922 a 1926)[5] foi pronunciada até 1926, quando a instabilidade da lira promoveu uma deflação de preços mais rápida que a queda dos salários nominais.

---

[4] R. Thomas e N. Dimsdale, "A Millennium of UK Data", *Bank of England Obra Dataset* (Bank of England, 2017), tabela A56; disponível on-line. Observe-se que 2013, aqui, é usado como ano-base (ou seja, 2013 = 100).

[5] Total Labor Productivity Net of Housing and Public Assistance, Claire Giordano e Francesco Zollino, "Long-Run Factor Accumulation and Productivity Trends in Italy", *Journal of Economic Surveys*, v. 35, n. 1, jun. 2020; disponível on-line.

Esse aumento na exploração trouxe um aumento nas taxas de lucro[6]. A figura 9.3 mostra que as taxas de lucro do capital cresceram ao longo da década de 1920 em ambos os países. De 1920 ao fim da década, a taxa de lucro mais que triplicou na Grã-Bretanha. Aumento semelhante ocorreu na Itália, onde as taxas de lucro subiram de 4,9% em 1920 para 8,3% em 1926[7].

Em 1924, o jornal *The Times* noticiou o sucesso da austeridade fascista: o desenvolvimento dos últimos dois anos viu a absorção de maior proporção dos lucros pelo capital, e isso, ao estimular a iniciativa empresarial, certamente tem sido vantajoso para o país como um todo"[8]. Esse tipo de narrativa é típico e essencial na promoção e na aderência das doutrinas de austeridade ao longo da história: o consenso quanto ao sacrifício público e popular é construído mediante a retórica do bem de todos.

A repressão da demanda interna na Itália foi compensada pelo crescimento impulsionado pelas exportações, graças a uma forte demanda mundial e uma lira desvalorizada. Na verdade, o crescimento real de 9,3% do PIB na Itália em 1923 abriu as portas para três anos de expansão econômica. A deflação que

---

[6] A nova conjuntura favorável ao investimento é visível no crescimento extraordinário dos preços das ações. Na Grã-Bretanha, esses preços aumentaram 63% de 1923 a 1928. Na Itália, o índice de rendimento de ações e dividendos também teve uma recuperação surpreendente após um grave revés durante o biênio vermelho. Na verdade, como vimos no capítulo 7, privatizações, incentivos fiscais e resgates bancários proporcionaram "excelentes oportunidades de lucro para intermediários financeiros". Gianni Toniolo, "Italian Banking, 1919-1936", em *Banking, Currency, and Finance in Europe between the Wars* (Oxford, Oxford University Press, 1995), p. 300-2; disponível on-line. A conjuntura garantiu um rendimento total de ações e dividendos que quase triplicou ao longo da década. De 1923 ao fim da década, as novas empresas de capital aberto aumentaram seu valor em quase 40%. Esse aumento indica como a austeridade criou condições favoráveis para o mundo financeiro italiano. Ver Giovanni Siciliano, *Cento anni di borsa in Italia: mercato, imprese e rendimenti azionari nel ventesimo secolo* (Bolonha, Il Mulino, 2001), figura 1.1.

[7] Mesmo que as implicações de classe da austeridade estejam incorporadas na taxa de lucro em si, independentemente da questão secundária de quanto da taxa de lucro os capitalistas acabam investindo, é interessante notar que, em nosso caso, as altas taxas de lucro favoreceram maior acúmulo de capital, evidenciado pelo impressionante crescimento da produção industrial a partir de 1921. Em ambos os países, a produção industrial quase duplicou ao longo da década. B. R. Mitchell, *International Historical Statistics: Europe, 1750-1993* (14. ed., Londres, Palgrave Macmillan, 1998), p. 422. O capital social também cresceu substancialmente. Na Itália, aumentou 18% entre 1922 e 1929. Esse é um pico impressionante, visto que o estoque de capital britânico aumentou apenas 4,8% durante o mesmo período. Para os dados italianos sobre o estoque nominal de capital, consultar o LABCAP 3.0 do Banco da Itália (2010). Para dados britânicos, ver R. Thomas e N. Dimsdale, "A Millennium of UK Data", cit.

[8] OV 36/22, f. 22.

se seguiu em 1926-1927 teve impacto negativo nas exportações e no PIB real (que caiu 3% durante 1927), mas essa queda nos negócios foi compensada por arrochos salariais que garantiram a conservação (e, neste caso, o rápido retorno) das taxas de lucro. O crescimento real do PIB da Itália voltou a 6,3% em 1928[9].

No Reino Unido, a estagnação econômica induzida pela austeridade[10] da década de 1920 foi acompanhada por uma dinâmica compensatória semelhante de estagnação dos salários nominais. Assim, o lento crescimento econômico não impediu o enriquecimento dos empresários. Pelo contrário, a recessão induzida pela austeridade foi *vital* para garantir uma reviravolta nas relações entre capital e trabalho que, por sua vez, garantiu a riqueza existente da classe capitalista.

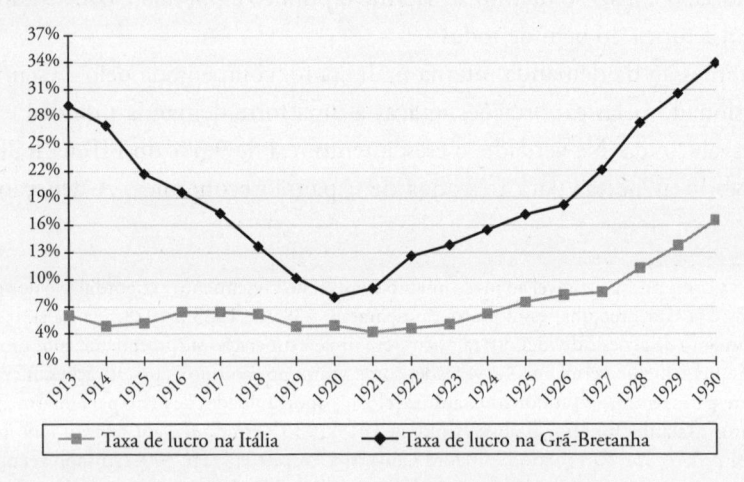

9.3 – Taxa de lucro na Itália e na Grã-Bretanha. A taxa de lucro é calculada dividindo a participação dos lucros (PIB nominal menos a participação dos salários) pelo valor nominal do estoque de capital não habitacional. (Cálculos da autora.)

---

[9] "A taxa média de crescimento real entre 1922 e 1929 na Itália foi de 4% (comparados a 1,7% em 1861-1896 e 2,2% em 1896-1913)." Giacomo Gabbuti, "When We Were Worse Off: The Economy, Living Standards and Inequality in Fascist Italy", *Rivista di storia econômica*, n. 3, 2020, p. 256; disponível on-line.

[10] Como vimos no capítulo 6, na Grã-Bretanha a austeridade monetária começou na primavera de 1920, produzindo uma crise que foi seguida por uma década de "estagnação". Nas palavras de Pigou: "A estagnação foi um período de relativa estabilidade e quase equilíbrio. Mas o equilíbrio não era saudável, porque foi caracterizado por uma quantidade muito grande de ociosidade involuntárias". A. C. Pigou, *Aspects of British Economic History: 1918-1925* (Londres, Routledge,1947), p. 42; disponível on-line. Em geral, os historiadores concordam que "a economia britânica permaneceu, durante toda a década de 1920, em um estado de subutilização de recursos e elevado desemprego". Gianni Toniolo, *L'economia dell'Italia fascista* (Bari, Laterza, 1980), p. 22-3.

Sobre o funcionamento de austeridade

Na Grã-Bretanha, em 1920-1922, a deflação monetária, combinada a um colossal corte nos gastos governamentais (detalhado no capítulo 6), "derrotou" a inflação por intermédio de uma grande recessão econômica que inaugurou um período de desemprego sem precedentes. Em 1921, o desemprego nacional disparou de 2% para 11,3%[11]. Quase 2,5 milhões de pessoas se retiraram da força de trabalho[12]. Apenas no setor manufatureiro, a Grã-Bretanha perdeu quase 1,3 milhão de empregos naquele ano – praticamente um quarto de todo o setor[13]. A partir de então, o número oficial de desempregados foi, em média, de 1,7 milhão em toda a década, número ao menos duas vezes maior que os níveis pré-guerra. Esse número é ainda mais impressionante considerando que a Grã-Bretanha durante a guerra se aproximava do pleno emprego, com uma taxa de desemprego de apenas 0,3% em 1916.

Uma consequência imediata da recessão induzida pela austeridade britânica foi a onda de coerção econômica que atingiu os trabalhadores. Em meio ao aumento do desemprego, o trabalho organizado perdeu muito de seu poder político. No fim da década, apenas um quarto da população trabalhadora era sindicalizada, uma queda em relação aos quase 40% sindicalizados ao fim da Primeira Guerra Mundial (ver figura 9.4).

O número e a intensidade dos ataques britânicos (ou seja, a porcentagem de grevistas em relação à força de trabalho como um todo) são um bom parâmetro

---

[11] As estatísticas oficiais de desemprego, por definição, minimizam seu nível real. Por exemplo, não consideram pessoas que desistiram de buscar trabalho, que nunca conseguiram encontrar trabalho e que não entraram na força de trabalho devido à desesperança. Portanto, muitos estudiosos estimam que o "desemprego real" seja significativamente superior ao valor oficial, chegando a dobrar. Sobre o caso dos Estados Unidos hoje, consultar o Bureau of Labor Statistics, "Labour Force Statistics from the Current Population Survey"; disponível on-line. Para um estudo detalhado das estatísticas de desemprego britânicas e suas deficiências, ver W. R. Garside, *British Unemployment, 1919-1939: A Study in Public Policy* (Cambridge/Nova York, Cambridge University Press, 1990).

[12] C. H. Feinstein, *National Income, Expenditure and Output of the United Kingdom, 1855-1965* (Cambridge, Cambridge University Press, 1972).

[13] A média nacional minimiza a extensão da crise nos setores industriais básicos (aço, carvão, têxteis etc.) localizados principalmente no norte da Inglaterra, que mais sofreram com a valorização da libra. A indústria de mineração, por exemplo, que empregava 1,3 milhão de trabalhadores em 1920, perdeu mais de 200 mil trabalhadores ao fim da década. Com a Grande Depressão, o quadro só piorou. O desemprego atingiu um pico de 3,4 milhões em 1932 e, em seguida, uma média de pouco menos de 2,5 milhões até o início da Segunda Guerra Mundial. Aliás, foi a guerra que forneceu o estímulo e a solução definitiva para esse problema social endêmico.

para apreender a força e a militância da mão de obra nos anos do pós-guerra[14]. Como ilustrado nas figuras 9.5 e 9.6, ambas as métricas contam uma história semelhante sobre a participação sindical. Em 1919 havia cerca de 2,6 milhões de trabalhadores (12% da força de trabalho) participando de greves; em 1927, houve queda de quase duas vezes (redução de 96%). Naquele ano, as greves chegaram ao fundo do poço, com apenas 108 mil trabalhadores nos piquetes (ou seja, 0,5% da força de trabalho). A greve geral de 1926 interrompeu essa trajetória, mas a um custo maior: a greve geral é amplamente considerada como aquela que decretou a sentença de morte da luta de classes na Grã-Bretanha[15]. Entre as baixas dessa derrota estavam os muitos experimentos de formas alternativas de organização econômicas detalhadas nos capítulos 3 e 4, das guildas de construção aos planos de nacionalização e ao controle dos trabalhadores na mineração e em outros setores.

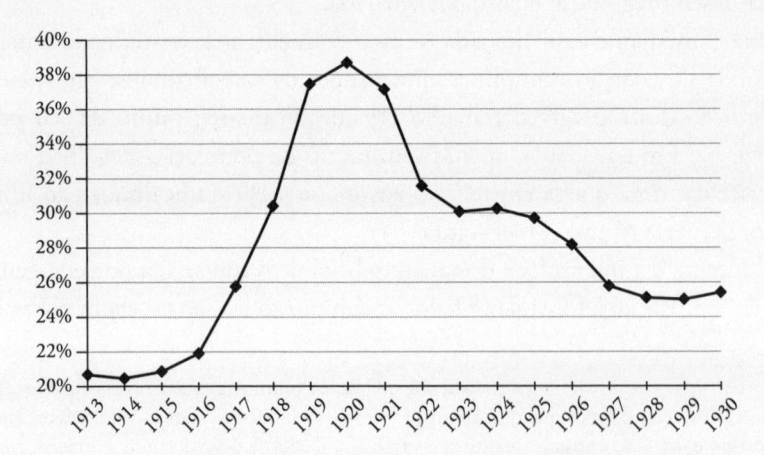

9.4 – Associação sindical como percentual da taxa de emprego na Grã-Bretanha.
(Fonte: R. Thomas e N. Dimsdale, "A Millennium of UK Data", cit.)

[14] A interpretação dos dados de greve não pode ser universalizada. Em diferentes momentos da história do capitalismo, baixas taxas de greve podem indicar diferentes dinâmicas de poder. Uma baixa taxa de greve pode refletir a predominância de qualquer um dos lados. Na década de 1920, assim como na década de 1980, a diminuição do número de greves podia certamente ser atribuída aos ataques ao trabalho organizado típicos da austeridade industrial.

[15] Os resultados de nossa pesquisa correspondem à maioria dos estudos empíricos sobre greves, que mostram como a frequência das greves está associada ao ciclo de negócios: quando o desemprego diminui ou a inflação aumenta, o número de greves tende a subir. Da mesma forma, a maior força organizacional dos sindicatos está correlacionada a um maior número de greves. Ver Roberto Franzosi, "One Hundred Years of Strike Statistics: Methodological and Theoretical Issues in Quantitative Strike Research", *Industrial and Labor Relations Review*, v. 42, n. 3, 1989, p. 358; disponível on-line.

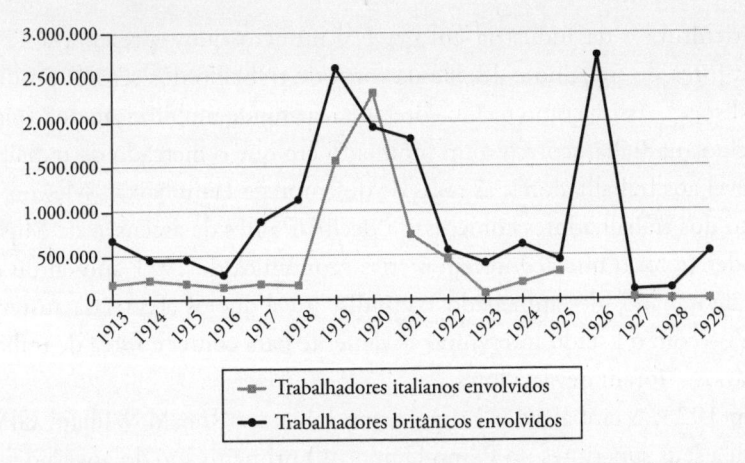

9.5 – Trabalhadores envolvidos em greves na Itália e na Grã-Bretanha (fonte: B. R. Mitchell, *International Historical Statistics*, cit., tabela B.3 – "Industrial disputes" [Disputas industriais]).

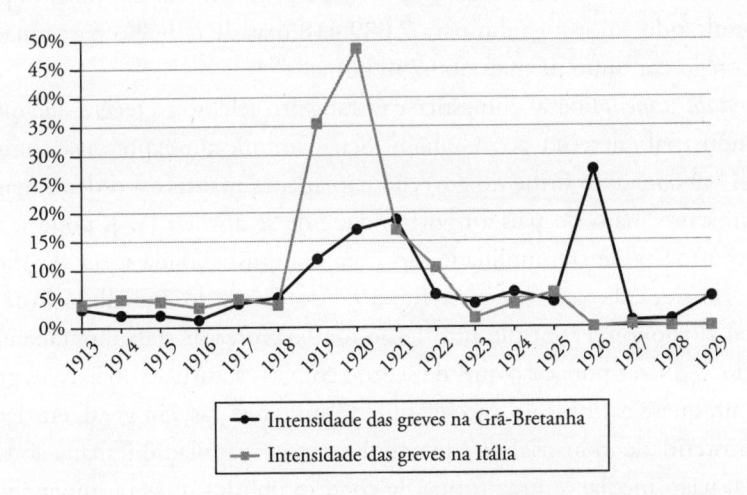

9.6 – Intensidade das greves na Itália e na Grã-Bretanha. A intensidade da greve é o número de trabalhadores em greve expresso em percentual da força de trabalho industrial total. (Fontes: B. R. Mitchell, *International Historical Statistics*, cit., tabela B.3; R. Thomas e N. Dimsdale, "A Millennium of UK Data", cit.; Adriana Lay, Dora Marucco e Maria Luisa Pesante, "Clase operaia e scioperi: ipotesi per il período 1880-1923", *Quaderni Storici*, v. 8, n. 22/1, 1973, p. 87-147.)

Os arcos de ocorrência e intensidade das greves na Itália são ilustrações ainda mais de como, por meio da austeridade, os trabalhadores foram desarmados de seus instrumentos de mudança social. As manifestações dos trabalhadores atingiram o auge em 1920, com mais de 2,3 milhões de trabalhadores da agricultura e da indústria em greve[16], número que representava 12% de toda a força de trabalho e 48,5% da força de trabalho dos setores produtivos capitalistas[17]. Assim como na Grã-Bretanha, a grande mobilização dos dois anos vermelhos na Itália ocorreu num momento em que o mercado de trabalho era favorável aos trabalhadores: as taxas de desemprego eram baixas. Mesmo que o ímpeto dos trabalhadores começasse a declinar antes da ascensão de Mussolini ao poder (e foi o que aconteceu: a crise econômica de 1921 aumentou o número de italianos desempregados), é indiscutível que os efeitos da austeridade fascista – com o Estado intervindo ativamente para conter a força de trabalho e os salários – foram devastadores.

Em 1923, o embaixador britânico na Itália, *sir* Ronald William Graham, relatou a seus superiores no Reino Unido: "O primeiro ano do governo fascista mostrou, em comparação com os doze meses anteriores, diminuição de 75% nas greves, de 90% nos grevistas e de mais de 97% em dias de trabalho perdidos, resultando em um ganho para 7.089.418 dias de trabalho para a nação e do emprego contínuo de mais 469.750 homens"[18].

O *establishment* liberal doméstico e estrangeiro celebrou a recém-encontrada "paz industrial" descrita por Graham. Seu comunicado expressava contentamento: "O comando firme do governo não apenas manteve a ordem, mas deu ao bom senso inato do país a oportunidade de se afirmar [...], pode-se dizer que doze meses de tranquilidade são uma conquista sólida a ser justificadamente considerada satisfatória"[19]. Em 1927, a Carta do Trabalho, do regime fascista, sancionou o controle autoritário total da força de trabalho italiana (ver capítulo 7). Não é por acaso que, de acordo com as estatísticas oficiais, os grevistas foram quase extintos no ano seguinte (3 mil grevistas, em geral, em 1928).

A austeridade industrial de Mussolini forçou a população italiana ao trabalho mal pago mediante uma forma de coerção política que era impensável na Grã-Bretanha: o *Duce* proibiu os sindicatos independentes e cortou salários por

---

[16] Dos quais 1,046 milhão estava na agricultura. Ver Ministero dell'Economia Nazionale, *I conflitti del lavoro in Italia nel decennio 1914-1923 (dati statistici)* (Roma, Grafia SAI, 1924), p. 278.

[17] Incluindo indústria, construção, agricultura, mineração etc. Ver Gianni Toniolo (org.), *The Oxford Handbook of the Italian Economy since Unification* (Oxford, Oxford University Press, 2013), tabela A5, para os números totais de trabalhadores na indústria e na economia como um todo.

[18] Relatório Anual da Itália, 1923, FO 371/9.946, fol. 246, p. 39.

[19] Ibidem, p. 38-9.

decreto. No entanto, as interseções entre os dois exemplos são abundantes. Na realidade, o austero governo britânico não temia decretar leis trabalhistas explícitas e repressivas contra os grevistas para complementar as coerções econômicas impostas pelo mercado. Em contraposição, na Itália, quando o desemprego aumentou, foi a coerção econômica de forças de mercado que complementou os violentos ataques políticos do Estado contra trabalhadores dissidentes. Apesar do rápido crescimento econômico dos primeiros anos do regime fascista, em 1924 o desemprego na Itália era ainda maior que em 1920[20]. Além disso, como vimos no capítulo 7, a virada deflacionária do regime de 1926-1927, combinada com novos cortes no orçamento público, representou outro golpe para as classes trabalhadoras[21].

As derrotas políticas do trabalho organizado na Grã-Bretanha e na Itália logo se traduziram em perdas econômicas. Quanto às recessões econômicas, elas não provocariam pânico nos líderes de nenhum dos países: o arrocho salarial era o objetivo central e a consequência do programa de austeridade de cada Estado, e perdas em outras métricas faziam parte do processo[22]. Na Itália houve uma queda ininterrupta dos salários reais durante todo o entreguerras, tendência única entre os países industrializados[23]. Apenas na década de 1920, a queda dos salários reais diários foi de quase 15% (ver figura 9.7).

---

[20] O exército de reserva do setor industrial também aumentou devido ao enrijecimento das leis de imigração nos Estados Unidos e à demanda por trabalho vivenciada pela população rural oprimida por padrões de vida extremamente baixos.

[21] As consequências da Grande Depressão no mercado de trabalho italiano foram dramáticas, ainda piores que na Grã-Bretanha: entre 1929 e 1932, o número de pessoas inscritas nos centros de emprego quadruplicou. Fabrizio Mattesini e Beniamino Quintieri, "Does a Reduction in the Length of the Working Week Reduce Unemployment? Some Evidence from the Italian Economy during the Great Depression", *Explorations in Economic History*, v. 43, n. 3, jul. 2006, p. 417. Os esforços do governo para permanecer no padrão-ouro diminuíram drasticamente as medidas e os recursos mobilizados para sanar o desemprego, que disparou durante os anos da Grande Depressão, atingindo um pico de mais de 1 milhão em 1933, o equivalente a 36,6% da força de trabalho industrial. (Observe-se que esta é uma estimativa obtida pela média dos dados máximos e mínimos de emprego para 1933.) Ver o *Bollettino del Lavoro* italiano de 1925-1935, posteriormente intitulado "Sindacato e corporazione". Para os dados sobre a força de trabalho industrial, ver Gianni Toniolo (org.), *The Oxford Handbook of the Italian Economy since Unification*, cit., tabela A5.

[22] Observe-se que a discussão sobre salários se aplica apenas àqueles que ainda estão empregados. Os salários reais refletem, em parte, um efeito compensatório ascendente, dado que os trabalhadores com salários mais baixos são os primeiros a cair no desemprego.

[23] Vera Zamagni, "La dinamica dei salari nel settore industriale, 1921-1939", *Quaderni storici*, v. 10, n. 29/30 (2/3), 1975, p. 543.

O sucesso da austeridade fascista no achatamento dos salários é particularmente notável em relação aos ganhos do país no período do pós-guerra imediato. Após a lei das oito horas diárias de 1919, os salários reais diários estavam 50% maiores em 1921 que em 1918 e 35% maiores que em 1913. Houve um salto ainda maior nos salários reais por hora: em 1921 esses salários quase dobraram em relação aos anos anteriores à guerra (1913)[24]. Mas, em 1923, quando Mussolini aboliu informalmente o limite à jornada de trabalho, de modo que os empregadores puderam começar a impor dias de trabalho mais longos, a queda estatística de 4% nos salários reais diários em apenas dois anos não representava plenamente a queda mais acentuada no pagamento por hora (que registrou redução de 13% entre 1922 e 1926). Os trabalhadores estavam trabalhando mais horas por uma renda líquida menor.

Embora os salários reais reflitam o poder de compra dos trabalhadores, eles não fazem justiça aos cortes reais nos contracheques dos italianos nem às experiências vividas pelo povo italiano, em especial a dinâmica de poder entre capital e trabalho. A figura 9.7 mapeia os salários reais na Itália desde antes da guerra até a década de 1920, aparentemente contando a história de um salto previsível durante os anos vermelhos do país seguido por uma estabilização, mais ou menos quando a austeridade tem início. Durante o período, os cortes salariais foram parcialmente compensados pela queda ainda mais pronunciada, devido à deflação, dos preços de bens de consumo (e, portanto, não houve reflexos na métrica dos salários reais). Porém, entre 1926 e 1928, os trabalhadores italianos *também* foram forçados a aceitar uma redução de 26% no valor nominal dos salários diários, o que amorteceu o impacto da deflação no poder de compra do consumidor[25]. Aqui, o contraste com 1921 – quando os trabalhadores italianos

---

[24] Giovanni Federico et al., "The Origins of the Italian Regional Divide: Evidence from Real Wages, 1861-1913", *Journal of Economic History*, v. 79, n. 1, mar. 2019; disponível on-line. Os autores fornecem evidências empíricas dos salários reais excepcionalmente baixos dos trabalhadores italianos não qualificados no período 1861-1913 em comparação aos trabalhadores de outros países europeus, como Grã-Bretanha, Alemanha e Holanda. Era o caso, principalmente, dos trabalhadores do sul da Itália.

[25] Nesses dois anos, os metalúrgicos perderam quase 30% de seus salários nominais diários. Essa tendência de queda na Itália continuou até a Guerra da Etiópia, em 1935, quando os salários nominais diários atingiram seu ponto mais baixo para o trabalhador industrial médio (45% abaixo do nível de 1926, passando de 26,34 liras para 14,9 liras). Nos "anos vermelhos", essa queda representou mais de um terço da remuneração diária. Todos os dados provêm de Peter Scholliers e Vera Zamagni (orgs.), *Labour's Reward: Real Wages and Economic Change in 19th- and 20th--Century Europe* (Cheltenham, Edward Elgar, 1995), p. 231-2, tabela A6.

obtiveram um aumento de 400% nos salários nominais diários da indústria, na comparação com os anos do pré-guerra – é alucinante[26].

O mesmo conjunto de fatores se aplica ao caso britânico. Em razão da recessão econômica e da espiral deflacionária na Grã-Bretanha, as implicações sociais da austeridade – e sua capacidade de compensar o impacto da mobilização dos trabalhadores após a guerra – estão sub-representadas nos registros históricos sobre os salários reais. Esse fato distorceu a narrativa deste capítulo sobre a história da Grã-Bretanha.

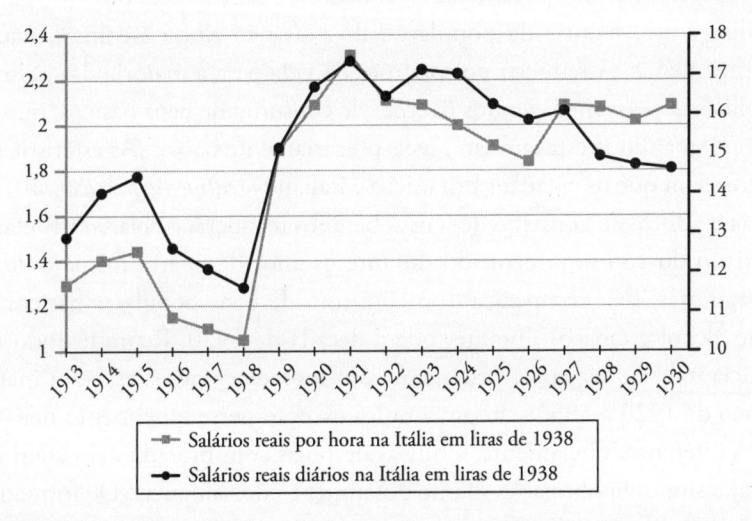

9.7 – Salários reais na Itália, expressos em liras, de 1938. Zamagni, "La dinamica dei salari nel settore industriale, 1921-1939", cit., tabelas 1 e 2. O eixo vertical à esquerda representa os salários reais por hora; o eixo da direita representa os salários reais diários.

Na verdade, a diminuição dos salários reais a partir de 1920 (ver figura 9.8) correspondeu a uma queda ainda maior na renda familiar disponível dos britânicos. O impacto concreto da austeridade é evidente na rapidez com que a tendência dos salários nominais foi revertida: em 1920, os salários semanais dos trabalhadores manuais britânicos subiram 178% em relação aos níveis do pré--guerra (atingindo 3,70 libras esterlinas; em 1913, eram 1,33 libras esterlinas),

---

[26] Para dados sobre os salários nominais diários nos setores industriais italianos, ver ibidem, A6. Note-se que as estatísticas históricas de Mitchell mostram um aumento de sete vezes para todos os trabalhadores industriais. B. R. Mitchell, *International Historical Statistics*, cit.

mas a maior parte desses ganhos foi perdida em dois anos. Em 1923, quando a austeridade monetária e os cortes do Geddes Axe cobraram seu preço nas despesas em saúde pública e educação, houve queda de 29% na média dos ganhos semanais, com os salários estagnados em aproximadamente 2,61 libras no restante do entreguerras.

Como a população foi privada dos benefícios sociais mais relevantes, muitos trabalhadores perderam seus empregos e mesmo aqueles que conseguiram mantê-los foram forçados a trabalhar mais por salários mais baixos. Aqui, o segundo axioma da austeridade – consumir menos – encontrou sua plena realização: a maioria da população do país não tinha escolha a não ser consumir menos. A redução nos padrões de vida para a maioria das pessoas é exemplificada pelas medição dos padrões de consumo de bens básicos, que despencaram quando já estavam em níveis precariamente baixos. As estatísticas da época revelam que os cidadãos britânicos e italianos *realmente praticaram* a abstinência conforme o conselho de seus soberanos tecnocratas. Na Grã-Bretanha, o aumento do consumo ocorrido durante os anos de guerra foi perdido nos anos seguintes, sem recuperação no consumo de bens populares básicos (incluindo álcool e tabaco) durante toda a década de 1920. Reproduzindo uma tendência italiana, os gastos britânicos com moradia – que cresceram mais de um terço de 1920 a 1930 – foram a única exceção nesse movimento mais amplo[27]. A diferença, obviamente, é que as despesas com moradia não eram uma escolha, e sim uma obrigação diante do aumento dos aluguéis. De forma mais geral, a demanda doméstica britânica caiu drasticamente nos primeiros anos de austeridade: de 1919 a 1923, houve uma queda de 40% que nunca mais foi recuperada no entreguerras[28].

---

[27] Cohen mostra dados semelhantes para a Itália: queda no consumo de gêneros alimentícios pelas classes baixas ao longo da década de 1920, em especial de alimentos ricos em proteínas e frutas frescas. O autor conclui que "os objetivos da política fascista foram alcançados em parte devido à redução do consumo de alimentos pelos trabalhadores italianos". Jon S. Cohen, "Fascism and Agriculture in Italy: Policies and Consequences", *Economic History Review*, v. 32, n. 1, 1979, p. 83. É revelador que a única categoria de gastos de consumo que teve alta foi o aluguel, a partir de 1926, resultando em um aumento da proporção dessa despesa nos gastos familiares totais. Ver Giovanni Vecchi, *Measuring Wellbeing: A History of Italian Living Standards* (Oxford, Oxford University Press, 2017).

[28] James Sefton e Martin Weale, *Reconciliation of National Income and Expenditure: Balanced Estimates of National Income for the United Kingdom, 1920-1990* (Cambridge/Nova York, Cambridge University Press, 1995).

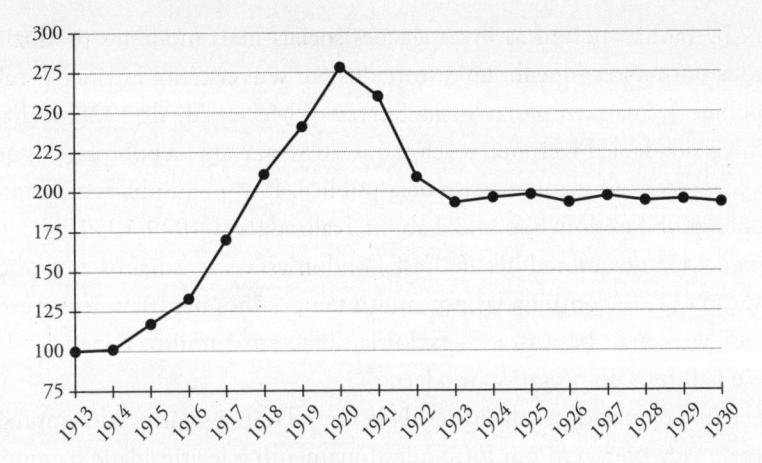

9.8 – Média dos salários semanais reais na Grã-Bretanha, expressos em libras, de 1913. Fonte: C. H. Feinstein, *National Income, Expenditure and Output of the United Kingdom*, cit., tabela 65, T140-41.

A violência inerente à austeridade refletiu-se nos índices de pobreza do período. Embora o fascismo "não reconheça (nem use) a categoria 'pobre'"[29], Vecchi[30] calcula que, durante a década de 1920, a porcentagem da população italiana em situação de pobreza absoluta aumentou para quase 30% – revertendo uma tendência de diminuição da pobreza que vinha ocorrendo desde 1861[31].

---

[29] Alberto Preti e Cinzia Venturoli, "Fascismo e stato sociale", em Vera Zamagni (org.), *Povertà e innovazioni istituzionali in Italia: dal Medioevo ad oggi* (Bolonha, Il Mulino, 2000), p. 731. Giovanni Favero, "Le statistiche dei salari industriali in periodo fascista", *Quaderni Storici* [new series], v. 45, n. 134, 2010, p. 337; disponível on-line. Favero conta um episódio revelador: ao publicar os procedimentos de sua primeira reunião científica em outubro de 1939, em Pisa, a Sociedade Estatística excluiu apenas uma intervenção, um artigo que se propunha a provar empiricamente que a relação entre a renda e as necessidades das famílias da classe trabalhadora estava abaixo do nível de subsistência.

[30] Ver Giovanni Vecchi, *Measuring Wellbeing*, cit., 2017.

[31] Durante os anos fascistas, "muitas famílias em dificuldade procuraram abrigos como albergues para a população pobre para obter alívio temporário das despesas com seus dependentes". Giacomo Gabbuti, "When We Were Worse Off", cit., p. 272. O "aumento nas detenções na Itália (de 60 mil para 100 mil entre 1925 e 1941) era outro sinal bastante perturbador do agravamento da condição das pessoas pobres". Ibidem, p. 271-2. Na verdade, a situação dos pobres não melhorou na década de 1930. Ao contrário do que a propaganda fascista declarava, "o fundo de assistência foi cortado em 4,5 milhões entre 1929-1930 e 1930-1931" – G. Melis, *La macchina imperfetta: immagine e realtà dello Stato fascista* (Bolonha, Il Mulino, 2018), p. 468 –, provocando retração no alívio da pobreza. Alberto Preti e Cinzia Venturoli, "Fascismo e stato sociale", cit., p. 744. Sobre a inépcia das medidas sociais redistributivas durante o entreguerras, ver também Chiara Giorgi e Ilaria Pavan, *Storia dello stato sociale in Italia* (Bologna, Il Mulino, 2021).

Na Grã-Bretanha, mesmo as investigações sociais mais modestas produziram resultados alarmantes (que foram distorcidos por seus critérios estritos de cálculo da pobreza). Por exemplo, a Social Survey of Merseyside de 1928, realizado pela Universidade de Liverpool, revelou que 16% estavam na pobreza, dos quais apenas 2% recebiam alguma assistência pública. Em uma linha semelhante, a New Survey of London Life and Labour realizada em 1929-1930 descobriu que quase 14% dos moradores de East London estavam "sujeitos a condições de privação que, se continuadas por muito tempo, lhes negariam tudo, exceto as necessidades mais básicas, e os excluiria do acesso a muitos benefícios incidentais e culturais do progresso moderno"[32].

Os efeitos devastadores da austeridade em relação a salários, desemprego e padrões de vida oferecem um forte questionamento à legitimidade da empreitada[33]. O fato de que esse argumento nunca foi discutido reflete as intenções políticas fundamentais que o norteavam: a subordinação da maioria era um pré-requisito essencial para salvaguardar o exercício regular da acumulação de capital e, especialmente, para permitir que a minoria governante colhesse os benefícios de um retorno ao capitalismo imaculado.

A austeridade promoveu a concentração de renda, enchendo os bolsos das elites das sociedades britânica e italiana[34]. Na Itália, de 1925 a 1930, houve um crescimento perceptível na participação dos mais ricos na renda total auferida pela minoria: a renda do 1% mais rico cresceu 9,6%, a do 0,1% do alto subiu 29% e a dos 0,05% do topo aumentou 41%[35]. O crescimento da concentração

---

[32] Informe em Pat Thane, *Foundations of the Welfare State* (2. ed., Longman Social Policy in Britain Series. Nova York/Londres, Addison-Wesley Longman, 1996), p. 157-8.

[33] Giacomo Gabbuti, *A Noi!, Income Inequality and Italian Fascism: Evidence from Labour and Top Income Shares*, Oxford Social History and Economics Working Papers, n. 177, University of Oxford, 2020, p. 263-72 ; disponível on-line. Gabbuti documenta como a deterioração das condições de vida da população italiana continuou na década de 1930, tornando-se visível no aumento da desnutrição, no alastramento das mortes por malária e outras doenças e nas taxas de mortalidade mais altas.

[34] Para uma análise da concentração de renda na Grã-Bretanha na década de 1920, ver María Gómez León e Herman J. de Jong, "Inequality in Turbulent Times: Income Distribution in Germany and Britain, 1900-1950", *Economic History Review*, v. 72, n. 3, 2018, p. 1.073-98; disponível on-line.

[35] Esses números que estimam o rendimento por meio da fonte fiscal deixam de registrar os grandes lucros isentos de impostos (lucros ilícitos, rendimentos da alta burocracia estatal etc.), sobretudo a grande evasão fiscal que ocorreu de forma esmagadora no topo. Como vimos no capítulo 7, tal evasão foi amplamente facilitada pelas reformas fiscais do regime fascista. Ver

de renda continuou, mesmo no início da Grande Depressão, em 1929[36]. Essa é a regra na história recente do capitalismo. Dados de renda das duas recessões globais mais recentes, a crise financeira de 2008 e a crise da pandemia de covid-19 de 2020, indicam como, em vez de ser niveladoras da distribuição de renda, as crises econômicas servem apenas para enriquecer poucos e empobrecer muitos. Isso acontece cada vez mais quando as crises são administradas por políticas que, sob o pretexto de estimular a economia, na verdade perpetuam a velha lógica da austeridade: transferir recursos de muitos para poucos.

Conclusão

A austeridade e sua repressão à demanda doméstica foram empreendidas para derrotar mais que um simples choque econômico. Na verdade, a década da austeridade que se seguiu à Primeira Guerra Mundial na Grã-Bretanha e na Itália consolidou plenamente a ordem social burguesa.

As estatísticas econômicas reunidas neste capítulo corroboram o argumento de que a austeridade funcionou (e ainda funciona) para restaurar as condições ideais de acumulação de capital, principalmente por meio de desemprego mais alto, salários mais baixos, aumento da exploração e aumento da participação dos lucros. A austeridade produz uma escassez em larga escala que alinha os trabalhadores com os interesses dos proprietários. Nesse sentido, a estratégia das políticas da austeridade "voltadas para a inflação" pode ser mais bem descrita como uma estratégia "voltada para a taxa de exploração"[37].

Como o clássico artigo de Michał Kalecki, "Aspectos políticos do pleno emprego" (1943)*, discute teoricamente, certa dose de desemprego é imperativa para garantir o equilíbrio de forças entre capital e trabalho que perpetua relações sociais favoráveis ao investimento de capital, em especial a disciplina suficiente da força de trabalho. Programas de gastos do governo e expansões monetárias, em contrapartida, desafiam essa pré-condição ao promover um

---

Giacomo Gabbuti, *A Noi!*, cit., p. 21-4. Gabbuti aponta que a guerra contra a evasão fiscal teve o efeito de aumentar a carga fiscal dos pequenos contribuintes. Além disso, Giacomo Gabbuti e María Gómez-León – "Wars, Depression, and Fascism: Income Inequality in Italy, 1900-1950", Working paper, 2104, Departamento de Economía, Universidad Pública de Navarra, 2021 – revelam um aumento acentuado da desigualdade ao longo da década de 1920.

[36] Giacomo Gabbuti, "When We Were Worse Off", cit., p. 274.
[37] Esse termo surgiu de uma conversa com Duncan Foley e agradeço a ele por isso.
* O artigo está disponível on-line na tradução de José Carlos Ruy para o português. (N. T.)

mercado de trabalho mais apertado. Como escreve Kalecki: "Sob um regime de pleno emprego permanente, a 'demissão' deixaria de cumprir seu papel de medida disciplinar [...] [criando] tensão política"[38].

Os ganhos da austeridade vieram principalmente na forma da substituição da tensão política por uma noção superficial de estabilidade política que, por sua vez, permitiu o retorno do investimento. As histórias paralelas e entrelaçadas dos casos britânico e italiano revelam que, apesar das diferenças institucionais, os tecnocratas de ambos os países foram capazes de alcançar os mesmos resultados, como ilustra a queda na participação dos salários e o consequente aumento da participação dos lucros nos dois países. Enquanto os altos funcionários do Tesouro britânico dependiam principalmente da coerção econômica das forças impessoais do mercado, os professores italianos se beneficiavam da coerção política de uma ditadura fascista que garantia uma repressão imediata sobre os salários – pela força, quando necessário. Em ambos os países, o restabelecimento da acumulação de capital foi acompanhado de uma maior concentração de renda no topo e um consumo mais baixo por toda parte.

É claro que, como apontam muitos economistas keynesianos e marxistas, no longo prazo, a repressão da demanda interna pode ser problemática para a acumulação de capital, na medida em que a falta de demanda pública e privada impede a realização do lucro e, portanto, do investimento[39]. Mas se este livro

---

[38] M. Kalecki, "Political Aspects of Full Employment", *Political Quarterly*, v. 14, n. 4, 1943, p. 3. Para um modelo recente de inspiração kaleckiana que ilustra formalmente as consequências das medidas de bem-estar e do pleno emprego no crescimento econômico – em especial sobre o impacto negativo de uma taxa crescente de emprego sobre a taxa de acumulação de capital e sobre os mecanismos de reação resultantes, ver Peter Flaschel et al., "Kaleckian Investment and Employment Cycles in Post-War Industrialized Economies", em Peter Flaschel e Michael Landesmann (orgs.), *Mathematical Economics and the Dynamics of Capitalism* (Nova York, Routledge, 2008).

[39] O efeito negativo da austeridade na demanda agregada tem sido destacado por keynesianos como a loucura da austeridade atual, mas também por muitos marxistas, particularmente aqueles da escola do capital monopolista ou da Monthly Review. Ver, por exemplo, John Bellamy Foster e Robert W. McChesney, *The Endless Crisis: How Monopoly-Finance Capital Produces Stagnation and Upheaval from the USA to China* (Nova York, Monthly Review, 2012). De fato, a crise de 1929, interpretada por alguns como uma crise de superprodução, foi, sem dúvida, exacerbada pela precariedade de um crescimento econômico fortemente dependente das exportações em um mercado internacional saturado, dada a "abstinência" forçada de trabalhadores britânicos e italianos, entre outros. Além disso, a persistência das políticas de austeridade ao longo da década de 1930 contribuiu muito para o agravamento da Grande Depressão. Sobre as políticas britânicas durante o período, ver Susan Howson, *Domestic Monetary Management in Britain, 1919-1938* (Cambridge, Cambridge University Press, 1975), cap. 4.

destaca algo é que a perpetuação da austeridade até os dias atuais não deve ser reduzida a uma questão de irracionalidade nem a uma de teoria econômica inválida dos especialistas que administram economias. A austeridade é uma ferramenta para manter as relações sociais capitalistas de produção – para manter a classe. Em uma ordem do capital austera, protestos populares podem surgir, porém os manifestantes enfrentam um cenário político que os enfraquece estruturalmente: é difícil protestar contra a austeridade capitalista quando se depende do capitalismo para sobreviver. Como exploraremos nas páginas finais deste livro, com o ressurgimento da austeridade no fim dos anos 1970, o aumento da participação dos lucros e da exploração têm sido uma constante na maioria dos países do mundo.

10
Austeridade para sempre

> [O Federal Reserve] precisa lembrar que sua prioridade é a macroeconomia. Quando os vejo dizendo que não vão aumentar os juros até que as taxas de desemprego dos grupos de diversidade sejam adequadas, fico nervoso. [...] Se eles levarem a inflação a sério, se a monitorarem de perto e estiverem preparados para causar dor, serão capazes de controlar a inflação.
>
> *Lawrence H. Summers* em entrevista ao *Bloomberg Wall Street Week*[1]

Se aceitamos o argumento de que a austeridade é uma ferramenta para gerenciar uma economia capitalista, como fizeram e fazem os economistas keynesianos, então podemos acreditar que sua implantação contínua em sociedades e economias é uma forma de irracionalidade política – uma política econômica errada baseada na teoria econômica errada que nunca teve sucesso em alcançar seus fins declarados. Tomemos, por exemplo, os eventos descritos neste livro. Em contraste com a promessa de estabilizar a economia mundial, o projeto de austeridade da década de 1920 foi um fracasso espetacular: a redução da demanda agregada – efeito que seus criadores *tiveram a intenção* de introduzir – é mencionada por muitos como a causa da Grande Depressão que começou em 1929 e só foi solucionada de fato graças ao estímulo econômico – essa é a ironia – de outra guerra mundial. A mesma avaliação de fracasso pode ser extraída das quase incontáveis crises econômicas que se seguiram às revoluções de austeridade na América Latina e na Europa nas últimas décadas[2]. O colapso

---

[1] Lawrence H. Summers, "Inflation Caused by Fed Dismissing Concerns as Transient", *Bloomberg Wall Street Week*, 5 mar. 2021; disponível on-line.

[2] Por exemplo, Semmler argumenta que uma "redução de gastos impulsionada pela austeridade tem um efeito negativo mais potente sobre a produção e o emprego quando há forte estresse financeiro, o que, por sua vez, reduz o consumo e o investimento, alimentando uma espiral descendente". Willi Semmler, "The Macroeconomics of Austerity in the European Union", *Social Research*, v. 80, n. 3, 2013, p. 899; disponível on-line. Esses modelos sugerem que os impactos da consolidação fiscal são piores (a ponto de causar uma recessão) em uma situação de fragilidade financeira, baixo crescimento, baixa propensão ao consumo e alto endividamento, como foi o caso da Europa depois de 2008. Para uma avaliação da austeridade na Europa após a crise de 2008,

econômico total da Argentina em 2002 foi seguido por uma década de austeridade, com todas as armadilhas industriais, fiscais e monetárias da década de 1920, incluindo privatizações em larga escala, cortes sociais exorbitantes e um salto na taxa de juros de 5,8% em 1996 para 9,4% em 2001[3]. Esses resultados parecem confirmar a visão keynesiana de que a austeridade falha em seu suposto objetivo de impulsionar o crescimento econômico. Contudo, como este livro ilustra, a capacidade da austeridade de impor e reforçar a estrutura de classes é a verdadeira medida de sua eficácia; a austeridade foi a serva e, na verdade, a primeira salvaguarda da ordem do capital. Nesse sentido, nunca foi um cálculo irracional. Essa lógica subentendida tornou-se evidente no momento de seu surgimento, quando o capitalismo havia sido desafiado em sua essência. No pós-guerra, alternativas ao capitalismo estavam atraindo cidadãos não só na Europa oriental, mas, como nosso livro explorou, também no coração do continente, em países como a Grã-Bretanha e a Itália. Novas instituições econômicas ameaçavam destruir o próprio conceito de "trabalhador assalariado" e o capital privado. A austeridade foi um baluarte contra essas ameaças nascentes.

Nos casos originários da Grã-Bretanha e da Itália, como em exemplos mais recentes, uma minoria tecnocrática interveio no que considerava um mundo fora de ordem. Sob o pretexto de reduzir a inflação e equilibrar o orçamento – temas de debate que continuam sendo os pilares da retórica especializada hoje –, os economistas trabalharam, antes e agora, a serviço de um objetivo mais essencial: a subordinação da maioria a uma ordem econômica vigente.

Em outras palavras, quando os economistas vendem austeridade como meio de "consertar a economia", seu objetivo é algo mais insidioso. Ao descrever a crise econômica induzida pela austeridade de 1921, o economista britânico G. D. H. Cole (que não era favorável a ela) capta a essência da maneira pela qual a austeridade mobiliza e molda uma sociedade:

---

ver também Stephan Mittnik e Willi Semmler, "Regime Dependence of the Fiscal Multiplier", *Journal of Economic Behavior & Organization*, v. 83, n. 3, ago. 2012; disponível on-line; e Willi Semmler e Alexander Haider, "The Perils of Debt Deflation in the Euro Area: A Multi-Regime Model", *Empirica*, v. 43, n. 2, maio 2016; disponível on-line.

[3] Para uma discussão sobre a evolução das taxas de juros da Argentina e da crise macroeconômica de 2001-2002, ver Mario Damill e Roberto Frenkel, "Argentina: Macroeconomic Performance and Crisis", *paper* para o Macroeconomic Policy Task Force of the International Policy Dialogue (IPD), 2003; disponível on-line.

A grande ofensiva da classe trabalhadora foi paralisada com sucesso; e o capitalismo britânico, embora ameaçado pela adversidade econômica, sentiu-se mais uma vez seguro no controle e bastante capaz de lidar, em termos tanto industriais como políticos, com qualquer tentativa que ainda pudesse ser feita do lado da mão de obra para derrubá-lo.[4]

Longe de ser irracional, a austeridade foi uma arguta contraofensiva que protegeu o capitalismo e suas relações de produção contra as incursões da democracia. Sem dúvida, a austeridade foi bem-sucedida em enfraquecer a maioria.

A trindade da austeridade: de volta à ação

Combinadas, as devastações da austeridade fiscal, monetária e industrial sufocaram todas as formas de ativismo de classe na Grã-Bretanha e na Itália dos anos 1920. Na Grã-Bretanha, um punhado de greves remanescentes buscou apenas obter interesses isolados de setores industriais, não a completa reformulação do modo de organizar a produção; na Itália, as greves desapareceram totalmente. Alberto de Stefani expressou orgulho por esse rápido apaziguamento, comentando, em 1926, que "durante os últimos quatro anos o regime fascista equilibrou o orçamento, restaurou a disciplina no mundo do trabalho e enfrentou, não obstante os sacrifícios que isso implicou, o pagamento de dívidas de guerra"[5].

Esse precedente bem-sucedido tornou a austeridade um tema popular e um recorrente kit de ferramentas para economias em todo o mundo. Foi o que aconteceu a partir do fim dos anos 1970, quando a austeridade voltou a ser moda na maioria dos países capitalistas, incluindo a Grã-Bretanha e a Itália.

Uma exploração (ou autópsia) completa desse período posterior – em especial que faça justiça aos muitos casos de reformas estruturais apoiadas pelo FMI no Sul global[6] – exigiria um livro à parte. No entanto, mesmo um estudo superficial dos casos mais importantes revela a permanência da lógica da austeridade – e a tendência da história em se repetir.

---

[4] G. D. H. Cole, *A History of Socialist Thought*, v. 4 (Nova York, St. Martin's, 1958), p. 419.
[5] Alberto de Stefani, "Italian Monetary Policy", *The Times*, 22 out. 1926, p. 17.
[6] Para um relato abrangente da austeridade em vários países do mundo a partir da década de 1970, ver Jon Shefner e Cory Blad, *Why Austerity Persists* (Cambridge, Polity, 2019).

A intervenção do Estado e o bem-estar social voltaram à moda depois da Segunda Guerra Mundial[7]. No pós-guerra, a mão de obra organizada, tanto britânica quanto italiana, fortaleceu e sustentou a influência política daquela moda. As pressões inflacionárias de meados da década de 1970 apenas amplificaram as vozes dos trabalhadores; as fileiras sindicais cresceram, as greves aumentaram, assim como as reivindicações e os apelos pelo rompimento com a ordem do capital predominante[8].

---

[7] Tanto na Grã-Bretanha quanto na Itália, os anos 1970 foram marcados por uma proteção social que se estendia muito além do chão de fábrica. O sistema nacional de saúde britânico foi reorganizado em 1974, em prol de mais centralização e acessibilidade. Naqueles mesmos anos, o Estado de bem-estar social italiano empreendeu uma substancial expansão qualitativa e quantitativa com a centralização do sistema de saúde e um regime generalizado de desemprego, entre outras coisas. A regulação estatal do mercado de trabalho apoiava-se em três pilares principais: a) um regime de seguro-desemprego; b) serviços centralizados de contratação; e c) um esquema de substituição de rendimentos de curto prazo em caso de dispensas temporárias (*Cassa integrazione guadagni ordinária*). Em meados da década de 1950, o total de gastos sociais italianos (incluindo a manutenção de renda, saúde e assistência social) absorveu cerca de 10% do PIB; em 1970, esse percentual havia subido para 17,4% e, em 1975, chegou a 22,6% – nível semelhante ao da França ou da Bélgica e superior ao da Grã-Bretanha. Maurizio Ferrera e Elisabetta Gualmini, *Rescued by Europe? Social and Labour Market Reforms in Italy from Maastricht to Berlusconi* (Amsterdã, Amsterdam University Press, 2004), p. 35. Sobre a evolução do sistema italiano de previdência social, ver Chiara Giorgi e Ilaria Pavan, *Storia dello stato sociale in Italia* (Bologna, Il Mulino, 2021); sobre o sistema britânico, G. C. Peden, *British Economic and Social Policy: Lloyd George to Margaret Thatcher* (Deddington, P. Allan, 1985).

[8] A maior sindicalização refletia uma maior contestação, a qual já havia explodido na Itália durante o outono quente de 1969, quando uma temporada de greves, ocupações de fábricas, protestos estudantis e manifestações de massa se espalharam por todo o norte do país, com epicentro na Fiat em Turim. A maioria das paralisações não eram oficiais, sendo lideradas por comitês de fábricas de trabalhadores ou grupos militantes de esquerda e não pelos sindicatos (ligados ao partido). As reivindicações ecoavam aquelas do "biênio vermelho" de 1919-1920: por exemplo, participação na gestão industrial, "igualitarismo" (ou seja, redução de diferenças salariais entre gêneros, categorias e qualificações) e maior controle sobre as políticas de renda. Ver Maurizio Ferrera e Elisabetta Gualmini, *Rescued by Europe?*, cit., p. 43. Uma vitória importante veio com a assinatura do Estatuto dos Trabalhadores em maio de 1970, que representou um ponto de inflexão legal e político para os direitos trabalhistas. Por exemplo, o estatuto reforçou o poder dos sindicatos no local de trabalho, dando-lhes um papel central nos órgãos de planejamento fabril. Instituiu também a regra da recontratação compulsória em caso de dispensa sem "justa causa" em todas as empresas com mais de quinze trabalhadores, abolindo a alternativa de pagamento de multa. Em 1975, a Confindustria teve até de aceitar um acordo que estabeleceu um novo sistema de indexação de salários à inflação, o que aumentaria os salários. Esses ganhos materiais não impediram o surgimento de novos protestos naquele ano: em 1977, um movimento estudantil extremamente radical se uniu ao crescente setor de trabalhadores precarizados e às alas mais radicais das classes trabalhadoras sindicalizadas (por exemplo, os metalúrgicos da Federazione Lavoratori

Os salários e os direitos trabalhistas continuaram crescendo ao longo da década. Na Itália, os anos 1970-1977 viram os salários reais subirem a uma média anual em torno de 7%[9], com a participação dos salários aumentando e atingindo o pico de 70% em 1977. Tendências semelhantes foram demonstradas pela Grã-Bretanha, onde o ativismo dos trabalhadores nas décadas do pós-guerra elevou a participação dos salários para 79% em 1975[10]. Durante o chamado inverno do descontentamento – de outubro de 1978 a fevereiro de 1979 –, as greves ocorreram em escala nunca vista desde a greve geral de 1926. Somente em 1979, 4 milhões de pessoas negavam-se a trabalhar, número igual à soma de grevistas durante 1919 e 1920[11].

Mas 1979 também viu a ascensão da primeira-ministra Margaret Thatcher, que se notabilizou por desprezar os trabalhadores como "ociosos, enganosos, inferiores e sanguinários" e que rejeitava discutir sobre classe em defesa de uma ênfase na "responsabilidade pessoal". Thatcher inaugurou o retorno da austeridade na Grã-Bretanha, dessa vez sob o conselho de uma equipe de especialistas que incluía membros da famosa Mont Pelerin Society[12] – comunidade intelectual considerada por muitos como inventora do neoliberalismo, organizada em torno do compromisso de defender os "valores centrais da civilização"[13].

Metalmeccanici [FLM]) na polêmica com a moderação da CGIL e a favor de uma sociedade não capitalista. Para uma reconstituição recente e ampla do movimento de 1977, ver Lucca Falciola, *Il movimento del 1977 in Italia* (Roma, Carocci, 2015).

[9] Enrico Levrero e Antonella Stirati, "Real Wages in Italy 1970-2000: Elements for an Interpretation", *Economia & Lavoro*, v. 38, n. 1, 2004, p. 66; disponível on-line.

[10] R. Thomas e N. Dimsdale, *"A Millennium of UK Data": Bank of England OBRA Dataset*, Bank of England, 2017; disponível on-line.

[11] Idem.

[12] Sobre a Mont Pelerin Society, ver Philip Mirowski e Dieter Plehwe (orgs.), *The Road from Mont Pelerin: The Making of the Neoliberal Thought Collective, with a New Preface* (Cambridge, MA, Harvard University Press, 2015). Note-se que o economista Friedrich Hayek, da Mont Pelerin, mantinha uma correspondência frequente com a primeira-ministra Thatcher, que foi muito influenciada por ele.

[13] A "Declaração de Objetivos" da recém-formada Mont Pelerin Society começa com um aviso: "Os valores centrais da civilização estão em perigo. Em grandes trechos da superfície da Terra, as condições essenciais da dignidade humana e a liberdade já desapareceram. Em outros, estão sob a constante ameaça dos desdobramentos das atuais tendências políticas. As posições do indivíduo e do grupo voluntário são progressivamente prejudicadas pela ampliação do poder arbitrário. Até mesmo aquele bem mais precioso do homem ocidental, a liberdade de pensamento e de expressão, está ameaçada pela propagação de crenças que, reivindicando o privilégio da tolerância quando estão em situação minoritária, buscam apenas estabelecer uma posição de poder na qual

Nigel Lawson, ministro das Finanças de Thatcher de 1983 a 1989, falava em termos similares aos de seus predecessores da década de 1920, exaltando virtudes como "firme disciplina monetária, sustentada por uma postura fiscal prudente"[14]. Em seu discurso sobre o orçamento de 1988, Lawson relatou com entusiasmo os efeitos da grande reforma da tributação sobre empresas que ele promoveu em 1984: "Ela nos deu uma das menores taxas de impostos pagos por empresas no mundo [35%]. Isso tem incentivado empresas estrangeiras a investir na Grã-Bretanha"[15]. Nessa mesma ocasião, ele anunciou uma nova expansão da tributação regressiva, incluindo o fim dos impostos sobre o capital e um aumento substancial nos impostos sobre o consumo, inclusive para cereais, cigarros e tabaco solto, cerveja, cidra, vinho e destilados[16] – políticas, disse ele, que tributariam "os maus hábitos" da população trabalhadora. Enquanto isso, a austeridade industrial britânica aumentou. Entre 1982 e 1986, especialistas do Tesouro supervisionaram mais de 22 privatizações de grandes empresas do setor público, incluindo a montadora Jaguar, a British Telecommunication e a British Gas; serviços públicos como água e eletricidade também foram colocados à venda[17]. Em 1988, Lawson se vangloriou: "Desde 1979, privatizamos 40% do setor industrial controlado pelo Estado", antes de acrescentar, "a privatização beneficia a empresa, seus funcionários e a economia como um todo"[18]. Novas leis também permitiram que os empregadores demitissem grevistas e

---

possam suprimir e obliterar todos os pontos de vista, exceto os seus próprios". Ver Mont Pelerin Society, "Statement of Aims"; disponível on-line.

[14] HC Deb, 15 mar. 1988, v. 129, cc. 995.

[15] Ibidem, cc. 999.

[16] O ministro disse as seguintes palavras: "Proponho aumentar o imposto especial sobre consumo de acordo com a inflação, mas com alguns ajustes modestos no total. O imposto sobre cigarros e tabaco solto subirá, incluindo o imposto sobre valor agregado (IVA), em montante equivalente a algo entre três e quatro pence por maço de vinte cigarros. Isso terá efeito a partir da meia-noite de quinta-feira. O imposto sobre um maço de cinco charutos pequenos será aumentado em dois pence, mas o do tabaco para cachimbo permanecerá inalterado. Quanto aos impostos sobre o álcool, proponho aumentos que, incluindo o IVA, serão de um centavo sobre o preço de um litro de cerveja e cidra de teor médio, quatro pence para uma garrafa de vinho de mesa e seis pence para uma garrafa de vinho espumante ou fortificado. Mais uma vez, não haverá aumento no imposto sobre as bebidas destiladas. Essas mudanças entrarão em vigor a partir das seis horas desta noite". "Taxes on Spending", HC 15 mar. 1988, v. 129, cc. 1003.

[17] Para uma breve história das privatizações na Grã-Bretanha, que continuaram sem parar após a era Thatcher, ver Richard Seymour, "A Short History of Privatisation in the UK: 1979-2012", *The Guardian*, 29 mar. 2012; disponível on-line.

[18] HC Deb, 11 fev. 1988, v. 127, cc. 487.

reduzissem a indenização em caso de dispensa do trabalho. E proibiram os trabalhadores de fazer greve em apoio a outros, ameaçando apreender bens sindicais nos casos de perpetuação de greves "ilegais"[19]. Os primeiros a sofrer um golpe foram os trabalhadores siderúrgicos, em 1980, que perderam a batalha em uma greve de treze semanas e pagaram o preço com milhares de empregos. Então, em março de 1985, ocorreu a emblemática capitulação dos mineiros depois de uma greve titânica que durou um ano. O colapso da categoria mais poderosa de trabalhadores do país transformou as características das relações trabalhistas britânicas. Se, em 1979, metade de todos os trabalhadores britânicos eram sindicalizados e 4,6 milhões de pessoas participaram de greves, em 1998, a associação sindical foi reduzida a menos de um terço da força de trabalho, e apenas 93 mil ainda participavam de greves[20]. De 1975 a 1996, as taxas de exploração econômica quase dobraram. Nesses mesmos anos, a taxa de lucro cresceu de 21% para 32%.

Após os avanços trabalhistas na Itália durante a década de 1970, a austeridade foi reintroduzida e previsivelmente bem-sucedida em apaziguar e disciplinar a maioria dos trabalhadores. O processo começou com os primeiros ajustes para a adesão ao Sistema Monetário Europeu (EMS, na sigla em inglês) em 1979 e, em seguida, foi amplamente fortalecido com o compromisso da Itália em aderir ao Tratado de Maastricht de 1992 – documento fundador da União Europeia (UE), imerso nos princípios econômicos de austeridade. Com o Tratado de Maastricht, os doze Estados-membros da União Europeia assumiram obrigações austeras permanentes por questão de "vigilância multilateral"[21].

Entre os homens que orientaram o esforço italiano para atender às condições de adesão à UE[22] estava Mario Draghi, que chefiou a delegação italiana da conferência intergovernamental que deu forma ao Tratado de Maastricht. Desde então, Draghi tem estado na linha de frente do poder tecnocrata italiano.

---

[19] Sobre a legislação antissindical entre 1980 e 2000, ver o relatório do Congresso dos Sindicatos Britânicos (TUC, na sigla em inglês), *TUC History*; disponível on-line.

[20] Cálculos do autor. A taxa de exploração foi calculada pela relação entre a participação dos lucros e a participação dos salários. Os dados são retirados de R. Thomas e N. Dimsdale, "A Millennium of UK Data", cit.

[21] Conselho da União Europeia, *Treaty on European Union* (Luxembourg, Office for Official Publications of the European Communities, 1992), p. 25.

[22] Ver os critérios para adesão à União Europeia: https://ec.europa.eu/neighbourhood-enlargement/policy/conditions-membership_en.

Ele atuou como diretor-geral do Tesouro italiano (1991-2001), governador do Banco da Itália (2005-2011) e presidente do Banco Central Europeu (2011--2019). Em 5 de fevereiro de 2021, foi empossado como primeiro-ministro italiano – nomeado não por meio de eleições, mas por indicação direta do presidente da República italiano.

Draghi deu continuidade a uma tendência de primeiros-ministros tecnocráticos não eleitos na Itália pós-Maastricht, liderada por altos funcionários do Banco da Itália, Carlo Azeglio Ciampi (1993-1994) e Lamberto Dini (1995--1996). Juntos, esses homens implementaram reformas de austeridade[23] que tinham como alvo o Estado de bem-estar social italiano e enviesaram as relações de poder para favorecer o capital sobre trabalho. Enquanto o governo italiano reduzia de forma drástica os gastos com intervenções sociais, a participação dos salários diminuiu constantemente a partir de 1983 (quando era de 70% do PIB), atingindo um mínimo de 61% em 2001[24].

Os italianos também introduziram medidas de austeridade industrial para promover a maior "flexibilidade" de salários e preços. Esses esforços culminaram com a abolição, em 1992, da *scala mobile* (sistema italiano de indexação dos salários introduzido em 1975 e uma emblemática vitória dos trabalhadores; ver capítulo 10, nota 5). O Estado também iniciou uma campanha inovadora de privatização para restaurar os orçamentos do país, "aumentar a eficiência" e fortalecer sua posição como membro da UE. A maioria dos bancos nacionais

---

[23] Sobre o processo de integração europeia, especialmente após Maastricht, Dyson e Featherstone comentam: "O programa de medidas domésticas mudou mais decisivamente no sentido de retração orçamentária, reforma do Estado de bem-estar social e das privatizações; a flexibilidade de salários e preços assumiu uma nova importância em um quadro político que excluía a desvalorização; e foram levantadas questões constitucionais sobre o desempenho do sistema político e o tipo de estrutura política que pode dar melhor sustentação à disciplina doméstica. Há também uma mudança no equilíbrio de poder entre os agentes, com a atualização do papel dos tecnocratas e do Banco da Itália (com dois altos burocratas do Banco da Itália assumindo, após Maastricht, o cargo de primeiro-ministro)". Kenneth Dyson e Kevin Featherstone, "Italy and EMU as a 'Vincolo Esterno': Empowering the Technocrats, Transforming the State", *South European Society and Politics*, v. 1, n. 2, jun. 1996, p. 273; disponível on-line.

[24] Para dados sobre gastos públicos, ver Ragioneria Generale dello Stato (RGS), "La spesa del balancio dello stato dall'unità d'Italia, anni 1862-2009", em Ministero dell'Economia e della Finanze, "La spesa dello stato dall'unita d'Italia", *150º Anniversario RGS*, 2011. Sobre a dinâmica da participação dos salários na Itália, ver Giacomo Gabbuti, *A Noi! Income Inequality and Italian Fascism: Evidence from Labour and Top Income Shares*, Oxford Social History and Economics Working Papers, n. 177, University of Oxford, 2020; disponível on-line.

e das empresas públicas – incluindo o Instituto para a Reconstrução Industrial (IRI), a Ente Nazionali Idrocarburi (ENI, de petróleo e gás natural) e a Ente Nazionale per l'Energia Elettrica (Enel, de gás e eletricidade) – foi vendida. A instituição do euro como moeda da Itália, que na prática eliminou a capacidade do país de regular sua própria moeda, aumentou a tendência de medidas de austeridade fiscal e industrial para atingir seus fins econômicos. Assim como aconteceu com o padrão-ouro no entreguerras, essa perda de soberania monetária "despolitizou" a austeridade, que agora passou a ser vista simplesmente como a única solução para os problemas econômicos do país.

Tudo isso veio à tona em junho de 2011, quando o povo italiano compareceu em número recorde para votar no referendo a respeito de interromper a privatização de todos os serviços de utilidade pública, incluindo o de água, com o objetivo de transformá-los em bens comuns. Fazia mais de cinquenta anos que o país havia utilizado com sucesso seu instrumento constitucional da democracia direta dessa forma. Muitas pessoas interpretaram o episódio como importante exemplo da capacidade de ação popular ou, talvez mais radicalmente, como um passo rumo a uma organização renovada da vida social italiana. Dois meses mais tarde, e como aconteceu na Itália por quase um século, a reação da austeridade entrou em ação.

Em 5 de agosto de 2011, no auge da crise da dívida pública, o primeiro-ministro Silvio Berlusconi recebeu uma carta altamente confidencial assinada pelo presidente do Banco Central Europeu, Jean-Claude Trichet, e seu sucessor designado, Mario Draghi. A carta afirmava "a gravidade" do momento e pedia uma ação "necessária" e "ousada" – "essencial para restaurar a confiança dos investidores"[25]. O BCE tinha a alavancagem a seu favor: se a Itália suavizasse suas reformas de austeridade, o Banco Central pararia de recomprar títulos italianos. As exigências do banco eram claras: a Itália devia demonstrar um implacável rigor fiscal (para atingir um déficit público igual a 1% do PIB já em 2012) e, sugeria a carta, empreender uma reforma constitucional que "tornaria as regras orçamentárias mais severas". A carta preconizava a "privatização em larga escala" dos serviços locais, incluindo os de utilidade pública e de água (contra a oposição do povo). O banco cobrou também a revisão das regras restritivas à contratação, demissão e negociação salarial e exigiu que a Itália reduzisse o custo de seu funcionalismo público reduzindo os salários "se necessário".

---

[25] Ver a carta em *Corriere della Sera*, 5 ago. 2011.

Se, em 1922, o governo de Mussolini conseguiu implementar o programa internacional de austeridade concebido, em grande medida, pelos interesses estrangeiros, Berlusconi teve menos sucesso em alcançar objetivos semelhantes em 2011. As pressões do BCE, aliadas às especulação financeira sobre os títulos italianos, forçaram-no a renunciar em novembro daquele ano. Berlusconi foi sucedido como primeiro-ministro – embora, novamente, não por meio de eleição – pelo economista da Universidade Bocconi, Mario Monti, que buscou a "reestruturação substancial das raízes econômicas em favor da produtividade da e competitividade"[26]. As ações de Monti lembram as de De Stefani que, em 1922, se dispôs a sacrificar qualquer um – em particular os membros mais fracos da sociedade – a fim de ganhar credibilidade financeira fora do país. Enquanto De Stefani invocava a "renúncia consciente aos direitos adquiridos pelos mutilados, inválidos e soldados", Monti, de modo similar, cortou os recursos financeiros para pacientes de esclerose lateral amiotrófica (ELA). Questionado sobre o impacto social dessa reforma, sua resposta foi simples: não era nada mais que a consequência das restrições de recursos por causa do comportamento imoral dos cidadãos italianos que, até então, "tinham protegido os próprios privilégios" (*tutleato i propri privilegi*) e "agido com astúcia" (*furbizia*)[27]. O refrão soa familiar: as crises são atribuídas a pessoas que vivem além de suas possibilidades e se recusam a trabalhar produtivamente.

Os governos italianos seguintes, incluindo os liderados pelo Partido Democrático (PD), insistiram na austeridade. Por exemplo, a Lei dos Empregos de 2014, do governo de Matteo Renzi, reverteu os direitos históricos do Estatuto dos Trabalhadores de 1970, tornando legal demitir funcionários a qualquer momento por "razões econômicas". À medida que as formas precárias de emprego e o subemprego cresceram, os salários caíram 4,3% entre 2010 e 2017[28]. O impacto desses anos de austeridade sobre o padrão

---

[26] Mario Monti, entrevista ao programa *Che tempo che fa*, RAI, 25 nov. 2012; disponível on-line.
[27] Idem. Quanto aos cortes nos cuidados de saúde de pacientes com ELA, Monti declarou que "chegamos a situações que são pesadas, às vezes, muito negativas, mas a resposta é simples: chega-se tão longe porque, durante décadas, a evasão de impostos foi considerada um crime menor, considerou-se que o interesse individual e a astúcia tinham o direito de cidadania em todos os campos, porque todos protegeram seus privilégios".
[28] Maria Jepsen (org.), *Benchmarking Working Europe 2019* (Bruxelas, European Trade Union Institute, 2019); disponível on-line. Ver também dados publicados em Alberto Magnani, "Retribuzioni, calo del 4,3% in 7 anni. Perché il problema dell'Italia sono gli stipendi", *Il Sole 24 Ore*, 17 fev. 2019; disponível on-line.

de vida da população italiana é visível nos dados oficiais de consumo real per capita, que caiu depressa entre 2011 e 2014 – uma queda de 7%[29].

A austeridade italiana estava longe de ser uma imposição externa do triunvirato econômico (Banco Central Europeu, Comissão Europeia e FMI). Na Itália, o poder intelectual dos economistas austeros – os chamados *Bocconi boys* – continua a dominar os debates sobre política e economia, tanto nacional como internacional. O fato de que a Universidade Bocconi mantém com orgulho a tradição de Luigi Einaudi – que lá ensinou finanças públicas de 1902 a 1925 – não é um detalhe nessa história. Como seus antecessores na década de 1920, economistas italianos do porte de Alberto Alesina, Silvia Ardagna, Carlo Favero, Francesco Giavazzi e Guido Tabellini serviram de proeminentes conselheiros do FMI, do Banco Mundial e do BCE, consolidando uma crença central de que o crescimento econômico exige que a maioria da população aceite trabalhar mais por salários mais baixos[30].

Enfraquecendo a teoria "apolítica"

Os especialistas em economia das conferências de Bruxelas e Gênova não se imaginavam subjugando a vontade da maioria *em si*. Pelo contrário, na dissonância que é comum entre economistas, eles veriam suas reformas como

---

[29] Para dados sobre consumo real per capita na Itália, ver Óscar Jordà, Moritz Schularick e Alan M. Taylor, "Macrofinancial History and the New Business Cycle Facts", em Martin Eichenbaum and Jonathan A. Parker (orgs.), *NBER Macroeconomics Annual 2016*, v. 31 (Chicago, University of Chicago Press, 2017).

[30] Para além dos cargos de professor em universidades de prestígio nos Estados Unidos e na Europa (Harvard, Chicago, Stanford, MIT, Bocconi etc.) e de funções editoriais nas principais revistas econômicas (como *Quarterly Journal of Economics*, *European Economic Review* etc.), esses especialistas ocuparam postos em instituições proeminentes para a divulgação de pesquisas econômicas importantes. Alesina, por exemplo, dirigiu o programa de economia política do National Bureau of Economic Research (NBER) desde a sua formação, em 2006. Os professores também trabalharam como consultores do Banco Mundial, do Banco Central Europeu e do Fundo Monetário Internacional e aconselharam órgãos governamentais como o Tesouro francês, o Federal Reserve em Nova York, o Tesouro italiano e o Banco Central italiano. Também assessoraram diretamente os governos italianos. Tabellini assessorou o governo de Romano Prodi (2006-2008) e Matteo Renzi (2014-2016); Giavazzi assessorou Mario Monti (2011-2013) e, desde 2021, é conselheiro de Mario Draghi. Os especialistas também escrevem regularmente na imprensa italiana. Para mais pormenores sobre as redes de poder nacionais e internacionais desses especialistas, ver Oddný Helgadóttir, "The Bocconi Boys Go to Brussels: Italian Economic Ideas, Professional Networks and European Austerity", *Journal of European Public Policy*, v. 23, n. 3, mar. 2016, p. 393-409; disponível on-line.

fundamentadas em uma compreensão elevada de como o mundo funciona. Esses pais da economia predominante hoje apresentavam as políticas de austeridade como resultado de uma teoria objetiva e neutra, uma visão de mundo que transcendia as relações de classe. O declarado anseio que tinham de "adestrar os homens", por sua vez, não estava ligado à dominação, mas à necessidade de organizar a sociedade – algo acima da classe ou da mera política. Esta é a despolitização: serviu (e ainda serve) para ocultar a coerção econômica sob o pretexto de construir consenso – neste caso, como em outros, para enfraquecer a maioria.

Contudo, uma teoria que simula estar além da classe também é uma teoria que deixa de abordar a classe em sua estrutura teórica. O fato de que a austeridade passou a existir à sombra da Primeira Guerra Mundial – sendo um quadro econômico "agnóstico em relação à classe" implantado em um momento de um conflito de classes sem precedentes – demonstra o caráter imperioso e negacionista de seus criadores.

Os economistas naturalizaram mais uma vez o capital como uma relação social, excluindo as alternativas a ele. Enquanto *L'Ordine Nuovo* desenvolvia uma teoria do trabalho como fonte de valor para os empregadores e criticava a exploração como uma armadilha estrutural para os trabalhadores, os economistas retratavam essas relações de trabalho como trocas iguais entre indivíduos iguais – uma via de prosperidade para todos aqueles que demonstrassem a capacidade racional de obter o máximo possível. Os economistas moldaram a sociedade de mercado como aquela em que todas as pessoas, desde que suficientemente racionais e virtuosas, tinham o potencial de prosperar. Essa visão aparentemente emancipatória estava, na verdade, entre as mais classistas: as hierarquias sociais eram reflexos dos méritos individuais, ou seja, quem não estava no topo não merecia estar lá. Os lucros dos empresários-poupadores eram produto de seu comportamento virtuoso, o mesmo comportamento que assinava os contracheques dos trabalhadores e impulsionava a economia.

Nenhuma arma física poderia ter sido tão poderosa quanto esse quadro teórico para remover a capacidade de ação dos trabalhadores e justificar o lucro. A mensagem é aquela que hoje todos nós internalizamos: quando nos esforçamos o suficiente, podemos subir e nos tornar parte da classe poupadora e investidora. Aqueles que falham em fazê-lo podem culpar apenas a si mesmos.

Os modelos econômicos atuais continuam a reforçar nossa aceitação passiva dessa ordem do capital. As teorias dos *Bocconi boys* – o grupo de economistas italianos austeros influentes cujos perfis tornaram-se predominantes no fim dos anos 1970 –, por exemplo, refletem a suposição de que os poupadores-investidores detêm a chave da prosperidade econômica. Esse continua sendo o fio condutor de suas teorias[31].

A consequência lógica é que o propósito da política econômica é transferir recursos da maioria para uma minoria econômica. Os cortes em gastos sociais, escreveu Alberto Alesina, "sinalizam que os impostos não precisarão subir no futuro e, dessa forma, estimulam os investidores a ser 'mais ativos'"[32]. Em termos específicos, para reforçar as expectativas de lucro, os governos são incentivados a "cortar do orçamento itens *mais sensíveis do ponto de vista político*: transferências [sociais] e também salários e empregos públicos"[33]. A mensagem geral é explícita: os cortes em gastos sociais e nos custos trabalhistas não só fomentam

---

[31] Como astutamente resumiu Alesina: "O que impede uma economia de entrar em recessão quando os gastos do governo, um importante componente da demanda agregada, diminuem? [...] A resposta: o investimento privado. Nossa análise revelou que a acumulação de capital no setor privado aumentou após reduções de déficit via corte de gastos, com as empresas investindo mais em atividades produtivas – por exemplo, comprando maquinaria e abrindo novas fábricas. [...] E, após reduções de déficit via aumento de impostos, a acumulação de capital caiu". Alberto Alesina, "The Kindest Cuts", *City Journal*, outono 2012; disponível on-line). Além disso, Alesina e Perotti afirmam que "o principal motivo teórico para sugerir que ajustes fiscais talvez não sejam contraditórios é o argumento do *crowding in*: uma redução na necessidade de empréstimos estatais, por meio da redução das taxas de juros, pode 'estimular' [crowd in] investimentos privados". Alberto Alesina e Roberto Perotti, "Reducing Budget Deficits", *paper* para a conferência Growing Government Debt – International Experiences, Estocolmo, 12 jun. 1995, p. 21; disponível on-line. Para uma reformulação desses argumentos, ver também Alberto Alesina et al., *Austerity* (Princeton, Princeton University Press, 2019).

[32] Alberto Alesina, "The Kindest Cuts", cit. Alesina, Tabellini e Perotti têm repetido esse argumento favorável a uma austeridade baseada nas expectativas dos empresários ao longo das últimas décadas. Ver, por exemplo, Alberto Alesina e Silvia Ardagna, "Large Changes in Fiscal Policy: Taxes versus Spending", *Tax Policy and the Economy*, v. 24, n. 1, 2010, p. 35-68; disponível on-line; Idem, "The Design of Fiscal Adjustments", *Tax Policy and the Economy*, v. 27, n. 1, 2013, p. 19-68; disponível on-line; Alberto Alesina, Silvia Ardagna e Jordi Galí, "Tales of Fiscal Adjustment", *Economic Policy*, v. 13, n. 27, 1998, p. 489-545; disponível on-line; Alberto Alesina e Roberto Perotti, "Reducing Budget Deficits", cit.; Idem, "The Welfare State and Competitiveness", *The American Economic Review*, v. 87, n. 5, 1997, p. 921-39; disponível on-line; Alberto Alesina e Veronique de Rugy, *Austerity: The Relative Effects of Tax Increases versus Spending Cuts* (Arlington, Mercatus Center at George Mason University, 2013); disponível on-line; e Alberto Alesina, Carlo Favero e Francesco Giavazzi, "The Output Effect of Fiscal Consolidation Plans", *Journal of International Economics*, v. 96, 1º jul. 2015, p. S19-42; disponível on-line.

[33] Alberto Alesina e Roberto Perotti, "Reducing Budget Deficits", cit., p. 12, itálicos meus.

os lucros de alguns poucos eleitos, como ajudam no controle da maioria das pessoas que, sem isso, faria corpo mole (o mesmo tipo de corpo mole que as impede de serem poupadoras e investidoras)[34].

A interconexão entre austeridade fiscal e industrial (que os economistas chamam de *reformas do lado da oferta*, incluindo privatizações e desregulamentação do mercado de trabalho)[35] garante efeitos disciplinares máximos das forças de mercado. Aqui, novamente, Alesina e seus colegas oferecem um manual de controle econômico: "A diminuição dos empregos no governo reduz a probabilidade de encontrar um emprego caso não se esteja empregado no setor privado, e a diminuição nos salários governamentais diminui a renda do trabalhador caso ele esteja empregado no setor público". Em ambos os casos, observam os autores, "o salário exigido pelo sindicato dos trabalhadores do setor privado diminui, aumentando lucros, investimento e competitividade"[36]. Os especialistas são claros: em nome do bem de todos, a "moderação salarial"; o "fim do pagamento de bônus de Natal"[37]; e uma idade de aposentadoria mais elevada eram todas políticas desejáveis. Como ponderou Alesina certa vez: "Se os franceses pensam que podem continuar se aposentando aos sessenta anos, estão muito enganados"[38].

Ao contrário dos primeiros arquitetos da austeridade, cujas teorias foram forjadas como se operassem em um nível além da classe, esses extremistas da austeridade atuais demonstram consciência de como suas prescrições políticas afetam a classe trabalhadora. "O ajuste fiscal pode aumentar a desigualdade de renda", escreveram Alesina e Roberto Perotti em 1995, observando também que "a participação dos lucros no setor empresarial aumenta" e "a participação dos salários diminui durante o ajuste e permanece mais baixa do que era

---

[34] Aliás, os especialistas da austeridade mostraram-se constantemente ansiosos quanto a uma potencial ruptura da base ordenada da acumulação de capital. Para eles, "o aumento de empregos públicos, de salários de funcionários público, de auxílios-desemprego e de impostos sobre o trabalho pressionam as reivindicações salariais dos sindicatos, causando salários mais altos no setor privado, menor emprego, capital e da produção". Alberto Alesina e Silvia Ardagna, "The Design of Fiscal Adjustments", cit.

[35] Sobre as reformas do lado da oferta, ver: Alberto Alesina, "The Kindest Cuts", cit., e Alberto Alesina e Veronique de Rugy, *Austerity*, cit.

[36] Alberto Alesina e Silvia Ardagna, "Large Changes in Fiscal Policy", cit., p. 38.

[37] Alberto Alesina e Veronique de Rugy, *Austerity*, cit., p. 15.

[38] Alberto Alesina, "The Kindest Cuts", cit.

antes"³⁹. Esses impactos nas classes correspondem às condições mais eficientes para a ordem do capital.

Afundados no jargão técnico e nas publicações tecnocráticas em que essas declarações de intenções são feitas, Alesina e seus colegas demonstram a mesma desconfiança em relação às classes trabalhadoras que Luigi Einaudi e Maffeo Pantaleoni demonstraram após a Primeira Guerra Mundial. Em artigo científico escrito para o FMI, Alesina denuncia a "cultura de dependência" da população do sul da Itália, característica que, argumenta ele, é possibilitada por políticas expansionistas que desencorajam ainda mais o empreendedorismo:

> Quanto menos os indivíduos estão preparados para "enfrentar o mercado", mais preferem empregos públicos. Além do mais, isso produz um poderoso eleitorado de funcionários públicos e seus sindicatos que normalmente são contrários a políticas orientadas para o mercado e à maior flexibilidade no mercado de trabalho.⁴⁰

A austeridade foi, desde o início, avivada pela ansiedade em relação às vontades e às ações de cidadãos "merecedores". Nas palavras de seu bardo, Alesina, a austeridade mune especialistas e líderes de instrumentos para "proteger" as decisões econômicas das "pressões políticas populares inevitáveis a fim de perseguir políticas expansionistas de curto prazo"⁴¹.

Antidemocracia e autoritarismo

Como explicitou Pantaleoni em 1920, a formulação de políticas econômicas não podia ser "popular e exata ao mesmo tempo". O problema da democracia política era que as pessoas não entendiam o que era de seu interesse; elas tinham de ser afastadas das decisões econômicas para seu próprio bem. Hoje, as políticas de austeridade permanecem fundamentadas em um esforço de proteger a governança econômica da opinião pública – de evitar que a economia se torne política.

Na Itália, onde as sucessões políticas já acontecem de forma antidemocrática, as ideias antidemocráticas dos tecnocratas da década de 1920 continuam a ser

---

[39] Alberto Alesina e Roberto Perotti, "Reducing Budget Deficits", cit., p. 21.
[40] Stephan Danninger, Alberto Alesina e Massimo Rostagno, "Redistribution through Public Employment: The Case of Italy", *International Monetary Fund Working Papers*, n. 177, 1999, p. 4; disponível on-line.
[41] Alberto Alesina e Vittorio Grilli, *The European Central Bank: Reshaping Monetary Politics in Europe* (Cambridge, MA, National Bureau of Economic Research, 1991), p. 14; disponível on-line.

reinventadas com renovada sofisticação. Como parte de um esforço acadêmico contínuo e incansável iniciado nos anos 1980 e ainda em curso, economistas que defendem a austeridade promoveram uma noção de que as democracias eleitorais (sobretudo aquelas com representação proporcional) demonstram uma tendência intrínseca para acumular dívidas e, portanto, são economicamente ineficientes. Nas palavras de um artigo digno de nota, "a falta de disciplina fiscal é encontrada quase exclusivamente em países governados por democracias representativas"[42]. Essas opiniões evocam as de Pantaleoni na conferência de Bruxelas de 1920: "Onde o socialismo for forte, onde a democracia for forte, as finanças públicas seguirão o caminho errado"[43].

Sob o regime fascista, enquanto os professores italianos encontravam imunidade contra a responsabilidade democrática em um governo autoritário que lhes permitiu implementar diretamente seus modelos, a versão britânica de tecnocracia se concentrou em uma campanha de gestão econômica pelas mãos de bancos centrais – uma campanha que depois foi exportada para todo o mundo. Os esforços de Blackett com o Banco Central indiano foram compatíveis com os esforços semelhantes de Niemeyer na Europa oriental, na Austrália, no Brasil e na Argentina.

A relação universal entre austeridade e repressão política, que foi exposta pelo fascismo, mas soterrada por políticas em outros lugares, revela como o tratamento econômico dos cidadãos italianos não era tão diferente daquele que os especialistas britânicos imaginaram para o próprio povo. Mesmo que diferentes na execução, os tecnocratas italianos e britânicos compartilhavam um propósito comum: impor sacrifícios à maioria da população. E os dois o fizeram sem qualquer repreensão real.

Depois que o povo fosse excluído do processo de tomada de decisões, os modelos de economia pura podiam reafirmar a primazia do mercado, deixando-o funcionar como deveria – ou seja, implacável e livre das reivindicações dos trabalhadores. Na visão dos especialistas, a liberdade econômica era mais importante que a liberdade política – em especial a liberdade política de administrar a economia em termos democráticos. Na verdade, esses economistas entendiam a liberdade não no sentido gramsciano – em que a liberdade econômica

---

[42] Vittorio Grilli et al., "Political and Monetary Institutions and Public Financial Policies in the Industrial Countries", *Economic Policy*, v. 6, n. 13, 1991, p. 359; disponível on-line.

[43] Liga das Nações, *Conferência Financeira de Bruxelas*, v. 4 (Londres, Liga das Nações/Harrison and Sons, 1920), p. 109.

significava emancipar a maioria da exploração (como detalhado no capítulo 4) –, mas como proteção da minoria que poupa e investe e do livre-mercado irrestrito em que essa minoria operava. Em outras palavras, a liberdade econômica significava a operação de acumulação de capital, que exigia a coerção econômica inerente às relações assalariadas e, assim, a falta de liberdade das classes populares. O conceito de liberdade econômica dos tecnocratas era, de fato, incompatível com qualquer empoderamento da maioria.

Os especialistas do Tesouro britânico puderam renunciar à violência física porque usaram as taxas de juros e o orçamento para tirar os trabalhadores de seus empregos e segurança social. Mesmo em cenários de capitalismo liberal de elite, os especialistas ainda protegem o poder de ajustar os mostradores da gestão macroeconômica e desenvolvem estratégias semelhantes para escondê-los da visão popular. O isolamento da independência do banco central é um clichê do projeto de austeridade até hoje; uma ampla bibliografia elogia de modo quase unânime a "desejabilidade social" de excluir os cidadãos das decisões e, pelo contrário, favorecer "um agente cujas preferências são mais avessas à inflação do que as preferências da sociedade"[44].

A constituição do BCE, que desde 1999 atuou como a única instituição emissora de todos os Estados-membros, representou uma grande conquista para a austeridade tecnocrática. O BCE funciona com uma incumbência e uma estrutura que se baseiam no modelo hawtreyiano da década de 1920. Desde o Tratado de Maastricht, o BCE conserva "independência formal em relação a dirigentes eleitos", de modo a operar "sem preconceito" em favor da estabilidade de preços – sua principal incumbência. A constituição do banco ainda proíbe explicitamente o conselho do BCE de "receber qualquer instrução da comunidade ou de instituições políticas dos países"[45]. A independência política é acompanhada pela independência econômica[46]: o BCE não tem obrigação de

---

[44] Alberto Alesina e Lawrence H. Summers, "Central Bank Independence and Macroeconomic Performance: Some Comparative Evidence", *Journal of Money, Credit and Banking*, v. 25, n. 2, 1993, p. 151.

[45] Alberto Alesina e Vittorio Grilli, *The European Central Bank*, cit., p. 13, a respeito do artigo 7. A ponto de existir uma grande discrepância entre os resultados eleitorais nacionais e a representação no conselho do BCE. A esquerda europeia em especial está muito sub-representada no conselho do BCE. Ibidem, p. 29.

[46] Um banco central é considerado politicamente independente se tiver a capacidade de definir o objetivo final da política monetária. A independência econômica, por sua vez, é a liberdade de escolher os instrumentos para a busca desses objetivos. Ver Vittorio Grilli et al., "Political and

financiar os déficits públicos das nações-membros, restringindo fortemente a política fiscal expansionista nos Estados[47].

A era da UE também ofereceu aos defensores da austeridade um período para promover reformas institucionais que atacam explicitamente os fundamentos dos princípios da democracia – grades de proteção política que, sobretudo na Itália, foram formalizadas para marcar uma distância em relação ao passado fascista do país. Tal como os economistas fascistas no início dos anos 1920, essas figuras contemporâneas defendem reformas eleitorais para diminuir a representação proporcional (e, assim, favorecer governos mais fortes) e para reescrever as constituições dos países, a fim de incluir a obrigação de um orçamento equilibrado. A Itália implementou as duas políticas na década de 2010.

Em períodos de maior contestação popular contra a ordem do capital, o único caminho para alcançar esses fins de austeridade era endossar o autoritarismo. O roteiro da Itália fascista austera foi repetido sob a ditadura militar de Augusto Pinochet no Chile (1973-1990), que foi iniciada com o bombardeio do Palacio de la Moneda em 11 de setembro de 1973, para remover Salvador Allende, o presidente socialista que então era o líder de uma luta popular pela redistribuição social e a ressocialização de grandes setores da economia. O golpe abriu as portas para que os *Chicago boys* – seleto grupo de economistas chilenos formados na Universidade de Chicago com gurus neoclássicos como Milton Friedman e Arnold Harberger – implementassem o *Ladrillo*: um calhamaço que delineava um plano de austeridade

---

Monetary Institutions and Public Financial Policies in the Industrial Countries", cit., p. 366-7, e Alberto Alesina e Vittorio Grilli, *The European Central Bank*, cit. Para uma análise pormenorizada das características institucionais do BCE e da forma pela qual elas garantem um elevado grau de independência, ver a mesma obra de Alberto Alesina e Vittorio Grilli. O ex-presidente do Banco Central de Chipre, Athanasios Orphanides, observa que: "[O BCE] é consideravelmente mais independente e, sem dúvida, menos responsável que o FED. Nos Estados Unidos, o Federal Reserve presta contas ao Congresso e seus poderes estão sujeitos a alterações por lei. Em contrapartida, o Parlamento Europeu tem relativamente pouco poder sobre o BCE. O quadro jurídico do BCE é regido pelos Tratados da União Europeia e, como tal, não pode ser modificado por qualquer governo nem pelo Parlamento Europeu". Declaração de Athanasios Orphanides no Subcomitê de Política Monetária e Comércio do Comitê de Serviços Financeiros, Câmara dos Deputados dos Estados Unidos, 13 nov. 2013, p. 62-7.

[47] "O artigo 21.1 proíbe o BCE de abrir [novas] linhas de crédito à comunidade ou a instituições públicas nacionais, mesmo que temporariamente. O mesmo artigo proíbe o BCE de participar no mercado primário de títulos governamentais". Alberto Alesina e Vittorio Grilli, *The European Central Bank*, cit., p. 14-5.

feroz que sufocou com sucesso a alternativa chilena ao capitalismo. O Museu da Memória e dos Direitos Humanos do Chile, inaugurado em 2010 em Santiago, relembra os custos humanos de um regime habilitado para decretar a austeridade chilena: mais de 40 mil pessoas morreram, desapareceram ou sofreram repressão durante a ditadura de Pinochet. Questionado sobre esses incidentes, o economista chileno Rolf Lüders, um dos *Chicago boys* e ex-ministro das Finanças de Pinochet, apontou lucidamente a conexão entre austeridade e coerção política: "E se me perguntarem se a violação dos direitos humanos se justifica? Não, acho-a horrível. Mas parece-me que não teria sido possível fazer a mudança que foi feita no Chile sem regime autoritário"[48]. A "mudança" a que ele se refere promoveu os procedimentos usuais da austeridade: aumento do desemprego (32% em 1983), acompanhado por um aumento da exploração, que de 1971 a 1985 quase dobrou (de 0,62 para 1,28). Naqueles anos, a participação dos lucros corporativos subiu de 31,4% para 42,4%[49]. A proporção dos salários diminuiu em 17,6%, enquanto a proporção de lucros aumentou em 10%. A taxa de pobreza aumentou de 20% para 44%[50].

A mescla de autoritarismo, conhecimento econômico e austeridade é tendência recorrente na história moderna. Pode ser vista no caso dos economistas formados em Berkeley trabalhando para a ditadura de Suharto na Indonésia (1967-1998), bem como na dramática história da afirmação da *ordem do capital* na Rússia após a dissolução da União Soviética. Nesse exemplo, o governo de Boris Iéltsin efetivamente declarou guerra aos legisladores russos que se opuseram ao programa de austeridade apoiado pelo FMI que Iéltsin procurou para estabilizar a economia russa. O auge do ataque à democracia por

---

[48] No documentário *Chicago Boys*, 2015.

[49] Distribuição Funcional do Rendimento (Percentual), tabela 2, base 197, em Rafael Agacino e María Madrigal, "Chile Thirty Years after the Coup: Chiaroscuro, Illusions, and Cracks in a Mature Counterrevolution", *Latin American Perspectives*, v. 30, n. 5, 2003, p. 47; disponível on-line. Aqui, a taxa de exploração é calculada como lucros líquidos/salários. Os autores mostram que a tendência continua, mesmo que a taxas mais baixas, após a queda de Pinochet. A mudança de regime não significa mudança no programa básico de austeridade. Para uma breve discussão sobre como os sucessivos governos do Chile preservaram o modelo econômico e institucional de Pinochet e sobre as lutas atuais para reconquistar o papel dos cidadãos, ver Camila Vergara, "Burying Pinochet", *Sidecar, New Left Review*, 12 jan. 2021; disponível on-line.

[50] Sobre a estimativa da pobreza na América Latina, ver Nu Cepal, Divisão de Estadística y Proyecciones Económicas, *Magnitud de la pobreza en América Latina en los años ochenta* (Santiago de Chile, Cepal, 1990); disponível on-line.

Iéltsin ocorreu em outubro de 1993, quando o presidente solicitou a ajuda de tanques, helicópteros e 5 mil soldados para lançar fogo sobre o Parlamento russo. O ataque matou mais de quinhentas pessoas e deixou muitas mais feridas. Quando as cinzas baixaram, a Rússia estava sob controle ilimitado do regime ditatorial: Iéltsin dissolveu o "Parlamento recalcitrante"[51], revogou a constituição, dissolveu o tribunal constitucional, fechou jornais e prendeu seus opositores políticos[52].

Assim como no caso da ditadura de Mussolini na década de 1920, a revista *The Economist* não teve escrúpulos em justificar as ações do homem forte Iéltsin como o único caminho capaz de garantir a ordem do capital:

> O senhor Iéltsin teve de escolher entre esmagar seu rival com força ou ver-se, ver seu governo e qualquer perspectiva de reforma ser destruída. [...] A oposição ao senhor Iéltsin era uma coalizão grotesca de extremistas de todos os tipos, não são poucos entre eles que, aos olhos ocidentais, parecem completamente loucos. [...] A ameaça, ao fim, foi máxima – assim como, necessariamente, foi a resposta.

O artigo concluía: "Esses ganhos – a restauração do poder do senhor Iéltsin para governar e o novo avanço da reforma econômica – são realmente grandes"[53]. Nos meses seguintes, *The Economist* se debruçava sobre a rápida privatização das indústrias russas, dados do Banco Mundial mostravam que o desemprego havia chegado aos dois dígitos[54]. Se, em 1987-1988, 2% do povo russo vivia na pobreza (isto é, sobrevivia com menos de 4 dólares por dia), em 1993-1995 esse número chegou a 50%: em apenas sete anos, metade da população russa

---

[51] "The World's Worst Central Banker", *The Economist*, 16 out. 1993, p. 108.

[52] "Na segunda-feira, ele [Iéltsin] fechou vários jornais apoiadores do Parlamento e proibiu algumas organizações políticas que se opunham a ele. E continuou procedimento de perseguição de proeminentes oponentes políticos – cortando suas linhas telefônicas, tirando seus carros, removendo seus destacamentos de segurança". Dorinda Elliott e Betsy McKay, "Yeltsin's Free-Market Offensive", *Newsweek*, 17 out. 1993; disponível on-line.

[53] "Yeltsin Regrets", *The Economist*, 9 out. 1993, p. 15 e seg.

[54] Na Rússia, o desemprego era de 5% em 1991 e 13% em 1998 (ver https://www.macrotrends.net/countries/RUS/russia/unemployment-rate). Os salários reais caíram de 40% a 60% entre 1987 e 1996, catalisando uma grande redução da participação dos salários, que caiu de 41% do PIB em 1987-1988 para 26% em 1993-1994. Ver Branko Milanović, *Income, Inequality, and Poverty during the Transition from Planned to Market Economy (English)* (World Bank Regional and Sectoral Studies, Washington, DC, World Bank Group, 1998), p. 29.

tornou-se miserável⁵⁵. No mesmo período, a renda não salarial aumentou de 5% para 23% do PIB⁵⁶.

Esses efeitos imediatos e devastadores da austeridade não foram surpresa. Foram resultados que seguiam o roteiro do "consenso dos economistas", como definiu Lawrence H. Summers em 1994, quando atuou como funcionário do Tesouro durante o governo de Bill Clinton. Summers estava convencido de que, para a Rússia, "as três 'ações' – privatização, estabilização e liberalização – devem ser concluídas o mais rápido possível. Manter o impulso de reforma é um problema político crucial"⁵⁷. Como interesse estrangeiro, os Estados Unidos estavam ansiosos para resolver esse problema crucial: o presidente Clinton repassou bilhões em ajuda a Iéltsin⁵⁸ e a Agência dos Estados Unidos para o Desenvolvimento Internacional (Usaid, na sigla em inglês) generosamente financiou o Harvard Institute for International Development, dirigido pelo economista Jeffrey Sachs, para assessorar o projeto de austeridade de Iéltsin.

Em seu ensaio "What Is Authority?" [O que é autoridade?], a teórica política do século XX Hannah Arendt escreveu: "A busca pela melhor forma de governo revela-se a busca pelo melhor governo para os filósofos" – as pessoas que fazem a busca –, "que acabam sendo os governos em que os filósofos se tornaram os governantes da cidade"⁵⁹. Para os especialistas em austeridade que impõem suas vontades às economias de transição desde os anos 1920, o processo é bem semelhante: exatamente no momento em que seu conhecimento supostamente puro das ideias econômicas transcendentes é aplicado para governar o mundo real, logo fica claro que as ideias econômicas não são de fato transcendentes. Embora esses economistas possam refutar a sugestão de um programa nesses

---

⁵⁵ Ver ibidem, p. 68, tabela 5.1, para pesquisas de orçamento familiar (HBS). Naomi Klein – *The Shock Doctrine: The Rise of Disaster Capitalism* (Londres, Picador, 2008), p. 237-8 – dá uma boa imagem do declínio nas condições de vida dos russos naqueles anos, que se refletiram em maiores taxas de dependência química, suicídios e homicídios.

⁵⁶ A renda não assalariada do setor privado corresponde à renda das vendas de produtos agrícolas, rendimentos empresariais, juros e dividendos, rendimentos no exterior, presentes e rendimentos (ou consumo). Ver Branko Milanovic, Income, Inequality, and Poverty during the Transition from Planned to Market Economy, cit., p. 36

⁵⁷ Lawrence H. Summers, "Comment", em Olivier Blanchard et al. (orgs.), *The Transition in Eastern Europe*, v. 1: *Country Studies* (Chicago, University of Chicago Press, 1994), p. 253.

⁵⁸ Ver, por exemplo, "Borrowed Time", *The Economist*, 22 maio 1993, p. 66.

⁵⁹ Hannah Arendt, "What Is Authority?", em *Between Past and Future: Eight Exercises in Political Thought* (Nova York, Viking, 1961), p. 114.

momentos, suas intervenções intensamente políticas nos revelam que eles – a despeito de como querem que a história seja contada – são parte de uma luta para preservar a ordem do capital – aparentemente a única forma de ordem social que conseguem conceber.

O impulso da austeridade está presente mesmo quando o caso é aparentemente o contrário. No século XXI, até o momento, duas crises financeiras foram enfrentadas com respostas econômicas rotuladas como "keynesianas" por optarem por gastos e não por cortes. Mas alguns velhos hábitos não morrem. Depois de 2008, os governos tiveram o cuidado de socorrer primeiro as instituições financeiras, drenando recursos da população nos anos seguintes. A lógica dessas atividades corresponde perfeitamente àquelas que encontramos neste livro: uma transferência de recursos de muitos para poucos.

O mesmo padrão de austeridade surgiu durante a resposta à covid-19. Os recursos públicos foram gastos generosamente para financiar instituições financeiras e grandes corporações, ao passo que a maioria da população ficou com as poucas migalhas. Nos Estados Unidos, a Lei Cares de abril de 2020 alocou 790 bilhões de dólares – quantia sem precedentes – para empréstimos, garantias para grandes empresas e incentivos fiscais. Entretanto, os fundos atribuídos aos 160 milhões de famílias estadunidenses que se qualificavam para pagamentos diretos foram inferiores a um terço desse valor[60]. Em meio ao crescente desemprego – o déficit global em empregos aumentou em 144 milhões de postos de trabalho em 2020 –[61], a pressão para reduzir os salários cresce e as perspectivas de lucros privados são renovadas. A desigualdade atingiu níveis máximos sem precedentes durante a pandemia e, em junho de 2021, a Organização Internacional do Trabalho informou que, "em comparação com 2019, cerca de 108 milhões de trabalhadores a mais [globalmente] agora estão extrema ou moderadamente pobres, o que significa que eles e seus familiares estão vivendo com menos de

---

[60] Ver o detalhamento dos 2,3 trilhões de dólares em "A Breakdown of the CARES Act", J. P. Morgan, 14 abr. 2020; disponível on-line.

[61] O relatório diz ainda: "O emprego projetado em 2021, no entanto, ainda ficará aquém de seu nível pré-crise. Além disso, é provável que haja menos postos de trabalho do que aqueles que teriam sido criados na ausência da pandemia. Levando-se em consideração essa perda no crescimento no número de empregos, o déficit global de postos de trabalho provocado pela crise é projetado para ficar em 75 milhões em 2021 e em 23 milhões em 2022. [...] O déficit correspondente em horas de trabalho em 2021 equivale a 3,5% – correspondendo a 100 milhões de empregos em tempo integral". ILO's World Employment and Social Outlook Trends 2021, p. 12; disponível on-line.

3,20 dólares por dia em termos de paridade de poder de compra"[62]. Uma análise do Institute for Policy Studies [Instituto para Estudos Políticos] na mesma época mostrou que, entre março de 2020 e março de 2021, os 2.365 bilionários do mundo aumentaram sua riqueza em 4 trilhões de dólares, elevando suas fortunas em 54%[63]. À medida que assume formas mais sofisticadas, a austeridade continua sendo vantagem para uma minoria previsível.

Os elevados déficits públicos que haviam aumentado devido à covid exigirão uma austeridade mais dura no futuro próximo. Em fevereiro de 2021, o economista de Harvard Lawrence H. Summers, comentando para uma plateia na Universidade de Princeton os riscos inflacionários da proposta do governo Biden de liberar incentivos em dinheiro à população estadunidense, afirmou que "não há motivo econômico convincente para um incentivo"[64]. Se os governos fornecessem às famílias "mais do que precisam", os gastos dessas famílias acabariam com a delicada estagnação da economia: "A propensão aos gastos [das famílias de classe média] seria muito maior que a propensão aos gastos normalmente estimada pelos economistas a partir da riqueza que é impulsionada pelas flutuações no mercado acionário"[65]. Os gastos de pessoas que não deveriam gastar, alerta Summers, causariam danos inflacionários à economia dos ricos.

Um século depois de Ralph Hawtrey, os medos e as previsões de Summers correspondem às advertências hawtreyianas que reforçam muitos dos argumentos deste livro. Essas ideias não são erradas nem irracionais *per se*. São meramente

---

[62] O relatório de 2021 da OIT nos diz que "a renda global do trabalho, que não inclui transferências e benefícios governamentais, foi 3,7 trilhões de dólares (8,3%) menor em 2020 do que teria sido na ausência da pandemia. Para os dois primeiros trimestres de 2021, esse déficit equivale a uma redução na renda global do trabalho de 5,3% ou 1,3 trilhão de dólares". "World Employment and Social Outlook Trends", p. 12. Além disso, o Banco Mundial estima que em 2020 mais 78 milhões de pessoas viviam em extrema pobreza, definida como a situação de famílias com renda per capita inferior a US$ 1,90 por dia em termos de paridade do poder de compra [PPC]. Christoph Lakner et al., *Updated Estimates of the Impact of covid-19 on Global Poverty: Looking Back at 2020 and the Outlook for 2021*. Blog do Banco Mundial, 11 jan. 2021; disponível on-line.

[63] A riqueza combinada desses bilionários aumentou de 8,04 trilhões de dólares para 12,39 trilhões de dólares entre 18 de março de 2020 e 18 de março de 2021. Nesse período de um ano surgiram mais 179 bilionários. Ver Chuck Collins e Omar Ocampo, "Global Billionaire Wealth Surges $4 Trillion over Pandemic", *Institute for Policy Studies*, 31 mar. 2021; disponível on-line. Para uma perspectiva mais geral sobre essa tendência, ver Gabriel Zucman, "Global Wealth Inequality", *Annual Review of Economics*, v. 11, n. 1, ago. 2019; disponível on-line.

[64] Entrevista para *Bloomberg Wall Street Week*, 5 mar. 2021, min. 55.

[65] "A Conversation with Lawrence H. Summers and Paul Krugman", Princeton Bendheim Center for Finance, gravação em video, 12 fev. 2021, minuto 45; disponível on-line.

expressão de uma visão de mundo muito clara, cuja primazia global é mantida por um projeto secular de austeridade econômica. Esse projeto é firmemente assentado nas áreas mais sombrias da ciência sombria, aquelas que mantêm as pessoas entrincheiradas dentro de um *status quo*.

Este livro detalhou um conjunto de padrões econômicos influentes que são onipresentes mundo afora e moldam nossa vida diária. Contudo, ao contrário do que os defensores da austeridade querem nos fazer pensar, o sistema socioeconômico em que vivemos não é inevitável nem deve ser relutantemente aceito como o único caminho a seguir. A austeridade é um projeto político decorrente da necessidade de preservar as relações de dominação das classes capitalistas. É resultado da ação coletiva para excluir quaisquer alternativas ao capitalismo. Portanto, pode ser subvertida por meio de uma ação contrária também coletiva. O estudo da lógica e do propósito da austeridade é um primeiro passo nessa direção.

Posfácio

Ao contar a história da reconstrução depois da Primeira Guerra Mundial através da nova lente da austeridade, *A ordem do capital* transcende as fronteiras disciplinares canônicas entre economia política, história econômica e história do pensamento econômico, bem como da história social e do trabalho. Se esses esforços forem bem-sucedidos, o resultado se expandirá, criticará e, por vezes, se afastará de conversas acadêmicas entrincheiradas. Além de sua contribuição central para uma compreensão e uma abordagem alternativa à austeridade, este livro requer repensar a relação entre keynesianismo e neoliberalismo; a história do neoliberalismo; a história do entreguerras; e, principalmente, a história e a natureza do fascismo italiano.

Em primeiro lugar, a lente da austeridade é uma ferramenta poderosa para reavaliar a história da economia política nos séculos XX e XXI. Fornece um terreno fértil para começar uma reavaliação de todas as narrativas muito familiares do confronto secular entre duas tradições econômicas opostas: a tradição neoliberal e a tradição keynesiana. Se nos concentrarmos no objetivo principal da austeridade – ou seja, a exclusão de alternativas ao capitalismo por meio da despolitização –, as semelhanças emergem.

Essas semelhanças podem ser trilhadas até o próprio Keynes, que, como sabemos, foi um importante interlocutor dos especialistas do Tesouro e cujas percepções sobre demanda efetiva foram fortemente influenciadas por Ralph Hawtrey. Vimos como, após a Primeira Guerra Mundial, Keynes compartilhou com seus colegas especialistas britânicos austeros de um verdadeiro pavor do colapso da ordem do capital. O livro *In the Long Run We Are All Dead* [No longo prazo, estamos todos mortos][1] articula como essa ansiedade "existencial" é uma

---

[1] Geoff Mann, *In the Long Run We Are All Dead: Keynesianism, Political Economy, and Revolution* (Nova York, Verso, 2017).

constante do keynesianismo contemporâneo, dado que nenhuma outra ordem social fora do capitalismo é de fato concebível.

Keynes certamente rompeu com a ortodoxia do Tesouro com sua rejeição à lei de Say. De fato, a recessão da década de 1930 – quando o sistema financeiro mundial estava em colapso e o desemprego era galopante na maioria dos países industrializados – afetou a fundo seu pensamento, a ponto de ele descrever sua *Teoria geral* como resultado de "uma longa luta para escapar dos modos habituais de pensamento e expressão"[2]. Ele teorizou a necessidade de intervenção estatal para aumentar a demanda efetiva, aumentar a estabilidade macroeconômica e, assim, garantir o investimento adequado das poupanças privadas disponíveis dos empreendedores. No entanto, Keynes nunca se afastou dos núcleos mais profundos do projeto de austeridade.

Ele endossou os impulsos tecnocráticos mais fundamentais. Como a austeridade de seus colegas, a teoria econômica de Keynes eliminou a noção de conflito de classe e ocultou a opressão de classe oculta. Ao desconsiderar a teoria do valor-trabalho e a importância da exploração para explicar a acumulação de capital, o modelo de Keynes aceita o princípio de que o motor da máquina econômica é o empresário e seus investimentos econômicos são a chave para a prosperidade de todos. Em *Teoria geral*, uma demanda efetiva deficiente se deve, em última instância, à falta de investimento por parte dos empreendedores. Conclui-se que o objetivo da gestão macroeconômica é criar um ambiente ótimo de investimento, ou seja, "uma atmosfera de investimento ideal compatível com o homem de negócios médio"[3]. Ao contrário de muitos dos reconstrucionistas radicais estudados no capítulo 2, quando Keynes defende a intervenção do Estado, não é para libertar as prioridades políticas das econômicas. Muito pelo contrário: o domínio do político era *funcional* na reprodução da *ordem do capital*, uma *ordem* liderada pela minoria virtuosa.

Assim, de acordo com os próprios fundamentos da austeridade, no quadro teórico keynesiano os trabalhadores perdem a primazia na reprodução do capitalismo (o trabalho deles não é mais a fonte de valor). Essa perda de capacidade de ação econômica acarreta uma perda de autoridade política. Como seus colegas austeros, Keynes acredita que os economistas são os guardiões de verdades em

---

[2] John Maynard Keynes, *The General Theory of Employment, Interest, and Money* (Londres, Palgrave Macmillan, 1964), p. viii.

[3] Ibidem, p. 162.

que não existem classes, que eles sabem o que é bom para o povo e devem se encarregar das decisões econômicas em seu nome. Isso significa que problemas como pobreza e desemprego – que afetam profundamente a vida das pessoas – estão excluídos do discurso político e se entendem como questão técnica a ser abordada "no âmbito da razão e da razoabilidade do especialista"[4]. Logo, o anseio de despolitizar o domínio econômico persiste como solução-chave para preservar a ordem social. Uma vez neutralizado como instituição supra-histórica nas mãos de especialistas que podem gerir a economia para o bem de todos, o Estado capitalista não é mais visto como arena da luta de classes, mas como instrumento de tecnocratas iluminados. É fascinante observar que o próprio fundamento para falar sobre uma grande ruptura do keynesianismo em relação à austeridade, ou seja, o apoio a um maior papel do Estado como ator econômico, emerge da mesma lógica intuição tecnocrática: os pilares do capitalismo devem ser salvaguardados, e o povo deve aceitar o domínio dos especialistas.

As consequências de uma abordagem tecnocrática do conhecimento econômico são visíveis na corrente de pensadores do novo keynesiano. Por exemplo, o artigo "Equilibrium Unemployment as a Worker-Discipline Device" [Desemprego de equilíbrio como dispositivo de disciplina do trabalhador], dos eminentes economistas Carl Shapiro e Joseph Stiglitz, datado de 1984 – formulado de forma reveladora no auge da cruzada da era Reagan-Thatcher contra a mão de obra organizada –, "naturaliza" o desemprego. A taxa de equilíbrio disciplinar do desemprego aparece como produto natural das decisões racionais dos agentes representativos, não como resultado do exercício do poder capitalista ou do conflito de classes. Dada a assimetria de informações e a tendência dos trabalhadores em se esquivar, o *status quo* é justificado como um resultado econômico racional. De acordo com o quadro neoclássico dominante, os novos economistas keynesianos concebem os trabalhadores como egoístas, oportunistas e preguiçosos. Trata-se de um pequeno salto para incorporar ao quadro teórico a necessidade de que os trabalhadores aceitem os sacrifícios econômicos, especialmente a contenção e o monitoramento dos salários, em nome de um bem maior.

Se a lente da austeridade permite questionar o distanciamento entre os quadros teóricos keynesiano e neoliberal, certamente também abre espaço para uma reavaliação da história do neoliberalismo e de suas origens, o que foi feito

---

[4] Geoff Mann, *In the Long Run We Are All Dead*, cit., p. 10.

há pouco tempo por *Globalists* [Globalistas], de Quinn Slobodian[5]. Na verdade, a reconstituição do projeto de austeridade logo após a Primeira Guerra Mundial nos permite levar a conversa sobre a longa duração do neoliberalismo para o terreno da luta de classes e pensar na história do capitalismo dos séculos XX e XXI sob esse prisma.

Um elemento crucial e com frequência negligenciado é a magnitude da ameaça à existência do capitalismo logo depois da Primeira Guerra Mundial – reconstituída na primeira metade deste livro. Slobodian enfatiza o esforço para garantir a integração econômica internacional e a "governança global" por meio de um quadro jurídico-institucional diante da desintegração do império dos Habsburgo. Ao contrário de *Globalists*, este livro estuda como, fora da Europa central e oriental, foi um conflito de classes, não o surgimento de novos Estados-nação, que desafiou a ordem existente em sua essência. Sob a orientação de especialistas econômicos, os Estados austeros intervieram ativamente na economia por intermédio de políticas fundamentais para garantir a disciplina material da maioria mediante a expropriação de recursos e da redução de salários. Essas políticas, e as teorias econômicas que as justificavam, foram vitais para restabelecer um bom funcionamento da acumulação de capital, garantindo um fluxo de bens e direitos de propriedade, tanto no mercado interno quanto globalmente.

Ao contar a história da reconstrução depois da Primeira Guerra Mundial pelas lentes da austeridade, este livro demonstrou como a austeridade era, e continua sendo, um elaborado exercício de dominação de classe. Ela é inquestionavelmente mais perniciosa que a narrativa tradicional dessa história, segundo a qual uma coalizão internacional trabalhou para restabelecer o padrão-ouro depois da guerra com a intenção operacional de assegurar e estabilizar os intercâmbios internacionais globais. (A conhecida obra de 1992, *Golden Fetters*, de Barry Eichengreen, conta esta história de forma mais notável.) Como este livro mostra, por arquivo recentemente traduzido, esse "esforço do ouro" foi uma manifestação superficial de algo mais profundo: uma colaboração tecnocrática bem-sucedida em eliminar as alternativas ao capitalismo.

Os acontecimentos dramáticos da crise econômica de 1929 e da Grande Depressão, logo em seguida, atraíram a atenção dos acadêmicos, um enfoque

---

[5] Quinn Slobodian, *Globalists: The End of Empire and the Birth of Neoliberalism* (Cambridge, MA, Harvard University Press, 2018).

que obscureceu algumas das dinâmicas políticas e ideológicas dos anos anteriores. Neste livro, a escolha de pôr em foco o início dos anos 1920, não o fim da década, não diminui a relevância deste período para a compreensão da Depressão; como os leitores descobrirão, um estudo sobre a austeridade serve para desvendar os fatores que precipitaram a crise e agravaram a Depressão. Isso é válido para a Grã-Bretanha, para a Itália e também para os Estados Unidos – país que permanece no segundo plano desta história, mas merece uma análise detalhada para completar o quebra-cabeça das origens do projeto de austeridade como um projeto de repressão de classe. Montgomery[6] e Migone[7] fornecem bons motivos para continuar essa sondagem.

Por fim, este estudo contribui para debates e reavaliações em torno da história e da natureza do fascismo italiano (1922-1945), bem como de seu projeto econômico – algo especialmente oportuno dado o centenário da ascensão de Mussolini ao poder em outubro de 1922. A historiografia tradicional prevê uma descontinuidade entre o período inicial do *laissez-faire* fascista (1922--1925) e a era corporativista que se seguiu na Itália (em geral entendida como a expressão "real" do fascismo). Ao observar esse mesmo período através de uma lente de austeridade, tanto em termos de políticas econômicas como de ideologia econômica, percebe-se maior coerência entre essas duas fases distintas. A austeridade, de fato, é o que une as duas. Ela corporificou a intervenção ativa do Estado para reforçar a acumulação de capital por meio de privatizações, planos de resgate financeiro de complexos financeiro-industriais, deflação monetária e, principalmente, controle coercivo do trabalho. Em linhas gerais, a inclinação nacionalista da austeridade fascista emerge do sacrifício da maioria pela minoria poupadora/investidora, que pretendia representar os interesses de toda a nação. Nossa história sustenta a noção de que o elemento verdadeiramente fascista da economia do entreguerras era o controle coercivo da força de trabalho[8]. Estudos recentes apontam numa direção semelhante: partindo do entendimento comum de que a década de 1930 foi diferente da década de 1920 devido

---

[6] David Montgomery, *The Fall of the House of Labor: The Workplace, the State, and American Labor Activism, 1865-1925* (Cambridge, Cambridge University Press, 1987); disponível on-line.
[7] Gian Giacomo Migone, *The United States and Fascist Italy: The Rise of American Finance in Europe* (Cambridge, Cambridge University Press, 2015).
[8] Ver Gianni Toniolo, *L'economia dell'Italia fascista* (Bari, Laterza, 1980), p. XII-III; e Pierluigi Ciocca, "Einaudi e le turbolenze economiche fra le due guerre", *Rivista di storia econômica*, n. 3, 2004, p. 198-9; disponível on-line.

aos gastos sociais maiores. Na verdade, nossa história delineia as continuidades nas políticas fascistas ao longo dos anos 1920 e 1930, destacando as lacunas entre a propaganda da intervenção político-social nos anos 1930 e a escassez e ineficácia das políticas redistributivas do Estado, que pioraram de fato o nível de vida da população[9].

Sem dúvida essa discussão sobre as políticas econômicas fascistas está intimamente ligada aos debates sobre a natureza das teorias econômicas fascistas. Nessa esfera, meu trabalho corrobora os conhecimentos do cientista político italiano Luca Michelini[10], que escreve:

> A relação entre o fascismo e a ciência econômica não pode ser identificada à questão do nascimento e afirmação da doutrina corporativista, embora esta tenha sido de considerável importância. Não menos importante foi o papel desempenhado pela "direita fascista", a começar por seu fundador, Pantaleoni, e passando por autores e periódicos que quiseram ajustar as próprias doutrinas teóricas e políticas aos novos tempos.[11]

Na verdade, a "direita fascista" é o que chamo fascismo austero. Essa vertente austera da teoria econômica fascista foi diretamente inspirada pelos pais da economia pura. Além disso, não influenciou apenas os primeiros anos "liberais" das medidas econômicas fascistas; essa influência continuou durante a fase corporativista, como refletem as políticas econômicas do regime. O Estado classista corporativista salvaguardava o lucro privado e assegurava a subordinação dos trabalhadores – objetivos centrais do projeto de austeridade de Pantaleoni e Pareto. Uma investigação histórica sobre a relação entre economia pura, austeridade e fascismo é tanto mais importante se considerarmos que a economia pura constitui a gramática do pensamento econômico dominante na atualidade.

---

[9] Sergio Espuelas, "The Inequality Trap: A Comparative Analysis of Social Spending between 1880 and 1930", *Economic History Review*, v. 68, n. 2, 2015, p. 683-706; disponível on-line; Giacomo Gabbuti, "When We Were Worse Off: The Economy, Living Standards and Inequality in Fascist Italy", *Rivista di storia economica*, n. 3, 2020, p, 253-98; disponível on-line; Chiara Giorgi e Ilaria Pavan, *Storia dello stato sociale in Italia* (Bologna, Il Mulino, 2021).

[10] De Luca Michelini, ver *Alle origini dell'antisemitismo nazional-fascista: Maffeo Pantaleoni e "la vita Italiana" di Giovanni Preziosi, 1915-1924* (Veneza, Marsilio, 2011); disponível on-line; *Marxismo, liberismo, rivoluzione: saggio sul Giovane Gramsci, 1915-1920* (Milão, La Città del Sole, 2011); "From Nationalism to Fascism: Protagonists and Journals", em Massimo M. Augello et al. (orgs.), *An Institutional History of Italian Economics in the Interwar Period*, v. II (Nova York, Springer International Publishing, 2020), p. 21-57; disponível on-line.

[11] Luca Michelini, "From Nationalism to Fascism", cit., p. 52.

Agradecimentos

Por esta edição brasileira, eu gostaria de agradecer à dra. Mariella Pittari a inestimável ajuda em todas as etapas; a Thais Rimkus, editora responsável; e a Heci Candiani, tradutora.

A ordem capital é fruto de muito sacrifício pessoal e de profunda solidariedade entre uma vasta comunidade transatlântica de estudiosos. Ao pensar nos tantos anos necessários para concluir este exaustivo projeto, meu coração se aquece diante da lembrança de mentores e amigos que encheram minha vida de encorajamento, ideias e alegria. Gostaria de agradecer a alguns deles, em ordem cronológica.

Então, agradeço ao professor Giorgio Lunghini, meu primeiro mentor acadêmico, que me introduziu na história do pensamento econômico quando eu estudava filosofia na Universidade de Pavia e me incentivou a fazer um doutorado em economia. Na verdade, foi durante meus anos como estudante de doutorado na Sant'Anna School of Advanced Studies, em Pisa, que surgiu a inspiração inicial para este livro. Em 2013, época em que meu país passava por uma profunda reestruturação da austeridade, encontrei pela primeira vez *L'economia dell'Italia fascista*, de Gianni Toniolo. Ocorreu-me que os paralelos entre a época de Mussolini e a nossa, embora impressionantes, eram inexplorados. Sou grata a cada membro da comunidade acadêmica Sant'Anna por me manter motivada nos estágios iniciais e, portanto, mais assustadores, de minha pesquisa. Tenho minha maior dívida, talvez, com Giovanni Dosi, meu principal orientador em Sant'Anna, pelas inúmeras discussões frutíferas e por seu espírito crítico, que me desafiou a continuar buscando a abordagem certa para meu trabalho. Agradeço as conversas enriquecedoras com Alessandro Nuvolari, Andrea Roventini, Alessio Moneta e Francesco Lamperti. Os diálogos com historiadores do pensamento econômico Riccardo Faucci e Luca Michelini fizeram a diferença naqueles anos. No entanto, eu nunca teria encontrado forças para persistir, mesmo nos momentos de confusão e dúvidas mais profundas, especialmente no que diz respeito à abordagem eclética que nunca cabe em nenhum cânone disciplinar, sem a ajuda de Nicola Giocoli e George Peden, que me "adotaram" como orientadores de tese. Suas apaixonadas conversas acadêmicas e a ajuda generosa na revisão e edição dos rascunhos foram um presente muito precioso. Tenho boas lembranças de meu período em Callander como convidada de George e sua esposa Alison, em que fui bem alimentada e aprendi como abordar melhor a pesquisa de arquivo enquanto fazia longas caminhadas pelas planícies escocesas.

Durante minha estada de dois anos em Roma, onde realizei grande parte da pesquisa de arquivo que permeia este livro, a orientação regular de Pierluigi Ciocca foi a maior honra. As visitas quase semanais a seu magnífico escritório repleto de livros no Corso Vittorio inspiraram meu entusiasmo tanto pessoal como acadêmico pelo projeto. Graças ao apoio de Pierluigi, pude acessar a biblioteca da Banca d'Italia, ambiente mágico onde os livros mais raros podem ser encontrados. Naqueles anos, os encontros (que continuam até hoje) com Gianni Toniolo e Robert Skidelsky, dois líderes em sua área, foram outro imenso deleite acadêmico.

O apoio da Young Scholar Initiative (YSI) do Institute for New Economic Thinking, que generosamente financiou conferências e seminários, aumentou imensamente meu entusiasmo por esta pesquisa. Gostaria de agradecer a todos os membros da comunidade YSI todas as empolgantes trocas intelectuais, em particular a Robert Johnson e Jay Pocklington, por sua dedicação a um projeto que inspira jovens pensadores.

Este livro nunca teria tomado a forma que tem sem a experiência transformadora de ser contratada em 2016 como professora adjunta do departamento de economia da New School for Social Research, onde aprimorei (e continuo aprimorando) uma perspectiva marxiana em política econômica. Sou profundamente grata a todos os envolvidos no processo de contratação e, sobretudo, a Anwar Shaikh, que acreditou em meu trabalho desde o momento em que leu o rascunho de minha tese de doutorado. De fato, a permanente interlocução com meus colegas Anwar Shaikh e Duncan Foley foi crucial para refinar minha lente teórica. Sou especialmente grata à dedicação de Duncan no processo final de redação do livro: suas meticulosas observações sobre cada capítulo e nossos almoços regulares no Upper West Side para discutir o material estão entre minhas melhores lembranças desta aventura intelectual. Não posso, é claro, deixar de agradecer meus colegas Ying Chen, Teresa Ghilarducci, Paulo dos Santos,

Willi Semmler, Mark Setterfield, Sanjay Reddy e Will Milberg por inspirações e principalmente pelo apoio profissional.

Entre as características mais marcantes da New School for Social Research está a comunidade acadêmica e humana fortemente unida que vai muito além do departamento e da disciplina. As conversas com a filósofa Cinzia Aruzza e os filósofos Richard Bernstein e Sandro Mezzadra (em visita a Bolonha por um ano); com o historiador Aaron Jakes e as historiadoras Emma Park e Julia Ott (diretoras do Robert L. Heilbroner Center for Capitalism Studies, que ajudou a subsidiar minha pesquisa); e com os cientistas políticos Andrew Arato, Quentin Bruneau, Carlos Forment e Andreas Kalyvas – todas foram reveladoras e tremendamente alegres.

O ano letivo 2018-2019 que passei no Institute for Advanced Studies (IAS) foi uma bênção: uma fuga temporária da vida agitada de Nova York, durante a qual encontrei a tranquilidade que me permitiu transformar trechos dispersos de pesquisa em capítulos sistemáticos. Munirah Khayyat, Rima Majed, Daniel Aldana Cohen, Maggie Hennefeld, David Bond, Didier Fassin, Nicola di Cosmo e Myles Jackson são grandes estudiosos e amigos que tornaram minha experiência no IAS única. Agradecimentos especiais a Marcia Tucker, bibliotecária-chefe do IAS, cujo profissionalismo e devoção me permitiram descobrir sistematicamente material de pesquisa. Sou grata por todas as manhãs de segunda-feira que Marcia e eu passamos discutindo metas semanais de pesquisa e as fontes primárias a investigar. Sua capacidade de encontrar o material de arquivo mais precioso, até o fim do processo de escrita, foi o que tornou este livro tão rico. Durante esse ano letivo, recebi um convite para participar do seminário Kandersteg do Instituto Remarque, intitulado "Revisiting 1919", em que as conversas com Susan Pedersen e muitos outros deixaram seu rastro positivo.

Gostaria de reconhecer o papel indispensável de Sam Salour, que, no ano que passei no IAS e depois, tem sido a maior fonte de inspiração: um pilar intelectual e emocional em minha vida e um verdadeiro camarada. Com ele pude transformar minha pesquisa em empreendimento intelectual sistemático. Não consigo pôr em palavras toda a minha gratidão por seu cuidado, sua dedicação e sua paciência.

Em janeiro de 2020, quando voltei a Nova York, sobrecarregada com a docência e imensamente preocupada com meu processo de efetivação, recebi um e-mail transformador de Chad Zimmerman, brilhante editor executivo na University of Chicago Press, perguntando sobre meu trabalho. Além de seu vertiginoso entusiasmo pelo projeto, a opinião editorial e a sagacidade intelectual de Chad fizeram do livro o que ele é. Não sou capaz de agradecer o bastante por seu engajamento construtivo e criativo, e sobretudo por seu apoio inabalável. Sou extremamente grata a Zvi Ben-Dor Benite por sua gentileza e sua generosidade durante os primeiros meses do processo editorial.

Nas últimas fases de redação do manuscrito, alguns seminários com amigos próximos e colegas me deram uma contribuição indispensável. Pela amizade e dedicação, agradeço a Basma N. Radwan, Alex Zevin, Luca Falciola, Carlo Invernizzi, Amana Fontanella-Khan, Quentin Bruneau, Aaron Jakes, Nick Mulder, Jeremy Kessler, Barnabie Reine, Siavash Radpour, Andreas Kalyvas e Teddy Paikin. Agradecimentos especiais a Homa Zarghamee, cuja contribuição, ainda mais para a proposta do livro, foi vital, e a Adam Tooze, que não apenas desencadeou uma das mais empolgantes discussões históricas em meu seminário de manuscritos, mas cuja influência nesses últimos anos foi de valor incalculável para meu desenvolvimento intelectual. Sou muitíssimo grata a James Galbraith por sua amizade e seu talento intelectual inequívoco e pelas opiniões encorajadoras ao longo desses anos de pesquisa e escrita. Obrigada a Stephen Meardon por sua generosa amizade e colaboração intelectual, a Susan Howson por ter lido e comentado meu manuscrito com importantes visões críticas e a Giacomo Gabbuti, cuja opinião e experiência, em especial para o capítulo quantitativo, foi inestimável. Giacomo organizou um seminário em Oxford em outubro de 2019 sobre a economia italiana sob o fascismo que abriu a porta para uma troca holística de ideias entre os estudiosos da área. Um agradecimento especial ao professor Roberto Marchionatti, autoridade na história do pensamento econômico, por conversas enriquecedoras e minuciosas em seu escritório na Fondazione Luigi Einaudi em Turim, centro que dirige. Agradeço também a todos os funcionários da Fondazione por sua pronta ajuda prática na pesquisa.

Meus mais profundos e sinceros agradecimentos vão para meu aluno de pós-graduação Aditya Singh, brilhante e promissor economista político cujo apoio diário tornou o processo de escrita final uma experiência alegre; sem sua presença, este livro nunca teria sido entregue no prazo que foi. Agradeço também a Lauren Sweger-Hollingsworth, Cesar Garcia, Ricardo Hernandez, Lauren Johnston, Penelope Kyritsis e Marc Triller, meus talentosos alunos de pós-graduação na New School, cujas críticas e opiniões foram as mais oportunas.

Uma última palavra sobre Gianfranco Mattei. Na tenra idade de 27 anos, Gianfranco já era professor de química na Escola Politécnica de Milão e colaborava com seus companheiros na GAP (unidade partidária operando em cidades italianas) em seu local secreto na Via Santa Giulia 25 bs, Roma, para projetar bombas a ser usadas contra os fascistas. Não demorou para que um denunciante comprometesse a ele e a seus camaradas. Ele foi levado para a infame prisão da Via Tasso, onde a milícia fascista torturava brutalmente membros da oposição política a fim de obter informações sobre a crescente resistência antifascista.

Gianfranco é meu tio-avô, filho de minha bisavó Clara Mattei, cujo nome carrego. Após dois dias de brutalização constante, Gianfranco preferiu se enforcar com o cinto a trair seus companheiros de resistência. Suas últimas palavras, escritas no verso de um cheque e passadas clandestinamente ao companheiro de cela, foram para seus pais: "*Siate forti, sapendo che lo sono stato anche io*" [Sejam fortes, sabendo que também eu o fui].

A memória de seu corajoso sacrifício para proteger seus companheiros, sua batalha resoluta contra o opressor e sua dedicação altruísta para mudar o mundo anima minha vida com emoções pessoais e propósito político. A meu tio-avô Gianfranco Mattei e aos revolucionários por toda parte, dedico este livro.

BIBLIOGRAFIA

Arquivos

ARCHIVIO CENTRALE DELLO STATO [Arquivo Central do Estado] (ACS), Piazza degli Archivi, Roma, Itália. Citações de itens desta coleção são feitas por título ou descrição do item, data, ACS, nome da coleção, número da caixa ou arquivo e número do item. O catálogo e os itens digitalizados estão disponíveis em https://www.acs.beniculturali.it.

BANK OF ENGLAND ARCHIVES [Arquivo do Banco da Inglaterra] (BoEA), Threadneedle Street, Londres, Reino Unido. Citações de itens deste arquivo são feitas por título ou descrição do item, data, código do departamento (OV9 = Departamento Internacional, Documentos de Otto Ernst Niemeyer; OV36 = Departamento Internacional, Itália; G1 = arquivos do presidente, G14 = arquivos do Comitê do Tesouro), número da coleção, número da peça e/ou do item, número de página, arquivo ou folha. O catálogo e itens digitalizados estão disponíveis em https://www.bankofengland.co.uk/archive.

CHURCHILL ARCHIVE CENTER [Centro Arquivístico Churchill], Documentos de Sir Ralph Hawtrey (RGH), Churchill College, Cambridge, Reino Unido. Citações de itens desta coleção são feitas por título ou descrição do item, data, GBR/0014/HTRY, seguidos pelo número da caixa/do arquivo e pelo número do item. O catálogo e os itens digitalizados estão disponíveis em https://www.chu.cam.ac.uk/archives/collections/.

GAZZETTA UFFICIALE DEL REGNO D'ITALIA, 1917-1926 (GU). Roma, Stabilimento Poligrafico dello Stato. Citados como Decreto Real [Decreto luogotenenziale], Decreto-lei real [Decreto-legge luogotenenziale], Decreto régio [Regio decreto] ou Decreto-lei régio [Regio decreto legge], em GU, seguido por número do volume, data e número da página. Disponível e aberto a buscas em https://www.gazzettaufficiale.it/homePostLogin.

NATIONAL ARCHIVES OF THE UK [Arquivos Nacionais do Reino Unido] (TNA), Kew, Richmond, Reino Unido. Citações de itens deste arquivo são feitas por título ou descrição do item, data, código do departamento (IR = Administração

Fazendária, FO = Escritório Internacional, T = Tesouro), número da coleção, número do item ou da peça, número da página, da pasta ou da folha. Alguns registros e catálogos estão disponíveis em https://www.nationalarchives.gov.uk.

PROCEEDINGS OF PARLIAMENT, Reino Unido. Relatório Hansard de todos os debates parlamentares. Citados no texto pelo nome do orador, HC (House of Commons) ou HL (House of Lords), número do volume, número(s) da coluna e da data. Disponível e aberto a pesquisas em https://hansard.parliament.uk.

Publicações

ADDISON, Christopher. *The Betrayal of the Slums*. Londres, H. Jenkins, 1922.

AGACINO, Rafael; MADRIGAL, María. Chile Thirty Years after the Coup: Chiaroscuro, Illusions, and Cracks in a Mature Counterrevolution. *Latin American Perspectives*, v. 30, n. 5, 2003, p. 41-69. Disponível em: <https://www.jstor.org/stable/3184958>; acesso em: 9 ago. 2023.

ALBER, Jens. L'espanzione del Welfare State in Europa Occidentale: 1900-1975. *Rivista italiana di scienza politica*, v. 13, n. 2, 1983, p. 203.

ALBERTI, Manfredi. *Senza lavoro*: la disoccupazione in Italia dall'unità a oggi. Bari, GLF Editori Laterza, 2016.

ALESINA, Alberto. Macroeconomic Policy in a Two-Party System as a Repeated Game. *Quarterly Journal of Economics*, v. 102, n. 3, 1987, p. 651-78. Disponível em: <https://doi.org/10.2307/1884222>; acesso em: 9 ago. 2023.

_____. Macroeconomics and Politics. In: FISCHER, Stanley (org.). *NBER Macroeconomics Annual 1988*, v. 3. Cambridge, MA, National Bureau of Economic Research, 1988, p. 13-62.

_____. Fiscal Adjustments: Lessons from Recent History. Preparado para o Encontro do Ecofin, Madri, 15 de abril de 2010.

_____. The Kindest Cuts. *City Journal*, outono 2012. Disponível em: <https://www.city-journal.org/html/kindest-cuts-13503.html>; acesso em: 9 ago. 2023.

ALESINA, Alberto; ARDAGNA, Silvia. Large Changes in Fiscal Policy: Taxes versus Spending. *Tax Policy and the Economy*, v. 24, n. 1, 2010, p. 35-68. Disponível em: <https://doi.org/10.1086/649828>; acesso em: 9 ago. 2023.

_____. The Design of Fiscal Adjustments. *Tax Policy and the Economy*, v. 27, n. 1, 2013, p. 19-68. Disponível em: <https://doi.org/10.1086/671243>; acesso em: 9 ago. 2023.

ALESINA, Alberto; ARDAGNA, Silvia; GALÍ, Jordi. Tales of Fiscal Adjustment. *Economic Policy*, v. 13, n. 27, 1998, p. 489-545. Disponível em: <https://www.jstor.org/stable/1344762>; acesso em: 9 ago. 2023.

ALESINA, Alberto; ARDAGNA, Silvia; PEROTTI, Roberto et al. Fiscal Policy, Profits, and Investment. *American Economic Review*, v. 92, n. 3, 2002, p. 571-89. Disponível em: <https://www.jstor.org/stable/3083355>; acesso em: 9 ago. 2023.

ALESINA, Alberto; BARBIERO, Omar; FAVERO, Carlo et al. Austerity in 2009-13. *Economic Policy*, v. 30, n. 83, jul. 2015, p. 383-437. Disponível em: <https://doi.org/10.1093/epolic/eiv006>; acesso em: 9 ago. 2023.

ALESINA, Alberto; CARLINER, Geoffrey. *Politics and Economics in the Eighties*. Chicago, University of Chicago Press, 1991.

ALESINA, Alberto; COHEN, Gerald D.; ROUBINI, Nouriel. Macroeconomic Policy and Elections in OECD Democracies. *Economics & Politics*, v. 4, n. 1, 1992, p. 1-30. Disponível em: <https://onlinelibrary.wiley.com/doi/10.1111/j.1468-0343.1992.tb00052.x>; acesso em: 9 ago. 2023.

ALESINA, Alberto; DE RUGY, Veronique. *Austerity*: The Relative Effects of Tax Increases versus Spending Cuts. Arlington, Mercatus Center at George Mason University, 2013. Disponível em: <https://www.mercatus.org/research/research-papers/austerity-relative-effects-tax-increases-versus-spending-cuts>; acesso em: 9 ago. 2023.

ALESINA, Alberto; FAVERO, Carlo; GIAVAZZI, Francesco. The Output Effect of Fiscal Consolidation Plans. *Journal of International Economics*, v. 96, 37th Annual NBER International Seminar on Macroeconomics, 1º jul. 2015, p. S19-42. Disponível em: <https://doi.org/10.1016/j.jinteco.2014.11.003>; acesso em: 9 ago. 2023.

ALESINA, Alberto; FAVERO, Carlo et al. *Austerity*. Princeton, Princeton University Press, 2019.

ALESINA, Alberto; GRILLI, Vittorio. *The European Central Bank*: Reshaping Monetary Politics in Europe. Working Paper 3860. Cambridge, MA, National Bureau of Economic Research, 1991. Disponível em: <https://doi.org/10.3386/w3860>; acesso em: 9 ago. 2023.

ALESINA, Alberto; MIRRLEES, James; NEUMANN, Manfred J. M. Politics and Business Cycles in Industrial Democracies. *Economic Policy*, v. 4, n. 8, 1989, p. 57--98. Disponível em: <https://doi.org/10.2307/1344464>; acesso em: 9 ago. 2023.

ALESINA, Alberto; PEROTTI, Roberto. *The Political Economy of Budget Deficits*. Working Paper 4.637. Cambridge, MA, National Bureau of Economic Research, 1994. Disponível em: <https://doi.org/10.3386/w4637>; acesso em: 9 ago. 2023.

_____. Reducing Budget Deficits. Preparado para a conferência "Growing Government Debt — International Experiences", Estocolmo, 12 jun. 1995. Disponível em: <https://doi.org/10.7916/D87P95XP>; acesso em: 9 ago. 2023.

_____. The Welfare State and Competitiveness. *The American Economic Review*, v. 87, n. 5, 1997, p. 921-39. Disponível em: <https://www.jstor.org/stable/2951333>; acesso em: 9 ago. 2023.

ALESINA, Alberto; ROSENTHAL, Howard. Partisan Cycles in Congressional Elections and the Macroeconomy. *American Political Science Review*, v. 83, n. 2, 1989, p. 373-98. Disponível em: <https://doi.org/10.2307/1962396>; acesso em: 9 ago. 2023.

ALESINA, Alberto; ROUBINI, Nouriel. Political Cycles in OECD Economies. *Review of Economic Studies*, v. 59, n. 4, 1992, p. 663-88. Disponível em: <https://doi.org/10.2307/2297992>; acesso em: 9 ago. 2023.

ALESINA, Alberto; SACHS, Jeffrey. Political Parties and the Business Cycle in the United States, 1948-1984. *Journal of Money, Credit and Banking*, v. 20, n. 1, 1988, p. 63-82. Disponível em: <https://doi.org/10.2307/1992667>; acesso em: 9 ago. 2023.

ALESINA, Alberto; SUMMERS, L. H. Central Bank Independence and Macroeconomic Performance: Some Comparative Evidence. *Journal of Money, Credit and Banking*, v. 25, n. 2, 1993, p. 151-62.

ALESINA, Alberto; TABELLINI, Guido. External Debt, Capital Flight and Political Risk. *Journal of International Economics*, v. 27, n. 3-4, nov. 1989, p. 199-220. Disponível em: <https://doi.org/10.1016/0022-1996(89)90052-4>; acesso em: 9 ago. 2023.

_____. A Positive Theory of Fiscal Deficits and Government Debt. *The Review of Economic Studies*, v. 57, n. 3, 1990, p. 403-14. Disponível em: <https://doi.org/10.2307/2298021>; acesso em: 9 ago. 2023.

_____. Positive and Normative Theories of Public Debt and Inflation in Historical Perspective. *European Economic Review*, v. 36, n. 2-3, abr. 1992, p. 337-44. Disponível em: <https://doi.org/10.1016/0014-2921(92)90089-F>; acesso em: 9 ago. 2023.

ARENDT, Hannah. What Is Authority? In: *Between Past and Future*: Eight Exercises in Political Thought. Nova York, Viking, 1961. [ed. bras.: *Entre o passado e o futuro*, trad. Mauro W. Barbosa. Rev. trad. Adriano C. A. e Sousa. São Paulo, Perspectiva, 2022.]

ARIAS, Gino. Il consiglio delle corporazioni e l'economia corporativa. *Gerarchia*, v. 7, n. 5, 1929, p. 367-73.

_____. Problemi economici mondiali. *Gerarchia*, v. 10, n. 8, 1931, p. 643-50.

_____. La crisi bancaria americana. *Gerarchia*, v. 12, n. 3, 1933, p. 215-9.

ARMITAGE, Susan H. *The Politics of Decontrol of Industry*: Britain and the United States. Londres, Weidenfeld and Nicolson, 1969.

ARNOT, Robert. *Further Facts from the Coal Commission*: Being a History of the Second Stage of the Coal Industry Commission; with excerpts from the Evidence. Londres, Allen and Unwin, 1919.

AUGELLO, Massimo M. et al. (orgs.) *L'economia divulgata*: stili e percorsi Italiani, 1840-1922. Milão, FrancoAngeli, 2007.

AUGELLO, Massimo; MICHELINI, Luca. Maffeo Pantaleoni (1857-1924): biografia scientifica, storiografia e bibliografia. *Il Pensiero Economico Italiano*, v. 5, n. 1, 1997, p. 119-50.

BACCINI, Alberto; DOMENICANTONIO, Fausto et al. *Banca d'Italia II:* Ricerche per la storia della Banca d'Italia. Roma, Banca d'Italia, 1993. Disponível em: <https://www.bancaditalia.it/pubblicazioni/collana-torica/contributi/contributi-2/index.html>; acesso em: 9 ago. 2023.

BACHI, Riccardo. *Italia economica nell'anno 1915*: annuario della vita commerciale, industriale, agraria, bancaria, finanziaria e della politica economica. Città di Castello, S. Lapi, 1916. Disponível em: <https://www.byterfly.eu/islandora/object/librib:270849#mode/2up>; acesso em: 9 ago. 2023.

_____. *L'Italia economica nel 1916*. Città di Castello, S. Lapi, 1917.

_____. *Italia economica nell'anno 1920*: annuario della vita commerciale, industriale, agraria, bancaria, finanziaria e della politica economica. Città di Castello, S. Lapi, 1921. Disponível em: <https://www.byterfly.eu/islandora/object/librib:271339#mode/2up>; acesso em: 9 ago. 2023.

_____. *L'alimentazione e la politica annonaria in Italia, con una appendice su "Il rifornimento dei viveri dell'esercito italiano" di Gaetano Zingali*. New Haven, Yale University Press, 1926.

BALANDI, Gian Guido; VARDARO, Gaetano (orgs.). *Diritto del lavoro e corporativismi in Europa, ieri e oggi*. Facoltà di Economia e Commercio di Urbino 6. Milão, FrancoAngeli, 1988.

BANCA D'ITALIA. *L'archivio di Alberto de' Stefani*. Roma, Banca d'Italia, 1983. Disponível em: <https://www.bancaditalia.it/pubblicazioni/altre-pubblicazioni-asbi/1983-de-stefani/index.html>; acesso em: 9 ago. 2023.

BARBAGALLO, Francesco. *Francesco S. Nitti*. Turim, Unione Tipografico-Editrice Torinese, 1984.

BARTOCCI, Enzo. *Le politiche sociali nell'Italia liberale*: 1861-1919. Roma, Donzelli, 1999.

BARUCCI, Piero. La diffusione del marginalismo, 1870-1890. In: FINOIA, M. (org.) *Il pensiero economico italiano, 1850-1950*. Bolonha, Cappelli, 1980.

BEL, Germà. The First Privatisation: Selling SOEs and Privatising Public Monopolies in Fascist Italy (1922-1925). *Cambridge Journal of Economics*, v. 35, n. 5, 2011, p. 937-56. Disponível em: <https://www.jstor.org/stable/24232431>; acesso em: 9 ago. 2023.

BELLANCA, Nicolò. Dai principii agli "erotemi": un'interpretazione unitaria. *Rivista di Politica Economica*, v. 85, 1995.

BEZZA, Bruno. La mobilitazione industriale: nuova classe operaia e contrattazione collettiva. In: *Storia della società italiana*, v. 21: *la disgregazione dello stato liberale*. Milão, Nicola Teti, 1982, p. 71-102.

BINI, Piero. Quando l'economia parlava alla società: la vita, il pensiero e le opere. *Rivista di Politica Economica*, v. 85, 1995.

_____. Esiste l'*Homo economicus*? La didattica di Maffeo Pantaleoni: dai principii di pura alle lezioni di economia politica. In: AUGELLO, M. M.; GUIDI, M. E. L. (orgs.) *L'economia divulgata*: stili e percorsi italiani (1840-1922), v. 1: *Manuali e trattati*. Milão, FrancoAngeli, 2007, p. 233-52.

_____. *Captains of Industry and Masters of Thought*: The Entrepreneur and the Tradition of Italian Liberal Economists from Francesco Ferrara to Sergio Ricossa. SSRN Scholarly Paper, ID 2718541, Social Science Research Network, abr. 2013. Disponível em: <https://papers.ssrn.com/abstract= 2718541>; acesso em: 9 ago. 2023.

BINI, Piero; FUSCO, Antonio Maria. *Umberto Ricci (1879-1946)*: economista militante e uomo combattivo. Florença, Polistampa, 2004.

BLACK, R. D. C. Ralph George Hawtrey 1879-1975. *Proceedings of the British Academy*, n. 63, Londres, British Academy, 1977, p. 363-97.

BLACKETT, Basil. *War Savings in Great Britain, or The Gospel of Goods and Services, Addresses*. Nova York, Liberty Loan Committee, 1918.

_____. Thinking in Terms of Money the Cause of Many Financial Fallacies. *The Annals of the American Academy of Political and Social Science*, v. 75, 1918, p. 207--16.

_____. What I Would Do with the World. *The Listener*, v. 6, n. 150, 1931.

_____. The Practical Limits of Taxable Capacity. *Public Administration*, v. 10, n. 3, 1932, p. 232-41. Disponível em: <https://onlinelibrary.wiley.com/doi/10.1111/j.1467-9299.1932.tb01848.x>; acesso em: 9 ago. 2023.

BLANCHARD, Olivier et al. (orgs.) *The Transition in Eastern Europe*, v. 1: *Country Studies*. Chicago, University of Chicago Press, 1994.

BLECKER, Robert A.; SETTERFIELD, Mark. *Heterodox Macroeconomics*. Cheltenham, Edward Elgar, 2019.

BLYTH, Mark. *Austerity*: The History of a Dangerous Idea. Nova York, Oxford University Press, 2013.

BORDOGNA, Lorenzo. Le relazioni industriali in Italia dall'accordo Lama-Agnelli alla riforma della scala mobile. In: MARGERI, Francesco; PAGGI, Leonardo (orgs.). *L'Italia repubblicana nella crisi degli anni settanta:* partiti ed organizzazioni di massa, v. 3. Soveria Mannelli, Rubbettino, 2003, p. 189-221.

BORTOLOTTI, Lando. Origine e primordi della rete autostradale in Italia, 1922--1933. *Storia Urbana*, v. 16, n. 59, 1992.

BOYCE, Robert W. D. *British Capitalism at the Crossroads, 1919-1932*: A Study in Politics, Economics, and International Relations. Cambridge, Cambridge University Press, 1987.

BOYLE, Andrew. *Montagu Norman*: A Biography. Nova York, Weybright and Talley, 1968.

BROSIO, Giorgio; MARCHESE, Carla. *Il potere di spendere*: economia e storia della spesa pubblica dall'unifi cazione ad oggi. Bolonha, Il Mulino, 1986.

BUFFETTI, Ferdinando. *Manuale della cooperativa di lavoro e di produzione*. Roma, Buffetti, 1921. Disponível em: <https://catalog.hathitrust.org/Record/010694376/Home>; acesso em: 10 ago. 2023.

BUOZZI, Bruno. L'Occupazione delle fabbriche. *Almanacco Socialista Italiano*. Roma, Partito Socialista Italiano, 1935.

_____. Le condizioni della classe lavoratrice in Italia (1922-1943). *Annali, Fondazione Giangiacomo Feltrinelli*, n. 14, 1972, p. 382.

BURGESS, Keith. *The Challenge of Labour*: Shaping British Society, 1850-1930. Londres, Croom Helm, 1980.

BURK, Kathleen (org.). *War and the State*: The Transformation of British Government, 1914-1919. Boston, Allen and Unwin, 1982.

BUSINO, Giovanni. La riscoperta di Umberto Ricci economista. *Rivista Storica Italiana*, v. 112, n. 3, 2000, p. 1.166-74.

CAMARDA, Alessandro; PELI, Santo. *L'altro esercito*: la classe operaia durante la prima guerra mondiale. Milão, Feltrinelli Economica, 1980.

CAMERA DEI DEPUTATI, Segretariato generale. *La legislazione fascista 1922-1928*. 7 v. Roma, Typography of the Chamber of Deputies [Tipografi a della Cameradei deputati], 1929.

CANZONERI, Matthew B. et al. (orgs.) *Establishing a Central Bank*: Issues in Europe and Lessons from the US. Cambridge, Cambridge University Press, 1992.

CARACCIOLO, Alberto. La grande industria nella Prima Guerra Mondiale. In: _____. (org.) *La formazione dell'Italia industriale*. Bari, Laterza, 1963, p. 163--219.

_____. *Il trauma dell'intervento*: 1914/1919. Florença, Vallecchi, 1968.

_____. *La formazione dell'Italia industriale*. Bari, Laterza, 1969.

CASSEL, Gustav. The Economic and Financial Decisions of the Genoa Conference. *Manchester Guardian Commercial*, 15 jun. 1922, p. 140.

CASTRONOVO, Valerio. *L'industria Italiana dall'ottocento a oggi*. 2. ed. Milão, A. Mondadori, 1982.

_____. *Storia economica d'Italia*: dall'ottocento ai giorni nostri. Turim, Einaudi, 1995.

CECINI, Stefano. Il finanziamento dei lavori pubblici in Italia: un confronto tra età liberale ed epoca fascista. *Rivista di Storia Economica*, v. 27, n. 3, 2011, p. 325-64.

CHERUBINI, Arnaldo. *Storia della previdenza sociale in Italia 1860-1960*. Roma, Riuniti, 1977.

CHIOZZA MONEY, L. G. *The Triumph of Nationalization*. Londres/Nova York, Cassell and Co., 1920. Disponível em: < https://babel.hathitrust.org/cgi/pt?id=aeu.ark:/13960/t00z8dx5z&view=1up&seq=1>.

CIOCCA, Pierluigi. *Umberto Ricci*: l'uomo l'economista. Lanciano, Carabba, 1999.

_____. Einaudi e le turbolenze economiche fra le due guerre. *Rivista di Storia Economica*, v. 3, 2004, p. 279-308. Disponível em: <https://doi.org/10.1410/18779>; acesso em: 10 ago. 2023>.

_____. *Ricchi per sempre?* Una storia economica d'Italia, 1796-2005. Turim, Bollati Boringhieri, 2007.

CLARKE, John Joseph. *The Housing Problem*: Its History, Growth, Legislation and Procedure. Nova York, Sir I. Pitman and Sons, 1920. Disponível em: <https://babel.hathitrust.org/cgi/pt?id=uc2.ark:/13960/t53f4wz5t&view=1up&seq=7>; acesso em: 10 ago. 2023.

CLARKE, Simon. *Keynesianism, Monetarism, and the Crisis of the State*. Aldershot, Gower, 1988.

CLYNE, P. K. Reopening the Case of the Lloyd George Coalition and the Post-War Economic Transition. *Journal of British Studies*, v. 10, n. 1, 1970, p. 162-75.

COATES, Ken; TOPHAM, Anthony (orgs.). *Industrial Democracy in Great Britain*: A Book of Readings and Witnesses for Workers' Control. Londres, Macgibbon and Kee, 1968.

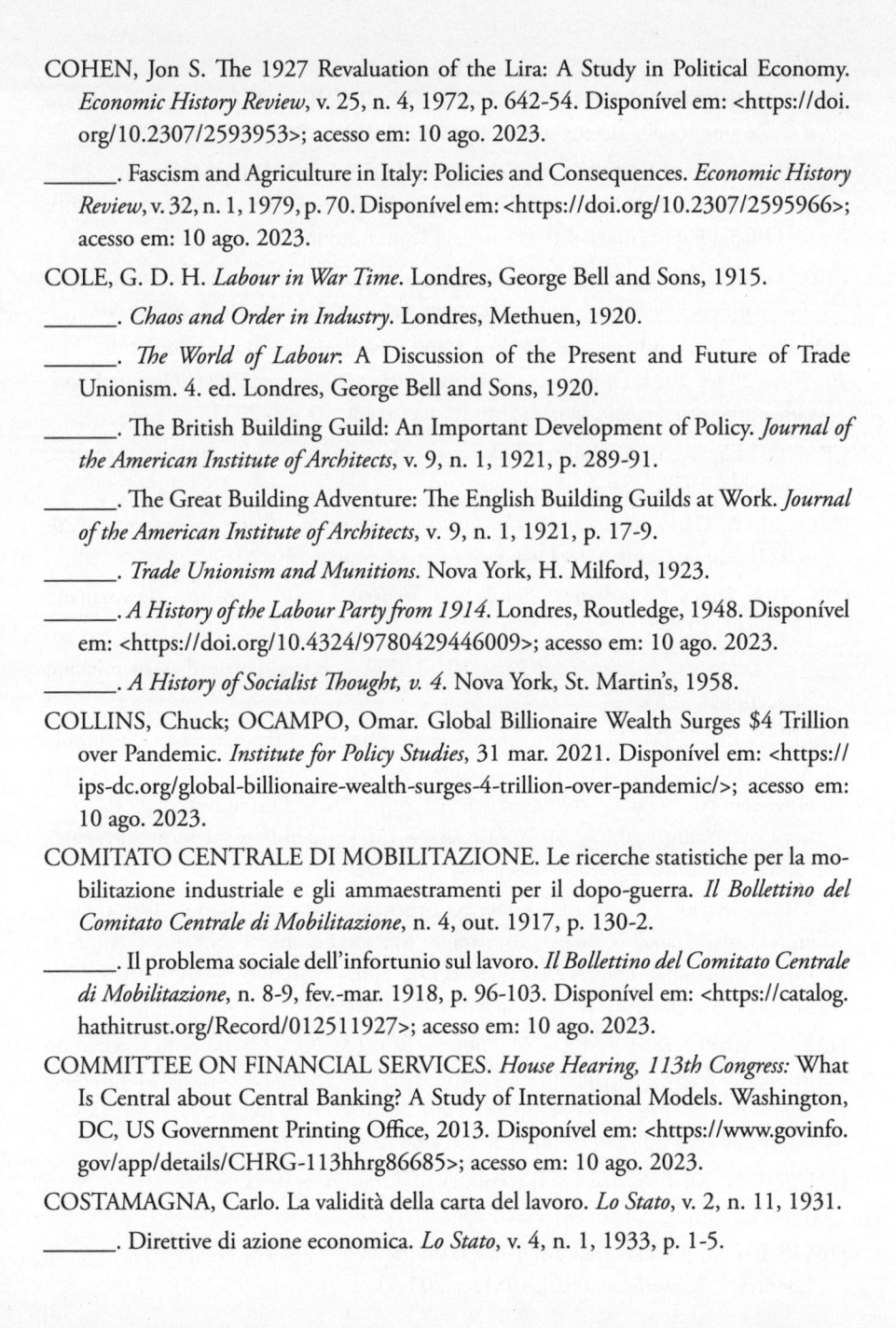

COHEN, Jon S. The 1927 Revaluation of the Lira: A Study in Political Economy. *Economic History Review*, v. 25, n. 4, 1972, p. 642-54. Disponível em: <https://doi.org/10.2307/2593953>; acesso em: 10 ago. 2023.

_____. Fascism and Agriculture in Italy: Policies and Consequences. *Economic History Review*, v. 32, n. 1, 1979, p. 70. Disponível em: <https://doi.org/10.2307/2595966>; acesso em: 10 ago. 2023.

COLE, G. D. H. *Labour in War Time*. Londres, George Bell and Sons, 1915.

_____. *Chaos and Order in Industry*. Londres, Methuen, 1920.

_____. *The World of Labour*: A Discussion of the Present and Future of Trade Unionism. 4. ed. Londres, George Bell and Sons, 1920.

_____. The British Building Guild: An Important Development of Policy. *Journal of the American Institute of Architects*, v. 9, n. 1, 1921, p. 289-91.

_____. The Great Building Adventure: The English Building Guilds at Work. *Journal of the American Institute of Architects*, v. 9, n. 1, 1921, p. 17-9.

_____. *Trade Unionism and Munitions*. Nova York, H. Milford, 1923.

_____. *A History of the Labour Party from 1914*. Londres, Routledge, 1948. Disponível em: <https://doi.org/10.4324/9780429446009>; acesso em: 10 ago. 2023.

_____. *A History of Socialist Thought*, v. 4. Nova York, St. Martin's, 1958.

COLLINS, Chuck; OCAMPO, Omar. Global Billionaire Wealth Surges $4 Trillion over Pandemic. *Institute for Policy Studies*, 31 mar. 2021. Disponível em: <https://ips-dc.org/global-billionaire-wealth-surges-4-trillion-over-pandemic/>; acesso em: 10 ago. 2023.

COMITATO CENTRALE DI MOBILITAZIONE. Le ricerche statistiche per la mobilitazione industriale e gli ammaestramenti per il dopo-guerra. *Il Bollettino del Comitato Centrale di Mobilitazione*, n. 4, out. 1917, p. 130-2.

_____. Il problema sociale dell'infortunio sul lavoro. *Il Bollettino del Comitato Centrale di Mobilitazione*, n. 8-9, fev.-mar. 1918, p. 96-103. Disponível em: <https://catalog.hathitrust.org/Record/012511927>; acesso em: 10 ago. 2023.

COMMITTEE ON FINANCIAL SERVICES. *House Hearing, 113th Congress:* What Is Central about Central Banking? A Study of International Models. Washington, DC, US Government Printing Office, 2013. Disponível em: <https://www.govinfo.gov/app/details/CHRG-113hhrg86685>; acesso em: 10 ago. 2023.

COSTAMAGNA, Carlo. La validità della carta del lavoro. *Lo Stato*, v. 2, n. 11, 1931.

_____. Direttive di azione economica. *Lo Stato*, v. 4, n. 1, 1933, p. 1-5.

COTULA, Franco; SPAVENTA, Luigi. La politica monetaria tra le due guerre: 1919--1935. In: COTULA, F.; DE CECCO, M.; TONIOLO, G. (orgs.) *La Banca d'Italia*: sintesi della ricerca storica 1893-1960. Roma/Bari, Laterza, 1993.

COUNCIL OF EUROPEAN COMMUNITIES, COMMISSION OF THE EUROPEAN COMMUNITIES. *Treaty on European Union*. Luxemburgo, Office for Official Publications of the European Communities, 1992.

COX, Garfield V. The English Building Guilds: An Experiment in Industrial Self--Government. *Journal of Political Economy*, v. 29, n. 10, dez. 1921, p. 777-90.

COY, Peter. Why are Fast Food Workers Signing Noncompete Agreements?. *New York Times*, 29 set. 2021. Disponível em: https://www.nytimes.com/2021/09/29/opinion/noncompete-agreement-workers.html>; acesso em: 10 ago. 2023.

CRITCHLEY, T. A. *A History of Police in England and Wales*. Ed. rev. Londres, Constable, 1978.

CROCELLA, Carlo et al. (orgs.) *L'inchiesta parlamentare sulle spese di guerra (1920--1923)*. Roma, Camera dei Deputati, Archivio Storico, 2002.

CRONIN, James E. *Industrial Conflict in Modern Britain*. Lanham, Rowmanand Littlefield, 1979.

_____. *Labour and Society in Britain, 1918-1979*. Londres, Batsford Academic and Educational, 1984.

DAAR, Nadia; TAMALE, Nona. A Virus of Austerity: The Covid-19 Spending, Accountability, and Recovery Measures Agreed between the IMF and Your Governement. *Oxfam Internacional*, 12 out. 2020. Disponível em: <https://www.oxfam.org/en/blogs/virus-austerity-covid-19-spending-accountability-and-recovery-measures-agreed-between-imf-and>; acesso em: 11 ago. 2023.

DAMILL, Mario; FRENKEL, Roberto. Argentina: Macroeconomic Performance and Crisis. Trabalho preparado para o Macroeconomic Policy Task Force of the International Policy Dialogue (IPD), 2003. Disponível em: <https://doi.org/10.7916/D8862P4D>; acesso em: 10 ago. 2023.

DANNINGER, Stephan; ALESINA, Alberto; ROSTAGNO, Massimo. Redistribution through Public Employment: The Case of Italy. *International Monetary Fund Working Papers*, n. 177, 1999, 44 p. Disponível em: <https://www.imf.org/external/pubs/ft/staffp/2001/03/pdf/alesina.pdf>; acesso em: 10 ago. 2023.

DAUNTON, M. J. *Just Taxes*: The Politics of Taxation in Britain, 1914-1979. Nova York, Cambridge University Press, 2002.

DAVIS, E. G. R. G. Hawtrey, 1879-1975. In: *Pioneers of Modern Economics in Britain*. Londres, Palgrave Macmillan, 1981, p. 203-33.

DAVIS, Joseph S. World Currency and Banking: The First Brussels Financial Conference. *Review of Economics and Statistics*, v. 2, n. 12, 1920, p. 349-60.

DAWSON, William Harbutt (org.). *After-War Problems*. Londres, Allen and Unwin, 1917. Disponível em: <https://archive.org/details/in.ernet.dli.2015.39470>; acesso em: 10 ago. 2023.

DE CECCO, Marcello. Il ruolo delle istituzioni nel pensiero di Pantaleoni. *Rivista di Politica Economica*, n. 3, 1995.

DE FELICE, Renzo. *Mussolini il fascista*: la conquista del potere (1921-1925). Turim, Einaudi, 1966.

DE LUCA, Giuseppe. La costruzione della rete autostradale Italiana: l'autostrada Firenze-Mare, 1927-1940. *Storia Urbana*, v. 16, n. 59, 1992.

DE STEFANI, Alberto. *Lezioni di economia politica:* appunti: anno accademico 1919--1920. Padua, La Litotipo, 1919.

_____. Vilfredo Pareto. *Gerarchia*, 1923, p. 1.187-9.

_____. *L'azione dello Stato Italiano per le opere pubbliche (1862-1924)*. Roma, Libreria dello Stato, 1925.

_____. *La legislazione economia della guerra*. Bari/New Haven, Laterza/Yale University Press, 1926.

_____. *La restaurazione finanziaria 1922-1925*. Modena, N. Zanichelli, 1926.

_____. *Vie maestre*: commenti sulla finanza del 1926. Trieste, Fratelli Treves, 1927.

_____. *Colpi di vaglio*: commenti sulla fi nanza del 1927. Milão, Fratelli Treves, 1928.

_____. *L'oro e l'aratro*. Milão, Fratelli Treves, 1929.

_____. *Quota 90*: la rivalutazione della lira: 1926-1928. Org. Marco di Mico. Introd. Luigi Spaventa. Turim, Utet Università, 1998.

DE STEFANI, Alberto; PERFETTI, Francesco. *Gran consiglio, ultima seduta*: 24-25 luglio 1943. Florença, Le Lettere, 2013.

DEL VECCHIO, Gustavo. Prefazione. In: PAVESI, M. *Economia corporativa e dottrine realiste*. Bolonha, Stabilimento Poligrafico Riuniti, 1929, p. 5-18.

_____. Einaudi Economista. *Giornale degli economisti e annali di economia*, v. 23, n. 3/4, 1964, p. 136-44. Disponível em: <https://www.jstor.org/stable/23238553>; acesso em: 10 ago. 2023.

_____. Einaudi economista. In: ROMANI, M. Achille (org.). *Einaudi*. Milão, Bocconi, 2011.

DEUTSCHER, Patrick. *R. G. Hawtrey and the Development of Macroeconomics*. Londres, Macmillan, 1990.

_____. Ralph George Hawtrey (1879-1975). In: CORD, Robert A. *The Palgrave Companion to Cambridge Economics*. Londres, Palgrave Macmillan, 2017, p. 477-93. Disponível em: <https://doi.org/10.1057/978-1-137-41233-1_21>; acesso em: 10 ago. 2023.

DINGLEY, Tom. *The Shop Stewards and Workers' Committee Movement*. Coventry, Shop Stewards and Workers' Committee, 1918.

DOBB, Maurice Herbert. *Theories of Value and Distribution since Adam Smith*: Ideology and Economic Theory. Cambridge, Cambridge University Press, 1973.

DOMINEDÒ, V. Umberto Ricci economista. *Economia Internazionale*, v. 14, n. 1, 1961, p. 1-20.

DYSON, Kenneth; FEATHERSTONE, Kevin. Italy and EMU as a "Vincolo Esterno": Empowering the Technocrats, Transforming the State. *South European Society and Politics*, v. 1, n. 2, jun. 1996, p. 272-99. Disponível em: <https://doi.org/10.1080/13608749608539475>; acesso em: 10 ago. 2023.

ECONÓMICAS, UN CEPAL DIVISIÓN DE ESTADÍSTICA Y PROYECCIONES. *Magnitud de la pobreza en América Latina en los años ochenta*. Santiago de Chile, CEPAL, 1990. Disponível em: <https://repositorio.cepal.org/handle/11362/33451>; acesso em: 10 ago. 2023.

EICHENGREEN, Barry J. *Golden Fetters*: The Gold Standard and the Great Depression, 1919-1939. Nova York, Oxford University Press, 1992.

EINAUDI, Luigi. *Prediche*. Bari, Laterza, 1920.

_____. *La guerra e il sistema tributario italiano*. Bari/New Haven, Laterza/Yale University Press, 1927.

_____. Le premesse del salario dettate dal giudice. *La Riforma Sociale*, n. 42, 1931, p. 311-6.

_____. *La condotta economica e gli effetti sociali della guerra italiana*. New Haven, Yale University Press, 1933.

_____. *Cronache economiche e politiche di un trentennio (1893-1925)*. Turim, Einaudi, p. 1.959-65.

_____. *From Our Italian Correspondent*: Luigi Einaudi's Articles in *The Economist*, 1908-1946. Org. Roberto Marchionatti. Florença, L. S. Olschki, 2000.

ELLIOTT, Dorinda; MCKAY, Betsy. Yeltsin's Free-Market Offensive. *Newsweek*, 17 out. 1993. Disponível em: <https://www.newsweek.com/yeltsins-free-market-offensive-194394>; acesso em: 10 ago. 2023.

ERMACORA, Matteo. *Cantieri di guerra*: il lavoro dei civili nelle retrovie del fronte Italiano 1915-1918. Bolonha, Il Mulino, 2005.

_____. Labour, Labour Movements, Trade Unions and Strikes (Italy). Trad. Benjamin Ginsborg. In: DANIEL, Ute et al. (orgs.) *1914-1918 Online*: International Encyclopedia of the First World War. Berlim, Freie Universität, 2014. Disponível em: <https://doi.org/10.15463/ie1418.10268>; acesso em: 10 ago. 2023.

ERREYGERS, Guido; DI BARTOLOMEO, Giovanni. The Debates on Eugenio Rignano's Inheritance Tax Proposals. *History of Political Economy*, v. 39, n. 4, nov. 2007, p. 605-38. Disponível em: <https://doi.org/10.1215/00182702-2007-034>; acesso em: 10 ago. 2023.

ESPUELAS, Sergio. The Inequality Trap: A Comparative Analysis of Social Spending between 1880 and 1930. *Economic History Review*, v. 68, n. 2, 2015, p. 683-706. Disponível em: <https://www.jstor.org/stable/43910359>; acesso em: 10 ago. 2023.

FALCIOLA, Luca. *Il movimento del 1977 in Italia*. Roma, Carocci, 2015.

FARESE, Giovanni. *Luigi Einaudi*: un economista nella vita pubblica. Soveria Mannelli, Rubbettino, 2012.

FAUCCI, Riccardo. *Luigi Einaudi*. Turim, Unione Tipografico-Editrice Torinese, 1986.

_____. *A History of Italian Economic Thought*. Londres, Routledge, 2014. Disponível em: <https://doi.org/10.4324/9781315780993>; acesso em: 10 ago. 2023.

FAUSTO, Domenicantonio. I contributi di Umberto Ricci alla scienza delle finanze. In: *Umberto Ricci (1879-1946)*: economista militante e uomo combattivo. Florença, Polistampa, 2004, p. 217-43.

FAVA, Andrea. Assistenza e propaganda nel regime di guerra. In: *Operai e contadini nella Grande Guerra*. Org. Mario Isnenghi. Bolonha, Cappelli, 1982.

FAVERO, Giovanni. Le statistiche dei salari industriali in periodo fascista. *Quaderni Storici* (new series), v. 45, n. 134, 2, 2010, p. 319-57. Disponível em: <https://www.jstor.org/stable/43780007>; acesso em: 10 ago. 2023.

FEDERICO, Giovanni et al. The Origins of the Italian Regional Divide: Evidence from Real Wages, 1861-1913. *Journal of Economic History*, v. 79, n. 1, mar. 2019, p. 63-98. Disponível em: <https://doi.org/10.1017/S0022050718000712>; acesso em: 10 ago. 2023.

FEINSTEIN, C. H. *National Income, Expenditure and Output of the United Kingdom, 1855-1965*. Cambridge, Cambridge University Press, 1972.

FERRERA, Maurizio; GUALMINI, Elisabetta. *Rescued by Europe?* Social and Labour Market Reforms in Italy from Maastricht to Berlusconi. Amsterdã, Amsterdam University Press, 2004.

FERRÉ-SADURNÍ, Luis; MCKINLEY, Jesse. N.Y. Hospitals Face $400 Million in Cuts Even as Virus Battle Rages. *New York Times*, 30 mar. 2020. Disponível em: <https://

www.nytimes.com/2020/03/30/nyregion/coronavirus-hospitals-medicaid-budget. html>; acesso em: 10 ago. 2023.

FLASCHEL, Peter et al. Kaleckian Investment and Employment Cycles in Post-War Industrialized Economies. In: _____; LANDESMANN, Michael (orgs.). *Mathematical Economics and the Dynamics of Capitalism*. Nova York, Routledge, 2008.

FLORA, Federico. *La politica economica e finanziaria del fascismo (ottobre 1922/giugno 1923)*. Milão, Imperia, 1923. Disponível em: <https://catalog.hathitrust.org/Record/000959311>; acesso em: 10 ago. 2023.

FOLEY, Duncan K. *Understanding Capital*: Marx's Economic Theory. Cambridge, MA, Harvard University Press, 1986.

FORSYTH, Douglas J. *The Crisis of Liberal Italy*: Monetary and Financial Policy, 1914-1922. Nova York, Cambridge University Press, 1993.

FORTE, Francesco. *L'economia liberale di Luigi Einaudi*: saggi. Florença, L. S. Olschki, 2009.

FOSTER, John Bellamy; MCCHESNEY, Robert W. *The Endless Crisis*: How Monopoly-Finance Capital Produces Stagnation and Upheaval from the USA to China. Nova York, Monthly Review, 2012.

FRANCHINI, Vittorio. *I comitati regionali per la mobilitazione industriale 1915-1918*. Milão, Alfieri, 1928.

_____. *La mobilitazione industriale dell'Italia in guerra*: contributo alla storia economica della guerra 1915-1918. Roma, Istituto Poligrafico e Zecca dello Stato, 1932.

FRANZOSI, Roberto. One Hundred Years of Strike Statistics: Methodological and Theoretical Issues in Quantitative Strike Research. *Industrial and Labor Relations Review*, v. 42, n. 3, 1989, p. 348-62. Disponível em: <https://doi.org/10.2307/2523393>; acesso em: 10 ago. 2023.

FRASCANI, Paolo. *Politica economica e finanza pubblica in Italia nel primo dopoguerra (1918-1922)*. Nápoles, Giannini, 1975.

GABBUTI, Giacomo. *A Noi!* Income Inequality and Italian Fascism: Evidence from Labour and Top Income Shares. Oxford Social History and Economics Working Papers 177, University of Oxford, Department of Economics, 2020. Disponível em: <https://econpapers.repec.org/paper/oxfesohwp/_5f177.htm>; acesso em: 10 ago. 2023.

_____. When We Were Worse Off: The Economy, Living Standards and Inequality in Fascist Italy. *Rivista di Storia Economica,* n. 3, 2020, p. 253-98. Disponível em: <https://ideas.repec.org/a/mul/jrkmxm/doi10.1410-100485y2020i3p253-298.html>; acesso em: 10 ago. 2023.

_____. Il fascismo "liberista" e la "quasi abolizione" dell'imposta di successione del 1923. In: BARUCCI, Piero et al. (orgs.) *Le sirene del corporativismo e l'isolamento dei dissidenti durante il fascismo*. Florença, Firenze University Press, 2021. Disponível em: <https://doi.org/10.36253/978-88-5518-455-7.07>; acesso em: 10 ago. 2023.

GABBUTI, Giacomo; GÓMEZ-LEÓN, María. *Wars, Depression, and Fascism: Income Inequality in Italy, 1900-1950*. Working paper D. T. 2.104, Departamento de Economía, Universidad Pública de Navarra, 2021.

GALLACHER, William; Campbell, J. R. *Direct Action*: An Outline of Workshop and Social Organization. Londres, Pluto, 1972 [1. ed. 1919, National Council of the Scottish Workers' Committees].

_____; PATON, J. *Toward Industrial Democracy*: A Memorandum on Workshop Control. Paisley, Paisley Trades and Labour Council, 1918.

GANGEMI, Lello. *La politica finanziaria del governo fascista (1922-1928)*. Florença, R. Sandron, 1929.

GARSIDE, W. R. *British Unemployment, 1919-1939*: A Study in Public Policy. Cambridge/Nova York, Cambridge University Press, 1990.

GAUKROGER, Alan. *The Director of Financial Enquiries*. PhD thesis, University of Huddersfield, 2008.

GIACHETTI, Diego. *La FIAT in mano agli operai*: l'autunno caldo del 1969. Pisa, FS, 1999.

GIASI, Francesco (org.). *Gramsci nel suo tempo*. Roma, Carocci, 2008.

GIOCOLI, Nicola; BELLANCA, Nicolò. *Maffeo Pantaleoni*: il principe degli economisti italiani. Florença, Polistampa, 1998.

GIORDANO, Claire; ZOLLINO, Francesco. Long-Run Factor Accumulation and Productivity Trends in Italy. *Journal of Economic Surveys*, v. 35, n. 1, jun. 2020. Disponível em: <https://doi.org/10.1111/joes.12361>; acesso em: 10 ago. 2023.

GIORGI, Chiara; PAVAN, Ilaria. *Storia dello stato sociale in Italia*. Bolonha, Il Mulino, 2021.

GLEASON, Arthur. *What the Workers Want*: A Study of British Labor. Nova York, Harcourt, Brace and Howe, 1920.

GÓMEZ LEÓN, María; JONG, Herman J. de. Inequality in Turbulent Times: Income Distribution in Germany and Britain, 1900-1950. *Economic History Review*, v. 72, n. 3, 2018, p. 1.073-98. Disponível em: <https://doi.org/10.1111/ehr.12770>; acesso em: 10 ago. 2023.

GORDON, Charles; MONTPETIT, Edouard. *The Genoa Conference for the Economic and Financial Reconstruction of Europe*: Joint Report of the Canadian Delegates. Ottawa, F. A. Acland, 1922.

GRAMSCI, Antonio. Aos comissários de seção das fábricas Fiat Centro e Brevetti. In: *Homens ou máquinas?* Trad. Carlos Nelson Coutinho e Rita Coitinho, São Paulo, Boitempo, 2021, p. 89.

_____. Il problema della Commissioni interne. *L'Ordine Nuovo*, v. 1, n. 15, 23 ago. 1919, p. 117-8.

_____. Sindicalismo e conselhos. In: *Homens ou máquinas?* Trad. Carlos Nelson Coutinho e Rita Coitinho, São Paulo, Boitempo, 2021, p. 111.

_____. La conquista dello Stato. *L'Ordine Nuovo*, v. 1, n. 9, 12 jul. 1919, p. 64.

_____. Postilla. *L'Ordine Nuovo*, v. 1, n. 15, 23 ago. 1919, p. 117.

_____. O programa de *l'Ordine Nuovo*. In: *Homens ou máquinas?* Trad. Carlos Nelson Coutinho e Rita Coitinho, São Paulo, Boitempo, 2021, p. 233.

_____. Soviet e Consigli di fabbrica. *L'Ordine Nuovo*, v. 1, n. 43, 3-10 abr. 1920, p. 340.

_____. Cronache dell'*Ordine Nuovo*. *L'Ordine Nuovo*, v. 2, n. 16, 2 out. 1920, p. 121.

_____. O conselho de fábrica. In: *Homens ou máquinas?* Trad. Carlos Nelson Coutinho e Rita Coitinho, São Paulo, Boitempo, 2021, p. 189.

_____. Socialismo ed economia. *L'Ordine Nuovo*, v. 1, n. 34, 17 jan. 1920, p. 265.

_____. Superstição e realidade. In: *Homens ou máquinas?* Trad. Carlos Nelson Coutinho e Rita Coitinho, São Paulo, Boitempo, 2021, p. 168.

_____. Por uma renovação do Partido Socialista. In: *Homens ou máquinas?* Trad. Carlos Nelson Coutinho e Rita Coitinho, São Paulo, Boitempo, 2021, p. 178.

_____. O movimento turinês dos conselhos de fábrica. In: *Homens ou máquinas?* Trad. Carlos Nelson Coutinho e Rita Coitinho, São Paulo, Boitempo, 2021, p. 210.

GRAMSCI, Antonio; TOGLIATTI, Palmiro. Democracia operária. In: *Homens ou máquinas?* Trad. Carlos Nelson Coutinho e Rita Coitinho, São Paulo, Boitempo, 2021, p. 83.

GRAMSCI, Antonio et al. *Pre-Prison Writings*. Cambridge, Cambridge University Press, 1994.

GREAT BRITAIN, Royal Commission on Coal Industry. *Reports and Minutes of Evidence*, v. 1: *On the First Stage of the Inquiry*. Londres, HMSO, 1919.

_____. *Reports and Minutes of Evidence*, v. 2: *On the Second Stage of the Inquiry*. Londres, HMSO, 1919.

GRIFONE, Pietro. *Il capitale finanziario in Italia*. Turim, Einaudi, 1971.

GRILLI, Vittorio et al. Political and Monetary Institutions and Public Financial Policies in the Industrial Countries. *Economic Policy*, v. 6, n. 13, 1991, p. 342-92. Disponível em: <https://doi.org/10.2307/1344630>.

GUARNERI, Felice. *Battaglie economiche tra le due grandi guerre*. Milão, Garzanti, 1953.

HALDANE, Richard. National Education. In: DAWSON, William Harbutt (org.), *After-War Problems*. Londres, Allen and Unwin, 1917, p. 85. Disponível em: <https://www.jstor.org/stable/2222310>; acesso em: 11 ago. 2023.

HAMON, Augustin. I consigli operai in Inghilterra. *L'Ordine Nuovo*, v. 1, n. 19, 20-27 set. 1919, p. 145.

HANNINGTON, Wal. *Industrial History in Wartime Including a Record of the Shop Stewards' Movement*. Londres, Lawrence and Wishart Ltd., 1941.

HARGRAVE, John. *Montagu Norman*. Nova York, The Greystone, 1942.

HARVEY, David. *The Limits to Capital*. Oxford, B. Blackwell, 1982.

HAWTREY, R. G. *Good and Bad Trade*. Londres, Constable and Co., 1913. Disponível em: <https://catalog.hathitrust.org/Record/001311354>; acesso em: 10 ago. 2023.

_____. *Currency and Credit*. Londres, Longmans, Green and Co., 1919.

_____. The Gold Standard. *Economic Journal*, v. 29, n. 116, dez. 1919, p. 428-42. Disponível em: <https://doi.org/10.2307/2223352>; acesso em: 10 ago. 2023.

_____. *Currency and Credit*. 2. ed. Londres, Longmans, Green and Co., 1923. Disponível em: <https://catalog.hathitrust.org/Record/006646138>; acesso em: 10 ago. 2023.

_____. Currency and Public Administration. *Public Administration*, v. 3, n. 3. 1925, p. 232-45. Disponível em: <https://doi.org/10.1111/j.1467-9299.1b02>.

_____. Public Expenditure and the Demand for Labour. *Economica*, v. 13, mar. 1925, p. 38-48. Disponível em: <https://www.jstor.org/stable/2548008?seq=1>; acesso em: 10 ago. 2023.

_____. Review of *Central Banks*, by C. H. Kisch and W. A. Elkin. *Economic Journal*, v. 38, n. 151, set. 1928, p. 439-42.

_____. *A Century of Bank Rate*. Londres, Longmans, Green, 1938.

HELGADÓTTIR, Oddný. The Bocconi Boys Go to Brussels: Italian Economic Ideas, Professional Networks and European Austerity. *Journal of European Public Policy*,

v. 23, n. 3, mar. 2016, p. 392-409. Disponível em: <https://doi.org/10.1080/1350 1763.2015.1106573>; acesso em: 10 ago. 2023.

HENDERSON, H. D. The Reports of the Coal Industry Commission. *Economic Journal*, v. 29, n. 115, 1919, p. 265-79.

HENWOOD, Doug. *After the New Economy*. Nova York, New Press, 2003.

HINTON, James. *The First Shop Stewards' Movement*. Londres, Allen and Unwin, 1973.

HIS MAJESTY'S STATIONERY OFFICE. *War Cabinet Report for the Year 1917*. Cmd. 9005, 1918a. House of Commons Parliamentary Papers Online.

_____. *First Interim Report of the Committee on Currency and Foreign Exchange after the War*. Cmd. 9182. Londres, HMSO, 1918b.

_____. *War Cabinet Report for the Year 1918*. Cmd. 325, 1919a. House of Commons Parliamentary Papers online.

_____. *Report of the Provisional Joint Committee Presented to Meeting of Industrial Conference*. Cmd. 501, 1919b. House of Commons Parliamentary Papers Online.

_____. *Final Report of the Committee on Currency and Foreign Exchange after the War*. Cmd. 464, 1919c.

_____. Draft Resolutions on Economy. Cab 23/23. Meeting of the Cabinet, 8 dez. 1920, 10 Downing Street. Disponível em: <http://filestore.nationalarchives.gov.uk/pdfs/small/cab-23-23-cc-67-20-12.pdf>; acesso em: 10 ago. 2023.

_____. Finance: Minutes, Records of Cabinet Committees, 1919-1922. Finance Committee, 30 jun. 1921. Cab 24/201/27, fols. 58-65.

_____. Reports of the Committee of Experts Appointed by the Currency and Exchange Sub-commission of the Financial Commission. Cmd. 1650, 1922.

_____. *First Interim Report of the Committee on National Expenditure*. Cmd. 1581, 1922.

_____. *Second Interim Report of the Committee on National Expenditure*. Cmd. 1582, 1922.

_____. *Third Report of the Committee on National Expenditure*. Cmd. 1589, 1922.

_____. *Report of the Committee on National Debt and Taxation*. Cmd. 2.800, 1927. Disponível em: <http://hdl.handle.net/2027/mdp.39015036796954>; acesso em: 10 ago. 2023.

_____. Memorandum on Unemployment, by Sir William Joynson-Hicks. Cab 24/201, 13 jun./9 jul. 1929. Disponível em: <http://filestore.nationalarchives.gov.uk/pdfs/large/cab-24-204.pdf>; acesso em: 10 ago. 2023.

HOBSBAWM, E. J. *Industry and Empire*: from 1750 to the Present Day. Nova York, Penguin, 1999.

HODGES, Frank. *Nationalization of the Mines*. Nova York, Thomas Seltzer, Inc., 1920.

HOOD, Christopher; HIMAZ, Rozana. The UK Geddes Axe of the 1920s in Perspective. In: _____; HEALD, David; HIMAZ, Rozana (orgs.). *When the Party's Over:* The Politics of Fiscal Squeeze in Perspective. Oxford, British Academy, 2014. British Academy Scholarship Online, 2015. Disponível em: <https://doi.org/10.5871/bacad/9780197265734.003.0004>; acesso em: 10 ago. 2023.

HOWSON, Susan. "A Dear Money Man"?: Keynes on Monetary Policy, 1920. *Economic Journal*, v. 83, n. 330, 1973, p. 456-64. Disponível em: <https://doi.org/10.2307/2231181>; acesso em: 10 ago. 2023.

_____. The Origins of Dear Money, 1919-1920. *Economic History Review*, v. 27, n. 1, 1974, p. 88-107.

_____. *Domestic Monetary Management in Britain, 1919-1938*. Cambridge, Cambridge University Press, 1975.

_____. Monetary Theory and Policy in the Twentieth Century: The Career of R. G. Hawtrey. In: FLINN, M. (org.) *Proceedings of the Seventh International Economic History Conference*. Edimburgo, Edinburgh University Press, 1978, p. 505-12.

_____. Hawtrey and the Real World. In: HARCOURT, G. C. (org.) *Keynes and His Contemporaries*. Londres, Macmillan, 1985, p. 142-88.

_____. Review of *The Making of Keynes' General Theory*, by Richard F. Kahn. *Journal of Economic History*, v. 45, n. 4, 1985, p. 1.023-4. Disponível em: <https://doi.org/10.1017/S0022050700035610>; acesso em: 10 ago. 2023.

HOWSON, Susan; WINCH, Donald. *The Economic Advisory Council, 1930-1939*: A Study in Economic Advice during Depression and Recovery. Cambridge, Cambridge University Press, 1977.

HURWITZ, Samuel Justin. *State Intervention in Great Britain*: A Study of Economic Control and Social Response, 1914-1919. Nova York, Columbia University Press, 1949.

INMAN, Phillip; BOOTH, Robert. Poverty Increases among Children and Pensioners across UK. *The Guardian* (US edition), 28 mar. 2019. Disponível em: <https://www.theguardian.com/society/2019/mar/28/poverty-increases-among-children-and-pensioners-across-uk>; acesso em: 10 ago. 2023.

INTERNATIONAL LABOR ORGANIZATION. *World Employment and Social Outlook Trends 2021*. Disponível em: <https://www.ilo.org/global/research/global-reports/weso/trends2021/lang--en/index.htm>; acesso em: 10 ago. 2023.

INVERNIZZI-ACCETTI, Carlo. *What Is Christian Democracy?* Politics, Religion and Ideology. Cambridge, Cambridge University Press, 2019.

ISNENGHI, Mario (org.). *Operai e contadini nella grande guerra*. Bolonha, Cappelli, 1982.

ISTITUTO NAZIONALE DI STATISTICA. Calcolo della soglia di povertà assoluta. Dati analisi e prodotti. Última atualização em 2 fev. 2021. Disponível em: <https://www.istat.it/it/dati-analisi-e-prodotti/calcolatori/soglia-di-povert%C3%A0>; acesso em: 10 ago. 2023.

_____. Le statistiche dell'istat sulla povertà, anno 2020: torna a crescere la povertà assoluta. 16 jun. 2021. Disponível em: <https://www.istat.it/it/archivio/258632#:~:text=Torna%20a%20crescere%20la%20povert%C3%A0,%25%20da%207%2C7%25)>; acesso em: 10 ago. 2023.

ISTITUTO NAZIONALE FASCISTA INFORTUNI. *Rassegna della Previdenza Sociale*, v. 10, n. 6, 1923, p. 120. Roma, Cassa Nazionale Fascista Infortuni.

IVES, Martyn. *Reform, Revolution and Direct Action amongst British Miners*: The Struggle for the Charter in 1919. Leiden, Brill, 2016.

JACCHIA, Arturo. Vita operaia. *L'Ordine Nuovo*, v. 1, n. 9, 12 jul. 1919, p. 66.

JASON (Pseud.). *Past and Future*. Londres, Chatto and Windus, 1918.

JEPSEN, Maria (org.). *Benchmarking Working Europe 2019*. Bruxelas, European Trade Union Institute, 2019. Disponível em: <https://www.etui.org/publications/books/benchmarking-working-europe-2019>; acesso em: 10 ago. 2023.

JOHNSON, Paul Barton. *Land Fit for Heroes*: The Planning of British Reconstruction, 1916-1919. Chicago: University of Chicago Press, 1968.

JONES, Thomas. *Whitehall Diary*. Oxford, Oxford University Press, 1969.

JORDÀ, Òscar; SCHULARICK, Moritz; TAYLOR, Alan M. Macrofinancial History and the New Business Cycle Facts. In: EICHENBAUM, Martin; PARKER, Jonathan A. (orgs.) *NBER Macroeconomics Annual 2016*, v. 31. Chicago, University of Chicago Press, 2017.

JOSLYN, Carl S. The British Building Guilds: A Critical Survey of Two Years Work. *Quarterly Journal of Economics*, v. 37, n. 1, 1922, p. 75-133. Disponível em: <https://doi.org/10.2307/1885910>; acesso em: 10 ago. 2023.

KALECKI, M. Political Aspects of Full Employment. *Political Quarterly*, v. 14, n. 4, 1943, p. 322-30. Disponível em: <https://delong.typepad.com/kalecki43.pdf>; acesso em: 10 ago. 2023.

KELTON, Stephanie. *The Deficit Myth*: Modern Monetary Theory and the Birth of the People's Economy. Nova York, Public Affairs, 2020.

KENDALL, Walter. *The Revolutionary Movement in Britain 1900-1921*: The Origins of British Communism. Londres, Weidenfeld and Nicolson, 1969.

KEYNES, John Maynard. *The General Theory of Employment, Interest, and Money*. Londres, Palgrave Macmillan, 1964.

_____. *The Collected Writings of John Maynard Keynes*, v. 10, org. Elizabeth Johnson e Donald Moggridge. Cambridge, Cambridge University Press, 1978.

_____. *The Economic Consequences of the Peace*. Londres/Nova York, Taylor and Francis, Ltd./Routledge, 2017.

KIRBY, M. W. *The British Coal Mining Industry, 1870-1946*: A Political and Economic History. Londres, Macmillan, 1977.

KLEIN, Naomi. *The Shock Doctrine*: The Rise of Disaster Capitalism. Londres, Picador, 2008.

KREIS, Steven. *The Diffusion of an Idea*: A History of Scientific Management in Britain, 1890-1945. PhD diss., University of Missouri-Columbia, 1990.

KRUGMAN, Paul. The Case for Cuts Was a Lie. Why Does Britain Still Believe It? The Austerity Delusion. *The Guardian* (US edition), 29 abr. 2015. Disponível em: <https://www.theguardian.com/business/ng-interactive/2015/apr/29/the-austerity-delusion>; acesso em: 10 ago. 2023.

LABANCA, Nicola; PROCACCI, Giovanna. *Caporetto:* esercito, stato e società. Florença, Giunti, 2018.

LABOUR PARTY (Great Britain), Executive Committee. *Labour and the New Social Order*: A Report on Reconstruction. Londres, Labour Party, 1918.

_____. *Report of the Nineteenth Annual Conference of the Labour Party*, 25 jun. 1919. Nottingham/Londres, Labour Party, 1919.

LA FRANCESCA, Salvatore. *La politica economica del Fascismo*. Bari, Laterza, 1972.

LAIDLER, David. Hawtrey and the Origins of the Chicago Tradition. *Journal of Political Economy*, v. 10, n. 6, 1993, p. 1.068-103.

LAKNER, Christoph et al. *Updated Estimates of the Impact of covid-19 on Global Poverty*: Looking Back at 2020 and the Outlook for 2021. World Bank blogs, 11 jan. 2021. Disponível em: <https://blogs.worldbank.org/opendata/updated-estimates-impact-covid-19-global-poverty-looking-back-2020-and-outlook-2021>; acesso em: 11 ago. 2023.

LAY, Adriana; MARUCCO, Dora; PESANTE, Maria Luisa. Classe operaia e scioperi: ipotesi per il periodo 1880-1923. *Quaderni Storici*, v. 8, n. 22/1, 1973, p. 87-147.

LEAGUE OF NATIONS. *Brussels Financial Conference 1920*, 5 v. Londres, Printed for the League of Nations by Harrison and Sons, Ltd., 1920-1921.

_____. *Three Months of the League of Nations*. Boston, World Peace Foundation, 1920.

_____. *Report of the Advisory Committee, International Financial Conference 1920*. Londres, Harrison and Sons, 1920.

LEVRERO, Enrico; STIRATI, Antonella. Real Wages in Italy 1970-2000: Elements for an Interpretation. *Economia & Lavoro*, v. 38, n. 1, 2004, p. 65-89. Disponível em: <https://www.semanticscholar.org/paper/Real-Wages-in-Italy-1970-2000%3A-Elements-for-an-Levrero-Stirati/e9c0e323e752d32e326b4d19a1ce93e0da19bd18>; acesso em: 11 ago. 2023.

LLOYD, E. M. H. *Experiments in State Control at the War Office and the Ministry of Food*. Londres, H. Milford, 1924.

_____. Gold and Coal. *New Statesman*, v. 25, n. 639, 25 jul. 1925.

LUNGHINI, Giorgio; LUCARELLI, Stefano. *The Resistible Rise of Mainstream Economics*: The Dominant Theory and the Alternative Economic Theories. Bergamo, University of Bergamo Press, 2012.

LYTTELTON, Adrian. *The Seizure of Power*: Fascism in Italy, 1919-1929. Nova York, Scribner, 1973.

MACFARLANE, L. J. Hands off Russia: British Labour and the Russo-Polish War, 1920. *Past & Present*, v. 38, dez. 1967, p. 126-52.

MACNICOL, John. *The Politics of Retirement in Britain, 1878-1948*. Cambridge, Cambridge University Press, 2002.

MACRAE, C. Duncan. A Political Model of the Business Cycle. *Journal of Political Economy*, v. 85, n. 2, 1977, p. 239-63. Disponível em: <https://www.jstor.org/stable/1830790>; acesso em: 11 ago. 2023.

MAGNANI, Alberto. Retribuzioni, calo del 4,3% in 7 anni. Perché il problema dell'Italia sono gli stipendi. *Il Sole 24 Ore*, 17 fev. 2019. Disponível em: <https://www.ilsole24ore.com/art/retribuzioni--calo-43percento-7-anni-perche-problema-dell-italia-sono-stipendi--ABWtwpSB?refresh_ce=1>; acesso em: 11 ago. 2023.

MAIONE, Giuseppe. *Il Biennio Rosso*: autonomia e spontaneità operaia nel 1919--1920. Bolonha, Il Mulino, 1975.

MANESTRA, Stefano. A Short History of Tax Compliance in Italy. *Questioni di Economia e Finanza*, n. 81, dez. 2010. Disponível em: <https://www.bancaditalia.it/pubblicazioni/qef/2010-0081/QEF_81.pdf>; acesso em: 11 ago. 2023.

MANKIW, N. Gregory. *Principles of Microeconomics*. 5. ed. Boston, South-Western Cengage Learning, 2009.

MANN, Geoff. *In the Long Run We Are All Dead*: Keynesianism, Political Economy, and Revolution. Nova York, Verso, 2017.

MARCHIONATTI, Roberto. *Economic Theory in the Twentieth Century*: An Intellectual History, v. 1-2. Cham, Suíça, Palgrave Macmillan, 2021.

MARCOALDI, Franco. Maffeo Pantaleoni, la riforma finanziaria e il governo fascista nel periodo dei pieni poteri, attraverso le lettere ad Alberto de' Stefani. *Annali della Fondazione Luigi Einaudi*, v. 14, 1980, p. 609-66.

_____. *Vent'anni di economia e politica*: le carte De' Stefani, 1922-1941. Milão, FrancoAngeli, 1986.

MARUCCO, Dora. Alle origini del Ministero del Lavoro e della Previdenza Sociale in Italia, *Le carte e la storia*: Rivista di storia delle istituzioni, v. 9, n. 1, 2008, p. 179--90. Disponível em: <https://doi.org/10.1411/27173>; acesso em: 11 ago. 2023.

MARX, Karl; ENGELS, Friedrich. *Selected Works*. Moscou, Progress, 1969-1970 [1888].

MATTEI, Clara Elisabetta. The Conceptual Roots of Contemporary Austerity Doctrine: A New Perspective on the "British Treasury View". *New School Economic Review (NSER)*, v. 8, 2016. Disponível em: <https://nsereview.org/index.php/NSER/issue/view/8>; acesso em: 11 ago. 2023.

_____. Austerity and Repressive Politics: Italian Economists in the Early Years of the Fascist Government. *European Journal of the History of Economic Thought*, v. 24, n. 5, set. 2017, p. 998-1.026. Disponível em: <https://doi.org/10.1080/09672567.2017.1301510>; acesso em: 11 ago. 2023.

_____. Hawtrey, Austerity, and the "Treasury View", 1918-1925. *Journal of the History of Economic Thought*, v. 40, n. 4, 2018, p. 471-92. Disponível em: <https://doi.org/10.1017/S1053837218000068>; acesso em: 11 ago. 2023.

_____. Treasury View and Post-WWI British Austerity: Basil Blackett, Otto Niemeyer and Ralph Hawtrey. *Cambridge Journal of Economics*, v. 42, n. 4, jul. 2018, p. 1.123-44. Disponível em: <https://doi.org/10.1093/cje/bex061>; acesso em: 11 ago. 2023.

MATTEOTTI, Giacomo. La questione tributaria. *Critica Sociale*, v. 29, n. 6-7, 1919, p. 82-3.

MATTESINI, Fabrizio; QUINTIERI, Beniamino. Does a Reduction in the Length of the Working Week Reduce Unemployment? Some Evidence from the Italian Economy during the Great Depression. *Explorations in Economic History*, v. 43, n. 3, jul. 2006, p. 413-37. Disponível em: <https://doi.org/10.1016/j.eeh.2005.04.001>; acesso em: 11 ago. 2023.

MCDONALD, Andrew. The Geddes Committee and the Formulation of Public Expenditure Policy, 1921-1922. *The Historical Journal*, v. 32, n. 3, 1989, p. 643-74.

MCKIBBIN, Ross. *The Evolution of the Labour Party, 1910-1924*. Oxford, Oxford University Press, 1974.

_____. *The Ideologies of Class*: Social Relations in Britain, 1880-1950. Nova York, Oxford University Press, 1990.

MEDLICOTT, W. N. et al. (orgs.) *Documents on British Foreign Policy, 1919-1939*. Londres, His Majesty's Stationery Office, 1974.

MELIS, Guido. *La macchina imperfetta*: immagine e realtà dello Stato fascista. Bolonha, Il Mulino, 2018.

MENOZZI, Daniele et al. (orgs.) *Un paese in guerra*: la mobilitazione civile in Italia, 1914-1918. Milão, Unicopli, 2010.

MICHELINI, Luca. Il pensiero di Maffeo Pantaleoni tra economia politica e politica militante. *Societá e storia*, v. 58, 1992.

_____. *Marginalismo e socialismo*: Maffeo Pantaleoni, 1882-1904. Milão, FrancoAngeli,1998.

_____. *Alle origini dell'antisemitismo nazional-fascista*: Maffeo Pantaleoni e "la vita italiana" di Giovanni Preziosi, 1915-1924. Veneza, Marsilio, 2011. Disponível em: <https://www.academia.edu/42658223/Alleoriginidellantisemitismo_nazional_fascista_Maffeo Pantaleoni e La Vita italiana di Giovanni Preziosi 1915 1924>; acesso em: 11 ago. 2023.

_____. *Marxismo, liberismo, rivoluzione*: saggio sul Giovane Gramsci, 1915-1920. Milão, La Città del Sole, 2011.

_____. *Il nazionalismo economico italiano*: corporativismo, liberismo, fascismo: (1900--1923). Roma, Carocci, 2019.

_____. From Nationalism to Fascism: Protagonists and Journals. In: AUGELLO, Massimo M. et al. (orgs.) *An Institutional History of Italian Economics in the Interwar Period*, v. II. Nova York, Springer International Publishing, 2020, p. 21--57. Disponível em: <https://www.academia.edu/44072200/From_Nationalism_to_Fascism_Protagonists_and_Journals>; acesso em: 11 ago. 2023.

MIDDLEMAS, Keith. *Politics in Industrial Society*: The Experience of the British System since 1911. Londres, A. Deutsch, 1979.

MIDDLETON, Roger. *Towards the Managed Economy*. Nova York, Routledge, 1985. Disponível em: <https://doi.org/10.4324/9781315019567>; acesso em: 11 ago. 2023.

MIGONE, Gian Giacomo. *The United States and Fascist Italy*: The Rise of American Finance in Europe. Cambridge, Cambridge University Press, 2015.

MILANOVIC, Branko. *Income, Inequality, and Poverty during the Transition from Planned to Market Economy*. World Bank Regional and Sectoral Studies. Washington, DC,

World Bank Group, 1998. Disponível em: <https://documents1.worldbank.org/curated/en/229251468767984676/pdf/multi-page.pdf>; acesso em: 11 ago. 2023.

_____. *Capitalism, Alone*: The Future of the System that Rules the World. Cambridge, MA, The Belknap Press of Harvard University Press, 2019.

MILIBAND, Ralph. *Parliamentary Socialism*: A Study in the Politics of Labour. Londres, Allen and Unwin, 1961.

_____. *The State in Capitalist Society*. Londres, Weidenfeld and Nicolson, 1969.

MILLER, Earl Joyce. *Workmen's Representation in Industrial Government*. PhD thesis, University of Illinois, 1922. Reeditada em *University of Illinois Studies in the Social Sciences*, v. 10, n. 3-4, 1924.

MILLIS, H. A. The British Trade Disputes and Trade Unions Act, 1927. *Journal of Political Economy*, v. 36, n. 3, 1928, p. 305-29. Disponível em: <https://www.jstor.org/stable/1822749>; acesso em: 11 ago. 2023.

MINISTERO DELL'ECONOMIA NAZIONALE. *I conflitti del lavoro in Italia nel decennio 1914-1923 (dati statistici)*. Roma, "Grafia" SAI industrie grafiche, 1924.

MINISTERO DELLE FINANZE. *L'azione dello stato Italiano per le opere pubbliche (1862-1924)*. Roma, Libreria dello Stato, 1925.

MINISTERO PER IL LAVORO E LA PREVIDENZA SOCIALE. *Bollettino del lavoro e della previdenza sociale*, v. 39, n. 1. Roma, Tipografia Cooperativa Sociale, 1923.

MINISTERO PER L'ASSISTENZA MILITARE E LE PENSIONI DI GUERRA. *L'assistenza di guerra in Italia*: assistenza militare, pensioni di guerra. Roma, Società Anonima Poligrafica Italiana, 1919.

MINISTRY OF LABOUR. *Industrial Councils:* The Whitley Report. Londres, HMSO, 1917.

_____. *Report of the Committee of Enquiry on the Employment Exchanges*. Cmd. 1.054, 1920.

MINISTRY OF RECONSTRUCTION. *Interim Report of the Committee on Adult Education*. Cd. 9107. Londres, HMSO, 1918. Disponível em: <https://archive.org/details/cu31924032188751>; acesso em: 11 ago. 2023.

_____. *Adult Education Committee Final Report*. Cmd. 321. Londres, HMSO, 1919.

_____. *Report of the Women's Employment Committee*. Cd. 9.239, 1919.

MINISTRY OF RECONSTRUCTION ADVISORY COUNCIL. *Women's Housing Sub-Committee Final Report*. Cd. 9232. Londres, HMSO, 1919.

MIOZZI, U. Massimo. *La mobilitazione industriale italiana (1915-1918)*. Roma, La Goliardica, 1980.

MIROWSKI, Philip; PLEHWE, Dieter (orgs.). *The Road from Mont Pèlerin*: The Making of the Neoliberal Thought Collective. Cambridge, MA, Harvard University Press, 2015.

MISSIROLI, Mario. *Una battaglia perduta*. Milão, Corbaccio, 1924.

MITCHELL, B. R. *International Historical Statistics*: Europe, 1750-1993. 14. ed. Londres, Palgrave Macmillan, 1998.

MITTNIK, Stefan; SEMMLER, Willi. Regime Dependence of the Fiscal Multiplier. *Journal of Economic Behavior & Organization*, v. 83, n. 3, ago. 2012, p. 502-22. Disponível em: <https://doi.org/10.1016/j.jebo.2012.02.005>; acesso em: 11 ago. 2023.

MOGGRIDGE, Donald Edward. *British Monetary Policy, 1924-1931, The Norman Conquest of $4.86*. Cambridge, Cambridge University Press, 1972.

_____. *John Maynard Keynes*. Nova York, Penguin, 1976.

MONTAGNA, Mario. Il rovescio della medaglia. *L'Ordine Nuovo*, v. 1, n. 26, 15 nov. 1919, p. 202-3.

MONT PELERIN SOCIETY. *Statement of Aims*. Disponível em: <https://www.montpelerin.org/statement-of-aims/>; acesso em: 11 ago. 2023.

MONTGOMERY, David. *The Fall of the House of Labor*: The Workplace, the State, and American Labor Activism, 1865-1925. Cambridge, Cambridge University Press, 1987. Disponível em: <https://doi.org/10.1017/CBO9780511528774>; acesso em: 11 ago. 2023.

MONTHLY LABOUR REVIEW. The Housing Situation in England. *Monthly Labor Review*, v. 12, n. 1, jan. 1921, p. 213-21. Disponível em: <https://www.jstor.org/stable/41827945>; acesso em: 11 ago. 2023.

MORAGLIO, Massimo. Dentro e fuori il manicomio: l'assistenza psichiatrica in Italia tra le due guerre. *Contemporanea*, n. 9, 2006, p. 15-34.

MOREOLO, Carlo Svaluto. Carlo Cottarelli: "There's No Spending Your Way out of Debt". *IPE Magazine*, jul./ago. 2018. Disponível em: <https://www.ipe.com/carlo-cottarelli-theres-no-spending-your-way-out-of-debt/10025492.article>; acesso em: 11 ago. 2023.

MORGAN, E. Victor. *Studies in British Financial Policy, 1914-1925*. Londres, Macmillan, 1952.

MORGAN, Jane. *Conflict and Order*: The Police and Labor Disputes in England and Wales, 1900-1939. Nova York, Clarendon, 1987.

MORGAN, Kenneth O. *Consensus and Disunity*: The Lloyd George Coalition Government 1918-1922. Oxford, Oxford University Press, 1979.

_____; MORGAN, Jane. *Portrait of a Progressive*: The Political Career of Christopher Viscount Addison. Nova York, Oxford University Press, 1980.

MORTARA, Giorgio. *Prospettive economiche*. Città di Castello, Societá Tipografica "Leonardo da Vinci", 1922.

MOSCA, Manuela. "Io che sono Darwinista". La visione di Maffeo Pantaleoni *Il Pensiero Economico Italiano*, v. 23, n. 1, 2015, p. 23-45. Disponível em: <https://ideas.repec.org/a/pei/journl/v23y201512p23-45.html>; acesso em: 11 ago. 2023.

MOWAT, Charles Loch. *Britain between the Wars, 1918-1940*. Londres, Methuen, 1955.

MURPHY, John Thomas. *The Workers' Committee, An Outline of Its Principles and Structure*. Sheffield, Sheffield Workers' Committee, 1917.

_____. *New Horizons*. Londres, John Lane The Bodley Head, 1941.

MUSSO, Stefano. *Storia del lavoro in Italia*: dall'unità a oggi. Veneza, Marsilio, 2002.

MUSSOLINI, Benito. *Discorsi sulla politica economica italiana nel primo decennio*. Roma, Istituto Italiano di Credito Marittimo, 1933.

NATOLI, Claudio. Primo settembre, occupazione delle fabbriche. In: PORTELLI, Alessandro (org.). *Calendario civile, per una memoria laica, popolare e democratica degli Italiani*. Roma, Donzelli, 2017, p. 189-201.

NENNI, Pietro. *Storia di quattro anni*: 1919-1922. 2. ed. Turim, Einaudi, 1946.

NIEMEYER, Otto Ernst. *Report Submitted to the Brazilian Government*. Rio de Janeiro, S. I., 1931.

NORDHAUS, William D. The Political Business Cycle. *Review of Economic Studies*, v. 42, n. 2, 1975, p. 169-90. Disponível em: <https://doi.org/10.2307/2296528>; acesso em: 11 ago. 2023.

NORTH, Douglass C.; THOMAS, Robert Paul. *The Rise of the Western World*: A New Economic History. Cambridge, Cambridge University Press, 1973.

OSTERGAARD, Geoffrey. *The Tradition of Workers' Control*: Selected Writings. Londres, Freedom, 1997.

OXFAM. IMF Paves Way for New Era of Austerity Post-Covid-19. *Oxfam International*, 11 dez. 2020. Disponível em: <https://www.oxfam.org/en/press-releases/imf-paves-way-new-era-austerity-post-covid-19>; acesso em: 11 ago. 2023.

PAGGI, Leonardo. *Le strategie del potere in Gramsci*: tra fascismo e socialismo in un solo paese, 1923-1926. Roma, Riuniti, 1984.

PANTALEONI, Maffeo. *Pure Economics*. Londres, Macmillan, 1898.

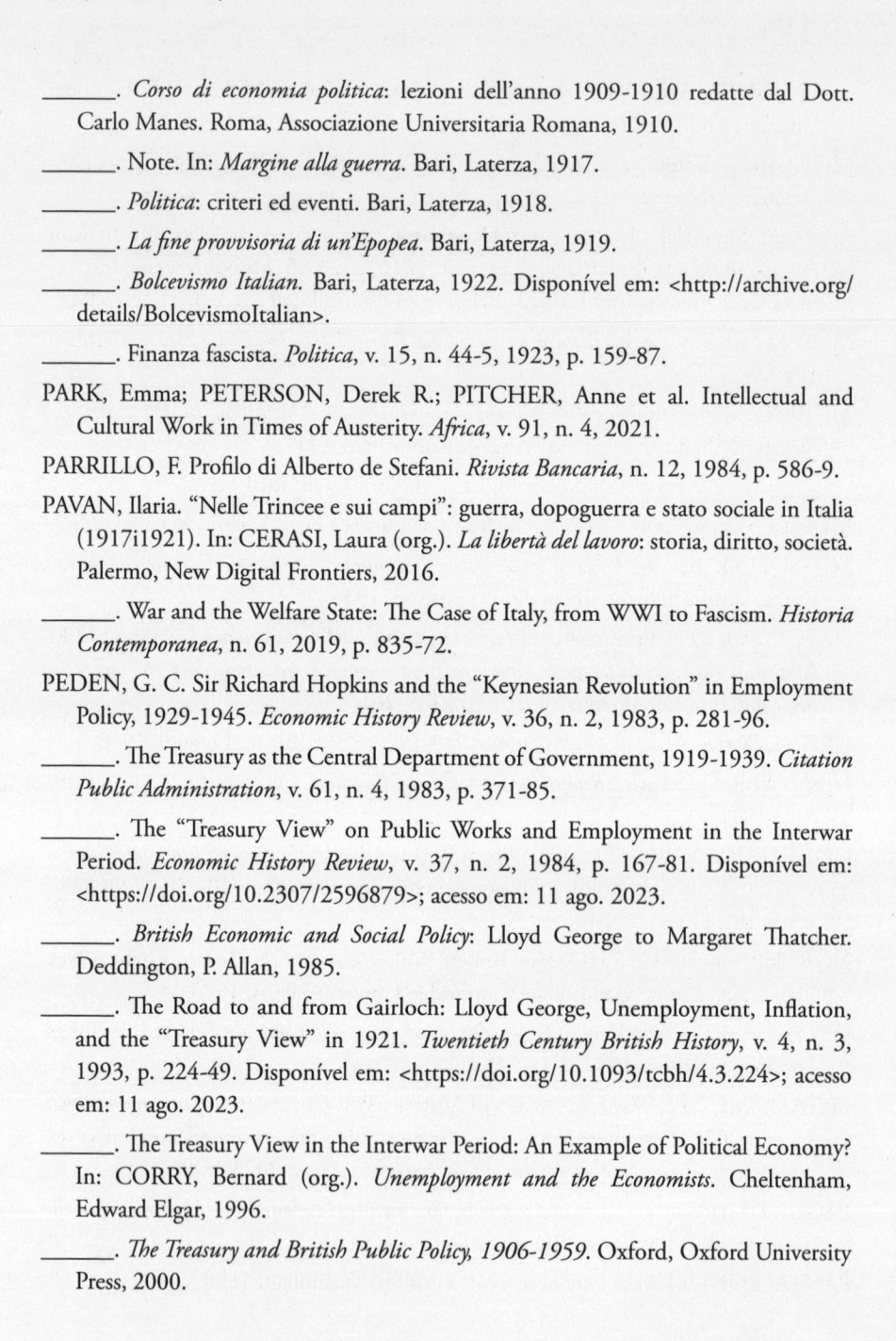

_____. *Corso di economia politica*: lezioni dell'anno 1909-1910 redatte dal Dott. Carlo Manes. Roma, Associazione Universitaria Romana, 1910.

_____. Note. In: *Margine alla guerra*. Bari, Laterza, 1917.

_____. *Politica*: criteri ed eventi. Bari, Laterza, 1918.

_____. *La fine provvisoria di un'Epopea*. Bari, Laterza, 1919.

_____. *Bolcevismo Italian*. Bari, Laterza, 1922. Disponível em: <http://archive.org/details/BolcevismoItalian>.

_____. Finanza fascista. *Politica*, v. 15, n. 44-5, 1923, p. 159-87.

PARK, Emma; PETERSON, Derek R.; PITCHER, Anne et al. Intellectual and Cultural Work in Times of Austerity. *Africa*, v. 91, n. 4, 2021.

PARRILLO, F. Profilo di Alberto de Stefani. *Rivista Bancaria*, n. 12, 1984, p. 586-9.

PAVAN, Ilaria. "Nelle Trincee e sui campi": guerra, dopoguerra e stato sociale in Italia (1917i1921). In: CERASI, Laura (org.). *La libertà del lavoro*: storia, diritto, società. Palermo, New Digital Frontiers, 2016.

_____. War and the Welfare State: The Case of Italy, from WWI to Fascism. *Historia Contemporanea*, n. 61, 2019, p. 835-72.

PEDEN, G. C. Sir Richard Hopkins and the "Keynesian Revolution" in Employment Policy, 1929-1945. *Economic History Review*, v. 36, n. 2, 1983, p. 281-96.

_____. The Treasury as the Central Department of Government, 1919-1939. *Citation Public Administration*, v. 61, n. 4, 1983, p. 371-85.

_____. The "Treasury View" on Public Works and Employment in the Interwar Period. *Economic History Review*, v. 37, n. 2, 1984, p. 167-81. Disponível em: <https://doi.org/10.2307/2596879>; acesso em: 11 ago. 2023.

_____. *British Economic and Social Policy*: Lloyd George to Margaret Thatcher. Deddington, P. Allan, 1985.

_____. The Road to and from Gairloch: Lloyd George, Unemployment, Inflation, and the "Treasury View" in 1921. *Twentieth Century British History*, v. 4, n. 3, 1993, p. 224-49. Disponível em: <https://doi.org/10.1093/tcbh/4.3.224>; acesso em: 11 ago. 2023.

_____. The Treasury View in the Interwar Period: An Example of Political Economy? In: CORRY, Bernard (org.). *Unemployment and the Economists*. Cheltenham, Edward Elgar, 1996.

_____. *The Treasury and British Public Policy, 1906-1959*. Oxford, Oxford University Press, 2000.

_____ (org.). *Keynes and His Critics*: Treasury Responses to the Keynesian Revolution, 1925-1946. Oxford, Oxford University Press, 2004.

_____. The Treasury and the City. In: WILLIAMSON, Philip; MICHIE, R. C. *The British Government and the City of London in the Twentieth Century*. Cambridge, Cambridge University Press, 2004.

PEDERSEN, Susan. Gender, Welfare, and Citizenship in Britain during the Great War. *American Historical Review*, v. 95, n. 4, 1990, p. 983-1.006. Disponível em: <https://doi.org/10.2307/2163475>; acesso em: 11 ago. 2023.

_____. *Family, Dependence, and the Origins of the Welfare State*: Britain and France, 1914-1945. Nova York, Cambridge University Press, 1993.

PELI, Santo. La fabbrica militarizzata. In: ISNENGHI, Mario; CESCHIN, Daniele. *Gli Italiani in guerra*: conflitti, identità, memorie dal risorgimento ai nostri giorni, v. 3. Turim, UTET, 2008, p. 662-9.

PELLING, Henry. *History of British Trade Unionism*. Londres, Palgrave Macmillan, 1987.

PENNACCHI, Antonio. *Canale Mussolini*: Romanzo. Milão, Mondadori, 2010.

PEROTTI, Roberto. *The "Austerity Myth"*: Gain without Pain? Working Paper 17.571, National Bureau of Economic Research, nov. 2011. Disponível em: <https://doi.org/10.3386/w17571>; acesso em: 11 ago. 2023.

PIETRAVALLE, Michele. Per un ministero della sanità ed assistenza pubblica in Italia. *Nuova antologia*, v. 54, n. 1.131, mar. 1919, p. 103-17.

PIGOU, A. C. *Aspects of British Economic History*: 1918-1925. Londres, Routledge, 1947. Disponível em: <https://doi.org/10.4324/9781315409979>; acesso em: 11 ago. 2023.

PIKETTY, Thomas; GOLDHAMMER, Arthur. *Capital in the Twenty-First Century*. Cambridge, MA, The Belknap Press of Harvard University Press, 2014. [ed. bras.: *O capital no século XXI*. Trad. Monica Baumgarte de Boule. Rio de Janeiro, Intrínseca, 2014.]

POLANYI, Karl. *The Great Transformation*: The Political and Economic Origins of Our Time. Boston, Beacon, 1944.

POLLARD, Sidney. *The Development of the British Economy, 1914-1967*. 2. ed. rev. Londres, Edward Arnold, 1969.

PORISINI, Giorgio. *Il capitalismo italiano nella prima guerra mondiale*. Florença, La Nuova Italia, 1975.

PRATT, E. L. *Industrial Unionism*. Londres, Solidarity, 1917.

PRETI, Alberto; VENTUROLI, Cinzia. Fascismo e stato sociale. In: ZAMAGNI, V. (org.) *Povertà e innovazioni istituzionali in Italia*: dal Medioevo ad oggi. Bolonha, Il Mulino, 2000, p. 729-49.

PRIBIĆEVIĆ, Branko. *The Shop Stewards' Movement and Workers' Control, 1910-1922*. Oxford, Blackwell, 1959.

PRICE, Carter C.; EDWARDS, Kathryn A. Trends in Income from 1975 to 2018. RAND Corporation Working Paper WR-A516-1, 2020. Disponível em: <https://www.rand.org/pubs/working_papers/WRA516-1.html>; acesso em: 11 ago. 2023.

PROCACCI, Giovanna. (org.) *Stato e classe operaia in Italia durante la Prima Guerra Mondiale*. Milão, FrancoAngeli, 1983.

_____. *Dalla rassegnazione alla rivolta*: mentalità e comportamenti popolari nella grande guerra. Roma, Bulzoni, 1999.

_____. *Warfare-Welfare*: intervento dello stato e diritti dei cittadini (1914-1918). Roma, Carocci, 2013.

PROCACCI, Giovanna; CORNER, P. The Italian Experience of Total Mobilization 1915-1920. In: HORNE, John (org.). *State Society and Mobilization in Europe during the First World War*. Cambridge, Cambridge University Press, 1997, p. 223-41.

RAGIONERIA GENERALE DELLO STATO (RGS). La spesa del balancio dello stato dall'unità d'Italia, anni 1862-2009. Tabela em Excel, 2011, incluída em Ministero dell'Economia e della Finanze, 150º Anniversario RGS, "La spesa dello stato dall'unità d'Italia". Disponível em: <https://www.rgs.mef.gov.it/VERSIONE-I/pubblicazioni/pubblicazioni_statistiche/la_spesa_dello_stato_dallunit_dItalia/>; acesso em: 11 ago. 2023.

RATTNER, Steven. Volcker Asserts US Must Trim Living Standard. Special to the *New York Times*, 18 out. 1979. Disponível em: <https://www.nytimes.com/1979/10/18/archives/volcker-asserts-us-must-trim-living-standard-warns-of-inflation.html>; acesso em: 11 ago. 2023.

REDMAYNE, R. A. S. *The British Coal-Mining Industry during the War*. Oxford, Clarendon and H. Milford, 1923.

RICCI, Umberto. Rassegna del movimento scientifico: Economia. *Giornale degli Economisti*, n. 34, fev. 1907, série II, p. 152-63.

_____. Rassegna del movimento scientifico: Economia. *Giornale degli Economisti*, n. 36, maio 1908, série II, p. 385-405. Disponível em: <https://babel.hathitrust.org/cgi/pt?id=umn.319510019080341&view=1up&seq=16>; acesso em: 11 ago. 2023.

_____. *Politica ed economia*. Roma, Società Anonima Editrice "La Voce", 1919.

_____. *La politica economica del ministero Nitti*: gli effetti dell'intervento economico dello stato. Roma, Società Anonima Editrice "La Voce", 1920.

_____. *Il fallimento della politica annonaria*. Roma, Società Anonima Editrice "La Voce", 1921.

_____. *Il miglioramento del bilancio dello stato*. Rivista di Politica Economica, v. 13, n. 6, 1923, p. 593-612.

_____. *Dal protezionismo al sindacalismo*. Bari, Laterza, 1926.

_____. *La scienza e la vita*. Nuovi Studi di Diritto, Economia e Politica, v. 6, n. 3, 1928, p. 220-5.

_____. *Tre economisti italiani*: Pantaleoni, Pareto, Loria. Bari, Laterza, 1939.

_____. *La finanza dello stato egiziano nell'ultimo decennio*. In: "studi economici finanziari e corporativi", v. 19, n. 3, out. Roma, Edizioni Italiane, 1941.

_____. *Saggi sul risparmio*. Lanciano, Carabba, 1999.

RICCIARDI, Mario. *Lezioni di storia sindacale Italia, 1945-1985*. Bolonha, Clueb, 1986.

RIGOLA, Rinaldo. Le classi operaie e le assicurazioni sociali. *Rassegna Sociale. Rivista Mensile della Cassa Nazionale d'Assicurazione per gli Infortuni degli Operai sul Lavoro*, v. 5, n. 1, 1918, p. 1-13.

ROCCA, G. L'occupazione delle terre "incolte". *La Riforma Sociale,* maio/jun. 1920, p. 221-52.

ROMEO, Rosario. *Breve storia della grande industria in Italia*: 1861-1961. 4. ed. rev. Bolonha, Cappelli, 1972.

ROSBOCH, Ettore. L'azionariato di stato nell'economia fascista. *Lo Stato*, v. 1, n. 3, 1930, p. 253-8.

ROSSI, Ernesto. *I padroni del vapore*. Bari, Laterza, 1955.

RUBIN, Gerry R. *War, Law, and Labour*: The Munition Acts, State Regulation, and the Unions, 1915-1921. Nova York, Oxford University Press, 1987.

SAEZ, Emmanuel; ZUCMAN, Gabriel. *The Triumph of Injustice*: How the Rich Dodge Taxes and How to Make Them Pay. Nova York, W. W. Norton, 2019.

SALTER, J. Arthur. *Allied Shipping Control*: An Experiment in International Administration. Oxford, Clarendon, 1921.

SALVEMINI, Gaetano. *La dittatura fascista in Italia*. Nova York, Libreria del Nuovo Mondo, 1929.

_____. *Sotto la scure del fascismo*: "Lo stato corporativo di Mussolini". org. F. De Silva. Torino, 1948.

_____. *Le origini del fascismo in Italia:* "Lezioni di Harvard". Milão, Feltrinelli, 1966.

SAMUEL, Herbert. The Taxation of the Various Classes of the People. *Journal of the Royal Statistical Society,* v. 82, n. 2, 1919.

SANTHIÀ, Battista. *Con Gramsci all'Ordine Nuovo*. Biblioteca della Resistenza 7. Roma, Riuniti, 1956.

SAYERS, R. S. *The Bank of England, 1891-1944*. Cambridge, Cambridge University Press, 1976.

SCHOLLIERS, Peter; ZAMAGNI, Vera (orgs.). *Labour's Reward*: Real Wages and Economic Change in 19th-and 20th-Century Europe. Cheltenham, Edward Elgar, 1995.

SEASSARO, Cesare. Gli insegnamenti della lotta dei metallurgici. *L'Ordine Nuovo*, v. 2, n. 16, 2 out. 1920, p. 133-4.

SEFTON, James; WEALE, Martin. *Reconciliation of National Income and Expenditure*: Balanced Estimates of National Income for the United Kingdom, 1920-1990. Studies in the National Income and Expenditure of the United Kingdom 7. Cambridge/Nova York, Cambridge University Press, 1995.

SEGRETO, Luciano. Armi e munizioni: lo sforzo bellico tra speculazione e progresso tecnico. *Italia Contemporanea*, v. 146, 1982, p. 35-66.

SEMBER, Florencia. El papel de Raúl Prebisch en la creación del Banco Central de la República Argentina. *Estudios críticos del desarrollo*, v. 2, n. 3, 2012, p. 133-57. Disponível em: <https://estudiosdeldesarrollo.mx/estudioscriticosdeldesarrollo/wp-content/uploads/2019/01/ECD3-6.pdf>; acesso em: 11 ago. 2023.

SEMMLER, Willi. The Macroeconomics of Austerity in the European Union. *Social Research*, v. 80, n. 3, 2013, p. 883-914. Disponível em: <https://www.jstor.org/stable/24385696>; acesso em: 11 ago. 2023.

_____; HAIDER, Alexander. The Perils of Debt Deflation in the Euro Area: A Multi-Regime Model. *Empirica*, v. 43, n. 2, 1º maio 2016, p. 257-78. Disponível em: <https://doi.org/10.1007/s10663-016-9327-5>; acesso em: 11 ago. 2023.

SERPIERI, Arrigo. *La guerra e le classi rurali Italiane*. New Haven, Yale University Press, 1930.

SERRI, Niccolò. Review of *Senza lavoro. La disoccupazione in Italia dall'unità ad oggi*, by Manfredi Alberti. *Modern Italy*, v. 22, n. 3, ago. 2017, p. 339-40. Disponível em: <https://doi.org/10.1017/mit.2017.11>; acesso em: 11 ago. 2023.

SEYMOUR, Richard. A Short History of Privatisation in the UK: 1979-2012. *The Guardian*, 29 mar. 2012. Disponível em: <https://www.theguardian.com/commentisfree/2012/mar/29/short-history-of-privatisation>; acesso em: 11 ago. 2023.

SHAIKH, Anwar. *Capitalism*: Competition, Conflict, Crises. Oxford, Oxford University Press, 2016.

SHEFNER, Jon; BLAD, Cory. *Why Austerity Persists*. Cambridge, Polity, 2019.

SICILIANO, Giovanni. *Cento anni di borsa in Italia*: mercato, imprese e rendimenti azionari nel ventesimo secolo. Bolonha, Il Mulino, 2001.

SIEPMANN, H. A. The International Financial Conference at Brussels. *Economic Journal*, v. 30, n. 120, 1920, p. 436-59.

SKIDELSKY, Robert. Keynes and the Treasury View: The Case for and against an Active Unemployment Policy, 1920-1929. In: MOMMSEN, Wolfgang (org.). *The Emergence of the Welfare State in Britain and Germany, 1850-1950*. Londres, Routledge, 1981.

_____. *John Maynard Keynes*: Economist, Philosopher, Statesman. Londres, Macmillan, 2003.

_____. *Keynes*: The Return of the Master. Nova York, Public Affairs, 2009.

SLOBODIAN, Quinn. *Globalists*: The End of Empire and the Birth of Neoliberalism. Cambridge, MA, Harvard University Press, 2018.

SPRIANO, Paolo. *Torino operaia nella grande guerra (1914-1918)*. Turim, Einaudi, 1960.

_____. *L'Ordine Nuovo e i consigli di fabbrica*. Turim, Einaudi, 1971.

_____. *The Occupation of the Factories*: Italy 1920. Londres, Pluto, 1975.

STEIN, Ben. In Class Warfare, Guess Which Class Is Winning? *New York Times*, 26 nov. 2006.

STORM, Servaas. Lost in Deflation: Why Italy's Woes Are a Warning to the Whole Eurozone. *International Journal of Political Economy*, v. 48, n. 3, jul. 2019, p. 195--237. Disponível em: <https://doi.org/10.1080/08911916.2019.1655943>; acesso em: 11 ago. 2023.

SUMMERS, Lawrence H. Inflation Caused by Fed Dismissing Concerns as Transient. *Bloomberg Wall Street Week*, 5 mar. 2021. Disponível em: <https://finance.yahoo.com/video/inflation-caused-fed-dismissing-concerns-012527841.html?guccounter=1&guce_referrer=aHR0cHM6Ly93d3cuZ29vZ2xlLmNvbS5ici8&guce_referrer_sig=AQAAABNNaHycUCprs-Pi1aii_SNKoiKXd8i0MZMRGlm_jZnJQTh aVtxhwKhlaBuTZIb63oHRWoKKcQlxH8ogmNJ8gR0taBkzM5S9-dtnq1A MSS38aunkugv095BJcTbeC15Cspqz83AfVCj7Wjn1mhqMhkzFUQFY4M-bZJL9l8OU_9Pb>; acesso em: 11 ago. 2023.

SYLOS LABINI, Paolo. *Saggio sulle classi sociali*. Bari, Laterza, 1975.

TABELLINI, Guido; ALESINA, Alberto. Voting on the Budget Deficit. *American Economic Review*, v. 80, n. 1, 1990, p. 37-49. Disponível em: <https://www.jstor.org/stable/2006732>; acesso em: 11 ago. 2023.

TASCA, Angelo. Un episodio della lotta di classe alla vigilia della rivoluzione. *L'Ordine Nuovo*, v. 2, n. 9, 10 jul. 1920, p. 69-70.

_____. *Nascita e avvento del fascismo*. Bari, Laterza, 1965.

TAWNEY, R. H. The Abolition of Economic Controls, 1918-1921. *Economic History Review*, v. 13, n. 1/2, 1943, p. 1-30. Disponível em: <https://www.jstor.org/stable/2590512>; acesso em: 11 ago. 2023.

TAYLOR, Lance. Not So Modern Monetary Theory. *Institute for New Economic Thinking*, 31 out. 2019. Disponível em: <https://www.ineteconomics.org/perspectives/blog/not-so-modern-monetary-theory>; acesso em: 11 ago. 2023.

_____; ÖMER, Özlem. *Macroeconomic Inequality from Reagan to Trump*: Market Power, Wage Repression, Asset Price Inflation, and Industrial Decline. Cambridge, Cambridge University Press, 2020.

TERRY, George Percy Warner. *The Representation of the People Act 1918*. Londres, C. Knight and Co., 1918.

TERZI, Alessio. The Great Fiscal Lever: An Italian Economic Obsession. *Bruegel*, 21 ago. 2018. Disponível em: <https://www.bruegel.org/2018/08/the-great-fiscal-lever-an-italian-economic-obsession/>; acesso em: 11 ago. 2023.

THANE, Pat. *Foundations of the Welfare State*. 2. ed. Longman Social Policy in Britain Series. Nova York/Londres, Addison-Wesley Longman, 1996.

THIRD GREECE BAILOUT: What Are Eurozone conditions?, *BBC News*, 21 ago. 2015. Disponível em: <https://www.bbc.com/news/world-europe-33905686>; acesso em: 11 ago. 2023.

THOMAS, Peter D. *The Gramscian Moment*: Philosophy, Hegemony and Marxism. Leiden, Brill, 2009.

THOMAS, R.; DIMSDALE, N. *A Millennium of UK Data*: Bank of England OBRA Dataset. Bank of England, 2017. Disponível em: <https://www.bankofengland.co.uk/statistics/research-datasets>; acesso em: 11 ago. 2023.

TITMUSS, Richard Morris. *Essays on "The Welfare State"*. Londres, Allen and Unwin, 2018 [1958].

TITTONI, Tommaso. *Nuovi scritti di politica interna ed estera*. Milão, Fratelli Treves, 1930.

TOGLIATTI, Palmiro. Lo stato del lavoro. *L'Ordine Nuovo*, v. 1, n. 10, 19 jul. 1919, p. 71-2.

_____. La battaglia delle idee. *L'Ordine Nuovo*, v. 1, n. 24, 1º nov. 1919, p. 190.

_____. L'assemblea della sezione metallurgica Torinese. *L'Ordine Nuovo*, v. 1, n. 25, 8 nov. 1919, p. 195-6.

_____. Controllo di classe. *L'Ordine Nuovo*, v. 1, n. 32, 3 jan. 1920, p. 249-50.

TOMASSINI, Luigi. Industrial Mobilization and the Labour Market in Italy during the First World War. *Social History*, v. 16, n. 1, 1991, p. 59-87. Disponível em: <https://doi.org/10.1080/03071029108567789>; acesso em: 11 ago. 2023.

TOMLINSON, Jim. *Problems of British Economic Policy, 1870-1945*. Londres, Routledge, 1981. Disponível em: <https://doi.org/10.4324/9781315019666>; acesso em: 11 ago. 2023.

TONIOLO, Gianni. *L'economia dell'Italia fascista*. Bari, Laterza, 1980.

_____. Italian Banking, 1919-1936. In: FEINSTEIN, Charles H. (org.) *Banking, Currency, and Finance in Europe between the Wars*. Oxford, Oxford University Press, 1995. Disponível em: <https://doi.org/10.1093/0198288034.003.0011>; acesso em: 11 ago. 2023.

_____ (org.). *The Oxford Handbook of the Italian Economy since Unification*. Oxford, Oxford University Press, 2013.

TOOZE, J. Adam. *The Deluge*: The Great War, America and the Remaking of the Global Order, 1916-1931. Nova York, Viking Adult, 2014.

_____. Neoliberalism's World Order. *Dissent Magazine*, verão 2018. Disponível em: <https://www.dissentmagazine.org/article/neoliberalism-world-order-review-quinn-slobodian-globalists>; acesso em: 11 ago. 2023.

TRENTIN, Bruno. *Autunno caldo*: il secondo biennio rosso 1968-1969. Roma, Riuniti, 1999.

TUC HISTORY ONLINE. Disponível em: <http://www.unionhistory.info/timeline/1960_2000_Narr_Display.php?Where=NarTitle+contains+%27Anti-Union+Legislation%3A+1980-2000%27>; acesso em: 4 ago. 2023.

UFFICIO MUNICIPALE DEL LAVORO. *Bollettino Mensile*, v. 3. Roma, 1920. Disponível em: <https://catalog.hathitrust.org/Record/012392095>; acesso em: 11 ago. 2023.

US DEPARTMENT OF LABOR. Industrial Unrest in Great Britain: Reports of the Commission of Inquiry into Industrial Unrest. *Bulletin of the United States Bureau of Labor Statistics*, n. 237, out. 1917, p. 7-227.

VECCHI, Giovanni. *Measuring Wellbeing*: A History of Italian Living Standards. Oxford, Oxford University Press, 2017.

VERGARA, Camila. The Meaning of Chile's Explosion. *Jacobin Magazine*, 29 out. 2019. Disponível em: <https://www.jacobinmag.com/2019/10/chile-protests-sebastian-pinera-constitution-neoliberalism>; acesso em: 11 ago. 2023.

_____. Burying Pinochet. *Sidecar*, 2021. Disponível em: <https://newleftreview.org/sidecar/posts/burying-pinochet>; acesso em: 11 ago. 2023.

VIGLONGO, Andrea. L'esperimento di gestione cooperativa degli operai di castenaso. *L'Ordine Nuovo*, v. 2, n. 10, 17 jul. 1920, p. 75-6.

VIVARELLI, Roberto. *Il dopoguerra in Italia e l'avvento del fascismo (1918-1922)*. Nápoles, Istituto Italiano per Gli Studi Storici, 1967.

WALSH, Tom. *What Is the Shop Steward Movement?* A Survey with Diagrams. Londres, The Agenda, 1920.

WARTZMAN, Rick. "We Were Shocked": RAND Study Uncovers Massive Income Shift to the Top 1%. *Fast Company*, 14 set. 2020. Disponível em: <https://www.fastcompany.com/90550015/we-were-shocked-rand-study-uncovers-massive-income-shift-to-the-top-1>; acesso em: 11 ago. 2023.

WHETHAM, William Cecil Dampier. *The War and the Nation*: A Study in Constructive Politics. Londres, John Murray, 1917.

WHITESIDE, Noelle. Welfare Legislation and the Unions during the First World War. *Historical Journal*, v. 23, n. 4, 1980, p. 857-74. Disponível em: <https://www.jstor.org/stable/2638729>; acesso em: 11 ago. 2023.

WHITING, R. C. Taxation and the Working Class, 1915-1924. *Historical Journal*, v. 33, n. 4, 1990, p. 895-916. Disponível em: <https://www.jstor.org/stable/2639803>; acesso em: 11 ago. 2023.

WOLFE, Humbert. *Labour Supply and Regulation*. Nova York, H. Milford, 1923.

WOOD, Ellen Miskin. *The Origin of Capitalism*. Nova York, Monthly Review, 1999.

WRIGLEY, Chris. *A History of British Industrial Relations 1914-1939*. Brighton, Harvester, 1987.

_____. *Lloyd George and the Challenge of Labour*: The Post-War Coalition, 1918--1922. Hemel Hempstead, Harvester Wheatsheaf, 1991.

ZAGANELLA, Mario. La mobilitazione industriale: un pilastro nella evoluzione del modello Italiano di intervento pubblico in economia. In: CAPUZZO, Ester (org.). *Istituzioni e società in Francia e in Italia nella prima guerra mondiale*. Roma, Nuova Cultura, 2017. Disponível em: <https://www.pucrs.br/humanidades/wp-content/uploads/sites/30/2016/03/La-mobilitazione-industriale.pdf>; acesso em: 11 ago. 2023.

ZAMAGNI, Vera. La dinamica dei salari nel settore industriale, 1921-1939. *Quaderni Storici*, v. 10, n. 29/30 (2/3), 1975, p. 530-49.

_____. *Dalla periferia al centro*: la seconda rinascita economica dell'Italia, 1861-1981. Bolonha, Il Mulino, 1990.

_____. Industrial Wages and Workers' Protest in Italy during the "Biennio Rosso" (1919-1920). *Journal of European Economic History*, v. 20, n. 1, primavera de 1991, p. 137-53.

ZEVIN, Alexander. *Liberalism at Large*: The World According to the Economist. Londres, Verso, 2019.

ZINI, Zino. Da cittadino a produttore. *L'Ordine Nuovo*, v. 1, n. 38, 21 fev. 1920, p. 301-2.

ZUCARO, Domenico. *La rivolta di Torino del 1917 nella sentenza del tribunale militare territoriale*. Milão, Rivista Storica del Socialismo, 1960.

ZUCMAN, Gabriel. Global Wealth Inequality. *Annual Review of Economics*, v. 11, n. 1, ago. 2019, p. 109-38. Disponível em: <https://doi.org/10.1146/annurev-economics-080218-025852>; acesso em: 11 ago. 2023.

ÍNDICE REMISSIVO

Abbiate, Comissão, 107
Abbiate, Mario, 110
abstinência, 205, 249, 251-2, 260, 301, 304-5, 339, 373, 390, 394
Accademia dei Lincei, 287
Addison, Christopher, 93, 258
Adult Education Committee [Comitê de Educação de Adultos] (Grã--Bretanha), 89, 103, 105
Advisory Committee of Finance and Commerce of the Trades Union Congress [Comitê Consultivo de Finanças e Comércio do Congresso de Sindicatos], 236-7
agências públicas de emprego (Itália), 70
Agnelli, Giovanni, 173, 176, 180
Albertini, Luigi, 153, 180
álcool gastos/impostos, 253, 304, 390, 402
Alesina, Alberto, 207, 294, 319-20, 407, 409-11, 413-4
alistamento voluntário (Grã-Bretanha), 61
Allende, Salvador, 414
Amendola, Giovanni, 180, 357
América Latina, 397, 415
Anderson, W. C., 156
Ansaldo, 80, 177
Ansaldo/Banca di Roma, 317

anticapitalismo, anticapitalistas, 74, 157
antidemocracia, antidemocráticas, 24, 32, 207, 230, 278, 280-1, 308, 328, 357, 411
anos vermelhos, 35, 96, 116, 124, 128, 143, 209, 378, 380, 386, 388
antissemitismo, 290, 307
arbitragem, disputas trabalhistas, 52, 67, 72, 158-9, 325
Ardagna, Silvia, 407, 409-10
Arendt, Hannah, 417
Argentina, 10, 234, 280, 398, 412
Arias, Gino, 328, 337
Arnot, Robert, 131, 133, 135-6
Astor, Waldorf, 106-7
austeridade
  antes e agora, 24
  capacidade de desviar a atenção de problemas sistemáticos, 28
  como erro, 12, 35, 281
  como projeto político, 229, 420
  conferências (*ver* Conferência de Bruxelas e Conferência de Gênova), 31-2, 189, 193, 195-204, 206-8, 212-3, 216, 218, 220, 222-6, 249, 276, 279, 306, 347, 407, 412
  contestações britânicas, 234
  crise capitalista, 30, 202, 224-5, 227, 285, 363, 376, 378

depois da Primeira Guerra Mundial, 20-1, 24-7, 29, 31, 45, 205, 209, 222, 226, 228, 231, 234, 242, 249, 296, 330, 341, 344, 364, 371, 376, 383, 393, 408, 421, 424 (*ver também* austeridade fiscal; austeridade industrial; austeridade monetária)

e autoritarismo, 284, 305, 353, 370, 411, 415

e crise do capitalismo, 20, 195, 224

e democracia, 9, 13, 24, 31-2, 199, 206, 230, 272, 341, 375, 377, 411-2, 414

e Estado forte, 32, 345, 350, 354

e *Ordinovista* (ver movimento *Ordinovista*), 184, 193-4

e repressão política, 307, 356, 372, 412

e tecnocracia, 26-8, 34, 193, 200, 202, 226, 276, 280, 305, 371-2

e teoria econômica, 28-9, 229-31, 237-8, 243, 295, 339, 395, 397, 422, 426

efeitos sobre a demanda agregada, 190, 375, 394, 397

efeitos sobre os trabalhadores, 20, 26, 33-5, 67, 78, 85, 94, 149, 189, 191-4, 205, 211, 214, 224, 228-9, 246, 248, 260, 262, 266, 268-9, 272-5, 283, 303-4, 318, 320-1, 325, 327, 329, 335, 344, 368, 376-7, 379, 385, 388-9, 393, 403, 408, 410, 423, 426

impacto sobre as relações de classe, 35, 281, 379

moderna, 24, 29, 195, 198, 205, 224-5, 234, 415

natureza e propósito da, 203

objetivo da, 29, 31, 192, 220, 224, 230, 345, 351, 398, 421

operação da, 219

princípios fundamentais, 230

problemas sistêmicos, 28

trindade, 26, 94, 114, 399

austeridade fiscal

ataques aos gastos sociais, 256

e austeridade industrial, 192, 283, 359

e austeridade monetária, 189-90, 217-9

e tributação, 25, 189, 191, 212, 228, 251, 313

austeridade industrial

argumento do *crowding-out*, 221-2, 261, 264

cortes salariais, 261, 367, 386

despolitização, 261

e austeridade fiscal, 190

e austeridade monetária, 190

e desemprego, 191, 215

e padrão-ouro, 336

e salários, 330, 404

greves, 33, 384

políticas industriais autoritárias, 26

privatização, 260, 318

autogovernança, autogoverno, 44, 127, 148, 151, 159, 163, 165, 167, 170-1

autorregulação, 46, 62, 269

autoritarismo, 55, 284, 305, 353, 356, 370, 411, 414-5

Avarelli, Diego, 89

Bachi, Riccardo, 54, 59-60, 82, 183

Baines, Frank, 102

Baldwin, Stanley, 264

Banca Commerciale, 177

Banca del Lavoro e della Cooperazione, 142

Banca d'Italia [Banco da Itália], 37, 142, 287, 329, 364, 366-71, 381, 404, 428

Banco Mundial, 407, 416, 419

bancos

    como órgãos tecnocráticos independentes, 216

    centrais, 10, 13-4, 32, 202, 205, 216, 231, 234, 277-80, 367-71, 405, 407, 413-4, 464

Bank of England [Banco da Inglaterra], 34, 38, 60, 139-40, 214, 216, 218, 227, 232-3, 241, 270, 274-5, 277, 279-82, 334, 336, 354, 357, 360-2, 364-5, 368, 371, 377-8, 401

Barnes, George, 83

Barone, Enrico, 290

Baviera, 23, 116

Bedaux, sistema, 327

Beneduce, Alberto, 201, 211, 222

bem-estar

    controle social, 111

    cortes, 212, 404

    gastos, 18

    e guerra, 55, 85, 89-91, 94-5

Berlusconi, Silvio, 400, 405-6

Bevin, Ernest, 103

Bissolati, Leonida, 95, 98

Black, Robert, 238, 241

Blackett, sir Basil P., 27, 38, 202, 227, 231-4, 238-42, 246-52, 254-7, 262--3, 265-6, 269, 272, 275-6, 280, 282, 305, 346, 369, 412

Black Friday, 140

Blue Book, 52

Blyth, Mark, 19-20, 33

Board of Education [Conselho de Educação] (Grã-Bretanha), 258

Bocconi boys, 294, 407-8

Bolchevismo, 118, 205, 224, 303-5, 318, 342, 348, 361

Bolonha, 111, 119, 141, 286, 297, 429

Borghi, Pietro, 182

Boyce, Robert, 233

Bradbury, John, 227, 239, 252, 276, 278-9

Brand, R. H., 196, 202, 204, 208, 212-4, 220, 222, 242

Brevetti-Fiat, 159, 166, 172

Brosio, Giorgio, 316

Bruins, Gijsbert Weijer Jan, 201, 205

Bruxelas, Conferência

    Resolução II, 207-8, 216

    Resolução III, 208, 216

    Resolução IV, 208, 217

    Resolução V, 208, 220

    Resolução VI, 210

    Resolução VII, 206, 214, 219

    Resolução IX, 206

    Resolução X, 225

Buffett, Warren, 37

Buffetti, Ferdinando, 141

Buozzi, Bruno, 64, 66, 71, 153, 179-80, 329

burocratas, 38, 46, 50-1, 74-5, 89, 93, 222, 228, 241, 266, 274, 320, 339, 345-6, 392, 404

Câmara de Comércio, 106, 109, 138, 236

Camera del Lavoro di Bologna e Torino [Câmara do Trabalho de Bolonha e Turim], 111

Camere del Lavoro [Câmaras do Trabalho], 96, 18

camponeses
  direito de ocupação da terra, 59
  invasão em Medicina, 111, 127-8
cantinas, 69, 95, 176
Capel-Cure, sir Edward Henry, 347-50
capital
  acumulação, 22, 25, 28-31, 43, 54, 61, 72, 81, 84, 88, 92, 149, 151, 169, 189-90, 194, 199, 204, 208-10, 213-4, 216, 219-20, 229, 248, 254, 260, 264, 272, 274, 276, 283, 296, 305, 310, 318, 342, 356, 361, 371, 373, 375-6, 392-4, 409-10, 413, 422, 424-5
  imposto sobre, 45, 56, 210, 349
  privado, 79, 114, 131, 173, 229, 256, 312, 315, 398
  reabilitação, 31, 194, 204, 216, 266, 283
  e salários reduzidos, 29
  e trabalho, 61, 52, 134, 141, 179, 322, 325-6, 328, 382, 388, 393
capitalismo
  alternativas ao, 20, 398, 420-1, 424
  coerção sob o, 44
  crise do, 20-1, 46, 87, 172, 189, 195, 224, 345
  e austeridade, 395
  e economia pura, 28, 296, 324 (*ver* economia pura)
  e exploração, 35, 376 (*ver* exploração)
  economia monetária, 57
  falhas estruturais do, 132
  laissez-faire, 50, 61, 72, 88, 92, 113-4, 222, 234
  livre mercado, 75, 84, 131, 244
  propriedade privada, 20, 33, 44, 61, 85, 115, 134, 148, 194, 211, 223, 229, 375
  relação vertical de poderes, 199, 322
  relações de classe entre proprietários e trabalhadores, 20, 26, 45
Caporetto, Batalha de, 95, 119
Cares, Lei (Estados Unidos), 418
Carta do Trabalho, 326, 328, 335, 386
carvão
  mineiros, 57-8, 121, 129, 135, 137-8, 252
Cassa Nazionale Infortuni (CNI), 109, 316
Cassel, Gustav, 198, 201-2
Castenaso, cooperativa, 141, 143
Central Labour College, 259
Cermenati, Mario, 108
certificados de demissão, 71
cerveja, 55, 78, 253, 402
Chalmers, lorde Robert, 196, 203, 205, 207-8, 210
Chamberlain, Austen, 227-8, 246, 250-1, 253, 258, 269-70, 279, 326, 346, 355, 362
Cherubini, Arnaldo, 94, 107, 109-10
Chicago boys, 414-5
Chile, 17, 414-5
Chiozza Money, Leo George, 51-2, 55, 60-1, 75-6, 131, 133, 223
Churchill, Winston, 76, 125, 233, 241, 262-3, 280, 360, 365-6
Ciampi, Carlo Azeglio, 404
Ciocca, Pierluigi, 54, 284, 287, 425, 428
Ciuffelli, Augusto, 109
civilização capitalista, 30, 348
Clarke, Simon, 33, 126, 238
classe(s)
  altas, 25

Índice remissivo | 475

capitalista, 28, 34-5, 153-4, 193, 255, 274-5, 312, 345, 377, 382
conflito de, 26, 29, 266, 326, 408, 422
diferença de, 229, 248, 338
divisão de, 66, 132
luta de, 37, 109, 140, 163, 181, 198, 211, 230, 285, 325, 338, 342, 384, 423-4
médias, 118, 232, 248, 308, 311, 376, 419
produtivas, 28
repressão, 281, 425
tensões de, 121
trabalhadoras, 11, 18, 20, 26, 28, 32, 38, 47, 61, 63, 68, 78, 82-3, 88, 94, 97-8, 100, 103, 109, 118, 121, 123, 127-8, 139, 145, 151, 159, 176, 191-2, 200, 229, 235, 247, 253, 259, 264, 281, 296, 303-4, 306, 312, 376-7, 391, 399, 410
classe proprietária-investidora, 329
Clinton, Bill, 417
Clydeside (região), 83, 122, 149, 156-7, 252
Clyde Workers Committee, 84, 156
Clynes, John R., 136
Código de Justiniano, 195-6
código financeiro, 195
coerção, estratégia de, 189
Cohen, Jon S., 329, 331, 337, 390
Cokayne, Brien (barão Cullen de Ashbourne), 214
Cole, G. D. H., 139, 398
colônias, austeridade nas, 24
Comissão de Finanças Públicas de Bruxelas, 195, 197, 204, 206-7, 209-10, 225, 258
Comissão de Moeda e Câmbio, 205-7, 214, 216-7, 219-20

Comitê de Gastos Nacionais (Comitê Geddes), 257, 259, 261, 315, 352
Comitê de Moeda e Câmbio (Comitê Cunliffe), 227
Comitê de Produção, 72-3
Commission on Currency and Exchange, of Brussels [Comissão de Moeda e Câmbio de Bruxelas], 205-7, 214, 216-7, 219-20
comunal, comunitária
propriedade, 115
vida, 102, 114
Confederação de Corporações Fascistas, 325
Confederação Geral do Trabalho (CGdL), 97, 107, 110-1, 120, 125, 143, 174, 179-80, 325, 367
Confederação Geral Fascista da Indústria, 336
Confederazione Generale dell'Agricoltura, La Confindustria, 183
conhecimento científico, 278
consenso, estratégia, 14, 25, 27, 34, 82, 94, 118, 189, 192-3, 197, 199, 205-6, 211, 217, 226, 229, 237, 292, 295, 339, 344, 381, 408, 417
"consumir menos" (axioma), 189, 204, 219, 227, 230, 280, 295, 306, 321, 337, 339, 341, 343, 373, 390
consumidor, desembolsos do, 240, 244, 246, 248
consumo interno, redução do, 217-8, 334, 343, 366
cooperativas, 59, 97, 101-3, 105, 110, 117, 119-20, 128, 133, 140-3, 147, 149, 152, 177, 180, 183
cooperativas vermelhas, 143
Cooperativa Wholesale Society, 147
corporativismo, corporativista, 285, 292, 315, 322, 325-9, 335, 337-8, 367, 425-6

Corradini, Enrico, 178
Corriere della Sera, Il, 38, 175, 180, 183, 288, 293, 295, 300, 305, 308-9, 319, 360, 405
Costamagna, Carlo, 328
Cottafavi, Vittorio, 98
contrarreformas, 316
contrarrevolução, 27, 182
covid-19
    padrão de austeridade, 13, 17, 34, 372, 418
    pandemia, 13, 17, 34, 372, 393
Cox, Garfield V., 144
créditos *ver também* débitos, 10, 45, 53, 80, 94, 114, 139, 142, 190, 208, 213-9, 229, 230, 241, 243-5, 249, 251, 254, 264, 266, 269-72, 275, 278, 280-1, 313, 337-8, 341-3, 346--8, 364-5, 368, 370, 414
Cronin, James, 155, 266, 273
crowding-out, argumento, 221-2, 261, 263-4, 319
Cuomo, Andrew, 17
Currency and Credit (Hawtrey), 229-30, 240, 243, 247, 339
"custo virtual" da abstinência econômica, 301

D'Annunzio, Gabriele, 290
D'Aragona, Ludovico, 120, 179
Daily Herald, The, 38, 78, 97, 121, 123, 125, 138
Daily News, 132
Dallolio, general, 63
Davis, Joseph S., 199-203
Davison, M. J., 100
déficits públicos, 414, 419

deflação, 13, 34, 190-1, 197, 199, 215, 218, 224, 228, 236, 241, 253, 266, 268, 271-3, 275-8, 281, 336-7, 363, 376, 380-1, 383, 388, 425
Del Vecchio, Gustavo, 286, 328
Delacroix, Léon, 209-10
De Nava, Giuseppe, 345
De Stefani, Alberto, 27, 37, 56, 59, 70, 74, 80, 108, 284-90, 294-6, 298, 300, 306, 308-16, 318-21, 327-8, 332-4, 339, 350-3, 358, 366, 399, 406
democracia
    e austeridade, 13, 375, 377, 414
    econômica, 9, 24, 83, 115, 128, 135, 151, 185, 199, 272
    política, 127, 151, 290, 411
democracias liberais, 24
dependência estrangeira da Itália, 60, 81, 342, 345, 347, 364, 372
desemprego
    e salários excessivos, 266
    seguro, 73, 109-10, 260, 316-7, 400
despolitização de questões econômicas, 192, 215-6, 223-4, 230, 261, 274, 282, 408, 421
desvalorização, 53, 199, 332-3
Deutscher, Patrick, 238-9, 241, 248
dinheiro caro, políticas do, 190-1, 199, 212, 214-5, 219, 221, 225, 235, 238, 242, 269-70, 272-3, 281, 333
Dini, Lamberto, 404
disciplinar a mão de obra, 64-5, 85, 223, 226, 260, 323, 368, 394, 403
distribuição de renda, 393
dívida flutuante, 208, 216, 234, 279, 331, 334, 366, 370
doenças infecciosas, 79, 10
Draghi, Mario, 294, 403-5, 407

Duckham, sir Arthur, 131
duplo padrão internacional, 356
Dyson, Kenneth, 404

Economist, 38, 77, 198-9, 201-2, 205, 273, 286, 288, 293, 309-10, 316, 325, 327-9, 332-5, 343, 351-2, 355--6, 359, 362-3, 367, 416-7
economia política, 23, 35, 168, 286, 295, 297, 302, 342, 407, 421
economia pura, 27-9, 284-5, 289-90, 295-6, 298-9, 304, 307, 309, 322-4, 327-8, 338-9, 342, 352, 412, 426
educação
    de adultos, 103-5
    leis da (Education Acts of, Grã--Bretanha), 90
    pública, 18, 104
Eichengreen, Barry, 53, 198, 424
Einaudi, Luigi, 22, 53-4, 64-5, 153, 180, 221, 284-8, 292-6, 300, 303-5, 307--14, 316, 319, 324-5, 327-8, 332-3, 335, 342-3, 352, 362, 407, 411
Elliott, Dorinda, 416
Emmott, Mary Gertrude, 102
emprego
    agências de, 70, 73
empréstimos britânicos, 343, 347
Empreendedor, 32, 244, 302, 317, 322-3, 328, 342, 411, 422
Empresário, 46, 54, 193, 209, 233, 301-2, 318, 319, 323, 382, 408-9, 422
empréstimos internacionais (britânicos), 233
Engels, Friedrich, 167
Esquema Gairloch, 262
estado de exceção, 54

Estados Unidos
    Federal Reserve, 225, 241, 360, 363, 365, 397, 407, 414
    salários nos, 19, 30
    Usaid, 417
Europa
    processo de integração, 404
    relações entre mercados e Estados, 50
euro *ver também* lira, 405
European Central Bank [ECB, Banco Central Europeu], 294, 404-5, 407
European Monetary System (EMS) [Sistema Monetário Europeu], 403
exploração, 35-6, 47, 57, 64, 68-70, 73, 78, 82, 84, 96, 128, 154, 159, 193, 220, 272, 300, 320, 324, 327, 336, 376-7, 379-81, 393, 395, 399, 403, 413, 415, 422
exportações, 51, 60, 139, 190, 217, 246, 265, 272, 275-6, 332, 334, 343-5, 352, 366, 381-2, 394
expropriações, 56, 118, 424

fábricas
    auxiliares, 56, 58, 69, 73
    conselhos de, 151-2, 158-9, 165, 167-9, 172-3, 176, 181, 185
    ocupação de, 84, 153, 173, 175, 181, 183-4, 211, 307-8, 353
    organização inclusiva, 165
    práxis, 167
Facta, Luigi, 197
Falk, Oswald Toynbee, 242
Family Endowment Committee [Comitê de Dotação Familiar], 103
fascismo, 9, 14, 31, 63, 81, 92, 96-7, 111, 119-20, 183, 185, 282, 284-5, 288, 290-1, 293-5, 308, 314-5, 317, 325, 328-9, 338, 341-5, 347, 349,

351-5, 357-61, 363, 365, 367-9, 371-3, 377, 391, 412, 421, 425-6, 430
Fascismo (Partido Nacional Fascista), 309
fascista
  política financeira, 313
  manifesto, 312
fascistissime, leis, 284, 293
Favero, Carlo, 407, 409
Featherstone, 404
Federico, Giovanni, 388
Federterra, 120
Fiat, 80, 158-9, 166, 168, 171-3, 178, 180, 182, 327, 336, 400
financistas anglo-estadunidenses, 372
Fiom (Federazione Impiegati Operai Metallurgici), 71, 83, 120, 174-5, 177, 179-80
Fisher, Irving, 239
Flora, Federico, 320
Foley, Duncan, 393, 428
Friedman, Milton, 415
funcionários públicos, 26, 98, 120, 123, 132, 231, 234, 267-8, 313, 319, 335, 361, 411
Fundo Monetário Internacional (FMI), 11, 17, 34, 294, 372, 399, 407, 411, 416
frugalidade, 225, 304

Gabbuti, Giacomo, 314, 378, 382, 391--3, 404, 426, 430
Gallacher, Willi, 21-2, 79, 155, 169, 171
gastos públicos
  redução nos, 10, 25, 113, 208, 238, 256, 291, 315, 338, 355
Geddes Axe, 147, 257-8, 261, 352, 390

Geddes, Comitê, 257, 259, 261, 315, 352
Geddes, Eric, 93
Gênova, código de, 368
Gênova, Conferência de
  Resolução II, 216
  Resolução VI, 217
  Resolução VII, 213, 218
  Resolução XI, 213, 216-7
Gentile, Giovanni, 291
Giavazzi, Francesco, 293, 407, 409
Gide, Charles, 201
Gilbert, James, 101
Giolitti, Giovanni, 109, 153, 177-9, 182, 284, 307, 311, 316, 355, 363
Giornale degli economisti, Il, 284, 291, 295-6, 300
Gleason, Arthur H., 132, 156
Goschen, sir Henry, 356
Gossen, Hermann Heinrich, 289
Grã-Bretanha–Itália, relações comerciais, 343
Graham, sir Ronald William, 321, 337, 349-55, 357-8, 362, 366-7, 386
Gramsci, Antonio, 22, 84, 151, 153, 157-64, 166, 168-70, 172-6, 181-3, 284, 307, 323, 413
Grande Conselho Fascista, 289, 357
Grande Depressão, 53, 264, 383, 387, 393-4, 397, 424
Grécia, crise da dívida, 10, 17-8
greve
  comitês de, 156, 174
  Políticas, 47, 268
greve da polícia de Liverpool, 122
guerra
  coletivismo de, 46, 52-3, 58, 83, 121, 152, 192, 213, 338

comitês industriais de, 165
esforço de, 47, 50, 76-7, 91, 177, 330, 364
indústrias de, 55, 68
pensões de, 89, 95, 98
War Savings Movement [Associação de Poupança de Guerra], 250
guildas, 47, 117, 128, 128n, 140, 143-9, 152, 196, 258, 384

Habitação, 99-101, 117, 119, 136, 144--5, 258
Haldane, Richard, 91, 104, 222
Hall, Alfred D., 89
Hambling, sir Herbert, 348
Hammond, J. H., 87, 92
Hamon, A., 160
Harberger, Arnold, 415
Hartshorn, Vernon, 137, 252
Harvey, Oliver, 354-5
Havenstein, Rudolf, 202
Hawtrey, Ralph G., 27, 32, 38, 139, 202, 213, 217, 229-31, 238-49, 251-4, 264-6, 269-71, 273-4, 276-9, 281-2, 330, 339, 369, 371, 413, 421
Hayek, Friedrich, 401
Henderson, Arthur, 83, 362
Henderson, H. D., 134, 137, 242
Hobsbawm, Eric, 118
Hobson, S. G., 144
Hodge, John, 83
Hodges, Frank, 103, 127, 130-1, 133, 135-6, 138, 144
Hogg, Douglas, 267
homo economicus, 287, 295, 301-2, 319, 323
Horne, Robert, 257

Hungria, 23, 116, 184, 197, 369
Hurwitz, Samuel, 51, 57, 59, 71-2

Iéltsin, Boris, 415-7
Ilva/Crédito Italiano, 80, 317
Importações, 31, 45, 49, 52-3, 60, 81, 190-1, 214, 217-8, 246, 249, 276, 310, 343, 345, 347-8, 352, 366
imunidade política, 215
individualismo competitivo, 92
Indonésia, 415
Indústria
    aeronáutica, 80
    agrícola, 183
    do algodão, 75
    química, 80, 176
    têxtil, 90, 120, 123
Industrial Democracy for the Miners, 135
industrial
    exército de reserva, 61, 71, 141-2, 192, 224, 241, 387
    liberdade, 127
    mobilização, 56-8, 66, 77, 83, 223
    paz, 190-1, 283, 356, 364, 386
inflação, 10, 12, 20, 23, 26, 33, 47, 51, 81-2, 93, 96, 190, 197, 204, 212-4, 218-21, 225, 229, 231, 243-4, 246, 248-9, 251-2, 260, 265, 269, 271, 273, 276, 278, 280-1, 304, 307, 330-1, 368, 375, 383-4, 393, 397-8, 400, 402, 413
injustiça de classe, 99
intervencionismo estatal, 329
imposto sobre herança, 311, 314
investimentos, 53, 212, 263, 351, 409, 422

investimentos públicos. *Ver também* classe proprietária-investidora; poupadores/investidores, 209

Istituto Nazionale delle Assicurazioni, 291, 322

Jacchia, Arturo, 165
Jevons, William Stanley, 289
Johnson, P. B., 87, 91, 101, 222
Jolly George, episódio, 124-5
Jones, Tom, 155
Joslyn, Carl S., 145-6
Joynson-Hicks, Sir William, 264, 279
J. P. Morgan Chase Bank, 344, 366, 368, 370, 418

Kalecki, Michał, 393-4
Keynes, John M., 23, 30, 209, 221, 234, 238, 240-1, 243-4, 263, 269-71, 278, 421-2
Keynesianismo/quadro teórico keinesiano, 30-1, 33, 110, 126, 209, 214, 238, 240, 244, 263, 271, 302, 394, 397-8, 418, 421-3
Klein, Naomi, 417

L'Avanti, 38, 98, 119, 123-5, 127, 157, 174-9, 181
L'Istituto Nazionale per il Credito e la Cooperazione, 142
L'Ordine Nuovo, 22, 38, 84, 105, 128, 141, 151, 153-4, 157-74, 176, 178--9, 181-2, 184, 408
Labriola, Arturo, 182
Laidler, David, 240
laissez-faire, capitalismo do, 50-3, 61, 72, 88, 92, 113-4, 222, 234, 285, 318, 425
Lamont, Thomas William, 358, 365

Lawson, Nigel, 402
Leggi Fascistissime, 284
Lei da Federação dos Mineiros, 136
Lei da Habitação e Planejamento Urbano, 101, 258
Lei de Say, 209, 247, 302, 422
Lei do Seguro-Desemprego (Grã--Bretanha), 110
Lei dos Armamentos (Grã-Bretanha), 56
Lei dos Plenos Poderes, 309
Lênin, Vladímir, 84, 161, 174, 183, 271
liberalismo, 31, 77, 92, 290, 294, 342, 401, 421, 423-4
liberdade política, 169, 268, 291, 358, 360, 362, 372, 412
libra esterlina, 124, 139, 215, 228, 273, 276, 333, 350
Liga das Nações, 25, 196-7, 200-1, 206, 233, 306, 331, 334, 412
"liga vermelha" de trabalhadores, 120
Lippmann, Walter, 358
Literae Humaniores, 232
livre mercado, 59, 75, 84, 131, 211, 244, 292, 321, 324
Lloyd, E. M. H., 50-1, 58, 215
Lloyd George, David, 57, 73, 76, 83, 90-1, 93-4, 122, 155, 234, 262, 345, 400
Lüders, Rolf, 415
Lusignoli, Alfredo, 178
Luzzatti, Luigi, 347

Maastricht, Tratado de, 400, 403-4, 413
Maclean, John, 129
macroeconomia, 39, 244, 302
Malthus, Thomas Robert, 24, 162, 205
Mann, Geoff, 30, 271, 421, 423
mão invisível, 50, 85, 133

mercado de trabalho
   regulação estatal do, 46, 63, 84-5, 324, 367-8, 400
Marchese, Carla, 316
Marshall, Alfred, 239, 289
Marx, Karl, 35, 167, 243, 300, 428
marxismo, 160, 300, 302, 359, 394
Matteotti, Caso, 293, 358-9
Matteotti, Giacomo, 292-3, 311-2
McKay, Betsy, 416
McKenna, Reginald, 236, 242, 254
McKibbin, Ross, 117-8
Medicina, camponeses de, 128
Mellon, Andrew, 358, 365
metalúrgicos, 38, 71, 83, 120, 123, 141, 151, 156, 158-60, 172-4, 176-7, 180-1, 184, 388, 400
mercado
   coerção, 63, 74, 163, 376, 394
   competição de, 20, 67, 132-3, 165, 321
   dependência do, 163, 169
mercados internacionais, 60, 332, 366
Michelini, Luca, 157, 284, 286-90, 295, 306-7, 328-9, 338, 426-7
Migone, Gian Giacomo, 226, 344, 358-9, 363-5, 425
migrações organizadas, 70
Milanović, Branko, 29
Milão, 69, 111, 119, 123, 174-6, 178-9, 181, 312, 357, 430
Miliband, Ralph, 19, 118, 268
militarização da força de trabalho na Itália, 64
Millis, H. A., 267-8
mineiros
   ascensão e queda dos, 137, 139-40, 403
   e capitalismo, 127, 131-2, 138, 152-3
   e livre mercado, 131
   nacionalização e controle dos trabalhadores, 117, 128-9, 135-6, 140
Miners Federation of Great Britain (MFGB) [Federação dos Mineiros da Grã-Bretanha], 129
Miners' Next Steps, 135
Ministério da Economia Nacional (Grã--Bretanha), 112
Ministério da Reconstrução (Grã--Bretanha), 68, 76, 99, 101-2, 113, 261
Ministério da Saúde (Grã-Bretanha), 101, 106-7, 145, 258
Ministério das Finanças (Itália), 291, 310, 312
Ministério de Armamentos (Grã--Bretanha), 56-8, 62, 65, 70, 75, 79
Ministério de Assistência Militar e Pensões de Guerra (Itália), 89
Ministério do Trabalho e Previdência Social (Itália), 110, 113
Ministério do Trabalho (Grã-Bretanha), 66, 70, 73, 110, 256
Ministério do Trabalho e Previdência Social (Itália), 110, 113, 317
Ministério dos Transportes (Grã--Bretanha), 106
Missiroli, Mario, 179
mobilização agrária, na Itália, 58
modelos neoclássicos, 193, 301
Mond, sir Alfred, 258
Mont Pèlerin, Sociedade [Mont Pelerin Society], 401-2
Montagna, Mario, 157

Montgomery, David, 425
Monti, Mario, 293, 406-7
Moreau, Emile, 233
Mortara, Giorgio, 127, 320-1
movimento ordinovista, 22, 28, 165-6, 180, 184, 193, 196, 290, 323
movimentos trabalhistas, 117
Mussolini, Benito, 32, 109, 112, 177, 185, 194, 206, 211, 226, 283-4, 286, 288, 291-3, 305, 308-10, 320, 325-6, 332-5, 337, 344-5, 351, 353-64, 366, 370-1, 386, 388, 406, 416, 425, 427

nacionalização, 51, 59, 74-7, 106, 117-8, 128, 130, 133-6, 138, 144, 153, 209, 219, 223, 268, 277, 379, 384
National Advisory Council (Grã--Bretanha), 172
Naturalização, 162, 172, 337
Nenni, Pietro, 116, 120, 153
neoliberalismo, 19, 401, 421, 423-4
New Statesman, 215
Niemeyer, sir Otto, 27, 38, 218-9, 228, 231-4, 236, 238-9, 241-2, 247-51, 254-6, 261-3, 265-6, 269, 271-2, 275-6, 278, 280, 305, 343, 346, 369, 412
Nitti, Francesco Saverio, 95, 98, 110-1, 198, 284, 288, 306-7, 319, 341, 343, 350, 355, 357
nominatività dei titoli, 314
Norman, Montagu, 232-3, 240, 242, 270, 275-6, 354, 360, 366, 368-70
nova ordem, 22, 47, 65, 88, 116, 151, 153, 161, 164, 170, 328
novos economistas keynesianos, 423
NUR (National Union of Railwaymen), 128
Oberti, Antonio, 177

obstrucionismo, 64, 175
orçamento
    cortes, 18, 21, 25, 34, 189-90, 192, 205, 211-3, 243, 311, 386
    déficits, 207-8, 213, 218, 225,
    equilibrado, 53, 218, 358, 365, 414
    equilíbrio, 192, 210, 218, 310, 333, 353, 372
    ferroviário, 349
ordem do capital, 9, 15, 21, 23, 30, 47, 223, 275, 315, 329, 362, 376, 395, 398, 400, 408, 411, 414-6, 418, 421-2
ordem natural, 44, 53
Olivetti, Gino, 173, 179
Ömer, Özlem, 36-7
Orlando, Vittorio, 92
Organização Internacional do Trabalho (OIT), 241, 419
Orphanides, Athanasios, 414
ortodoxia financeira, 45
ouro, 45, 53, 217-8, 232, 241, 273, 275--6, 332, 334, 337, 364, 366, 368, 372

Pacto de Palazzo Vidoni, 325
padrão-ouro, 24-5, 45-6, 53, 93, 190-1, 217-8, 228, 235-6, 241, 251, 264, 273-6, 330, 336-7, 345, 363, 365-6, 372, 387, 405, 424
Pantaleoni, Maffeo, 25, 27, 32, 143, 157, 201, 205-6, 222-4, 285-91, 294-303, 305-7, 310, 314-5, 320-4, 328, 331, 338, 342, 411-2, 426
pão cinza, 335
Papi, Giuseppe Ugo, 338
parcimônia compulsória, 252, 311
Pareto, Vilfredo, 289-91, 294-5, 298, 312-3, 316, 321, 342, 426

Partido Democrático (PD), Itália, 406
Partido Popular, Itália, 119
Partido Trabalhista, Grã-Bretanha, 78, 99-100, 117-8, 125-6, 200, 236, 255, 267-8, 277, 326
Pavan, Ilaria, 90, 95, 98-9, 108-10, 316-7, 392, 400
Pavoni, Leo, 89
Pease, John William Beaumont, 356, 359
Peden, George C., 53, 90-1, 104, 110, 231-2, 234, 238-41, 247, 249, 259, 262-4, 272-4, 276, 400
Pedersen, Susan, 62, 79, 82, 95, 103, 429
Pennacchi, Antonio, 333
pensão por velhice, 90, 103
período de plenos poderes, 286
Perotti, Roberto, 409-11
Pietravalle, Michele, 89-90, 92, 107
Pigou, Arthur Cecil, 33-4, 136, 201, 227, 270, 272, 382
Pinochet, Augusto, 414-5
planos de resgate, 318, 425
poder de barganha
　dos trabalhadores/da mão de obra, 26, 33, 71, 215, 265-6
poder de compra, 10, 213-4, 235-6, 244-6, 248, 253, 346, 388, 419
poder tecnocrático, 215, 403
politização
　das greves, 125
　da economia, 161, 213
popolo d'Italia, Il, 112, 288, 294-5, 312
poupador virtuoso, 300
poupadores/investidores, 331
poupança, 14, 26, 209-10, 214-5, 220, 229, 244, 247-51, 255, 262-3, 269, 272, 300, 302-3, 305, 310-2, 323, 335, 349, 356, 366, 376, 422

pobreza
　absoluta, 36, 391
　relativa, 36
preços em queda, 266
Preziosi, Gabriele, 346
Preziosi, Giovanni, 157, 287, 307, 426
Pribićević, Branko, 153, 156
Primeira Guerra Mundial
　consumo privado durante a, 54
　e bem-estar social, 90-1, 94, 98, 113
　e burocratas, 74, 93, 222, 228, 345
　e comitês de fábrica, 67, 84, 151, 154, 184
　e escalada da produção, 49
　e mudança nas relações de poder entre capital e trabalho, 61
　e problemas econômicos, 47
　e tradição dos orçamentos equilibrados do *laissez-faire*, 52
Privatização, 12-3, 22, 221, 223, 261-2, 318, 322, 353, 404-5, 416-7
"produzir mais, consumir menos", axioma, 227, 230, 280, 295, 306, 321, 337, 341, 343, 373
produção
　controle estatal sobre, 55, 77
　custos, 80, 213, 291, 265, 272, 275, 334-6
　processo, 58, 61, 71, 127, 136, 153, 163, 165, 169-70, 220, 243, 373, 379
　relações, 33, 116, 119, 148, 161, 169, 192, 215, 318, 399
　relações sociais de, 58, 172
produtividade
　e trabalhadores disciplinados, 64
　em indústrias de guerra, Itália, 68
projeto tecnocrático, 224, 276-7, 368
propriedade estatal, 135, 152, 154

Ragionieri, Ernesto, 82
reconstrução, 76, 106, 113-4, 148, 157, 180, 183, 196-7, 199, 212, 227, 233, 235, 247, 287, 342, 345, 421, 424
reconstrucionismo, 111-2, 256
reconstrucionistas, 87-9, 91-4, 99, 101, 103, 107, 110, 112, 114-5, 130-1, 136, 148-9, 152, 196, 227, 256, 273, 281
redistribuição, 60, 91, 114, 210, 219, 229, 246, 271, 303, 312-3, 344, 414
reformas
   e consciência da classe trabalhadora, 114
   reformas do lado da oferta, 410
   tributária, 30, 311
reformismo, 161, 317
reformismo produtivista, 111
Renzi, Matteo, 406-7
repressão política, 307, 356, 372, 412
revalorização, 190, 191, 214-5, 219, 276, 333-6, 366
Revolução Russa, 84, 125, 153, 304
Ricardo, David, 24, 162, 205
Ricci, Umberto, 29, 285-92, 294-302, 304, 306-7, 314-5, 318-9, 326, 331-2, 342, 352
Rignano, Eugenio, 312
Rigola, Rinaldo, 94, 97, 99, 108
Rocco, Alfredo, 328
Rodd, Rodney, 343
Rodd, sir J. Rennell, 346
Rosboch, Ettore, 313, 328
Rússia, 23, 116, 125, 184, 197, 415-7
Rydbeck, Oscar, 210
Ryland Adkins, Comitê, 103

Sacchi, decreto, 55
Sachs, Jeffrey, 417

Salandra, Antonio, 92
salário(s)
   assalariados, 33, 43, 44, 91, 145, 163-5, 173, 178, 246-7, 270, 313, 376, 398
   aumentos, 139, 304, 324
   controle estatal sobre relações assalariadas, 61
   custo da mão de obra, 47, 61, 140, 273, 336, 409
   nominais, 33, 124, 140, 388
   reais, 36, 81-2, 132, 248, 265, 329-30, 380, 387-9, 401, 416
   relações assalariadas, 22, 26, 28, 35, 43-6, 61, 78, 85, 88, 115, 142, 144, 148-9, 151, 185, 190, 192, 194, 196, 211, 219-20, 224, 229, 261, 281, 413
   repressão, 35-6
Salter, Alfred, 34
Salter, J. A., 52, 369
Salvemini, Gaetano, 153, 181, 183, 284-5, 329
Samuel, Herbert, 253
Sankey, Comitê, 76, 129, 131-4, 136-7, 139, 143, 152-3, 223
Sankey, sir John, 113, 130, 137-8
Santhià, Battista, 176
scala mobile, 404
Schacht, Hjalmar, 369-70
Schanzer, Carlo, 311, 345, 347-8
Seassaro, Cesare, 181-2
Segreto, Luciano, 80
seguros
   cobertura a acidentes no setor agrícola, 109, 316
   contra invalidez e velhice, 97, 107-8, 110, 316

de saúde, 91, 107-8, 114, 258-9, 400
desemprego, 73, 109-10, 260, 316-7, 400
"sindicato vermelho" de trabalhadores metalúrgicos, 120
Semmler, Willi, 397-8, 428
Serpieri, Arrigo, 95, 183
Sexton, James, 126
Shaikh, Anwar, 20, 36, 302, 428
Shapiro, Carl, 423
Siepmann, H. A., 200-1, 206
sindicatos
   abolição dos, 33, 326
   e negociação, 13, 18, 71, 129, 141, 174, 179, 192
   na Grã-Bretanha, 56, 64, 66, 73, 79, 85, 94, 99, 120-1, 128-9, 132, 134--5, 139, 154-5, 157, 236, 248, 252, 267-8, 329, 377
   na Itália, 33, 63, 71, 83, 85, 94, 96, 109, 112, 120, 154, 158-9, 165, 170, 173-4, 176, 180, 327, 324-6, 328, 386, 400
sindicalismo, 51, 105, 120, 170, 267, 352, 367
Slobodian, Quinn, 424
Smillie, Robert, 130-1, 135
Smith, Adam, 24, 50, 133, 205, 299
Smith, A. L., 103
Smith, Herbert, 130
Smith, sir Llewellyn, 241
socialismo de Estado, 77, 90, 222, 328
Socialist Almanac [Almanaque socialista], 176
Socialist, The, 152, 154, 156-7
sociedade sem classes, 151
Spriano, Paolo, 67, 153, 158, 166, 174-81

Stagiotti, Mario, 182
Stangalini, Piera, 172
Stiglitz, Joseph, 423
Straker, William, 132-3, 135-6
Strakosch, Henry, 202, 215, 242
strikomania [mania de greve], 121-2
Stringher, Bonaldo, 364, 366-7, 369-70
Strong, Benjamin, 360, 363, 365-7, 369-70
Sturzo, Luigi, 119
subsídios familiares, 95
Suharto, ditadura, 415
Summers, Lawrence, 207, 397, 413, 417, 419, 436

Tabellini, Guido, 407, 409
Tasca, Angelo, 81, 92, 96, 111, 119-20, 128, 153, 160, 166-7, 178, 182-4, 283, 308
Tawney, Richard H., 50, 52, 55, 57, 75, 78, 103, 131
taxa básica de juros, 232, 236-7, 269-71, 279-80, 333, 369
taxas de lucro, 275, 337, 377, 381-2
tributação
   e austeridade fiscal, 25, 189, 212, 219, 228
   e impostos corporativos, 19
   indireta, 211, 252
   princípio *produttivista*, 313
   progressiva, 191, 312
   regressiva, 18, 25, 189, 210, 212, 228, 253-4
   sobre herança, 255, 311-2, 314
Taylor, Lance, 36, 27, 88
tecnocracia, 26-8, 34, 193, 200, 202, 226, 276, 280, 305, 371-2

tecnocratas, 7, 24, 29, 30, 32, 34, 193-5, 197, 199-203, 205, 207, 209, 211, 213, 215-7, 219, 221, 223, 225, 231, 233, 256, 260, 264-5, 271-3, 277, 296, 320, 327, 342-3, 368-70, 372, 390, 394, 403-4, 411-3, 423

tecnocratas apolíticos

confiança britânica em, 34

teoria apolítica, 339

Terracini, Umberto, 160, 167

Tesouro, 27, 30, 34, 38, 53, 56, 77, 93, 95, 98, 113, 137-40, 196, 200, 202, 216, 218, 222, 227-9, 231-6, 238-9, 241-2, 249, 251-3, 256-64, 266, 269-70, 274, 278-9, 281, 289, 292, 310, 316, 319, 331, 333, 339, 346-9, 352, 364-5, 368-9, 377, 394, 402, 404, 407, 413, 417, 421-2

Thatcher, Margaret, 90, 234, 257, 400-2, 423

Times, The, 76, 91, 97, 103, 106, 130, 132, 134-5, 137, 233, 235-6, 270, 272, 332-3, 351-3, 355, 358, 360, 363, 368, 371, 381, 399

Tittoni, Tommaso, 96

Togliatti, Palmiro, 22, 153-4, 159-65, 167, 169-70, 323

Toniolo, Gianni, 284, 308, 313-4, 317, 321, 329, 336, 366, 381-2, 386-7, 425, 427-8

trabalho, força de trabalho, trabalhadores

auto-organização, 67

capacidade de ação dos trabalhadores, 140, 164-5, 172, 184, 194, 323, 408

capacidade de ação política, 194, 323

e capital, 61-2, 72, 134, 141, 179, 322, 325-6, 328, 382, 388, 393

coerção, 29, 44, 63, 74, 163, 169, 189, 196, 229, 328, 376, 383, 386--7, 413, 415

controle do, 47, 72, 116, 127, 384

controle dos processos de produção, 127, 153

controle sobre o local de trabalho, 135

definição de preço do, 324

diluição do, 43

direitos, 13, 18, 45, 85, 97-8, 111, 114, 174, 268, 363, 370, 377, 400-1, 406

disciplinar a mão de obra, 26, 46, 58, 61, 64-5, 74, 79-80, 85, 158-9, 205, 223-6, 229, 260, 262, 274-5, 300-1, 304, 318, 321, 323, 327-8, 336, 368, 393-4, 399, 403, 423

força de trabalho feminina, 62, 67-8, 78-9, 102, 120, 123

forçado, 59, 64, 78

forçados a, 376, 388, 390

liberdade econômica, 33

na Europa, 22, 388

organizado, 68, 73, 120, 141, 143-4, 148, 153-4, 159, 171, 325, 344, 349, 383-4, 387

politizado, 83, 121, 125, 148

proteção legal do, 324

protestos na Itália, 59, 66, 96, 120, 400

repressão, 35-6, 63, 394, 425

trabalhadores qualificados, 61, 68, 70-1, 165

Tribuna, 97

Trichet, Jean-Claude, 405

Tudor-Walters, Comitê, 102

Tuesday Club, 242

Turati, Filippo, 180, 312

Turim, 22, 67, 83-4, 97, 111, 123, 149, 153, 157-9, 167-8, 172-7, 182, 286, 293, 325, 400, 430

União Europeia, 17, 403, 414
United States and Fascist Italy (Migone), 226, 344, 358-9, 363-5, 425
Unwin, Raymond, 19, 58, 79, 102, 104, 118, 121, 131, 152, 229, 268

Vassalli, Filippo, 90
Vecchi, Giovanni, 390-1
Village Institute, 105
Vissering, Gerard, 202, 205, 214, 216, 221, 223, 369
Vittorio Emanuele III (rei), 81, 283
Volcker, Paul, 225
Volpi, Giuseppe, 330-6, 365-6, 368-71

Walras, Léon, 289
Walsh, Tom, 152, 171

Webb, Sidney, 131, 136
Whitley, Conselhos, 66, 73, 94, 153
Wolfe, Humbert, 55, 62-3, 70-2
Women's Cooperative Guild [Guilda Cooperativa de Mulheres], 102
Women's Employment Committee [Comitê de Emprego das Mulheres] (Grã-Bretanha), 67-8
Women's Housing Sub-Committee [Subcomitê de Habitação das Mulheres] (Grã-Bretanha), 102-3
Workers' Educational Association [Associação Educacional de Trabalhadores], 105
Worthington-Evans, sir Laming, 195

Zamagni, Vera, 34, 54, 60, 81, 122, 124, 140, 329-30, 387, 389, 391
Zini, Zino, 168-9
Zucaro, Domenico, 158

"Solidariedade com o povo chileno: Venceremos". Selo produzido pela Alemanha Oriental em 1973, com a imagem de Salvador Allende. Fonte: WikimediaCommons.

Publicado em novembro de 2023, 50 anos depois de o golpe militar encabeçado por Augusto Pinochet no Chile pôr termo ao governo democraticamente eleito de Salvador Allende e impor um regime brutal de austeridade econômica, este livro foi composto em Adobe Garamond Pro, corpo 11/14,3, e reimpresso em papel Pólen Natural 70 g/m² pela Lis Gráfica, para a Boitempo, com tiragem de 3 mil exemplares.